LCLB 1

Vicens Vives
Bachillerato

Lengua Castellana y Literatura

E. Escribano Alemán
Catedrática de Lengua y Literatura

F. Esteso Moya
Profesor de Lengua y Literatura de IES

P. Rodríguez Delgado
Catedrática de Lengua y Literatura IES

Aula3D

Cómo es este libro

LENGUA

LECTURA

11 LA ARGUMENTACIÓN EN LA PRENSA. LAS ORACIONES COMPUESTAS (I)

La argumentación en la prensa

Todos los temas comienzan con la lectura de un texto representativo del contenido de la Unidad.

Actividades de comprensión lectora sobre el texto.

Vocabulario con la definición de las palabras más difíciles del apartado.

INTERIOR

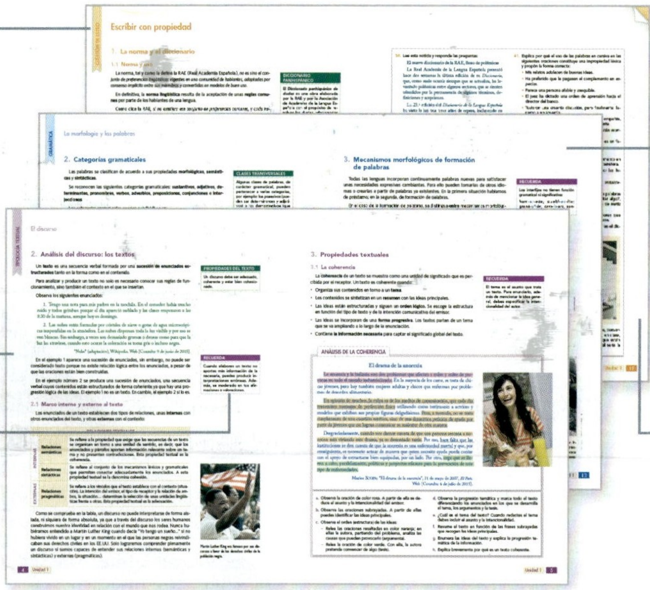
Escribir con propiedad

La morfología y las palabras

El discurso

Los temas están estructurados en apartados y subapartados.

TIPOLOGÍA TEXTUAL
En este apartado trabajarás y practicarás estrategias relacionadas con diferentes tipologías textuales.

Los conceptos teóricos se acompañan de textos, esquemas, ilustraciones y mapas que amplían información.

GRAMÁTICA
Descripción de los diferentes aspectos gramaticales del castellano en base a la *Nueva gramática de la lengua española* de la RAE.

CUESTIÓN DE ESTILO
Exposición de casos ortográficos particulares y de la norma en castellano.

ANEXO

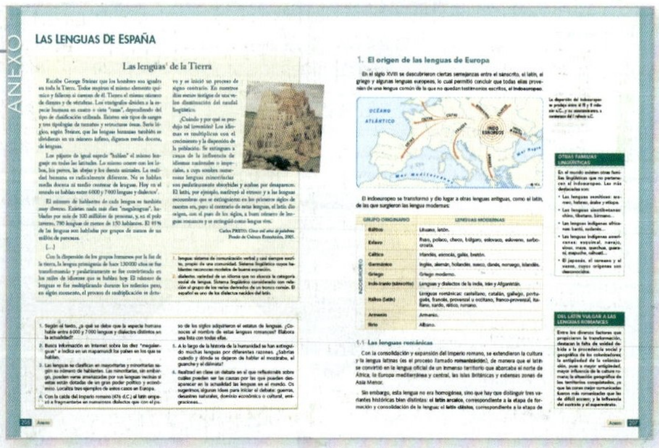
LAS LENGUAS DE ESPAÑA

Al final del bloque de Lengua encontrarás unas páginas en las que realizarás actividades sobre las lenguas de España.

LITERATURA

CONTEXTO HISTÓRICO

Páginas introductorias del contexto histórico y literario.

Eje cronológico con los acontecimientos y obras más representativos de la época.

INTERIOR

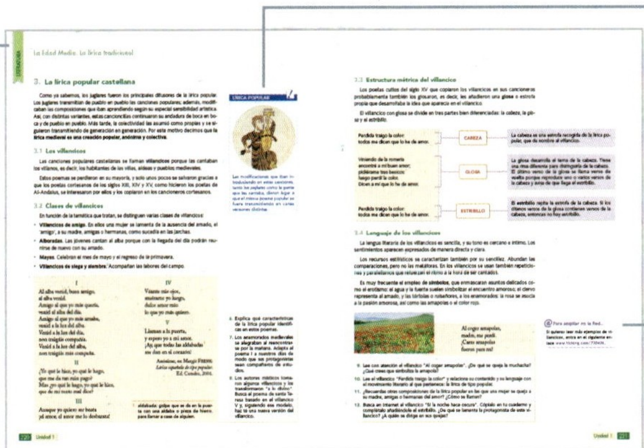

Historia de la literatura española, a través de sus textos, desde la Edad Media hasta el Realismo y Naturalismo.

Notas al margen que proporcionan información adicional o de especial interés para los alumnos.

@ Para ampliar en la Red... con actividades de acceso a Internet.

COMENTARIO DE TEXTO

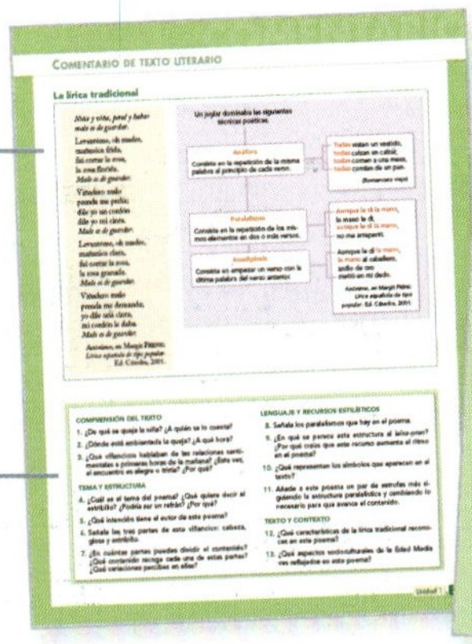

Fragmento de una obra representativa de la época estudiada.

Preguntas que sirven de guía para la comprensión y el comentario de texto.

GUÍA DE LECTURA

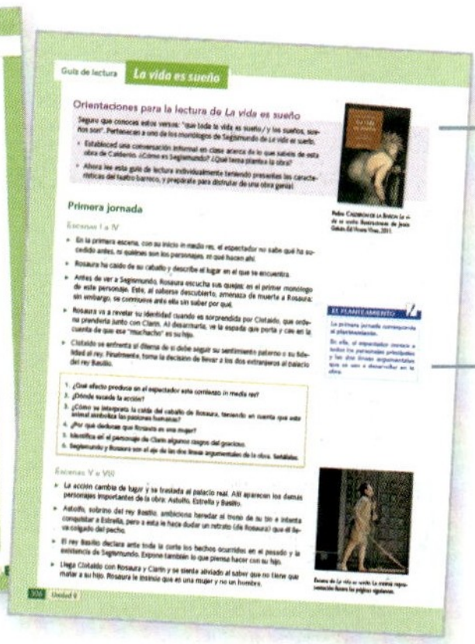

Análisis en profundidad de un relato significativo del periodo literario estudiado en la Unidad.

Información acerca del libro tratado que amplía los conocimientos de los alumnos.

LENGUA

LITERATURA

I LENGUA

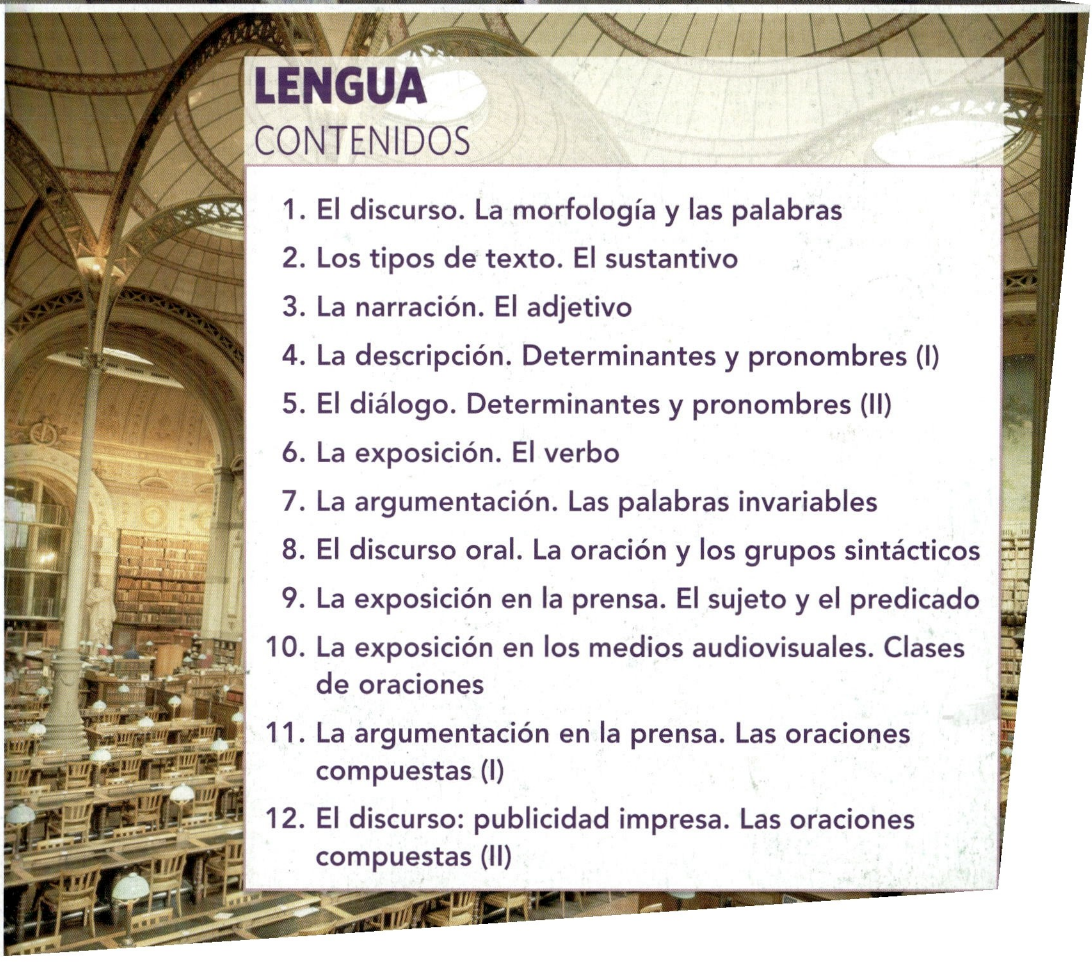

LENGUA

CONTENIDOS

1 EL DISCURSO. LA MORFOLOGÍA Y LAS PALABRAS

Fotograma de la película *La Ola* (2008), dirigida por Dennis Gansel.

La ola

La película *La ola* (2008), dirigida por Dennis Gansel, está basada en la novela *La tercera ola,* de Morton Rhue (1981), que relata el experimento real que Ron Jones llevó a cabo en 1967 en California (EE. UU.) sobre la Alemania nazi.

El profesor Rainer Wenger se propone demostrar a sus alumnos que sería posible instaurar una dictadura en la actualidad, a pesar de que comprueba en un debate que los adolescentes piensan que una dictadura como la de la Alemania nazi ya no sería posible. Para hacerles reflexionar sobre ello, propone un juego que se basa en la imposición de un régimen autoritario en clase, y enseguida les empieza a exigir medidas disciplinarias, como que se levanten del pupitre para hablar, que le llamen señor, etc., mientras él enuncia discursos que ensalzan los valores del grupo y hablan de ideales comunes. De este modo, los jóvenes mejoran su autoestima y se despierta en ellos el sentimiento de pertenencia al grupo. Wenger es elegido líder, y crean algunas señas que los identifican: uniformes, insignia, saludo oficial...

El experimento acaba demostrando que las personas que se encuentran desprotegidas, vulnerables y débiles ante los demás son las que más necesidad tienen de identificarse con el grupo. Y así sucede con Tim, débil, frágil e inadaptado, que ve en "La ola" el vehículo para la aceptación social.

De este modo, lo que empieza como un juego dentro del aula acaba trascendiendo y se convierte en un movimiento real, que distingue a los "Miembros" de los "No miembros". Finalmente, el experimento acaba escapando al control de Wenger y desemboca en un desenlace trágico y violento que abre varios interrogantes: ¿Es posible que se instale una dictadura en democracia sin que haya un golpe de estado? ¿Qué condiciones son necesarias para la manipulación de la sociedad? ¿Ante qué debemos ponernos en alerta? ¿Cómo podemos evitar que esto suceda?

Reelaboración a partir de "¿Es posible una dictadura en la actualidad?", psiqueviva.com y "Reseña de película: La ola", periodicoelroble.wordpress.com [Consulta: 9 de junio de 2015].

1. ¿Cuál es la intención del texto? ¿A quién crees que va dirigido? ¿Crees que lo que dice tiene vigencia en la actualidad?
2. Extrae las ideas principales y estructúralas en un esquema.
3. Tu postura ante las ideas del texto, ¿es de adhesión o rechazo? ¿Crees que es fácil manipular la voluntad del individuo?
4. Aporta nuevas ideas para defender tu postura.
5. Elabora un texto, entre la interpretación y la opinión, en el que incluyas las reflexiones que hayas hecho.

El discurso

1. ¿Qué es un discurso?

El **discurso** es una construcción lingüística que las personas articulan para expresar ideas o pensamientos complejos.

La producción de **textos orales o escritos** se integra en un contexto con el que guarda continuas relaciones de interdependencia. Aprender a analizar y producir discursos favorecerá la correcta interpretación del mundo que nos rodea.

Comprender y analizar discursos permite desvelar prácticas discursivas que persiguen la manipulación de los destinatarios, la negación o creación de conflictos o la legitimación de ideologías.

1.1 El discurso oral frente al discurso escrito

ORAL	ESCRITO
• Los interlocutores pueden actuar simultáneamente de forma elaborada en conferencias, debates... o de forma menos elaborada en conversaciones espontáneas. • La interacción puede ser directa (cara a cara) o diferida (en radio o televisión se produce en distintos tiempos). • Intervienen aspectos del lenguaje no verbal, tales como el aspecto, la expresión facial, el tono de voz, los gestos, etc. • No permite realizar correcciones, por lo tanto, si el error se produce, se hace patente.	• El emisor y el receptor no coinciden ni en tiempo ni en espacio. La interacción es diferida, es decir, el intercambio de información se produce en distintos tiempos. No obstante, en un chat u otras comunicaciones escritas digitales inmediatas tanto el que escribe como el que lee comparten el tiempo de la enunciación. • Los aspectos no verbales son gráficos: las imágenes, el tipo de letra, etc. • Permite correcciones. El emisor puede identificar el error en el proceso de escritura y eliminarlo del escrito final.

6. En la crítica de la película *La ola* que has leído en la página anterior se explica que el profesor Rainer elabora un discurso manipulador para demostrar a sus alumnos su teoría. Imagina cómo serían esos discursos y realiza las siguientes actividades:
   a. Escribe un discurso sobre la fuerza de la unión de los miembros que podría pronunciar el profesor Rainer como introducción a una de sus clases. Recuerda incluir en él referencias a elementos no verbales (gestualidad, tono, etc.) para que pueda servir como guion de una intervención oral.
   b. Representad en clase la escena con el discurso que habéis escrito teniendo en cuenta las indicaciones que habéis incluido en vuestros textos.
   c. Mira esta escena en www.tiching.com/730310 y compara ese discurso con los que habéis representado en clase. Comenta las diferencias con tus compañeros.
7. Escucha el discurso que encontrarás en este enlace www.tiching.com/730311. Toma nota de todas las ideas que va exponiendo la persona que da el discurso. Ten presente que usa muchos ejemplos, algunos relevantes y otros no tanto, por eso debes ir seleccionando aquellos que consideres importantes. Después, transforma el discurso oral que acabas de oír en un discurso escrito que contenga la información esencial de sus argumentos.
   a. ¿Con qué dificultades te has encontrado al pasar del discurso oral al discurso escrito? ¿Cómo las has resuelto? ¿Por qué lo has hecho así? Justifica la respuesta en tu cuaderno.
   b. ¿Qué estrategias has utilizado para reflejar la información no verbal (aspecto, expresión fácil, tono de voz, gestos, etc.) en el texto?
   c. ¿Has conseguido escribir un discurso rico e interesante sin perder los matices de la oralidad o, por el contrario, no has podido hacerlo?
   d. Estableced un debate en clase sobre las ideas que se defienden en el discurso que habéis escuchado en el enlace.
8. Leed y comentad, con la ayuda del profesor, esta reflexión de Paulo Freire, uno de los teóricos de la educación más influyentes del siglo XX:
   a. Buscad información sobre el término *literacidad*. ¿Qué significa? ¿Qué implica este concepto en la comprensión de los textos?

"La literacidad tiene que ver con la identidad individual y de clase, tiene que ver con la formación de la ciudadanía, sí, [...] es necesario que la tomemos y la hagamos como un acto político, jamás como un quehacer neutro".

2. Análisis del discurso: los textos

Un **texto** es una secuencia verbal formada por una **sucesión de enunciados estructurados** tanto en la forma como en el contenido.

Para analizar y producir un texto no solo es necesario conocer sus reglas de funcionamiento, sino también el contexto en el que se insertan.

Observa los siguientes enunciados:

1. Tengo una nota para mis padres en la mochila. En el comedor había mucho ruido y todos gritaban porque el día apareció nublado y las clases empezaron a las 8:30 de la mañana, aunque hoy es domingo.

2. Las nubes están formadas por cristales de nieve o gotas de agua microscópicas suspendidas en la atmósfera. Las nubes dispersan toda la luz visible y por eso se ven blancas. Sin embargo, a veces son demasiado gruesas o densas como para que la luz las atraviese, cuando esto ocurre la coloración se torna gris o incluso negra.

"Nube" (adaptación), Wikipedia. Web [Consulta: 9 de junio de 2015].

En el ejemplo 1 aparece una sucesión de enunciados, sin embargo, no puede ser considerado texto porque no existe relación lógica entre los enunciados, a pesar de que las oraciones están bien construidas.

En el ejemplo número 2 se produce una sucesión de enunciados, una secuencia verbal cuyos contenidos están estructurados de forma coherente ya que hay una progresión lógica de las ideas. El ejemplo 1 no es un texto. En cambio, el ejemplo 2 sí lo es.

2.1 Marco interno y externo al texto

Los enunciados de un texto establecen dos tipos de relaciones, unas **internas** con otros enunciados del texto, y otras **externas** con el contexto:

RELACIONES TEXTUALES		
INTERNAS	**Relaciones semánticas**	Se refiere a la propiedad que exige que las secuencias de un texto se organicen en torno a una unidad de sentido, es decir, que los enunciados y párrafos aporten información relevante sobre un tema y no presenten contradicciones. Esta propiedad textual es la **coherencia.**
	Relaciones sintácticas	Se refiere al conjunto de los mecanismos léxicos y gramaticales que permiten conectar adecuadamente los enunciados. A esta propiedad textual se la denomina **cohesión**.
EXTERNAS	**Relaciones pragmáticas**	Se refiere a los vínculos que el texto establece con el contexto (situación). La intención del emisor, el tipo de receptor y la relación de ambos, la situación... determinan la selección de unas unidades lingüísticas frente a otras. Esta propiedad textual es la **adecuación.**

Como se comprueba en la tabla, un discurso no puede interpretarse de forma aislada, ni siquiera de forma absoluta, ya que a través del discurso los seres humanos construimos nuestra identidad en relación con el mundo que nos rodea. Nunca hubiéramos entendido a Martin Luther King cuando decía "Yo tengo un sueño..." si no hubiera vivido en un lugar y en un momento en el que las personas negras reivindicaban sus derechos civiles en los EE.UU. Solo lograremos comprender plenamente un discurso si somos capaces de entender sus relaciones internas (semánticas y sintácticas) y externas (pragmáticas).

PROPIEDADES DEL TEXTO

Un discurso debe ser adecuado, coherente y estar bien cohesionado.

RECUERDA

Cuando elabores un texto no aportes más información de la necesaria, puedes producir interpretaciones erróneas. Además, sé moderado en tus afirmaciones o valoraciones.

Martin Luther King era famoso por sus discursos a favor de los derechos civiles de la población negra.

3. Propiedades textuales

3.1 La coherencia

La **coherencia** de un texto se muestra como una unidad de significado que es percibida por el receptor. Un texto es coherente cuando:

- Organiza sus contenidos en torno a un **tema**.
- Los contenidos se sintetizan en un **resumen** con las ideas principales.
- Las ideas están estructuradas y siguen un **orden lógico.** Se escoge la estructura en función del tipo de texto y de la intención comunicativa del emisor.
- Las ideas se incorporan de una **forma progresiva**. Los textos parten de un tema que se va ampliando a lo largo de la enunciación.
- Contiene **la información necesaria** para captar el significado global del texto.

RECUERDA

El **tema** es el asunto que trata un texto. Para enunciarlo, además de mencionar la idea general, debes especificar la intencionalidad del autor.

ANÁLISIS DE LA COHERENCIA

El drama de la anorexia

La anorexia y la bulimia son dos problemas que afectan a miles y miles de personas en todo el mundo industrializado. En la mayoría de los casos, se trata de chicas jóvenes, pero hay también mujeres adultas y chicos que enferman por problemas de desorden alimentario.

En opinión de muchos, la culpa es de los medios de comunicación, que cada día transmiten mensajes de perfección física utilizando como testimonio a actrices y modelos que exhiben sus propias figuras delgadísimas. Pero, a menudo, no se trata simplemente de una cuestión estética, sino de una dramática petición de ayuda por parte de jóvenes que no logran comunicar su malestar de otra manera.

Desgraciadamente, cuando nos damos cuenta de que una persona cercana a nosotros está viviendo este drama, ya es demasiado tarde. Por eso, hace falta que las instituciones se den cuenta de que la anorexia es una enfermedad mortal y que, por consiguiente, es necesario actuar de manera que quien necesite ayuda pueda contar con el apoyo de estructuras bien equipadas, por un lado. Por otro, urge que se lleven a cabo, paralelamente, políticas y proyectos eficaces para la prevención de este tipo de enfermedades.

Marisa SCOPA: "El drama de la anorexia", 31 de mayo de 2007, *El País*. Web [Consulta: 6 de julio de 2015].

a. Observa la oración de color rosa. A partir de ella se deduce el asunto y la intencionalidad del emisor.

b. Observa las oraciones subrayadas. A partir de ellas puedes identificar las ideas principales.

c. Observa el orden (estructura) de las ideas:
   - Relee las oraciones resaltadas en color naranja; en ellas la autora, partiendo del problema, analiza las causas que pueden provocarlo (argumenta).
   - Relee la oración de color verde. Con ella, la autora pretende convencer de algo (tesis).

d. Observa la progresión temática y marca todo el texto diferenciando los enunciados en los que se desarrolla el tema, los argumentos y la tesis.

e. ¿Cuál es el tema del texto? Cuando redactes el tema debes incluir el asunto y la intencionalidad.

f. Resume el texto en función de las frases subrayadas que recogen las ideas principales.

g. Enumera las ideas del texto y explica la progresión temática de la información.

h. Explica brevemente por qué es un texto coherente.

3.2 La cohesión

En un texto **cohesionado**, los enunciados están ligados entre sí por una serie de procedimientos lingüísticos. Para garantizar la **cohesión** sintáctica y léxico-semántica existen diferentes mecanismos:

Recursos léxicos. Comprenden la recurrencia y la sustitución léxica. La recurrencia es un mecanismo que consiste en la repetición intencionada de contenidos con el objetivo de introducir nuevas informaciones.

- Repetición de **palabras-clave**. *La adolescencia es el periodo posterior a la niñez en el que se producen cambios biológicos, psicológicos, sexuales y sociales. En la adolescencia surgen conflictos entre el individuo y el mundo que le rodea.*
- La sustitución léxica, por su parte, consiste en la variación de las palabras utilizadas para evitar la repetición constante de los mismos términos. Puede hacerse de diversas maneras:
  - Sustitución por **sinónimos**. *Su residencia habitual era el mismo piso que siempre había sido el domicilio familiar.*
  - Sustitución por **hiperónimos** (palabras que engloban a otras en su significación). *Existen más de 200 tipos de búhos. Estas aves habitan en casi todos los lugares del planeta excepto en la Antártida.*
  - Uso de **antónimos**. *Tenía un carácter dócil, pero muy de tarde en tarde sacaba a la luz una imagen rebelde que nadie reconocía.*
  - Uso de palabras del mismo **campo semántico**, es decir, uso de palabras que se refieren a conceptos relacionados entre sí. *Su delirio consistía en creer que era otra persona y esta alucinación lo acompañaba todas las noches cuando el sueño lo dominaba por completo.*
  - Uso de palabras pertenecientes a la misma **familia léxica**. *Llegó a pensar que su vida le pertenecía porque nadie como él había vivido esos largos años a su lado.*

Recursos morfosintácticos. Usan procedimientos gramaticales.

- Sustitución por **pronombres**. *De la plaza salían cuatro calles que la convertían en un lugar demasiado transitado.*
- **Elipsis**. *Su madre era una persona entrañable que siempre sabía ocupar su lugar. Tenía una mirada profunda que guardaba grandes secretos* (se sobreentiende que se refiere también a su madre).

Recursos sintácticos o **marcadores discursivos**.

- **Enunciados con estructura sintáctica semejante**. *Al entrar pensó que debía repetir las mismas palabras, pero al salir comprobó que nadie le había escuchado.*
- **Marcadores discursivos**. Pueden dividirse en:

  Conectores textuales. Relacionan, desde el punto de vista lógico-semántico, los distintos enunciados del texto y lo estructuran:
  - Sumativos o aditivos: *y, además, en efecto, del mismo modo...*
  - Contrastivos: *pero, en cambio, en lugar de, a no ser que, sin embargo...*
  - De causa: *a causa de ello, por ello, porque, en virtud de...*
  - De consecuencia: *de ahí que, por eso, así pues, por tanto...*
  - De finalidad: *para que, con el objeto de, de tal modo que...*
  - De condición: *siempre que, a menos que, con tal que...*

SUSTITUCIÓN LÉXICA

La sustitución puede ser de dos tipos:

- **Anafórica**: cuando el referente (palabra u oración que es sustituida) aparece antes que el pronombre.

  El lunes quedó con Ana. La vio triste, apagada.
- **Catafórica**: cuando el referente aparece después del pronombre que lo sustituye.

  A quien no vio fue a María.

Los diccionarios de sinónimos y antónimos ayudan a trabajar la cohesión.

Conectores de orden. Ponen de manifiesto la forma en la que el autor ha organizado el texto y distribuido la información:

- Iniciadores: *para empezar, de entrada...*
- Ordenadores: *en primer lugar, por un lado, por otro...*
- Digresivos: *por cierto, a propósito...*
- Continuativos: *pues bien, a todo esto, entonces, en este sentido...*
- Espacio-temporales: *antes, más abajo, seguidamente, hasta el momento...*

Conectores que introducen operaciones discursivas. Dan información sobre la actitud del emisor ante la información que se aporta en el texto. Pueden expresar:

- El punto de vista: *en mi opinión, a mi juicio...*
- La certeza: *es evidente, está claro que, es incuestionable...*
- La confirmación: *en efecto, por supuesto, efectivamente...*
- La tematización: *en lo que se refiere a, a propósito de, respecto a...*
- La reformulación: *es decir, mejor dicho, en otras palabras...*
- La ejemplificación: *por ejemplo, en concreto, sin ir más lejos...*

CARACTERÍSTICAS DE UN BUEN RESUMEN

- Debe recoger todas las ideas principales y desechar las ideas secundarias.
- Debe recoger las ideas con objetividad, sin interpretaciones personales.
- Debe ser original y reflejar el estilo de la persona que elabora el resumen. En ningún caso debe recoger frases literales del autor del texto.
- Puede organizar las ideas del texto de manera flexible.
- Debe ocupar, aproximadamente, un 25 % del espacio del texto que se está resumiendo.

ANÁLISIS DE LA COHESIÓN

Alarma en la economía

Tres aspectos de la economía mundial de fines del siglo XX han dado motivo para la alarma. El primero era que la tecnología continuaba expulsando el trabajo humano de la producción de bienes y servicios, sin proporcionar suficientes empleos del mismo tipo para aquellos a los que había desplazado, o garantizar un índice de crecimiento económico suficiente para absorberlos. Muy pocos observadores esperan un retorno, siquiera temporal, al pleno empleo de la edad de oro en Occidente. El segundo es que, mientras el trabajo seguía siendo un factor principal de la producción, la globalización de la economía hizo que la industria se desplazase de sus antiguos centros, con elevados costes laborales, a países cuya principal ventaja –siendo las otras condiciones iguales– era que * disponían de cabezas y manos a buen precio.

De esto pueden deducirse dos consecuencias: la transferencia de puestos de trabajo de regiones con salarios altos a regiones con salarios bajos (según los principios del libre mercado) y la consiguiente caída de los salarios donde son altos ante la presión de los flujos de una competencia global.

Eric HOBSBAWM: *Historia del siglo XX*. Ed. Crítica, 2012.

a. Observa las palabras marcadas en color naranja. Responden a mecanismos de cohesión léxico-semántica (recursos léxicos).

b. Observa las palabras de color azul y el asterisco. Responden a mecanismos de cohesión léxico-semántica (recursos morfosintácticos).

c. Observa las palabras subrayadas. Responden a mecanismos de cohesión sintáctica (marcadores discursivos).

d. Observa los enunciados con subrayado doble. ¿Se parece en algo su estructura?

e. Explica qué recursos morfosintácticos se utilizan para dar cohesión al texto (diferencia entre pronombres anafóricos y catafóricos, y elipsis).

f. Realiza un pequeño comentario de unas seis o siete líneas en el que, sin enumeraciones ni guiones, expliques por qué motivo el texto anterior está bien cohesionado.

3.3 La adecuación

La **adecuación** es la propiedad textual que determina si un texto se amolda al contexto comunicativo.

Un texto es adecuado cuando se adapta a la intención del emisor (intención comunicativa), al tipo de receptor (nivel de formación, edad, familiaridad...), al contexto de la situación (espacio y tiempo) y al canal (televisión, libro, teléfono...). Todos estos elementos se enmarcan en el contexto comunicativo.

Para justificar la adecuación de un texto al contexto hay que identificar:

Emisor. En función de la intención, el emisor escoge el tipo de texto que cumpla su objetivo comunicativo: narrativo, argumentativo, expositivo... La intención del emisor puede ser diversa, pues puede querer narrar, describir, convencer, informar, emocionar, aclar, etc.

Según el elemento del proceso comunicativo que predomine (emisor, receptor, contexto, canal, código, mensaje), se habla de diferentes funciones del lenguaje. Observa la siguiente tabla:

FUNCIONES DEL LENGUAJE		
	Intención comunicativa	**Se refiere**
REFERENCIAL	Transmitir información.	A los acontecimentos, ideas, cosas...
APELATIVA	Influir o modificar la actitud del receptor.	Al receptor
EMOTIVA O EXPRESIVA	Expresar sentimientos, emociones...	Al emisor
POÉTICA	Llamar la atención sobre la especial disposición de la lengua.	A la forma del mensaje
FÁTICA	Asegurar que la comunicación funcione.	Al canal
METALINGÜÍSTICA	Reflexionar sobre el código (conjunto de signos y reglas que permiten crear mensajes).	Al lenguaje

El emisor puede expresar distintas actitudes en un texto:

Actitud objetiva	**Actitud subjetiva**
• Oraciones impersonales sin sujeto explícito. • Pasivas reflejas. • Pronombre personal de 2.ª persona. • Construcciones con el verbo *parecer*. • Perífrasis modales. • Verbos en 3.ª persona.	• Modalidad oracional. • Adjetivos y adverbios valorativos. • Repeticiones. • Diminutivos, aumentativos, afectivos o despectivos.

Receptor. Según la relación que haya entre el emisor y el receptor, el registro del discurso (formal, coloquial...) será direfente, pues no hablamos de la misma manera cuando nos dirigimos a un profesor que cuando conversamos con un amigo o con un desconocido. Cuanto mayor sea el dominio de los diferentes registros, mayor será la competencia lingüística de un hablante.

RECURSOS Y MARCAS DEL EMISOR

El emisor puede intentar disimular su presencia en el texto para darle apariencia de objetividad.

Para ello utiliza los siguientes recursos:

- Estrategias para ocultar el agente o sujeto: con oraciones impersonales, pasivas reflejas, la 2.ª persona con valor genérico...
- Perífrasis modales (*hay que pensar...*).

En cambio, si el emisor se manifiesta de manera explícita, utiliza estas marcas, llamadas de **modalización**:

- Léxico valorativo (*afortunadamente*).
- Repeticiones para insistir en una idea.
- Figuras retóricas (*metáfora, ironía...*).

Contexto. Las circunstancias temporales, espaciales, culturales, etc., que rodean el acto comunicativo determinan las características que debe tener el texto para que resulte adecuado.

El emisor debe adaptar el texto a las circunstancias en las que se encuentre: si está en clase, en casa, en una conferencia...

Canal. La comunicación es muy diferente si emitimos un texto oral o uno escrito, si es un mensaje de móvil o un correo electrónico, una coversación telefónica o una exposición escolar ante el resto de la clase. El discurso, por lo tanto, debe adecuarse también al canal.

ANÁLISIS DE LA ADECUACIÓN

Sorprende y entristece el avance del discurso del odio. Su radical intolerancia frente al otro es característica de los fanatismos de la identidad, ya sea religiosa, racial, nacional o ideológica. Pero su hábitat preferido no es la fe sino la mala fe. Sus armas son muy conocidas y pueden ser letales.

Ante todo, la mentira y la calumnia, cuyo deleznable profeta fue Goebbels: "una mentira repetida mil veces se convertirá en verdad". Además, el discurso del odio dispone de un variado herramental de distorsión. Está, por ejemplo, el "doble rasero" para juzgar los hechos, tan antiguo como el Evangelio, que ya advierte contra quienes, por ver la paja en el ojo ajeno, olvidan la viga en el propio.

¿Qué hacer frente a esta plaga intelectual y moral que enturbia el presente y amenaza el futuro del periodismo y las redes?

Enrique KRAUZE: "El discurso del odio", *Personas e ideas*. Web [Consulta: 9 de junio de 2015].

a. Lee con at[illegible] el último párrafo: ¿te da alguna pista sobre la [illegible] autor del texto? ¿Qué tipo de texto d[illegible]a esa intención? Justifica tu respu[illegible]

b. Obs[illegible] analiza su persona gra[illegible]a quién es el emisor y quién e[illegible]

c. Observa los [illegible]os en naranja. ¿Podrías decir que todos [illegible]os valorativos? Justifica tu respuesta.

d. Observa la modalidad oracional. ¿Combina varias, predomina alguna, te llama la atención alguna?

e. Observa todas las palabras del texto marcadas en color rosa. ¿Qué intención crees que tiene el autor al repetirlas?

f. Observa los verbos marcados en color verde. ¿Indican por ellos mismos una determinada actitud? Justifica tu respuesta.

g. Observa el subrayado punteado. ¿Qué figuras retóricas reconoces?

h. Observa las palabras marcadas en azul. No son propiamente elementos deícticos pero nos ponen en relación con el contexto al que se refiere. ¿En qué ámbito sitúa el autor el tema?

9. Explica qué intención crees que persigue el autor.

10. Señala las marcas de subjetividad.

11. Explica la presencia del emisor y el receptor, y las marcas al contexto que aparecen en el texto.

12. Después de leer el texto anterior, piensa en el contexto en el que se pudo producir. ¿Dirías que es todo el mundo occidental? ¿O será solo Europa? ¿Qué acontecimiento o acontecimientos han podido mover al autor a escribirlo?

La morfología y las palabras

La destrucción de las palabras

–La destrucción de las palabras es algo de gran hermosura. Por supuesto, las principales víctimas son los verbos y los adjetivos, pero también hay centenares de nombres de los que uno puede prescindir. No se trata solo de los sinónimos. También los antónimos. En realidad, ¿qué justificación tiene el empleo de una palabra solo porque sea lo contrario de otra? Toda palabra contiene en sí misma su contraria. Por ejemplo, tenemos *bueno*. Si tienes una palabra como *bueno*, ¿qué necesidad hay de la contraria, *malo*? *Nobueno* sirve exactamente igual, mejor todavía, porque es la palabra exactamente contraria a *bueno* y la otra no. Por otra parte, si quieres un reforzamiento de la palabra *bueno*, ¿qué sentido tienen esas confusas e inútiles palabras *excelente*, *espléndido* y otras por el estilo? *Plusbueno* basta para decir lo que es mejor que lo simplemente bueno y *dobleplusbueno* sirve perfectamente para acentuar el grado de bondad. Es el superlativo perfecto. Ya sé que usamos esas formas, pero en la versión final de la neolengua se suprimirán las demás palabras que todavía se usan como equivalentes. Al final todo lo relativo a la bondad podrá expresarse con seis palabras; en realidad, una sola. ¿No te das cuenta de la belleza que hay en esto, Winston? [...]

En el fondo de tu corazón prefieres el viejo idioma con toda su vaguedad y sus inútiles matices de significado. No sientes la belleza de la destrucción de las palabras. ¿No sabes que la neolengua es el único idioma del mundo cuyo vocabulario disminuye cada día? [...]

¿No ves que la finalidad de la neolengua es limitar el alcance del pensamiento, estrechar el radio de acción de la mente? Al final, acabaremos haciendo imposible todo crimen del pensamiento. En efecto, ¿cómo puede haber *crimental* si cada concepto se expresa claramente con una sola palabra, una palabra cuyo significado esté decidido rigurosamente y con todos sus significados secundarios eliminados y olvidados para siempre? [...] Cada año habrá menos palabras y el radio de acción de la conciencia será cada vez más pequeño. [...] Pero llegará un día en que ni esto será preciso. La revolución será completa cuando la lengua sea perfecta.

George ORWELL: *1984*. Ed. Destino, 2010.

1984 !

1984 es una novela distópica (es lo opuesto a *utópico*, es decir, alude a un mundo que no se considera ideal, sino indeseable) del escritor inglés George Orwell. En ella, el Estado, encarnado en el enigmático personaje del Gran Hermano, controla absolutamente la vida y los pensamientos de los ciudadanos. Los personajes de Winston y Julia intentan infructuosamente rebelarse ante esta situación.

Este fragmento trata de la creación de la *neolengua*, una lengua manipulada con finalidad represiva.

13. En el texto se habla de la destrucción de las palabras. ¿Podrías expresarte con naturalidad sin usar el sustantivo *hermosura*? ¿Y sin utilizar el adverbio *no*? ¿Y sin emplear la preposición *de*? Razona si hay unas palabras más prescindibles que otras.
14. ¿De qué modo sustituye la neolengua los sinónimos y antónimos de una palabra? ¿Conoces algún método similar de formación de palabras en castellano?
15. ¿Cómo se ha creado la palabra *crimental* en la neolengua? ¿Qué significa?
16. ¿Crees que es cierto que, como se dice en el texto, los matices de significado son inútiles? ¿Podrías utilizar *excelente* y *espléndido* de manera equivalente en todos los contextos?
17. Comenta la afirmación del texto: "Cada año habrá menos palabras y el radio de acción de la conciencia será cada vez más pequeño". ¿Lo que no se puede decir no se puede pensar?
18. ¿Crees que existe la lengua perfecta? Argumenta tu respuesta.

1. La palabra y su morfología

La **morfología** es la parte de la gramática que estudia la estructura interna de las palabras, es decir, los elementos que las componen y la forma en la que estos se combinan.

Así pues, desde el punto de vista de su estructura interna o morfológica, las palabras se constituyen por un elemento (*bien*, *no*) o bien por más elementos (*cant-é*, *tor-er-o*).

1.1 Los morfemas

Los **morfemas** son los componentes mínimos con significado que constituyen una palabra. Existen morfemas de dos tipos: la **raíz** y los **afijos**.

La raíz

La **raíz** es el morfema que aporta el **significado léxico** de una palabra: *noche*, *borr-ador*, *com-estible*, *cant-urrear*.

Los afijos

Los **afijos** son los morfemas que se añaden a la raíz de una palabra. Pueden ser **derivativos** o **flexivos**:

- **Afijos derivativos**. Forman las diferentes palabras de una misma familia léxica: *corr-o*, *corr-al*, *a-corr-alar*.

TIPOS DE AFIJOS DERIVATIVOS		
Prefijos	Se anteponen a la raíz.	*im-procedente*, *pre-cocinar*
Sufijos	Se posponen a la raíz.	*basur-ero*, *calent-ador*
Interfijos	Se intercalan entre la raíz y un prefijo o un sufijo.	*en-s-anchar*, *cafe-l-ito*

Mientras que los prefijos y los sufijos aportan un significado adicional al significado léxico de la raíz, los interfijos carecen de significado.

- **Afijos flexivos**. Marcan propiedades gramaticales de una palabra: **género**, **número**, **vocal temática**, **tiempo**, **modo**, **aspecto** y **persona**.

leon-	*-a-*	*-s*	
raíz	género: femenino	número: plural	
dorm-	*-í-*	*-a-*	*-mos*
raíz	vocal temática: 3.ª conj.	tiempo: pasado modo: indicativo aspecto: imperfectivo	persona: 1.ª número: plural

Los afijos flexivos están situados después de la raíz y de los afijos derivativos: *azul-es*, *os-o*, *trabajador-es*, *habl-a-ba-n*, *realiz-a-ro-n*.

No afectan al significado, por lo que no forman palabras diferentes, sino variaciones de una misma palabra: *gat-o*, *gat-a*, *gat-os*, *gat-as*.

SIGNIFICADO LÉXICO Y FAMILIA LÉXICA

Se llama **significado léxico** al significado básico de una palabra. Es el significado común a todas las palabras que comparten una misma raíz.

Se llama **familia léxica** al conjunto de palabras que comparten una misma raíz: *árbol*, *arbol-eda*, *des-arbol-ar*.

SUFIJOS APRECIATIVOS

Un caso especial de afijos derivativos es el de los sufijos apreciativos, que aportan una valoración afectiva a la raíz, aunque también pueden dar información sobre el tamaño:

- **Diminutivos**. Indican tamaño, brevedad o afectividad: *gat-ito*, *ded-illo*.
- **Aumentativos**. Indican tamaño, afectividad o intensidad positiva o negativa: *moment-azo*, *cabez-ón*.
- **Despectivos**. Indican valoración peyorativa: *novel-ucha*, *cam-astro*.

2. Categorías gramaticales

Las palabras se clasifican de acuerdo a sus propiedades **morfológicas**, **semánticas** y **sintácticas**.

Se reconocen las siguientes categorías gramaticales: **sustantivos**, **adjetivos**, **determinantes**, **pronombres**, **verbos**, **adverbios**, **preposiciones**, **conjunciones** e **interjecciones**.

Las categorías gramaticales pueden subdividirse en:

- **Léxicas**. Conjuntos abiertos a nuevas incorporaciones, por ejemplo: sustantivos, adjetivos y verbos.
- **Gramaticales**. Conjuntos limitados y cerrados, por ejemplo: determinantes, pronombres y algunas preposiciones y nombres.

CLASES TRANSVERSALES

Algunas clases de palabras, de carácter gramatical, pueden pertenecer a varias categorías, por ejemplo: los posesivos (pueden ser determinantes y adjetivos) o los demostrativos (que pueden ser determinantes, pronombres y adverbios).

Algunos amigos tuyos (adjetivo) *son mis* (determinante) *amigos.*

Prefiero estas (determinante) *canciones.*

Eso (pronombre) *aquí* (adverbio) *no se hace.*

2.1 Clasificación morfológica de las palabras

Atendiendo a su morfología, las palabras se clasifican según su carácter flexivo, su carácter derivativo o su número de raíces:

Su carácter flexivo

- **Variables**. Admiten afijos flexivos: determinantes (*un, -a, -os, -as*), adjetivos (*alt-o, -a, -os, -as, -ísimo*), pronombres (*est-e, -a, -o, -os, -as*), sustantivos (*alumn-o, -a, -os, -as*) y verbos (*cant-a-r, cant-é, cant-a-ba*).
- **Invariables**. No admiten afijos flexivos: adverbios (*allí, nunca, bien*), preposiciones (*bajo, entre, por*), conjunciones (*y, que, pero*) e interjecciones (*ajá, oh, olé*).

Su carácter derivativo

- **Primitivas**. No derivan de ninguna otra palabra: *mar, sol, día.*
- **Derivadas**. Derivan de otras palabras: *libro* > *librero, libresco, librito.*

Su número de raíces

- **Simples**. Formadas por una sola raíz: *sal, feliz, coche.*
- **Compuestas**. Formadas por más de una raíz: *vaivén, anteayer, sinfín.*

LOCUCIONES

Son combinaciones estables de varias palabras que funcionan como una sola: *meter la pata, a duras penas.*

19. Lee el siguiente texto y contesta las preguntas:

Abrió el *congelador* y sacó al azar una bandeja de comida *precocinada* de las que se *amontonaban* sin ningún orden en el *cajón*; a él qué más le daba si era carne, pescado o *verdura*. Con la bandeja en la mano, se detuvo ante la ventana y observó el *nubarrón* que acosaba el leve *solecito* de las últimas horas de la tarde. Sonrió: por fin, parecía que los *limoneros* del huerto se refrescarían. El piar *obsesivo* de los *pajaritos* le recordaba su propio pensamiento recurrente: no podía olvidarse de los enormes *ojazos* azules de ella. En ese momento, sonó la alarma del móvil, que le avisaba de cuál era su destino. El *inabarcable libraco* de mates estaba esperando.

a. ¿Qué palabras de las que aparecen en cursiva no encontrarías en un diccionario? ¿Con qué afijos se han formado? Busca palabras que tengan la misma raíz. Te será útil para saber qué tipo de afijos se han utilizado.

20. Separa siempre que sea posible la raíz de los morfemas derivativos en las siguientes palabras: *ordenador, silla, penoso, flor, mortal, deshacer, prejubilar, suavemente.*

21. Busca otras palabras de la familia léxica de *ordenador, flor, deshacer* y *suavemente.*

22. Separa los prefijos de la raíz de estos verbos: *aducir, conducir, deducir, inducir, reducir.*

23. ¿Podemos decir que las palabras *cabo, capitán* y *caudillo* pertenecen a una misma familia léxica?

3. Mecanismos morfológicos de formación de palabras

Todas las lenguas incorporan continuamente palabras nuevas para satisfacer unas necesidades expresivas cambiantes. Para ello pueden tomarlas de otros idiomas o crearlas a partir de palabras ya existentes. En la primera situación hablamos de préstamo; en la segunda, de formación de palabras.

En el caso de la formación de palabras, se distingue entre mecanismos morfológicos (basados en la combinación de morfemas) y no morfológicos (basados en otros mecanismos): *tuit* (préstamo), *sub-mar-ino* (derivación), *UE* (siglas).

Se reconocen dos mecanismos morfológicos de formación de palabras: la **derivación** y la **composición**.

RECUERDA

Los interfijos no tienen función gramatical ni significativa:

hum-ar-eda; puebl-ec-ito; grand-ull-ón, carn-ic-ero, son-iqu-ete...

3.1 Derivación

La **derivación** consiste en añadir afijos derivativos a una palabra para formar una palabra nueva.

Este mecanismo puede aplicarse de modo recurrente: *constituir* > *constitu-ción* > *constitucion-al* > *in-constitucional.*

La derivación puede darse por **prefijación** o por **sufijación**:

- **Prefijación**. A una palabra se le antepone un prefijo: *real* > *i-rreal.*

  La prefijación no suele cambiar la categoría gramatical de las palabras a las que se aplica, es decir, a partir de un sustantivo se crea otro sustantivo (*ventana* > *contra-ventana*), de un adjetivo, otro adjetivo (*posible* > *im-posible*), y de un verbo, otro verbo (*correr* > *re-correr*).

- **Sufijación**. A una palabra se le pospone un sufijo. Encontramos diversos tipos de sufijación dependiendo de la categoría gramatical de la palabra resultante:

  - **Sufijación nominal**. Se crean sustantivos a partir de verbos (sustantivo deverbal: *cantar* > *cant-o*), de adjetivos (sustantivo deadjetival: *alegre* > *alegr-ía*) y de otros sustantivos (sustantivo denominal: *ilusión* > *ilusion-ista*).

    Asimismo, también se pueden clasificar estos sustantivos en función del significado del derivado resultante: **de acción y efecto** (*vender* > *venta*), **de cualidad** (*amable* > *amabilidad*), **de agente**, **de instrumento**, **de conjunto y lugar** (*lavar* > *lavandera, lavadora, lavadero*).

  - **Sufijación adjetival**. Se crean adjetivos a partir de sustantivos (adjetivo denominal: *deporte* > *deport-ivo*), de verbos (adjetivo deverbal: *vender* > *vend-ible*) y de otros adjetivos (adjetivo deadjetival: *verde* > *verd-oso*).

    A través de la derivación se forman adjetivos pertenecientes a las dos grandes clases: **calificativos** (*aceite* > *aceitoso*) y **relacionales** (*Lima* > *limeño*).

  - **Sufijación verbal**. Se crean verbos a partir de sustantivos (verbo denominal: *maqueta* > *maquet-ar*), de adjetivos (verbo deadjetival: *amarillo* > *amarill-ear*), de adverbios (verbo deadverbial: *adelante* > *adelant-ar*) y de otros verbos (verbo deverbal: *parlar* > *parl-otear*). También, en algunos pocos casos, a partir de interjecciones (*¡Por Dios!* > *pordios-ear*), pronombres (*tú* > *tu-tear*) o grupos sintácticos (*en sí mismo* > *ensimism-ar*).

  - **Sufijación adverbial**. Se crean adverbios a partir de adjetivos mediante el sufijo *-mente* (*popular* > *popular-mente*).

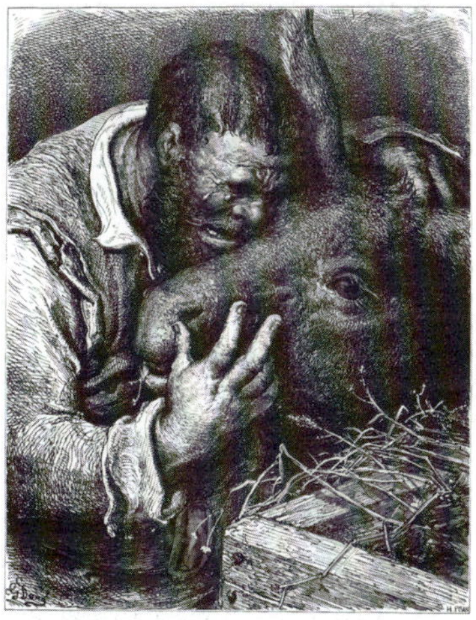

Se pueden crear palabras por derivación incluso a partir de nombres propios o antropónimos: *Sancho Panza* > *sancho-pancesco* ('Falto de idealidad, acomodaticio y socarrón').

La morfología y las palabras

3.2 Composición

La **composición** consiste en unir dos o más palabras para formar otra: *soplagaitas*, *metomentodo*, *hombre lobo*.

Según el grado de fusión de sus componentes se clasifican en:

- **Compuestos univerbales**. Se escriben en una única palabra gráfica y, por lo general, forman un único grupo acentual: *bocacalle*, *caradura*, *paraguas*.
- **Compuestos pluriverbales**. Se escriben en varias palabras gráficas, unidas o no con guion, y mantienen independencia gráfica y acentual: *teórico-práctico*, *pez espada*, *tren bala*.

  Se diferencian de las locuciones y los grupos sintácticos en que poseen características flexivas propias. Por ejemplo, el género del compuesto puede ser independiente del de sus constituyentes: *un* (masc.) [*cabeza* (fem.) *rapada* (fem.)].

Cortafuegos ('Vereda ancha que se hace en los montes para que no se propaguen los incendios') es un compuesto univerbal.

3.3 Composición con elementos cultos

Se considera un caso especial de composición aquel en que alguno de los componentes pertenece a los llamados **elementos compositivos cultos**, procedentes de voces latinas o griegas: *filo-*, *geo-*, *tecno-*, *-forme*, *-cracia*, *-sofía*...

Los elementos compositivos cultos tienen significados léxicos que se integran en el significado del término compuesto.

Así, por ejemplo: *antropomorfo* ('ser humano' + 'forma'): 'de forma humana'; *biología* ('vida' + 'estudio'): 'estudio de los seres vivos'; *bibliófilo* ('libro' + 'amigo'): 'amante de los libros'.

Tienen propiedades a medio camino entre las raíces y los afijos:

- Comparten con las raíces el poder formar palabras al combinarse con afijos (*a-* + *-grafo* > *ágrafo*; *cosmo-* + *-ico* > *cósmico*).
- Comparten con los afijos el no poder formar palabras por sí solos, aun combinándolos con afijos flexivos (*una cardiopatía*, pero *un *cardio*, *una *patía*).
- Algunos poseen cierta libertad de posición dentro de la palabra (*telegrama*, *gramófono*).
- Los elementos compositivos cultos pueden formar palabras al combinarse entre sí (*foto-* + *-grama* > *fotograma*) o con otras palabras de la lengua (*música* + *-logo* > *musicólogo*).

Electroencefalografista ('persona especializada en electroencefalografía') es la palabra más larga que recoge el *DRAE*. En su formación aparecen elementos compositivos cultos: *electrón*, del griego ἤλεκτρον ('ámbar'); *encéfalo*, del griego ἐγκέφαλον ('órganos que forman el sistema nervioso de la cabeza'); y *grafo*, del griego γράροζ ('que escribe').

3.4 Parasíntesis

Tradicionalmente, la **parasíntesis** se define como un proceso simultáneo de composición y derivación: *mileurista*.

Así, la palabra *mileurista* se obtiene a partir de las palabras *mil* y *euro*, y del afijo *-ista*, pero no existen ni el compuesto **mileuro* ni el derivado **eurista*.

Por otro lado, se llama también parasíntesis al proceso de formación de verbos y, en menor medida, de adjetivos en el que se añaden un prefijo y un sufijo simultáneamente a una raíz generalmente adjetiva o sustantiva: *em-pobr-ecer*, *en-carcel-ar*, *a-naranj-ado*, *a-señor-ado*.

No se puede prescindir de uno solo de los afijos: **empobre*, **pobrecer*; **anaranja*, **naranjado*.

24. Un juego para la formación de palabras nuevas es el de los *prefijos arbitrarios,* de Gianni Rodari, que propone realizar extrañas combinaciones entre prefijos y palabras ya existentes para obtener como resultado vocablos extravagantes.

Inventa sustantivos utilizando este cuadro y defínelos en tu cuaderno:

Prefijos	anti-	des-	mini-	sub-
Sustantivos	antiplasta … …	… … …	… … …	… … …

antiplasta: repelente para pesados

25. Distingue los procesos derivativos que encuentres en el texto:

> Los bancos callejeros son como una antología de todos los sinsabores y de casi todas las dichas: el viejo que descansa su asma, el cura que lee su breviario, el mendigo que se despioja, el albañil que almuerza mano a mano con su mujer, el tísico que se fatiga, el loco de enormes ojos soñadores, el músico callejero que apoya su cornetín sobre las rodillas, cada uno con su pequeñito o grande afán, van dejando sobre las tablas del banco ese aroma cansado de las carnes que no llegan a entender del todo el misterio de la circulación de la sangre.
>
> Camilo José CELA: *La colmena.* Clásicos Castalia, 2001.

26. ¿Qué tipo de composiciones se dan en las siguientes palabras? Clasifícalas en tu cuaderno y, a continuación, defínelas:

soplagaitas	ruso-japonés
hidromasaje	azul marino
grandilocuente	golpe de estado
cronómetro	catalejo
top manta	nomeolvides
malsano	teleadicto
contrato basura	claustrofobia
ciencia ficción	tragicomedia

27. Relaciona en tu cuaderno los prefijos y los sufijos cultos para crear palabras. A continuación, define los términos resultantes:

homeo-	-scopio
semio-	-patía
poli-	-gamia
antropó-	-logía
foto-	-foro
sin-	-fago
endo-	-gamia
filo-	-logía
hidro-	-ónimo
semá-	-fobia
tele-	-patía

28. Busca palabras que contengan estos elementos cultos y defínelas:

auto-	iso-	hemo-	-pata	-edro
crono-	omni-	-cidio	-voro	-fobia
etno-	fono-	hidro-	-algia	-forme

29. Di cuáles de estos verbos son derivados por prefijación y cuáles son parasintéticos:

aclarar	estratificar	congraciar
entristecer	rehacer	exfoliar
aminorar	apedrear	anteponer
repiquetear	ablandar	sobrevenir
afinar	embotellar	desmentir
empequeñecer	agrandar	destapar

30. Reconstruye el siguiente texto de Javier Marías perteneciente a la trilogía *Tu rostro mañana* con la lista de palabras derivadas que tienes a continuación.

Después, clasifícalas en función de si se han creado a partir de un proceso de prefijación, sufijación o parasíntesis:

obtenido	confianza
generosidad	conocimiento
desfigure	debilidad
perdición	interminable
locuacidad	vulneración
atardecer	indiscreto
acabamiento	ilícita

> La … de la … también es eso: no solo ser … y ocasionar daño o … con ello, no solo recurrir a esa arma … cuando los vientos cambian y se le pone la proa al que contó y dejó ver –ese que se arrepiente ahora y niega y confunde y enturbia ahora, y quisiera borrar y calla–, sino sacar ventaja del … … por … o descuido o … del otro, sin respetar ni tener en cuenta la vía por la que llegó a saberse lo que se esgrime o tergiversa ahora –o basta con haberlo enunciado para que ya lo … al recogerlo el aire–: si fueron las confesiones de una noche enamorada o un desesperado día, de un … de culpa o un despertar desolado, o de la embriagada … de un insomnio: una noche o un día en que quien hablaba hablaba como si no hubiera futuro más allá de esa noche o día y fuera su lengua suelta a morir con ellos, ignorando que siempre hay más por venir, siempre queda, un poco más, un minuto, la lanza, un segundo, la fiebre, y otro segundo, el sueño –la lanza, la fiebre, mi dolor y la palabra, el sueño–, y también el … tiempo que ni siquiera vacila ni aminora el paso tras nuestro … y sigue añadiendo y hablando, murmurando e indagando y contando aunque ya no oigamos y hayamos callado.
>
> Javier MARÍAS: *Tu rostro mañana 1.* Ed. Debolsillo, 2009.

31. Explica, con la ayuda de tres ejemplos y con tus propias palabras, cómo se puede identificar una palabra creada por parasíntesis.

4. Mecanismos no morfológicos de formación de palabras

Al margen de los morfológicos, existen otros mecanismos para crear nuevas palabras de la lengua: el **acortamiento**, los **acrónimos** y los **extranjerismos**.

Encontramos habitualmente estas formas lingüísticas en todo tipo de textos: conversacionales, periodísticos, académicos e incluso literarios.

4.1 Acortamiento

Se trata de un proceso que consiste en acortar algunas palabras, sin que por ello se alteren su significado ni su categoría gramatical.

Se suele dar en contextos coloquiales, especialmente en el ámbito de la enseñanza (*cole, profe, seño*), la profesión o actividad (*capi, presi*) o la familia (*abue*).

Sin embargo, muchos han pasado a formar parte de la lengua general: *televisión* > *tele*; *fotografía* > *foto*; *bicicleta* > *bici*; *zoológico* > *zoo*.

4.2 Acrónimos

Los **acrónimos** son un tipo de siglas que tienen una estructura silábica. Se incorporan a la lengua como sustantivos (*Organización del Tratado del Atlántico Norte* > *OTAN*; *Mercado Común del Sur* > *Mercosur*).

En su formación, omiten los artículos, las preposiciones y las conjunciones, excepto si son necesarias para facilitar su pronunciación: *pequeña y mediana empresa* > *pyme*.

Suelen pasar por una primera fase de escritura en mayúsculas, para incorporarse al léxico común en minúscula (*síndrome de inmunodeficiencia adquirida* > *SIDA* > *sida*).

La formación de siglas y acrónimos es muy habitual en países anglófonos. Por eso se han incorporado a nuestro idioma muchas palabras que son siglas o acrónimos ingleses (*radio detecting and ranging* > *radar*).

4.3 Extranjerismos

Los **extranjerismos** son palabras que provienen de otras lenguas. Hay diversos tipos:

- Los **extranjerismos innecesarios**. Son aquellos para los que hay equivalentes castellanos con plena vitalidad (*leitmotiv*, por *motivo* o *tema*; *back-up*, por copia de seguridad), por tanto, son rechazables.
- Los **extranjerismos necesarios**. Son aquellos para los que no hay equivalentes castellanos o, si los hay, resultan insólitos. Se distinguen de dos tipos, los que mantienen la grafía y pronunciación originarias (*software*; *ballet*), y los que las adaptan (*estárter*; *entrecot*). Entre estos últimos, hay unos que mantienen la grafía original, pero con pronunciación y acentuación castellana (*quiche* [kiche > kish]); y otros que mantienen la pronunciación original, pero adaptando el extranjerismos al sistema gráfico castellano (*pádel* > *paddle*).

  Encontramos palabras profundamente **adaptadas** a la escritura y pronunciación del código castellano: *chalet* > *chalé* (galicismo); *xocoatl* > *chocolate (del náhuatl)*. Y otras que no lo están: *pizza (italianismo); airbag (anglicismo)*.
- En otros casos se incorpora la traducción más o menos literal a nuestra lengua de un término. Entonces hablamos de **calco semántico**: *fast-food* > *comida rápida; Kindergarten* > *jardín de infancia*.

ABREVIATURAS Y SIGLAS

Las **abreviaturas** se forman a partir del truncamiento extremo de una palabra, y finalizan siempre con un punto. Se trata de un proceso que corresponde a la lengua escrita, puesto que oralmente se reproduce la palabra completa:

señor > *Sr.*; *ejemplo* > *ej.*

Las **siglas** se forman a partir de las letras iniciales de varias palabras:

Tribunal Superior de Justicia > *TSJ*; *ácido desoxirribonucleico* > *ADN*.

Ambos fenómenos, sin embargo, no forman palabras nuevas, sino que simplifican gráficamente algunas de las que ya existen.

EMOTICONOS

Los **emoticonos**, del acrónimo inglés *emoticon* (*emotion* e *icon*), son imágenes o una secuencia de caracteres que se utilizan en la comunicación digital.

Su éxito se debe a que son muy expresivos y acortan los mensajes escritos.

32. Lee los siguientes textos y contesta las preguntas:

1 ¿Has venido en **bici** o en **metro**?

2 La **UE** ha suspendido de forma cautelar la normativa sobre pesca.

3 Los títulos de libros y publicaciones periódicas. No así los títulos de alguna parte de estos, que deberán escribirse en redonda y entre comillas (**v. cap.** 4).

4 Todos los **looks** de los premios Emmy 2014.

Zuhair Murad firma el elegante vestido **nude** de Taylor Schilling. La protagonista de *Orange is the New Black* completa su **look** con un pendiente tipo **ear-cuff**.

5 USA, URSS.
USA, URSS, OAS, UNESCO:
ONU, ONU, ONU.
TWA, BEA, K.L.M., BOAC
¡RENFE, RENFE, RENFE!

FULASA, CARASA, RULASA,
CAMPSA, CUMPSA, KIMPSA:
FETASA, FITUSA, CARUSA:
¡RENFE, RENFE, RENFE!

¡S.O.S., S.O.S., S.O.S.,
S.O.S., S.O.S., S.O.S.!
Vosotros erais suaves formas:
INRI, de procedencia venerable,
S.P.Q.R., de nuestra nobleza heredada.
Vosotros nunca fuisteis invasión.

Dámaso Alonso: "La invasión de las siglas" (fragmento), en *Verso y prosa literaria*. Ed. Gredos, 1993.

a. ¿Conoces otros ejemplos para acortar palabras como en el primer texto?

b. En los textos periodísticos es frecuente el uso de siglas que reducen la extensión del texto, aunque, a veces, dificultan su comprensión. ¿Sabes el significado de UE, CEIP y OMS?

c. ¿Cuál es el significado de las abreviaturas del tercer texto?

d. Los préstamos son palabras tomadas de otras lenguas. A veces son necesarios, pero en ocasiones se abusa de ellos. Reescribe el cuarto texto sustituyendo los anglicismos por palabras o expresiones castellanas.

e. ¿Todas las siglas que aparecen en el poema de Dámaso Alonso existen? ¿Cuáles son reales y cuáles son inventadas?

f. ¿Por qué dice el poeta que INRI y S.P.Q.R. nunca fueron invasión?

33. ¿A qué corresponden las siguientes abreviaturas? Cópialas y responde en tu cuaderno:

a.C.	art.	cód.	Fdo.	párr.	trad.
a/c	atte.	depto.	íbid.	pról.	v. Gr.
a. m.	c/c.	ed.	loc. cit.	R.I.P.	V. O.
apdo.	Cía.	et al.	Ltdo.	RR. HH.	vs.

34. ¿Conoces el significado las siguientes siglas?

DNI	ADN	DRAE	UE	ACNUR
TSJ	CSIC	ONG	FMI	AEMET

35. Averigua cómo se han formado estos acrónimos:

teleñecos	ofimática	autobús
láser	docudrama	transistor
motel	blog	AVE

36. Lee el texto y realiza las actividades:

Apenas un par de tiras de velcro unidas a unas *flip-flop* que tienen una historia de 30 años –son americanas y están ligadas al deporte, principalmente; pero también a los turistas trotamundos, que se están revelando como los verdaderos *trendsetters* y *coolhunters*– y que funcionan. Sí, funcionan. Funcionan con pantalones pitillo, con vestidos camiseros, con faldas lápiz, con vestidos de flores, con looks minimalistas y con looks barrocos. Funcionan. Hacen el look, vamos. Un look diferente, un look raro, un look extravagante. Pero lo hacen.

Marta Hurtado de Mendoza: "Nuevo capítulo en la vida de los *ugly shoes*", Vogue. Web [Consulta: 15 de junio de 2015].

a. ¿Sobre qué habla el texto? ¿Por qué crees que en este tipo de textos aparecen tantos extranjerismos?

b. Busca en el DRAE el anglicismo. ¿Qué dice el diccionario sobre su uso en castellano?

c. ¿Se pueden sustituir estos anglicismos por palabras propias castellanas o solo se puede hacer una traducción aproximada de las mismas?

d. Escribe una breve argumentación sobre la necesidad/utilidad de estas palabras cuando se habla o se escribe.

37. Formad grupos de trabajo para buscar en anuncios publicitarios (prensa escrita, Internet...) préstamos lingüísticos.

Después, elaborad un listado de los préstamos encontrados y buscad su posible equivalente en español. ¿Qué forma preferís en cada caso? ¿Por qué? ¿Cuál creéis que es la más correcta?

Escribir con propiedad

1. La norma y el diccionario

1.1 Norma y uso

La norma, tal y como la define la RAE (Real Academia Española), *no es sino el conjunto de preferencias lingüísticas vigentes en una comunidad de hablantes, adoptadas por consenso implícito entre sus miembros y convertidas en modelos de buen uso.*

En definitiva, la **norma lingüística** resulta de la aceptación de unas **reglas comunes** por parte de los hablantes de una lengua.

Como dice la RAE, *si no existiera ese conjunto de preferencias comunes, y cada hablante emplease sistemáticamente opciones particulares, la comunicación se haría difícil y, en último extremo, imposible.*

Sin embargo, el uso también termina regulando la norma, que asume así los continuos cambios a los que la lengua está sometida.

Por ejemplo, la RAE introduce en la 23.ª edición del *Diccionario de la lengua española* (2014) palabras que antes no aceptaba como normativas, pero que eran usadas por los hablantes:

- *Apechusques*, en el sentido de '*trastos*' o 'utensilios'.
- *Palabro*, como '*palabra mal dicha o estrambótica*'.
- *Teletrabajo*, como 'trabajo que se realiza fuera de la empresa utilizando redes de comunicación'.
- *Blog*, como 'sitio web que incluye contenidos a modo de diario personal'.

Así, pues, el *Diccionario de la lengua española* de la RAE ha ido incorporando en sus sucesivas ediciones muchas de las palabras que los hablantes reconocen y usan habitualmente. Dichos vocablos en anteriores ediciones no aparecían porque se consideraban impropiedades léxicas.

DICCIONARIO PANHISPÁNICO

El ***Diccionario panhispánico de dudas*** es una obra elaborada por la RAE y por la Asociación de Academias de la Lengua Española con el propósito de resolver las dudas relacionadas con el uso del castellano en toda la comunidad hispanohablante.

1.2 Propiedades e impropiedades léxicas

Todas las palabras poseen un significado normativo, es decir, nos remiten a un contenido reconocido por todos los hablantes y reflejado en los diccionarios. El uso de una palabra con su significado correcto determina la **propiedad léxica**.

Sin embargo, por desconocimiento de la lengua o por estar arraigadas en la cultura popular, a menudo se usan palabras con un significado que no les corresponde. En estos casos, hay que hablar de **impropiedad léxica**. Por ejemplo:

- **Agudizar el oído* contiene una impropiedad léxica: el verbo *agudizar*. Lo correcto es decir *aguzar el oído*.

Es importante no solo leer con regularidad para evitar las impropiedades léxicas, sino también usar el diccionario.

La lectura proporciona un buen caudal léxico, mientras que el uso del diccionario permite comprobar el correcto significado de las palabras.

- El verbo *adolecer* significa 'tener o padecer defecto o vicio' y, sin embargo, la mayor parte de la gente lo utiliza en sentido positivo como sinónimo de *carecer*: *adolecer de recursos fluviales*.

Si se quiere hablar y escribir con propiedad, entonces habrá que evitar el empleo de *adolecer* con el sentido de 'no tener'.

FÍJATE

El **asterisco** (*), delante de una oración o una palabra, indica que se ha incurrido conscientemente en algún uso agramatical de la lengua.

ESCRIBIR BIEN

El léxico es dinámico y los hablantes no pueden conocer todos y cada uno de los significados ni valores de las palabras. Es necesario recurrir habitualmente al diccionario para usar correctamente las palabras.

38. Lee esta noticia y responde las preguntas:

El nuevo diccionario de la RAE, lleno de polémicas

La Real Academia de la Lengua Española presentó hace dos semanas la última edición de su *Diccionario*, que, como suele ocurrir siempre que se actualiza, ha levantado polémicas entre algunos sectores, que se sienten ofendidos por la permanencia de algunos términos, definiciones y acepciones.

La 23.ª edición del *Diccionario de la Lengua Española* ha visto la luz tras trece años de espera, incluyendo en torno a 5000 entradas nuevas y 22000 modificaciones totales, entre las que destacan algunas por su significado llamativo. Como sus antecesores, este nuevo diccionario no se ha librado de las críticas y no solo por la incorporación de algunos neologismos y vulgarismos que entran a formar parte de las palabras aceptadas por el organismo oficial.

[...] Algunos de los términos han sido criticados por ser demasiado vulgares, como *beisbolero* y *okupa*, mientras otros lo han sido por estar demasiado actualizados por las nuevas tecnologías, como la inclusión de *tuit*, *tuitear*, *link*, *wifi*, *tunear*, *intranet* y *nube*.

"El nuevo diccionario de la RAE, lleno de polémicas", 3 de noviembre de 2014, *Diario de Navarra*.

a. ¿Qué diferencia existe entre *entradas* y *modificaciones*? ¿Por qué crees que son necesarias las nuevas ediciones en un diccionario?

b. ¿Consideras que esos términos criticados por ser vulgares deben tener cabida en un diccionario? ¿Por qué?

c. ¿Es necesario admitir, desde tu punto de vista, palabras como *link* o *tuitear*? ¿Cómo se ha producido la incorporación y adaptación a nuestra lengua de una y de la otra?

d. ¿Por qué se habrá admitido la palabra *okupa* con *k*, cuando la grafía habitual correspondiente a ese fonema en nuestra lengua es *c*?

39. ¿Crees que las definiciones de palabras como *gozar*, *huérfano*, *femenino* o *democracia* han cambiado a lo largo de los últimos años? ¿Por qué?

Busca en diccionarios de décadas anteriores (en la biblioteca, en casa de tus abuelos, en Internet, etc.) y compara las definiciones. ¿El resultado coincide con tu impresión previa?

40. Busca en el diccionario las palabras que te facilitamos a continuación y explica qué confusión se puede producir en su uso:

accesible	cruento	mortandad
aguzar	detentar	ofertar
aprensión	exento	valorar
asequible	inaudito	linotipia
centralizar	infligir	especias

41. Explica por qué el uso de las palabras en cursiva en las siguientes oraciones constituye una impropiedad léxica y propón la forma correcta:

- Mis relatos *adolecen* de buenas ideas.
- Ha preferido que le pagasen el complemento en *especias*.
- Parece una persona afable y *asequible*.
- El juez ha dictado una orden de *aprensión* hacia el director del banco.
- Tuvieron una *cruenta* discusión, pero finalmente llegaron a un acuerdo.
- Si ha llegado a ser administrador de la compañía, significa que *detenta* un cargo muy importante.
- Parece que todos los programas de la TV están *exentos* de emoción.
- El tremendo maremoto que asoló la costa es un fenómeno *inaudito*.
- Ha tenido una *linotipia* y se ha desmayado.
- A lo largo del verano se ha apreciado un aumento en la *mortandad* a causa de los accidentes en carretera.
- Nos *han valorado* los daños producidos por las lluvias para que nos pague el seguro.

42. Busca en el diccionario las palabras *reajustar*, *antisistema* y *despolitizar*, y responde las preguntas:

a. Piensa en los valores connotativos que esas palabras añaden a las frases: ¿se utilizan para ocultar algo?, ¿tienen un carácter peyorativo?, ¿cambian de matiz dependiendo de la frase?

b. ¿Los diccionarios recogen todos los valores que acompañan a las palabras? Debatidlo en clase.

c. ¿Consideras que la palabra *wifi* debe estar en el diccionario?

43. Toma nota a lo largo de un día de expresiones, conversaciones, palabras... que escuches en la calle, en clase, en casa, con tus amigos... y que consideres que están mal dichas. Explica dónde está el error y cuál sería la palabra o expresión correcta.

2 LOS TIPOS DE TEXTO. EL SUSTANTIVO

Mis primeros versos

Hace tiempo, leyendo el libro *Zen en el arte de escribir*, del maestro de la ciencia ficción Ray Bradbury, llamó mi atención un capítulo donde el autor cuenta que se había pasado años de su vida "pre-escritora" elaborando largas listas de palabras sin aparente sentido o conexión, y cómo aquellas listas habían ido convirtiéndose con el paso del tiempo en una fuente insospechada de ideas para relatos, personajes e historias.

Me hizo pensar porque en mis primeros años escolares yo también rellenaba cuadernos con largas listas de palabras, como una especie de coleccionista lingüística que llevara cuenta minuciosa de sus capturas. Ahora pienso que quizá era por el puro placer de escribir, no solo por el descubrimiento del lenguaje, sino también en el sentido más físico de la palabra: observar cómo mi mano trazaba letras sobre el papel en blanco me producía un placer y una emoción que aún hoy intento convocar sobre la pantalla del ordenador.

No podemos pensar que la escritura, la buena escritura, es un fenómeno espontáneo que surge de la nada, como un salto en el vacío. Podemos tener una intuición o un talento más o menos agudos para el arte de escribir pero, sea como sea, necesitamos aprender a interiorizar algunos recursos y herramientas del lenguaje, en definitiva, necesitamos leer y, además, leer mucho y "leer bien".

El mismo Ray Bradbury habla de su experiencia con la escritura como la de un trabajador que poco a poco y a base de esfuerzo continuado va conociendo su oficio: "Al final de cada jornada el menor esfuerzo significa una especie de victoria. Acuérdense del pianista cuando decía que si no practicaba un día, se daba cuenta él; si no practicaba dos días, se percataban los críticos, y al cabo de tres días, se daba cuenta el público".

Berta PIÑÁN: "Memoria literaria de la escuela: muros de tinta y papel" (adaptación), en *Textos literarios y contextos escolares*. Ed. Graó, 2008.

1. ¿Cuál es la intención del texto? ¿A quién crees que va dirigido y por qué? ¿La autora aparece reflejada en el texto a través de alguna marca lingüística? ¿Y los destinatarios?
2. ¿Cuál es el tema del texto? ¿Toda la información que se aporta está relacionada con el tema? ¿Crees que otro tipo de informaciones hubiera enriquecido más el texto? Justifica tu respuesta.
3. ¿Qué relación guarda la alusión a Bradbury con el tema del texto? ¿Es pertinente el ejemplo? Justifica tu respuesta.
4. ¿Compartes las ideas del texto? Relaciónalo con tu experiencia personal.

Los tipos de texto

1. Competencias para elaborar un discurso

La competencia discursiva hace referencia a la capacidad que tienen los hablantes para elaborar un discurso comunicativo eficaz. Esta se va adquiriendo a lo largo de la vida y en ella intervienen varios factores: uso correcto de la lengua, adecuación del texto al contexto, incorporación de elementos extraverbales...

Existen, sin embargo, dos requisitos indispensables a la hora de comprender y elaborar un discurso. El primero de ellos hace referencia al conocimiento de las **reglas internas** que dan forma a cada tipo de texto; y el segundo, al conocimiento del **tipo de texto** apropiado para cada situación comunicativa.

Para llevar a cabo un discurso ameno y comprensible pueden utilizarse programas informáticos con los que se realizan y presentan gráficos, fotografías y esquemas.

2. Clases de textos

Son varios los factores que determinan los criterios de clasificación de los textos: según el canal, según la intención comunicativa, según la estructura del mensaje y, finalmente, según el ámbito de que tratan.

2.1 Según el canal

Según el canal -auditivo o visual-, los textos pueden clasificarse en orales o escritos.

- **Textos orales**. Pertenecen a la lengua hablada. Dentro de los textos orales se puede distinguir entre los textos conversacionales y los textos formales:
  - **Textos conversacionales**. No están regulados (ni el tema ni el turno de palabra) y, a veces, son incoherentes y repetitivos. Contienen alusiones al emisor, al receptor y al contexto.
  - **Textos formales**. Están regulados y estructurados. Además, presentan una serie de rasgos comunes que comparten con todos los discursos que tienen la misma intención comunicativa: exponer, persuadir, entretener...
- **Textos escritos**. Están mucho más elaborados y carecen, por tanto, de la espontaneidad de los textos orales.

RECUERDA

El canal es el elemento físico a través del cual se transmite la información.

2.2 Según la intención comunicativa

Según la intención comunicativa, los textos pueden ser: informativos, prescriptivos, persuasivos y literarios.

- **Textos informativos**. Dan a conocer definiciones, conceptos concretos o hechos. Este tipo de texto busca la objetividad. Son informativos los que aparecen en libros de divulgación, diccionarios, enciclopedias, reportajes...

  El sistema nervioso es el encargado de recibir señales, transformarlas en impulsos y transmitirlas a través del cuerpo de los organismos. Está formado por células nerviosas denominadas neuronas, y células que contribuyen al soporte y nutrición de la neuronas, las células de neuroglia.

  VV.AA.: *Biología y Geología* (Bach). Ed. Vicens Vives, 2009.

- **Textos prescriptivos**. Dan instrucciones al receptor o guían una acción. Son textos prescriptivos las instrucciones de uso, las normas para seguir un juego, las recetas de cocina...

El relato oral de un periodista de televisión requiere corrección lingüística y una buena dicción.

Receta de tortilla de patatas

Pela y pica la cebolla en dados medianos. [...] Introdúcelas en la sartén, sazona a tu gusto y fríe a fuego suave durante 25-30 minutos.

Retira la fritada y escúrrela. Pasa el aceite a un recipiente y resérvalo. Limpia la sartén con papel absorbente de cocina.

Casca los huevos, colócalos en un recipiente grande y bátelos. Sálalos a tu gusto, agrega la fritada de patatas y cebolla [...] y mezcla bien.

Coloca la sartén nuevamente en el fuego, agrega un chorrito del aceite reservado y agrega la mezcla. Remueve un poco con una cuchara de madera y espera (20 segundos) a que empiece a cuajarse. Dale la vuelta para que cuaje por el otro lado.

Karlos ARGUIÑANO: "Receta de tortilla de patatas", www.hogarutil.com.
Web [Consulta: 21 de abril de 2015].

- **Textos persuasivos**. Tratan de convencer al receptor. Son textos persuasivos los anuncios publicitarios o los discursos políticos.
- **Textos literarios**. Crean un mundo de ficción y se centran en la belleza del propio mensaje. Pueden ser narrativos, líricos o dramáticos:

Vamos hacia los árboles, el alma
Adormecida de perfume agreste.
Pero calla, no hables, sé piadoso;
No despiertes los pájaros que duermen.

Alfonsina STORNI

FÍJATE

A la hora de producir un texto, es importante escoger la estructura adecuada para que el receptor interprete la intención comunicativa del emisor. No obstante, hay que tener en cuenta que, en ocasiones, en un mismo texto se combinan diferentes estructuras textuales.

2.3 Según la estructura del mensaje

En función de la estructura del mensaje, los textos pueden ser:

- **Textos expositivos**. Explican hechos o ideas de forma objetiva, ordenada y clara. Son expositivos los textos de las enciclopedias, los libros de texto... Constan de: presentación, desarrollo y cierre. Se pueden ver ejemplos en la Unidad 3.

Nuestra especie empezó hace doscientos mil años, más o menos, en África. Desde allí se extendió a todo el mundo, pero no inmediatamente. A Europa llegamos hace unos 45 000 años, a Australia aproximadamente por la misma época, a América hace unos 15 000 años, a Groenlandia hace mucho menos –unos 4500 años–, y en la Antártida no vivimos, salvo en las bases científicas (y temporalmente).

Juan Luis ARSUAGA: *Elemental, queridos humanos. Vida y andanzas del ingenioso planeta Tierra.* Ed. Planeta, 2010.

- **Textos argumentativos**. Defienden o rebaten una idea, aportando argumentos lógicos en los que se apoyan. Son textos argumentativos los artículos de opinión, los análisis comparativos o los ensayos. Estos textos se estructuran en: presentación, cuerpo argumentativo y conclusión. Se pueden ver ejemplos en la Unidad 4.

Llamo inteligencia a la capacidad de un sujeto para dirigir su comportamiento, utilizando información captada, aprendida, elaborada y producida por él mismo.

En los últimos dos siglos, la inteligencia se ha evaluado por sus capacidades cognitivas básicas –percibir, relacionar, aprender, argumentar, por ejemplo–, que suele ser lo que miden los tests de inteligencia. Este atrincheramiento en el campo cognitivo me parece una reducción engañosa.

J. A. MARINA: *La inteligencia fracasada* (adaptación). Ed. Anagrama, 2013.

La oratoria judicial también es un tipo de texto argumentativo.

- **Textos descriptivos**. Representan las características de un ser, un objeto, un lugar, una escena o un sentimiento a través del lenguaje. Las descripciones pueden ser descripciones literarias, técnicas, etc. Los textos descriptivos se encuentran, frecuentemente, dentro de otro tipo de texto (narrativos, expositivos...). Se pueden ver ejemplos de descripciones en la Unidad 5.

Tampoco se acordaban de los difuntos; pero lo disimulaban; los trajes eran oscuros, las conversaciones menos estrepitosas que de costumbre, el gesto algo más compuesto[1]... Se paseaba en el Espolón como se está en una visita de duelo en los momentos en que no está delante ningún pariente cercano del difunto. Reinaba una especie de discreta alegría contenida.

Leopoldo ALAS, CLARÍN: *La Regenta*. Ed. Castalia, 2003.

1. **compuesto**: serio, mesurado.

- **Textos narrativos**. Relatan hechos reales o imaginarios sucedidos a unos personajes en un tiempo y un espacio determinados. Son textos narrativos una novela, un cuento, un relato o una noticia. La estructura básica a la que suelen ajustarse es la de presentación, nudo y desenlace, aunque pueden presentar variaciones. Se pueden ver ejemplos de textos narrativos en la Unidad 6.

Después de una larga pausa, al juez se le ocurrió darle la pluma para que declarase por escrito. La mano entonces escribió: "soy la mano de Ramiro Ruiz, asesinado vilmente por el doctor en el hospital y destrozado con ensañamiento en la sala de disección. He hecho justicia".

Ramón GÓMEZ DE LA SERNA: *La mano*. Ed. AHR, 1956.

- **Textos dialogados**. Reproducen un intercambio de información entre uno o varios interlocutores. Son textos dialogados las conversaciones, las entrevistas o los textos teatrales. Se estructuran en función de las distintas intervenciones de cada uno de los interlocutores. Se pueden ver ejemplos de textos dialogados en la Unidad 7.

–Me parece, Sancho, que tienes mucho miedo.

–Sí tengo –respondió Sancho–. ¿En qué lo nota?

–En que ahora hueles más que nunca, y no a ámbar.

–Bien podrá ser, pero yo no tengo culpa, sino vuestra merced, que me trae a deshora y por estos lugares extraviados.

Miguel DE CERVANTES: *Don Quijote de la Mancha*. Ed. Vicens Vives, 2011.

Don Quijote y Sancho Panza (1847), de Wilhelm Marstrand.

2.4 Según el ámbito de uso

Los textos presentan también unas características concretas en función de su ámbito de uso. Así, distinguimos entre textos periodísticos, científicos, humanísticos, literarios, jurídico-administrativos y publicitarios.

- **Textos periodísticos**. Son los que se producen en los medios de comunicación social a través de la prensa, la radio, la televisión e Internet. Son ejemplos de textos periodísticos una noticia, un reportaje, una entrevista, un artículo de opinión o una crónica. Su finalidad es fundamentalmente informativa. Se pueden ver ejemplos de estos textos en la Unidad 9 y la Unidad 10.
- **Textos científicos**. Son textos que tratan sobre temas relacionados con las distintas disciplinas científicas, como una tesis doctoral o un artículo académico. Son textos escritos en un lenguaje formal, con gran objetividad, precisión terminológica y claridad expositiva.

5. Vuelve a leer los textos de ejemplo y justifica por qué son una muestra adecuada de esa clase de texto. Señala en cada caso qué rasgos comparten con otros textos del mismo tipo.
6. Busca y escribe en tu cuaderno otro ejemplo para cada tipo de texto. A continuación, analiza la estructura de cada uno de ellos y comenta las diferencias.

Los tipos de texto

- **Textos humanísticos**. Este tipo de textos trata temas relacionados con las humanidades y las ciencias sociales (filosofía, psicología, historia, economía...). Suelen hacer uso del registro culto de la lengua y se sitúan entre la objetividad y la subjetividad, ya que muchos, además de informar, poseen una gran carga ideológica.

  Entre los textos humanísticos destaca como género especial el ensayo, que analiza, interpreta y valora un tema de manera libre y personal.

- **Textos literarios**. Son textos en los que predomina una intención poética, ya que la lengua se utiliza con voluntad artística.

  Son textos literarios una novela, un poema o una obra teatral. Suelen emplear recursos literarios, esto es, formas lingüísticas que se alejan del uso común del lenguaje. La disposición específica de los enunciados se determina en función del género (prosa, verso o diálogo teatral).

- **Textos jurídico-administrativos**. Son textos con carácter preceptivo que regulan el funcionamiento de la vida social, como las leyes, las instancias, los formularios o las sentencias judiciales. A menudo presentan un estilo arcaico, alejado de la lengua común y lleno de formulismos.

- **Textos publicitarios**. Son textos que buscan la persuasión y utilizan un lenguaje con una gran carga connotativa.

  Los anuncios son los más conocidos. Los textos publicitarios van dirigidos a un perfil de destinatario concreto, y combinan de forma específica códigos verbales y no verbales (música, imágenes, sonido...) que sugieren a ese receptor valores con los que se identifica. Se pueden ver ejemplos de textos de este tipo en la Unidad 12.

@ Para ampliar en la Red...

Entra en www.tiching.com/730033, escucha el *podcast* y di qué tipo de texto es.

7. Elabora, siguiendo el modelo, un mapa conceptual sobre la clasificación de los tipos de texto:

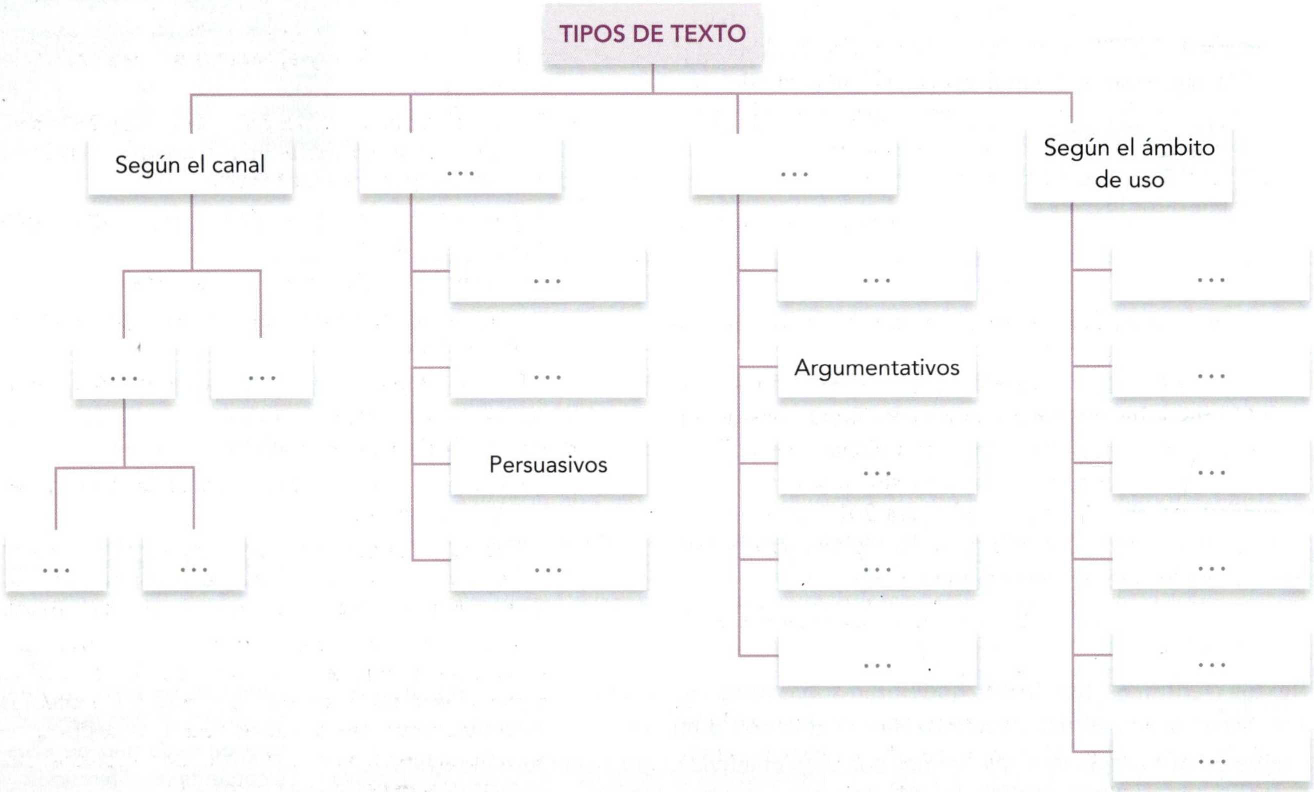

8. Lee estos textos e identifica el ámbito con el que se relacionan. Analiza su estructura y comenta las diferencias:

Texto 1

Confirman que los restos hallados son los de Cervantes

Los investigadores creen "sin discrepancias" que "algunos fragmentos" encontrados en la cripta de la iglesia de las Trinitarias en Madrid son del autor de *El Quijote*.

El forense y director de la búsqueda de Cervantes, Francisco Etxebarria, ha confirmado que "es posible considerar que entre los fragmentos" encontrados en la cripta de la iglesia madrileña de las Trinitarias "se encuentran algunos" pertenecientes a Miguel de Cervantes, sin "discrepancias".

Diario de Sevilla, 17 de marzo de 2015.
Web [Consulta: 21 de abril de 2015].

Texto 2

Cuando Gregor Samsa despertó una mañana, tras agitados sueños, se halló en su cama convertido en un monstruoso insecto.

"¿Qué me ha sucedido?", pensó. No era un sueño. Su habitación, una verdadera habitación humana, si bien algo pequeña, estaba tranquilamente allí, entre las cuatro paredes bien conocidas.

F. KAFKA: *La metamorfosis y otros relatos*. Ed. Vicens Vives, 1997.

Texto 3

Según las estadísticas, la renta media anual por habitante en Burkina Faso en 1988 era de 210 dólares americanos y de 16 080 en Francia, 19 780 en Estados Unidos y 27 260 en Suiza. Esto significa que el bienestar de los occidentales es alrededor de cien veces superior al de los burkinabe. ¿Quiere ello decir que los primeros son cien veces más felices que estos? Evidentemente, no.

Serge LATOUCHE: *El planeta de los náufragos*. Ed. Acento, 1991.

Texto 4

Con la finalidad de facilitar la confección de las nóminas que han de elaborarse para abonar las mencionadas cantidades, las Secretarías de Estado de Presupuestos y Gastos y de Administraciones Públicas consideran oportuno dictar las siguientes instrucciones, que se limitan a aplicar estrictamente lo dispuesto en la Ley de Presupuestos Generales del Estado para 2015, así como en las restantes normas reguladoras del régimen retributivo del referido personal del sector público estatal.

BOE (Boletín Oficial del Estado), 2 de enero de 2015.

Texto 5

Si quiere mantenerse sano, coma frutas y verduras, beba mucha agua y haga ejercicio moderado. La falta de actividad física perjudicará, a largo plazo, su salud.

Texto 6

En la historia de los océanos podemos considerar aspectos muy diversos. Por un lado, la historia del agua y de la salinidad. Por el otro, la historia del vaso, tanto en cuanto a la composición y evolución de la litosfera oceánica como a su variación en forma y volumen. Una consecuencia de ello, de gran importancia para la humanidad, es la variación del nivel de los mares en referencia a los continentes emergidos.

Salvador REGUANT: *Historia de la Tierra y de la Vida* (adaptación).
Ed. Ariel, 2005.

9. Selecciona cuatro textos escritos diferentes de procedencia diversa (libros de texto, revistas, publicidad, solicitudes administrativas...) y clasifícalos. Justifica tu respuesta.

10. Lee el texto y realiza las actividades en nombre de Ana:

Ana es una joven que vive en un pueblo de, aproximadamente, 20 000 habitantes que carece de asociaciones juveniles y de locales de ocio para chicos de su edad; tampoco observa demasiado interés por intervenir en los asuntos sociales. Todo esto, unido a la irregularidad en el empleo, obliga a gran parte de los jóvenes a marcharse a ciudades más grandes. Ana quiere que esto cambie y desea, por un lado, pedirle al ayuntamiento que les facilite espacios; y por otro, movilizar a todos los jóvenes que viven allí para que puedan compartir inquietudes. Necesita dar a conocer su proyecto a través de cartas, documentos, entrevistas... Quizás tú puedas ayudarla.

a. Escribe al ayuntamiento. Para ello, primero busca ejemplos de cartas dirigidas a las administraciones públicas –instancias– y ajústate a su esquema para redactar la tuya.

b. Escribe al director del periódico local. Lee en la sección de "cartas al director" de la prensa y ajústate a ese formato para escribir tu carta.

c. Prepara una entrevista radiofónica para ayudar a Ana a preparar la suya:
   - Escucha algún programa de entrevistas.
   - Toma notas de todas las preguntas que realiza el entrevistador.
   - Piensa qué preguntas pueden hacerle a Ana y prepara posibles respuestas.

d. Da una charla a los vecinos:
   - Busca algún mitin político y comenta sus características concretas.
   - Elabora un pequeño discurso oral en el que intentes convencer a tus vecinos de lo importante que es para la comunidad una mayor implicación social.

e. Crea un blog de grupo en el que se recojan todas las actividades anteriores. Recuerda que uno de los recursos más importantes de los que dispone Internet es el hipertexto (texto con enlaces a otros textos o recursos audiovisuales), por tanto, deberás aprender a enlazar imágenes, documentos, etc.

El sustantivo

¡Un ser vivo!

Los sabios proclaman con énfasis que la lengua es un ser vivo y luego le niegan el principal atributo de los seres vivos: el sexo. Nos quejamos de que la gente confunda el sexo con el género, pero ni los gramáticos ni los biólogos se dignan a explicar las razones de dicha confusión. Prefieren despacharla como un problema de ignorancia colectiva en el que no vale la pena detenerse. Está además ese raro empeño de los gramáticos en demostrar que el pensamiento dominante de la tribu no deja rastros en sus usos lingüísticos, lo que choca con la experiencia de todos los días.

Miren, el discurso de una persona triste suele también ser triste. Pero bueno, podría ser, podría ocurrir, vale, que en un país donde no hay apenas directoras de periódicos, ni presidentas de bancos, ni académicas de número, en un país donde las mujeres cobran por el mismo trabajo menos que los hombres, o donde las tareas del hogar, según las encuestas, continúan fatalmente repartidas, podría suceder, decíamos, que la corriente de pensamiento que ha conducido a tal situación no se reflejara para nada en el vehículo de las ideas, que son las palabras.

En tal caso, deberíamos deducir que la lengua, además de un ser vivo sin sexo, sería una psicópata, al modo de los asesinos en serie capaces de disimular su condición hasta el punto de pasar por gente encantadora. ¡Era tan normal!, exclaman los vecinos cuando la policía detiene al muchacho que llevaba meses cocinando las vísceras de su novia, previamente descuartizada y congelada.

A ver si un día de estos nos levantamos y tenemos que decir lo mismo de nuestra lengua: ¡era tan normal! Entre tanto, sería estimulante que los peritos[1], en vez de calificar de idiotas a quienes de un tiempo a esta parte sienten cierta incomodidad al hablar o ser hablados, se preguntaran por las razones de tal desasosiego[2].

El escritor y periodista Juan José Millás escribe cada viernes en *El País* un "articuento", género inventado por él mismo a mitad de camino entre el artículo de opinión y el microrrelato.

Juan José MILLÁS: "¡Era tan normal!", 9 de marzo de 2012, *El País*. Web [Consulta: 28 de abril de 2015].

1. **peritos**: especialistas en una materia concreta.
2. **desasosiego**: preocupación o inquietud.

11. A lo largo de todo el artículo se afirma en varias ocasiones que la lengua es un ser vivo. ¿Estás de acuerdo con esta idea? ¿En qué criterios lingüísticos crees que se basa el autor?

12. Uno de los mecanismos característicos de la cohesión textual es la repetición de palabras que se relacionan con el tema, pues ayudan al emisor a fijar el contenido y al receptor del texto a centrar la atención en las ideas principales.

Busca los sustantivos que se repiten en el artículo y elabora un resumen del texto con ellos.

13. Después de hacer el resumen, propón un nuevo título para el artículo.

14. ¿Crees que sexo y género se refieren a una misma cosa? Demuestra que no lo son. Para ello, fíjate en los sustantivos del texto de Juan José Millás que solo tengan género masculino o femenino y reflexiona sobre ellos.

15. ¿De qué palabras derivan los siguientes sustantivos? Deduce el afijo utilizado en la derivación:

ignorancia	situación	desasosiego
pensamiento	incomodidad	psicópata
sabios	microrrelato	corriente

a. ¿Qué crees que tienen que ver los sustantivos anteriores con el contenido del texto de Juan José Millás? Justifica tu respuesta.

16. A continuación, crea sustantivos a partir de las siguientes palabras seleccionadas del artículo:

explicar	calificar	colectiva
triste	idiota	proclamar
deducir	capaz	levantar

17. ¿Crees que la lengua es sexista? Organizad un debate en clase con la información que habéis leído en este artículo y con la que tenéis en el siguiente enlace: www.tiching.com/730038.

1. El sustantivo

Los **sustantivos** son palabras que denotan entidades de toda naturaleza y condición: individuos (*Carlos*, *hormiga*), grupos (*flota*, *banda*), materias (*agua*, *arena*), cualidades o sentimientos (*bondad*, *odio*), sucesos o eventos (*derrota*, *nacimiento*), relaciones (*maternidad*, *matrimonio*), lugares (*camposanto*, *avenida*), tiempos (*lustro*, *amanecer*), etc.

- Forma:
  - Pertenecen a clases abiertas de palabras. Participan en procesos morfológicos de derivación y composición: *arboleda*, *ciempiés*.
  - Tienen flexión de **género** y **número**: *niño*, *niña*, *niños*, *niñas*.
- Significado:
  - Los sustantivos se clasifican en **comunes** (*tiramisú*, *lagarto*, *lápiz*) y **propios** (*Guatemala*, *Marta*, *Guadalquivir*).
- Funcionamiento gramatical:
  - Constituyen grupos nominales, de los que son el **núcleo**:

Una	*película*	*estupenda*
Det	Sust / N	Adj / CN
	GN	

  - Pueden contraer varias funciones sintácticas: sujeto (*Luis corre mucho*), complemento directo (*Cantó una canción*), atributo (*Pau Gasol es un gran jugador de baloncesto*), etc.

Género

- Dos terminaciones
  - Masculino
    - Ø: *barón*
    - -o: *niño*
    - -e: *cliente*
  - Femenino
    - -a: *niña*
    - -ina: *madrina*
    - -esa: *baronesa*
    - -isa: *sacerdotisa*
    - -triz: *emperatriz*
- Una terminación
  - Masculino / Femenino
    - *pianista*

Número

- Singular
  - -Ø: *melón*
- Plural
  - -s
    - termina en vocal átona: *casas*, *cines*, *pollos*
    - termina en -á, -é, -ó: *mamás*, *cafés*, *platós*
  - -es
    - termina en consonante: *árboles*, *relojes*
    - termina en -y: *reyes*
  - -s / -es
    - termina en -í, -ú: *jabalís / jabalíes*, *bambús / bambúes*

2. La forma del sustantivo

Todos los sustantivos en castellano tienen **género** (masculino o femenino) y **número** (singular o plural): *gato*, *gata*, *gatos*, *gatas*.

2.1 El género

El género es un rasgo gramatical que tienen todos los sustantivos. En ocasiones, presentan un morfema que lo manifiesta, pero no siempre. En estos casos, hay que fijarse en la forma de los determinantes y adjetivos que concuerdan con el sustantivo: *la mano* (fem.); *esta pared* (fem.); *el clima* (masc.); *este problema* (masc.); *el / la testigo* (masc. / fem.).

Aunque no hay una relación directa entre género y sexo, se pueden dividir los sustantivos en **seres sexuados** (*la chica; nuestro perro*) y **no sexuados** (*el árbol; vuestros odios*).

Sustantivos que designan seres sexuados

El género marca el sexo del referente:

- En el masculino, en los morfemas **-o**, **-e** o **sin morfema**: *niño*, *monje*, *león*.
- En el femenino, en los morfemas **-a**, **-esa**, **-ina**, **-isa**, **-triz**: *leona*, *duquesa*, *heroína*, *poetisa*, *actriz*.

GÉNERO Y SEXO

¿Cómo se especifica el sexo de los animales cuyo nombre solo tiene un género? Una manera sencilla es complementar el sustantivo con las palabras *macho* o *hembra*.

La ballena macho.

La ballena hembra.

Sin embargo, en algunos casos la flexión de género presenta ciertas peculiaridades. Así, encontramos:

- Sustantivos que cambian la raíz para formar el masculino y el femenino: *hombre / mujer; toro / vaca; caballo / yegua.*
- Sustantivos cuya forma permanece invariable para masculino y femenino: *el / la estudiante; el / la soldado.*
- Sustantivos en los que un género engloba a ambos: *la persona; el bebé; la autoridad; la hormiga.*

Sustantivos que designan seres no sexuados

Solo tienen género gramatical. En ocasiones, el cambio de género de estas palabras puede presentar ciertas peculiaridades:

- Las terminaciones *-o / -a* pueden dar lugar a un cambio de significado entre palabras de la misma familia léxica (*naranjo / naranja; cerezo / cereza*), o establecer otras distinciones, como las referentes al tamaño o la forma de las cosas (*bolso / bolsa; barco / barca*).
- Marca la diferencia de significado en palabras formalmente idénticas: *el capital / la capital; el cólera / la cólera; el editorial / la editorial.*
- En los sustantivos ambiguos, el cambio de género no afecta a su significado: *el mar / la mar; el maratón / la maratón; el dote / la dote.*

2.2 El número

El número es la propiedad gramatical de los sustantivos que indica si designan a uno o más seres. El número **singular** no está marcado, es la opción por defecto: *agricultor-Ø, agricultora-Ø; acróbata-Ø.*

En cambio, el **plural** se marca con los afijos:

- -s, cuando la palabra termina en vocal: *sofá-s, alambrada-s.*
- -es, cuando la palabra termina en consonante o en *-í* y *-ú*: *limón / limones; maniquí / maniquíes; bambú / bambúes.*

Sin embargo, hay que prestar atención a la formación del plural en:

- **Latinismos**. Si se han adaptado, siguen las reglas generales: *los referendos.* Si no, permanecen invariables (salvo la tilde): *los déficit.*
- **Extranjerismos**. Siguen las reglas generales, aunque algunos permanecen invariables: *los best seller.*
- **Compuestos**. Los univerbales siguen la regla general: *caraduras, tentempiés.* Los pluriverbales, en cambio, unas veces marcan el plural solo en el primer elemento: *años luz, globos sonda*; y otras, en los dos: *pieles rojas, guardias civiles.*
- **Casos especiales**. La lengua recoge varias excepciones: *álbum / álbumes; hipérbaton / hipérbatos; tic / tics; cualquiera / cualesquiera.*

Además, hay que tener presente que el cambio de número puede llegar a suponer un cambio de significado: *el celo / los celos; el interés / los intereses*; y que algunos sustantivos solo se utilizan en singular o en plural: *caos, salud, sed; víveres, bártulos, afueras.*

LA DUPLICACIÓN PARA EVITAR USOS SEXISTAS

Las expresiones *alumnos y alumnas, empleados y empleadas* no son incorrectas, pero sí estilísticamente inapropiadas por ser redundantes, puesto que en castellano el masculino es el género no marcado que incluye a seres de ambos sexos.

No obstante, en ocasiones, la duplicación del género puede aclarar el contexto:

Amaya no tiene hermanos ni hermanas.

¿TABÚS O TABÚES? !

Ambas formas son correctas. Los sustantivos terminados en *-í* o *-ú* tónicas pueden utilizar las dos formas, *-s* y *-es*:

gurú: gurús / gurúes

André Breton (1896-1966) fue considerado uno de los gurús del movimiento surrealista.

18. Lee el texto y realiza las actividades:

> [...] Pero pocos días después descubrió que tenía dificultades para recordar casi todas las cosas del laboratorio. Entonces las marcó con el nombre respectivo, de modo que le bastaba con leer la inscripción para identificarlas. Cuando su padre le comunicó su alarma por haber olvidado hasta los hechos más impresionantes de su niñez, Aureliano le explicó su método y José Arcadio Buendía lo puso en práctica en toda la casa y más tarde lo impuso a todo el pueblo. Con un hisopo entintado marcó cada cosa con su nombre: mesa, silla, reloj, puerta, pared, cama, cacerola. Fue al corral y marcó los animales y las plantas: vaca, chivo, puerco, gallina, yuca, malanga, guineo.
>
> Gabriel GARCÍA MÁRQUEZ: *Cien años de soledad.* Ed. Alfaguara, 2007.

a. Todos en algún momento de nuestra vida hemos olvidado el nombre de algún objeto o instrumento. Imagina que estás en esa situación y piensa a qué palabra corresponde cada definición:

- Pieza de barro cocida en forma acanalada para cubrir por fuera los techos.
- Fruta en espigas muy densa, con granos muy juntos, de ciertas plantas gramíneas.
- Pájaro americano, insectívoro, muy pequeño y de pico largo.

b. Busca en el texto sustantivos que solo tengan género masculino o femenino, y otros que tengan los dos, masculino y femenino.

c. ¿Cómo se ha formado el género en el sustantivo *vaca*? ¿Y en *gallina*?

d. Y ya que nuestra memoria nos falla vamos a inventar nuevos sustantivos a partir de los que marcó en el corral José Arcadio Buendía. Por ejemplo: *octopuerco* ('cerdo con ocho jamones').

e. Explica cómo se forma el plural a partir de los sustantivos que aparecen en el texto.

19. Lee el texto y contesta las preguntas:

Las líneas de la mano

> De una carta tirada sobre la mesa sale una línea que corre por la plancha de pino y baja por una pata. Basta mirar bien para descubrir que la línea continúa por el piso de parqué, remonta el muro, entra en una lámina que reproduce un cuadro de Boucher, dibuja la espalda de una mujer reclinada en un diván y por fin escapa de la habitación por el techo y desciende en la cadena del pararrayos hasta la calle. Ahí es difícil seguirla a causa del tránsito, pero con atención se la verá subir por la rueda del autobús estacionado en la esquina y que lleva al puerto. Allí baja por la media de nilón cristal de la pasajera más rubia, entra en el territorio hostil de las aduanas, rampa y repta y zigzaguea hasta el muelle mayor y allí (pero es difícil verla, solo las ratas la siguen para trepar a bordo) sube al barco de turbinas sonoras, corre por las planchas de la cubierta de primera clase, salva con dificultad la escotilla mayor y en una cabina, donde un hombre triste bebe coñac y escucha la sirena de partida, remonta por la costura del pantalón, por el chaleco de punto, se desliza hacia el codo y con un último esfuerzo se guarece en la palma de la mano derecha, que en ese instante empieza a cerrarse sobre la culata de una pistola.
>
> Julio CORTÁZAR: *Historias de cronopios y de famas.* Ed. Punto de Lectura, 2000.

a. ¿Crees que es un texto rico en sustantivos? ¿Qué sensación da al lector?

b. Observa la primera oración del cuento. ¿Cuántos sustantivos masculinos hay?

c. Cambia el género de todos los sustantivos que lo permitan. Algunas palabras pasan a ser otras diferentes, ¿cuáles son? ¿De qué manera cambian los sustantivos que designan a seres sexuados?

20. Lee el texto y realiza las actividades:

> Algunas noches, al meterme en la cama, intentaba imaginar un mundo sin palabras; suponía que habíamos comenzado a perderlas por orden alfabético y que de la *A* solo nos quedaban de *asesino* en adelante, así que no teníamos *aire* ni *abejas* ni *abogados* ni *abreviaturas* ni *aceros* ni *acicates* ni *ancianos*. Los acicates me daban lo mismo, porque no sabía lo que eran; lo malo es que también habíamos perdido el *alumbrado*, las *algas*, y los *Alpes*, además de *Argentina* y *América*. Una catástrofe natural, en fin, cuyo responsable era yo.
>
> Juan José MILLÁS. *El orden alfabético*. Ed. Alfaguara, 1998.

a. Clasifica los sustantivos según designen a seres sexuados o no sexuados.

b. ¿Por qué el sustantivo *aire* está utilizado en el texto en singular y el resto de la enumeración en plural?

c. Busca la palabra *acicates* en un diccionario.

d. En el texto aparecen algunos sustantivos propios como *América*, que por su naturaleza suelen usarse en singular, aunque en algunos casos los utilizamos en plural y entonces se convierten en comunes. Escribe oraciones con estos sustantivos:

- *américas, goyas, quijotes, quevedos, donjuanes.*

e. Verifica en qué casos la concordancia sujeto-verbo se hace en singular o en plural con los siguientes topónimos:

- *Buenos Aires, Estados Unidos, Los Alpes, Ciempozuelos, Las Carolinas, Los Pirineos.*

21. Explica con tus propias palabras la diferencia de significado asociada al cambio de género de los siguientes sustantivos:

orden	capital	clave	frente
parte	editorial	cura	coma
cometa	final	mañana	corte

3. El significado del sustantivo

Los sustantivos, en función de su significado, se clasifican en:

- **Comunes**. Designan a todos los seres de una misma clase: *gato, destornillador, ventana*.
- **Propios**. Identifican a un ser concreto, diferenciándolo de los de su misma clase: *Elena, Toledo, Turia*.

Los nombres comunes, a su vez, pueden clasificarse en:

- **Concretos**. Designan elementos que son percibidos por los sentidos: *televisor, perro, hada*.
- **Abstractos**. Designan acciones, procesos y cualidades que no se perciben mediante los sentidos: *estrechez, ilusión, meta, docena*.

  Muchos sustantivos abstractos se han formado mediante sufijación deadjetival y deverbal: *noble* > *nobleza*; *blanco* > *blancura*; *recto* > *rectitud*; *leal* > *lealtad*; *abundar* > *abundancia*; *atrever* > *atrevimiento*.
- **Individuales**. Denotan en singular seres únicos, aunque también se usan en plural: *abeja / -s; soldado / -s; alumno / -s*.
- **Colectivos**. Denotan en singular un grupo de seres. También se usan en plural: *bandada* (pájaro + pájaro +...); *banco* (pez + pez +...).

  Admiten el adjetivo *numeroso*, algo que no ocurre con los sustantivos individuales: *numeroso profesorado*; **numeroso profesor*.
- **Contables**. Designan entidades que pueden enumerarse: *plato, lápiz*. Son compatibles con los numerales cardinales (*dos niñas*), el cuantificador *varios* (*varios discos*) y el adjetivo *medio* (*medio limón*).

  Cuando van en singular pospuestos al verbo necesitan un determinante: *préstame el boli*; *me regaló un libro*.
- **No contables**. No pueden contarse, pero admiten modificaciones de peso o medida: [*un kilo de*] *harina*; [*un metro de*] *tierra*.

  Se construyen en singular y solo admiten determinantes indefinidos: *mucho café*; *tanta inteligencia*; *poco interés*.

  Pospuestos al verbo, no llevan determinante: *compra aceite*.

RELACIONES SEMÁNTICAS

Debido a que los sustantivos comunes tienen significado, participan en relaciones semánticas de:

- **Hiperonimia**. Sustantivo cuyo significado incluye el de otro u otros: *flor* respecto a *rosa, clavel, margarita*, etc.
- **Hiponimia**. Sustantivo cuyo significado está incluido en el de otro: *mesa, silla, tocador* respecto a *mueble*.
- **Sinonimia**. Sustantivos que tienen un mismo o muy parecido significado: *belleza* y *beldad*.
- **Antonimia**. Relación que se basa en la oposición de significados: *ascenso* y *descenso*.

22. Escribe un titular utilizando algún sustantivo abstracto para las siguientes noticias:

- El paro de cuarenta y seis horas en Renfe y Adif arranca esta madrugada en plena operación salida. Los afectados podrán optar entre el reembolso o ser reubicados en otros trenes.
- Miles de jóvenes se apuntan a la poesía en las redes, un género que encuentra otra forma de difusión fuera de los salones.
- El viceprimer ministro turco asegura que reír en público no es casto.

23. Clasifica en tu cuaderno los sustantivos de la actividad anterior teniendo en cuenta sus significados.

24. ¿Cómo se puede diferenciar un sustantivo concreto de un sustantivo abstracto? ¿Y uno individual de uno colectivo? Propón algunos ejemplos de estos tipos de sustantivos y escribe una oración con cada uno de ellos.

"Se espera, en principio, que los nombres propios no tengan plural. Lo forman, sin embargo, cuando se asimilan (en mayor o menor medida) a los comunes". Manual NGLE, 2010. En la imagen, una exposición de *picassos*.

4. La creación léxica

Los principales métodos morfológicos para la creación de sustantivos en castellano son la **derivación** y la **composición**. La derivación nominal puede ser **deverbal** (*amar* > *amante*), **deadjetival** (*popular* > *popularidad*) y **denominal** (*libro* > *librería*).

4.1 La derivación nominal

Consiste en la creación de nuevos sustantivos mediante **prefijos** y **sufijos**.

La prefijación

Permite crear nuevos sustantivos a partir de otros ya existentes añadiendo un prefijo a una base nominal.

La nueva palabra tendrá un significado distinto, pero mantendrá la categoría gramatical de la base: *lectura* > *relectura; héroe* > *superhéroe*.

La sufijación

Crea nuevos sustantivos añadiendo sufijos a una raíz: *carne* > *carnicería; piano* > *pianista*.

Sin embargo, la base no queda restringida a los sustantivos, sino que se pueden formar a partir de palabras de otras categorías gramaticales: *ágil* (adjetivo) > *agilidad; estirar* (verbo) > *estiramiento*.

4.2 La composición nominal

Es un procedimiento de creación de palabras que consiste en la unión de dos o más vocablos independientes para crear uno nuevo. Existen numerosas combinaciones: **Sust + Sust** (*coliflor; cuento chino*), **Sust + Adj** (*aguardiente; pies planos*), **V + Sust** (*sacapuntas; rompecabezas*), **V + V** (*quitaipón; duermevela*), **Numeral + Sust** (*ciempiés; milhojas*), **Oracional** (*correveidile; metomentodo*).

ALGUNOS PREFIJOS Y SUFIJOS DERIVATIVOS

Locativos: *antebrazo, sobremesa, suburbano, entresuelo.*

Temporales y aspectuales: *prejubilación, posventa, relectura.*

Cuantificativos, gradativos y escalares: *multifunción, monosílaba, bicolor.*

Negativos: *asimetría, impago, desilusión.*

De orientación: *prodefensa, contrarreforma, antibelicismo.*

Argumentales: *autogobierno, interconexión, coedición.*

Acción y efecto: *creación, reclusión, rebelión, casamiento, mordedura, corte, gozo, capón, patada, puñetazo, ladrido.*

Cualidad, estado y condición: *maldad, fertilidad, bajeza, altura, alegría, antagonismo.*

Persona, instrumento y lugar: *jugador, sucesor, regadera, oratorio, futbolero, marxista, pendiente, amado.*

Conjunto y lugar: *cofradía, cancionero, melonar, viñedo.*

25. Busca ejemplos de creación léxica nominal:

> Algo raro le ocurre a una sociedad que valora por encima de todo lo superficial. Ese culto desaforado al cuerpo y al esplendor de la juventud, esa pasión sin límites por la demostración de resistencia física que hacen los deportistas –sustitutos en el imaginario colectivo de los antiguos guerreros–, huele a malsano y a decadente. Solo el día en que una mujer o un hombre consigan ser milmillonarios en unos pocos años salvando vidas, estaré dispuesta a cambiar de opinión.
>
> Ángeles CASO: "El cuerpo". *La Vanguardia*, 16 de febrero de 2012.

26. Forma derivados con estos prefijos y bases léxicas:

sobre-	conexión
des-	moralidad
a-	elección
re-	hielo
inter-	coste

27. Crea sustantivos a partir de *rebelar, crear, casar, salir, bueno, alegre, torpe, blanco, fácil, deporte, pan, arte, rosa, viña*.

28. Combina las siguientes palabras para formar sustantivos compuestos:

baja	hacer
medio	mañanas
abre	mar
teje	maneje
canta	día
que	latas

29. Escribe en tu cuaderno la definición de las siguientes palabras compuestas:

hojalata	hazmerreír
bienpensante	bajamar
pelagatos	boquiabierto
cantamañanas	duermevela

5. Funcionamiento gramatical

Dentro de las oraciones, las palabras se organizan en grupos, y cada grupo recibe el nombre de la palabra en torno a la cual se organiza:

el mejor *profesor* (GN) / *en* *paz* (GPrep) / *demasiado* *lejos* (GAdv)
Sust / N — Prep / E — Adv / N

5.1 El grupo nominal (GN)

El grupo nominal se constituye en torno a un sustantivo, que ejerce de **núcleo** del conjunto.

Puede estar modificado por otros elementos, tales como determinantes, adjetivos, grupos preposicionales u oraciones, que matizan, restringen o amplían el significado del grupo nominal:

La buena película de terror que vimos ayer.
Det — Adj — Sust / N — Prep — Sust — oración sub. de relativo
GN

El GN puede desempeñar distintas funciones sintácticas:

- **Sujeto**. *La carta llegó dos días tarde. / Me gusta el cine.*
- **Complemento directo (CD)**. *Quiero un helado. / Se compró un sombrero.*
- **Vocativo**. *¡Pedro, limpia tu habitación! / Mañana hay clase, chicos.*
- **Complemento circunstancial (CC)**. *Llegaré el viernes siguiente. / Nadia vino este año.*
- **Atributo (Atr)**. *Jesús es el profesor de Lengua Castellana. / Margarita es la dueña de la empresa.*
- **Complemento predicativo (CPred)**. *Han elegido a Antonio delegado de curso. / Ana ha sido nombrada escritora del año.*
- **Aposición**. *Luis, el padre de Leticia, estudió en París. / El congreso se celebró en Varsovia, capital de Polonia.*

TIPOS DE MODIFICADORES

Se distinguen dos clases de modificadores:

- **Los argumentales**. Tienen una estrecha relación de significado con su núcleo; el sustantivo *estudio* exige modificadores como: *El estudio de la sintaxis / de los animales*; el verbo *cocinar* implica la cocción de algún alimento: *Cocina una tarta*.
- **Los adjuntos**. No están seleccionados por el significado del núcleo y aportan distintos valores: *Los grandes edificios* (valor especificativo); *Lee cada día* (valor circunstancial).

Aquiles, el de los pies ligeros [Aposición], *murió a las puertas de Troya.*

30. Identifica la función de los GN de las siguientes oraciones y señala los núcleos:

- Carmen, Andrés ha cogido el coche de sus padres.
- El corto ha sido dirigido por los alumnos.
- Mateo, el profesor de Latín, es bailarín.
- ¿Has devuelto el libro a Ernesto?

31. Combina los sustantivos y verbos del diagrama de forma para crear oraciones sintáctica y semánticamente posibles.

Después, crea tu propio diagrama combinatorio. El resultado puede servirte para construir un poema.

Tu mirada es un mar de fantasía.
Su sonrisa dormía en el mar de mis sueños.
El mar huele a sonrisa...

5.2 La sustantivación

Se trata de un **cambio de categoría gramatical (recategorización)** que se da en la lengua con cierta frecuencia, especialmente entre categorías cercanas como el sustantivo y el adjetivo.

Cuando algunas palabras de otras categorías gramaticales, sobre todo en el caso de los adjetivos, se comportan como sustantivos, se produce la **sustantivación**, es decir, el adjetivo en cuestión cambia su categoría y se convierte en el núcleo de un grupo nominal que puede desempeñar las mismas funciones sintácticas que cualquier otro GN:

Los jóvenes profesores reivindican sus derechos.
Det Adj Sust / N
GN

Los jóvenes prefieren otras formas de ocio.
Det Sust / N
GN

En *Las adolescentes ríen constantemente*, *adolescentes* es un adjetivo que ha cambiado su categoría gramatical y se ha convertido en el núcleo del GN *Las adolescentes*.

Como se puede deducir del ejemplo anterior, el hecho de que un adjetivo experimente este proceso no depende del contexto sintáctico, sino del uso generalizado como sustantivo que hace de él la comunidad de hablantes. Por eso, este cambio suele recogerse en los diccionarios.

Son ejemplos de adjetivos sustantivados aquellos que designan: edad (*un adolescente; una anciana; un joven*), características físicas (*una morena; un alto; un manco*), procedencia geográfica (*un japonés; una extremeña; una asiática*), carácter o personalidad (*una santa; un listo; un mentiroso*), formación o cultura (*un universitario; una estudiante; una catedrática*), profesión u ocupación (*una científica; un asegurador; un comercial*) y aquellos que pertenecen a grupos caracterizados por su comportamiento o procedencia social (*un alcohólico; un liberal; un marxista*).

Sin embargo, no todos los adjetivos pueden recategorizarse, como es el caso de, por ejemplo, *somero*, *refrescante* y *sincero*.

32. Localiza las sustantivaciones en las siguientes greguerías de Ramón Gómez de la Serna:
- El ciego mueve su blanco bastón como tomando la temperatura de la indiferencia humana.
- Los grandes reflectores buscan a Dios.
- Los presos a través de la reja ven la libertad a la parrilla.
- Lo más difícil de digerir en un banquete es la pata de la mesa que nos ha tocado en suerte.
- La arrugada corteza de los árboles revela que la Naturaleza es una anciana.
- Cuando la mujer se quita una media parece que va a mirarse una herida.
- *El Pensador*, de Rodin, es un ajedrecista al que le han quitado la mesa.
- Después de usar el dentífrico nos miramos los dientes con gesto de fieras.

33. Clasifica los adjetivos sustantivados anteriores según aquello que designen.

34. Escribe una oración en tu cuaderno en la que los adjetivos sustantivados anteriores funcionen como auténticos adjetivos.

35. Copia las oraciones en tu cuaderno y rellena los huecos con un adjetivo sustantivado adecuado:
- Ayer vi a mi ... del tercero, es una ... de medicina ejemplar. Llevaba un vestido blanco, aunque yo prefiero el ... .
- Un ... es una persona que no está casada.
- Se han roto algunas galletas. ¿Qué te parece si con las ... hacemos un bizcocho?
- Me gusta la comida francesa, pero no soporto la ... ni la ... .
- Prefiero el ... por su tamaño y el ... por su color.

Precisión léxica

El intercambio comunicativo se interrumpe si el discurso contiene imprecisiones léxicas, construcciones ambiguas o rodeos que derivan en una comunicación oral poco eficiente y una comunicación escrita pobre y limitada. Por ello es imprescindible la precisión léxica, que se consigue **evitando las palabras baúl**, **la pobreza léxica**, **el exceso de retoricismo** y **el abuso de frases hechas**.

1. Palabras baúl

Las palabras baúl son aquellas palabras comodines con significados muy generales y que, por tanto, puede parecer que encajan en cualquier lugar: sustantivos como *cosa;* verbos como *decir, hacer, poner* o *tener;* adjetivos como *bueno, interesante* o *bonito,* etc. Sin embargo, su uso reiterado vacía de contenido los enunciados que las incluyen.

- **Palabra baúl**: *Una única cosa le ocupa el pensamiento.*
- **Corrección**: *Una única idea le ocupa el pensamiento.*

2. Pobreza léxica

La pobreza léxica se da cuando el discurso se llena de repeticiones, bien de palabras o bien de expresiones, que restan calidad a la información que se transmite y que provocan monotonía. Para evitarlo se debe recurrir al uso de **sinónimos**.

- **Pobreza léxica**: *Nos alojamos en una casa que estaba situada a las afueras de la ciudad. La casa tenía dos pisos, aunque fue en el piso de abajo donde estuvimos la mayor parte del tiempo.*
- **Corrección**: *Nos alojamos en una casa que estaba situada a las afueras de la ciudad. La vivienda tenía dos plantas, aunque fue en la de abajo donde estuvimos la mayor parte del tiempo.*

3. Exceso de retoricismo

En ocasiones, al querer alejarse del lenguaje coloquial con la intención de ofrecer una imagen culta, se cae en el error de recargar el estilo con palabras o expresiones innecesarias y redundantes. Es preferible el uso de un lenguaje **claro** y **directo**.

- **Exceso de retoricismo**: *Desde la temprana edad de siete años hasta la tardía edad de ochenta, su indiscutible vocación fue la de marino.*
- **Corrección**: *Desde la infancia manifestó su firme vocación marinera.*

4. Abuso de frases hechas

Las frases hechas son expresiones con forma fija de uso común entre los hablantes. Si se usan en exceso, dan lugar a enunciados estereotipados.

- **Abuso de frases hechas**: *Se le vio el plumero en cuanto empezó a hablar porque en un santiamén hizo una lista de todos los agravios.*
- **Corrección**: *Fue claro, en cuanto comenzó a hablar nos reprochó los agravios cometidos contra su persona.*

Prisión del nácar era articulado
de mi firmeza un émulo luciente,
un dïamante, ingenïosamente
en oro también él aprisionado.

Clori, pues, que su dedo apremïado
de metal, aun precioso, no consiente,
gallarda un día, sobre impacïente,
lo redimió del vínculo dorado.

Mas, ay, que insidïoso latón breve
en los cristales de su bella mano
sacrílego divina sangre bebe:

púrpura ilustró menos indïano
marfil, invidïosa, sobre nieve,
claveles deshojó la Aurora en vano.

Luis de Góngora

- El exceso de retoricismo ha sido muy productivo en poesía. Entre todos, debatid sobre el significado de este bello soneto de Luis de Góngora.

VERBOS COMODINES

Son aquellos que pueden ser empleados en múltiples contextos porque poseen múltiples significados: *ser, estar, encontrarse, haber* y *tener*.

Sin embargo, su uso y abuso le restan riqueza a la expresión: *Tenía una sensación extraña / Experimentó una sensación extraña; Tiene una meta para su vida / Se ha fijado una meta para su vida.*

36. Sustituye las palabras en cursiva por otras más precisas:

- Trajo una *cosa* muy útil para controlar el tiempo de los asados.
- Este autor es muy trabajador, *hace* muchas páginas por día.
- Hace un día *precioso*.
- Tiene interés en una *cosa*: conseguir llegar a la meta el primero.
- Su decisión ha sido *muy buena*.
- Tiene una forma *magnífica*, no hay otra igual.
- Tiene un sabor *inconfundible*.

37. Modifica este texto en tu cuaderno de forma que no se repitan las palabras:

La piña es una fruta tropical que acepta cualquier tipo de suelo húmedo, siempre que cuente con buena salida de la excesiva humedad. La piña puede plantarse en cualquier momento del año, aunque el mejor momento es el otoño; el fruto se recoge desde principios del verano hasta comienzos del otoño y debe recogerse maduro porque no continúa la maduración una vez recogido.

38. Identifica las expresiones redundantes y reflexiona: si hay información innecesaria, ¿qué corregirías de las siguientes oraciones?

- Es claro y evidente que todo está dicho.
- Quiere publicar la noticia y sacarla a la luz.
- La problemática que ha surgido por lo que ha hecho no tiene nada que ver con las consecuencias de su actuación.
- Todos dicen que defienden causas justas y propugnan su defensa.
- Hicieron acto de presencia en la sala de juicios y su llegada fue muy sonada.
- Parece muy ligera porque no pesa nada.
- Quiere salir fuera para tomar el aire.
- Ha subido arriba un momento, vuelve enseguida.
- Ha bajado por debajo de los 500 metros.
- Conviven juntos desde hace algunos años.

39. Busca el significado de las siguientes expresiones y explícalo. A continuación, escribe una oración con cada una de ellas y, al lado, otra que signifique lo mismo pero en la que no se utilice dicha frase:

- Tiempo de vacas gordas/flacas.
- Estar en Babia.
- Echarle el muerto a alguien.
- Dejar en la estacada.
- Dormirse en los laureles.
- Dar gato por liebre.
- Tener muchos humos.
- Poner en tela de juicio.

40. Lee el siguiente texto y responde las preguntas:

¡Intelijencia, dame
el nombre exacto de las cosas!
…Que mi palabra sea
la cosa misma,
creada por mi alma nuevamente.
Que por mí vayan todos
los que no las conocen, a las cosas;
que por mí vayan todos
los que ya las olvidan, a las cosas;
que por mí vayan todos
los mismos que las aman, a las cosas…
¡Intelijencia, dame
el nombre exacto, y tuyo,
y suyo, y mío, de las cosas!

Juan Ramón JIMÉNEZ: *Eternidades*.
Ed. Visor Libros, 2008.

a. ¿Qué le ofrece al yo poético el nombre exacto de las cosas?

b. ¿Qué crees que quiere decir Juan Ramón Jiménez con este poema? Interpretad su significado en clase y compartid vuestros puntos de vista.

c. ¿Por qué crees que Juan Ramón Jiménez escribe *intelijencia*?

41. ¿Por qué crees que el alumno rechaza "eventos consuetudinarios" y lo sustituye por "lo que pasa en la calle"?

–Señor Pérez, salga usted a la pizarra y escriba: "Los eventos consuetudinarios que acontecen en la rúa".

El alumno escribe lo que se le dicta.

–Vaya usted poniendo eso en lenguaje poético.

El alumno, después de meditar, escribe:

"Lo que pasa en la calle".

–No está mal.

Antonio MACHADO: *Juan de Mairena*. Ed. Cátedra, 2006.

42. Identifica y sustituye las palabras o expresiones que son incorrectas, poco precisas o redundantes:

- Todos sus hermanos convivían juntos en una casa de estudiantes.
- Ponían una emisora determinada todas las mañanas porque les gustaba mucho ese programa.
- Se han intensificado las relaciones laborales entre las dos empresas.
- Se han vuelto a reanudar de nuevo los intercambios comerciales.
- Hay rumores sobre la dimisión del presidente del club.

3 LA NARRACIÓN. EL ADJETIVO

El paraíso era un autobús

Él trabajó durante toda su vida en una ferretería del centro. A las ocho y media de la mañana tomaba el autobús. Ella trabajó también durante toda su vida en una mercería. Solía coger el autobús tres paradas después de la de él y se bajaba una antes. Por las tardes nunca coincidían.

Jamás se hablaron. Si había asientos libres, se sentaban de manera que cada uno pudiera ver al otro. Cuando el autobús iba lleno, se ponían en la parte de atrás, contemplando la calle y sintiendo cada uno de ellos la cercana presencia del otro. [...] Ninguno de ellos supo jamás cómo era la vida del otro.

A lo largo de todos aquellos años se fueron lanzando mensajes no verbales sobre los que se podía especular ampliamente. Ella, por ejemplo, cogió la costumbre de llevar en el bolso una novela que a veces leía o fingía leer. A él le pareció eso un síntoma de sensibilidad al que respondió comprándose todos los días el periódico. [...] Si alguna vez ella faltaba a esa cita no acordada, él perdía el interés por todo y abandonaba el periódico en un asiento del autobús, sin haberlo leído.

[...] Pasaron otoños, primaveras, inviernos y él imaginaba una vida feliz: ellos vivían en el autobús, que no paraba de dar vueltas alrededor de la ciudad. [...] Viajaban solos, eternamente, sin hablarse, sin saber nada de sí mismos. Abrazados.

Así fueron haciéndose mayores, envejeciendo sin dejar de mirarse. Y cuanto más mayores eran, más se amaban, y más dificultades tenían para acercarse el uno al otro.

Y un día él se jubiló. [...] Durante algún tiempo, siguió tomando el autobús a la hora hasta que llegó al punto de no poder justificar frente a su mujer esas salidas. Y a los pocos meses, ella también se jubiló y el autobús dejó de ser su casa.

Ambos fueron languideciéndose por separado. Él murió a los tres años de jubilarse y ella murió unos meses después. Casualmente fueron enterrados en dos nichos contiguos, donde seguramente sueñan que el paraíso es un autobús sin paradas.

Juan José MILLÁS: *Articuentos completos*. Ed. Seix Barral, 2011.

1. ¿Cuál es la intención del autor? ¿A quién crees que se dirige? ¿El autor adopta un tono objetivo o subjetivo?
2. ¿Cómo consigue el autor resumir toda una vida? ¿Tiene importancia el orden cronológico de los acontecimientos?
3. El autor es el narrador. ¿Crees que cuenta lo que ve, lo que vive, y lo que cree que viven y sienten los personajes?
4. ¿Crees que la historia puede suceder en la realidad?

La narración

1. ¿Qué es narrar?

Narrar es contar o relatar unos acontecimientos reales (biografía, noticia, etc.) o ficticios (novela, relato o cuento), situando a los personajes en un momento y un espacio determinados.

2. Los elementos de la narración

2.1 El narrador

Es uno de los elementos más importantes del relato, ya que su visión de la historia determina la percepción del receptor. No hay que confundir narrador con autor, aunque en ocasiones sea el mismo, como sucede en los relatos autobiográficos.

Narrador en tercera persona

Es una voz externa, que no participa en la historia. Puede ser:

- **Narrador omnisciente**. Narra en 3.ª persona los acontecimientos y conoce todo lo que hacen, dicen, piensan y sienten los personajes:

> Su leve tono de mofa le resbaló, sin llegar a calar. Sabía que a Megan le había sorprendido que aceptara la invitación a la boda, teniendo en cuenta que él y Pam rara vez se veían.
>
> Jhumpa LAHIRI: *Tierra desacostumbrada*. Ed. Salamandra, 2007.

- **Narrador observador**. Muestra lo que ve u oye sin conocer lo que piensan o sienten los personajes:

> Media hora antes de que llegara Farabeuf se produjeron dos acontecimientos demostrables; el primero es la lluvia que empañó los vidrios de la ventana y el segundo es que la mujer se dirigió de pronto, con paso presuroso, casi puede decirse que corriendo, desde un extremo del salón hacia la ventana del lado derecho.
>
> Salvador ELIZONDO: *Farabeuf*. Ed. Joaquín Mortiz, 1965.

Narrador en primera persona

El narrador también puede relatar los hechos en 1.ª persona. Esto ocurre cuando es la voz de uno de los personajes que participan en la historia. Puede ser:

- **Narrador protagonista**. Narra los acontecimientos de forma autobiográfica:

> Hoy ha muerto mamá. O quizá ayer. No lo sé. Recibí un telegrama del asilo: "Falleció su madre. Entierro mañana. Sentidas condolencias." Pero no quiere decir nada. Quizá haya sido ayer.
>
> Albert CAMUS: *El extranjero*. Ed. Alianza, 2012.

- **Narrador personaje secundario**. Cuenta los hechos desde su punto de vista de personaje que es testigo de la historia, pero no protagonista:

> Había dicho que él no adquiría conocimientos ajenos al tema que le ocupaba. Por consiguiente, todos los que ya tenía eran de índole útil para él. Fui detallando mentalmente todos aquellos temas en los que me había demostrado estar extraordinariamente bien informado.
>
> Sir Arthur Conan DOYLE: *Todo Sherlock Holmes*. Ed. Cátedra, 2012.

SABER NARRAR

- Es necesario diferenciar la narración como una variedad del discurso (al igual que también lo son la exposición, la argumentación, el diálogo y la descripción) de la narración como género literario (en este caso opuesto al género lírico y al género dramático).
- Como una variedad del discurso, la narración puede aparecer en diferentes ámbitos: en el ámbito personal cuando relatamos anécdotas o acontecimientos de la vida real, o en el ámbito social cuando se narran los acontecimientos a través de las noticias, reportajes, etc.
- Como género literario, la narración suele partir de la ficción para la recreación de una historia, aunque no es requisito indispensable, ya que también pueden existir narraciones que recrean hechos reales.

RECUERDA

Una narración se organiza, fundamentalmente, en: **planteamiento**, **nudo** y **desenlace**, que pueden ordenarse de distinta forma.

- **Monólogo interior**. El narrador reproduce sus sentimientos y emociones más íntimas tal y como nacen en su interior y en el mismo instante en que se producen. Los pensamientos fluyen de forma caótica y así se plasman en un relato que carece de organización lógica:

¿Imagino, recuerdo? Minero. Excavaciones. Túneles. ¿Oro? ¿Plata? No. Barro. Solo barro. Barro. No sé por qué digo "barro" y quiero llorar. Algo terrible se mueve dentro de mi estómago cuando digo "barro", pienso "barro". No sé por qué. No sé nada. Amo mis viejos zapatos. Son duros pero son cómodos.

Carlos FUENTES: *La frontera de cristal*. Ed. Alfaguara, 1996.

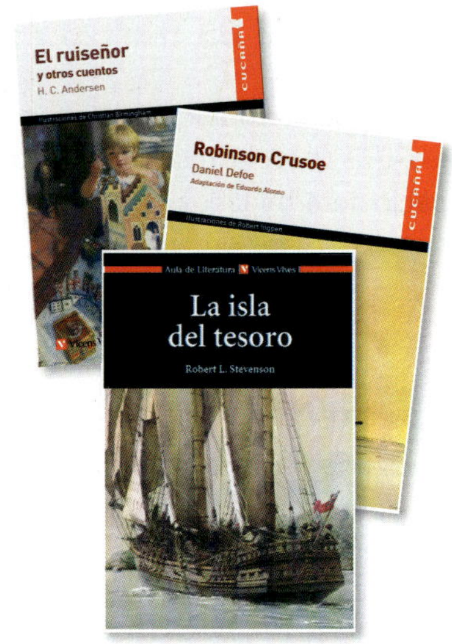

No todos los cuentos y novelas que se han escrito tienen las mismas características en cuanto a temas, personajes, espacios, etc.

2.2 La acción

La acción comprende la sucesión de los acontecimientos en el relato. La disposición temporal no tiene por qué seguir un orden cronológico lineal. Existen diferentes maneras de ordenar los acontecimientos:

- **Acción lineal**. Todo se desarrolla atendiendo a un orden cronológico. Respeta la clásica estructura de planteamiento, nudo y desenlace:

Hubo una vez un Rayo que cayó dos veces en el mismo sitio; pero encontró que ya la primera había hecho suficiente daño, que ya no era necesario, y se deprimió mucho.

Augusto MONTERROSO: "El rayo que cayó dos veces en el mismo sitio", en *La oveja negra y demás fábulas*. Ed. Punto de Lectura, 2000.

- ***In medias res***. Es una expresión que significa 'en medio del asunto'. La acción se sitúa en medio del relato, sin aclaraciones previas, de forma que el lector se siente desorientado porque le faltan datos para comprender la historia. Más adelante, se suele volver atrás para contarla desde el principio y se prosigue linealmente:

Lunes. Sigue la persecución sistemática de ese desconocido. Creo que se llama Autrui. No sé cuándo empezó a encarcelarme. Desde el principio de mi vida tal vez, bajo los designios de Autrui. Al final, me hallé en un callejón sin salida.

Juan José ARREOLA: "Autrui", *Confabulario*. Ed. Fondo de Cultura Económica, 2002.

RECUERDA

Algunos relatos comienzan donde terminan. Es lo que se llama **estructura circular**.

- ***In extrema res***. Significa 'en el final del asunto'. El relato comienza en el final de la historia y, en un momento dado, salta al pasado y continúa con un orden lineal de los acontecimientos. El lector sabe desde el primer momento cuál es el desenlace:

Bastará decir que soy Juan Pablo Castel, el pintor que mató a María Iribarne; supongo que el proceso está en el recuerdo de todos y que no se necesitan mayores explicaciones sobre mi persona.

Ernesto SÁBATO: *El túnel*. Ed. Cátedra, 2005.

- **Técnica del contrapunto**. Se presentan los acontecimientos protagonizados por distintos personajes de forma paralela, sin que guarden relación en tiempo o espacio entre ellos. Se producen saltos al pasado, al futuro y cambios de escenario o personaje, de ahí la confusión que esta técnica provoca en el lector:

Corny Kelleher cierra su libro diario; el P. Commee sube a un tranvía; un marinero se desliza por la esquina; Boody y Ratey toman la sopa en la cocina llena de humo; la chica rubia prepara una cestilla de flores; la mecanógrafa Dunne escribe y atiende el teléfono…

James JOYCE: *Ulises*. Ed. Bruguera, 1976.

FÍJATE

Sin llegar a considerarse como una disposición específica de las acciones, en ocasiones se producen **alteraciones puntuales en el ritmo del relato**, como cuando algún personaje mira hacia atrás y evoca los recuerdos (**analepsis**); o cuando el tiempo del relato se detiene y anuncia sucesos que aún no han tenido lugar en ese presente del personaje (**prolepsis**).

2.3 Los personajes

Los personajes son las personas o sujetos que participan en la acción. Pueden ser de distintos tipos.

Según su función

- **Principales**. Destacan por encima de todos los demás. Los hay de dos tipos:
  - **Protagonista**. La acción gira en torno a él.
  - **Antagonista**. Se opone al protagonista.
- **Secundarios**. Son menos importantes y sobresalen en algún momento concreto de la historia, pero pierden protagonismo en el resto del relato.

Según su grado de complejidad

- **Planos**. No evolucionan psicológicamente a lo largo de la narración ni presentan conflictos internos.

  Por ejemplo, **Ulises**, rey de Ítaca, tardó años en poder regresar a su casa tras la guerra de Troya, y tuvo que superar numerosas adversidades. Nunca abandonó, ni perdió el ánimo, ni cambió de idea, es un héroe de principio a fin.
- **Redondos**. Sufren cambios porque evolucionan psicológicamente a lo largo de la obra. De este modo, Mikael y Lisbeth, de la trilogía *Millennium*, van mostrando rasgos de su personalidad y su pasado a medida que avanza la lectura.

Según su caracterización

La clasificación de los personajes es un punto de partida, pues en función de la relación con los protagonistas y con las acciones, un personaje u otro pueden variar su caracterización.

- **Tipo individual**. Son personajes que se ajustan, todos ellos, a un modelo social preestablecido, como el **Lazarillo**, que se acomoda a los cánones del pícaro, característico de la novela picaresca de los siglos XVI y XVII.
- **Colectivo** o **unitario**. El personaje colectivo, por sí mismo, no tiene nunca el papel protagonista, sino que sumado a otros muchos personajes individuales de su grupo forman un todo en la novela y ninguno sobresale por encima del otro.

  Por ejemplo, los habitantes de un lugar, una familia, una clase social..., algo similar a lo que hace Camilo José Cela en *La Colmena*.

¿CÓMO CONOCEMOS A LOS PERSONAJES?

- A través de la **descripción** del propio narrador u otros personajes.
- A través del **diálogo**. Son las palabras del personaje las que van dando pistas sobre su personalidad.
- A través de sus **actos**, su conducta, su respuesta a los problemas.

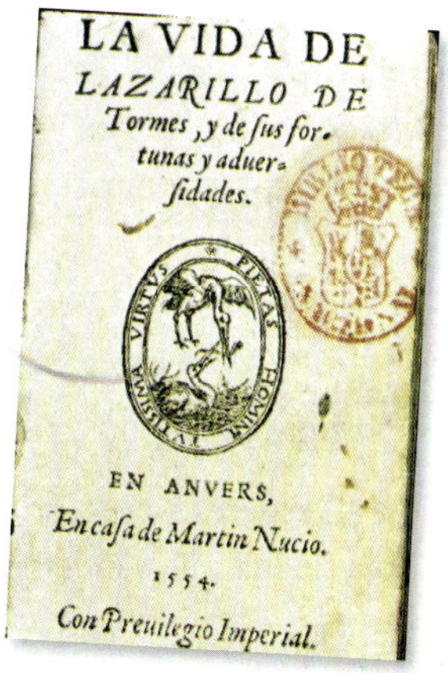

Portada de la edición del *Lazarillo* impresa en Amberes en 1554.

5. Narra algún fragmento de tu vida en 1.ª persona y luego hazlo en 3.ª persona, como si fuera otro el que te observara desde fuera. Recuerda que en esta parte de la actividad no podrás introducir ni pensamientos ni sentimientos porque no eres tú el que cuenta tu vida.
6. Observa a un miembro de tu familia durante un día y relata sus acciones utilizando la 2.ª persona. Después, reflexiona sobre las perspectivas en función de quién narra.
7. Escucha tus pensamientos y escríbelos tal y como te vienen a la mente a modo de monólogo interior.
8. Desordena tu relato autobiográfico en 3.ª persona transgrediendo el orden cronológico lineal. Elige una estructura diferente para ello.
9. Construye una escena de algún relato. Piensa en algún objeto o lugar y recréalo; por ejemplo, una detective que debe disfrazarse para pasar desapercibida en un tren, un hombre que quiere escapar de alguien que lo persigue en un callejón, etc.
10. Piensa en los personajes de alguna película que hayas visto últimamente. Elabora una crítica de los personajes atendiendo a los siguientes aspectos:
    a. ¿Son personajes planos o redondos?
    b. ¿Hay protagonistas y antagonistas?
    c. ¿Qué papel representan los personajes secundarios?
    d. ¿Existen personajes-individuos o personajes-colectivos? Justifica tu respuesta en cada caso.

2.4 El tiempo

Hace referencia al momento histórico en el que se sitúa la historia narrada y a la duración de las acciones del relato. Así, se distinguen:

- **Tiempo externo**. Es el tiempo histórico en el que se sitúa la acción. Puede haber referencias claras o, simplemente, el lector puede deducirlo por el ambiente, los personajes, etc.
- **Tiempo interno**. Es el tiempo que duran los acontecimientos narrados. La obra puede contar toda una vida, un periodo corto, un día... y no tiene por qué seguir un orden cronológico lineal, sino que será el autor quien seleccione los hechos más interesantes y la manera de ordenarlos.

Fotograma de *Alicia en el País de las Maravillas* (2010), dirigida por Tim Burton.

2.5 El espacio

Es el lugar o el ambiente donde suceden los hechos y el lector lo conoce por las descripciones del narrador o de los propios personajes. El tratamiento del espacio puede ser diverso, ya que en algunas narraciones apenas tiene importancia, mientras que en otras puede llegar, incluso, a determinar la evolución de la trama.

- **Espacio físico**. Es el lugar donde ocurren los acontecimientos. Puede ser real, cuando hace referencia a espacios identificables, o fantástico, cuando no se relaciona con lugares reconocidos. La acción, por su parte, puede tener lugar en un espacio abierto o cerrado.

  En algunas ocasiones, los espacios físicos tienen una lectura simbólica, esto sucede cuando el autor identifica un lugar con determinados valores o ideas que el lector es capaz de reconocer. Miguel de Unamuno, por ejemplo, habla en *San Manuel Bueno, mártir* de un lago y una montaña; y a lo largo de la obra el lector va identificando ese lago con la duda, y la montaña, con la fe: "Leí no sé qué honda tristeza en sus ojos, azules como las aguas del lago".

  – Ejemplo de espacio real y abierto:

  > Desperezóse la inmensa vega bajo el resplandor azulado del amanecer, ancha faja de luz que asomaba por la parte del Mediterráneo...
  >
  > Vicente BLASCO IBÁÑEZ: *La barraca*. Ed. Alianza, 2007.

  – Ejemplo de espacio fantástico y cerrado:

  > La habitación estaba vacía. Respirando agitadamente, volvió a mirar el espejo. Allí estaba él, reflejado, blanco y con mirada de miedo y allí, reflejados detrás de él, había al menos otros diez. Harry miró por encima del hombro, pero no había nadie allí. ¿O también eran todos invisibles? ¿Estaba en una habitación llena de gente invisible y la trampa del espejo era que los reflejaba, invisibles o no?
  >
  > Joanne K. ROWLING: *Harry Potter y la piedra filosofal*. Ed. Salamandra, 1999.

- **Espacio psicológico**. Hace referencia a la atmósfera que envuelve las acciones. Puede condicionar el estado de ánimo de los personajes. Este clima envolvente puede variar a lo largo de una obra:

  > El miedo me ha despertado en el interior de la conciencia de otro; el miedo y la intoxicación de las lecturas y la búsqueda. Ha sido como abrir los ojos en una habitación que no es la misma en la que me quedé dormido. En el despertar duraba todavía el pánico del sueño.
  >
  > Antonio MUÑOZ MOLINA: *Como la sombra que se va*. Ed. Seix Barral, 2014.

LOS ESPACIOS SIMBÓLICOS

Son lugares que tienen una serie de valores añadidos y reconocidos por el lector, por ello no necesitan de una descripción minuciosa. Pueden ser cerrados o abiertos y, en ocasiones, son los propios autores los que van conformando su simbolismo a través de su trayectoria literaria.

Borges, por ejemplo, conforma todo un universo filosófico-espacial con los círculos, las torres, las bibliotecas...

Fotograma de *Harry Potter y la piedra filosofal* (2001), dirigida por Chris Columbus.

11. Selecciona algún acontecimiento importante de tu vida y nárralo en 1.ª persona. Después, cuenta el mismo hecho pero narrado desde la perspectiva de alguno de los personajes que aparecen en él.

Por último, crea un relato con narrador omnisciente en 3.ª persona. Analiza los cambios de perspectiva de todos tus textos y explica las diferencias que percibes entre ellos.

12. Explica lo que sucede con el tiempo de los siguientes fragmentos narrativos:

Texto 1

Eran las cinco de la tarde de un martes de finales de abril. Julio Orgaz había salido de la consulta de su psicoanalista diez minutos antes; había atravesado Príncipe de Vergara y ahora estaba en el parque de Berlín. [...] El viernes anterior no había conseguido ver a Laura en el parque, y ello le había producido una aguda sensación de desamparo que se prolongó a lo largo del húmedo y reflexivo fin de semana que inmediatamente después se le había venido encima. [...] El domingo había sonreído ante el café con leche cuando el término *amor* atravesó su desorganizado pensamiento.

Juan José MILLÁS: *El desorden de tu nombre*. Ed. Alfaguara, 1992.

Texto 2

El día en que lo iban a matar, Santiago Nasar se levantó a las 5:30 de la mañana para esperar el buque en que llegaba el obispo. Había soñado que atravesaba un bosque de higuerones donde caía una llovizna tierna.

Gabriel GARCÍA MÁRQUEZ: *Crónica de una muerte anunciada*. Ed. Debolsillo, 2014.

13. Razona por qué el siguiente texto es una narración (cómo son los personajes, el tiempo y la disposición de las acciones, el espacio...). A continuación, responde las preguntas:

En un desierto lugar del Irán hay una no muy alta torre de piedra, sin puerta ni ventana. En la única habitación (cuyo piso es de tierra y que tiene la forma del círculo) hay una mesa de madera y un banco. En esa celda circular, un hombre que se parece a mí escribe en caracteres que no comprendo un largo poema sobre un hombre que en otra celda circular escribe un poema sobre un hombre que en otra celda circular... El proceso no tiene fin y nadie podrá leer lo que los prisioneros escriben.

Jorge Luis BORGES: "Un sueño", en *Cuentos completos*. Ed. Debolsillo, 2013.

a. Busca información en Internet sobre Jorge Luis Borges y sobre el significado del círculo en sus relatos.
b. ¿Cómo trata Borges todos los elementos de la narración: el tiempo, el espacio, la disposición de la acción y los personajes? ¿Crees que tienen un significado simbólico? Coméntalo con tus compañeros.

14. Compara estos dos fragmentos narrativos: uno pertenece a una novela del siglo XIX, y el otro, a una de finales del siglo XX.

Explica la técnica narrativa que se usa en cada caso (narrador, personajes...) y anota las diferencias que encuentres:

Texto 1

Carlos de Ohando, el hijo mayor de doña Águeda, era un muchacho cerril, oscuro, tímido y de pasiones violentas. El odio y la envidia se convertían en él en verdaderas enfermedades.

A Martín Zalacaín le había odiado desde pequeño; cuando Martín le calentó las costillas al salir de la escuela, el odio de Carlos se convirtió en furor. Cuando le veía a Martín andar a caballo y entrar en el río, le deseaba un desliz peligroso.

Pío BAROJA: *Zalacaín el aventurero*. Ed. Vicens Vives, 2011.

Texto 2

Día 10

07.00 Decido salir en busca de Gurb.

Antes de salir oculto la nave para evitar reconocimiento e inspección de la misma por parte de la fauna autóctona. Consultado el Catálogo Astral, decido transformar la nave en cuerpo terrestre denominado vivienda unifamiliar adosada, calef. 3 dorm. 2 bñs. Terraza. Piscina comunit. 2 plzas. pkng. Máximas facilidades.

07.30 Decido adoptar apariencia de ente humano individualizado. Consultado Catálogo, elijo el conde-duque de Olivares.

Eduardo MENDOZA: *Sin noticias de Gurb*. Ed. Seix Barral, 2014.

15. Busca información sobre la novela gráfica y elabora un informe en el que hables de:

a. Significado (¿qué es una novela gráfica?, ¿novela gráfica o cómic?).
b. Cómo se tratan los elementos narrativos (narrador, referencias al tiempo, espacio, acción...).
c. La importancia de los elementos plásticos: tipos de imágenes, color...
d. ¿Existen subgéneros narrativos dentro de la novela gráfica?
e. Ejemplos de novelas gráficas.
f. Tipo de lector al que van dirigidas.

3. Análisis y valoración de textos narrativos

Lee el siguiente texto y fíjate en el comentario de texto, que te permitirá analizar un texto narrativo. Después, responde las preguntas:

COMENTARIO DE TEXTO

Novela policiaca

Lo que más me molestó, irritó, por lo que me juré no volver a hacerlo más, por muy motivado que estuviera, por mucha fama que estuviese esperándome, fue que, tras ordenar de una forma coherente toda la historia en mi cabeza, dar los antecedentes de lo ocurrido, explicar la importancia de la mujer rubia en todo esto, atar cuanto cabo permaneciera suelto y procurar no dejarme ningún cadáver sin mencionar, todo narrado despacito y con buena letra, hora tras hora, al final del interrogatorio al policía solo se le ocurrió decir que quién era yo, que después de tantas preguntas como hizo ya se le había olvidado incluso de qué se me acusaba.

Paul M. VIEJO: *Por favor, sea breve. Antología de relatos hiperbreves.* Ed. Páginas de Espuma, 2001.

Aspectos pragmáticos

a. ¿Cuál es la intencionalidad del texto?

b. Observa las palabras marcadas en color verde. ¿Quién es el narrador? ¿Qué tipo de narrador es? ¿Esto determina la perspectiva del relato? ¿Se podrá saber qué piensan o sienten otros personajes?

c. Observa los verbos marcados en color azul. ¿Por qué cambia de la 1.ª a la 3.ª persona?

d. Explica por qué es un texto narrativo y a qué estructura se adapta, a partir de los elementos de la narración que has estudiado en esta unidad. ¿Por qué crees que, a pesar de no haber ninguna referencia espacial, el lector se imagina el lugar donde se desarrollan los acontecimientos?

e. ¿Cuál es la trama? ¿Cómo la ordena? ¿Esta ordenación tiene algo que ver con la longitud del relato? ¿Recuerdas lo que era un microrrelato? ¿Cumple las características de los mismos?

Aspectos morfosintácticos

f. Observa todos los verbos del relato. ¿Qué tiempo verbal predomina en el texto?

g. Si se refiere a una historia pasada, ¿qué marca la diferencia entre el aspecto perfecto y el imperfecto? ¿Qué función crees que cumplen los infinitivos? ¿Dirías que los verbos son abundantes? Comenta tu respuesta con tus compañeros.

h. ¿Existen elementos deícticos, personales, temporales o espaciales?

i. ¿Cómo marca el tiempo? ¿Crees que el tiempo de la historia coincide con el del relato? ¿Cómo se refiere al único personaje que participa indirectamente en el relato?

j. Observa la estructura sintáctica de las frases. ¿Cuál crees que es el motivo por el que no hay ni un solo punto en todo el relato?

k. ¿Hay alguna oración simple? ¿Se impone un ritmo lento o rápido?

Aspectos léxico-semánticos

l. A pesar de ser breve, existen algunas palabras que están relacionadas con el tipo de relato al que pertenecen. ¿Cuáles son?

m. ¿El autor utiliza algún tipo de recurso literario? Justifica tu respuesta.

16. Realiza un comentario crítico del texto:

a. ¿Crees que se ajusta a las características de adecuación, coherencia y cohesión propias de un buen texto? Justifica tu respuesta.

b. El relato breve exige un lenguaje escueto, condensado. ¿Los recursos lingüísticos seleccionados se ajustan a este objetivo?

c. ¿Es un relato real o fantástico? Justifica tu respuesta.

4. Elaboración de textos narrativos

4.1 Planificación

- **Selecciona un conflicto**. Toda narración necesita un conflicto sobre el que desarrollar la historia.
- **Selecciona el narrador y el punto de vista**. Elige quién va a contar tu historia: un narrador omnisciente, un personaje en 1.ª persona...
- **Planifica tus personajes**. Piensa en el protagonista, antagonista (si lo hubiera), personajes secundarios, etc.; y en cómo vas a desarrollarlos, es decir, si serán personajes planos o redondos.
- **Ordena la trama**. Selecciona el orden de los acontecimientos: lineal, *in medias res*, contrapunto...
- **Establece el marco narrativo**. Piensa en los lugares y en los tiempos en los que se desarrollará el relato.
- **Piensa en el receptor de tu relato**. Este elemento es muy importante para el desarrollo del siguiente punto, la escritura.

RECUERDA

No confundas la palabra *conflicto* con *enfrentamiento*. Un conflicto es el choque que el personaje tiene consigo mismo, con los demás, con determinadas ideas, situaciones, etc.

4.2 Redacción

- **Planifica los párrafos** en los que va a estar dividido el relato y realiza un mapa conceptual de las acciones que van a aparecer en cada uno de ellos.
- **Fíjate bien en los tiempos verbales**. Es habitual que se alternen los pretéritos perfectos e imperfectos en función del tiempo al que se refieren y de que esa acción se considere terminada o no.
- **Selecciona variedad de conectores temporales**. En la narración los conectores temporales son muy importantes porque sitúan cada una de las acciones y el paso de unas a otras.
- **Evita las repeticiones**. Sustituye los nombres de los personajes por los elementos deícticos personales correspondientes.
- **Evita** las rimas internas, las muletillas y el uso excesivo de adverbios terminados en *-mente.*

FÍJATE

Introduce algún fragmento descriptivo y algún diálogo (en estilo directo o indirecto), enriquecerá tu relato.

4.3 Revisión y reescritura

Elabora una guía de revisión que incluya, entre otras preguntas que se te ocurran, las que aparecen a continuación:

GUÍA DE REVISIÓN

CONTENIDO Y ESTRUCTURA

- ¿Existe un conflicto?
- ¿Se percibe bien el tipo de narrador y su punto de vista? ¿Se ajusta a una estructura clara?
- ¿Existe un marco narrativo?

LENGUAJE

- ¿Los tiempos verbales están bien utilizados?
- ¿Existe variedad de conectores?
- ¿Usas pronombres, sinónimos, etc., para evitar redundancias?

17. A partir de los siguientes motivos continúa con una lluvia de ideas y escribe tu propio relato:

- A las 12 de la mañana y en el centro de tu ciudad no hay nadie por las calles, estás completamente solo.
- Alguien entró en la clase y todos se quedaron mudos.
- La inteligencia artificial ha superado a la inteligencia humana.

El adjetivo

En contra del adjetivo

Los adjetivos son las arrugas del estilo. Cuando se inscriben en la poesía, en la prosa, de modo natural, sin acudir al llamado de una costumbre, regresan a su universal depósito sin haber dejado mayores huellas en una página. Pero cuando se les hace volver a menudo, cuando se les confiere una importancia particular, cuando se les otorga dignidades y categorías, se hacen arrugas, arrugas que se ahondan cada vez más, hasta hacerse surcos anunciadores de decrepitud, para el estilo que los carga. Porque las ideas nunca envejecen, cuando son ideas verdaderas.

Cuando Jeremías dice que ni puede el etíope mudar de piel, ni perder sus manchas el leopardo, acuña una de esas expresiones poético-proverbiales destinadas a viajar a través del tiempo, conservando la elocuencia de una idea concreta, servida por palabras concretas. Así el refrán, frase que expone una esencia de sabiduría popular de experiencia colectiva, elimina casi siempre el adjetivo de sus cláusulas: *dime con quién andas...*, *tanto va el cántaro a la fuente...*, *el muerto al hoyo...*, etc. Y es que, por instinto, quienes elaboran una materia verbal destinada a perdurar desconfían del adjetivo, porque cada época tiene sus adjetivos perecederos, como tiene sus modas, sus faldas largas o cortas, sus chistes o leontinas[1].

El Romanticismo tuvo un riquísimo arsenal de adjetivos sugerentes, de cuanto fuera lúgubre, melancólico, sollozante, tormentoso, ululante, desolado, sombrío, medieval, crepuscular y funerario. El simbolismo, adjetivos evanescentes, grisáceos, aneblados, difusos, remotos, opalescentes, en tanto que el modernismo los tuvo helénicos, marmóreos, versallescos, ebúrneos, panidas, faunescos, samaritanos, pausados en sus giros, sollozantes en sus violonchelos, áureos en sus albas.

Así, los adjetivos se transforman, al cabo de muy poco tiempo, en el academismo de una tendencia literaria, de una generación. Tras de los inventores reales de una expresión, aparecen los que solo captaron de ella las técnicas de matizar, colorear y sugerir: la tintorería del oficio. Y cuando hoy decimos que el estilo de tal autor de ayer nos resulta insoportable, no nos referimos al fondo, sino a los oropeles[2], lutos, amaneramientos[3] y orfebrerías de la adjetivación.

Y la verdad es que todos los grandes estilos se caracterizan por una suma parquedad[4] en el uso del adjetivo. Y cuando se valen de él, usan los adjetivos más concretos, simples, directos, definidores de calidad, consistencia, estado, materia y ánimo, tan preferidos por quienes redactaron la Biblia, como por quien escribió el *Quijote*.

Alejo CARPENTIER: *El adjetivo y sus arrugas,* (adaptación). Ed. Galerna, 1980.

1. **leontina**: cinta o cadena colgante de reloj de bolsillo.
2. **oropel**: cosa de poco valor y mucha apariencia.
3. **amaneramiento**: exageración de los rasgos artificiosos.
4. **parquedad**: moderación económica y prudente en el uso de las cosas.

18. ¿Por qué se comparan los adjetivos con las arrugas? Copia la respuesta correcta en tu cuaderno:
- Porque como las arrugas, son las líneas de expresión de la lengua.
- Porque su uso depende de las modas y, por tanto, envejecen rápidamente.
- Porque los adjetivos son las palabras más antiguas de la lengua.

19. Escribe en tu cuaderno tres refranes y verifica si aparece algún adjetivo.

20. ¿En el refrán *Perro ladrador, poco mordedor,* los adjetivos muestran una cualidad que concreta al sustantivo o aportan una cualidad propia del sustantivo? ¿Dirías que su uso es expresivo o es necesario para interpretar adecuadamente su significado?

21. Fíjate en la forma de los adjetivos preferidos por los románticos, los simbolistas y los modernistas, y clasifícalos según tengan género y número o solo número.

22. ¿Conoces el significado de todos los adjetivos que aparecen en el texto? Busca en un diccionario aquellos que no sepas.

1. El adjetivo

Los **adjetivos** califican o determinan a los sustantivos, aportándoles contenidos que denotan cualidades (*cine emocionante*), propiedades (*flores rojas*), relaciones (*ingeniería industrial*), cantidades (*abundante* patrimonio), referencias de tiempo y lugar (*abono mensual*, *concierto campestre*), etc.

Tira cómica *Gaturro*, personaje creado por el humorista gráfico Nik (www.gaturro.com).

Forma

- Pertenecen a clases abiertas de palabras, ya que participan en procesos morfológicos de derivación y composición: *actual, boquiabierto, campestre.*
- Tienen flexión de **género**, **número** y **grado**: *gato negro, gata negra; gatos negros, gatas negras; negrísimo.*

Significado

- Los adjetivos se clasifican en **relacionales** y **calificativos**.

  Los adjetivos relacionales aportan rasgos que permiten clasificar personas o cosas (admiten la fórmula "perteneciente o relativo a"): *químico*, 'perteneciente o relativo a la química'; mientras que los calificativos aportan cualidades o propiedades que se agregan al significado del sustantivo: *perro ladrador.*

  Además, los calificativos se pueden graduar: *un estudio muy interesante; un estudio absolutamente necesario.*

Funcionamiento gramatical

- Constituyen grupos adjetivales, de los que son el **núcleo**:

Calle	*estrecha*
Sust	Adj / N
	GAdj

- Pueden contraer varias funciones sintácticas: complemento del nombre (*agua turbia*), atributo (*El despido fue fulminante*), complemento predicativo (*Los corredores llegaron exhaustos*).

2. La forma del adjetivo

Los adjetivos son palabras variables que pueden tener afijos **flexivos**, **derivativos** y de **grado**.

2.1 La flexión de género y número

El adjetivo **concuerda** en **género** y **número** con el sustantivo al que se refiere: *vacas locas, gato negro*; aunque el sustantivo no siempre muestre estos rasgos en su terminación: *un viernes trágico; las crisis financieras.*

Desde el punto de vista flexivo, los adjetivos se clasifican en:

- **Adjetivos de dos terminaciones**. Poseen flexión de género y número: *alto, alta, altos, altas.*
- **Adjetivos de una terminación**. Solo flexionan en número: *gigante, gigantes.*
- **Adjetivos invariables**. No tienen flexión: *gratis; isósceles; unisex.*

APÓCOPE DEL ADJETIVO

Se entiende por apócope el proceso de supresión del segmento final de una palabra sin que cambien su significado ni su categoría gramatical.

Bueno, malo, primero, tercero y *postrero* se apocopan ante un sustantivo masculino singular: *buen principio / buena vida; primer tiempo / primera mitad.*

Grande se apocopa ante un sustantivo singular, sea masculino o femenino: *un gran hombre / una gran mujer.* Pero no se apocopa en la coordinación: *un grande y hermoso discurso.*

Santo se apocopa ante sustantivos propios masculinos, excepto ante los que empiezan por *To-* y *Do-*: *san Mateo; san Juan / santo Tomás; santo Domingo.*

El adjetivo

2.2 La derivación adjetival

Consiste en la creación de nuevos adjetivos mediante **prefijos** y **sufijos**.

La **prefijación** crea nuevos adjetivos a partir de otros ya existentes añadiendo un prefijo a una base adjetival: *colombino* > *precolombino*.

La **sufijación** crea nuevos adjetivos añadiendo sufijos a una raíz, que puede ser un adjetivo u otra palabra de diferente categoría gramatical: *grande* > *grandioso*; *sol* > *solar*.

PREFIJOS Y SUFIJOS DERIVATIVOS FRECUENTES

Espaciales: *intra-*, *extra-*, *pos-*, *supra-*.

Temporales: *ante-*, *pre-*, *pos-*.

Cuantificadores, gradativos y escalares: *multi-*, *pluri-*, *mono-*, *uni-*, *bi-*, *di-*, *super-*, *re-*, *reque-te-*.

Negativos y de oposición: *a-*, *in-*, *des-*, *anti-*.

De relación: *-ar*, *-al*, *-ario*, *-ero*, *-ico*, *-ástico*, *-ático*, *-ivo*, *-ífico*, *-ístico*.

Calificativos: *-oso*, *-iento*, *-ón*, *-udo*, *-uno*.

Gentilicios: *-aco*, *-eco*, *-ano*, *-ense*, *-eño*, *-és*, *-íno*, *-o*.

De sentido activo o pasivo: *-dor*, *-ante*, *-ente*, *-iente*, *-ble*.

2.3 La composición adjetival

La mayoría de los compuestos se forman uniendo un sustantivo y un adjetivo o dos adjetivos, que se pueden escribir juntos o separados: *cejijunto*; *agridulce*; *físico-químico*.

2.4 El grado del adjetivo

Los adjetivos calificativos expresan cualidades que poseen los sustantivos en mayor o menor grado. Las diferencias de grado se expresan mediante modificadores adverbiales (*más*, *menos*, *muy*...) o sufijos (*-ísimo*). Se distinguen tres grados diferentes:

- **Grado positivo**. La cualidad aparece de manera neutra, sin ningún modificador. Los diccionarios recogen los adjetivos en grado positivo: *autor célebre*; *comida rica*.
- **Grado comparativo**. La cualidad se usa para comparar dos sustantivos entre sí:

COMPARATIVO		
De igualdad	Tan… como	*Ismael es tan atractivo como Idris.*
	Igual de… que	*Su mente está igual de cuidada que su cuerpo.*
De superioridad	Más… que	*Hoy te quiero más que ayer.*
De inferioridad	Menos… que	*Marta es menos exigente que Pilar.*

- **Grado superlativo**. La cualidad aparece magnificada o intensificada mediante diferentes mecanismos. El superlativo puede ser:
  - **absoluto**: es la intensificación más alta posible sin establecer comparación. Se expresa con el adverbio *muy*, con el sufijo *-ísimo*, con adverbios intensivos en *-mente* y con prefijos de realce (*superelegante*).
  - **relativo**: es la intensificación más alta en relación a un grupo. El adjetivo y el cuantificador aparecen en un grupo nominal definido.

RECUERDA

Según su estructura morfológica, se distinguen tres tipos de adjetivos: simples (*feliz*), derivados (*amor* > *amoroso*) y compuestos (*agrio* y *dulce* > *agriculce*).

SUPERLATIVO			
ABSOLUTO	**Adverbios intensificadores**	muy, tan, bastante, extraordinariamente, demasiado, etc.	*Vicente es muy familiar.* *Es extraordinariamente ágil.*
ABSOLUTO	**Prefijos**	super-, extra-, re-, mega-, ultra-, etc.	*El monólogo fue superdivertido.* *Su cartera era extrapesada.*
ABSOLUTO	**Sufijos**	-ísimo, -érrimo	*Cortó el jamón finísimo.* *Es un pintor celebérrimo.*
RELATIVO	Artículo + adv. cantidad + adjetivo		*Su hermano es el más guapo de sus amigos.*
RELATIVO	Artículo + comparativo sincrético		*Julia es la mejor defensa del equipo.*

Usain Bolt es rapidísimo: corre 100 metros en 9:58 segundos.

Comparativos y superlativos irregulares

Algunas formas del adjetivo heredadas del latín, denominadas **sincréticas**, incluyen en sí mismas los valores comparativo y superlativo:

POSITIVO	COMPARATIVO	SUPERLATIVO
bueno	mejor	óptimo
malo	peor	pésimo
grande	mayor	máximo
pequeño	menor	mínimo
alto	–	supremo
bajo	–	ínfimo

FORMAS SINCRÉTICAS

Las formas comparativas sincréticas aceptan el adverbio *mucho* y rechazan *muy*, excepto el adjetivo *mayor*, que puede ser comparativo (*Es mucho mayor*) o no serlo (*Es muy mayor*).

Los adjetivos *inferior* y *superior*, aunque fueron formas comparativas en latín, no se consideran como tales en castellano (**mucho superior / inferior*), por eso no se recogen en la tabla.

2.5 La adjetivación

Aunque menos frecuente, es el **proceso inverso a la sustantivación**, es decir, la conversión de sustantivos en adjetivos.

Los sustantivos adjetivados suelen aportar un valor enfático o ponderativo: *Luis es muy niño*; *La culpa es del cochino dinero*.

2.6 Locuciones adjetivas

Las locuciones adjetivas son expresiones fijas que suelen recogerse en el diccionario. Por su funcionamiento sintáctico, se asimilan a los adjetivos: *un vestido de gala*; *una mujer de bandera*; *una verdad como un templo*; etc.

23. Lee el poema y contesta las preguntas:

Pena Bienhallada

Ojinegra la oliva en tu mirada,
boquitierna la tórtola en tu risa,
en tu amor pechiabierta la granada,
barbioscura en tu frente nieve y brisa.

Rostriazul el clavel sobre tu vena,
malherido el jazmín desde tu planta,
cejijunta en tu cara la azucena,
dulciamarga la voz en tu garganta.

Boquitierna, ojinegra, pechiabierta,
rostriazul, barbioscura, malherida,
cejijunta te quiero y dulciamarga.

Semiciego por ti llego a tu puerta,
boquiabierta la llaga de mi vida,
y agriendulzo la pena que la embarga.

Miguel HERNÁNDEZ: *Obra Completa I.*
Ed. Espasa, 2010.

a. ¿A qué sustantivos modifican los adjetivos del poema?

b. ¿Qué procesos de creación léxica se han utilizado?

24. Lee este viejo anuncio y realiza las actividades:

Durante los calores del verano, con una cucharada sopera de leche condensada y sifón, preparará la más sana, refrescante y nutritiva bebida que imaginarse pueda. La leche condensada "La lechera", la más rica en crema y vitaminas, es el producto combinado de los últimos adelantos científicos puestos al servicio de la mayor experiencia.

a. Segmenta e indica el valor de los sufijos utilizados en *refrescante*, *nutritiva* y *científicos*.

b. ¿En qué grado aparecen los adjetivos *sana*, *refrescante* y *nutritiva*?

c. ¿Estos adjetivos coinciden en su flexión de género y número?

d. ¿Qué son los comparativos y superlativos sincréticos? ¿Identificas alguno en el anuncio?

25. Comenta los cambios de categoría gramatical:

- Compre aquí *rápido*, sin esperas.
- Brad Pitt está *cañón* en la película.
- El médico dijo que me he convertido en un *alérgico* crónico.
- Se tuvo que reconvertir en un *central*.

3. El significado del adjetivo

Las dos clases de adjetivos que existen atendiendo a su significado son los **adjetivos relacionales** y los **adjetivos calificativos**.

3.1 Los adjetivos relacionales

Expresan la relación que se establece entre el sustantivo al que acompañan y el nombre del que derivan: *cónsul honorario*; *agua mineral*; *calendario escolar*; *política pesquera*.

Los **gentilicios** y los **antropónimos** (derivan de un sustantivo propio de persona) se incluyen en los relacionales: *valenciano*; *brasileño*; *catalán*; *quijotesco*; *borgiano*; *kafkiano*.

3.2 Los adjetivos calificativos

Expresan cualidades de los sustantivos a los que complementan: *vida tranquila*; *documental interesante*.

Todos los adjetivos calificativos admiten modificadores de grado: *carrera muy rápida*; *película superdivertida*; *aire fresquísimo*.

Usos de los adjetivos calificativos

Los adjetivos calificativos se clasifican, según su uso, en:

- **Epítetos**. Destacan cualidades que ya tienen los sustantivos en su significado, por lo que no restringen la extensión del nombre. Suelen aparecer antepuestos al sustantivo: *blanca Navidad*; *verdes prados*; *inmenso océano*.
- **Especificativos**. Restringen la extensión del sustantivo y lo identifican: *el coche rojo*; *la casa grande*; *la época juvenil*.
- **Explicativos**. Aparecen entre pausas y no restringen el significado del sustantivo, sino que aportan una explicación o justificación: *La moto, veloz y reluciente, desapareció en el horizonte.*

Según su posición respecto al sustantivo, los adjetivos pueden cambiar su significado. No es lo mismo *un hombre pobre* ('sin dinero') que *un pobre hombre* ('desgraciado'), ni un *delincuente vulgar* ('grosero') que un *vulgar delincuente* ('común').

CÓMO RECONOCER LOS ADJETIVOS RELACIONALES

- Admiten las paráfrasis *un tipo de..., relativo a..., perteneciente a...*, etc.
- No se anteponen al sustantivo: **digital reloj*.
- No admiten modificadores de grado: **guitarra muy eléctrica*; **delegado superescolar*.
- No admiten sustitución por el adverbio modal *así*: *un conflicto diplomático*; **un conflicto así*.
- No pueden combinarse con los calificativos: **secretaría escolar y bonita*; *secretaría bonita y amplia*.

SUFIJOS MÁS PRODUCTIVOS

Adjetivos relacionales: *-al*, *-ar*, *-ario / -a*, *-ico / -a*, *-ero / -a*, *-ivo / -a*.

Adjetivos calificativos: *-oso / -a*, *-uno / -a*.

26. Lee el texto y realiza las actividades:

> Me sumerjo en este mar, en este tapiz de azules, turquesas, esmeraldas, agua marina cristalina gracias a la posidonia omnipresente, este maravilloso ser viviente de 100 000 años de edad. Ante ella, el ser más antiguo del planeta, me siento pequeño, ingrávido. Acaricio sus hojas y entro en sintonía con lo que realmente soy; pequeño y de agua. Me reconozco, me siento libre, contenido, feliz. El tiempo se ralentiza, mi corazón no. Se acelera ante la visión de un mundo fantástico, desconocido y muy vivo, bajo este ligero manto transparente de la superficie.
>
> *Formentera Report*, n.º 12, 2014.

a. ¿Qué clase de adjetivos son *marina cristalina*? ¿Se pueden combinar entre sí?

b. Identifica los adjetivos relacionales y calificativos. ¿Qué método has utilizado para ello?

c. Busca adjetivos epítetos para *mar*, *agua*, *hojas* y *corazón*, y escribe una oración con cada uno de ellos. Después, propón un adjetivo especificativo para los mismos sustantivos.

d. ¿Hay en el texto algún adjetivo explicativo?

27. Escribe un texto publicitario describiendo las virtudes de algún producto. Intenta utilizar los diferentes tipos de adjetivos que has aprendido.

4. La función del adjetivo

El adjetivo es el **núcleo** de los **grupos adjetivales** (GAdj), que pueden estar constituidos por:

- **Un solo elemento**, el propio adjetivo:

Una	*película*	*entretenida*
Det	Sust / N	Adj / N
		GAdj
GN		

- **Una estructura compleja**:

Una	*película*	*bastante*	*entretenida*
Det	Sust / N	Adv	Adj / N
		GAdj	
GN			

El participio también puede funcionar como un adjetivo: *Un reloj roto marca la hora exacta dos veces al día.*

4.1 Funciones del GAdj

El grupo adjetival puede realizar distintas funciones:

- **Complemento del nombre (CN)**. Cuando precede o sigue al sustantivo funciona como un complemento del nombre:

Una	*casa*	*vieja*
Det	Sust / N	Adj / N
		GAdj / CN
GN		

- **Atributo (Atr)**. Cuando acompaña a verbos copulativos (*ser*, *estar* y *parecer*), el adjetivo funciona como atributo:

El	*viaje*	*fue*	*inolvidable*
Det	Sust	VCop	Adj / N
			GAdj / Atr

- **Complemento predicativo (CPred)**. Cuando complementa a verbos predicativos, funciona como complemento predicativo. En estos casos también complementa al sujeto o al CD con los que concuerda:

(Ella) *Salió*	*contenta*
VPred	Adj / N
	GAdj / CPred

FÍJATE

El adjetivo puede ser modificado por un adverbio, por lo que hay que evitar la concordancia de las formas *medio* y *bastante*, aunque también pueden funcionar como determinantes en otros contextos (*media naranja*; *bastantes personas*): *Encontré la nevera medio vacía; Las fiestas de tu pueblo son bastante divertidas.*

28. Lee el texto y realiza las actividades:

En realidad nada habría ocurrido si no nos hubieran dado aquel consejo tan realista.

–Alejaos del viejo porque está loco y cree que es el emperador de Abisinia.

No solo no hicimos ni caso del consejo sino que este reforzó la curiosidad que nos inspiraba el extravagante viejo que, paseando por aquella Niza de tibio sol invernal, gesticulaba teatralmente y daba órdenes a sus familiares, a los que confundía con los príncipes y ministros de su corte imperial.

Enrique VILA-MATAS: *Una casa para siempre.* Ed. Anagrama, 1998.

a. Busca en el texto todos los grupos adjetivales e indica la función sintáctica que desempeñan. ¿Hay alguno que haga de atributo?

b. Fíjate en la siguiente oración: "*Alejaos del viejo...*". ¿Dirías que la palabra *viejo* es un adjetivo? Justifica tu respuesta.

Normas de los adjetivos

1. El uso de los adjetivos

Los adjetivos son palabras que califican o determinan a los sustantivos, pero para que esa información sea precisa, es importante que no se acumulen muchos adjetivos innecesariamente.

1.1 Los adjetivos de relleno

Todos los hablantes, al conversar o escribir, matizamos el significado de los sustantivos que empleamos: *una comida copiosa, un secreto inquietante, una empresa piramidal.*

Sin embargo, existe un vicio de estilo que es aconsejable eliminar y que consiste en "rellenar" los enunciados con adjetivos que no aportan ninguna información relevante. Algunos ejemplos son: *bonito, genial, estupendo, precioso, fundamental, excepcional...*

1.2 Uso correcto del grado

No todos los adjetivos se comportan de la misma manera en relación al grado, lo que da lugar a errores en el uso que conviene evitar.

Adjetivos que no se ajustan a la norma

- Los adjetivos que, de una forma u otra, ya contienen en su significado la expresión de una cualidad intensa: *ideal, excesivo, magnífico,* etc.: **El concierto ha sido muy magnífico.*
- Los adjetivos que indican tiempo, como *infinito, eterno, coetáneo,* etc.: **Lorca y Dalí son más coetáneos que Cernuda y Machado.*
- Los adjetivos relacionales: **Ellos están realizando un análisis más genético / muy genético.*
- Los adjetivos de identidad: *mismo / -a, idéntico / -a, igual*; y los adjetivos de distinción *diferente* y *distinto*: **El niño es menos igual a ti que tú a tu padre.*

Casos especiales del superlativo

El superlativo absoluto se forma con el adverbio *muy* o añadiendo los sufijos *-ísimo / -a* o *-érrimo / -a.* Sin embargo, esta doble posibilidad no se puede aplicar a todos los adjetivos:

- Los adjetivos numerales ordinales, como *primero* y *último,* admiten *-ísimo/-a*, pero no *muy: Lo colocó en el ultimísimo lugar. / *Lo colocó en el muy último lugar.*
- Los adjetivos que llevan otros sufijos como *-ero / -a, -ista, -il, -ico...* admiten *muy*, pero no *-ísimo/-a*: *Su comentario ha sido muy certero. / *Su comentario ha sido certerísimo; Se considera muy idealista. / *Se considera idealistísima; Es muy pragmático. / *Es pragmatiquísimo.*
- Los adjetivos que llevan prefijos negativos tampoco admiten el sufijo *-ísimo/-a*, pero sí *muy: Las medidas son muy ineficaces. / *Las medidas son ineficacísimas; Alejandro dice que su posición es muy indecente. / *Alejandro dice que su posición es indecentísima.*
- Los adjetivos que ya tienen un sufijo apreciativo pueden llevar *muy* pero no el sufijo *-ísimo*: *muy pequeñín*, no **muy pequeñísimo*; o *muy debilucho*, pero no **muy debiluchísimo*.

"No cabe duda de que la corrección en el lenguaje es un adorno, un factor de distinción en la persona que la posea. Pero no es precisamente esto lo que uno debe buscar cuando trata de depurar su expresión lingüística: hablar bien no es lo mismo que ir bien peinado o llevar los zapatos relucientes. El hablante debe aspirar a la perfección de su habla porque esta es un instrumento de importancia vital para su convivencia dentro de una nación. Y su habla solo será perfecta si se ajusta al máximo al modo de decir de sus compatriotas".

Manuel SECO: *Diccionario de dudas y dificultades de la lengua española*. Ed. Espasa, 1998.

Tira cómica *Gaturro*, personaje creado por el humorista gráfico Nik (www.gaturro.com).

RECUERDA

Evita los adjetivos inexpresivos y poco precisos, así como los epítetos innecesarios. Ten en cuenta, asimismo, que la redacción se resiente si abusas del superlativo.

29. Reflexiona y justifica qué crees que quisieron decir Paul Valéry o Vicente Huidobro cuando afirmaban:

- "El epíteto ha perdido valor; la inflación de la publicidad ha reducido a nada la potencia de los adjetivos" (Paul Valéry).
- "El adjetivo cuando no da vida, mata" (Vicente Huidobro).

30. Observa la posición del adjetivo en los siguientes casos y explica la diferencia de significado que implica la anteposición o posposición del adjetivo respecto al sustantivo al que acompaña:

- Un simple problema. / Un problema simple.
- Es un viejo asunto. / Es un asunto viejo.
- Es un buen amigo. / Es un amigo bueno.
- Es un gran perro. / Es un perro grande.

31. Lee los ejemplos y contesta las preguntas:

- *Total imposibilidad.*
  - ¿El sustantivo *imposibilidad* admitiría un adjetivo como *mediana* o *poca* ?
  - ¿Entonces por qué usamos *total imposibilidad*?
- *Un dilema complejo.*
  - ¿Cuál es el significado del sustantivo *dilema*?
  - ¿Crees que el adjetivo *complejo* es el más adecuado para acompañar a *dilema*?
- *Una persona estupenda.*
  - ¿Cuál es el significado del adjetivo *estupenda*?
  - ¿Crees que define claramente a *persona*?
  - ¿No sería más apropiado otro tipo de adjetivo que calificara su carácter? Busca algún ejemplo.
- *Participación activa.*
  - ¿Sabes qué significan *participación* y *activa*?
  - ¿Se puede decir *participación pasiva*? ¿Por qué se usa?

32. Explica por qué en las siguientes oraciones hay algún uso erróneo del grado del adjetivo:

- El vino de este año es menos magnífico que el del año anterior.
- Dicen que este tejido es muy bueno porque es eternísimo.
- La nueva prensa es más hidráulica que la del año pasado.
- Los mellizos son menos idénticos que los gemelos.
- Parece que ha realizado estudios muy arquitectónicos.
- Los poemas son muy contemporáneos.

33. Observa las siguientes oraciones, detecta las que sean agramaticales y redacta una posible norma que contenga los usos aceptados de los grados del adjetivo en cada uno de los casos:

- Tu jardín es menos enorme que el mío. / ¡Tu jardín es tan enorme!
- Esta crisis es más económica que otras. / El producto es muy económico.
- Quizás sea menos posible. / Es muy posible que venga. / Es muy probable que venga. / Es menos probable que venga.
- Tiene unas condiciones muy óptimas.
- La calidad del material es más inferior a la del año pasado.

34. Intenta formar superlativos con *muy* e *-ísimo/-a* o *-érrimo/-a* a partir de los siguientes adjetivos. Luego, insértalos en oraciones y explica y justifica la gramaticalidad o agramaticalidad del uso. ¿Es posible llegar a elaborar una norma que se observe de manera regular?

lluvioso	moderno	rojo
espartano	excelente	cordobés
bueno	igual	diplomático
antiguo	desigual	castellano
imborrable	alarmante	kafkiano
interesante	brillante	digital

35. Lee el siguiente texto y responde las preguntas:

El generoso olor de las ramas y de los grandes troncos, que goteaban la resina, blanda y dorada; el suelo enmuellecido de pinocha, que tejía una red tostada y resbaladiza, la quietud, la penumbra, los claros del boscaje, que eran ventanitas azules por donde la luz descendía muy despacio y cernida; la perennal sonata, suave y profunda, del pinar, que parece guardar los rumores de todos los vientos pasados, como la concha el estruendo de las olas y el hervor de las espumas que la tuvieron anegada; toda la recogida vida de los árboles y la contemplada bajo su ámbito, sutilizaron y fortalecieron la de Félix. Verdaderamente mantenía con la naturaleza un íntimo y claro coloquio, semejante al del alma mística con el Señor.

Gabriel Miró: *Las cerezas del cementerio*. Ed. Taurus, 1991.

a. ¿Qué se describe en el fragmento?

b. ¿Conoces todos los adjetivos del texto? Si no es así, búscalos en un diccionario.

c. El estilo de Gabriel Miró es sensorial y modernista. Justifica esta afirmación explicando el significado de algunos de los adjetivos que aparecen en el texto. Hazlo en tu cuaderno.

d. ¿Serías capaz de decir lo mismo sin tantos adjetivos? Reescribe el texto de una manera más sencilla y comprueba si se modifica sustancialmente lo que el autor quiso describir.

4 LA DESCRIPCIÓN. DETERMINANTES Y PRONOMBRES (I)

Mendigos en Recoletos

Cervantes nació en Alcalá de Henares, seguramente, el 29 de septiembre de 1547. En Cervantes, ni las cosas más sencillas pueden ser contadas sin conjeturas.

Suele esa estación estar vacía, con uno o dos mendigos durmiendo sobre un banco y la botella de vino al lado, y en el túnel se oye un perpetuo gotear que llena aquel lugar de desollados ecos de alcantarilla. La iluminación es mezquina e insuficiente. Las papeleras han intentado arrancarlas y muchas las han quemado. Esa tenacidad de destrucción acoquina y suspende.

Como los trenes tardan en llegar, uno observa con curiosidad a los mendigos que roncan sin preocupación ni maneras, y al observarlos uno suele comentar la imperdonable vulgaridad de creerlos felices, libres. Siguen siendo ellos los únicos cervantinos de toda la escena. Es cervantino lo que con los siglos no ha cambiado: la pobreza, la locura, el fracaso, la desolación, la delincuencia, es decir, la bondad, el humor, la sinrazón, la libertad.

Los tres o cuatro pasajeros que van llegando se tropiezan con los mendigos. Sus pasos se oyen bajo aquella bóveda de cañón como los de servidores del Santo Oficio. El tren viene medio vacío. En algunos vagones, nadie. En otro, repasando unos apuntes, va un estudiante que ha perdido ya las primeras clases. En Alcalá ha vuelto a haber universitarios, y a Alcalá de Henares, patria de Miguel de Cervantes, va el biógrafo.

Cervantes no nos dijo nunca el nombre de su pueblo. A veces, incluso, miente sobre su origen y jura, para beneficiar una causa o a un vecino, haber nacido en Córdoba. Cuando al fin se pudo probar que Cervantes era alcalaíno, se removieron todos los archivos parroquiales y registros.

Sabemos, pues, que Cervantes nació en Alcalá, pero lo único de veras trascendente es que Cervantes naciera y que lo hiciera en España, y no tanto en una patria, como en la lengua llamada España. Con eso nos habría bastado.

Andrés TRAPIELLO: *Las vidas de Miguel de Cervantes* (adaptación). Ed. Planeta DeAgostini, 2005.

1. ¿Cuál es la intención del texto? ¿A quién crees que va dirigido? ¿Hay referencias al receptor?
2. ¿Qué tono predomina: objetivo o subjetivo? ¿El autor está reflejado? ¿Se ensalza la figura del personaje que describe?
3. ¿Crees que las descripciones solo están presentes en los textos literarios? ¿En qué otro tipo de textos aparecen?
4. Analiza tu comportamiento cuando haces una descripción. ¿Qué proceso sigues antes, durante y después de la escritura?

La descripción

1. ¿Qué es describir?

Describir es representar la realidad -personas, objetos, ambientes, acciones...- tanto en los discursos escritos como en los orales. Para describir bien, en primer lugar se precisa observar y, en segundo lugar, seleccionar aquellos rasgos que nos interesan y son relevantes para la caracterización de lo que se va a describir.

Aprender a describir es esencial para el día a día, pues las descripciones pueden aparecer en cualquier tipo de texto.

1.1 Aprender a describir

Existen varias razones que justifican la necesidad de aprender a describir:

- Favorece el uso de un **léxico** preciso.
- Supone un esfuerzo en la **construcción** de un texto, de modo que quien lee o escucha pueda imaginar lo descrito como si lo viera.
- Plantea la realidad -personas, objetos, ambientes, acciones...- desde una **mirada propia**, lo que, a la vez, favorece en el receptor la aceptación de valores diferentes a los suyos.
- Posibilita familiarizarse con un tipo de **texto** frecuentemente **inserto en otro** tipo de textos.

1.2 Pasos para describir

Cada persona contempla la realidad desde su punto de vista particular; sin embargo, existen unos pasos comunes en el proceso descriptivo:

- **Observación del mundo**. Se debe centrar la atención sobre lo que se va a describir, analizarlo y valorarlo con los cinco sentidos.
- **Selección de datos**. Es preciso elegir, de entre todos los detalles, aquellos que permitan captar lo esencial de lo descrito.
- **Reorganización**. En función de lo descrito, se ordena de dentro hacia fuera, de arriba hacia abajo, de lo general a lo particular, las etapas de un proceso, los rasgos...
- **Elección de los recursos lingüísticos adecuados**. Si es una descripción objetiva se descarta el léxico connotativo, se seleccionan los conectores adecuados, se buscan elementos comparativos, etc.

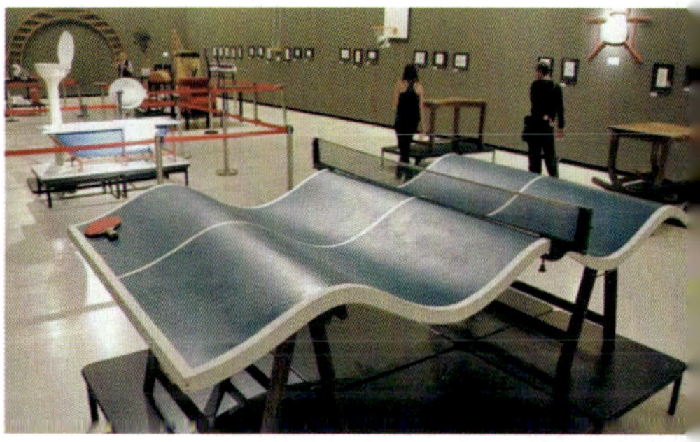

Es muy importante que, para hacer tu descripción, primero observes todos los detalles de aquello que quieres describir.

5. Observa las caras siguientes y realiza las actividades:

a. Fíjate en lo que transmiten las miradas, la posición de las cejas, la forma de la boca... y ponles un nombre: intranquilidad, paz, etc.

b. Piensa en los adjetivos que definen las caras anteriores, rescata otras imágenes de tu memoria y descríbelas con metáforas, comparaciones, sinestesias... (tiene una sonrisa helada, la luz de sus ojos...).

c. Agrupa la información obtenida a partir de tu observación y elabora una descripción sobre el estado de ánimo de esos personajes.

6. Observa la sala de la foto sobre estas líneas y contesta:

a. ¿Qué imaginas que puede ser? Dale un nombre.

b. Descríbela siguiendo un orden: qué es, qué forma tiene, tamaño, color, para qué sirve (puedes inventarte una utilidad), etc.

c. Comienza la descripción de la sala y sitúa cada objeto en primer plano, segundo plano..., de tal forma que cada uno de ellos esté introducido por un conector espacial: *al fondo, a la derecha, por último...*

2. Tipos de textos descriptivos

2.1 Según la intencionalidad

Existen diferentes tipos de textos descriptivos:

- **Técnicos**. Tienen una finalidad práctica porque amplían o aclaran la información y reflejan la realidad -función representativa- de una manera objetiva, sin intervención del autor. El lenguaje es denotativo. Son propias de textos científicos, técnicos o sociales:

  Litera: Cada una de las camas estrechas y sencillas que se usan en los barcos, trenes, cuarteles, dormitorios, etc., y que, por economía de espacio, se suelen colocar una encima de otra.

  Real Academia Española: *Diccionario de la lengua española*, 23.ª ed. Ed. Espasa, 2014.

- **Subjetivos**. En ellas se alterna la finalidad práctica con la finalidad estética. A su vez pueden subdividirse en emotivas, persuasivas o estéticas. Sin embargo, en muchas ocasiones la intencionalidad es múltiple:

  - **Emotivos**. El autor puede expresar emociones personales -función emotiva- a través de un lenguaje connotativo:

    Un poco de locura, un algo de poesía,
    una gota del vino de la melancolía...
    ¿Vicios? Todos. Ninguno... Jugador, no lo he sido;
    ni gozo lo ganado, ni siento lo perdido.

    Manuel MACHADO: "Retrato", *El mal poema*.
    Ed. Rilke, 2012.

  - **Persuasivos**. El autor puede querer convencer o persuadir al receptor de algo -función apelativa-, entonces hablamos de una descripción publicitaria. El lenguaje es marcadamente connotativo:

    La imagen es nada, tu sed es todo; obedece a tu sed, toma Sprite.

  - **Estéticos**. El autor puede recrearse en el objeto y la descripción tener una finalidad estética -función poética-. Se explotan los recursos expresivos a través de un lenguaje connotativo propio de textos literarios, narrativos o líricos:

    Tenía un brocal de piedra verde y un arco de hierro forjado para la polea. La polea era de madera y chillaba como una golondrina. El cubo era también de madera, sujeto por aros de hierro, como las cubas, y pesaba mucho. El pozo era muy hondo y tenía agua muy clara.

    Rafael SÁNCHEZ FERLOSIO: *Industrias y andanzas de alfanhui*. Ed. Destino, 2009.

RECUERDA

La **definición** es un tipo de descripción que debe ajustarse a unas normas:

- Debe contener los atributos esenciales del elemento definido.
- Debe ser breve.
- Debe ser objetiva.

El escritor español Rafael Sánchez Ferlosio ganó el premio Cervantes 2004 y el Premio Nacional de las Letras 2009.

7. En grupo, elaborad cuestionarios de observación que puedan aplicarse a cualquier elemento descrito:
   a. Contenido y estructura: ¿el tono está bien seleccionado y va en relación con el receptor y el lenguaje utilizado? ¿La descripción sigue un orden claro?
   b. Respecto al lenguaje: ¿hay suficientes adjetivos? ¿Utiliza suficientes, y variados, recursos lingüísticos?

8. Observa a tu alrededor y selecciona un objeto. Míralo durante un rato: qué es, para qué sirve, su tamaño, color, forma..., y realiza las siguientes descripciones:
   a. Una descripción técnica.
   b. Una descripción subjetiva.
   c. Una descripción persuasiva.
   d. Una descripción estética.

2.2 Según lo descrito

Existen tres tipos de descripciones según la realidad que se describe: realidades físicas y realidades abstractas (que aparecen con frecuencia en los relatos formando parte del discurso narrativo) y descripción de procesos (más propias de textos explicativos).

- **Realidades físicas**. Descripción de personas, objetos, paisajes, etc.

  A su vez, las descripciones de personas se pueden dividir en cuatro tipos:

  – **Prosopografía**. Descripción externa de los rasgos físicos y de la indumentaria de una persona:

  En verdad, el aspecto externo de Momo era un poco extraño y tal vez podía asustar algo a la gente que da mucha importancia al aseo y al orden. Era pequeña y bastante flaca, de modo que ni con la mejor voluntad se podía decir si tenía ocho años o ya doce.

  Michael ENDE: *Momo*. Ed. Alfaguara, 2007.

Portada de Momo.

  – **Etopeya**. Descripción interna de las cualidades, del carácter o de la conducta de una persona:

  Era afable… servicial. Compasivo… y se desvivía por complacer y ser útil a todo el mundo.

  Juan VALERA: *Pepita Jiménez*. Ed. Espasa, 2014.

  – **Retrato**. Descripción interna y externa de alguien:

  El tío Lucas era más feo que Picio. Lo había sido toda su vida, y ya tenía cerca de cuarenta años. Sin embargo, pocos hombres tan simpáticos y agradables habrá echado Dios al mundo.

  Pedro Antonio de ALARCÓN: *El sombrero de tres picos*. Ed. Edaf, 2007.

  – **Autorretrato**. Descripción que hace una persona de sí misma:

  No me gusta ni mi cara ni mi nombre. Bueno, las dos cosas han acabado siendo la misma. Es como si me encontrara feliz dentro de este nombre pero sospechara que la vida me arrojó a él y ya no hay otro que pueda definirme como soy.

  Elvira LINDO: *Una palabra tuya*. Ed. Seix Barral, 2006.

  – **Caricatura**. Descripción con tono exagerado e irónico que deforma la realidad:

  El vello le crecía en las manos y los brazos como la hierba en un fértil campo, y por las orejas y narices le asomaban espesos mechones.

  Benito PÉREZ GALDÓS: *Fortunata y Jacinta*. Ed. Alianza, 2005.

Fíjate que una caricatura también puede realizarse en pintura.

- **Realidades abstractas**. Descripción de sentimientos, emociones, sensaciones, etc., que siente alguien:

No conocía el nombre para esa pesadilla compuesta de incertidumbre, inquietud, culpa, sensación de abandono y profunda soledad, de modo que terminó por llamarlo simplemente la bestia. Había intentado burlarla por más de cuarenta años, pero finalmente comprendió que nunca lo dejaría en paz, a menos que la venciera en una contienda frente a frente.

Isabel ALLENDE: *El plan infinito*. Ed. Debolsillo, 2014.

La descripción

- **Procesos**. Exponer ordenadamente las fases del mismo:

El proceso de extracción de la miel o castra es sencillo. Una vez recogido el panal, se retiran las abejas que lo cubren y que tratan de evitar este expolio, esta tarea se lleva a cabo con un ahumador que las ahuyenta. Los panales se encuentran llenos de miel en sus celdas, y estas a su vez están protegidas por el opérculo (capa de cera) que protege la cera, por lo que el primer trabajo es retirar la capa de cera para llegar a la miel. La cera se retira con un cuchillo o espátula calentado a unos 65 °C. En las colmenas se suele dejar sacarosa de maíz como sustitutivo de la miel que es el alimento del que hemos privado a las abejas.

"El proceso de obtención de la miel", 2 de marzo de 2014, *Artesanía y Oficio*. Web [Consulta: 6 de mayo de 2015].

9. Lee este fragmento de "Retrato", de Antonio Machado, y responde las preguntas:

Ni un seductor Mañara, ni un Bradomín he sido
–ya conocéis mi torpe aliño indumentario–,
mas recibí la flecha que me asignó Cupido,
y amé cuanto ellas puedan tener de hospitalario.
Hay en mis venas gotas de sangre jacobina,
pero mi verso brota de manantial sereno;
y, más que un hombre al uso que sabe su doctrina,
soy, en el buen sentido de la palabra, bueno.

a. Busca información sobre quiénes son Mañara y Bradomín.

b. ¿Por qué los elige Machado para decir lo que él no es?

c. Observa la oración de color verde y busca información sobre Cupido. Explica la metáfora.

d. ¿Qué es la sangre jacobina?

e. ¿Se identifica con ella por completo o lo matiza de alguna manera en el verso siguiente?

f. ¿Qué es el manantial sereno?

g. ¿Qué recursos lingüísticos ayudan a reflejar la verdadera imagen del poeta?

h. ¿Qué tipo de descripción hace Machado de sí mismo? ¿Puede darse más de un tipo de descripción en un texto? Justifícalo.

10. Lee, clasifica y justifica el tipo de descripción:

Texto 1

El bochorno, el gentío y por doquiera encalado, andamios, ladrillos, polvo y ese hedor estival tan conocido... El tufo inaguantable que despedían las tabernas, de las que había un sinfín en esa parte de la ciudad, y los borrachos con quienes tropezaba a cada paso... completaban ese cuadro melancólico y repulsivo... Pronto cayó en una honda meditación, en una especie de ensimismamiento.

F. DOSTOIEVSKI: *Crimen y castigo*. Ed. Edimat Libros, 2014.

Texto 2

A simple vista, la sangre es un líquido rojo homogéneo. Pero bajo el microscopio parece estar compuesta por muchos elementos diferentes. Los abundantes glóbulos rojos contienen un tipo especial de hierro que nuestro organismo utiliza para transportar oxígeno y crear el característico color de la sangre.

D'ADAMO: *Los grupos sanguíneos y la alimentación*. Ed. Zeta, 2009.

11. Lee el siguiente texto y piensa en tu cotidianeidad, en las sensaciones que tienes al despertarte y hacer cada día lo mismo y transfórmalo en un proceso como el del texto:

Había una vez un hombre que siempre iba vestido de gris.

Tenía un traje gris, tenía un sombrero gris, tenía una corbata gris y un bigotito gris.

El hombrecito vestido de gris hacía cada día las mismas cosas.

Se levantaba al son del despertador.

Al son de la radio, hacía un poco de gimnasia.

Tomaba una ducha, que siempre estaba bastante fría; tomaba el desayuno, que siempre estaba bastante caliente; tomaba el autobús, que siempre estaba bastante lleno; y leía el periódico, que siempre decía las mismas cosas.

F. ALONSO: *El hombrecito vestido de gris*. Ed. Alfaguara, 2003.

3. Análisis y valoración de los textos descriptivos

Lee el siguiente texto, fíjate en el comentario de texto, que te permitirá analizar un texto descriptivo, y responde las preguntas:

COMENTARIO DE TEXTO

He aquí esta calle (Rúa Ruera) absurda y odiosa. ¿Por qué se le ha de denominar calle? Cada casa es el producto impulsivo del arbitrio de cada habitante. No hay dos iguales. No se echa de ver norma ni simetría. Todo son líneas quebradas, colorines desvaídos y roña, que tú quizás llames pátina. Está, además, en una pendiente de cuarenta y cinco grados, losada de musgosas lápidas de granito. Por ella no pueden subir carruajes, ni caballerías, ni cardíacos. Soledad, soledad. El sol no penetra por esta angostura, que parece un intestino aquejado de estreñimiento.

Ahora tañen las campanas de la catedral y nos atruenan. Probablemente están tañendo a todas horas, desde esa mole hinchada, de alargado cuello, que gravita sobre las prietas casucas, como un avestruz clueca que empollase una nidada de escarabajos. ¿Y esto es una calle, una calle hermosa? Una calle es una arteria de una ciudad por donde deben circular la salud y la vida.

Ramón PÉREZ DE AYALA: *Belarmino y Apolonio*. Ed. Cátedra, 2007.

Fíjate en las pautas que se dan en el comentario de texto, pues te ayudarán a analizar cualquier texto descriptivo.

Aspectos pragmáticos

a. Observa las palabras marcadas en color naranja, son adjetivos: ¿determinan el carácter objetivo o subjetivo de la descripción? Razona tu respuesta.

b. ¿Hay marcas lingüísticas del emisor? ¿Y referencias al receptor? ¿A qué tipo de receptor crees que puede ir dirigida una descripción de estas características?

c. En función de la intencionalidad del emisor, ¿qué tipo de texto es? ¿Cómo se estructura?

Aspectos morfosintácticos

d. Identifica el resto de adjetivos que aparecen en el texto. ¿Son abundantes? ¿Qué tipo de adjetivos aparecen con más frecuencia?

e. Observa los grupos marcados de color verde, son GN (grupos nominales). ¿Crees que son tan importantes como los adjetivos? ¿Por qué?

f. Observa los verbos destacados de color azul, son verbos copulativos. ¿Por qué crees que tienen tanta presencia en el texto?

g. Observa los verbos destacados de color rosa. ¿Qué valor aporta el uso continuo de presentes?

h. ¿Dirías que predomina en el texto una modalidad oracional determinada? ¿Y una estructura sintáctica determinada? ¿Son oraciones largas o cortas? Justifica tu respuesta con ejemplos.

Aspectos léxico-semánticos

i. ¿Crees que el léxico es connotativo o denotativo? Justifica tu respuesta.

j. Identifica los recursos retóricos de las frases subrayadas.

k. De acuerdo con el registro lingüístico utilizado, ¿crees que es un texto culto o coloquial? Justifica tu respuesta con ejemplos del texto.

12. Elabora en tu cuaderno un comentario de texto con los resultados del análisis que has realizado anteriormente. Refleja los aspectos pragmáticos y la justificación del tipo de texto en el primer párrafo, los aspectos lingüísticos en el segundo párrafo y la conclusión en el tercero.

13. Haz una valoración del texto anterior atendiendo a estos aspectos. Después, coméntalos con tus compañeros y compañeras:

a. ¿Utiliza el texto los recursos lingüísticos adecuados para dar una perspectiva subjetiva de la ciudad? ¿Crees que el lector tiene claro este aspecto desde el principio?

b. Relaciona el objeto descrito con el objeto visto por el autor. ¿Qué crees que pesa más en la mente del lector, lo real o lo percibido por el autor? Justifica tu respuesta.

4. Elaboración de textos descriptivos

Recuerda las tres fases de la elaboración que hemos estudiado para otros tipos de texto: **Planificación - Redacción - Revisión** y aplícalas a tus textos descriptivos.

4.1 Planificación

Para planificar un texto descriptivo debes seguir estos pasos:

- Seleccionar un objeto, una persona, un lugar, una sensación, una acción, un acontecimiento o un procedimiento para describir.
- Reflexionar sobre las cualidades o defectos que tiene, las sensaciones y las emociones que provoca, poniendo en marcha los cinco sentidos. En el caso de que se trate de una acción o de un procedimiento, determinar la cronología de las acciones.
- Elaborar listas de adjetivos que lo definan, imágenes y comparaciones con las que se identifique, etc.
- Seleccionar aquellos datos que sean relevantes y desechar los que no lo sean. Decidir el tipo de descripción y el tono que se le va a dar en función del tipo de receptor al que va dirigida.

4.2 Redacción

Una vez tengas organizada toda la información, escribe el texto siguiendo estos pasos:

- Reorganizar los datos. Si es un paisaje, determina si va a empezarse por lo más cercano para terminar por lo más lejano; en cambio, si es un retrato, decide qué se pondrá antes, si la descripción del carácter o la descripción física. Decide la longitud.
- Encajar los datos observados con las imágenes que han producido para elaborar metáforas, comparaciones, enumeraciones...
- Evitar que la descripción resulte como un telegrama en el que no haya enlaces ni nexos. Las enumeraciones largas pueden ser farragosas.

4.3 Revisión

Es necesario elaborar la guía de revisión para tu texto descriptivo. Esta te puede servir de modelo:

GUÍA DE REVISIÓN

CONTENIDO Y ESTRUCTURA

- ¿El tono está bien seleccionado y va en relación con el tipo de receptor y el tipo de lenguaje utilizado?
- ¿Da el texto sensación de una lista de enumeraciones?
- ¿La descripción sigue un orden claro?
- ¿Las imágenes tienen fuerza?

LENGUAJE

- ¿Hay suficientes adjetivos que delimiten el significado de lo descrito?
- ¿Los tiempos verbales están bien utilizados?
- ¿Hay pronombres, sinónimos, etc., para evitar redundancias?
- ¿Utiliza suficientes y variados recursos lingüísticos?

También podéis realizar una descripción en grupo. Para eso, seguid los pasos para la elaboración de un texto descriptivo pero proponiendo diferentes ideas y escogiendo las que creáis más acertadas.

14. Sigue los pasos de elaboración de un texto descriptivo y define la palabra *luna* tal y como lo haría un científico. Después, compárala, estableciendo similitudes y diferencias, con la descripción que se hace en este poema:

En el aire conmovido
mueve la luna sus brazos
y enseña, lúbrica y pura,
sus senos de duro estaño.
–Huye luna, luna, luna.
Si vinieran los gitanos,
harían con tu corazón
collares y anillos blancos.

Federico GARCÍA LORCA

15. Elabora un texto descriptivo sobre alguno de los temas que tienes a continuación. Sigue todas las indicaciones aprendidas y, al revisar, reescribe de nuevo el texto:

- El carácter de una persona.
- Una sensación térmica.
- Tu lugar en el mundo.
- El planeta Marte.
- El proceso de razonamiento de un problema matemático.

16. El discurso oral académico es un texto descriptivo formal que al igual que el escrito, implica las tres fases del proceso: planificación, exposición y revisión.

Elabora un discurso descriptivo oral de cinco minutos siguiendo los pasos que hay a continuación:

Planificación

a. Mira y escucha atentamente el siguiente vídeo en el que Elora Hardy describe cómo diseña casas de bambú entrando en www.tiching.com/730211.

   Ahora, responde las preguntas:

   - ¿Cómo se presenta?
   - ¿Crees que es un discurso formal? Razona tu respuesta pensando en la imagen de la oradora, en la sala y en los receptores que aparecen esporádicamente.
   - ¿Cómo logra conectar con el público?
   - ¿Rompe el ritmo de la descripción en algún momento introduciendo elementos anecdóticos?
   - ¿Hace uso de imágenes u otro elemento visual?
   - ¿Cómo organiza el discurso?
   - ¿Crees que el discurso es aburrido? Razona tu respuesta.

b. Busca información sobre las siete maravillas del mundo antiguo y selecciona una de ellas. Después, haz lo mismo con las maravillas arquitectónicas del mundo moderno. Tu discurso oral tendrá como objetivo describir y comparar ambas.

c. Piensa a quién se lo diriges, la forma en la que te vas a dirigir a ellos, los conocimientos que pueden tener sobre el tema, etc.

   En esta fase también tendrás que organizar toda la información que has ido recogiendo y elegir las imágenes que vas a presentar.

   Al ser una descripción de lugares deberás seguir un orden espacial (de dentro afuera, de arriba abajo…). Marca con números una imagen-borrador para que, en un primer momento, te orientes y aprendas el orden que vas a seguir. Toma como modelo la charla sobre las casas de bambú.

d. Tendrás que ensayar tu discurso varias veces y grabarte con el móvil o con una cámara, o simplemente dejar que algún amigo o familiar te escuche.

e. Controla el tiempo, piensa que los nervios suelen jugar malas pasadas y, en ocasiones, lo que en casa dura diez minutos en clase se convierte en cinco.

f. Escucha las recomendaciones que te hacen las personas que te han escuchado o, si lo has hecho tú mismo, encuentra los aspectos que puedes mejorar.

Exposición

a. Ten un reloj visible para que puedas controlar y respetar el tiempo asignado.

b. Las ideas o palabras clave se pueden enfatizar, esto ayuda a dar coherencia y cohesión al discurso.

c. Controla los matices del lenguaje no verbal: movimiento de las manos y el cuerpo en general, mirada (siempre hacia el auditorio), volumen, entonación, pausas…

d. Si utilizas algún apoyo visual, recuerda que solo debe ser una referencia, una guía; nunca debes leer, exclusivamente y de forma literal, todo lo que haya en las diapositivas preparadas.

Revisión

a. La revisión en un discurso oral debe hacerse para corregir errores, no porque se pueda reiniciar la elocución para evitar las incorrecciones lingüísticas y extralingüísticas que se hayan cometido.

b. Tu auditorio, es decir tu clase, deberá valorar tu intervención teniendo en cuenta:

   - El contenido:
     - Si les ha resultado claro.
     - Si han percibido con exactitud las imágenes que has pretendido describir y la comparación entre las dos maravillas del mundo elegidas.
     - Si el contenido estaba organizado.
     - Si no ha sido repetitivo.
     - Si los adjetivos utilizados eran precisos o más bien valorativos.
   - Los elementos no verbales:
     - Imagen
     - Voz
     - Pausas

c. Utilizad una guía de evaluación y poned una nota al discurso descriptivo de cada uno de vosotros. Comentadlo en clase.

Determinantes y pronombres (I)

Tú y yo

Para vivir no quiero
islas, palacios, torres.
¡Qué alegría más alta:
vivir en los pronombres!
Quítate ya los trajes,
las señas, los retratos;
yo no te quiero así,
disfrazada de otra,
hija siempre de algo.
Te quiero pura, libre,
irreductible: tú.
Sé que cuando te llame
entre todas las gentes
del mundo,
solo tú serás tú.
Y cuando me preguntes
quién es el que te llama,
el que te quiere suya,
enterraré los nombres,
los rótulos, la historia.
Iré rompiendo todo
lo que encima me echaron
desde antes de nacer.
Y vuelto ya al anónimo
eterno del desnudo,
de la piedra, del mundo,
te diré:
"Yo te quiero, soy yo".

Pedro SALINAS: *La voz a ti debida*. Ed. Castalia, 1969.

17. Fíjate en que las palabras *islas*, *palacios* y *torres* (v. 2) no vienen acompañadas por ningún determinante:

- **a.** ¿Qué dirías que denotan?
- **b.** ¿A qué se referirían si estuvieran precedidas por un artículo determinado, como en el caso de *los trajes*, *las señas* y *los retratos* (vv. 5-6)?

18. ¿Crees que el *desnudo*, la *piedra* y el *mundo* (v. 25-26) son un desnudo, una piedra y un mundo concretos? Justifica tu respuesta.

19. ¿A qué pronombres hace alusión el poeta cuando escribe *¡Qué alegría más alta: / vivir en los pronombres!* (vv. 2-3)?

20. Define en tu cuaderno las palabras *tú* y *yo*. A continuación, reflexiona sobre cuál es la razón por la que resultan tan importantes para el lenguaje a pesar de su inconcreción.

21. El poeta escribe *solo tú serás tú* en el verso 15:

- **a.** ¿Dirías que se refiere con el primer *tú* a la misma persona que con el segundo *tú*? Comenta con tus compañeros cuáles pueden ser los referentes en uno y otro caso.
- **b.** ¿Con qué otras palabras dirías que ocurre una situación parecida?

22. El poeta nos traza el camino hacia un escenario primordial en que solo importan el *tú* y el *yo* de los amantes. A la luz de esto, explica el último verso: "*Yo te quiero, soy yo*".

23. Fíjate en los verbos de lengua que aparecen en el poema (*llamar*, *preguntar*, *decir*):

- **a.** ¿Qué importancia tienen los pronombres *tú* y *yo* en el diálogo como situación comunicativa?
- **b.** ¿Por qué no hay un *él* en este texto?

1. Los determinantes

Los **determinantes** son clases cerradas de palabras que permiten hacer referencia a una entidad determinada: *el libro; aquel valle lejano; mi ropa de trabajo.*

Integran la categoría gramatical de los determinantes, elementos de las siguientes clases de palabras: artículos (*la ira, un bicho*), demostrativos (*este juego*), posesivos (*nuestra idea*), cuantificadores (*pocos recursos*), relativos (*cuyo padre*), interrogativos (*¿Qué examen?*) y exclamativos (*¡Cuánto amor!*).

- Forma:
  - La mayoría tienen flexión de género y número: *ese, esa, esos, esas.*
- Significado:
  - Forman expresiones referenciales. La expresión *mesa* significa una clase de mueble, mientras que la expresión *esta mesa* tiene como referente una mesa concreta en cada acto comunicativo concreto.
  - Limitan el significado del sustantivo. Las expresiones *la casa, dos casas, algunas casas* seleccionan una parte de todas las casas posibles, a la vez que ayudan a identificar su referente discursivo.
- Funcionamiento gramatical:
  - Encabezan el GN: *aquella isla; mi amigo.* Si un determinante se pospone al verbo, deja de serlo, y el GN requiere otro determinante que lo supla: *vuestro amigo / ese amigo vuestro.*

SIGNIFICADO Y REFERENCIA

El **significado** de una expresión lingüística es fijo, mientras que el **referente** es la entidad que señala en cada acto comunicativo.

Así, el significado de la expresión *El tren que va a Madrid* es siempre el mismo. En cambio, su referente varía según las circunstancias en que tenga lugar la comunicación: *El tren que va a Madrid* puede ser el de hoy a las 10, pero también el de hoy a las 12 o el del próximo lunes a las 3.

Las expresiones lingüísticas que tienen un referente se denominan **expresiones referenciales.**

Son expresiones referenciales los nombres propios (*Europa*), los GN con determinante (*la moto*) y los pronombres (*vosotras*).

2. Los pronombres

Los **pronombres** son clases cerradas de palabras que se comportan sintácticamente como un GN: *Alguien ha entrado; Lo vi en la calle; Dale dos manzanas.*

Integran los pronombres elementos de estas clases de palabras: pronombres personales (*Él no fue*), demostrativos (*Esto es así*), cuantificadores (*Nadie canta*), relativos (*La casa que vimos era blanca*), interrogativos (*¿Quién vino?*) y exclamativos (*¡Cuánto habla!*).

- Forma:
  - Algunos manifiestan sus rasgos morfológicos mediante **flexión**: de número (*ella, ellas; suyo, suyos*), de género (*este, esta, esto*; aunque algunos no lo marcan: *quién, cualquiera*, o son exclusivamente neutros: *algo, nada*), y de persona (*mío, tuyo, suyo*); y otros son **invariables**: *que, ello, esto.*
- Significado:
  - Forman expresiones referenciales sin necesidad de determinantes.
  - Algunos pueden ser **anafóricos** (recogen el significdo de una parte del discurso ya emitida): *Cogí el pantalón y lo colgué en el armario*; y otros, **catafóricos** (anticipan el significado de una parte que se va a emitir): *Le di una galleta a la chiquilla*).
- Funcionamiento gramatical:
  - Al comportarse como un GN, pueden sustituir a un GN y desempeñar sus mismas funciones sintácticas: *Los esclavos* [Suj] *carecían de derechos / Ellos* [Suj] *carecían de derechos.*

3. Los artículos

Los **artículos** son determinantes que delimitan el alcance significativo del GN al que pertenecen, es decir, que ayudan a presentar su referente o a identificarlo en el contexto comunicativo: *el coche viejo; una temporada en el campo.*

3.1 Forma

Los artículos pueden ser **determinados** (hacen referencia a una entidad que se supone conocida por el receptor) o **indeterminados** (presentan entidades nuevas, y por tanto desconocidas por el receptor, en el discurso):

DETERMINADOS					INDETERMINADOS			
Singular			Plural		Singular		Plural	
Masculino	Femenino	Neutro	Masculino	Femenino	Masculino	Femenino	Masculino	Femenino
el	la	lo	los	las	un	una	unos	unas

FÍJATE

El artículo *el* adopta formas contractas al entrar en contacto con las preposiciones *de* y *a*: *El corzo venía* del *río y se dirigía* al *monte.*

3.2 Significado

Artículo determinado

- Tiene **valor identificativo**. El GN al que pertenece hace referencia a una entidad identificable en el contexto de la comunicación: *Dijo el cartero que volvería* (el referente es conocido).
- Puede tener **valor anafórico**. El GN al que pertenece puede tener el mismo referente que una expresión anterior: *Le regalé rosas, pero tiró las flores a la basura* (el GN *las flores* tiene el mismo referente que el GN anterior *rosas*).
- Tiene **valor posesivo** cuando el GN al que pertenece hace referencia a entidades de las que un individuo normalmente no puede prescindir (*Me rompí la* [*mi*] *nariz; Ponte los* [*tus*] *pantalones; Conserva todavía la* [*su*] *esperanza*). Este uso se extiende a entidades del entorno más habitual (*Se me caló el* [*mi*] *coche*); *Le dio la noticia al* [*a su*] *paciente*).
- El artículo neutro *lo* puede tener **valor referencial** asociado a entidades inanimadas (*Tú ya sabes lo que te conviene; Tenía lo necesario para ser feliz*) o valor enfático (*¡Hay que ver lo guapa que está Aurora! ¡Lo mal que se comporta Andrea!*).

Artículo indeterminado

- Tiene **valor presentativo**. El GN al que pertenece hace referencia a una entidad que se menciona por primera vez y no resulta identificable en el contexto de la comunicación: *En una galaxia muy lejana, había un planeta...* (se introducen nuevos referentes en el discurso, *galaxia* y *planeta*).
- Puede tener **valor enfático**: *¡Este jugador es un paquete!; Tengo una paciencia contigo; Eres una maravilla de persona.*

Particularidades

- Los artículos determinados (singular y plural) e indeterminados (singular) pueden tener **valor generalizador**: *El ser humano es un animal racional; Las plantas necesitan luz para vivir; Un perro hace mucha compañía.*

ARTÍCULOS

Pese a que los artículos no acompañan a nombres propios y pronombres por su valor referencial intrínseco, en ocasiones forman parte de su expresión (*El Salvador*) o les dotan de valor delimitador (*el Madrid de los Austrias*) o alusivo (*un tal Pedro Navaja*).

3.3 Funcionamiento gramatical

- Puede combinarse con algunos otros determinantes, pero en ese caso encabeza el GN, salvo que vaya precedido por el cuantificador *todo*: *los tres cerditos; todas las semanas.*
- Concuerda con el núcleo del GN: *un perro, una gata, los bueyes, las yeguas.* El artículo neutro *lo* no se combina con sustantivos, ya que no existen sustantivos de género neutro.

3.4 Ausencia de artículo

El GN sin artículo hace referencia a clases de entidades más que a individuos concretos. La ausencia de artículo es frecuente:

- Con sustantivos no contables en singular y contables en plural: *No bebo alcohol; Escribo poemas.*
- Con sustantivos contables en singular cuando forman parte de locuciones (*Es mejor que pases página*) o expresiones que denotan características habituales (*Nunca llevo reloj*).

Pese a que los GN sin determinante con función de sujeto se resisten a aparecer en posición preverbal, son habituales en los titulares de prensa. *El Mercurio*, 15 de junio de 2015.

24. Lee el texto y realiza las actividades:

> Cortó tres berenjenas en rodajas de un centímetro, las saló. Puso en una sartén aceite y un ajo que sofrió hasta casi el tueste. Pasó en el mismo aceite unas cabezas de gambas mientras descascarillaba las colas y cortaba dados de jamón. Retiró las cabezas de gambas y las puso a hervir en un caldo corto mientras desalaba las berenjenas con agua y las secaba con un trapo, lámina a lámina. En el aceite de freír el ajo y las cabezas de las gambas fue friendo las berenjenas y luego las dejaba en un escurridor para que soltaran los aceites. Una vez fritas las berenjenas, en el mismo aceite sofrió cebolla rallada, una cucharada de harina y afrontó la bechamel con leche y caldo de las cabezas de gambas cocidas. Dispuso las berenjenas en capas en una cazuela de horno, dejó caer sobre ellas una lluvia de desnudas colas de gambas, dados de jamón y lo bañó todo con la bechamel.
>
> Manuel VÁZQUEZ MONTALBÁN: *Las recetas de Carvalho.* Ed. Planeta, 2001.

a. Fíjate en el determinante que acompaña a la palabra *ajo* la primera vez que aparece. ¿Es un artículo o un numeral? ¿Por qué? ¿Qué tipo de artículo la acompaña después? ¿Por qué son distintos si se refieren a la misma entidad?

b. Explica por qué la palabra *bechamel* viene acompañada del artículo determinado ya en su primera aparición en el texto.

c. Justifica el diferente comportamiento respecto al artículo de la palabra *aceite* en *Puso en una sartén aceite* y en *Pasó en el mismo aceite.*

d. Di si la forma *las* es un pronombre personal o un artículo determinado en *las saló.* Justifica tu respuesta.

25. Explica en tu cuaderno los valores de los artículos del texto:

> Pero en el interior del local había una trastienda pequeña que le servía de almacén y allí guardaba un remanente de cada artículo. Por la noche, cuando ya había acabado de vender y cerraba, se dedicaba a llenar de nuevo los estantes de la tienda. A aquella hora siempre le dolían los brazos de cargar las cajas de frutas y verduras.
>
> Gemma LIENAS: *Callejón sin salida.* Ed. Oxford, 2010.

26. Copia el texto en tu cuaderno y completa los espacios con la forma adecuada: artículo determinado, artículo indeterminado o ausencia de artículo. Ten en cuenta las formas contractas:

> Aunque parezca sorprendente, nunca hasta ahora se había realizado ... exposición sobre ... Greco en Toledo. En 1902 se celebró ... primera muestra sobre ... artista en ... Museo ... Prado y, desde entonces, ... figura ... pintor se había dado a conocer a través de ... exposiciones en ... mundo entero, pero nunca en ... Toledo, su ciudad.
>
> "Toledo y el Greco", *Al Habla*, n.º 26, septiembre de 2014.

27. Al contrario que otras lenguas, como el inglés, el castellano rechaza expresiones como **Marina es una ingeniera* y prefiere aquí la ausencia de artículo, *Marina es ingeniera.* Explica qué diferencia hay entre la expresión anómala anterior y una expresión como *Marina es un caso.*

28. ¿Qué diferencia de significado hay entre *Este no es lugar para niños* y *Este no es lugar para unos niños*? Justifica tu respuesta.

4. Los demostrativos

Los demostrativos son **palabras deícticas** que sitúan el referente en el espacio o en el tiempo según su distancia al hablante. Pueden ser determinantes (*Abre aquellas ventanas*), pronombres (*Esto no lo había visto nunca*) o adverbios (*Aquí te espero*).

4.1 Forma

Los determinantes y pronombres demostrativos se recogen en la siguiente tabla:

	DETERMINANTES O PRONOMBRES				PRONOMBRES
	Singular		Plural		
	Masculino	Femenino	Masculino	Femenino	Neutro
Cercanía al hablante	este	esta	estos	estas	esto
Distancia irrelevante	ese	esa	esos	esas	eso
Lejanía del hablante	aquel	aquella	aquellos	aquellas	aquello

Se estudiarán los adverbios demostrativos más adelante.

DEIXIS

Es una referencia discursiva que señala las circunstancias concretas de la comunicación: al hablante y al oyente (**deixis personal**), el lugar (**deixis espacial**) y el momento (**deixis temporal**).

4.2 Significado

- Establecen la distancia espacial o temporal entre referente y hablante. Puede ser objetiva (*¿Ves aquel monte lejano?*) o subjetiva (*Este incidente de mi lejana infancia me marcó para siempre*).
- Los demostrativos neutros hacen referencia generalmente a entidades inanimadas: *Daba miedo acercarse a aquello*.
- Pueden tener **valor anafórico** (*Busqué a la enfermera y a la cirujana; con aquella pude hablar, pero a esta no la encontré*) o **catafórico** (*Sus rasgos son estos: alta y rubia*).

ADJETIVOS DEMOSTRATIVOS

En ocasiones, los demostrativos van pospuestos al sustantivo. En ese caso se consideran adjetivos y exigen un determinante previo: *Los días aquellos no volverán*.

4.3 Funcionamiento gramatical

- Los determinantes demostrativos pueden combinarse con algunos otros determinantes, pero en ese caso encabezan el GN, salvo que vayan precedidos por el cuantificador *todo*: *esos dos amigos; aquellas otras películas; todos estos perros*.
- Los determinantes demostrativos concuerdan con el núcleo del GN, aunque esté elidido: *Aquella última mesa cojea / Aquella Ø cojea*.

29. Lee el texto y realiza las actividades:

Me miré en el espejo. ¿Ese era yo? ¿Qué eran esas dos protuberancias que me habían salido en la frente? Entonces recordé aquella vieja historia, la del minotauro aquel preso en un laberinto. Eso era lo que me sucedía: ¡estaba atrapado en mi habitación y mi cabeza se metamorfoseaba en la de un toro! De repente, oí la voz de mi madre.

—¡Vicentín, deja de tocarte los granos y ven a desayunar!

a. Clasifica los demostrativos en determinantes, pronombres y adjetivos.

b. Indica sus valores deícticos, tanto objetivos como subjetivos.

c. ¿A qué crees que hace referencia el demostrativo *eso*?

d. ¿En qué casos se han combinado los demostrativos con otros determinantes?

5. Los posesivos

Los **posesivos** son palabras deícticas que expresan posesión de pertenencia respecto a las personas del discurso: *mi dinero; tu país; su abuelo.*

Pueden ser determinantes (*sus hijos*) o adjetivos (*una amiga tuya*).

RECUERDA

Las formas *cuyo, -a, -os, -as* son determinantes relativos con valor posesivo: *En un lugar de La Mancha de cuyo nombre no quiero acordarme...*

5.1 Forma

Se distingue entre los posesivos que preceden al sustantivo (*tus pies; sus hijas*), que son átonos, y los posesivos que se posponen o aparecen en otras posiciones (*un tío mío; Este coche es vuestro*). Los determinantes y adjetivos posesivos se recogen en la siguiente tabla:

		DETERMINANTES (ÁTONOS)			ADJETIVOS (TÓNICOS)		
		1.ª pers.	2.ª pers.	3.ª pers.	1.ª pers.	2.ª pers.	3.ª pers.
Un poseedor	Singular	mi	tu (su)	su	mío/-a	tuyo/-a (suyo/-a)	(suyo/-a)
	Plural	mis	tus (sus)	sus	míos/-as	tuyos/-as (suyos/-as)	suyos/-as
Varios poseedores	Singular	nuestro/-a	vuestro/-a (su)	su	nuestro/-a	vuestro/-a (suyo/-a)	suyo/-a
	Plural	nuestros/-as	vuestros/-as (sus)	sus	nuestros/-as	vuestros/-as (suyos/-as)	suyos/-as

5.2 Significado

Indican relaciones estrictas de posesión (*la bici de Marta/su bici*) o más generales de relación (*a la derecha del edificio/a su derecha; el interés de los votantes/su interés*).

5.3 Funcionamiento gramatical

- Los determinantes posesivos se sitúan antepuestos al núcleo del GN. Pueden ir precedidos de demostrativos y del cuantificador *todo* (*esta mi casa; todas sus ilusiones*), y seguidos por algunos cuantificadores (*sus cinco primas*).
- Los adjetivos posesivos se sitúan en otras posiciones. Son compatibles con los determinantes: *aquel colega tuyo.*
- Los adjetivos posesivos concuerdan siempre con un nombre, aunque esté elidido: *Hemos copiado los apuntes vuestros/Hemos copiado los Ø vuestros.*

30. Lee el texto y realiza las actividades:

> A mi tío solo le importaba su bienestar. Su lema era "lo mío no es lo tuyo". Muchos parientes nuestros lo detestaban por su egoísmo.

a. Clasifica todos los posesivos del texto en determinantes y adjetivos.

b. Indica a qué persona del discurso se refiere cada posesivo.

31. Explica por qué expresiones aparentemente redundantes como *su padre de usted* en realidad no lo son.

32. Encuentra los adjetivos posesivos del texto e identifica los nombres con los que concuerdan. ¿En qué casos están explícitos y en cuáles, elididos?

> Cuando no
> hay queja de parte mía,
> haber en la cuestión nuestra
> satisfacción de la vuestra,
> ociosa cosa sería.

Pedro CALDERÓN DE LA BARCA:
También hay duelo en las damas.
Biblioteca Castro, 2007.

6. Los pronombres personales

Los **pronombres personales** designan a los participantes en el discurso y a las entidades a las que estos se refieren.

6.1 Forma

Los pronombres personales pueden ser tónicos o átonos:

PRONOMBRES PERSONALES TÓNICOS						
Persona gramatical			Singular		Plural	
1.ª	Suj/Atr		yo		nosotros/-as	
	Con Prep		mí (conmigo)			
2.ª	Suj/Atr		tú		vosotros/-as	
	Con Prep		ti (contigo)			
3.ª	Suj/Atr	masc	él	usted	ellos	ustedes
		fem	ella		ellas	
	Suj	neutro	ello		–	
	Con Prep	masc	él	usted	ellos	ustedes
		fem	ella		ellas	
		neutro	ello		–	
	Con Prep (forma reflexiva)		sí (consigo)			

PRONOMBRES PERSONALES ÁTONOS				
Persona gramatical			Singular	Plural
1.ª			me	nos
2.ª			te	os
3.ª	CD	masc	lo	los
		fem	la	las
	CD/Atr	neutro	lo	–
	CI		le (se)	les (se)
	forma reflexiva		se	

La forma de respeto *usted*, que se refiere al receptor (2.ª persona), concuerda en 3.ª persona con el verbo y los pronombres: *Ustedes saben que no es así.*

Las formas *conmigo*, *contigo*, *consigo* se suelen considerar conglomerados de un pronombre y la preposición *con*.

6.2 Significado

- Pueden tener **valor deíctico**: *Yo sé quién estaba allí; Empezaremos la clase cuando tú quieras.*
- Pueden tener **valor correferencial**, bien **anáforico** (*A Carmen precisamente la vi ayer*), bien **catafórico** (*Quienes lo trataron dicen que Tomás era un trozo de pan*).

6.3 Funcionamiento gramatical

Los **pronombres personales** pueden desempeñar las mismas funciones que el GN:

Yo (Suj) *no soy tú.* (Atr)

Lo (Atr) *fui en el pasado (nadador).*

Me (CD) *peino a mí mismo.* (CD)

Estudiaba conmigo. (CC)

Le (CI) *dije que no iría.*

FÍJATE

Es habitual emplear el pronombre *ello* para referirse a informaciones dadas ya en el discurso: *Su comportamiento me decepcionó, pero ahora no quiero referirme a* ello.

En este uso concurre con los pronombres demostrativos: *[...] no quiero referirme a* esto / eso / aquello.

6.4 Los pronombres reflexivos

Los **pronombres reflexivos** tienen el mismo referente que el sujeto. Son los siguientes:

- Los átonos *me, te, se, nos, os, se*. Funcionan como CD o CI: *Carla se* (CD) *lava; Nacho se* (CI) *lava las manos.*
- Los tónicos *mí, ti, sí, conmigo, contigo, consigo, nosotros, vosotros, usted* van precedidos de preposición y seguidos frecuentemente del adjetivo *mismo*. Desempeñan numerosas funciones: *Hablan de sí mismas* (CR); *Lo llevo conmigo* (CC); *Una foto de nosotros mismos* (CN); *Se peinaba a sí misma* (CD); *Es muy exigente consigo mismo* (CAdj).

6.5 Los pronombres recíprocos

Los **pronombres recíprocos** son un subconjunto de los reflexivos. Se usan cuando la oración en la que se encuentran tiene un sujeto plural y la acción del verbo es intercambiada por cada uno de los componentes del sujeto. Son los siguientes:

- Los átonos *nos, os, se*: *De niños, nos* (CD) *besamos; Ellas se* (CI) *tiraban aviones de papel en clase.*
- Los tónicos *nosotros, vosotros, ellos, sí* precedidos por la preposición *entre*: *Pelean entre sí* (CC).
- Los indefinidos *uno* y *otro* separados por preposición: *Se ríen unos de otros* (CR); *Se necesitan la una a la otra* (CC).

PRONOMBRES ÁTONOS

Los pronombres átonos, al no tener acento prosódico, se apoyan fonéticamente en un verbo, aunque esto no siempre se refleje en la escritura: *Se lo traes, Tráeselo.*

En todos los casos, las combinaciones de pronombres átonos siguen un orden fijo:

se > 2.ª p. > 1.ª p. > 3.ª p.

Por ejemplo: *Voy a comprársela; Me lo pareció; No te me vayas; Dáselo a tu madre.*

33. Lee el texto y realiza las actividades:

> –Me parece que no están jugando limpio –dijo Alicia en un tono más bien quejoso–: todos discuten de un modo tan terrible que ni siquiera consigo oírme a mí misma…, y no parece que haya reglas, y si las hay, nadie las respeta, y no te imaginas lo lioso que es jugar usando seres vivos en lugar de objetos. Por ejemplo, el arco que ahora me tocaba pasar, acaba de cambiar de sitio y va por la otra punta del campo…, y te aseguro que ya le habría dado un buen golpe al erizo de la Reina… si no fuera porque se ha largado corriendo al ver que se le acercaba el mío.
>
> –¿Y qué te parece la Reina? –preguntó el Gato en voz baja—. ¿Te gusta?
>
> –No me gusta nada –dijo Alicia–: es tan extremadamente… –pero, justo en aquel instante, advirtió que la Reina se encontraba detrás de ella.
>
> Lewis CARROLL: *Alicia en el País de las Maravillas.* Ed. Vicens Vives, 2012.

a. Identifica las palabras que aparecen en el texto y se refieren deícticamente al emisor y al receptor. ¿Todas son pronombres personales? ¿Cuáles no?

b. ¿Qué pronombres personales del texto se refieren a la 3.ª persona?

34. Los determinantes y pronombres que has estudiado en esta unidad se utilizan como elementos que cohesionan el discurso.

Sustituye las expresiones en cursiva de acuerdo con las indicaciones que aparecen entre corchetes, y reescribe el microrrelato:

> El ahogado apareció días más tarde, hinchado, azulado, tumefacto. *La madre del ahogado* [posesivo átono] lloró por *el ahogado* [pronombre personal tónico], dio *al ahogado* [pronombre personal átono] un buen tirón de orejas, mandó *al ahogado* [pronombre personal átono] a la cama sin cenar y riñó *al ahogado* [pronombre personal átono] severamente por escaparse de casa sin avisar y meterse en peleas.
>
> Espido FREIRE: "El agua, 7", en *Cuentos malvados.* Ed. Páginas de Espuma, 2010.

35. Razona si en estos versos del poema "Nosotros sin Nosotros" los pronombres personales son reflexivos o recíprocos. ¿Qué función gramatical tienen?

> Como si nos odiáramos.
> Como si cada uno se mirara
> en el espejo de la decepción
> del otro, en su dolor, y se viera deforme.
>
> Juan Vicente PIQUERAS: *Yo que tú.* Ed. Difusión, 2012.

Determinantes y pronombres

1. El uso de los determinantes

1.1 El uso de los artículos

- Los artículos femeninos *la*, *una* toman la forma *el*, *un* cuando preceden inmediatamente a sustantivos femeninos que empiezan por *a-* o *ha-* tónicas (con tilde o sin tilde): *el águila*; *el habla*; *un área*; *un hacha*. También es correcto en estos casos, aunque poco habitual, el uso de la forma *una*: *una área*, *una hacha*.

  Son excepciones los nombres de las letras (*la hache*, *una a*), los nombres comunes en cuanto al género (*el árabe / la árabe*) y las siglas con núcleo femenino: *la AFE* (Asociación de Futbolistas Españoles).

- El artículo *el* no se contrae si pertenece a nombres propios de personas y lugares, ni tampoco a GN análogos, como títulos de obras: *La exposición de El Greco*; *Lo han enviado a El Cairo*; *Creo que a El señor de los anillos le sobran cien páginas*.

En el nombre propio de lugar *El Cairo*, el artículo *el* no se contrae.

1.2 El uso de los demostrativos

- Los demostrativos femeninos no cambian su forma delante de sustantivos que empiezan por *a-* o *ha-* tónicas (con tilde o sin tilde): *esta área*; *esa hacha*; *aquella agua*.
- Utilizar los demostrativos en un GN donde se haya elidido un sustantivo referido a personas da a la expresión carga peyorativa: *Esa Ø dice que no viene / Esa chica dice que no viene*.

1.3 El uso de los posesivos

- La combinación de adverbio de lugar y posesivo pospuesto no forma parte de la norma culta: **encima tuyo*; **detrás suyo*; **delante mío*.

  Con los adverbios de lugar (*cerca, delante, detrás, encima* o *enfrente*) es preciso utilizar el GPrep formado por preposición y pronombre personal: *encima de ti*; *detrás de él*; *delante de mí*.

36. Escribe el artículo determinado que convenga:

... arma ... aula ... AVE

37. Añade en cada oración lo que sea necesario para evitar los usos peyorativos de los demostrativos:

- Este ahora dice que ha quedado el primero.
- ¿Quién es esta?
- Estos no lo han adivinado.
- ¿Sales con este?
- Esta se cree demasiado lista.

38. Corrige los errores que encuentres en las oraciones siguientes:

- En el cine, Ana se sentó cerca tuyo.
- Los conferenciantes se situaron enfrente de ellos.
- Cuando observaba el decorado, las últimas estanterías cayeron encima mío.
- Puedes verlo al lado tuyo.
- Tenemos nuevos vecinos debajo nuestro, en el 4.° E.
- Parece que todo el día anda detrás de ellas.
- Camina pegado a él, detrás suyo.

En la oración *En el cine, Ana se sentó cerca tuyo*, hay un error al combinar un adverbio de lugar y un posesivo pospuesto.

2. El uso de los pronombres

2.1 El uso de los pronombres personales

- Los pronombres *él, ella, ellos, ellas* se refieren a personas y no a entidades inanimadas: **La ley lo dice y ella no se equivoca / La jueza lo dice y ella no se equivoca.*
- Es incorrecta la concordancia del pronombre *usted*, a pesar de que se refiera a la 2.ª persona del discurso, con la 2.ª persona gramatical: **Ustedes sabéis que esto es cierto / Ustedes saben que esto es cierto.*
- El **leísmo** consiste en utilizar los pronombres *le / les* (formas de CI) en lugar de los pronombres *lo / la / los / las* (formas de CD).

  Se acepta el uso de *le* cuando el referente es masculino singular de persona: *Le vi en el cine con su nuevo amigo / Lo vi en el cine con su nuevo amigo.* Sin embargo, son incorrectos otros usos: **A María no le cojas de la mano / A María no la cojas de la mano; *A mis padres les quiero con locura / A mis padres los quiero con locura; *A las atletas hay que acompañarles a la pista / A las atletas hay que acompañarlas a la pista; *Este cuadro le compré yo / Este cuadro lo compré yo.*
- El **loísmo** es una incorrección que consiste en utilizar los pronombres *lo / los* (formas de CD) en lugar de los pronombres *le / les* (formas de CI): **Lo dijo que callara / Le dijo que callara; *Los entregó el paquete / Les entregó el paquete.*
- El **laísmo** es una incorrección que consiste en utilizar los pronombres *la / las* (formas de CD) en lugar de *le / les* (formas de CI): **La dieron un regalo / Le dieron un regalo; *Dalas un beso / Dales un beso.*
- Los pronombres reflexivos tienen que concordar en persona con el sujeto. Así pues, no son correctas formas como **No doy ya más de sí; *No volvías en sí.* Las formas correctas son *No doy ya más de mí; No volvías en ti.*

La oración *La jueza lo dice y ella no se equivoca* es correcta porque el pronombre *ella* se refiere a una persona.

FÍJATE

El pronombre *vosotros* solo se usa en España, excepto en las islas Canarias, ya que en otros países de habla española se emplea normalmente *ustedes*. En Argentina, cuando se refieren a la 2.ª persona del singular, utilizan *vos*: *Vosotros habéis preferido un plato diferente / Ustedes han pedido un plato diferente.*

39. Corrige las expresiones anómalas que encuentres:

- La objetividad es la cualidad principal de un periodista, pues ella está en la base de la profesión.
- ¡Cuánto me alegré de volver a ver a su hermana! ¡Ella sí que es simpática!
- El resultado fue bueno y él les alegró el día.
- Los datos no admiten duda. Ellos son clarísimos.
- Ya han rescatado a los pasajeros: todos ellos han resultado ilesos en el accidente.

40. Lee el texto y realiza las actividades:

Después del análisis de 211 anuncios, en 133 se emplea *tú* (63 % del total) y en 78, *usted* (37 %). Así pues, el tratamiento *usted* es la variante minoritaria (no supera en mucho la tercera parte de los anuncios analizados). Ello podría resultar llamativo teniendo en cuenta el carácter público y, a *priori*, formal de los textos recogidos, o el hecho de que la mayor parte de ellos se dirijan a un público adulto. Pero no es tan sorprendente si se tienen en cuenta las características especiales de la comunicación publicitaria, cuyo objetivo es crear una empatía, a menudo traducida contextualmente en familiaridad, con el destinatario.

Miguel Ángel AIJÓN: "Tú y usted como estrategias de estilo y persuasión en la comunicación publicitaria" (adaptación), Diciembre de 2009, *Revista electrónica de estudios filológicos*, 18. Web [Consulta: 15 de junio de 2015].

a. Si los anuncios tienen carácter formal, ¿por qué la empatía se logra con el uso del pronombre *tú*?

b. ¿Hay diferencias entre el uso de *tú* y *usted* en la publicidad y en contextos familiares o sociales?

c. ¿Cómo utilizáis vosotros estos pronombres? ¿Hay que seguir usando *usted* en determinados contextos y ante determinados interlocutores para mantener la distancia? ¿Por qué?

41. Identifica en estas oraciones los casos de leísmo, laísmo y loísmo, y corrígelos cuando sean incorrectos:

- La dio una bofetada; se la dio en toda la cara.
- Les besó con gran tristeza el día de la despedida.
- Me dijeron que lo insultó en la calle y allí mismo lo dio un pasmo tremendo.
- Dale a tu padre recuerdos cariñosos de nuestra parte y cuídale en estos momentos tan duros.

5 EL DIÁLOGO. DETERMINANTES Y PRONOMBRES (II)

Atención al cliente

–Buenos días. ¿Podría decirme cuál es su nombre?

–Sí, me llamo María, y verá…

–Encantada, María. ¿Cuál es su problema?

–Pues mire, llamo en nombre de una vecina que se ha comprado un portátil con un sistema operativo nuevo. Ha contratado con ustedes un módem para conectarse a Internet a través de una línea de móvil, y el ordenador lo rechaza porque no funciona con este sistema operativo, solo con los antiguos.

–Un momento, María, que le paso con el servicio técnico…

Sapore di sale, sapore di mare, un gusto un po amaro, de cose perdute…

–Servicio técnico, buenos días.

–Buenos días. Verá…

–¿Podría decirme cómo se llama?

–Claro, me llamo María, y es que…

–Ya me lo ha explicado mi compañera. El problema es que el módem es incompatible con Vista. Debería cambiarlo por un USB.

–Eso lo hicimos ya hace unos días. El USB tampoco funciona.

–Ya… Le paso con asistencia técnica avanzada.

Sapore de sale, sapore de mare, un gusto un po amaro, de cose perdute…

–Asistencia técnica, buenos días.

–Buenos días, me llamo María.

–Encantado, María.

–Verá, es que…

–Ya me ha comentado mi compañero. Voy a comprobar la línea.

Sapore di te… Una lágrima cayó en la arena…

–Buenos días. Quiero rescindir…

–¿Le importaría decirme cómo se llama?

–Sí, me llamo María, y quiero rescindir un contrato porque…

–Un momento. Le paso con el servicio técnico.

Almudena GRANDES: "Atención al cliente" (adaptación), 30 de noviembre de 2007, *El País*.

1. ¿Cuál es la intención del texto? ¿A quién va dirigido?
2. Describe el contexto en el que aparecería esta conversación.
3. Analiza tu comportamiento como conversador: ¿respetas a tu interlocutor? ¿Esperas a que termine de hablar o te adelantas pisando sus intervenciones? ¿Qué aspectos positivos tienen tus conversaciones y qué deberías modificar?

El diálogo

1. ¿Qué es un diálogo?

El **diálogo** es una forma de expresión oral en la que intervienen dos o más personas con papeles alternos, es decir, el emisor se convierte en receptor, a la vez que el receptor en emisor. Los diálogos escritos intentan imitar las conversaciones por medio de guiones largos, que indican el cambio de interlocutor.

Hay que distinguir entre diálogo como texto conversacional producido en situaciones de comunicación reales y diálogo como reproducción de situaciones de comunicación reales o ficticias que se presentan en manifestaciones artísticas: como género cinematográfico y como género literario.

SABER DIALOGAR

- La conversación, formal e informal, es la forma de elocución más habitual en nuestros actos comunicativos y, por tanto, domina nuestra actividad verbal.
- Es una actividad social que permite la interrelación con otros individuos.
- Sirve para establecer un verdadero diálogo, cada interlocutor debe aprender a respetar los turnos de palabra, es decir, debe autorregular sus intervenciones.
- La conversación oral viene acompañada de matices no verbales que el interlocutor debe interpretar.

2. Tipos de diálogo

2.1 La conversación

Es espontánea porque se desarrolla sin un plan previo, aunque está jerarquizada. Cuenta con numerosos recursos expresivos, como son: el **uso de pausas** (con múltiples significados), el **volumen** (indicio de emociones diversas) o la **velocidad** (muestra de seguridad, inseguridad, aplomo, nerviosismo...). En paralelo, se muestran **rasgos no verbales** igualmente significativos: movimiento del cuerpo, mirada, proximidad, etc. Debe responder a tres principios:

- **Principio de cantidad**: se aporta información que se ajusta a una progresión temática, evitando repeticiones y circunloquios.
- **Principio de pertinencia**: lo que se dice se adapta al contexto comunicativo.
- **Principio de manera**: se dialoga de forma clara y ordenada.

2.2 El diálogo en el cine y en la literatura

El guion cinematográfico

Es un relato escrito de todo lo que va a suceder en una película: debe incluir escenas, diálogos, secuencias y una descripción detallada de lo que los actores deben hacer en cada escena. Existen dos tipos de guion: **original** (cuando se escribe una historia nueva para una película) y **adaptado** (cuando se lleva al cine un cuento, una novela...). Para elaborar un guion cinematográfico se siguen unas normas básicas:

- Se hace un resumen muy breve de la historia.
- Se escribe una redacción novelada, es decir, cuenta la historia entera escrita en forma de narración sin diálogos, usando oraciones simples y claras y dividiendo el relato en bloques (introducción, trama o conflicto y resolución final).
- Se elabora el guion:
  - Se divide la obra en escenas[1] y secuencias[2] numeradas. Las escenas se localizan indicando dónde sucede la acción (día o noche, interior o exterior):

    Secuencia 2/Escena 1. Jardín. Exterior/día.
  - Se realiza una breve descripción de lugares, acciones y diálogo. En la descripción solo se utilizan verbos en presente o gerundio, y el diálogo se introduce directamente detrás del nombre de los personajes, sin verbos *dicendi*:

    María sale al jardín. Ve un paquete sobre la fuente, se dirige hacia allí. María. ¡Qué es esto!

1. **escena:** cada parte de la película que transcurre en el mismo espacio y tiempo; si se produce una ruptura temporal o espacial, estamos ante otra escena.
2. **secuencia:** conjunto de escenas que conforman una unidad dramática con planteamiento, nudo y desenlace.

El diálogo

El diálogo en la literatura

- **En la narración**:

El diálogo en la narración supone una ruptura con el hilo narrativo, ya que las palabras de los personajes se introducen en medio del relato.

Existen tres posibilidades para insertar el diálogo:

– **Estilo directo**. Reproduce literalmente las palabras de los personajes que intervienen, diferenciando tipográficamente cada intervención por medio de guiones largos.

Observa el ejemplo:

–Prometo no comerme el huevo –repitió Zorbas.

–Prométeme que lo cuidarás hasta que nazca el pollito –graznó alzando el cuello.

–Y prométeme que le enseñarás a volar –graznó mirando a los ojos del gato.

Luis SEPÚLVEDA: *Historia de una gaviota y del gato que le enseñó a volar*. Ed. Tusquets, 1996.

– **Estilo indirecto**. Los personajes hablan a través del narrador, que utiliza *verbos dicendi* o *verbos declarativos* (que son aquellos cuyo propio contenido implica comunicación), como *decir, declarar, afirmar, comunicar, preguntar*...

Fíjate en el ejemplo:

Muchas veces le dijo a la criada vieja que barría el cuarto que dejara abiertas las ventanas para que entrara el sol.

Pío BAROJA: *El árbol de la ciencia*. Ed. Alianza, 2011.

– **Estilo indirecto libre**. El narrador reproduce literalmente y en 3.ª persona las palabras que representan la conciencia de un personaje sin ningún verbo introductorio, de ahí su ambigüedad.

Observa este ejemplo:

Sobrecogido, se sentó al borde de su lecho, con sus pies metidos en las pantuflas. Aguardaba. "¿Y si su abuela muriera? ¿Si muriera allí mismo, ahora, esta noche?" Sensibilizados de pronto, sus nervios vibraron a lo largo de todo su cuerpo…

José DONOSO: *Coronación*. Ed. Alfaguara, 1995.

- **En el teatro**:

El narrador desaparece y los personajes dan a conocer la historia, únicamente, a través del diálogo.

Una forma especial del diálogo teatral es el **soliloquio.** La palabra soliloquio significa 'hablar en solitario'. Tiene mayor coherencia que el monólogo interior narrativo porque su objetivo es comunicar ideas o emociones que están relacionadas con el argumento de la obra en la que se inserta.

El soliloquio es más un relato en 1.ª persona que un dejar fluir la conciencia como en el monólogo interior.

Uno de los soliloquios más famosos de la literatura universal lo podemos encontrar en la obra teatral *Hamlet*, de William Shakespeare, titulado "Ser o no ser, esa es la cuestión". En la literatura española destaca el soliloquio de Segismundo, en *La vida es sueño*, de Calderón de la Barca.

REPRESENTACIÓN DEL DIÁLOGO

- Forma tradicional española: cada intervención se considera un párrafo y siempre va precedido de una raya.

  Los incisos del narrador se encierran entre guiones (como si fueran paréntesis) y los silencios del interlocutor se representan con tres puntos suspensivos.

  –Habla sin gritar –dijo su madre–. ¿Lo recordarás?

- Forma tradicional anglosajona: la diferencia fundamental es que los diálogos se marcan con comillas.

  "Habla sin gritar", dijo su madre, "¿Lo recordarás?".

Apurar, cielos, pretendo,
ya que me tratáis así
qué delito cometí
contra vosotros naciendo;
aunque si nací, ya entiendo
qué delito he cometido.
Bastante causa ha tenido
vuestra justicia y rigor;
pues el delito mayor
del hombre es haber nacido.

Solo quisiera saber
para apurar mis desvelos
(dejando a una parte, cielos,
el delito de nacer),
qué más os pude ofender
para castigarme más.
¿No nacieron los demás?
Pues si los demás nacieron,
¿qué privilegios tuvieron
que yo no gocé jamás?

Pedro CALDERÓN DE LA BARCA: *La vida es sueño*. Ed. Vicens Vives, 2011.

4. Distingue cuáles de las siguientes expresiones encajarían en una situación formal (F) o informal (I):

Buenos días	¿Qué tal está?	Nos vemos
Disculpe	Ya nos conocemos	¿Cómo está?
Encantado	Buenas noches	Es un placer
Tanto gusto	Perdona	Hola

5. *Camino a la escuela* es una película-documental sobre las dificultades de muchos niños para ir a la escuela. Visualiza este vídeo en www.tiching.com/730130 y realiza las actividades:
   a. Inventa el relato novelado que podría aparecer en el guion.
   b. Piensa en una escena y describe el lugar, la acción y los diálogos de los personajes.
6. Los cuatro pequeños héroes de la película comparten una misma esperanza: tener la posibilidad de aprender. Imagina que los tienes a todos delante de ti, ¿qué les preguntarías? ¿Qué te responderían? Escribe todo en forma de diálogo.
7. Reuníos por parejas, inventad una conversación y grabadla. También podéis realizar un *podcast* y subir la conversación a un blog de aula.

   Los *podcasts* son archivos sonoros que se distribuyen a través de Internet, por lo que pueden almacenarse en reproductores portátiles y escucharse en cualquier momento. En www.tiching.com/730131 podéis registraros gratis y crear vuestros propios *podcasts*.

   Ahora, analizad la conversación teniendo en cuenta las siguientes pautas:
   a. ¿Se cumplen las normas de cortesía que deben regir las conversaciones?
   b. ¿Hay progresión temática o, por el contrario, se dan circunloquios y repeticiones?
   c. ¿Qué información te proporcionan las pausas, el volumen o el tono de los interlocutores?
   d. Escribe una lista de aspectos positivos y otra de aspectos negativos que habría que mejorar.
8. Transforma el estilo directo de estas viñetas en estilo indirecto en un texto:
9. En el siguiente monólogo interior, el protagonista reflexiona sobre su acusación de homicidio. Transfórmalo en estilo indirecto libre (ten en cuenta que tendrá que aparecer un narrador):

   Tú no la mataste. Estaba muerta. Yo la maté. ¿Por qué? ¿Por qué? Tú no la mataste. Estaba muerta. Yo no la maté. Ya estaba muerta. Yo no la maté. Ya estaba muerta. Yo no fui. No pensar. No pensar. No pienses. No pienses en nada. Tranquilo, estoy tranquilo. No me pasa nada. Estoy tranquilo así. Me quedo así quieto. Estoy esperando.

   Luis MARTÍN-SANTOS: *Tiempo de Silencio*. Ed. Seix-Barral, 1961.
10. Amplía la información sobre la elaboración de guiones cinematográficos, busca ejemplos y explícalos en clase. Después, selecciona un pasaje de alguna novela y transfórmalo en guion cinematográfico.
11. El siguiente diálogo es una pequeña muestra de la película *Una noche en la Ópera*, de los hermanos Marx:

   GROUCHO MARX. Haga el favor de poner su atención en la primera cláusula porque es muy importante. Dice que... "La parte contratante de la primera parte será considerada como la parte contratante de la primera parte". ¿Qué tal? Está muy bien, ¿eh?

   CHICO MARX. No, eso no está bien.

   GROUCHO MARX. ¿Por qué no está bien?

   CHICO MARX. No lo sé. Quisiera volver a oírlo.

   GROUCHO MARX. Dice que..."La parte contratante de la primera parte será considerada como la parte contratante de la primera parte".

   a. Si quieres seguir leyendo, puedes hacerlo entrando en www.tiching.com/730132. O si lo prefieres, puedes verlo en www.tiching.com/730133.
   b. Piensa en alguna situación absurda que pueda sucederle a cualquier ciudadano que se enfrente a la burocracia de la Administración (presentar la declaración de la renta, solicitar una beca, hacer una matrícula...) y transfórmala en un diálogo narrativo.

QUINO: *El mundo de Mafalda*. Ed. Lumen, 1992.

3. Análisis y valoración de los textos dialogados

Lee el siguiente texto dialogado de Juan Carlos García Rey y fíjate en el comentario, que te permitirá analizarlo. Después, responde las preguntas:

COMENTARIO DE TEXTO

Último cuento

–En sus cuentos breves el tema de la muerte suele aparecer con cierta frecuencia, ¿a qué se debe?

–No es un tema privativo de mis cuentos, habrá notado que en la vida también suele aparecer con cierta frecuencia.

–¿No teme jugar con la muerte?*

–Soy un escritor temerario.*

–¿Qué está escribiendo ahora?*

–Un cuento trivial: el escritor que dialoga con la Muerte y la muy pícara lo sorprende en la mitad de una palabra.

–¿Cuál palabra?

–No sé, pero seguramente le va a faltar la última sílaba y el cuento quedará inconclu

Por favor, sea breve 2. Antología de microrrelatos.
Ed. Páginas de Espuma, 2009.

Aspectos pragmáticos

a. ¿Qué intención crees que tiene la conversación anterior: pedir información, manifestar interés por el interlocutor…?

b. Observa las palabras del texto que están marcadas de color naranja: indican el tipo de relación que mantienen los interlocutores en este diálogo. ¿De qué tipo de relación se trata? ¿Piensas que esta relación determina la formalidad de la conversación? Justifica tu respuesta.

c. Sitúa esta conversación en el contexto en el que puede producirse, es decir, será una conversación coloquial, un diálogo literario, una entrevista… ¿Lo que se dice se adapta al contexto comunicativo? Razona tu respuesta.

d. En función de la intencionalidad del emisor explica y justifica qué tipo de texto es y cómo se estructura. Después, coméntalo con tus compañeros

e. ¿Crees que cumple los principios de cantidad, pertinencia y manera?

f. ¿Crees que hay progresión temática? Justifica tu respuesta.

Aspectos morfosintácticos

g. Observa las palabras marcadas de color verde: ¿qué tipo de palabras aparecen con mucha frecuencia en los diálogos?

h. Relee las intervenciones marcadas con asterisco. ¿Qué tipo de estructura sintáctica predomina?

i. ¿Existe algún caso de elipsis en el texto?

Aspectos léxico-semánticos

j. ¿Crees que la repetición o el uso de sinónimos en el texto le da cohesión al mismo? Justifica tu respuesta.

k. Observa la oración marcada de color rosa: ¿el autor hace uso de algún recurso literario? Razona tu respuesta.

12. ¿La relación entre los interlocutores de un diálogo determina en mayor grado que en otro tipo de textos la elección de los recursos lingüísticos? Justifica tu respuesta y coméntala con tus compañeros.

13. Elabora un comentario de texto en el que incluyas todas las conclusiones a las que has llegado después de responder a las preguntas anteriores. Hazlo en tu cuaderno.

4. Elaboración de textos dialogados

Recuerda las tres fases de elaboración que debe tener cualquier tipo de texto **(Planificación - Redacción - Revisión)**, y aplícalas:

En toda conversación formal o informal es imprescindible observar las reglas de cortesía de saludo y despedida que regulan este tipo de actos comunicativos.

4.1 Planificación

Para planificar un texto dialogado, debes:

- Elegir a las personas que van a intervenir.
- Documentarte acerca de lo que van a hablar.

4.2 Redacción

Una vez organizada la información, escribe el texto:

- Organiza los datos, pon nombre a tus interlocutores y decide la longitud del texto.
- Escribe la conversación que van a mantener.
- Utiliza los corchetes para dejar constancia del lenguaje no verbal (gestos, expresiones, movimientos...). Usa los puntos suspensivos para indicar las posibles pausas.

4.3 Revisión

Es necesario elaborar la guía de revisión para los textos dialogados.

Esta te puede servir de base, pero debes añadir más puntos:

GUÍA DE REVISIÓN

CONTENIDO Y ESTRUCTURA

- Revisa el texto. ¿Están correctamente usados los signos de puntuación (guiones largos para indicar el cambio de interlocutor, puntos suspensivos, exclamaciones, interrogaciones...)?
- ¿El cambio de interlocutor se muestra con punto y aparte?

LENGUAJE

- ¿Crees que, a pesar de ser una conversación informal, se cumplen los principios de cantidad, pertinencia y manera?
- ¿Se observan las reglas de cortesía, saludo y despedida que deben regular todos los intercambios comunicativos?

14. En grupo, elaborad una posible conversación entre tres alumnos de 1.° de Bachillerato siguiendo las premisas que se proporcionan a continuación:

a. Buscad información sobre las universidades más próximas a vuestra localidad y sobre las carreras que os parecen más interesantes.

b. Visitad la página web de cada una y seleccionad 3 o 4 grados: asignaturas, distribución, máster asociado a cada una, coste de la matrícula...

c. Pensad en los intereses que pueden tener tres chicos o chicas de vuestra edad que están conversando sobre las universidades y las diferentes posibilidades que se les ofrecen.

d. Poned nombre a los personajes.

e. Pensad una opción diferente para cada uno de ellos.

f. Escribid la conversación que pueden mantener sobre el tema.

g. Memorizad los diálogos y representadlos en clase.

h. El resto de la clase tendrá una guía de evaluación en la mano, que previamente habréis elaborado en grupo y que debe contener aspectos positivos y aspectos negativos, así como una correspondencia numérica.

i. Al finalizar la representación de los diálogos, comentad las evaluaciones entre todos.

Determinantes y pronombres (II)

La magia de los números

De vuelta a su lugar, cierto joven estudiante muy atiborrado de doctrina y con el entendimiento más aguzado que punta de lezna[1] quiso lucirse mientras almorzaba con su padre y su madre. De un par de huevos pasados por agua que había en un plato escondió uno con ligereza. Luego preguntó a su padre:

–¿Cuántos huevos hay en el plato?

El padre contestó:

–Uno.

El estudiante puso en el plato el otro que tenía en la mano diciendo:

–¿Y ahora cuántos hay?

El padre volvió a contestar:

–Dos.

–Pues entonces –replicó el estudiante–, dos que hay ahora y uno que había antes suman tres. Luego son tres los huevos que hay en el plato.

El padre se maravilló mucho del saber de su hijo, se quedó atortolado[2] y no atinó a desenredarse del sofisma[3]. El sentido de la vista le persuadía de que allí no había más que dos huevos; pero la dialéctica[4] especulativa y profunda le inclinaba a afirmar que había tres.

La madre decidió al fin la cuestión prácticamente. Puso un huevo en el plato de su marido para que se lo comiera; tomó otro huevo para ella, y dijo a su sabio vástago[5]:

–El tercero, cómetelo tú.

Juan Valera (1824-1905), diplomático de profesión, cultivó en la madurez la novela de temática amorosa y costumbrista.

Juan VALERA: "Milagro de la dialéctica", en *Cuentos y chascarrillos andaluces tomados de la boca del vulgo.* Ed. Extramuros, 2010.

1. **lezna**: punzón.
2. **atortolado**: confundido.
3. **sofisma**: argumento falso con apariencia de verdad.
4. **dialéctica**: razonamiento filosófico.
5. **vástago**: hijo.

15. ¿Cuántos tipos de determinantes y pronombres reconoces en el cuento?

16. ¿Pertenecen a la misma clase de palabra las formas *un* (*plato*) y *uno*?

17. ¿Recuerdas qué tipo de numerales son *un par, uno* y *el tercero*?

18. En el texto aparece la palabra *cuántos* usada como un interrogativo. ¿Recuerdas a qué clase de determinante y pronombre corresponde sin tilde? Escribe algún ejemplo.

19. ¿A qué clase de palabra corresponden los cuantificadores *cierto* (*joven*), *el otro* (*que tenía*) y *otro* (*huevo*)?

20. *Mucho* es un cuantificador no numeral ya que expresa una cantidad de forma imprecisa, ¿pero pertenece a la misma clase de palabra en estas oraciones? Argumenta tus respuestas:

- El padre se maravilló mucho del saber de su hijo.
- El hijo tenía mucho conocimiento.
- Muchos aplaudieron a la madre del sabio vástago.

21. ¿Qué diferencia hay entre los cuantificadores numerales *tres* y *tercero*?

22. Una manera sencilla de comprobar si *que* es un pronombre relativo en lugar de una conjunción es conmutarlo por la forma *el cual* o sus variantes. Copia las siguientes oraciones en tu cuaderno y verifica en qué casos *que* es un pronombre relativo y en cuáles se trata de una conjunción:

- Cierto joven estudiante muy atiborrado de doctrina y con el entendimiento más aguzado que punta de lezna...
- De un par de huevos pasados por agua que había en un plato escondió uno con ligereza.
- El estudiante puso en el plato el otro que tenía en la mano...
- El sentido de la vista le persuadía de que allí no había más que dos huevos.
- Puso un huevo en el plato de su marido para que se lo comiera.

1. Los cuantificadores

Los **cuantificadores** son palabras que expresan cantidad. Pueden ser determinantes (*diez horas*), pronombres (*alguien ha ido*), sustantivos (*un par de ases*), adjetivos (*el quinto gol*) o adverbios (*muy tierno*).

1.1 Los cuantificadores no numerales

Los **cuantificadores no numerales** expresan cantidad sin precisión numérica (*todos los jugadores; no vino nadie; cualquiera puede hacerlo; demasiada luz; más madera*).

Forma

Los principales cuantificadores no numerales se recogen en la siguiente tabla:

		Masculino singular	Femenino singular	Neutro	Masculino plural	Femenino plural	Variante apocopada
FUERTES O UNIVERSALES		todo	toda	todo	todos	todas	–
		–	–	–	ambos	ambas	–
		cada (uno)	cada (una)	–	–	–	–
		–	–	–	sendos	sendas	–
DÉBILES O INDEFINIDOS	Existenciales	alguno	alguna	–	algunos	algunas	algún
		ninguno	ninguna	–	–	–	ningún
		alguien	alguien	–	–	–	–
		nadie	nadie	–	–	–	–
		–	–	algo	–	–	–
		–	–	nada	–	–	–
		–	–	–	varios	varias	–
	Indistinción	cualquiera	cualquiera	–	cualesquiera	cualesquiera	cual(es)quier
	Evaluativos	cuánto	cuánta	cuánto	cuántos	cuántas	cuán
		cuanto	cuanta	cuanto	cuantos	cuantas	cuan
		mucho	mucha	mucho	muchos	muchas	muy
		poco	poca	poco	pocos	pocas	–
		bastante	bastante	bastante	bastantes	bastantes	–
		demasiado	demasiada	demasiado	demasiados	demasiadas	–
	Comparativos	más	más	más	más	más	–
		menos	menos	menos	menos	menos	–
		tanto	tanta	tanto	tantos	tantas	tan

Algunos de estos cuantificadores son solo determinantes (*cada, sendos, algún, ningún, cualquier*); otros, solo pronombres (*alguien, algo, nadie, nada*); otros, solo adverbios (*cuan, cuán, muy, tan*), y otros pueden pertenecer a diferentes categorías gramaticales.

Determinantes y pronombres (II)

Significado

- Los cuantificadores fuertes o universales designan la totalidad de las entidades de un conjunto: *Todos los asistentes aplaudieron puestos en pie; Ambas investigadoras recibieron el premio Nobel.*
- Los cuantificadores débiles o indefinidos designan solo una parte de las entidades de un conjunto: *Pocos fueron escogidos.*
  - Los cuantificadores existenciales denotan la existencia o inexistencia de una entidad: *¿Hay alguien ahí?; Ya nada importa.*
  - Los cuantificadores de indistinción denotan una entidad indiferenciada dentro de un conjunto: *Estaré atento a cualquier aviso.*
  - Los cuantificadores evaluativos expresan una cantidad interpretándola como inferior o superior a una expectativa: *pocas oportunidades; bastante tarde; muy alto.*
  - Los cuantificadores comparativos expresan relaciones de inferioridad, igualdad o superioridad entre cantidades: *Es menos estirado que su padre; No comas tantos dulces; Compro más libros de los que leo.*

SENDOS Y AMBOS

No te confundas: *ambos* significa 'los dos' y *sendos* tiene un significado distributivo: 'uno cada uno'.

Necesito ambos *portátiles.*

Vinieron para hacer el trabajo cinco compañeros llevando sendos *portátiles.*

Funcionamiento gramatical

- Los determinantes cuantificadores se sitúan antepuestos al núcleo del GN: *cada día; algún lugar; pocas cosas.*
- Los pronombres cuantificadores pueden desempeñar funciones características del GN: *Alguien* (Suj) *ha estado aquí; Miraré si tengo algo* (CD); *No le tocó la lotería a nadie* (CI); *Eso no es nada* (Atr); etc.
- Los adjetivos cuantificadores se sitúan en otras posiciones. Son compatibles con los determinantes: *un día cualquiera.*

CUANTIFICADORES NO NUMERALES

Algunos cuantificadores no numerales que tradicionalmente se han considerado pronombres suelen analizarse hoy como determinantes que encabezan un GN con núcleo elidido: *Muchos inmigrantes han regresado a sus países de origen/Muchos Ø han regresado a sus países de origen.*

1.2 Los cuantificadores numerales

Los **cuantificadores numerales** expresan cantidad con precisión numérica (*dos euros; tercera posición; media naranja; el triple de puntos*).

Forma

Las formas más usuales de los cuantificadores numerales se recogen en la tabla:

CARDINALES	**Simples**: del 0 al 15 (cero, uno, dos, tres… quince), las decenas del 20 al 90 (veinte, treinta… noventa) y las formas cien[to], quinientos, mil, millón. **Compuestos univerbales**: del 16 al 29 (dieciséis, diecisiete… veintinueve) y las centenas (doscientos, trescientos… novecientos). **Compuestos pluriverbales**: del 31 al 99 (treinta y uno, treinta y dos… noventa y nueve) y el resto de formas (ciento veintidós, mil quinientos catorce…).
ORDINALES	primero, segundo, tercero… décimo, decimoprimero/undécimo, decimosegundo/duodécimo, decimotercero… vigésimo, vigesimoprimero… trigésimo, trigésimo primero… cuadragésimo, quincuagésimo, sexagésimo, septuagésimo, octogésimo, nonagésimo, centésimo, milésimo, millonésimo… último.
FRACCIONARIOS	medio/mitad, tercera/tercio, cuarto… décimo, onceavo, doceavo… centésimo, milésimo, millonésimo.
MULTIPLICATIVOS	doble, triple, cuádruple, quíntuple, séxtuple, séptuple, óctuple.

En *La carrera ha sido un éxito para el motociclismo español: primero, segundo y tercero son de esta nacionalidad*, los cuantificadores expresan con precisión el orden de llegada a meta.

- Los cardinales que tienen flexión de género son *uno/-a* y sus derivados (*treinta y uno/-a*), así como los múltiplos de *cien[to]* (*quinientos/-as*) y sus compuestos (*trescientos/-as uno/-a*).
- Los cardinales son invariables en cuanto al número. Los superiores a la unidad concuerdan siempre en plural: *cinco años*; *veintisiete días*.
- Los ordinales tienen flexión de género y número: *primera división*; *segundos platos*. Las formas *primero*, *tercero* y sus derivados tienen variantes apocopadas: *primer día*; *decimotercer clasificado*.
- Los fraccionarios que actúan como adjetivos son femeninos y acompañan al sustantivo *parte* (*la tercera parte del pastel*), con la excepción de *medio/-a* (*medio limón*; *media manzana*).

  Cuando actúan como sustantivos, las formas usadas son *medio* o *mitad* (*un medio del producto de la base por la altura*; *la mitad de sus bienes*) y *tercio* (*un tercio del aforo*). Las formas correspondientes a diez, cien, mil... suelen usarse en femenino (*una décima de grado*; *dos centésimas de segundo*; *una milésima de pulgada*); el resto de formas suelen usarse en masculino (*un cuarto de kilo*).

Es incorrecto decir: **Se comió la media parte del pastel*. Lo correcto es: *Se comió medio pastel*.

Significado

- Los cardinales expresan la cantidad de entidades de un conjunto: *los siete enanitos*; *los diez mandamientos*.
- Los ordinales expresan posición en una serie, por lo que solo cuantifican indirectamente: *la tercera puerta*; *el último día*.
- Los fraccionarios expresan partes de una unidad: *media hora*; *un doceavo de la población italiana*.
- Los multiplicativos expresan el resultado de multiplicar una cantidad por un número: *un triple salto mortal*; *el doble de velocidad*.

Funcionamiento gramatical

- Cardinales:
  - Son determinantes si se anteponen al sustantivo: *tres reyes*.
  - Son adjetivos cuando se posponen, puesto que se asimilan a los ordinales: *La fila quince/La fila decimoquinta*.
  - Son sustantivos las formas *par, decena, docena, cincuentena, centenar, millar, millón...*: *Había un centenar de personas*.

    También son sustantivos el nombre de los números (*He sacado varios dieces esta evaluación*) y las expresiones de los años (*Nació en 1999*) y las horas (*Son las doce de la noche*).
- Ordinales:
  - Son adjetivos tanto si se anteponen como si se posponen al sustantivo: *Es un primer paso*; *Juana acabó décima*.
  - Son sustantivos en algunos contextos sin referente, como las marchas de los coches (*Se le caló al ir a meter primera*) o los niveles educativos (*Son unas chicas de segundo*).
  - Es adverbio el ordinal *primero* en algunos usos: *Laura y Gloria llegaron primero* (diferente del uso adjetivo en *Laura y Gloria llegaron primeras*).

CUANTIFICADORES NUMERALES

Algunos cuantificadores numerales que tradicionalmente se han considerado pronombres suelen analizarse hoy como determinantes que encabezan un GN con núcleo elidido: *Tú tienes tres folios y yo cuatro folios/Tú tienes tres folios y yo cuatro Ø*.

Determinantes y pronombres (II)

- Fraccionarios:
  - Son adjetivos la forma *medio / -a* y las femeninas que acompañan al sustantivo *parte*: *Es su medio hermano; No ha encontrado a su media naranja; Se quedó la doceava parte del botín.*
  - Son sustantivos las formas *medio, mitad, tercio* y, generalmente, las masculinas: *un medio del volumen del cono; la mitad de nosotros; un tercio del pastel; un doceavo de la nota.*
- Multiplicativos:
  - Son adjetivos si acompañan a un sustantivo: *Dale una doble vuelta de llave a la cerradura.*
  - Son sustantivos las formas, normalmente masculinas, precedidas de artículo: *El doble de oportunidades; El triple de beneficios.*

La expresión *media naranja* tiene su origen en *El banquete*, de Platón, concretamente en el mito del andrógino que cuenta Aristófanes.

23. Identifica los cuantificadores no numerales de estas oraciones. Indica de qué tipo son y a qué categoría gramatical pertenecen:

- Cualquier día se sabrá la verdad.
- Tiemblo cada vez que lo veo.
- La filtración fue realizada por alguien sin identificar.
- El problema nos afecta a todos.
- Se acercaron mucho al volcán.

24. Lee estos titulares periodísticos, fíjate en los cuantificadores que aparecen y responde las preguntas:

Ningún estudio demuestra el contagio animal-humano (*El Mundo*).

Menos preocupación por el paro y más por la corrupción (*El País*).

Por qué nadie usa Instagram mejor que la policía islandesa (*El País*).

El siniestro de Bianchi cuestiona algunos protocolos de emergencia (*El País*).

Sencilla pero con muchísimo estilo (*CNN*).

Salman Rushdie: "Si alguien condena tu libro, escribe otro y otro y otro…" (*ABC*).

a. ¿Qué cuantificadores solo pueden ser determinantes en los titulares anteriores? ¿Cuáles solo pueden ser pronombres? ¿Cuáles pueden analizarse como pertenecientes a ambas categorías?

b. ¿Qué cuantificador presenta una característica gramatical propia de adjetivos? ¿Cuál es esta característica en cuestión?

25. En la oración *Hemos presenciado otro fin de semana perfecto en Motegi*, el adjetivo *otro* puede considerarse también un determinante cuantificador. Justifica por qué.

26. Identifica los cuantificadores numerales de estas oraciones. Indica de qué tipo son y a qué clase de palabras pertenecen:

- Luis quedó tercero en el concurso de disfraces de su pueblo.
- Mi prima vive en un décimo piso.
- Mi número de socio es 48 761.
- Este ejercicio tiene siete partes.
- La mitad no vendrá.
- Lo copié veintidós veces más.

27. Distingue los ordinales de los fraccionarios:

- Es el *quinto* de la lista de espera. / Le correspondía un *quinto*.
- Es el *séptimo* certamen poético. / Agrega solo un *séptimo*.
- Este piano tiene siete *octavas*. / Ser *octavas* ha sido un honor para nuestro equipo.

28. Este soneto juega con la rima utilizando numerales. Explora las posibilidades de los numerales imitando al poeta e intenta escribir tu propio soneto:

Soneto gastronómico-numérico

Me gustan los sonetos con bizc... 8
y los quintetos con chocolate unta... 2
Las rosquillas me como en parea... 2
con epigramas y moscatel trasn... 8

Mientras el cinturón me desabr... 8
pienso que no irán mal acompaña... 2
Los serventesios con el cordero asa... 2
y el arte menor con calim... 8

Las odas con pescados de Nept... 1
Besugo al madrigal o al roman... 0
el vino blanco será muy oport... 1

En mi cocina versos y números ma... 0
y pues comer y escribir es todo ... 1
en la mesa: cuchillo tenedor y lapi... 0

Antonio Box Finis: *Suma+*, n.º 63, Febrero, 2010.

2. Los interrogativos y los exclamativos. Los relativos

Los **interrogativos**, los **exclamativos** y los **relativos** son tres clases de palabras de características muy semejantes.

2.1 Los interrogativos y los exclamativos

Los **interrogativos** introducen, de forma tanto directa como indirecta, una pregunta referida a una entidad desconocida: *¿Dónde vive Ana? / No sé dónde vive Ana* (el lugar donde vive Ana es desconocido).

En cambio, los **exclamativos** introducen, también de forma tanto directa como indirecta, una exclamación referida a una entidad desconocida: *¡Cómo trabaja Luis! / Ya sabes cómo trabaja Luis* (la manera de trabajar de Luis es conocida).

Forma

Los interrogativos y exclamativos comparten las mismas formas. Todas ellas son tónicas:

DETERMINANTES	PRONOMBRES	ADVERBIOS
	qué	
–	quién / -es	dónde, cuándo
cuál / -es		cómo
cuánto / -a / -os / -as		cuánto ~ cuán

CUÁNTO Y CUÁN

Las formas *cuánto, -a, -os, -as, cuán*, además de interrogativos y exclamativos, se consideran también cuantificadores.

Significado

Hacen referencia a personas (*¿Quién ha sido?; ¡Quién estuviera libre de preocupaciones!*), cosas (*Averiguaré qué vieron; ¡Qué cosas pasan!*), lugares (*¿Dónde estás?; No te creerías dónde trabaja*), tiempos (*¿Cuándo nació?; ¡Cuándo llegará el gran día!*), modos (*No recuerdo cómo se hacía; ¡Cómo chuta!*) y cantidades (*Adivina cuánto cuesta; ¡Cuántas ilusiones habéis defraudado!*).

Funcionamiento gramatical

- Los determinantes interrogativos y exclamativos preceden al sustantivo: *¿Qué hora es?; ¡Qué fiesta!; ¿Cuál sitio prefieres?; ¿Cuántos amigos tienes?; ¡Cuántos dulces se ha comido!*
- Los pronombres interrogativos y exclamativos desempeñan funciones propias del GN: *¿Qué* [CD] *haces?; ¡Qué* [CD] *decís!; ¿Quién* [Suj] *viene?; ¡Quién* [Suj] *fuera rico!; ¿Cuáles* [Suj] *son los míos?; ¿Cuántas* [CD] *tienes?; ¡A cuántos* [CI] *regalas tu amistad!*
- Los adverbios interrogativos y exclamativos desempeñan otras funciones (cuantificador, CC): *¡Qué bien pinta!; ¿Dónde se casarán?; ¡Dónde vive!; ¿Cuándo se marcha?; ¡Cuándo se callará!; ¿Cómo se abre la tumbona?; ¡Cómo canta!; ¿Cuánto duermes por las noches?; ¡Cuánto me gusta!*
- Los pronombres y adverbios interrogativos y exclamativos tienen valor subordinante sustantivo, es decir, pueden introducir oraciones interrogativas y exclamativas indirectas: *No sabe [quién vendrá] / No imaginas [cómo vive].*

POR QUÉ !

El análisis sintáctico del interrogativo *por qué* es controvertido; según algunos gramáticos se trata de un grupo preposicional y según otros es una locución adverbial similar al *why* inglés:

¿Por qué razón se marcharon?

¿Por qué no vamos a la playa?

Determinantes y pronombres (II)

2.2 Los relativos

Los **relativos** forman una clase limitada y cerrada de palabras que introducen oraciones subordinadas a la vez que son correferentes con un elemento previo de la enunciación.

Forma

Las formas de los relativos coinciden en parte con las de interrogativos y exclamativos. En este caso, sin embargo, con la excepción de *el cual*, son formas átonas:

DETERMINANTES	PRONOMBRES	ADVERBIOS
–	que ~ art. + que	donde
cuyo/-a/-os/-as	quien/-es	cuando
–	art. + cual/-es	como
cuanto/-a/-os/-as		cuanto

Los relativos *cuyo* y *cuanto* tienen flexión de género y número (*cuyo*, *cuya*; *cuantos*, *cuantas*), *quien* y *cual* solo flexionan en número (*quienes*, *cuales*), y todos los demás son invariables.

Significado

Como los interrogativos y exclamativos, los relativos hacen referencia a personas (*Dáselo a quien te parezca mejor*), cosas (*Los días que pasaron no volverán*), lugares (*Iremos allí donde nos digas*), tiempos (*Vino cuando lo necesitamos*), modos (*Se examinó como pudo*) y cantidades (*Copió cuanto pudo*).

Funcionamiento gramatical

Los relativos presentan un valor referencial de carácter anafórico con un elemento, expreso o tácito, llamado **antecedente**. A su vez, introducen oraciones subordinadas en las que desempeñan una función:

El cómic de superhéroes [*que compré*] *es entretenido.*
antecedente expreso — relativo CD

"el lugar" [*Donde fueres*], *haz lo que vieres.*
antecedente tácito — relativo CCL

- Los relativos subordinan la oración que introducen: si tienen antecedente expreso, se le llama **subordinada de relativo**; si no lo tienen, **subordinada relativa libre**.
- Los determinantes relativos preceden al sustantivo: *El poeta cuya obra recordamos hoy marcó toda una época literaria*; *Se lo dijo a cuantos compañeros quisieron escucharlo.*
- Los pronombres relativos desempeñan funciones propias del GN: *El tema que* [CD] *estudias es fácil*; *Quien* [Suj] *canta sus males espanta*; *El pincel con el cual* [CC] *pinta es de cola de caballo*; *Aceptará cuantas* [CD] *le den.*
- Los adverbios relativos desempeñan funciones de complemento circunstancial: *La biblioteca donde Andrés estudia está cerca de su casa*; *Recuerdo los momentos cuando fuimos felices*; *Me irrita el modo como habla*; *Comió cuanto le apeteció.*

CUYO

Las formas *cuyo*, *-a*, *-os*, *-as*, de las que hablamos al tratar los posesivos, concuerdan con el sustantivo sobre el que inciden, no con el antecedente: *Tengo un amigo* [ant.] *cuyo* [rel.] *padre es abogado*, *Tengo un amigo* [ant.] *cuya* [rel.] *madre es abogada.*

En *El cómic de superhéroes que compré es entretenido*, el relativo *que* introduce la subordinada de relativo *que compré* y desempeña la función de CD en la subordinada, que ejerce de CN del GN *El cómic de superhéroes* (antecedente expreso).

29. Lee este texto y realiza las actividades:

¡*Qué* gloriosa libertad!

¿Por *qué* la necesitamos tanto?

"La libertad, Sancho, es uno de los más preciosos dones *que a los hombres dieron los cielos*; con ella no pueden igualarse los tesoros *que encierran la tierra y el mar*: por la libertad, así como por la honra, se pierde y debe aventurar la vida."

Miguel DE CERVANTES: *Don Quijote de la Mancha*. Ed. Vicens Vives, 2014.

a. ¿El *qué* de la oración exclamativa es un determinante o un pronombre? Argumenta tu respuesta.

b. ¿Y el *qué* de la oración interrogativa?

c. Las dos oraciones en cursiva son subordinadas de relativo introducidas por un pronombre relativo. ¿A qué sustantivo están sustituyendo? ¿Por qué otro relativo se podrían sustituir?

d. La palabra *que* tiene numerosas posibilidades con tilde y sin tilde. Además de interrogativo, exclamativo y relativo puede tratarse de una conjunción. Relaciona en tu cuaderno cada oración con su uso y, después, justifícalo aportando otro ejemplo (hemos quitado los signos exclamativos e interrogativos deliberadamente):

- Qué buen viaje.
- No sé qué pensar.
- El viaje que hacemos lo elegiste tú.
- Quiero que termine ya.

– Conjunción
– Pronombre relativo
– Pronombre interrogativo
– Determinante exclamativo

30. Lee el texto y contesta las preguntas:

MAX. ¡Espera, Collet! ¡He recobrado la vista! ¡Veo! ¡Oh, *cómo* veo! ¡Magníficamente! ¡Está hermosa la Moncloa! ¡El único rincón francés es este páramo madrileño! ¡Hay que volver a París, Collet! ¡Hay que volver allá, Collet! ¡Hay que renovar aquellos tiempos!

MADAMA COLLET. Estás alucinado, Max.

MAX. ¡Veo, y veo magníficamente!

MADAMA COLLET. ¿Pero *qué* ves?

MAX: ¡El mundo!

MADAMA COLLET. ¿A mí me ves?

MAX. ¡Las cosas *que* toco, para *qué* necesito verlas!

Ramón DEL VALLE-INCLÁN: *Luces de bohemia*. Austral ed., 2009.

a. ¿A qué clase de palabras corresponden las formas en cursiva?

b. ¿Cómo has distinguido los diferentes tipos de *que*?

c. ¿A qué palabras se refieren las dos primeras formas?

d. En una de las intervenciones de Max aparece una oración subordinada de relativo. Localízala, señala el antecedente y la función del pronombre relativo.

31. Coloca las tildes y los signos de interrogación y de exclamación necesarios en el diálogo:

–Que lindo.

–Como que que lindo. No me digas que te gusta este cuadro.

–Cuanto mal gusto hay en el mundo.

–Oye, que sobre el gusto hay mucho escrito.

–Quien no te dice a ti que este pintor podrá exponer donde quiera.

32. Relaciona en tu cuaderno las palabras con su clase:

Dos días	art. indeterminado
Su marido	pron. indefinido
Mucho malestar	det. posesivo
¿Qué?	pron. demostrativo
Esto	det. cuantificador
Un peligro	pron. interrogativo
Nuestra casa	art. determinado
Otro de sus líos	det. posesivo
Lo que era mejor	det. numeral

33. Los interrogativos pueden utilizarse para construir breves poemas o microrrelatos. Fíjate en los modelos y construye un ejemplo de cada:

Una sonrisa atrapada (*¿quién?*)
en tu boca (*¿dónde?*)
al anochecer (*¿cuándo?*)
se escapó (*¿qué hizo?*)
furtivamente (*¿cómo?*)
con su cómplice (*¿con quién?*).

Óscar Fernández (*¿quién?*) en su sillón orejero (*¿dónde?*) durante la siesta (*¿cuándo?*) siguió soñando (*¿qué hizo?*) plácidamente (*¿cómo?*) con su monstruo preferido (*¿con quién?*).

34. Expresa tus deseos construyendo oraciones subordinadas adjetivas a partir del modelo. Solo tienes que cambiar el verbo subordinado, el relativo y el antecedente si te apetece:

- Quiero un mundo que recicle.
- Quiero un mundo donde se cumplan los sueños.

35. Numerosos refranes se construyen con una proposición de relativo sin antecedente expreso donde el pronombre relativo va precedido por un artículo determinado: *El que mucho se ausenta pronto deja de hacer falta*. Imitando esta construcción, escribe tu propio refranero en tu cuaderno. Por ejemplo: *El que sueña despierto no tiene miedo a la vida*; *El que escucha a los demás no pierde las amistades*.

El uso de los relativos

1. El uso del pronombre relativo

Los **pronombres relativos** se refieren a un antecedente, explícito o implícito, a personas o cosas, a lugares, tiempos, modos y cantidades; en algunas ocasiones deben llevar preposición... Esta variabilidad da lugar a usos incorrectos que deben ser corregidos.

1.1 *El cual, la cual, los cuales, las cuales*

Las formas *el cual, la cual, los cuales* y *las cuales* son pronombres relativos que, en la mayoría de los casos, pueden alternarse con el relativo *que*: *Mi hermana, la cual es una gran lectora, también ha leído la novela. / Mi hermana, que es una gran lectora, también ha leído la novela.*

Sin embargo, no siempre son intercambiables entre sí, de ahí la confusión y el error en su uso.

En las oraciones de relativo especificativas

- Como todo pronombre relativo, tiene un antecedente, pero *el cual* solo se podrá utilizar si, además, delante lleva una preposición:

  El tema sobre el cual hemos discutido es muy controvertido.

  En estos casos se puede alternar con *que*:

  El tema sobre el que hemos discutido es muy controvertido.

- Sin embargo, no es posible usarlo sin preposición, por ello es necesario utilizar solo el pronombre relativo *que*:

  * *El libro el cual hemos comprado es un éxito de ventas. / El libro que hemos comprado es un éxito de ventas.*

- En ocasiones, se utiliza incorrectamente *el cual* porque el hablante lo asocia, equivocadamente, a un registro culto que quiere imitar; sin embargo, el resultado son no solo construcciones agramaticales, sino también pedantes.

En las oraciones de relativo explicativas

- En este caso no hay limitaciones y *el cual* se puede utilizar sin que dé como resultado frases gramaticalmente incorrectas:

  Llamaron a Martín, el fontanero, el cual había arreglado muchísimas calderas, para que solucionara el problema de la calefacción.

  En este caso también se puede sustituir por *que*:

  Llamaron a Martín, el fontanero, que había arreglado muchísimas calderas, para que solucionara el problema de la calefacción.

- Además, hay que tener en cuenta, en lo tocante al estilo, que habitualmente ya no se utiliza el relativo *el cual, la cual...*, pues el hablante tiende a sustituirlo directamente por el relativo *que*.

1.2 El relativo *que* con las preposiciones *a, con, de, en* y *por*

En oraciones del tipo *Esta es la película de que hablamos; La razón por que te llamamos...* se puede usar el relativo con el artículo: *Esta es la película de la que te hablamos* y *La razón por la que te llamamos*; y, sobre todo, es aconsejable detrás de la preposición *por* ya que puede confundirse con la conjunción causal *porque*.

ESPECIFICATIVAS Y EXPLICATIVAS

- Las **oraciones de relativo especificativas** son aquellas que aclaran y restringen la información proporcionada en la oración principal:

  Los alumnos que habían hecho el examen salieron al recreo (solo salieron los que habían hecho el examen).

- Las **oraciones de relativo explicativas** son aquellas que explican una cualidad propia de la oración principal y se diferencian de las especificativas porque van entre comas:

  Los alumnos, que habían hecho el examen, salieron al recreo (salieron todos los alumnos, que, además, habían hecho un examen).

ESCRIBIR BIEN

Ante la duda, lo mejor es utilizar *el cual, la cual, los cuales...* solo después de preposición, y en el resto de los casos, usar *que*.

Además, no hay que dejarse llevar por la idea errónea de que usar *el cual, la cual...* es más elegante. Con frecuencia, lo que realmente percibe el lector u oyente es un discurso pesado y poco claro.

1.3 El relativo *que* y el pronombre personal átono

- En la lengua oral y en registros poco cuidados, estos dos pronombres suelen usarse juntos en los mismos enunciados de una forma errónea:

  * *Tienes una mascota a la que tienes que cuidarla con mimo.*

  La forma correcta sería:

  Tienes una mascota a la que tienes que cuidar con mimo.

- En ocasiones, este uso incorrecto llega a suprimir la preposición exigida por la función que cumple el relativo:

  * *El sobrino de tu hermana, que lo vi ayer por la calle, ha crecido mucho.*

  El uso correcto sería:

  El sobrino de tu hermana, al que vi ayer por la calle, ha crecido mucho.

36. Explica si es correcto, o no, el uso de los relativos *el cual, la cual, los cuales, las cuales* y propón otras construcciones cuando creas que no lo es. Justifica en cada caso tu respuesta:

- La película, la cual te comenté, ha sido un éxito de taquilla.
- El tema, del cual expuse lo más interesante, ha sido muy comentado.
- Las decisiones de las que sacamos las propuestas fueron unánimemente aceptadas.
- La mujer la cual te mencioné ha ganado el concurso de relato corto.
- No quiero volver a saber nada de esos personajes de los que tanto se habla.

37. Construye nuevamente las frases anteriores solo con *que* y reflexiona. ¿Cuál de ellas utilizarías en tus actos comunicativos? ¿Cambiaría de la lengua oral a la escrita? Razona tu respuesta.

38. De las dos oraciones propuestas en cada caso, elige la que se ajuste a la norma. Justifica tu respuesta:

- Siempre guardaré en mi recuerdo el día que te conocí. / Siempre guardaré en mi recuerdo el día en que te conocí.
- Este es el periódico de que hablamos. / Este es el periódico que hablamos.
- Tengo problemas con el compañero que vivo. / Tengo problemas con el compañero con el que vivo.
- Tienes una familia a la que debes querer y proteger. / Tienes una familia a la que debes quererla y protegerla.
- Las manchas que hay son de humedad. / Las manchas de que hay son de humedad.

39. Selecciona para las siguientes frases el pronombre relativo adecuado (*que, cual...*) y utiliza la preposición, si es necesario, que corresponda. Asimismo, explica los casos que admiten *que* o *cual*, si los hubiera:

- El precio del coche ... vi en el nuevo concesionario no incluye IVA.
- Tiene un perro ... debe cortar el pelo.
- El examen ... me he quejado tanto es determinante para la nota final.
- El concurso, ... te hemos hablado, no admite más participantes.
- La persona, ... has dado las llaves, es mi hermana.
- Comenté el tema con tu vecino, ... me encontré en la puerta principal.
- Tuve una moto ... vendí hace mucho tiempo.
- La pista, ... dedujeron la información, se la proporcionó un detective.

40. Lee este fragmento de *Cien años de soledad* y reflexiona sobre las cuestiones que se plantean al final:

> Úrsula, ya casi ciega, fue la única que tuvo la serenidad para identificar la naturaleza de aquel viento irreparable, y dejó las sábanas a merced de la luz, viendo a Remedios, la bella, que le decía adiós con la mano, entre el deslumbrante aleteo de las sábanas que subían con ella, que abandonaban con ella el aire de los escarabajos y las dalias, y que pasaban con ella a través del aire donde terminaban las cuatro de la tarde, y se perdieron con ella para siempre en los altos aires donde no podían alcanzarla ni los más altos pájaros de la memoria.
>
> Gabriel GARCÍA MÁRQUEZ: *Cien años de soledad.* Ed. Debolsillo, 2014.

a. Identifica los pronombres relativos que aparecen en el texto.

b. Copia las oraciones donde aparecen, pero sustituye esos pronombres por los relativos *el cual / la cual...* y observa el resultado. ¿Crees que gramaticalmente son intercambiables, es decir, se ajustan a la norma?

c. Desde el punto de vista del estilo, ¿cuál es el resultado? ¿Realmente el cambio es posible? ¿Por qué?

6 LA EXPOSICIÓN. EL VERBO

El lenguaje de los gestos

Como cualquier otro lenguaje, el del cuerpo tiene también palabras, frases y puntuación. Cada gesto es como una sola palabra y una palabra puede tener varios significados. Solo cuando la palabra forma parte de una frase, puede saberse su significado correcto. Los gestos se presentan "en frases" y siempre dicen la verdad sobre los sentimientos y actitudes de quien los hace. La persona perceptiva es la que lee bien las frases no verbales y las compara con las expresadas oralmente.

Todos los gestos deben considerarse dentro del contexto en que se producen. Por ejemplo, si alguien está de pie en la parada del autobús, con los brazos y las piernas cruzados en un día de invierno, lo más probable es que tenga frío. Pero si esa persona hace los mismos gestos cuando está sentada frente a un hombre con una mesa de por medio, y este hombre está tratando de convencerla de algo, la interpretación correcta es que la persona está a la defensiva y en actitud negativa.

La velocidad de algunos gestos y el modo en que resultan obvios para los demás está relacionada con la edad de los individuos. Si una niña de cinco años dice una mentira a sus padres, se tapará inmediatamente la boca con una o las dos manos. Cuando la adolescente dice una mentira, también lleva la mano a la boca, pero sus dedos apenas la rozan. El gesto de taparse la boca se vuelve más refinado en la edad adulta. Cuando el adulto dice una mentira, el cerebro también ordena a la mano que tape la boca para bloquear la salida de las palabras falsas, pero en el último momento aparta la mano de la boca y el resultado es un gesto tocándose la nariz. Cuando un individuo se hace mayor, muchos de sus gestos se vuelven más elaborados y menos obvios. Es más difícil interpretar los gestos de una persona de cincuenta años que los de un individuo mucho más joven.

Allan PEASE: *El lenguaje del cuerpo* (adaptación). Ed. Amat, 2010.

1. ¿Cuál es la intención del texto que acabas de leer? ¿A quién crees que va dirigido y por qué?
2. Extrae las ideas principales del texto y elabora con ellas un mapa conceptual que las estructure.
3. ¿Crees que el lenguaje de los gestos es igual en todas las culturas? ¿Podrías encontrar dos significados distintos para un mismo gesto?
4. Observa el lenguaje de los gestos de personas cercanas a ti. ¿Se corresponde con la imagen que tienes de ellas? ¿Qué crees que determina la percepción que se tiene de las personas que acabas de conocer?

La exposición

1. ¿Qué es exponer?

Exponer es **desarrollar una idea** o **un tema** con intención de ampliar la información, explicarla y hacerla más comprensible. Existen muchos tipos de textos expositivos: artículos de divulgación científica, monografías, exposiciones orales o escritas, conferencias... y son muy frecuentes en la vida académica. También pueden estar presentes en libros de texto, enciclopedias, exámenes, etc. Las características que definen los textos expositivos son: **rigor**, **objetividad**, **claridad** y **precisión**.

- **Rigor** al seleccionar la información, desechando datos no comprobados o poco fiables.
- **Objetividad**, ya que no hay referencias al emisor en el texto.
- **Claridad** en la organización de las ideas y el léxico utilizado.
- **Precisión** al enunciar la información.

Los textos expositivos cumplen una función **informativa**, porque presentan datos o informaciones sobre hechos, personajes, teorías, etc.; **explicativa**, porque incorporan explicaciones sobre los datos que aportan; y, por último, **directiva**, porque funcionan como guías de lectura, presentando claves (introducciones, títulos, subtítulos, resúmenes...) que permiten diferenciar las ideas fundamentales de las que no lo son.

1.1 Tipos de textos expositivos

Los textos expositivos, en función del tipo de receptor al que van dirigidos, se clasifican en textos divulgativos y textos especializados:

- **Divulgativos**. Tratan temas de interés general. Van dirigidos a un amplio sector del público que no tiene conocimientos previos sobre el tema. Evitan los tecnicismos y recurren a un léxico formal, aunque poco especializado, y aportan ejemplos y comparaciones para ayudar a la comprensión. Son frecuentes en medios de comunicación.

El saber hablar siempre se ha entendido como un elemento diferenciador de clases, una señal de poder socioeconómico, de prestigio sociocultural, de buena educación, como uno de los aspectos fundamentales de eso que llamamos saber estar y, sobre todo, somos conscientes de que quien sabe hablar obtiene, además de reconocimiento social, otros beneficios. Además, ante la extrema profesionalización del mercado de trabajo, el uso del lenguaje, el modo de hablar es una vara de medir la profesionalidad del individuo en su actividad laboral.

Instituto Cervantes, coord. Antonio BRIZ GÓMEZ: *Saber hablar*. Ed. Aguilar, 2008.

- **Especializados**. Tratan en profundidad temas específicos y van dirigidos a un receptor que posee conocimientos previos sobre los mismos. El léxico que utilizan es muy preciso y no evitan el uso de tecnicismos; al contrario, el rigor y la precisión exigen su uso. Aparecen en manuales de texto, conferencias, exámenes, apuntes, etc.

La lectura sujeta a la disciplina de los conocimientos demostrativos contrae una dura paradoja cuando precisamente esos conocimientos dependen de paradigmas cambiantes o cuando resueltamente se aplican sobre zonas inabarcables de la realidad.

Alejandro GÁNDARA: *Las primeras palabras de la creación*. Ed. Anagrama, 1998.

SABER EXPONER...

- Es un instrumento necesario para la investigación y, por tanto, para la adquisición de nuevos conocimientos.
- Favorece la capacidad de comprensión lectora y expresión oral y escrita, ya que la explicación de un tema se hace para uno mismo y para los demás.
- Permite el desarrollo autónomo del pensamiento, pues exige reproducir con palabras propias el conocimiento adquirido para evitar repetir las palabras de otros.
- Da paso al desarrollo del pensamiento crítico.

Dominar la técnica de la exposición te ayudará a organizar y a exponer tus conocimientos, tanto en tu etapa de formación como cuando te incorpores al mundo laboral.

2. Estructura de la exposición

El contenido de los textos expositivos se puede organizar atendiendo a diferentes estructuras; sin embargo, todas ellas se ajustan a un esquema compartido: **inicio**, **cuerpo** y **conclusión**.

2.1 Inicio

En el inicio, el autor delimita la información, define y ofrece los datos previos necesarios para que el receptor sea capaz de situarse y entender el texto. Se puede comenzar un texto expositivo, por lo menos, de dos formas distintas:

- **Abordando directamente el tema** a través de una definición, a través de referencias a los antecedentes o rechazando alguna idea preestablecida con la que guarde relación.
- **Realizando una introducción** por medio de alguna anécdota, datos, etc.

2.2 Cuerpo

En el cuerpo, el autor desarrolla y amplía el tema. Es la parte más extensa. Existen distintas estructuras:

- **Estructura de descripción**. Este tipo de estructura es típica de los textos que exponen las características de algún objeto, hecho o fenómeno. Son abundantes los marcadores espaciales: *en el interior, en el exterior, al fondo...*

  En el corral de comedias, el espacio para los espectadores comprende un patio donde el público más bajo se queda de pie, defendido del sol por un toldo tendido de un tejado a otro; más atrás, hay algunos bancos en los que se sientan los que pagan un suplemento; y más al fondo, en el llamado aposento, están juntas las mujeres.

  Charles V. AUBRUN: *La comedia española 1600/1680*. Ed. Taurus, 1968.

- **Estructura de enumeración o seriación**. Este tipo de estructura es típica de textos en los que se presentan varios elementos que comparten alguna característica común. Son habituales los conectores distributivos o conectores temporales: *en primer lugar, por una parte, por otra, unos... otros, bien... bien, más tarde...*, etc.

  En la actualidad, están catalogadas más de treinta mil variedades de rosas en el mundo. La clasificación de las rosas o rosales se hace en tres grupos: en primer lugar, especies silvestres de rosas, que son las que existen en la naturaleza; en segundo lugar, rosales antiguos, que son las variedades de rosas anteriores a 1867; y, por último, rosales modernos, variedades de rosas posteriores a 1867.

  "Tipos de rosas" (adaptación), *Infojardin*.Web. [Consulta: 28 de abril de 2015].

- **Estructura de problema-solución**. En ella se plantea una situación conflictiva al principio y, luego, las diferentes medidas para solucionarla. Los conectores más frecuentes para este tipo de estructura son: *por tanto, por esta razón, así pues...*

  Nuestro modelo energético se basa fundamentalmente en la quema de combustibles fósiles como el carbón y el petróleo. Sin embargo, estos combustibles no pueden ser considerados como renovables, ya que su explotación masiva puede llevar a su agotamiento en unas cuantas décadas. Como alternativa a la obtención de energía se está desarrollando otro tipo de industrias que respetan el medio ambiente, como la eólica, la solar, o la biomasa.

  Miguel de CASTRO: "Alternativas al petróleo: el desafío de las energías renovables", *El blog del alumno*. Bureau Veritas Formación.

TIPOS DE ESTRUCTURA DE LA EXPOSICIÓN

- **Estructura deductiva**: al principio del texto se presenta la idea principal y a continuación se explican los datos particulares (ejemplos).
- **Estructura inductiva**: se parte de los datos particulares (ejemplos) para llegar a la tesis, que es la idea principal.

CORRAL DE COMEDIAS

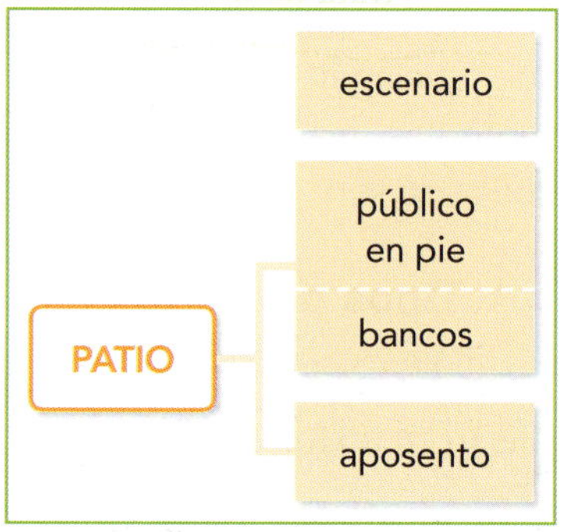

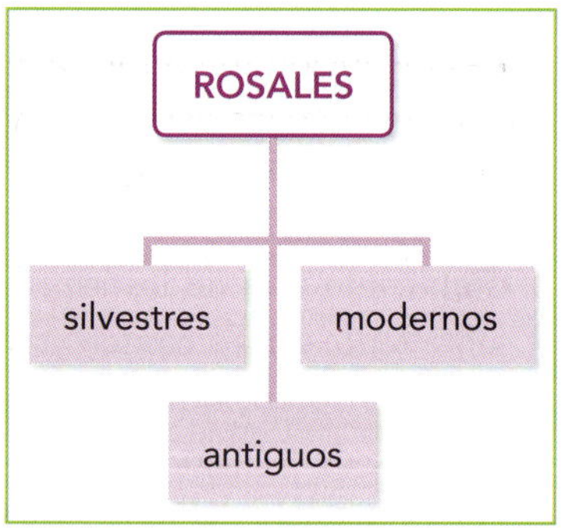

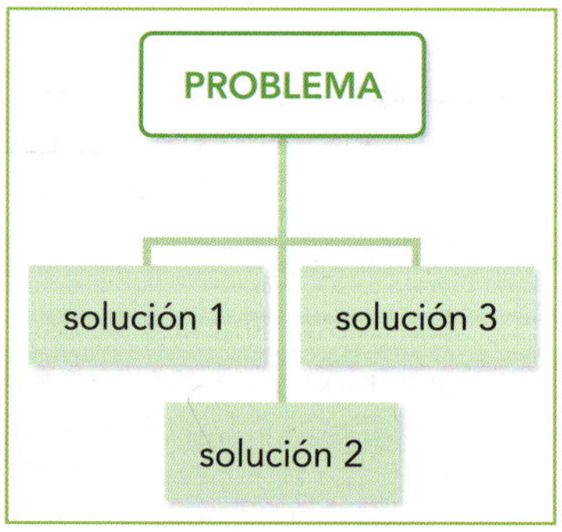

- **Estructura de comparación y contraste**. Este tipo de estructura es frecuente en textos en los que se exponen las semejanzas y diferencias entre varios objetos, hechos o fenómenos. Son característicos los marcadores que expresan analogía: *asimismo, de la misma manera...,* o que expresan contraste: *en cambio, sin embargo...*

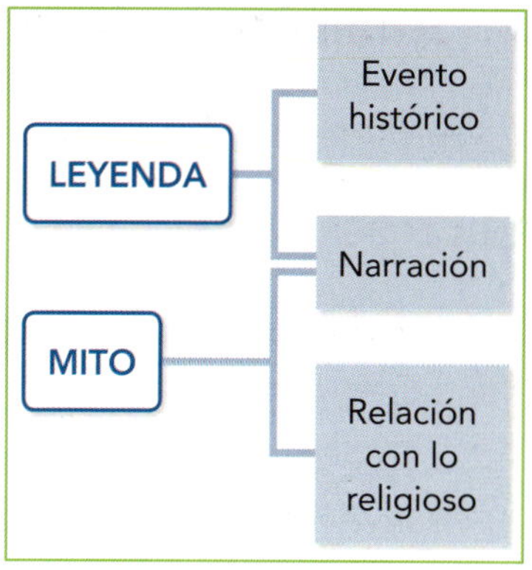

La leyenda es una narración tradicional que, en muchas ocasiones, tiene origen en algún evento histórico, y suele estar enriquecida por numerosos elementos fantásticos. El mito también es una narración, pero, a diferencia de la leyenda, describe más claramente una historia que guarda una estrecha relación con lo religioso y alude generalmente al nacimiento del universo o a cómo fueron creados los seres humanos, los animales, etc.

- **Estructura de pregunta-respuesta**. Este tipo de estructura es frecuente en textos donde se plantea un problema y se ofrece la solución. Presenta estructuras interrogativas directas o indirectas.

Pese a ser un trastorno muy común es un gran desconocido. ¿Qué es el TDAH? ¿Qué problemas conlleva?

Se trata de un trastorno cerebral cuyo principal origen es genético y se manifiesta principalmente por la impulsividad, la incapacidad para controlar la conducta, la distracción muy fácil y por supuesto la hiperactividad, aunque tiene otras formas. Los niños que lo padecen no pueden mantener el ritmo de la clase.

Cristian GONZÁLEZ: "Entrevista a Luis Rojas Marcos", 11 de noviembre de 2015, *Iniciativa Debate*. Web [Consulta: 17 de julio de 2015].

Sin embargo, un texto expositivo puede combinar diferentes procedimientos textuales para organizar su contenido. Por eso es habitual encontrar textos expositivos en los que el autor utilice enumeraciones, comparaciones, etc., y también textos en los que se combinen la exposición, la descripción e, incluso, la argumentación.

2.3 Conclusión

La conclusión toma forma, en muchos textos expositivos, de **resumen final** en el que se recogen los aspectos más importantes que se han desarrollado en el cuerpo. Suele iniciarse con conectores tales como: *finalmente, en resumen, para terminar...*

Finalmente, el estudio comparativo de la historia de la escritura es fecundo en experiencias. Ahora podemos afirmar con certeza que los comienzos de cualquier forma de escritura nos han sido revelados, y que es sumamente improbable que las escrituras que aún quedan por descifrar contengan signos de naturaleza diferente a lo que se ha observado en todas partes.

A.C. MOORHOUSE: *Historia del alfabeto*. Ed. Fondo de Cultura Económica, 1995.

5. Escoge un tema que puedas explicar con claridad a tus compañeros y sobre el que tengas los conocimientos previos suficientes. Sin ningún tipo de preparación, escribe sobre ello y después exponlo en clase. Entre todos debéis analizar los fallos de comunicación. ¿Se ha entendido perfectamente? ¿Se ha organizado con claridad? ¿Se ha dado la información suficiente? ¿Te has adaptado a la audiencia? ¿El tono es objetivo o subjetivo? ¿Has utilizado definiciones, ejemplos, comparaciones...?

6. Dibuja varios mapas conceptuales que respondan a las estructuras estudiadas hasta aquí. Después, busca información, complétalos y adapta los siguientes temas a ellos:
   - Bilingüismo en la educación primaria y secundaria.
   - Renacimiento y Barroco.
   - Los efectos del cambio climático.
   - ¿Por qué se refinan los cereales?
   - Características de la novela realista-naturalista.

3. Análisis y valoración de los textos expositivos

Lee el siguiente texto sobre el origen de San Valentín, fíjate en el comentario y, después, responde las preguntas:

COMENTARIO DE TEXTO

El día de los enamorados nació en el siglo V d.C., en Roma. El catorce de febrero tenía lugar un rito pagano, en honor de Luperco, dios de la fertilidad, en el que los hombres elegían a su pareja escogiendo al azar un papel con nombres de mujer. En el año 496, el Papa Celasio decidió cambiar el juego. Los nombres se sustituyeron por santos, y cada individuo debía emular al santo que le tocaba en el papel durante todo ese año…

La iglesia sustituyó al dios pagano por San Valentín, un mártir decapitado doscientos años antes por el emperador Claudio II. Este había prohibido el matrimonio, ya que consideraba que los soldados casados no rendían en el campo de batalla. El obispo Valentín decidió realizar bodas secretas y la noticia llegó a oídos del emperador. El catorce de febrero del año 270 mandó que le cortaran la cabeza. Desde entonces, el día de "San Valentín" se celebra en todo el mundo.

Aspectos pragmáticos

a. Después de leer el texto, determina el receptor al que crees que va dirigido.

b. Fíjate en los verbos en naranja y explica por qué se usa la tercera persona. ¿Es marca de objetividad o subjetividad? ¿Hay alguna marca lingüística que identifique al emisor?

c. ¿Qué objetivo comunicativo crees que persigue este texto?

d. En función de la intención del autor, ¿qué tipo de texto elige para ello y a qué estructura se adapta?

Aspectos morfosintácticos

e. Observa los sustantivos en verde. ¿Predominan los sustantivos concretos frente a los abstractos, o viceversa? ¿Qué tipo de sustantivos está más relacionado con la intención que persigue el texto?

f. Observa los adjetivos en azul. ¿Son frecuentes los adjetivos especificativos? ¿Qué tipo de adjetivación plasma mejor el tono objetivo de los textos?

g. Observa los verbos en naranja. ¿Qué tiempo, aspecto y modo predominan? ¿Guarda alguna relación con el orden cronológico de una narración? ¿Hay alguna modalidad oracional predominante: enunciativa, desiderativa, dubitativa…?

h. Observa los grupos de palabras marcadas en rosa. ¿Qué tipo de conectores son característicos de este tipo de estructura?

i. ¿Predomina algún tipo de estructura oracional: atributiva, pasiva…? ¿Cuál es más apropiada para un texto objetivo? ¿Por qué?

j. Observa las frases subrayadas: ¿siguen un orden lógico de sujeto, verbo y complementos?

Aspectos léxico-semánticos

k. ¿Crees que se utilizan tecnicismos? ¿Tiene algo que ver con el tipo de receptor al que va dirigido el texto?

l. En función del léxico utilizado, ¿piensas que será un texto divulgativo o especializado? ¿Por qué? Coméntalo con tus compañeros.

7. Elabora un comentario del texto anterior en el que se incluyan las características más relevantes respecto a:
   - aspectos pragmáticos.
   - aspectos morfosintácticos.
   - aspectos léxico-semánticos.

8. Contesta y realiza un comentario crítico del texto:
   a. ¿Es adecuado, coherente y cohesionado?
   b. ¿Cumple con la objetividad de los textos expositivos?
   c. ¿Relaciona el conocimiento del tema con otros conocimientos? ¿Usa ejemplos que clarifiquen el significado?

4. Elaboración de textos expositivos

4.1 Planificación

- Selecciona un tema. Elige el tipo de exposición: divulgativa o especializada, aunque para comenzar a escribir es mejor elegir la primera.
- Documéntate a través de revistas, libros, periódicos, Internet... Y organiza la información, seleccionando la más importante y desechando la que consideres irrelevante.
- Piensa a quién va a ir dirigido el texto para determinar el registro.
- Elabora un mapa conceptual como los que has visto en la unidad.
- Selecciona las imágenes o gráficos para ilustrar el texto.

FÍJATE

En el texto expositivo no hay lugar para las opiniones personales, es decir, el texto debe tener carácter informativo y un tono objetivo.

4.2 Redacción

- Elige un **título**, procurando que sea un grupo nominal: *El calentamiento global*, *La hiperactividad infantil*. Los adjetivos escogidos no deben tener carácter valorativo.
- Piensa el **número de párrafos**. Lo mejor es ajustarse al esquema de tres párrafos: *inicio* o *introducción*, *cuerpo* o *desarrollo*, y *conclusión* o *final*.
- Ten en cuenta la **longitud de los párrafos**. El más largo debe ser el del cuerpo. El tercer párrafo debería tener la misma extensión que el primero y resumir lo que se ha dicho anteriormente.
- Es importante recordar que para enlazar un párrafo con otro hay que utilizar conectores, que se debe seleccionar la 3.ª persona gramatical, que es recomendable usar el presente de indicativo, que la modalidad de oración más ajustada es la enunciativa y que deben evitarse las opiniones personales.
- Si es necesario, utiliza palabras técnicas, abreviaturas, paréntesis explicativos... Y si hay citas textuales, es preciso ponerlas entre comillas y señalar la fuente.

4.3 Revisión

Es necesario elaborar guías de revisión que puedan convertirse, a su vez, en guías de escritura. Este es un posible modelo:

GUÍA DE REVISIÓN

CONTENIDO Y ESTRUCTURA

- ¿Tiene introducción? ¿Qué tipo de introducción has seleccionado?
- ¿El segundo párrafo es el desarrollo del tema? ¿Se ajusta a alguna de las estructuras básicas de la exposición?
- ¿Hay conectores? ¿Se adecúan al tipo de estructura?
- ¿Existe una conclusión? ¿Resume lo explicado? ¿Usa algún conector?
- ¿Hay informaciones adicionales en paréntesis aclaratorios?
- ¿El texto da la información que permite entender el tema? Justifícalo.

LENGUAJE

- ¿El vocabulario se ajusta al carácter divulgativo?
- ¿Los verbos están en 3.ª persona y predominan los que están en presente de indicativo?
- ¿Evitas los adjetivos valorativos?
- ¿La estructura de los enunciados es clara y predomina el orden lógico en las frases?
- ¿Predomina la modalidad enunciativa en las oraciones?
- ¿Hay errores ortográficos?

9. Elabora un texto expositivo sobre uno de los siguientes temas. También puedes seleccionar algún otro que te parezca interesante:
   - La comunicación en los adolescentes.
   - El gasto energético.
   - El acceso a la universidad.
10. Cuando hayas elaborado el texto, preséntalo en clase y compara esta exposición con la primera. ¿Qué diferencias ves? ¿Esta vez la exposición te ha sido más fácil o más difícil? ¿La preparación ha ayudado a relajar los nervios? ¿Qué opinan tus compañeros? ¿Creen que la exposición ha sido más o menos ordenada? ¿Han comprendido mejor el mensaje?

El verbo

Soneto del Sr. Pluscuamperfecto de Subjuntivo

Se dispone a partir y se indispone.
Lo que comienza no lo lleva a cabo.
Acaba de empezar y dice: acabo.
Nunca consigue lo que se propone.

Podría hacerlo y no le da la gana
por pereza o cansancio, no sé, ceja
cuando la cosa se complica, deja
lo que puede hacer hoy para mañana.

Y mañana dirá: si hubiera hecho
lo que quería, si hubiera querido,
si en vez de dudar tanto hubiera ido.

Pero él es el eterno insatisfecho.
Los verbos se le pudren en el pecho.
En vez de un ser es un hubiera sido.

Juan Vicente PIQUERAS: *Yo que tú*. Ed. Difusión, 2012.

La siesta (1884), de Ramon Martí Alsina.

11. ¿Cuántos tiempos verbales aparecen en el poema? Indica a qué conjugación pertenecen, así como su tiempo y su modo.

12. ¿Para qué sirve el modo indicativo? ¿Y el subjuntivo? Justifica su uso con estos dos ejemplos:

- Acaba de empezar y dice: acabo.
- Si en vez de dudar hubiera ido...

13. ¿Qué verbos del poema son irregulares? ¿Cómo se conjugarían si fueran regulares?

14. Indica si los verbos en cursiva son copulativos, transitivos, intransitivos o pronominales:

- *Se dispone* a partir.
- *Ceja* cuando la cosa se complica.
- *Acabo*.
- Pero él *es* el eterno insatisfecho.
- Y mañana *dirá*...
- La cosa *se complica*.
- En vez de un ser es un *hubiera sido*.

15. ¿Recuerdas qué es una perífrasis verbal? ¿Hay alguna en el poema?

16. Completa el texto en tu cuaderno con los tiempos verbales adecuados:

... (haber) una vez dos peces jóvenes que ... (ir) nadando y ... (encontrarse) por casualidad con un pez más viejo que ... (nadar) en dirección contraria; el pez más viejo los ... (saludar) con la cabeza y les ... (decir): "Buenos días, chicos. ¿Cómo ... (estar) el agua? Los dos peces jóvenes ... (seguir) nadando un trecho; por fin uno de ellos ... (mirar) al otro y le ... (decir): "¿Qué demonios ... (ser) el agua?

David FOSTER WALLACE: *Esto es agua*. Ed. Mondadori, 2012.

17. ¿Puedes crear oraciones simples con el pretérito pluscuamperfecto de subjuntivo?

18. Como has podido comprobar, este tiempo necesita otro verbo que le sirva de referencia temporal. Crea oraciones con el pluscuamperfecto de subjuntivo y di con qué otros tiempos se puede combinar.

19. Corrige las incorrecciones (concordancia, irregularidades...) relacionadas con el verbo de estas oraciones:

- Habían muchos turistas en la playa.
- Colón llegó a América en 1492 y cree que está en las Indias.
- ¡Lo que andamos ayer!
- ¿Puedo ir al concierto? Sí, pero ves con tu hermano y sus amigos.
- Ayer me dijistes que vendrías a casa a las siete y llegastes a las ocho.
- La mayoría de los alumnos solo piensan en la nota y no en aprender.
- Les recomendé que estuvieran atentos; deben de ser más responsables.
- –¿Qué hora es? –Deben ser las cinco.

1. La flexión verbal

La información que aporta una forma verbal viene dada por los siguientes morfemas flexivos:

habl-	*-a-*	*-re-*	*-mos*
raíz	VT vocal temática	TAM tiempo-aspecto-modo	PN persona-número

El conjunto de morfemas flexivos que acompañan a la raíz de un verbo se denomina **desinencia**: *habl-aremos*.

1.1 La vocal temática (VT)

El morfema de **vocal temática** (**VT**) aporta información flexiva que distingue tres conjugaciones:

- **Primera**. Vocal temática *-a-*: *am-a-ba-n, vot-a-ré-is.*
- **Segunda**. Vocal temática *-e-*: *tem-e-rá-s, com-e-ría-mos.*
- **Tercera**. Vocal temática *-i-*: *part-i-ría-mos, viv-i-rá-n.*

En algunas formas, la VT no tiene realización fónica (*am-o*); en otras se diptonga (*tem-ie-ro-n*), y en otras presenta variación vocálica (*part-i-Ø-mos, part-e-Ø-s*).

RECUERDA

La vocal temática que distingue las conjugaciones verbales se identifica en su forma de infinitivo: *amar*, *temer*, *partir*.

1.2 El tiempo, el aspecto y el modo (TAM)

Los morfemas de **tiempo**, **aspecto** y **modo** aparecen fundidos en un único elemento flexivo indivisible (**TAM**): *am-e-Ø-s* (presente, subjuntivo, imperfectivo), *am-a-ro-n* (pretérito, indicativo, perfectivo).

- El **tiempo** indica el momento en el que se realiza la acción verbal en relación con el momento de la enunciación:
  - **Presente**. La realización de la acción verbal es simultánea a la enunciación: *Eres muy alto.*
  - **Pasado**. La realización de la acción verbal es anterior a la enunciación: *Vino de un país muy lejano.*
  - **Futuro**. La realización de la acción verbal es posterior a la enunciación: *Llegará más tarde.*
- El **aspecto** indica en qué momento se encuentra el desarrollo de la acción verbal al margen del tiempo en que se exprese la acción:
  - **Perfectivo**. Muestra la acción acabada: *Fui ayer a clase.*
  - **Imperfectivo**. Muestra la acción inacabada: *Sentía frío en el balcón.*

  El pretérito perfecto simple y todas las formas verbales compuestas son perfectivas; el resto de las formas verbales son imperfectivas.
- El **modo** indica la actitud del emisor ante lo que dice:
  - **Indicativo**. Expresa realidad y objetividad: *Vendió el juego a Pilar.*
  - **Subjuntivo**. Expresa subjetividad y deseo: *¡Ojalá venga pronto!*
  - **Imperativo**. Expresa una orden: *¡Calla!*

En la práctica, numerosos carteles expresan las órdenes en infinitivo.

1.3 La persona y el número (PN)

Los morfemas de **persona** y **número** también aparecen fundidos en un único elemento flexivo indivisible (**PN**). La flexión de PN viene impuesta por el sujeto con el que el verbo concuerda: *Yo* [1.ª pers. sing.] *pinto* [1.ª pers. sing.] *por las tardes*; *Me gustan* [3.ª pers. pl.] *las buenas noticias* [3.ª pers. pl.].

- Se distinguen tres personas: 1.ª, 2.ª y 3.ª; y dos números: singular y plural.

1.ª sg. -Ø: *am-a-ré-Ø*	1.ª pl. -*mos*: *tem-i-Ø-mos*
2.ª sg. -*s*: *lav-a-Ø-s*	2.ª pl. -*is*: *corr-e-ría-is*
3.ª sg. -Ø: *habl-Ø-ó-Ø*	3.ª pl. -*n*: *tem-e-rá-n*

- La 2.ª persona presenta algunas excepciones:
  - En singular, el elemento PN del pretérito perfecto simple y del imperativo es -Ø: *amaste-Ø*, *come-Ø*.
  - En plural, el elemento PN del imperativo es -*d*: *come-d*.

PRONOMBRES *USTED* Y *USTEDES*

Las formas correspondientes a los pronombres *usted*, *ustedes* son las de la 3.ª persona gramatical, a pesar de estar vinculadas a la 2.ª persona del discurso: *Venga usted por aquí/Ustedes pueden preguntar cuanto quieran.*

20. Lee el texto y fíjate en las formas del verbo *hablar*:

> *Hablar* se debería conjugar siempre en plural. *Hablamos*, y no *hablas* o *hablo*. Lo bonito es que *hablemos* los dos, no que *hables* tú o *hable* yo. Así que a partir de hoy ni *hablaré* ni *hablarás*, solo *hablaremos*.

a. ¿En qué se diferencian las formas del modo indicativo y las del modo subjuntivo?
b. ¿Cómo se construye el futuro?
c. ¿Cuál es la terminación que identifica la 1.ª persona plural en los tiempos verbales?
d. Comenta la utilización de formas verbales de futuro junto al adverbio *hoy*. ¿Qué efecto se persigue?

21. Lee el siguiente texto y realiza las actividades:

El monte de las ánimas

La noche de difuntos me despertó a no sé qué hora el doble de las campanas. Su tañido monótono y eterno me trajo a las mientes esta tradición que oí en Soria.

Intenté dormir de nuevo. ¡Imposible! Una vez aguijoneada, la imaginación es un caballo que se desboca y al que no sirve tirarle de la rienda. Por pasar el rato, me decidí a escribirla, como en efecto hice.

A las doce de la mañana, después de almorzar bien, y con un cigarro en la boca, no le hara mucho efecto a los lectores de *El Contemporáneo*. Yo la oí en el mismo lugar en que acaeció, y la he escrito volviendo algunas veces la cabeza con miedo, cuando sentía crujir los cristales de mi balcón, estremecidos por el aire frío de la noche.

Sea de ello lo que quiera, allá va, como el caballo de copas.

Gustavo Adolfo BÉCQUER: *Leyendas y rimas*.
Ed. Vicens Vives, 2009.

a. Clasifica en tu cuaderno todos los tiempos verbales de la leyenda según estén en tiempo presente, pasado o futuro.
b. ¿Qué diferencias de uso tienen los tiempos utilizados en indicativo y subjuntivo en la leyenda? Justifica tu respuesta con ejemplos del texto.
c. Explica el aspecto verbal utilizando como ejemplo el tercer párrafo.
d. Busca información sobre esta famosa leyenda de Bécquer e insértala en el fragmento utilizando la primera persona singular y respetando el tiempo del relato.

22. Separa los morfemas flexivos de las siguientes formas verbales. Fíjate en el modelo propuesto:

RAÍZ →	VT —	TAM —	PN
Cant-	-a- 1.ª conj.	-rá- futuro, imperfectivo, indicativo	-n 3.ª p. plural

pintamos	temisteis	cercaron
leas	usáramos	pensarían
dormía	comerías	sentiremos
sepa	hiriese	cocine

23. Corrige las incorrecciones verbales de las siguientes oraciones:

- Me cogistes el libro sin mi permiso.
- Copiar todos los enunciados.
- Si tenéis sed, beber.
- Finalmente, fuistes al concierto.
- Por favor, acompañarnos a la secretaría del instituto ahora mismo.

2. Clases de verbos

Los verbos se clasifican según sus **características morfológicas** y **semánticas**, y su **funcionamiento gramatical**.

2.1 Según su forma

- **Regulares**. Siguen los modelos de las tres conjugaciones: *amar, temer* y *partir*.
- **Irregulares**. No siguen el paradigma de los verbos regulares. Las irregularidades se suelen clasificar en:
  - **Vocálicas**. Cambio o diptongación entre vocales: *pedir > pido; dormir > durmió > duermo; pensar > pienso.*
  - **Consonánticas**. Cambio o adición de consonantes: *hacer > hago; poner > ponga; deducir > deduzcamos.*
  - **Mixtas**. Se dan a la vez irregularidades vocálicas y consonánticas: *decir > diga; saber > supo; caer > caiga.*
  - **Raíces supletivas**. Alternancia de raíces: *ir > iremos > vas > fueron; ser > soy > es > eres > fui.*
  - **Verbos defectivos**. Son verbos que no tienen la conjugación completa. Dentro de este tipo de irregularidad se incluyen: los verbos terciopersonales (*acaecer, acontecer, atañer, concernir, ocurrir* o *urgir*) y los verbos que se refieren a fenómenos de la naturaleza (*amanecer, anochecer, diluviar, llover*...), que solo se conjugan en 3.ª persona del singular; y los verbos *acostumbrar* y *soler*, que se conjugan solo en presente de indicativo y subjuntivo, pretérito imperfecto de indicativo y pretérito perfecto compuesto: *Simplemente ocurrió. / Llovía y no estabas tú. / Suelo madrugar el sábado.*

2.2 Según su significado

El significado de los verbos viene dado por el significado de los predicados y por las construcciones que estos forman. Se clasifican en:

- **Actividades**. Se trata de predicados como *ganar dinero; trabajar; llover.*
- **Realizaciones**. Se trata de predicados como *construir una casa; recitar un poema; saltar una valla.*
- **Logros o consecuciones**. Se trata de predicados como *alcanzar la meta; llegar a casa; perder la cartera.*
- **Estados**. Se trata de predicados como *merecer un aumento; ser guapo; tener dinero.*

2.3 Según su funcionamiento gramatical

Los verbos son el núcleo del grupo verbal y del predicado de la oración. Según su funcionamiento gramatical pueden ser:

- **Copulativos y semicopulativos**. Son los verbos *ser, estar* y *parecer*, y aquellos verbos que, al recibir el atributo, modifican su significado y sus propiedades gramaticales. Se caracterizan por tener escaso contenido léxico y por funcionar como nexo entre el sujeto y el atributo: *Ella es atenta. / Él está contento. / Eso parece fácil. / Anduvo preocupado toda la noche. / Se quedó helada.*

EL VERBO *HABER* CUANDO NO ES AUXILIAR

El verbo *haber* cuando no es auxiliar funciona como un verbo de uso impersonal, por lo que solo podemos utilizarlo en 3.ª persona del singular: *Hubo muchos incidentes. / *Hubieron muchos incidentes.*

Tampoco conviene utilizarlo con el sentido de 'presencia en un lugar': **Habríamos allí muchas personas. / Estaríamos allí muchas personas.*

En *La luna se puso roja* el verbo *poner* es semicopulativo, ya que une el GN *La luna* y el GAdj *roja.*

El verbo

- **Plenos**. Son verbos dotados de significado léxico. Se dividen en:
  - **Transitivos**. Necesitan un GN (CD) o un GPrep (CD) que complete su significado: *Juan necesita las tijeras. / Juan las necesita; Estoy viendo a Juan desde mi ventana. / Lo estoy viendo desde mi ventana.*
  - **Intransitivos**. Son verbos que se construyen sin CD: *Iremos al teatro; Duermo de un tirón.*
  - **Pronominales**. Son verbos que se construyen con los pronombres *me, te, se, nos, os, se.*

    Se dividen en verbos que tienen únicamente forma pronominal: *Con este trabajo nos cansamos mucho; Se queja constantemente de todo; No me arrepiento de lo que he dicho*, etc.; y los que tienen variantes no pronominales: *decidir* y *decidirse*, *olvidar* y *olvidarse*, *lamentar* y *lamentarse*, etc.

VERBOS AUXILIARES

Los verbos auxiliares carecen de significado léxico y poseen únicamente significado gramatical, es decir, aportan al verbo auxiliado información ligada a la flexión verbal. Se consideran verbos auxiliares, según el contexto en el que aparecen, *ser* (para construcciones pasivas), *haber* (para las formas verbales compuestas) y aquellos que se utilizan para formar las perífrasis verbales: *Es amado. / Había cantado. / Anda diciendo...*

24. Lee el texto y realiza las actividades:

–¿Le gustaría algún día, Montag, leer *La República* de Platón?

–¡Claro!

–Yo soy *La República* de Platón. ¿Desea leer a Marco Aurelio? Mr. Simmons es Marco.

–¿Cómo está usted? –dijo Mr. Simmons.

–Hola –contestó Montag.

–Quiero presentarle a Jonathan Swift, el autor de ese malicioso libro político, *Los viajes de Gulliver*. Y este otro sujeto es Charles Darwin, y aquel es Schopenhauer, y aquel, Einstein, y el que está junto a mí es Mr. Albert Schweitzer, un filósofo muy agradable, desde luego. Aquí estamos todos, Montag, Aristófanes, Mahatma Gandhi, Gautama Buda, Confucio, Thomas Love Peacock, Thomas Jefferson y Mr. Lincoln. Y también somos Mateo, Marco, Lucas y Juan.

Todos rieron silenciosamente.

–No es posible –dijo Montag.

–Sí lo es –replicó Granger, sonriendo–. También nosotros quemamos libros. Los leemos y los quemamos, por miedo a que los encuentren. [...]

Mejor es guardarlo todo en la cabeza, donde nadie pueda verlo ni sospechar su existencia. Todos somos fragmentos de historia, de literatura y de ley internacional. Byron, Tom Paine, Maquiavelo o Cristo, todo está aquí. Y ya va siendo tarde. Y la guerra ha empezado. Y estamos aquí, y la ciudad está allí, envuelta en su abrigo de un millar de colores.

Ray BRADBURY: *Fahrenheit 451*. Ed. Debolsillo, 2003.

a. En el texto predominan según el significado los verbos de estado como en "Yo soy *La República* de Platón". Propón otros ejemplos similares. ¿Hay ejemplos de otros tipos de verbos según su significado?

b. Compara estas formas verbales con el paradigma de los verbos regulares. ¿Dónde está la irregularidad: en la raíz, en la desinencia o en ambas?

soy	rieron	pueda
quiero	encuentren	sonriendo

c. Clasifica los siguientes verbos de la lectura en copulativos, transitivos e intransitivos:

gustaría	está	quemamos
leer	dijo	va siendo
soy	contestó	ha empezado

25. Lee el texto y contesta las preguntas:

Se durmieron cada uno para su lado, dándose la espalda. A las cinco de la mañana Blanca despertó con el estómago revuelto debido al olor dulzón de las flores con que Esteban Trueba había decorado la cámara nupcial. Jean de Satigny la acompañó al baño, le sostuvo la frente mientras se doblaba sobre el excusado, la ayudó a acostarse y sacó las flores al pasillo. Después se quedó desvelado el resto de la noche leyendo *La filosofía del tocador*, del Marqués de Sade, mientras Blanca suspiraba entre sueños que era estupendo estar casada con un intelectual.

Isabel ALLENDE: *La casa de los espíritus*. Ed. Debolsillo, 2009.

a. ¿En *había decorado* qué significado aportan los verbos *haber* y *decorar*? ¿Puedes crear alguna oración solo con el verbo *haber*?

b. ¿Qué verbos del fragmento anterior son irregulares? ¿Dónde aparece la irregularidad: en la raíz o en sus desinencias?

c. *Ayudar* es transitivo porque necesita un GN que complete su significado, mientras que *despertar* no lo necesita. Busca otros ejemplos en el texto.

26. Escribe un texto narrativo en el que aparezca alguna irregularidad con estos verbos:

encoger	reír	saber	ser
aparcar	dormir	andar	soler

3. Los tiempos verbales y las formas no personales

Los tiempos verbales se clasifican según el **modo**, la **estructura morfológica** y el **aspecto**: *había soñado* (modo indicativo, estructura compuesta, aspecto imperfectivo).

3.1 El modo indicativo

Es el modo que enuncia como real lo expresado por el verbo: *Este año estudiamos en un instituto nuevo.*

- **Presente**. Sitúa la acción verbal en el momento del habla: *Ahora voy; Siempre dice eso; Una y una son dos.*
- **Pretérito imperfecto**. Sitúa la acción verbal en un momento anterior al momento del habla y sin relación con él, pero, al contrario que el perfecto simple, no menciona su inicio ni su final: *Imaginé que volaba; Yo era el bueno y tú el malo.*
- **Pretérito perfecto simple**. Sitúa la acción verbal en un momento anterior al momento del habla: *Cuando me levanté te telefoneé.*
- **Pretérito perfecto compuesto**. Sitúa la acción verbal en un momento del pasado que se prolonga hasta el momento del habla: *He hablado con ella hace un instante.*
- **Pretérito pluscuamperfecto**. Sitúa la acción verbal en un momento anterior al momento del habla, pero esta acción es, a su vez, anterior a otra pasada: *Cuando te decidiste, ella ya se había ido.*
- **Pretérito anterior**. Sitúa la acción verbal en un momento anterior a otra acción también pasada. Se introduce por expresiones como *apenas, así que, en cuanto, después que, luego que, tan pronto como*, etc.: *En cuanto lo hubo terminado, se fue.*
- **Futuro simple**. Sitúa la acción verbal en un momento posterior al momento del habla: *Mañana vendrás con nosotros; No matarás.*
- **Futuro compuesto**. Sitúa la acción verbal en un momento futuro anterior a otra acción futura: *Cuando vuelvas el viernes ya habré vuelto del viaje.*
- **Condicional**. Sitúa la acción verbal en un momento no presente, sea pasado o hipotético: *Dijo que nos acompañaría; Yo, de ti, me lo pensaría.*
- **Condicional compuesto**. Igual que el futuro compuesto, sitúa la acción verbal en un momento futuro anterior a otra acción futura: *Pensó que cuando la policía llegara él ya habría borrado las huellas.*

3.2 El modo subjuntivo

Es el modo que manifiesta como un deseo, una posibilidad, una incertidumbre, etc., lo expresado por el verbo: *Quiero que trabajes conmigo.*

- **Presente**. Sitúa la acción verbal en un momento presente o futuro: *Temo que venga acompañado (hoy / mañana).*
- **Pretérito imperfecto**. Expresa en el subjuntivo los valores del perfecto simple, pretérito imperfecto y condicional simple del indicativo: *Creí que llegó / llegaba / llegaría pronto* > *No creí que llegara / llegase pronto.*
- **Pretérito perfecto compuesto**. Expresa en el subjuntivo los valores del pretérito perfecto compuesto y del futuro compuesto de indicativo: *No creo que haya venido solo para vernos; No creo que haya terminado mañana el cuadro.*

RECUERDA

Todos los tiempos compuestos de los modos indicativo y subjuntivo se forman con el verbo auxiliar *haber* y el participio del verbo que se conjuga: *he mejorado, habías corrido, hubo servido, haya dormido.*

MODO INDICATIVO	
Tiempos simples	
Presente	amo
Pret. imperfecto	amaba
Pret. perfecto simp.	amé
Futuro simple	amaré
Condicional simple	amaría
Tiempos compuestos	
Pret. perfecto comp.	he amado
Pret. pluscuamperfecto	había amado
Pret. anterior	hube amado
Futuro compuesto	habré amado
Condicional comp.	habría amado

MODO SUBJUNTIVO	
Tiempos simples	
Presente	ame
Pret. imperfecto	amara/-se
Futuro simple	amare
Tiempos compuestos	
Pret. perfecto comp.	haya amado
Pret. pluscuamperfecto	hubiera/-se amado
Futuro compuesto	hubiere amado

- **Pretérito pluscuamperfecto**. Expresa en el subjuntivo los valores del pretérito pluscuamperfecto y condicional compuesto de indicativo: *Pensó que Silvia había / habría vuelto. > No pensó que Silvia hubiera / hubiese vuelto.*

3.3 El modo imperativo

Expresa, mediante órdenes, súplicas o consejos, la intención de influir en el interlocutor para que actúe de una determinada manera: *Ven aquí; Por favor, calla; Repítelo por tu bien.*

Se limita al tiempo **presente** y siempre se emplea en **forma afirmativa**: *duérmete*; pues la negación se expresa en presente de subjuntivo: **no duérmete > no te duermas.*

Los pronombres átonos se posponen al imperativo: **Me la compre > Compremela.*

Además, el imperativo pierde la *-d* de la desinencia cuando se le añade el pronombre enclítico de 2.ª persona plural *os*: **Marchad os > Marchaos.*

Los verbos pronominales eliminan la *-s* de la 1.ª persona plural con los pronombres *nos, os* y *se*: **Arrepintámosnos > Arrepintámonos.*

FORMAS VERBALES EN DESUSO

Los futuros simple y compuesto de subjuntivo son formas verbales en desuso que han sido desplazadas por el presente y el imperfecto de subjuntivo, y por el pluscuamperfecto de subjuntivo respectivamente: *cantare > cante > cantara* o *cantase*; *hubiere cantado > hubiera / -se cantado.*

Su uso se reduce a algunos refranes y a textos jurídico-administrativos: *Adonde **fueres**, haz lo que **vieres**; El que **hubiere incurrido** en falta grave...*

3.4 Las formas no personales

Las formas no personales del verbo son el **infinitivo** (*bailar*), el **gerundio** (*bailando*) y el **participio** (*bailado*). Todas carecen de flexión de persona, tiempo y modo, y excepto el participio, también de número.

- **El infinitivo**. Se forma con la raíz, la vocal temática (*-a-, -e-, -i-*) y la marca formal *-r*: *bail-a-r; com-e-r; dorm-i-r.*

  Posee doble naturaleza, pues puede funcionar como verbo o como sustantivo:

  - **Infinitivos verbales**. Forman grupos verbales, por lo que se construyen con los complementos propios de los verbos (CD, CI, CC...) y admiten formas compuestas, pasiva y perífrasis:

    Antonio quería [comprar (V. infinitivo) un coche (CD)]. / Al haber cantado (forma compuesta) ella (Suj) la canción (CD)...

    El **sujeto** del infinitivo normalmente es tácito: *La niña lamentó* [(ella / Suj) *haberla perdido*]; aunque puede llevarlo pospuesto de manera expresa: *Después de irse Ana* (Suj); *al salir el sol* (Suj).

    El infinitivo puede funcionar como **complemento predicativo** con verbos como *ver, oír, hacer* y *dejar*: *Vieron a Luis quejarse*; puede ser **núcleo** de oraciones subordinadas sustantivas: *Le encanta* [*nadar en invierno*]; y de oraciones subordinadas de relativo: *Buscaba a alguien* [*con quien hablar*]; y formar parte de construcciones causales, temporales y oraciones independientes: *Al perder los papeles, no pudo hacer la inscripción; Al vernos, salió a saludar; A dormir; ¿Adónde ir?*

  - **Infinitivos nominales**. Pueden ser de dos tipos: de **naturaleza léxica** y de **naturaleza sintáctica**. Los de naturaleza léxica aparecen como sustantivos en los diccionarios y como tales se comportan (pueden modificarse y formar plural). Pertenecen a este grupo *amanecer, andar, anochecer, cantar, pesar, poder*, etc.: *El inmenso poder de la prensa; Estos preciosos atardeceres de la costa.*

    Los de naturaleza sintáctica no forman plural, pero admiten determinantes y adyacentes. Pertenecen a este grupo *aparecer, caminar, correr, morir, pasar, venir*, etc.: *Su continuo ir y venir desesperado.*

MODO IMPERATIVO		
Persona	Singular	Plural
1.ª	–	vengamos**
2.ª	ven* (tú) / vení* (vos)	venid* (vosotros)
3.ª	venga** (usted)	vengan** (ustedes)

* formas específicas del imperativo.
** formas de subjuntivo.

- **El gerundio**. Se forma con la raíz, las vocales temáticas *-a-* para la 1.ª conjugación e *-ie-* para la 2.ª y la 3.ª, y la desinencia *-ndo*: *bail-a-ndo; com-ie-ndo; durm-ie-ndo.* Puede ser **simple** (*riendo*) o **compuesto** (*habiendo reído*), y no tiene número, persona, tiempo ni modo.

  El gerundio simple expresa una **acción simultánea o anterior** a la del verbo principal: *Llegaremos caminando; Después se mete en el horno, calentándolo previamente.* El compuesto, en cambio, **expresa anterioridad**: *Habiendo llegado al final de la vida, me dispongo a hacer testamento.*

  Acepta sujeto, tácito o expreso, y complementos: *Mamá* (Suj) *siempre se duerme* [(*mamá*, sujeto tácito) *escuchando la radio* (CD)]; *Esto se soluciona* [*hablando tú* (Suj expreso) *con él*].

  Forma perífrasis verbales (*Seguía jugando*), complementos predicativos (*Lo recuerdo besándome*) y funciona como adjunto o circunstancial del verbo (*Hizo el trabajo poniendo todo su esfuerzo*).

- **El participio**. Se forma añadiendo *-do* a la raíz de perfecto de las tres conjugaciones: *baila-do, comi-do, dormi-do*. Tiene flexión de género y número, excepto en el participio de los tiempos compuestos: *leído/-a/-os/-as, *he leída*. Algunos presentan formas irregulares (*escrito, abierto, dicho*), y rechazan los pronombres clíticos (**entregádole el premio*).

  Designa acciones anteriores o simultáneas a las del verbo principal: *Encontrará el botín enterrado bajo un árbol; Una calle custodiada por la policía.*

  Forman perífrasis verbales (*Tengo escrita la carta*), se usan como adjetivos que complementan al sustantivo (*La casa vendida tenía un gran jardín*) y funcionan como atributos (*Isabel es muy querida*) y complementos predicativos (*Pablo vino escandalizado a la reunión*).

PARTICIPIO Y ADJETIVO

- Ambas categorías pueden ser modificadores del nombre, funcionan como atributos en oraciones copulativas y pueden ser complementos predicativos.
- Los participios designan acciones o procesos y reciben complementos verbales como el agente o el predicativo. Los adjetivos, en cambio, señalan propiedades.
- Los adverbios *mucho, poco, bastante, demasiado*, etc., se posponen a verbos y participios, pero se anteponen a los adjetivos: *La puerta fue abierta demasiado; Su actitud fue demasiado abierta.*
- Los participios solo admiten sufijación apreciativa en determinados contextos, mientras que los adjetivos la admiten sin restricciones de contexto.

27. Lee el texto y realiza las actividades:

> –Me tomaron y me encerraron solo en lo más alto de Orthanc, en el sitio donde Saruman acostumbraba mirar las estrellas. No hay otro modo de descender que por una estrecha escalera de muchos miles de escalones y parece que el valle estuviera muy lejos allá abajo. Lo miré y vi que la hierba y la hermosura de otro tiempo habían desaparecido y que ahora había allí pozos y fraguas. Lobos y orcos habitaban en Isengard, pues Saruman estaba alistando una gran fuerza y emulando a Sauron, aún no a su servicio. Sobre todas aquellas fraguas flotaba un humo oscuro que se apretaba contra los flancos de Orthanc. Yo estaba solo en una isla rodeada de nubes; no tenía ninguna posibilidad de escapar y mis días eran de amargura. Me sentía traspasado de frío y tenía poco espacio para moverme y me pasaba las horas cavilando sobre la llegada de los Jinetes del Norte.
>
> J.R.R. Tolkien: *El señor de los anillos*. Círculo de lectores, 1988.

a. El pretérito imperfecto de indicativo se utiliza para:
- ☐ Situar al lector en el escenario del relato mostrando acciones inacabadas.
- ☐ Situar al lector en un momento reciente.

b. El pretérito perfecto de indicativo se utiliza para:
- ☐ Contarnos con precisión una acción terminada.
- ☐ Detener el ritmo del relato.

c. El pretérito pluscuamperfecto de indicativo se usa:
- ☐ Para retroceder a un pasado más lejano cuando contamos una historia que ya está en pasado.
- ☐ Para mostrar las acciones contadas solo como posibles.

d. El presente de indicativo en *No hay otro modo de descender* se utiliza para:
- ☐ Llevar directamente al lector del pasado al presente para que el relato parezca más real.
- ☐ Confundir al lector respecto al tiempo en que suceden los hechos.

28. Escribe un relato breve donde aparezcan los tiempos verbales que has trabajado en la actividad anterior.

29. Corrige las incorrecciones:
- Estaría viajando cuando lo llamé.
- Trabajó en París yendo después a Bruselas.
- Habrán cosas que no podremos explicar.
- ¡Vayámosnos ya de aquí!

4. Las perífrasis verbales

Las perífrasis verbales son las combinaciones en las que un verbo auxiliar se une a otro auxiliado, en forma no personal, formando una única unidad de sentido: *Eso puede ocurrir*; *Está leyendo el trabajo*.

El **verbo auxiliar** aporta la información relacionada con la flexión verbal (persona, número, tiempo, aspecto y modo) y, a veces, la que se relaciona con el modo de acción; el **verbo auxiliado** aporta el significado léxico y selecciona los argumentos y establece relación con los adjuntos: *Andrés suele quejarse de tantos deberes* (el verbo auxiliar *suele* aporta la información flexiva, mientras que el verbo auxiliado *quejarse* selecciona el complemento de régimen *de tantos deberes*).

Entre ambos verbos puede haber una **preposición** o la **conjunción *que***: *Acabo de llegar*; *Tengo que salir*.

En el refrán *Agua que no has de beber, déjala correr* aparece una perífrasis de obligación.

Tipos de perífrasis

- **Perífrasis de infinitivo**. Se dividen en modales y aspectuales. Unas concretan el **modo** (obligación, posibilidad, necesidad, etc.: *Hay que intentarlo todo*; *Deben de ser las cinco*; *Puedes hablar*) y otras matizan el **aspecto** (ingresivas, incoativas, perfectivas, etc.: *El partido está a punto de finalizar*; *Empezó a llover*; *Acaba de llegar el vecino*) con más precisión que los tiempos simples y compuestos.

PERÍFRASIS MODALES DE INFINITIVO		
Obligación	*Haber de* + infinitivo *Haber que* + infinitivo *Tener que* + infinitivo *Deber* + infinitivo	*He de ir al médico.* *Hay que estar atento.* *Tienes que dormir.* *Debemos solucionarlo.*
Conjetura	*Deber de* + infinitivo	*Deben de valer lo mismo.*
Capacidad, permiso o conjetura	*Poder* + infinitivo	*Ya puedo flexionar el codo.* *Puedes venir ya.* *Podía haber cien personas.*

PERÍFRASIS ASPECTUALES DE INFINITIVO		
Ingresivas: muestran la voluntad de iniciar una acción inminente.	*Estar a punto de* + infinitivo *Estar por* + infinitivo *Pasar a* + infinitivo	*Ya estoy a punto.* *Estoy por ir a su casa.* *Pasó a relatar lo sucedido.*
Incoativas: muestran el momento en que empieza una acción.	*Empezar a* + infinitivo *Echarse a* + infinitivo *Ir a* + infinitivo	*Empezaron a cantar.* *Se echó a dormir.* *Voy a comer ahora.*
Frecuentativas: muestran una acción habitual o reiterativa.	*Soler* + infinitivo *Volver a* + infinitivo	*Suele irse pronto a la cama.* *Vuelve a fallar el tiro.*
Perfectivas: muestran el final de una acción.	*Acabar de* + infinitivo *Llegar a* + infinitivo	*Acabó de trabajar a las nueve.* *Llegó a ganar la apuesta.*
Aproximativas: muestran una acción de manera aproximada.	*Venir a* + infinitivo	*Eso viene a costar unos doce euros.* *Tanto Isabel como Fernando vienen a ser lo mismo.*

"Volver a empezar" es el título de una canción de Pablo Alborán en el que aparece una perífrasis frecuentativa.

- **Perífrasis de gerundio**. Expresan el aspecto de manera frecuentativa, es decir, muestran una acción habitual o repetida con un valor durativo (*Anda diciendo que fue él*; *Está limpiando las ventanas*). Se forman con los verbos *andar, estar, seguir* y *venir* como auxiliares, la conjunción *que* y el verbo léxico en gerundio: *Sigue practicando el truco*; *Viene avisando desde ayer*.
- **Perífrasis de participio**. Expresan el aspecto de manera perfectiva, ya que muestran la acción terminada: *La carta está escrita con tinta invisible*; *Lleva dirigidas cuatro películas*. Se forman con los verbos *dejar, llevar* y *tener* como auxiliares y el verbo léxico en participio: *El padrino dejó pagada la cena*; *Ya tengo cocinada la tarta*.

Yo voy soñando caminos

Yo voy soñando caminos
de la tarde. ¡Las colinas
doradas, los verdes pinos,
las polvorientas encinas!...
¿Adónde el camino irá?
Yo voy cantando, viajero,
a lo largo del sendero...
–la tarde cayendo está–. [...]

- Localiza en este poema de Machado las tres perífrasis de gerundio que aparecen.

Perífrasis verbales, construcciones no personales y locuciones

No hay que confundir las perífrasis verbales con las construcciones no personales ni con las locuciones verbales.

En las primeras, las formas no personales dependen de un verbo conjugado y equivalen a oraciones subordinadas. Ambos verbos, principal y subordinado, tienen significado léxico: *Me gustaría* [*viajar a Londres*]; *Se marchó* [*dando un portazo*]; *La encontré* [*dormida*].

Las locuciones son un conjunto de palabras con significado unitario en el que al menos aparece un verbo. Funcionan como núcleo del predicado: *caer en la cuenta, darse cuenta, echar de menos, hacer añicos, meter la pata, sentar la cabeza, tomar el pelo*, etc.

30. Lee las siguientes oraciones y responde las preguntas en tu cuaderno:

- El nuevo teléfono está a punto de salir al mercado.
- Los científicos hace tiempo que andan avisando del cambio climático.
- Llevo recorridos casi 500 km. La suma de los kilómetros recorridos es igual a la suma de los que me quedan por recorrer. ¿En qué kilómetro me encuentro?
- Elena y Marta deben de estar ya en su casa.

a. ¿Cuándo saldrá el teléfono a la venta? ¿Puedes expresarlo de la misma manera con un verbo no perifrástico?
b. ¿La acción ha finalizado o dura en el tiempo en el segundo ejemplo?
c. ¿Tiene el mismo uso *recorridos* en las dos oraciones del acertijo?
d. ¿Es una orden o una conjetura que Elena y Marta estén en casa?

31. Explica si son perífrasis, construcciones personales o locuciones:

- Cocinaba escuchando la radio.
- Rompió a reír en clase.
- Al final me tomaron el pelo todo lo que quisieron.
- No le interesa saber la verdad.
- Me puse a estudiar a las cinco.

32. Lee el siguiente poema y realiza las actividades:

Homo conditionalis

Le gustaría haber sido cantante.
Desearía llevar una vida distinta.
Tendría que acabar lo que comienza.
Sería un buen actor, un gran poeta.
Podría... qué sé yo, qué sabe él.
Este año cumplirá 50 años
y todavía vive en los condicionales.

Debería caérsele la cara de vergüenza.
Si tuviera, se iría de este tiempo
verbal, se instalaría
en otro sin nostalgias.
Viviría.
Sus ojos son la diéresis
que desde la palabra *vergüenza* ahora me miran.

Juan Vicente PIQUERAS: *Yo que tú*.
Ed. Difusión, 2012.

a. Justifica si en el primer verso hay una perífrasis.
b. ¿Cuántas perífrasis hay en el poema?
c. ¿Qué tipo de perífrasis ha utilizado el poeta?

El uso de determinadas formas verbales

1. Colocación del pronombre con respecto al verbo

Observa en la tabla siguiente las formas de los pronombres personales átonos:

FORMAS DE LOS PRONOMBRES PERSONALES ÁTONOS			
Persona gramatical	**Función sintáctica**	**Género**	**Singular**
1.ª persona			me
2.ª persona			te
3.ª persona	compl. directo	masc	lo
	compl. directo	fem	la
	compl. directo o atributo	neutro	lo
	compl. indirecto		le (o *se* ante otro pron. átono) → se
	forma reflexiva		se

La colocación del pronombre personal átono respecto al infinitivo o gerundio está regulada por la norma, aunque en ocasiones el hablante manifieste dudas:

- En las perífrasis verbales el orden es flexible, es decir, pueden aparecer antes o después: *Tienes que mirarlo* o *Lo tienes que mirar*.
- Cuando el verbo lleva más de un pronombre átono, estos deben anteponerse o posponerse en bloque precediendo el de 2.ª persona al de 1.ª y este, a su vez, al de 3.ª porque ambos dependen del mismo verbo: *Tienes que contárnoslo* o *Nos lo tienes que contar*; excepto el pronombre *se*, que precede a todos los demás: *Alguno se te adelantará en la carrera.*

Esto no sucede cuando los pronombres corresponden a verbos diferentes, la forma **Se me quedó mirando* es incorrecta porque el *se* pertenece al verbo *quedarse* y el *me* depende de *mirando*, luego lo ajustado a la norma sería *Se quedó mirándome*.

FÍJATE

Cuando el verbo auxiliar de la perífrasis es impersonal, no cabe la anteposición **Lo hay que leer.*

2. Usos correctos de las formas no personales

- El **infinitivo** se usa habitualmente en oraciones subordinadas como *Quiso recomendarte un libro muy interesante*, o en perífrasis verbales del tipo *Hay que coger el coche*.

  Asimismo se admiten otros tipos de construcciones que no se corresponden con ninguno de estos presupuestos:
  - Infinitivo por imperativo cuando va precedido por la preposición *a*: *¡A dormir la siesta!*
  - Infinitivo por imperativo impersonalizado, es decir, cuando el receptor no está presente: *No tirar desperdicios.*
  - Infinitivo por imperativo de reproche de una acción pasada: *Haber avisado antes.*
  - En oraciones con valor interrogativo o exclamativo: *¿Qué hacer si te asustan los animales?*

LA PRONOMINALIZACIÓN VERBAL

Algunos verbos, como ya sabes, se usan exclusivamente en la forma pronominal (*arrepentirse*), otros permiten las dos variantes (*acordar, acordarse*); en estos últimos cambia por completo el significado, pues no es lo mismo decir *acordar algo* que *acordarse de algo*.

Existen otros verbos que, por influencia de otras lenguas u otras construcciones, se usan como pronominales cuando en realidad no lo son; es el caso de **recordarse*, **profundizarse*...

- El **gerundio** se usa correctamente en cláusulas absolutas (*Explicándolo tú con detenimiento, lo entenderán*), en oraciones subordinadas (*No entréis en clase haciendo tanto ruido*) o en algunas perífrasis verbales (*No sé qué andas buscando*).

  Del mismo modo que con el infinitivo, con el gerundio se admiten otro tipo de construcciones:

  – Gerundio por imperativo: *¡Corriendo!*

  – Para cambiar de tema en la conversación: *Hablando de otra cosa: ¿llegaréis pronto?*

- El **participio** puede usarse en cláusulas absolutas (*Analizado el problema, ellos tomaron una decisión*), en oraciones subordinadas (*La vi dormida sobre una hamaca de color rosa*), en perífrasis verbales (*Te tengo dicho*) o como verbo principal de las formas compuestas de la conjugación verbal (*He visto todo lo que haces*).

  Existen otras construcciones admitidas como son:

  – Como verbo principal de algunos anuncios o mensajes: *Prohibido aparcar.*

  – Participio con valor apelativo: *Pegaditos a la pared.*

  – En oraciones exclamativas e interrogativas: *–¿Cansado yo? –No me conoces.*

CLÁUSULAS ABSOLUTAS

Las cláusulas, o construcciones, absolutas son aquellas cuyo predicado es una estructura de infinitivo, gerundio o participio que completan a una oración principal y que equivalen a una oración subordinada adverbial:

Oídas las alegaciones del abogado defensor, el juez emitió un veredicto, donde la cláusula absoluta es *Oídas las alegaciones del abogado defensor*, que equivale a *Cuando se oyeron las alegaciones del abogado defensor*.

33. Observa y explica a partir del siguiente texto perteneciente a *El Buscón*, de Quevedo, cómo ha cambiado el uso de los pronombres con respecto al verbo desde el siglo XVII a nuestros días:

> A otro día, ya estaba comprada la cartilla y hablado el maestro. Fui, señora, a la escuela; recibióme muy alegre, diciendo que tenía cara de hombre agudo y de buen entendimiento. Yo, con esto, por no desmentirle, di muy bien la lición aquella mañana. Sentábame el maestro junto a sí, ganaba la palmatoria los más días por venir antes, y íbame el postrero por hacer algunos recados a la Señora.

34. Observa y explica razonadamente los usos y valores de las formas no personales de los verbos en las oraciones siguientes e identifica a qué construcción pertenecen (cláusula absoluta, perífrasis verbal...):
    - Si lo hubiera sabido, te habría advertido del peligro.
    - Caminando por el parque, oí un fuerte frenazo.
    - Pensándolo bien, no voy a ir.
    - Aun siendo tarde, intentaré coger el coche.
    - Cambiando de tema: hace demasiado frío hoy.
    - ¡Chicos, saliendo!
    - Repartiendo tú el pastel, todos podremos comer un trozo.
    - Terminado el examen, los alumnos pudieron abandonar la sala.
    - Hay que pensarlo más despacio.
    - En la cola hay varias personas esperando que abran la puerta.
    - Respetar el césped.
    - Su amiga, cansada de esperarla, se marchó sola.
    - Va a empezar a llover.
    - De ser eso cierto, ella va a pensarlo detenidamente.
    - Perdida la esperanza de recuperarla, se refugió en nuevas amistades.
    - Ha vivido durante mucho tiempo en París.

35. En las siguientes oraciones pueden ser válidas las dos propuestas o una sola. Explica por qué y razona la respuesta:
    - Tenemos que estudiarlo. / Lo tenemos que estudiar.
    - Dice que está reflexionándolo. / Dice que lo está reflexionando.
    - Te se apareció de repente. / Se te apareció de repente.
    - Cuéntanoslo. / ¿Nos lo cuentas?
    - Se quedó mirándola. / Se la quedó mirando.

36. Explica si las siguientes formas verbales son pronominales o falsos pronominales. Utiliza el diccionario si es necesario y razona tu respuesta y, en caso de mal uso, propón la forma correcta:
    - Me recuerdo el día que llegaste.
    - Se le antojaron unos zapatos demasiado caros.
    - Me antojé de aquel pastel de chocolate.
    - Se han profundizado las diferencias entre ellos.
    - El debate se culminó con una aproximación de ideas.
    - Parece que se enfrentaron por algo sin importancia.
    - Todo lo que has dicho hoy no se compagina con lo de ayer.

7 LA ARGUMENTACIÓN. LAS PALABRAS INVARIABLES

Dime qué compras y te diré cómo piensas

La publicidad es una técnica de difusión masiva a través de la cual se lanza un mensaje a un grupo social de consumidores con el propósito de incitarlo a comprar un producto o aprovechar un servicio. Pero la publicidad no solo se nos presenta como una estrategia comercial sino, sobre todo, como un fenómeno cultural de nuestra sociedad que transmite valores.

Los anuncios difunden ideas y conceptos económicos, religiosos, políticos y educativos dentro de un proceso de persuasión orientado al consumo. La publicidad es una institución conservadora: puede presentar novedades en la forma, pero su contenido es siempre el modelo de vida capitalista y de consumo. Se descubren sus manejos preguntando: ¿Qué estilo de vida proponen estos anuncios? ¿Qué valores defienden? ¿Es aceptable y justa la sociedad que nos presentan? ¿Qué no dicen nunca de ella? ¿Qué clase de personas nunca aparecen en publicidad? ¿Son reales las situaciones que allí viven? ¿Constituyen algún estereotipo?

Además, hay que tener en cuenta que la comunicación no puede entenderse sin la participación del receptor (consumidor). El consumo ha dejado de ser un acto que cubre las necesidades reales de los individuos para transformarse en un complejo proceso de interacción social que en ocasiones no tiene relación directa con la realidad del consumidor.

Cuando decimos "quiero esto", "necesito aquello", pensamos que es la manifestación de un criterio libre. Pero si analizamos la situación, podemos llegar a reconocer que nuestra opinión está motivada por la obediencia inconsciente a insinuaciones de una publicidad perseverante.

Solo si llegamos a conocer el fenómeno del consumo, comprenderemos cómo funciona el sistema publicitario. Y este proceso de aprendizaje debe comenzar en la escuela.

Miguel Ángel BIASUTTO GARCÍA: "Comunicar" (adaptación), en *Revista de Educación en Medios de Comunicación*, octubre de 1996.

1. ¿Cuál es la intención del texto? ¿A quién crees que va dirigido y por qué? ¿El autor aparece reflejado a través de alguna marca lingüística? ¿Y los destinatarios? ¿Qué tono tiene el texto?
2. Identifica qué secuencias son informativas y cuáles persuasivas.
3. Comenta tu postura ante el texto y razona tu respuesta.
4. Analiza tu comportamiento como receptor de publicidad. ¿Crees que como consumidor manifiestas un criterio libre?
5. Aporta ideas nuevas sobre la publicidad. ¿Crees necesario un código ético al que debería ajustarse?

La argumentación

1. ¿Qué es argumentar?

Argumentar significa razonar, de forma crítica y ordenada, una idea aportando datos, pruebas, informaciones, etc., con el objetivo de demostrar su validez ante la audiencia.

Lo que diferencia la argumentación de otras formas de discurso es la expresión que el emisor hace de su opinión y la intención de persuadir al receptor.

1.1 Aprender a argumentar

Las razones que justifican la necesidad de que aprendamos a argumentar son las siguientes:

- Es un instrumento de **interacción social** presente en nuestra vida cotidiana. Piensa en el número de veces en las que has tenido que "justificar tu respuesta", en las conversaciones con tus padres para convencerles de algo; o en todos los programas de televisión en los que se debate y se dan y se piden razones para defender una idea.
- Favorece la **reflexión de los conocimientos adquiridos** y permite adoptar posiciones claras y fundamentadas. En numerosas ocasiones se adoptan posturas dogmáticas e irreflexivas que se defienden con pasión, pero no con razón. Solo a través de la indagación y el conocimiento conseguiremos defender sólidamente nuestras ideas.
- Permite el **cuestionamiento de nuestras propias convicciones**, ya que para argumentar hay que conocer previamente los argumentos de los demás; y, a continuación, hay que desarrollar el pensamiento crítico, es decir, el pensamiento que utiliza la duda para acceder al conocimiento.
- El propio término *argumentar* implica la **aceptación de las razones del otro**; sin la perspectiva de los diferentes puntos de vista, la argumentación no tendría sentido. En realidad, argumentar es discutir sobre los desacuerdos para llegar a un acuerdo; es decir, la argumentación es necesaria para relacionarnos socialmente con los demás y para aprender a respetar las ideas ajenas.

TEXTOS ARGUMENTATIVOS	
Verbales	
ESCRITOS	• **Administrativos**: instancia, reclamación. • **Periodísticos**: artículo de opinión, cartas al director, editorial. • **Humanísticos**: ensayo (analiza en profundidad un tema desde la perspectiva del autor y con carácter divulgativo).
ORALES	• Debates. • Tertulias. • Conversaciones. • Discursos públicos.
Icónico-verbales	
• Publicidad.	

1.2 Pasos para argumentar

Imagina, por ejemplo, que te mantienes indiferente y ajeno al tema del uso de pieles animales y, un día, en un reportaje, conoces el funcionamiento de una granja de visones criados en cautividad con el objetivo de fabricar los carísimos abrigos que se venden en las peleterías.

¿Cuál crees que sería tu postura? ¿Continuarías indiferente o adoptarías una posición clara a favor o en contra? ¿Cómo crees que podrías convencer a los demás de que la conclusión a la que has llegado es la más apropiada?

Estos son los pasos que se deben seguir:

- Investigar, conocer nuevos argumentos y aportar razones.
- Explicar las razones de las personas que no piensan como tú para poder contradecirlas o refutarlas.
- Reafirmar tu posición.
- Llegar a una conclusión. Convencer.

6. Busca información sobre el uso de pieles de animales en prendas de vestir. ¿Qué razones fundamentadas puedes aportar para defenderlo o rechazarlo?

2. Componentes de la argumentación

2.1 Presupuestos de la argumentación

La argumentación siempre tiene que referirse a algún **tema controvertido** que genere polémica y sobre el que se puedan adoptar diferentes posturas.

Debe haber un **emisor** que defienda su particular punto de vista; y, además, el texto debe poseer una **intencionalidad comunicativa** clara, por lo que el autor selecciona entre diversos objetivos:

- Convencer y persuadir al receptor.
- Incitar a la reflexión e investigación sobre el tema tratado.
- Manifestar adhesión hacia alguien o hacia alguna idea.

Estos presupuestos determinan el tipo de argumentación, es decir, que sea una argumentación objetiva o subjetiva:

ARGUMENTACIÓN OBJETIVA	ARGUMENTACIÓN SUBJETIVA
• Suele darse en discursos académicos y científicos. • El emisor evita usar un tono personal. • Los argumentos utilizados son datos, pruebas, ejemplos...	• Suele darse en discursos familiares y sociales. • El emisor adopta un tono personal y cercano. • Los argumentos utilizados son subjetivos y, por tanto, con mayor carga valorativa.

2.2 Partes del texto argumentativo

En el texto argumentativo se pueden distinguir las tres partes siguientes:

- **Introducción**. Se plantea el **tema** y, en ocasiones, se enuncia la **tesis**, es decir, la idea sobre la que se reflexiona.

  Hay que tener en cuenta que la tesis puede aparecer al principio, al final o a lo largo del texto. Su posición, pues, es flexible.

- **Cuerpo argumentativo**. Se exponen las razones que apoyan la tesis. Ese razonamiento se realiza mediante argumentos y contraargumentos:
  - **Argumentos**. Razones que confirman y apoyan la validez de la tesis. Son siempre necesarios.
  - **Contraargumentos**. Ideas que ponen objeciones a la tesis defendida. Su inclusión, aunque no es necesaria, enriquece la reflexión.
  - **Ejemplos** que apoyen la fiabilidad de la tesis.

- **Conclusión**. Se sintetizan las ideas expuestas para llegar al objetivo deseado.

  Un texto argumentativo se puede cerrar de las siguientes formas:
  - **Expresando la tesis**, que ya ha sido razonada detalladamente en el cuerpo argumentativo.
  - **Aportando sugerencias** sobre el tema, derivadas de la reflexión e investigación que ha exigido la elaboración del texto.

TIPOS DE ARGUMENTOS
Tópicos (valores universales)
• **Por generalización**: son verdades aceptadas por la sociedad. • **Por ética**: siguen unas máximas morales comúnmente aceptadas. • **Por utilidad**: se apoyan en el tópico de lo útil.
Racionales (verdades lógicas)
• **Por el ejemplo**: buscan la demostración haciendo referencia a hechos que han sucedido. • **Por analogía**: establecen comparaciones. • **Por causa-efecto**: establecen una relación de causa entre dos hechos que fundamentan una tesis. • **Por datos**: ofrecen verdades comprobables. • **Por autoridad**: hacen alusión a un autor de prestigio.
Emocionales (valores personales)
• **Por experiencia**: se refieren a las vivencias del emisor como pruebas que avalan la tesis.

7. Lee el siguiente texto y responde las preguntas:

Muchas personas creen que la palabra *dieta* implica comer menos y solo las comidas que no nos gustan. Se trata de un prejuicio que impera en gran parte de la sociedad.

Sin embargo, *dieta*, realmente, significa 'la manera en que una persona se alimenta'. Algunos tienen una dieta saludable, y otros, no tanto.

¿A quién no le gusta comer todo lo que quiera, sin tener que preocuparse de saber cuántas calorías tiene un alimento? Sin embargo, si abusamos de una dieta poco nutritiva, los resultados para nuestra salud pueden ser graves.

Orlando CÁCERES: "Ejemplo de texto argumentativo", *About en español*. Web [Consulta: 19 de junio de 2015].

a. ¿Cuál es el tema y cuáles las diferentes posturas u opiniones que se podrían adoptar ante él?
b. ¿Cuál es el objetivo que persigue?
c. ¿Cuál es el punto de vista del emisor?

8. Lee este texto argumentativo y realiza las actividades:

Cuando tenía cinco años, Dan Baum comenzó a disparar armas de fuego. Baum es el autor de *Gun Guys: A Road Trip* y recorrió el país aprendiendo sobre la cultura de las armas de Estados Unidos. Cree que las academias de tiro pueden enseñarle a los niños valiosas lecciones sobre el respeto y la disciplina.

En los EE.UU., la posesión de armas de fuego, además de ser legal, es una tendencia muy arraigada entre sus habitantes; este derecho de posesión de armas tiene su fuente en la Segunda Enmienda a la Constitución de EE.UU.

Para muchos padres, ser propietario de un arma significa enseñarles a los niños a respetarlas y dispararlas desde que son pequeños. La participación de los niños está tan arraigada en la cultura de las armas estadounidense que en algunas zonas, las escuelas cierran durante el primer día de la temporada de caza del ciervo y hay una empresa que vende específicamente armas para niños.

Se calcula que entre 260 y 300 millones de armas de fuego están en manos de la población civil en Estados Unidos y uno de cada tres hogares cuenta con, al menos, una.

Las armas de fuego se emplean en dos tercios de los homicidios, de acuerdo con las cifras del FBI, y su uso por parte de adolescentes ha ocasionado terribles desgracias en diversos colegios e institutos del país.

Del análisis de estos datos se deriva la agria polémica entre los defensores del control de armas y los que abogan por la permisiva legislación actual.

¿Podría el presidente de EE.UU. introducir un mecanismo para un control estricto de las armas? Normalmente el debate se abandona cuando el tiempo diluye la conmoción después de hechos luctuosos.

Sin embargo, los norteamericanos deberían enfrentarse a un problema social provocado por la identificación de su cultura con el derecho y necesidad de poseer armas de fuego. No olvidemos que, hasta los vecinos más próximos, pueden tener una semiautomática en el interior de su mesilla.

"El debate sobre el derecho a las armas en Estados Unidos" (adaptación). *ABC*, 17 de diciembre de 2012.

a. Identifica las partes en las que se divide el texto y explica cuál es la tesis.
b. Explica los argumentos y contraargumentos que utiliza el autor. Aporta algún argumento más.
c. ¿Podrías refutar argumentos a favor o en contra de su postura?

9. Lee el texto y responde las preguntas:

El ajedrez es un juego para gente de todas las edades y se puede aprender a jugar en cualquier momento, además sus reglas son sencillas y claras. Y si además de esto desarrolla la memoria, aumenta la concentración, desarrolla el pensamiento lógico, la imaginación y la creatividad, ¿qué más queremos? Queremos que sea barato, y lo es, y todavía más, que se desarrolle en silencio y dentro del aula. ¿Alguien quiere más? Pues sí, hay más: inspira la superación personal, te muestra que el éxito premia el trabajo y, por si fuera poco, desarrolla la capacidad de predecir las consecuencias de las acciones. Y por si todo esto no nos basta, te abre al mundo, puesto que puedes jugar con personas de cualquier edad y condición –permite viajar por todo el planeta y posee un idioma universal con el que comunicarte con todo el mundo y así conectar con gente interesante, amigos que duran toda la vida–, además del prestigio social que ganas si dices que juegas al ajedrez, pues la mayoría de la gente empezará a tenerte en cuenta.

¿Pero dónde lo ubicamos? En el currículum no cabe un alfiler. En EE.UU., Canadá, Rusia, Alemania e India ya están dedicando, al menos, una hora semanal, en el área de Matemáticas, a promocionar este tesoro. Si estos países ya lo hacen, nosotros debemos comenzar, aunque como siempre despacio y con palicos y cañicas.

A. GUERRERO ALCÁZAR: *El ajedrez en el aula, el alumno como protagonista activo de la educación* (adaptación).

a. ¿Cuál es el objetivo de esta argumentación (convencer, incitar a la reflexión o manifestar la adhesión o rechazo hacia una postura)? Razona tu respuesta.
b. ¿La calificarías de argumentación objetiva o subjetiva? Razona tu respuesta.
c. ¿Existe algún contraargumento? ¿Crees que se puede realizar una buena argumentación sin hacer uso de contraargumentos?
d. ¿Qué recursos estilísticos utiliza el autor? ¿Para qué le sirven?

3. Estructura de la argumentación

Los elementos básicos de toda argumentación, tesis y argumentos, pueden aparecer en el texto en diferentes lugares, en función de las preferencias del emisor. Así, podemos encontrar diferentes tipos de estructuras:

- **Estructura inductiva o sintetizante**. En ella en primer lugar se explican los argumentos, contraargumentos y ejemplos de tal manera que el lector va justificando y apoyando la tesis, que aparece al final y a modo de conclusión.
- **Estructura deductiva o analizante**. En ella la tesis se presenta en primer lugar, y a continuación, se expone todo el cuerpo argumentativo con sus argumentos, contraargumentos y ejemplos.
- **Estructura encuadrada**. En ella, la tesis aparece al principio y al final, a modo de conclusión.
- **Estructura repetitiva**. La tesis se va repitiendo a lo largo del texto.

Mario Vargas Llosa es un escritor peruano afincado en España.

10. Lee el texto siguiente y realiza las actividades:

El periodismo escandaloso, amarillo, es un perverso hijastro de la cultura de la libertad. No se lo puede suprimir sin infligir a esta una herida acaso mortal. Como el remedio sería peor que la enfermedad, hay que soportarlo, como soportan ciertos tumores sus víctimas, porque saben que si trataran de extirparlos podrían perder la vida. No hemos llegado a esta situación por las maquinaciones tenebrosas de unos propietarios de periódicos ávidos de ganar dinero, que explotan las bajas pasiones de la gente con total irresponsabilidad. Esto es la consecuencia, no la causa.

La raíz del fenómeno está en la banalización lúdica de la cultura imperante, en la que el valor supremo es ahora divertirse, entretenerse por encima de otra forma de conocimiento o quehacer. La gente abre un periódico para pasarlo bien, no para martirizarse el cerebro con preocupaciones, problemas, dudas. No: solo para olvidarse de las cosas serias, profundas y difíciles, y abandonarse, en un devaneo ligero, amable, superficial y sanamente estúpido. ¿Hay algo más divertido que espiar la intimidad del prójimo, sorprender al vecino en calzoncillos, averiguar los descarríos de fulana, comprobar el chapoteo en el lodo de quienes pasaban por respetables y modélicos?

La prensa sensacionalista no corrompe a nadie; nace corrompida, vástago de una cultura que, en vez de rechazar las groseras intromisiones en la vida privada de las gentes, las reclama, porque ese pasatiempo, olfatear la mugre ajena, hace más llevadera la jornada del puntual empleado, del aburrido profesional y la cansada ama de casa. El ex ministro Ron Davies no fue víctima de la maledicencia reporteril, sino de la frivolidad, reina y señora de la civilización posmoderna.

M. VARGAS LLOSA: "Nuevas inquisiciones".
El País, 8 de noviembre de 1998.

a. Identifica todos los componentes del texto argumentativo que acabas de leer.
b. Explica y justifica la estructura elegida por el autor.
c. ¿Estás de acuerdo con la opinión que expone?
d. ¿Puedes defender la opinión contraria?
e. Busca en Internet quién es Ron Davies y por qué crees que Mario Vargas Llosa lo pone como ejemplo en este texto.

11. Lee este texto y contesta las preguntas:

Desde el comienzo de su actuación, los miembros de la Comisión fueron conscientes de que, para hacer frente a los retos del siglo XXI, sería indispensable asignar nuevos objetivos a la educación y, por consiguiente, modificar la idea que nos hacemos de su utilidad. Una nueva concepción más amplia de la educación debería llevar a cada persona a descubrir, despertar e incrementar sus posibilidades creativas, actualizando así el tesoro escondido en cada uno de nosotros.

J. DELORS: "Los cuatro pilares de la educación", en *La educación encierra un tesoro*. Informe a la UNESCO de la Comisión Internacional sobre la educación para el siglo XXI. Ed. Santillana, 1996.

a. ¿Cuál es el objetivo del texto? ¿A qué crees que se refiere con la afirmación "una concepción más amplia de la educación debería incrementar sus posibilidades creativas"?
b. ¿Crees que está dando argumentos a favor, contraargumentos o, simplemente, planteando una tesis? Justifica tu respuesta.
c. ¿Te parece que su tono es objetivo o subjetivo? Razona tu respuesta.
d. ¿Despierta en ti algún tipo de postura, como adhesión o rechazo? Justifica tu respuesta.

4. Análisis y valoración de los textos argumentativos

Un texto argumentativo cumplirá su objetivo si proporciona argumentos suficientes como para que el destinatario pueda formarse una opinión y manifestar, así, su acuerdo o desacuerdo con las ideas del autor.

Lee este texto y fíjate en el comentario de texto de la página siguiente, que te permitirá analizar un texto argumentativo.

Después, responde las preguntas que hay a continuación.

COMENTARIO DE TEXTO

Hace algunos años mi vida era una paradoja: comía en restaurantes locales y orgánicos, cargaba con bolsas reutilizables en el supermercado... pero mi armario estaba repleto de más de [350 artículos de ropa y cada parte de ella era barata, a la moda, miserablemente fabricada y manufacturada en deplorables fábricas de otros continentes.]

[La moda está mentalmente diseñada para tener un ahora y mañana ser olvidada]; por primera vez en la historia vivimos el consumo de ropa como un bien desechable al comprar un vestido barato para una cita y usarlo solo una o dos veces. [Nuestra avidez por la ropa crece de forma alarmante. La fascinación, seducción y extravagancia que a diario vemos incrementa en altas cifras el consumo por la moda desechable y rápida.] [El hostigamiento de los medios de comunicación que vende un mundo de perfección está cargado de superficialidad, apatía, codicia y engaño; no se tiene ningún lineamiento de consciencia por la mano de obra de una industria injusta, esclavista y contaminada. Se puede decir que, hoy por hoy, la moda es uno de los más altos fracasos de los humanos en toda la era industrial.]

[La huella ambiental producida por la moda también se ha multiplicado.] [China, una de las productoras de ropa más grandes del mundo, es una de las más contaminantes. El año pasado viajé de incógnito al sur de China y miré un paisaje de fábricas envueltas en una nube de esmog –niebla contaminante–.] [Sin embargo, a la par del crecimiento de la clase consumista en China, la escasez de recursos como el agua y el petróleo puede que muy pronto hundan la ola de compras.] [Y como "todo lo que sube tiene que caer", la industria de la moda ya está en declive, se está viviendo un gran cambio y la metamorfosis en la que se vio envuelta desde los años noventa, cuando se disparó el alto consumo y se empezó a destapar el detrás de la producción, está entrando en la etapa de la ética, de la preocupación por la ecología y por la conservación de recursos.]

[Cada día son más las marcas que se unen para trabajar desde un estado de respeto y cuidado al planeta, logrando que cada vez se hable más sobre sostenibilidad en la moda.]

Hace diez años, lo que podíamos ver sobre moda eco era muy poco. [Hoy estamos pasando por un proceso de revolución positiva.] [Revolución de la que claramente los grandes seguirán disfrazando sus intenciones y sacarán provecho, ya que para poder cambiar su mercado sucio y destructivo,] [tenemos que recorrer un largo camino y posiblemente el cambio y la influencia que estamos sembrando en el presente se vean reflejados en futuras generaciones.]

[Si tan solo un cuarto de las prendas de cada uno de nosotros fuera manufacturado en las industrias nacionales y de forma ecológica, y la industria se comprometiera a ser más sostenible, todo cambiaría. Y también pienso que seríamos más felices con nuestra ropa.]

Elizabeth CLINE: "La moda efímera", 17 de septiembre de 2012, *CNN en español*, y Patricia RINCÓN: "La moda: gran industria que cambia su modelo de negocio", 28 de octubre de 2013, *Slowmotiv*. Web [Consulta 23 de julio de 2015].

La argumentación

Aspectos pragmáticos

a. Fíjate en las oraciones subrayadas de forma continua y determina la intencionalidad del emisor.

b. De acuerdo con esto, ¿cuál es el tono de la argumentación: objetivo, subjetivo o ambos? Fíjate en la oración subrayada de forma discontinua.

c. Fíjate en las palabras resaltadas de color naranja. ¿Se hace patente la presencia del emisor? ¿Por qué alterna los posesivos *mi* (1.ª persona del singular) con *nuestra* (1.ª persona del plural) y los verbos en 1.ª persona del singular con los de 1.ª persona del plural? ¿A quién va dirigido el texto? ¿Hay alguna marca lingüística que se refiera al receptor?

d. En función del objetivo comunicativo, ¿qué tipo de texto elige y qué estructura selecciona?

e. ¿Cuál es la tesis? ¿Dónde está situada? Justifica la estructura del texto.

f. Fíjate en las oraciones que hay entre corchetes. Distingue entre argumentos, contraargumentos y ejemplos.

Aspectos morfosintácticos

g. Observa los sustantivos marcados de color verde. ¿Se podría decir que predominan los sustantivos concretos frente a los abstractos o es al revés?

h. Observa las palabras marcadas de color azul. ¿Crees que los adjetivos utilizados son valorativos, es decir, que su propio significado incide en aspectos positivos o negativos? ¿Cómo crees que se expresa mejor la subjetividad: a través del uso especificativo o explicativo del adjetivo?

i. Observa la alternancia de tiempos, aspecto y modo en las formas verbales marcadas en color rosa. ¿Cuándo crees que utiliza el presente? ¿Y el pasado?

j. ¿Qué significa el cambio del modo indicativo al modo subjuntivo?

k. ¿Cuándo se usa el aspecto perfectivo y el aspecto imperfectivo?

l. ¿Existe una modalidad oracional predominante: enunciativa, interrogativa...?

m. ¿Predomina algún tipo peculiar de estructura oracional: atributiva, pasiva, impersonal...?

n. ¿Cuál de ellas crees que es más apropiada para la construcción de un texto con marcado carácter subjetivo? ¿Puedes identificar algún ejemplo?

o. Observa la relación entre las oraciones. ¿Crees que predomina la subordinación?

p. Si un texto incita a la reflexión, ¿qué estructura sintáctica predominará? ¿Serán oraciones simples u oraciones complejas? ¿Y subordinadas o coordinadas?

Aspectos léxico-semánticos

q. En una argumentación subjetiva, ¿el léxico utilizado será connotativo o denotativo? Justifica tu respuesta con ejemplos.

r. ¿Qué relaciones semánticas se establecen entre las palabras: sinonimia, antonimia...?

s. ¿La intención comunicativa del emisor tiene algo que ver en la selección del léxico: culto, coloquial...?

12. Explica por escrito, y de forma coherente, las reflexiones y conclusiones a las que has llegado después de responder las preguntas anteriores.

Estructura tu exposición:

- Primer párrafo: aspectos pragmáticos.
- Segundo párrafo: justificación del tipo de texto y estructura.
- Tercer párrafo: aspectos morfosintácticos.
- Cuarto párrafo: conclusión. Se recogen brevemente los aspectos que se consideren más importantes del texto.

13. Realiza un comentario crítico sobre el texto atendiendo a estos puntos que se detallan a continuación:

a. ¿Crees que se ajusta a las características de adecuación, coherencia y cohesión que son propias de un buen texto?

b. ¿El tema es de actualidad y puede suscitar interés en el lector?

c. ¿Dirige la opinión del receptor hacia una determinada postura?

d. ¿Estás de acuerdo o en desacuerdo con las ideas planteadas?

e. Ofrece otras razones diferentes a las del texto para apoyar tu postura.

f. ¿Conoces otras referencias que aborden el mismo tema?

14. Busca el artículo de Benito Jerónimo Feijoo "Siempre fue la moda", léelo y compáralo con el texto que has leído anteriormente.

15. Busca información sobre la ropa ecológica y explica lo que es, cómo se hace, dónde... así como qué harías tú para convencer a la gente de que utilizara este tipo de prendas.

16. Entra en http://www.tiching.com/730907 y lee el artículo. A continuación, coméntalo con tus compañeros en un debate.

5. Elaboración de textos argumentativos

5.1 Planificación

- Selecciona un tema controvertido.
- Determina la intencionalidad que se persigue con el texto (criticar, reflexionar...).
- Piensa en el destinatario del texto para encontrar intereses comunes.
- Busca información sobre el tema elegido y reflexiona sobre él.
- Elabora listas de argumentos y contraargumentos.
- Incluye ejemplos que apoyen o refuten las ideas seleccionadas.
- Elabora un mapa conceptual sobre el texto previsto.

5.2 Redacción

- **Primer párrafo**. Decide la introducción. Hay que despertar interés en el destinatario.
- **Párrafos intermedios**. Organiza los argumentos que vas a utilizar. Enumera los contraargumentos que muestren posturas contrarias para refutarlos.
- **Último párrafo**. Resume brevemente las posturas. Se expresa la tesis o se repite, en función de la estructura que se haya elegido.

5.3 Revisión

Para realizar una cuidadosa revisión es preciso elaborar una guía que incluya cuestiones a tener en cuenta. Te proporcionamos una guía de ejemplo:

LA MODALIZACIÓN

Los textos argumentativos suelen presentar marcas de modalización.

La **modalización** es un concepto relacionado con la subjetividad que manifiesta el emisor. Para modalizar un texto, la lengua dispone de varios recursos lingüísticos:

- Deíxis personal y social.
- Verbos, adjetivos y sustantivos valorativos.
- Adverbios modalizadores.
- Modalidad oracional.
- Figuras retóricas valorativas.

Para evitar errores, es necesario revisar y corregir antes de dar un texto por finalizado.

GUÍA DE REVISIÓN

CONTENIDO Y ESTRUCTURA

- ¿El tema está bien seleccionado y suscita interés? ¿Lo presenta adecuadamente y en primer lugar?
- ¿Cada párrafo expresa una idea? ¿Cuál es la idea principal de cada uno? ¿Existe una tesis clara?
- ¿Posee una estructura lógica o provoca confusión?
- ¿Todos los argumentos utilizados son válidos y variados? ¿Y los contraargumentos?
- ¿Hay contradicciones, incoherencias, repeticiones...? ¿Se reafirma la tesis o hay escasez de argumentos?
- ¿Se podría suprimir o añadir algo? ¿Hay ejemplos? ¿Se incluye una conclusión que cierre el texto?

LENGUAJE

- ¿El vocabulario es rico y sin repeticiones? ¿Hay demasiados coloquialismos, tecnicismos...? ¿Se adecúa al receptor? ¿Qué palabras habría que cambiar?
- ¿Qué oraciones impiden la comprensión del enunciado? Identifica el error.
- ¿Se dan rodeos que hagan demasiado pesada la lectura del texto? ¿Qué suprimirías y qué añadirías?
- ¿Los párrafos están conectados entre sí? ¿Siguen una progresión? ¿Se utilizan conectores?
- ¿El lenguaje es lo suficientemente persuasivo? ¿Hay adjetivos valorativos? ¿Se emplean figuras retóricas?
- ¿Qué errores ortográficos se observan?

17. Elabora una argumentación en grupo y otra individualmente sobre uno de estos temas. Ambas serán valoradas por algún compañero:

- Las redes sociales: ventajas e inconvenientes.
- Crítica al sistema educativo.
- Experimentaciones científicas en animales.
- Manipulación e información.
- El uso de las nuevas tecnologías.

Antes de elegir un tema, infórmate y elabora mapas conceptuales con la idea central o tesis, argumentos, contraargumentos... Comprueba que tienes la información necesaria, selecciona y desarrolla tu argumentación.

Las palabras invariables

Twitter: el "todo a cien" de las ideas

–Mira, cariño, ya he montado la cama de IKEA, y sin mirar las instrucciones.

–Era un armario.

–Vaya.

Tuiteado por @luisdefunesto

En el ascensor:

-Está el tiempo loco, ¿eh?

-¡Pues anda que el espacio!

Tuiteado por @mf_duck.

No quiero ser alarmista, pero mi padre tiene una empresa de alarmas y seguridad, y la voy a heredar.

Tuiteado por @ElCojodeLepanto.

Hoy hace exactamente doce años que me dijeron que era un rencoroso.

Tuiteado por @biel_perello.

Un día en Mercurio dura 1409 horas aproximadamente. Lo mismo que un lunes en la Tierra.

Tuiteado por @200 bares.

Le he dado al botón "Importar a mis amigos" y ahora están todos preocupadísimos por mí.

Tuiteado por @elbicharraco.

–Bueno, mamá, todo listo, me voy.

–Anda, dame un beso. Ten cuidado, y no te olvides de escribir.

–Eso espero, es un conocimiento básico.

Tuiteado por @ElHumanoide

–Muchos son mis nombres: Mithrandir entre los elfos, Thakûn para los enanos, Olórin era...

–Paco, por Dios, dile tu nombre para reservar mesa.

Tuiteado por @elbicharraco.

Jaime RUBIO HANCOCK: "Los 100 mejores tuits en español de la historia (o no)", 6 de noviembre de 2014, *Verne/ El País*. Web [Consulta: 19 de junio de 2015].

18. Los adverbios son invariables porque no necesitan morfemas flexivos. Ahora bien, podemos derivar adverbios a partir de adjetivos. ¿Cuántos adverbios simples y derivados aparecen en los tuits?

19. Las preposiciones, generalmente, son el enlace entre dos sustantivos (*estrella de papel*), dos verbos (*volver a ir*) o un complemento y su verbo (*veo a Sergio*). Localiza las preposiciones e indica en tu cuaderno qué elementos están uniendo.

20. ¿Recordáis el listado de las preposiciones? Formad grupos de trabajo y escribid una historia en la que aparezca cada una de ellas.

21. Las conjunciones, además de unir palabras o grupos sintácticos, pueden introducir oraciones coordinadas y subordinadas. Localízalas en el texto y comenta su uso.

22. Las interjecciones, más que palabras, son realmente enunciados completos que sirven para transmitir emociones, sentimientos o dar ánimos. ¿Cuáles son las interjecciones que aparecen en los tuits? ¿Qué transmiten?

23. En los textos que se escriben en las redes sociales abundan las interjecciones. Es necesario que se escriban con los signos de interrogación o exclamación. Volved a crear grupos de trabajo y localizad algunos ejemplos en estas redes.

1. Los adverbios

Los adverbios son una clase de palabras que se definen según criterios **morfológicos**, **semánticos** y **sintácticos**.

1.1 Según su forma

Desde el punto de vista morfológico, los adverbios son **clases de palabras invariables**, pues carecen de flexión de género y número: *Ellas hicieron bien la ecuación; Ellos viven aquí.*

Según su estructura morfológica, se clasifican en:

- **Simples**. Como *bien, mal, cerca, lejos, aquí, siempre, luego*, etc.
- **Derivados en *-mente***. Son los más numerosos. Se forman sobre la base femenina singular de adjetivos (si la tienen), sobre todo calificativos: *fija-mente, sincera-mente, fácil-mente*, etc.

  Poseen doble acento de intensidad, uno en el adjetivo y otro en el elemento *-mente*: [*auste'ramen'te*], [*bondado'samen'te*]. En caso de que el adjetivo de base tuviera tilde, se conserva: *difícilmente, cortésmente.*

  Cuando se coordinan dos o más adverbios, se suprime el segmento *-mente* excepto en el último de ellos: *lisa y llanamente; rotunda, radical y definitivamente.*
- **Adverbios adjetivales**. Tienen la forma masculina singular de un adjetivo o un participio. Se distinguen de los adjetivos porque carecen de flexión: *Los aviones vuelan bajo; Esta sopa sabe raro*. En cambio: *Los aviones vuelan bajos; Esta sopa sabe rara.*
- **Locuciones adverbiales**. Son combinaciones fijas de palabras que equivalen a un solo adverbio: *al instante, al mismo tiempo que, al pie de la letra, antes que, de cabo a rabo, de fijo, de repente, de sobra, después de, en mi vida, en principio, en serio, en un abrir y cerrar de ojos, motu proprio* ('voluntariamente'), *grosso modo* ('aproximadamente'), *ni más ni menos, sin duda, tal vez*, etc.

1.2 Según su significado

El significado de los adverbios tiene como referentes el lugar (*aquí*), el tiempo (*ahora*), el aspecto (*aún*), el modo (*deprisa*), la cantidad (*mucho*), la afirmación (*también*), la negación (*tampoco*) y la duda o posibilidad (*acaso, posiblemente*).

1.3 Según su funcionamiento gramatical

El adverbio es el **núcleo** del **grupo adverbial** (GAdv), que puede estar constituido por un solo elemento, el propio adverbio, o por el adverbio con modificadores y complementos:

Lo resolvió fantásticamente / Llegaron un poco antes de lo esperado.

resolvió	fantásticamente	Llegaron	un poco antes de lo esperado
V	Adv/N	V	Adv/N
	GAdv		GAdv

La función principal de los adverbios es modificar al verbo, aunque, en la práctica, pueden modificar diferentes categorías gramaticales (adjetivos, sustantivos, adverbios): *Volveré mañana; Es muy feliz; Llegué demasiado tarde; Trabaja en el piso de arriba.*

SUFIJOS APRECIATIVOS Y DE GRADO

Algunos adverbios admiten sufijos apreciativos y de grado: *Su casa está cerquita; Ahorita mismo te lo envío; Mañana me levantaré tempranito; No pienso ir a la acampada porque está lejísimos.*

CLASIFICACIÓN SEMÁNTICA DE LOS ADVERBIOS	
Lugar	acá, aquí, ahí, allá, allí; cerca, lejos; (a)dentro, (a)fuera; (a)donde; abajo, arriba; debajo, encima; (a) delante, detrás.
Tiempo	antes, ahora, después; luego, primero, entonces; ayer, hoy, mañana; jamás, nunca, siempre; tarde, temprano, pronto, presto, enseguida; mientras, cuando.
Aspecto	aún, todavía, ya.
Modo	así; aprisa, deprisa, despacio; bien, mal; mejor, peor; y la mayoría de los adverbios en *-mente*.
Cantidad	más, menos; tan, tanto; nada, algo; poco, muy, mucho; apenas, suficiente; todo; cuanto.
Afirmación	sí, también, claro, efectivamente, cierto, exacto, obviamente.
Negación	no, tampoco.
Duda/ Posibilidad	acaso, quizá(s), igual, probablemente, posiblemente.

Las palabras invariables

Dentro del grupo verbal, los adverbios pueden desempeñar las siguientes funciones sintácticas:

- **Complemento circunstancial**. *Se marchó rápidamente; Lo debemos hacer enseguida.*
- **Atributo**. *Yo soy así.*
- **Complemento predicativo**. *La vi divinamente.*

En otros grupos sintácticos pueden funcionar como:

- **Modificadores de un adjetivo**. *Él es algo resabido; Me encuentro muy feliz.*
- **Modificadores de un adverbio**. *Vine muy pronto; Es algo tarde.*
- **Modificadores de un sustantivo**. *Está en el piso de abajo; La han cambiado a la clase de enfrente.*
- **Modificadores oracionales**. Ya sea como complementos oracionales (*No veo a Antonio en el patio*) o como adverbios de la enunciación (*Francamente, no me importa*).

Finalmente, también hacen de nexo en oraciones subordinadas:

- **Interrogativas y exclamativas indirectas**. *No se supo cuándo lo solucionó; Mira cómo vive.*
- **Subordinadas de relativo**. *La ciudad donde veraneas es muy tranquila.*
- Y en las tradicionalmente llamadas **subordinadas adverbiales**. *Me marché cuando terminé el trabajo.*

MODIFICADOR ORACIONAL

Los adverbios de afirmación, negación y duda modifican toda la oración, por eso se dice que son complementos oracionales: *Tampoco lo conozco a él.*

Los adverbios del enunciado o de la enunciación muestran la actitud del hablante ante lo dicho. Son adverbios periféricos que van separados por comas: *Afortunadamente, no pasó nada malo.*

24. Lee las siguientes oraciones y contesta las preguntas:

- Ten mucho cuidado, te quiero mucho.
- María es muy rápida: escribe y lee rápido.

a. ¿A qué palabras complementa *mucho*? Deduce su categoría gramatical.

b. ¿Por qué no concuerda en género y número *rápido* con *María*?

25. Lee el siguiente texto y clasifica los adverbios semánticamente. Después, cámbialos por otros que sean equivalentes:

> Cuando hago mucho deporte me siento bien. Pero después me comería fácilmente dos hamburguesas. Es entonces cuando digo: "Demasiado colesterol, será mejor que siga con la dieta mediterránea".

26. Razona si las palabras en cursiva son adverbios:

- Aquí huele *raro*.
- Es un poco *raro*.
- Me lo pasé *genial*.
- El examen me salió *genial*.
- Su coche es de color *claro*.
- Habla *claro*.
- Me gusta *mucho*.
- Bebe *mucho* café.
- No sabía *nada*.
- No corre *nada*.
- Siempre pedía *más*.
- Necesito *más* agua.
- Dame *algo*.
- Es *algo* soso.

27. Reescribe en tu cuaderno las siguientes oraciones cambiando las perífrasis de conjetura o probabilidad por oraciones con formas verbales simples y adverbios de duda o posibilidad:

- Deben de estar en el cine.
- Puede que te acompañe.
- Debía de ser la una.
- Podría haber un resultado sorprendente.
- Debió de ir solo al médico.

28. Corrige las incorrecciones de estas oraciones relacionadas con el uso culto de las locuciones adverbiales:

- Lo sé de sobras.
- Fijo que apruebo.
- Lo hizo de *motu proprio*.
- Seguidamente a cenar leo un poco.
- De entrada te digo que no.

29. Escribe un diálogo con los siguientes adverbios y locuciones: *sinceramente, quizá, tal vez, grosso modo, de cabo a rabo, en serio, muy, más pronto que tarde, nunca, tradicionalmente*.

2. Las preposiciones

Las preposiciones son palabras que se pueden definir según criterios **morfológicos**, **semánticos** y **sintácticos**.

2.1 Según su forma

Forman una clase cerrada de palabras que se caracterizan por ser invariables y átonas (excepto *según*).

Las preposiciones del castellano son *a, ante, bajo, cabe, con, contra, de, desde, durante, en, entre, hacia, hasta, mediante, para, por, según, sin, so, sobre, tras, versus* y *vía*.

Sin embargo, algunas de las preposiciones de la lista anterior tienen características especiales:

- ***Cabe*** y ***so***. Están en desuso. Significan, respectivamente, 'junto a' y 'bajo': *Te espero cabe la salida; Será castigado so pena de cárcel.*
- ***Hasta***. Señala un límite. No hay que confundirla con el adverbio *hasta*, que significa 'incluso': *Llegó hasta la última casa* (prep.); *Iré a la exposición hasta yo* (adv.).
- ***Según***. Significa 'conforme a', 'en función de' y 'dependiendo de'. Es la única preposición tónica. Rechaza la presencia de pronombres tónicos con preposición (igual que *entre*): *según tú; *según ti.*
- ***Versus***. Es un anglicismo de origen latino. Son preferibles las formas *contra* o *frente a*: *La lucha del obrero versus* (*contra*) *la patronal.*

Tira cómica Supermaño 2.0, de Alberto Calvo, para el *Heraldo de Aragón*.

Locuciones preposicionales

Son conjuntos de palabras con un significado unitario en los que aparece al menos una preposición. Su estructura más común es preposición + sustantivo + preposición: *Se mareó a causa de la velocidad; En lugar de ayudar se sentó.*

LOCUCIONES PREPOSICIONALES MÁS FRECUENTES	
Preposición	**Locución preposicional**
a	a base de, a cargo de, a costa de, a falta de.
con	con arreglo a, con excepción de, con independencia de, con relación a, con respecto a.
de	de cara a, de conformidad con, de parte de.
en	en atención a, en bien de, en lugar de.
por	por causa de, por culpa de.

2.2 Según su significado

Tienen un **significado relacional**, ya que unen dos elementos, el elemento del grupo sintáctico y el término que acompaña a la preposición: *Habló con su hermano*; la preposición *con* indica que su término, *su hermano*, aporta la noción de "compañía" al proceso que representa *Habló*.

Se dividen en preposiciones sin significado léxico (*a, de, en*, etc.), que marcan la función en los grupos sintácticos: *Vi a Ernesto* (CD); *Hablaron de ello* (CR); *Aparcó sobre la acera* (CC); y en preposiciones con significado léxico, que aportan nociones de lugar y tiempo: *Lo escondió bajo el árbol; Lo hace así desde que era pequeño.*

Allende ('más allá de') es una preposición que ha quedado restringida al uso literario: *Encontró su destino allende el océano.*

Las palabras invariables

2.3 Según su funcionamiento gramatical

Las preposiciones y sus términos forman grupos preposicionales (GPrep): *en un ático*; *hasta su casa*; *desde el mirador*; en los que la preposición es el **enlace** (E) con el término (T) subordinado.

Vive	*en*	*un*	*ático.*
V	Prep	Det	Sust/N
	E	GN/T	
	GPrep		

En *Mis padres viven en un ático*, el GN *un ático* es el término (T) de la preposición *en* (E).

Pueden ser término de la preposición los siguientes grupos y oraciones:

- Los **grupos nominales**: *por la ventana*; *desde el principio.*
- Los **grupos pronominales**: *para él*; *con nosotros.*
- Los **grupos adjetivales**: *pasar por bueno.*
- Los **grupos adverbiales**: *de allí*; *hasta aquí.*
- Los **grupos preposicionales**: *salió de entre el público.*
- Las **oraciones subordinadas sustantivas**: *Tengo la certeza de que Laura también está interesada.*

Los grupos pronominales precedidos de preposición seleccionan la forma oblicua o preposicional, con la excepción ya explicada de las preposiciones *entre* y *según*: *para mí/ *para yo*; *sin ti*, *de sí*, etc.

Como ya se ha explicado con anterioridad, las preposiciones sin significado léxico son marcas de función sintáctica en algunos complementos (CN, CD, CI, etc.): *La casa de muñecas era enorme* (CN); *Ayudé a mi compañera Elena* (CD); *Se lo pedí a Paloma con urgencia* (CI).

30. Completa el texto con las preposiciones necesarias. ¿Qué función sintáctica tienen los grupos preposicionales que introducen?

> … hacía cinco años, hasta la noche de enero en que abandonó la casa de Issy, todos los días de Félix Ferrer salvo el domingo habían transcurrido de la misma manera. … levantarse … las siete y media y pasarse primero diez minutos … el retrete acompañado de cualquier texto impreso, desde un tratado de estética … un humilde folleto, preparaba … Suzanne y para él un desayuno científicamente dosificado … vitaminas y sales minerales.
>
> Jean ECHENOZ: *Me voy*. Ed. Anagrama, 2014.

31. Comprueba con otros ejemplos en qué contextos aparece la preposición *desde*. ¿Qué funciones suele tener su GPrep?

32. La preposición *a* introduce un GPrep con diferentes funciones. Pon ejemplos de GPrep con la función de CD, CI y CC.

33. Corrige los errores de las siguientes oraciones:

- Bajo su punto de vista era adicto a Internet.
- Cuando Juan habló, se refería sobre la injusticia.
- Perdieron el partido de dos puntos.
- Pueden venir todos a excepción hecha de los menores de edad.
- Rectificaron su ideario en base a las últimas estadísticas publicadas.
- Desde la ventana miraba sobre el horizonte.
- En comparación con otras notas tampoco estamos tan mal.
- ¿Tú qué piensas en relación a los *reality show* que invaden la programación televisiva?

34. Busca complementos introducidos por preposición o locución preposicional para las siguientes palabras:

- Pensar
- Hablar
- Compromiso
- Duda
- Responsable

35. ¿Qué preposiciones o locuciones admiten las siguientes palabras?

comparación	distinto	prisa
contar	injusticia	trabajar

3. Las conjunciones

Son palabras invariables que siempre funcionan como nexos y relacionan palabras, grupos sintácticos u oraciones: *Rápido* pero *seguro; Los de arriba* y *los de abajo; Pienso* que *la solidaridad es fundamental.*

Las conjunciones se pueden clasificar en **conjunciones coordinantes** y en **conjunciones subordinantes**.

Iba abrigado, pero *pasó frío* es una oración compuesta coordinada adversativa.

3.1 Conjunciones coordinantes

Unen elementos iguales, pero sin establecer relaciones jerárquicas entre sí: *Carmen* y *Silvia; ¿A la playa* o *a la montaña?; No estudia,* pero *aprueba.*

	CONJUNCIONES Y LOCUCIONES	USOS Y VALORES
Copulativas	y / e (+ i- / hi-); ni	Suman elementos positiva o negativamente: *Llegó* y *se durmió; No tiene vergüenza* ni *la conoce; Nunca desayuna* ni *almuerza.*
	tanto... como...; igual... que...; no solo..., sino también...	Son las llamadas correlativas. Están formadas por varios componentes que aparecen en cada uno de los miembros coordinados: *Son necesarios* tanto *el valor* como *el temor;* No solo *ganó,* sino también *batió su marca.*
Disyuntivas	o / u (+ o- / ho-)	Muestran una oposición excluyente: *Quédate* o *márchate*; una aproximación: *Serían las tres* o *las cuatro de la tarde*; o una equivalencia: *Los adverbios de modo* o *manera...*
	bien... bien...; ya... ya...; sea... sea...	Son las llamadas distributivas. Muestran una alternancia y suelen aparecer en los usos formales: *Lo hará,* bien *hoy,* bien *mañana.*
Adversativas	pero	Muestra una oposición no excluyente: *No tenía hambre,* pero *se comió todo lo que le pusieron en el plato.*
	mas	Equivale a *pero*, es una forma arcaizante: *Reflexiono,* mas *no hallo la verdad.*
	sino (que)	Introduce una corrección: *No lo ordenó,* sino que *lo recomendó.*

CONJUNCIONES DE EXCEPCIÓN

Las partículas *excepto*, *menos* y *salvo* introducen una excepción a alguna generalización. Se encuentran a mitad de camino entre las conjunciones coordinantes y subordinantes: *Todas* excepto/salvo/menos/*él lo admitieron.*

Merecen un tratamiento especial expresiones como *es decir*, *o sea*, *esto es*. En la gramática tradicional se analizaban como locuciones conjuntivas que introducían oraciones coordinadas explicativas, pero en la *Nueva gramática* de la RAE se consideran **conectores discursivos explicativos**.

3.2 Conjunciones subordinantes

Unen oraciones entre sí estableciendo relaciones de dependencia. La oración subordinada puede aparecer delante o detrás de la principal: *Cuando llueve me pongo triste; Nos dijo que eso sería lo mejor.*

Se clasifican según su significado y la clase de oración que introducen.

Las palabras invariables

	CONJUNCIONES Y LOCUCIONES	USOS Y VALORES
Completivas	que; si	*Me encanta que haga calor; No sé si podrá ser.*
Condicionales	si; como; cuando; con tal que; a no ser que; a menos que; siempre que	*Saldré hoy si tengo tiempo; Como no te des prisa, nos vamos; Tendrá sus motivos cuando no viene; No lo tendrás a no ser que cambies.*
Causales	porque; como; ya que; puesto que; dado que	*No iré porque estoy cansado; Como estaba oscuro no lo encontré; Te acompaño ya que me lo pides.*
Concesivas	aunque; si bien; a pesar de que; mientras que	*Iremos a la playa aunque llueva; Si bien no es una obra perfecta, se puede ver; A pesar de que no vino, se enteró de todo.*
Temporales	luego que; en cuanto; una vez que	*Luego que lo visitó, se fue al parque; En cuanto terminó la clase se marchó; Una vez que lo entendió se fue a dormir.*
Consecutivas	que; (en correlación con tanto/-a/-os/-as, tan y tal/-es)	*Había tanta gente que no se podía enterar; A tal punto llegó que perdió los papeles.*
Ilativas	luego; conque; así que; de modo que	*Pienso, luego existo; Estoy harta, conque vete; Se cayó, así que no terminó la carrera.*
Comparativas	que; como	*Tiene más clientes que el año pasado; Es tan guapa como simpática.*
Finales	que; para que; a fin de que	*Acércate que te vea bien; Te grité para que me oyeras.*

3.3 Locuciones conjuntivas

Son combinaciones de palabras con un significado unitario en las que suele aparecer la conjunción *que*. La mayoría de ellas son nexos subordinantes: *para que, puesto que, una vez que, sin embargo, aun así*, etc.

36. Lee el texto y realiza las actividades que tienes a continuación:

Vine a Comala porque me dijeron que acá vivía mi padre, un tal Pedro Páramo. Mi madre me lo dijo. Y yo le prometí que vendría a verlo en cuanto ella muriera. Le apreté sus manos en señal de que lo haría; pues ella estaba por morirse y yo en un plan de prometerlo todo. "No dejes de ir a visitarlo –me recomendó–. Se llama de este modo y de este otro. Estoy segura de que le hará gusto conocerte".

Juan Rulfo: *Pedro Páramo*. Fondo de cultura económica, 1973.

a. ¿Qué elementos unen las conjunciones y locuciones? Clasifícalos en tu cuaderno.

b. ¿Qué tipo de relación expresan *porque* y *pues*? ¿Son intercambiables en este contexto?

c. Sustituye la locución adverbial *en cuanto* por una conjunción que sea equivalente. ¿Cuál es su valor sintáctico?

37. Redacta en tu cuaderno el resumen del acto I de *La Bohème* que tienes a continuación. Para ello, utiliza las conjunciones coordinantes y subordinantes que sean necesarias:

Siglo XIX, París, Nochebuena. Cuatro bohemios comparten buhardilla en el barrio de Montmatre. Marcello es pintor, Rodolfo es escritor, hace frío. No tienen con qué calentarse. Deciden quemar en la estufa una obra de teatro de Rodolfo. Regresa Colline, filósofo. No ha tenido suerte vendiendo unos libros. Llega el músico Schaunard con comida, leña, bebida y dinero. Van a darse un festín. Aparece Benoît, el casero, quiere cobrar el alquiler. Invitan al casero a vino. Les confiesa que es infiel a su mujer. Ellos fingen indignación. Lo echan de casa. No le pagan. Rodolfo se queda en casa escribiendo. Los otros tres se van al Café Momus. Mimì, la vecina, llama a la puerta. Necesita fuego para encender una vela. Rodolfo queda fascinado por su belleza. Una corriente apaga la vela de Mimì cuando se iba. Se le cae la llave. Rodolfo con disimulo apaga su vela. Buscan la llave. Rodolfo coge la mano de Mimì. Surge la pasión. Se marchan a buscar a sus amigos.

38. Formad grupos y buscad información sobre esta ópera escrita en cuatro actos. Cada grupo resumirá uno de ellos.

39. Tras la lectura global, volved a formar grupos y escribid una oración, con cada tipo de conjunción coordinante y subordinante, que tenga que ver con el argumento de la ópera de Puccini.

4. Las interjecciones

Son una clase de palabras tónicas que pueden formar enunciados por sí solas, generalmente exclamativos, pero que carecen de función sintáctica. No describen contenidos, sino que realizan acciones como saludar (*¡Hola!*), animar (*¡Adelante!*), brindar (*¡Salud!*), manifestar sorpresa (*¡Ahí va!*), etc.

Según su significado, las interjecciones se clasifican en:

- **Apelativas**. Inducen a la acción del oyente: *¡Anda!*; *¡Eh!*; *¡Aúpa!*
- **Expresivas**. Muestran sentimientos del hablante: *¡Uf!*; *¡Ay!*; *¡Maldición!*

Desde el punto de vista gramatical, se clasifican en:

- **Propias**. Son palabras que solo pueden ser interjecciones (*epa, oh, olé, bah*), exceptuando los usos nominalizados (*los olés del público*).
- **Impropias**. Son formas creadas a partir de sustantivos (*hombre, Virgen Santa, cielos*), verbos (*arrea, venga*), adverbios (*adelante, fuera*) y adjetivos (*bravo, claro, bueno*).

ONOMATOPEYAS

Son palabras muy próximas a las interjecciones pero por sí solas no pueden expresar un enunciado. Imitan ruidos de la realidad: *¡pumba!; ¡plaf!; ¡chas!; ¡pum!; ¡catapum!*

4.1 Las locuciones interjectivas

Son expresiones formadas por más de una palabra que desempeñan la misma función que las interjecciones: *¡Cómo no!*; *¡En fin!*; *¡A ver!*

4.2 Los grupos interjectivos

No hay que confundirlos con las locuciones interjectivas. Se trata de una interjección seguida de un grupo sintáctico o una oración: *¡Vaya, qué alegría!*; *¡Caramba con el niño!*; *¡Ojalá tenga suerte!*

René GOSCINNY y Albert UDERZO: *Astérix y los godos* y *El Adivino*. Ed. Grijalbo-Dargaud, 1980 y 1990 respectivamente.

40. ¿Cómo son las interjecciones: expresivas o apelativas? ¿Por qué?

41. Divídelas en propias e impropias. ¿De qué palabras provienen las impropias?

42. Ahora crea tu propia tira cómica utilizando interjecciones y onomatopeyas.

Consejos:

- Elige el tema y busca los personajes idóneos.
- Elige el lugar y el tiempo en los que sucederá tu tira cómica.
- Divide la tira en tres partes: planteamiento, nudo y desenlace.

Adverbios, conjunciones y preposiciones

1. El uso de algunos adverbios

Los adverbios, en ocasiones, se usan incorrectamente o se recurre demasiado a ellos; ambas circunstancias empobrecen la lengua oral y la lengua escrita.

1.1 La norma de los adverbios *dentro / fuera, arriba / abajo, antes / después*

- *Dentro y fuera* se alternan con las formas *adentro* y *afuera*, y se utilizan con verbos de movimiento o verbos de estado (*dirígete adentro / estoy adentro*), aunque normalmente se prefieren las formas *dentro* y *fuera* con los verbos de estado (*estoy dentro*), y *adentro* y *afuera* con verbos de movimiento (*voy adentro*).
- Los adverbios *arriba* y *abajo* no admiten complementos encabezados por la preposición *de* (**coloca el tarro arriba de la estantería*), de ahí que se sustituyan por las formas *encima* y *debajo*, que sí los admiten (*coloca el tarro encima de la estantería*). Estos adverbios tampoco admiten la preposición *a* (**de arriba a abajo*).
- Los adverbios *adelante, atrás, abajo, adentro* y *afuera* no admiten complemento (**adentro de la casa*). Sin embargo, *delante, detrás, cerca, debajo* y *fuera* sí que lo admiten (*detrás de la casa*).
- Algunos sustantivos que indican tiempo pueden ir acompañados de los adverbios *antes* y *después* a modo de aposición. En estos casos no es correcto el uso de la preposición *de* antes del adverbio (**el día de antes / el día antes*).

Los adverbios en *-mente*

La práctica terminó por convencerme de que los adverbios de modo terminados en *-mente* son un vicio empobrecedor.

Así que empecé a castigarlos donde me salían al paso, y cada tanto me convencía más de que aquella obsesión me obligaba a encontrar formas más ricas y expresivas. Hace mucho tiempo que en mis libros no hay ninguno, salvo alguna cita textual.

Gabriel GARCÍA MÁRQUEZ: *Vivir para contarla*. Mondadori, 2012.

1.2 La estilística del adverbio

- Los adverbios terminados en *-mente* provienen de adjetivos a los que se añade el sufijo *-mente*. Desde el punto de vista semántico equivalen a *de manera*, por ejemplo, *ligeramente* significa 'de manera' o 'de forma ligera'.

  No conviene abusar de este tipo de adverbios, y, como norma, cuando aparecen juntos dos o tres adverbios de este tipo, el sufijo *-mente* solo se pone en el último: *tímida* y *ligeramente*, nunca **tímidamente y ligeramente*.
- El adverbio *mayormente* se ha considerado de uso coloquial, aunque la realidad es que es una forma correcta siempre que no se abuse de él, es decir, siempre que se use correctamente:
  - Es correcto cuando es una forma sinónima de *principalmente, especialmente*... *Lo que le llamó mayormente su atención fue la expresión de su cara.*
  - Es incorrecto cuando es innecesario: **Mayormente, quiero que vengáis mañana a casa*, o cuando se utiliza en sustitución de *mucho*: **Me gusta mayormente la presentación que ha realizado.*
- El uso del adverbio *como* combinado con el adverbio *muy* es correcto siempre que tenga un significado de aproximación: *Lo vi como muy preocupado por la situación* (el hablante no está seguro). Sin embargo, si carece de ese valor, su uso se considera incorrecto: **La verdad es que lo dice todo como muy bien* (se recomienda eliminar el *como*).

ESCRIBIR BIEN !

Es aconsejable limitar el uso del adverbio en algunos textos, sobre todo en los que tengan una finalidad informativa. Solo serán necesarios si aportan datos relevantes o enriquecedores para la información.

2. El uso de algunas conjunciones

Observa las expresiones marcadas en naranja en las siguientes oraciones, todas ellas son locuciones conjuntivas erróneas muy habituales:

- *En cuanto que lo sepamos, podemos empezar con el siguiente trabajo.* Es preferible usar *en cuanto* y no **en cuanto que*.
- *En lo que recoges tu habitación, yo voy a por el pan.* En este caso, es preferible usar *mientras: Mientras recoges tu habitación...*
- *Con tal que* se *lo pagues, le dará igual que lo hagas tarde. / Con tal de que* se *lo pagues, le dará igual que lo hagas tarde.* Ambas opciones, con tal que y con tal de que, son correctas.

3. El uso de algunas preposiciones

Observa la siguiente tabla, donde se recogen los errores más frecuentes en cuanto al uso de las preposiciones o locuciones prepositivas se refiere:

CORRECTO	INCORRECTO	EJEMPLOS
contra	ante	*El equipo A se enfrenta contra el equipo B.* **El equipo A se enfrenta ante el Betis.*
ante	hacia	*Tuvo un mal gesto ante su madre.* **Tuvo un mal gesto hacia su madre.*
cerca de	cerca a	*Mi instituto queda cerca de la parada del tranvía.* **Mi instituto queda cerca a la parada del tranvía.*
en relación con / con relación a	en relación a	*En relación con el tema que estáis tratando.* **En relación al tema que estáis tratando.*
junto con	junto a	*Presentamos una protesta junto con los afectados.* **Presentamos una protesta junto a los afectados.*

Tira cómica *Gaturro*, personaje creado por el humorista gráfico Nik (www.gaturro.com).

43. Di si es correcto el uso de los adverbios en las siguientes oraciones. Si no lo es, propón una forma adecuada:
- Se pasó el día *adentro de* la casa.
- Taladró de *dentro a afuera*.
- Dirígete hacia *adentro*.
- ¡Mira *arriba de* la escalera!
- Nos observaron *de abajo a arriba*.
- La noche *de antes* recogió todo su equipaje.
- Dirigíos *afuera* y mirad el horario de trenes.
- Nos gritó: *¡A adentro!*
- Exactamente lo puso *encima de* los libros.

44. Cambia las oraciones siguientes por otras que se ajusten a un estilo claro, conciso y correcto:
- Mayormente, no es cierto lo que dice.
- Habló ligeramente, tímidamente y se fijó especialmente en tus palabras.
- Lo vi como muy alto, ha crecido mucho.
- Dio un golpe firmemente sobre la mesa de la cocina.
- Lo defendió valientemente con todas sus fuerzas.

45. Sustituye los adverbios terminados en *-mente* sin modificar el significado de la oración:
- Corre velozmente por la pista de atletismo.
- Creo firmemente que no ha dicho la verdad.
- Lo hizo satisfactoriamente.
- Se ha resuelto felizmente la situación.
- Hemos decidido actuar tempranamente.
- Respondió amablemente, cortésmente.

46. Transforma el siguiente texto de forma que las locuciones conjuntivas se usen correctamente:

Ayer mi madre se fue a trabajar temprano y nos pidió que en cuanto que desayunáramos recogiéramos todo y nos fuéramos al colegio. Como mi hermano y yo tendemos a ser vagos, le propuse que en lo que yo hacía las camas, él debía guardar toda la ropa en los armarios, o sea, que no lo hizo. Enseguida pensamos que con tal de que el cuarto estuviera limpio a primera vista, mi madre no protestaría a su vuelta.

47. Explica las diferencias significativas de los verbos siguientes en función de que usen preposición o no, y en función de que lleven una u otra preposición:
- *empeñar algo* y *empeñarse en algo*
- *participar en* y *participar con*
- *empezar por* y *empezar a*
- *ajustar algo* y *ajustarse a algo*

8 EL DISCURSO ORAL. LA ORACIÓN Y LOS GRUPOS SINTÁCTICOS

El discurso oral

[*De pie y con las manos libres*] Cuando tenía 11 años, empecé a lavarme las manos con lejía, concienzudamente hasta hacerlas sangrar; [...] a los 18 me resultaba imposible hablar con alguien sin repetir mis propias palabras y caminaba por la calle evitando pisar las rayas del pavimento. Estos comportamientos pueden ser normales entre el aproximadamente 1,5 millones de españoles que sufren Trastorno Obsesivo Compulsivo, [*sonrisa*] y yo soy uno de ellos. El Trastorno Obsesivo Compulsivo, o TOC, es un trastorno de ansiedad que se caracteriza, principalmente, por dos síntomas. El primero [*comienza a mover más las manos*] son los pensamientos recurrentes, esos pensamientos que el propio individuo reconoce como intrusivos y sin sentido, son las obsesiones; en mi caso, una muy común era la convicción de que algo horrible le iba a ocurrir a mi familia. Estos pensamientos crean una ansiedad, una culpa y un pánico tales que conducen al segundo componente, la compulsión [*movimiento circular con las manos*], que es la conducta repetitiva para tratar de neutralizar el malestar que las obsesiones provocan. Para entendernos, en mi caso, yo... repetía, chequeaba, lavaba... para quedarme tranquilo de que si lo hacía correctamente [*intensifica la r*], mi familia estaría a salvo. [...]

Hay... una buena noticia [*suspira mientras habla*]: con el tratamiento médico adecuado es posible vivir y ser feliz padeciendo TOC, pero para eso [...] debemos evitar que pase a ser uno más de esos comportamientos catalogados como... [*hace el signo de comillas con las manos*] "estar loco". Hoy hablo por primera vez de ello en público, pero pueden estar seguros de que no será la última y no olviden que juego con ventaja: cuando un obsesivo compulsivo se propone conseguir algo [*risas*] puede llegar a ser verdaderamente insistente. Muchas gracias [*gesto de despedida con el cuerpo y aplausos del público*].

Transcripción del discurso de Damián ALCOLEA: *Rompiendo el estigma del TOC*. TEDxMadrid.

1. ¿Qué intención tiene el orador del discurso? ¿A quién se dirige?
2. Los signos de puntuación interpretan las pausas del orador. En grupos, recread una lectura expresiva con la información de las acotaciones.
3. ¿Cómo catalogarías este discurso: como exposición o como argumentación? ¿Qué estructura tiene? Razona tu respuesta.
4. ¿En el texto que acabas de escuchar y leer se da el principio de cortesía?

El discurso oral

1. Hablar... ¿para qué?

Si analizas los actos comunicativos que realizas a lo largo de un día, podrás comprobar que la mayor parte de ellos son intercambios orales espontáneos y, por tanto, poco regulados. El contexto en el que se producen estos discursos, los interlocutores, la estructura, los rasgos lingüísticos y el lenguaje no verbal implican el uso de estrategias diferentes a las de los discursos orales formales, es decir, a la de aquellos discursos, habitualmente monologados, en los que tienes que dar a conocer una información o manifestar tu punto de vista.

Conocer, diferenciar y poner en práctica estas estrategias te convertirá en un hablante-orador culto y capacitado para intervenir en todos los ámbitos: académico, de los medios de comunicación, de la empresa, etc.

Principales diferencias entre lo oral espontáneo y lo oral formal:

ORAL ESPONTÁNEO	ORAL FORMAL
• La relación entre los interlocutores es más próxima, lo que implica una mayor presencia lingüística del emisor y receptor en el discurso. Existe un alto grado de modalización[1] y uso de un lenguaje muy personalizado. • Mayor protagonismo de los elementos no verbales: kinésica (uso de gestos y mímica), proxémica (movimientos del cuerpo y distancia entre interlocutores) y paralingüísticos (fenómenos prosódicos como la intensidad, volumen, tono...). • El intercambio comunicativo es inmediato y el discurso puede tener interrupciones en su progresión temática. En general, es un discurso menos cohesionado. • Registro lingüístico coloquial con una menor variación del léxico utilizado.	• La relación entre los interlocutores no es próxima. Los discursos monologados implican a un emisor que habla y unos receptores que escuchan. Se selecciona cuidadosamente la presencia del emisor y receptor en el texto en función de la intención del discurso. • Se mide y programa el uso de elementos no verbales: los gestos o el tono de voz, etc., que deben cumplir un objetivo determinado y, por tanto, suelen estar diseñados para eso. • Los tiempos están regulados, lo que favorece la cohesión del discurso. • Selección medida del registro lingüístico en función del auditorio. Se programa el uso de coloquialismos, chistes... con el objetivo de romper, deliberadamente, el ritmo del discurso.

1. **modalización**: son las marcas gramaticales (pronombres, persona gramatical de los verbos...), léxicas (léxico valorativo...), etc., que se manifiestan en el discurso e indican la presencia del emisor en el mismo.

5. El 12 de abril de 2012, Shakira realizó un discurso en la Cumbre de las Américas. Aquí tienes la transcripción del inicio (te lo ofrecemos sin signos de puntuación):

Buenas tardes muchísimas gracias por esta invitación a participar en la Cumbre Empresarial hoy nos reunimos aquí para hablar del futuro de las Américas una región que como bien sabemos aún tiene grandes y graves desigualdades sociales que impiden el pleno desarrollo de nuestros países y estoy convencida bueno convencidísima de que por lejos la mejor forma de combatir la pobreza en América Latina es invirtiendo en la educación de nuestros jóvenes y niños y hacerlo especialmente desde los meses previos a su nacimiento y creo firmemente que esta inversión social debe provenir no solo del gobierno sino de todos nosotros incluida la comunidad empresarial este convencimiento está puramente basado en la experiencia espectacular que he tenido trabajando en educación por varios años y que he querido compartir con ustedes hoy la desigualdad en América Latina como ustedes saben está entre las peores del mundo y estos niveles tan altos de iniquidad nos hablan del fracaso de generaciones pasadas de líderes políticos y empresariales latinoamericanos en ofrecer un crecimiento integral económico pero no estoy aquí por supuesto para llorar sobre la leche derramada ni para reflexionar sobre el pasado sino más bien sobre los pasos que podemos dar de cara al futuro.

a. Escucha el discurso que encontrarás en el siguiente enlace: www.tiching.com/730544.

b. Añade los signos de puntuación de tal manera que reflejen los cambios de tema, las pausas y los incisos.

c. ¿En qué momentos sube el volumen o cambia el tono de la voz? Selecciona las oraciones donde esto sucede. ¿A qué crees que se deben estos cambios? Justifica tu respuesta.

d. ¿Qué rasgos determinan la formalidad del discurso?

6. Busca algún otro discurso de Shakira que se acomode al discurso oral espontáneo y compáralos. ¿Qué similitudes y diferencias has encontrado?

2. El discurso expositivo oral

Cualquier persona que haga una intervención monologada sabe que la atención del auditorio no es incondicional; es más, si tú eres el orador y tus compañeros son tu público, sería conveniente que supieras que, como mucho, te escucharán sin interrupciones unos 15 o 20 minutos, después de ese momento su atención caerá y, probablemente, lo hará mucho antes si no utilizas las estrategias orales adecuadas.

John F. Kennedy (1917-1963), presidente de EE. UU. entre 1961 y 1963, pronunciaba discursos elaborados de forma muy elegante.

2.1 Mostrar la estructura

- **El discurso tiene una estructura y el auditorio debe saberlo**. Al comienzo de la intervención es importante que el receptor sepa de qué se va a hablar y cuántos puntos o apartados va a contener esa intervención. Recuerda que los textos expositivos responden a tres apartados: introducción, cuerpo de la exposición y conclusión.

  Estoy aquí hoy para analizar el conflicto social que ha surgido en nuestro barrio. Voy a estructurar la charla de hoy en tres puntos: en la primera parte me referiré a los orígenes del problema, que se remontan al año 2013; en la segunda, analizaré la situación actual y, por último, se harán propuestas de cambio.

  Fíjate en que, en el discurso inicial de la unidad, el orador utiliza la primera parte para presentar el tema, el TOC, y sus consecuencias. Sitúa al receptor en el punto justo, lo prepara para ser el receptor de un problema.

- **El cuerpo del discurso**. Es aquí donde se desarrollan las ideas, por lo que todas ellas deben ir encadenadas de una forma lógica para que el auditorio no se pierda enlazando ideas, y los conectores y las formas deícticas apropiadas.

  Con el objeto de aclarar el problema, voy a explicar qué conflictos surgieron en el año 2013 a raíz del enfrentamiento de varios vecinos [conector textual de finalidad, justifica la explicación que va a dar].

  Más arriba, ya les señalé que hubo un reagrupamiento vecinal [forma deíctica espacial, sitúa el lugar del discurso donde se ha referido a ese apartado].

- **La conclusión**. Es necesario sintetizar las ideas expuestas para que el receptor retenga, globalmente, la información. Nunca hay que finalizar una exposición oral con frases como "ya he terminado", "fin", etc., porque cortan bruscamente la intervención y ofrecen una imagen de un orador que no domina la situación comunicativa. La persona que habla debe saber administrar el tiempo. Hay muchos conectores que ayudan a que el auditorio sea consciente de que se ha entrado en la parte final: *para terminar, en resumen, recapitulando...*

  Observa cómo finaliza el discurso inicial: *Hoy hablo por primera vez, pero pueden estar seguros de que no será la última...*

2.2 Incorporar al destinatario

Es importante hacer partícipe del discurso a los destinatarios, independientemente del tema que se explique. Solo así podrán darse las circunstancias adecuadas para conseguir la interacción necesaria que exige la comunicación. Para ello se pueden utilizar diferentes marcas lingüísticas, como son la deixis personal, temporal y espacial.

- **Deixis personal**: *Como todos ustedes ya saben... Como todos vosotros sabéis...* El pronombre personal *vosotros* marca una situación próxima con el auditorio, mientras que *ustedes* implica un menor grado de confianza y, por tanto, una mayor distancia.

Eduardo Punset (1936) es un divulgador científico cuyas conferencias entusiasman al público.

- **Deixis temporal**: *Hoy estoy aquí para...* El adverbio *hoy* justifica el momento y objetivo del discurso.
- **Deixis espacial**: *Como pueden ver aquí* [señala una imagen y se ayuda de un movimiento de las manos]. El adverbio *aquí* dirige la mirada del auditorio hacia un punto determinado.

2.3 Graduar la información

Un discurso debe tener momentos con mayor y menor carga informativa para hacer posible que el receptor gradúe su nivel de atención.

No se pueden retener todas y cada una de las palabras del orador, por ello es imprescindible ofrecer ayudas para que el que escucha pueda discernir lo importante de lo que no lo es tanto.

- **¿Qué hacer para marcar la importancia de lo que se dice?**
  - Definir conceptos: *El Trastorno Obsesivo Compulsivo, o TOC, es un trastorno de ansiedad que se caracteriza, principalmente, por dos síntomas...*
  - Repetir algún término o alguna frase: *son los pensamientos recurrentes... esos pensamientos...*
  - Enfatizar algún sonido: *... para quedarme tranquilo de que si lo hacía correctamente [intensifica la r], mi familia estaría a salvo.*
  - Usar ejemplos, comparaciones, etc. que aclaren el significado: *Para entendernos, en mi caso, yo... repetía, chequeaba, lavaba...*
- **¿Qué hacer para relajar la atención?**
  - Hacer alusión a referencias personales: *mi familia estaría a salvo...* Este recurso, además, acerca afectivamente el auditorio al orador, buscando su complicidad.
  - Recurrir al humor: *no olviden que juego con ventaja: cuando un obsesivo compulsivo se propone conseguir algo, puede llegar a ser verdaderamente insistente.*

José Antonio Marina (1939) es filósofo, ensayista y pedagogo, además de un destacado conferenciante.

7. Lee la siguiente noticia ofrecida en rtve.es:

> ### Observan una estrella que se enfría más despacio de lo que se esperaba
>
> Hallan en la Vía Láctea una estrella de neutrones supermagnética inagotable. Es un magnetar junto a un agujero negro supermasivo en el centro de la galaxia. Descartan que el fenómeno se deba a la influencia de la gravedad del agujero.
>
> En 2013, astrónomos descubrieron una estrella de neutrones con un enorme y poderoso campo magnético junto al agujero negro supermasivo que está en el centro de la Vía Láctea. Ahora, las mediciones con varios telescopios han constatado que esta estrella se enfría más despacio que otros astros similares.

8. Amplía la información en www.tiching.com/730547 y realiza las actividades:

a. Memoriza lo más importante, estructúralo de otra manera si la forma original de la noticia no te gusta, incorpora al destinatario (que, en este caso, serán tus propios compañeros) e introduce algunas palabras, frases o gestos que relajen la atención de los demás o que ofrezcan algunas notas de humor.

b. Exponedlo en clase y posteriormente evaluaos destacando lo positivo y negativo de cada uno de vosotros.

9. Entra en www.tiching.com/730737 y observa el vídeo:

a. ¿El discurso que has oído necesita gráficas para que se entienda bien? ¿Por qué? ¿Crees que son imprescindibles? Si en un momento determinado la incorporación de este tipo de recursos falla, ¿qué podrías hacer? ¿Cómo saldrías adelante para que el discurso tuviera éxito?

b. Elabora, ayudándote de gráficas como hace Pilar Pallares, un discurso expositivo oral que tenga como tema la sobreexplotación de los recursos terrestres y marinos.

3. El discurso argumentativo oral

Las estrategias que se ponen en marcha en una argumentación oral no difieren demasiado de las que ya se han analizado en la exposición oral; en ambos casos hay que mostrar la estructura al auditorio, incorporar al destinatario y graduar la información. Sin embargo, existen dos factores que hay que atender con especial cuidado cuando el objetivo que se persigue es defender en público una idea y poner de manifiesto una postura personal:

- **El principio de cortesía**, que regula situaciones controvertidas de un discurso que busca llegar a acuerdos incorporando respetuosamente las ideas ajenas.
- **La regulación de la personalidad e impersonalidad** de un discurso que busca convencer.

Principio de cortesía

La cortesía es un comportamiento regulador de la interacción humana que permite, a través del respeto de una serie de normas, que los interlocutores puedan mantener posturas divergentes sin que lleguen a convertirse en posturas enfrentadas.

Las reglas que favorecen la cortesía han sido formuladas a través de una serie de máximas:

- **No impongas tu voluntad** al interlocutor. Por tanto, antes que un enunciado imperativo del tipo *¡Coge el aspirador!*, es preferible *¡Convendría que empezaras con el aspirador!*
- **Ofrece opiniones** usando enunciados disyuntivos: *Coge el aspirador, ¿o prefieres empezar por la cocina?*
- **Sé amable**. Hay que lograr que el interlocutor se sienta cómodo: *¿Empezamos por la cocina o cogemos el aspirador?*

La **cortesía verbal** actúa de forma parecida a un contrato. Los hablantes se comprometen a respetar determinadas normas para evitar conflictos y mantener la cordialidad en el discurso:

- Se decide la forma de tratarse: *tú* o *usted.*
- Se selecciona el tipo de preguntas que se pueden, o no, hacer: privadas, profesionales, etc.
- Se tocan, o no, determinados temas: políticos, religiosos, personales, etc.

Regulación de la personalidad e impersonalidad del discurso

La distancia social que mantiene el orador con el auditorio va a determinar las marcas lingüísticas que se van a utilizar en el discurso. La proximidad permitirá un mayor grado de familiaridad y, al contrario, la distancia marcará la formalidad de las expresiones lingüísticas.

- **Relación próxima: rasgos personales.**
  - Se emplean los pronombres personales de 2.ª persona *tú* y *vosotros* para dirigirse al auditorio, lo que a su vez determina las terminaciones verbales: *Quizás vosotros necesitáis una explicación más exhaustiva.*
  - Aparece con más frecuencia el pronombre personal de 1.ª persona *yo*, así como referencias directas a la opinión personal: *Desde mi punto de vista, yo creo que hay varias propuestas.*

ACTOS VERBALES (ENUNCIADOS POR LEECH)

Actos verbales que favorecen la máxima de la cortesía:

1. **Generosidad**: "Minimiza tu beneficio y maximiza el de tu interlocutor".

   Este tema puede favorecer su intervención.
2. **Aprobación**: "Minimiza u omite las críticas al interlocutor y maximiza el aprecio".

   Siento una gran satisfacción por tener esta conversación con usted, hace tiempo que sigo sus intervenciones.
3. **Modestia**: "Minimiza el aprecio hacia ti mismo y maximiza el aprecio hacia el otro".

   Lo que yo opine puede quedar en segundo plano, ahora quiero escucharle a usted.
4. **Unanimidad**: "Minimiza el desacuerdo con el otro, pero maximiza el acuerdo".

   Las divergencias pueden solucionarse, lo importante es que nos hemos puesto de acuerdo en lo importante.
5. **Simpatía**: "Minimiza o anula la antipatía y maximiza la simpatía".

   Su carácter y tono dialogante nos ayudará a seguir colaborando en un futuro.

– Utilización del nombre propio: *Querido Juan, vamos a analizar juntos...*

– Uso de un léxico más valorativo: *Es una idea muy apropiada que debemos incorporar.*

– Estructuras sintácticas personales: *(Yo) estoy hoy aquí para clarificar todo este asunto.*

- **Relación de distancia: rasgos impersonales.**

– Uso de la 3.ª persona en los verbos: *Para todos los que están presentes en esta habitación.*

– Uso de pronombres de 2.ª persona que esconden la 1.ª persona y uso de la forma de cortesía *ustedes*. *Puede ser que te cause preocupación semejante idea, pero tienes que seguir. / Ustedes lo entenderán en cuanto les desglose los distintos apartados.*

– Uso de pronombres personales de 1.ª persona del plural, o pronombres de cortesía que también esconden la personalidad: *Nosotros pensamos que es lo mejor.*

– Utilización de nombres propios precedidos de palabras como *señor, señora...* o del cargo *doctor, presidente...*: *Quisiera saber, doctor Aguirre...*

– Uso de oraciones impersonales y oraciones pasivas: *Se estudió el reglamento y se propusieron mejoras.*

El actor Damián Alcolea padece el Trastorno Obsesivo Compulsivo (TOC) y comparte su historia con el público en la charla de TED, organización dedicada a difundir ideas.

DISCURSO PERSONAL	DISCURSO IMPERSONAL
He venido hasta aquí para presentar este proyecto que ha elaborado nuestro grupo y que a todos vosotros os va a resultar mucho más fácil de entender. *Animaos, compartid las propuestas, lleguemos a un acuerdo ventajoso para nuestra comunidad. No lo olvidéis: probablemente, es más fácil de lo que pensáis.*	*El objetivo de esta conferencia es presentar un proyecto elaborado en grupo y dirigido a toda la comunidad.* *Es imprescindible que se llegue a un acuerdo consensuado por todos y dirigido a todos, que derivará, no cabe la menor duda de ello, en una situación ventajosa.*

10. Busca en TED la charla de Dan Pink titulada "Sobre la ciencia de la motivación" (con subtítulos en español) y responde las preguntas. Puedes escucharla también en el siguiente enlace: www.ticHing.com/730549.

a. Resume las ideas del orador.
b. ¿Crees que ofrece opiniones? Justifica tu respuesta.
c. ¿Qué elementos utiliza para dar cohesión a su discurso: repeticiones, conectores...?
d. ¿Cómo se dirige a los interlocutores? ¿Marca distancia con ellos o, por el contrario, se acerca al auditorio?
e. ¿Utiliza referencias a su experiencia personal? Descríbelas.
f. ¿De qué elementos verbales y no verbales se vale para hacer una charla amena?
g. ¿Cómo es la estructura de su discurso?
h. ¿Cómo es su tono y volumen de voz? Selecciona las frases donde crees que pone más énfasis.
i. Describe los elementos visuales que utiliza. ¿Qué objetivo crees que persigue con ello?
j. Describe el movimiento de su cuerpo y de sus manos.
k. Describe sus gestos.
l. Describe la fórmula de inicio y fin del discurso.
m. Valora el discurso: ¿crees que es un buen orador y una buena charla? Justifica tu respuesta.

11. Escucha el discurso en www.tiching.com/730739 y analiza su forma y su contenido, es decir, cómo lo dice y qué dice:

a. Haz un resumen y expresa tu acuerdo o desacuerdo con las ideas que expone.
b. ¿Cómo habla el orador? ¿Cómo se mueve? ¿Qué recursos de entonación, volumen, movimientos, etc., utiliza?
c. Elabora un pequeño discurso oral de unos tres minutos aproximadamente que se centre en la influencia de la alimentación sobre la personalidad del individuo.

4. La elaboración de un discurso

4.1 Preparación

- Determina **el tema** (y, por supuesto, el **género** expositivo o argumentativo) y establece exactamente el **tiempo** del que vas a disponer para tu intervención.
- Analiza a tu **auditorio** y, con ello, el tipo de relación, formal o informal, que se ajuste a ellos.
- Dibuja mentalmente el **espacio** donde tendrá lugar el discurso.
- Selecciona la **información** pertinente y organízala en secuencias por medio de un mapa conceptual que irás completando a lo largo de este proceso.
- En cada secuencia deberán aparecer la **idea principal**, si vas a utilizar algún tipo de **aclaración**: definición, reformulación, ejemplos, comparaciones, etc., así como el **conector** apropiado para enlazar los enunciados (para introducir el tema, para marcar el orden, para poner énfasis, para resumir, etc.).
- Selecciona la forma que vas a utilizar para **incorporar al receptor** en el discurso: a través de preguntas retóricas, de alusión a sus conocimientos previos, etc.; además, prepara algún ejemplo que rompa el tono del discurso introduciendo alguna secuencia distendida, humorística, etc.
- Utiliza los **elementos no verbales** que consideres más apropiados.
- **Escribe el discurso** y léelo en voz alta ante alguna persona que será la voz crítica.

4.2 Discurso

- No olvides las fórmulas de cortesía al inicio y al final.
- Respeta rigurosamente el tiempo que tienes asignado.
- Los elementos no verbales no deben improvisarse, ya que han formado parte del proceso de preparación, ahora solo tienes que llevarlos a la práctica.
- El discurso debe contener la presentación del mismo, es decir, debes dibujar en la mente del receptor la estructura del contenido que va a escuchar.
- No caigas en vaguedades, imprecisiones o ideas demasiado generales, procura buscar la originalidad con tus palabras.

RECUERDA

Los elementos no verbales:

- Los movimientos y gestos deben ser naturales, hay que evitar que se conviertan en algo mecánico, pues es signo de nerviosismo.
- La mirada debe abarcar a todo el auditorio, hay que evitar mirar insistentemente al suelo, al vacío… Los ojos deben dirigirse hacia otros ojos.
- Los gestos de la cara deben acompañar al contenido, un rictus totalmente serio o totalmente humorístico pueden restar certeza al contenido del discurso. La risa es sonrisa, no carcajada.

Los elementos prosódicos:

- La entonación, el volumen, el ritmo…, incluso los silencios deben ir acompasados al contenido. De ello depende, en gran medida, el éxito de un discurso oral.

Las palabras, la voz y el cuerpo tienen que ser coherentes entre sí.

12. Es tu turno. Sigue los pasos anteriores y prepara un discurso de unos 5 minutos sobre un tema que te resulte interesante, pero antes de empezar sigue las indicaciones siguientes para elaborar el guion del discurso:
    a. Haz un esquema previo de las ideas y estructúralas.
    b. Escribe todo lo que vas a decir con anotaciones de diferentes colores, como en el ejemplo:

       Saludo: Hola, buenos días.

       Inicio: El tema del que os (tuteo) voy a hablar hoy es… Antes de empezar, me gustaría explicaros cómo empecé… (ej. experiencia personal para acercarme al auditorio).

       […] chiste para relajar la atención…

    c. Piensa bien tu fórmula de inicio y cierre.
    d. Utiliza ejemplos.
    e. Introduce alguna frase que relaje la atención: algún chiste, referencias a tu vida personal, referencias a personajes conocidos por el auditorio…
    f. Lee el discurso y grábate en tu móvil. Anota los fallos que hayas percibido.
    g. Memoriza el discurso y vuelve a grabarte en tu móvil controlando el tiempo que tardas por si tuvieras que ampliar o eliminar información.

    El discurso estará listo cuando sientas que ya no debes modificar nada porque se acomoda al contenido y al tono adecuados ajustándose, además, al tiempo requerido.

5. La corrección

La **corrección** debe ser el objetivo que todo buen orador persiga. Un estudiante de Bachillerato debe ajustarse a la norma para poder elaborar buenos discursos orales formales y disponer, así, de los instrumentos necesarios para enfrentarse a cualquier situación de comunicación oral en cualquier ámbito (académico, profesional, social...).

Se pide, por un lado, corrección ortológica y, por otro, el respeto de las normas gramaticales y léxicas. No hay que confundir buena o mala dicción con las distintas variedades dialectales del español ya que, como todos sabemos, puede ser un magnífico orador tanto un cordobés como un zamorano, por ejemplo; ninguna variedad dialectal es mejor que otra. Sin embargo, tanto el cordobés como el zamorano deben desterrar vulgarismos como *hemos *pensao que hay que cambiar *to lo que hemos hecho* si lo que persiguen es elaborar buenos discursos.

Winston Churchill (1874-1965) fue un político británico que destacó por sus brillantes discursos.

- **¿Qué son errores gramaticales?** Te señalamos algunos:
  - Uso incorrecto del infinitivo. En ocasiones, usamos el infinitivo con valor de imperativo: **Decir lo que queréis*, cuando habría que usar la forma adecuada del imperativo: *Decid lo que queréis* o bien las perífrasis verbales apropiadas: *Tenéis que decir lo que queréis*. Del mismo modo se usa incorrectamente el infinitivo cuando elaboramos frases con un sentido de generalización: *Así pues, *pensar que todo es demasiado complejo* cuando lo correcto es: *Así pues, habrá que pensar que todo es demasiado complejo*.
  - Errores de concordancia, sobre todo cuando hay dos sustantivos juntos seguidos de un adjetivo que se refiere a ambos: *Introducid la patata y zanahoria *picada*, cuando *picada* debería ir en plural, *picadas*. También se producen fallos en la concordancia entre los diferentes grupos de palabras: **Hay que salir todos del recinto* por *Tenemos que salir todos del recinto*.
  - Errores con los pronombres: *La explicación que *la has dado no es la acertada* por *La explicación que le has dado no es la acertada*.

Existen otros muchos errores frecuentes en nuestra comunicación oral, errores que no se ajustan a la norma culta; por ello, siempre que existan dudas, la mejor solución es acudir a las páginas de la RAE o al *Diccionario panhispánico de dudas*.

- **¿Qué son los errores léxicos?**

  Se considera un error léxico la pobreza de vocabulario, la falta de precisión o la impropiedad en el empleo de determinadas palabras. Sin embargo, estos errores pueden ser fácilmente corregidos cuando se elaboran discursos orales formales, ya que la planificación permitirá buscar los términos adecuados, de forma que cada uno de ellos defina el concepto que se quiere explicar.

13. Transcribe algún discurso oral que te haya gustado y que hayas oído en la radio o en la televisión y analiza si se ajusta a la máxima de corrección teniendo en cuenta los siguientes aspectos:

a. ¿Se entiende lo que dice? ¿Pronuncia con claridad?

b. ¿Reconoces la variedad dialectal que utiliza?

c. ¿Existe alguna incorrección gramatical?

d. ¿El vocabulario es rico y variado? ¿Es preciso? ¿Utiliza sinónimos? ¿Refleja esto el dominio del tema por parte del orador? ¿Explica algún término complejo que el auditorio podría desconocer?

e. ¿Utiliza variedad de conectores del discurso?

f. ¿Qué impresión te ha causado? ¿Es un buen orador, le falta seguridad, no domina el tema...? Justifícalo.

La oración y los grupos sintácticos

La telaraña

El que bautizó Internet como la telaraña (*web*, en inglés) entendía perfectamente el fenómeno. WWW son las iniciales de *World Wide Web*, tres palabras que quieren decir, literalmente, "telaraña mundial". Su traducción al español, "la Red", tiene menos malicia porque aunque la red atrapa, también soporta y protege, e incluso puede salvarnos de una caída. En cambio, la web, si no es uno araña, simplemente atrapa.

No es difícil imaginar el desastre que sobrevendría si un día la Red se colapsa y nos deja a todos incomunicados, sin esos servicios a los que, durante los últimos años, nos hemos acostumbrado. ¿Qué haríamos si sobreviene ese temible apagón, si nos quedáramos sin el apoyo de los servicios que ofrece la Red? De la telaraña depende hoy casi todo y si se colapsara regresaríamos de golpe a 1980, a sacar dinero los viernes en la ventanilla del banco, a escribir cartas y a dictar telegramas, a echar mano del plano de papel para encontrar una calle, y a hacer cola en las dependencias del Gobierno para preguntar esas minucias que hoy consultamos cómoda y velozmente en Internet. Nada demasiado grave, en realidad; estamos atrapados en la telaraña y aunque todavía podemos sobrevivir sin ella, nuestra dependencia crece todos los días y en el futuro cercano, cuando los servicios y los suministros, el ocio, el sistema nacional de salud y absolutamente todo esté conectado a la Red, el colapso será un auténtico desastre.

Es verdad que la Red nos facilita la vida, como también es verdad que nos ha vuelto dependientes de ella; por su intricada retícula circulan los elementos que nos identifican, que nos hacen esa persona que somos y no otra, datos personales como los números de la seguridad social o los de la tarjeta de crédito, las contraseñas y las cartas de amor, las fotografías, las multas de tránsito y los resultados de un examen médico que nos practicaron recientemente. Hoy para hundir a un político, a un empresario o a un futbolista, basta husmear en la cauda[1] informática que va dejando en la Red, y como se trata de una telaraña, es muy difícil borrar todos los rastros. [...]

Jordi SOLER: *El País*. Web, 18 de noviembre de 2014 [Consulta: 14 de mayo de 2015].

1. **cauda**: falda o cola de la capa magna que llevan los obispos. Aquí significa 'rastro'.

14. No todos los enunciados tienen por qué tener un verbo en forma personal. Localiza un ejemplo de enunciado sin verbo conjugado y otro con verbo conjugado.

15. ¿Cuántas oraciones, de punto a punto, tienen más de un verbo conjugado?

16. ¿Qué conjunción es la más utilizada en el texto? ¿De qué tipo es? ¿Qué otras conjunciones aparecen? Consulta el epígrafe dedicado a las conjunciones en la unidad anterior.

17. ¿Qué palabras son las que aportan el significado principal en estos grupos de palabras?

Ese temible apagón	Sin el apoyo de los servicios
Muy difícil	Podemos sobrevivir

18. Ya has comprobado cómo los diferentes grupos sintácticos utilizan una palabra como núcleo (sustantivo, verbo, adjetivo, adverbio; las preposiciones introducen grupos preposicionales) de la que dependen las otras que aparecen junto a él. ¿Sabrías encontrar ejemplos en el texto de diferentes grupos sintácticos?

19. Comprueba en 10 pasos si navegas por Internet de forma segura:

Sí	No	
☐	☐	Utilizas contraseñas seguras y las cambias frecuentemente.
☐	☐	Actualizas el *software*.
☐	☐	Te descargas las *app* en los sitios web oficiales.
☐	☐	Tienes antivirus.
☐	☐	Ejecutas archivos P2P o similares sin analizarlos previamente.
☐	☐	Rellenas todos los formularios que se te piden.
☐	☐	Compruebas si son seguros los sitios web proporcionados por los buscadores.
☐	☐	Accedes a sitios web de dudosa reputación.
☐	☐	Evitas los enlaces sospechosos.
☐	☐	Aceptas todas las solicitudes de amistad.

Formad grupos y elaborad un listado con los beneficios y las desventajas de Internet.

1. Enunciados y oraciones

Enunciado y **oración** son dos conceptos que suelen confundirse:

- Un **enunciado** es la unidad mínima de comunicación. Constituye por sí mismo un mensaje comunicativo, tiene autonomía sintáctica, una entonación propia y se asocia a los actos del habla como preguntar, saludar, despedirse, rogar, aconsejar, etc.: *Buenos días; ¿Vendrás conmigo?; ¡Por favor!; Sí.* Constan de dos componentes:
  - La **secuencia**. Expresa el contenido de los mensajes. Según las características de la secuencia, los enunciados pueden ser oracionales (*Luis se casó muy joven*), nominales (*¡Un momento!*), adjetivales (*¡Maravilloso!*), adverbiales (*¡Ahora!*), interjectivos (*¡Enhorabuena!*), etc.
  - La **modalidad**. Es la actitud del hablante en relación con el contenido de la secuencia de los mensajes. Se expresa mediante recursos sintácticos y fonológicos: *Luce el sol; ¿Quién es?; No te muevas de ahí; Tal vez tengas razón.*
- Las **oraciones** se caracterizan por tener un sujeto y un predicado entre los que se establece relación: *Gisela es simpática; Celia estudia periodismo.*

  Según el tipo de predicado, las oraciones pueden ser:
  - **Copulativas**. Se forman con verbos copulativos: *Jesús está harto.*
  - **Predicativas**. Se forman con verbos transitivos e intransitivos: *Hemos construido una maqueta; Pedro corre mucho.*

  Según su complejidad, las oraciones pueden ser:
  - **Simples**. Constan de un único predicado: *Paula se entrena.*
  - **Compuestas**. Constan de varios predicados: *¡Observa y aprende!* Si no hay dependencia sintáctica entre las oraciones que se unen, hablamos de **coordinación**: *¿Va o viene?*; si, en cambio, existe dependencia sintáctica, hablamos de **subordinación**: *Siempre dice que no puede salir entre semana.*

RECUERDA

En función de la actitud del hablante, se distinguen diferentes modalidades oracionales:

Enunciativa: *Ana canta.*

Interrogativa: *¿Canta Ana?*

Exclamativa: *¡Ana canta!*

Imperativa: *Canta, Ana.*

Desiderativa: *Ojalá cante Ana.*

LA YUXTAPOSICIÓN

Es una coordinación sin nexos. Puede tener valor copulativo (*Llegué, vi, vencí*), adversativo (*Él lo sabía; ella no*), causal (*Me voy a casa: estoy muy cansada*), consecutivo (*Hace frío; abrígate*), etc.

20. Razona si este fragmento está formado por un enunciado o por varios y responde las preguntas:

–¿Qué años tienes, rapaz?
–No le podré decir, pero paréceme que han de ser doce.
–¿Sabes segar yerba?
–Sí, señor.

Ramón del VALLE-INCLÁN: *Flor de santidad*. Ed. Espasa, 1995.

a. ¿Qué tipos de secuencias aparecen?

b. ¿Cuáles son las modalidades presentes?

c. ¿Qué recursos sintácticos y fonológicos las identifican?

21. Lee el texto y realiza las actividades:

Aparte de dolor, felicidad o cuerpo somos palabras. Nada más que palabras. Es una grandeza. Todo ocurre por las palabras: la felicidad, el dolor; el cuerpo reacciona y se activa, despierta bien o mal, en virtud de las palabras que oye o sueña, su efecto depende del modo en que se dicen, de su contenido y de su tono.

La palabra es una magia que hace que ser humano, ser pensante, resulte más interesante que ser piedra o ser gallo o ser nada. Esas palabras sobre la nada de José Hierro hielan el corazón porque remiten al final de todo, también a la ruina a la que al fin vamos todos los humanos, desde el despertar al sueño, que a veces no solo es sueño sino también nada, despedida, humillación del hombre que se creyó inmortal. Y uno no es nada ya cuando no es palabra sino olvido. [...]

Juan CRUZ: "Parole, parole", 10 de mayo de 2015, *El País*. Web [Consulta: 16 de junio de 2015].

a. Explica la diferencia entre una oración copulativa y otra predicativa. Pon ejemplos a partir del texto.

b. Busca algunas oraciones coordinadas y subordinadas. ¿Cómo las podemos reconocer? ¿Hay alguna oración yuxtapuesta en el primer párrafo? En caso afirmativo di qué valor tendría.

c. Se suele decir que lo que importan son los hechos. ¿Pero piensas que las palabras pueden ser tan contundentes como los hechos? Justifícalo.

2. Los grupos sintácticos

Un **grupo sintáctico** es una palabra o conjunto de palabras que forman una unidad significativa y sintáctica dentro de la oración. Presentan algunas propiedades que permiten reconocerlos:

- Si se altera el orden de los grupos en la oración, los elementos del grupo se mueven conjuntamente:

  Hoy vienen emocionados los invitados al concierto. / Los invitados vienen hoy emocionados al concierto. / Emocionados vienen hoy al concierto los invitados.

- Los grupos se articulan alrededor de un núcleo sustantivo, adjetivo, verbal, adverbial o interjectivo:

Los invitados	*acudieron*	*emocionados*	*hoy*	*al concierto.*
GN	V / NP	GAdj	GAdv	GPrep
GN (Sujeto)	GV (Predicado)			

- Cada grupo desempeña una función sintáctica:

Los invitados	*acudieron*	*emocionados*	*hoy*	*al concierto.*
GN / Sujeto	GV / NP	GAdj / CPred	GAdv / CCT	GPrep / CR

- Un grupo puede aparecer dentro de otro grupo:

  Compró un juguete de madera de pino.

  de pino: GPrep (CN)
  de madera de pino: GPrep (CN)
  un juguete de madera de pino: GN (CD)
  Compró un juguete de madera de pino: GV (predicado)

Concierto acústico de Nirvana en los estudios Sony Music, en Nueva York, el 18 de noviembre de 1993.

2.1 El grupo nominal (GN)

El **grupo nominal** es una estructura sintáctica formada por un núcleo sustantivo, nombre o pronombre (*El regalo; La bolsa; Esto; Yo*), que puede estar modificado o complementado por los siguientes elementos:

- **Determinantes**: *El ordenador; mi casa; algunos amigos...*
- **Adjetivos** y **participios**: *Agua fresca; el libro leído...*
- **Sustantivos** y **grupos nominales**: *El río Turia; Carlos, el hermano de Elena.*
- **Grupos preposicionales**: *Películas de acción; aventureros sin límites...*
- **Oraciones sustantivas como término de una preposición**: *La impresión de que dice la verdad; La duda de que esté en lo cierto...*
- **Oraciones de relativo**: *Miradas que hablan por sí solas; La casa que visitamos ayer...*

RECUERDA

Los GN (sustantivos y pronombres) pueden realizar distintas funciones sintácticas: Sujeto (explícito: *Andrés se emociona*; o implícito: *Se emociona* [*él*]), CD, CI (si es pronombre átono), CC, Atributo, CPred:

[*Ellos*] *Lo* (CD) *nombraron director* (CPred) *este año* (CCT).

Complementos del grupo nominal

Los dos tipos de complemento que puede recibir el grupo nominal son el complemento del nombre (CN) y la aposición:

- **CN**: se trata de una función sintáctica que limita el significado del grupo nominal (*la camiseta verde*) o que aclara el núcleo sustantivo pero sin restringirlo (*los alumnos, emocionados, estuvieron en silencio*). Dos estructuras corresponden a esta función:
  - **GAdj**: *El pantalón negro me gusta más.*
  - **GPrep**: *El perro de Rosa ladra mucho.*

- **La aposición**: el núcleo del grupo nominal está modificado por otro sustantivo o grupo nominal sin la ayuda de una preposición como enlace. La aposición puede ser **especificativa** o **explicativa** (si va entre comas):
  - *El príncipe Hamlet simboliza la duda existencial (aposición especificativa).*
  - *Amancio, el jugador, fue un ídolo para muchos (aposición explicativa).*

2.2 El grupo adjetival (GAdj)

El **grupo adjetival** es una estructura sintáctica cuyo núcleo es un adjetivo. Sus funciones sintácticas son CN (*El pelo corto*), atributo (*La película parece divertida*) y complemento predicativo (*El café, lo toma frío*).

El núcleo adjetivo puede estar modificado por:

- Los adverbios de grado y algunos terminados en *-mente* que funcionan como modificadores aportando distintos valores:
  - **Intensificador**: *poco fiable; muy rico; sumamente preparado.*
  - **Punto de vista**: *lenguaje políticamente incorrecto.*
  - **Modalidad**: *resultados lamentablemente equivocados.*
- También puede estar complementado por el **término de una preposición**: *cansado de tu indiferencia te olvidó.*

2.3 El grupo preposicional (GPrep)

El **grupo preposicional** está formado por una preposición o locución preposicional y su complemento, que se denomina **término**.

Prácticamente, los términos pueden adoptar cualquier estructura:

- **Prep + GN**: *para mi hermana; sin él.*
- **Prep + GAdj**: *por ingenuo.*
- **Prep + GAdv**: *desde ya.*
- **Prep + GPrep**: *tras de ti.*
- **Prep + oraciones subordinadas sustantivas**: *Tuvo el presentimiento de que vendría.*

En ocasiones, el sintagma preposicional puede estar modificado por algunos adverbios y grupos cuantificativos:

- **Adverbios que indican precisión**: *efectivamente por ese motivo; justamente por eso.*
- **Adverbios focalizadores**: *incluso en las mejores familias; aun sin fuerzas; solo por ti.*
- **Adverbios de cantidad o grado**: *más hacia arriba; no estar muy por la labor.*
- **Grupos cuantificativos de medida**: *tres grados hacia el sur; un centímetro sobre el asfalto.*

Los GPrep pueden desempeñar diferentes funciones sintácticas:

- **CN**: *La mesa de Pedro era inmensa.*
- **CD (de persona)**: *Cogí al bebé en brazos.*
- **CI**: *Se lo dije a Teresa.*
- **CC**: *Cocinaba con leña.*
- **CR**: *Ella confiaba en tu prudencia.*
- **CAgente**: *El banco fue pintado por su cuñado.*
- **Atributo**: *Las naranjas son de Valencia.*

Fotograma de *Hamlet* (1996), película dirigida y protagonizada por Kenneth Branagh.

FÍJATE

Algunos verbos cambian de significado según sea la preposición que los acompañe:

- *Acabó de cocinero* (resultado de un proceso).
- *Acabó con las hormigas* ('eliminar' o 'matar').
- *La partida acabó en tablas* (resultado de una acción).
- *Acabó por sonreír* (*acabar* funciona como verbo auxiliar en la perífrasis).

La oración y los grupos sintácticos

2.4 El grupo adverbial (GAdv)

El núcleo del **grupo adverbial** es un adverbio o locución adverbial cuya función básica es complementar al verbo: *Volveré después* (CCT); *Se hace así* (CCM); *Ponlo allí* (CCL).

El grupo adverbial suele estar modificado por otro adverbio, aunque también admite otras estructuras:

- **Cuantificadores de grado**: *muy cerca; demasiado pronto.*
- **Cuantificadores comparativos** y **consecutivos**: *más tarde que nunca; tan pronto que no había nadie.*
- **Adverbios de foco**: *casi bien; justamente hoy.*
- **Grupos nominales cuantificativos**: *dos segundos antes; unos pasos delante de él.*
- **Un grupo preposicional**: *cerca del instituto.*
- Las formas ***lo***, ***qué*** y ***cuán*** con valor enfático: *¡Lo bien que dibuja!; ¡Qué lejos está!; ¡Cuán tarde vino!*

Dentro del GV, los adverbios pueden ejercer las funciones de complemento circunstancial (*Lo hizo rápidamente*), atributo (*El ejercicio está bien*) y complemento predicativo (*La encontré estupendamente*).

RECUERDA

Los adverbios también pueden complementar a un sustantivo, a un adjetivo, a otro adverbio o a toda la oración:

La vecina de enfrente.
Sust

Muy evidente.
Adv

Muy pronto.
Adv

Lamentablemente, se cayó.
oración

2.5 El grupo verbal (GV)

El **grupo verbal** se construye en torno a un verbo que funciona como núcleo. Puede estar complementado, según la naturaleza de su predicado, por diferentes funciones sintácticas:

- **Atributo (Atr)**: *El gazpacho está riquísimo; Luisa parece cansada.*
- **Complemento directo (CD)**: *Hicieron un estudio exhaustivo; La ley ampara a los más desfavorecidos.*
- **Complemento indirecto (CI)**: *Juan pidió ayuda al profesor; Esther declaró su amor a Alejandro.*
- **Complemento circunstancial (CC)**: *Leo la prensa en el tren; ¡Prepara la comida ahora mismo!*
- **Complemento predicativo (CPred)**: *Miraba el cuadro maravillada; Vendieron el coche muy barato.*
- **Complemento de régimen (CR)**: *Siempre pienso en ti; El entrenador del equipo confía en la victoria.*
- **Complemento agente (CAgente)**: *Los ladrones fueron detenidos por la policía; El examen de castellano fue aprobado por todos los alumnos.*

El predicado puede ser *nominal* o *verbal*.

Predicado nominal

Está formado por los **verbos copulativos** *ser*, *estar* y *parecer* cuando expresan una cualidad del grupo nominal.

Esta cualidad necesaria que aparece en el predicado de los verbos copulativos se denomina **atributo**: *La actuación de los alumnos fue divertida; Juan está emocionado; María parece intranquila.*

El agua está fantástica es un ejemplo de predicado nominal.

Predicado verbal

El resto de verbos forman este grupo (ver Unidad 6). A los que necesitan un GN (complemento directo) que complete su significado se les denomina **transitivos.** Los que no lo necesitan son **intransitivos**, aunque pueden llevar otros complementos.

22. Cambia el orden de las palabras de esta oración sin que se pierda el sentido original: *De la telaraña depende hoy casi todo.*

23. Las palabras o grupos de palabras que se mueven en bloque corresponden a los grupos sintácticos. ¿Cuántos grupos hay en la oración anterior?

24. En los grupos anteriores, ¿qué palabras organizan a las demás?

25. Lee el siguiente texto y realiza las actividades:

Vivir alquilado

Podría comprarse una mansión como la de Charles Foster Kane, o sea *un mausoleo de oro* y plomo que lo tuviese *hibernado*, pero Mark Zuckerberg, *gran patrón de Facebook*, prefiere vivir *alquilado en una morada decente* porque los *nuevos ricachones yanquis* huelen *a zapatilla deportiva* y normalidad de hamburguesa.

Nuestros matadores de toros ratifican su éxito cuando por fin se agencian esa finca rural y ese pedazo de Mercedes. Nuestros triunfadores de ladrillo y ciudades fantasma confirmaban su ascenso adquiriendo yates, verdaderos paquebotes de estrépito hortera pero sin esos taburetes en el bar forrados de prepucio de cachalote como los que exhibía Onassis *en su barco de recreo* en un acto de supremo morbo. La vieja Europa compra posesiones rimbombantes para demostrar su condición de rutilante multipelas; los niñatos del dólar que dominan el universo con sus chismes tecnológicos y sus visiones virtuales prefieren alquilar el domicilio y *casi nunca* usan corbata, véase Bill Gates, porque se diría que la corbata les recuerda la soga con la cual sus antepasados aplicaban la ley de Lynch. Nuestra mentalidad no puede comprender cómo un tipo *tan sobrado de pasta* vive de alquiler. A nosotros nos angustia el alquiler porque suponemos que ese dinero se marcha *a la basura* y, el día de mañana, ese famoso día de mañana, ni siquiera tendremos un techo propio bajo el cual morir *con dignidad*. Lo que no sé es si nosotros representamos, con nuestras largas hipotecas (otra forma de pagar un alquiler), un modo de vida anquilosado que se aferra a los metros cuadrados, y estos nenes ricos muestran una flexibilidad que les permite cortar el bacalao. "*Nunca* tengas nada que no puedas abandonar *en treinta segundos* si te persigue la pasma", dice Robert de Niro en la peli *Heat*. Igual se trata *de eso.*

Ramón PALOMAR: "Vivir alquilado", 8 de febrero de 2011, *Las provincias*. Web [Consulta: 16 de junio de 2015].

a. Identifica los grupos sintácticos que aparecen destacados en el texto.

b. ¿Qué tipo de aposición aparece en el primer párrafo?

c. Escribe en tu cuaderno una aposición especificativa y otra explicativa utilizando dos sustantivos cualesquiera del texto.

d. Localiza en el texto un ejemplo de predicado nominal y cópialo en tu cuaderno.

26. ¿Qué grupos sintácticos aparecen en estas oraciones? ¿Cuál es su función?

- Los niñatos del dólar dominan el universo con sus chismes tecnológicos.
- Nos angustia el alquiler.
- La vieja Europa compra posesiones rimbombantes.
- Igual se trata de eso.
- Nuestros matadores de toros ratifican su éxito.

27. ¿Qué clase de predicados verbales aparecen en estas oraciones?

- Podría comprarse una mansión.
- Prefiere vivir alquilado.
- Los nuevos ricachones yanquis huelen a zapatilla deportiva.
- Nunca tengas nada.
- Ni siquiera tendremos un techo propio.

28. Indica el tipo de grupo sintáctico y el modificador utilizado en estas oraciones:

- No es nada razonable.
- Lo digo especialmente por eso.
- Me lo contó muy tarde.
- Es poco de fiar.
- Es demasiado evidente.
- Vino precisamente ayer.

29. Escribe en tu cuaderno un texto argumentativo que contenga, al menos, los siguientes grupos sintácticos, e identifícalos:

las redes sociales	comunicarse
discreto / -a	sin privacidad
hoy	uso seguro

Ortología

La **ortología** es la parte de la gramática que estudia la pronunciación clara y correcta en consonancia con la entonación y la articulación verbal. El uso correcto de la lengua oral debe ajustarse a determinadas normas de dicción para evitar ambigüedades en el intercambio comunicativo. Es evidente, además, que para hablar bien hay que respetar las reglas gramaticales.

Observa la siguiente situación comunicativa que podría producirse en una entrevista laboral:

– Entrevistador: ¿Qué aptitudes crees que posees para desempeñar este puesto?

– Entrevistado: *Pos*... no sé. *Hablastes* de que los trabajadores han *dao* mucho de su parte y yo tengo mucha *voluntá*.

Reflexiona: ¿Crees que el entrevistador evaluaría positivamente al entrevistado? ¿Conseguiría el trabajo?

Existe una relación cercana entre la pronunciación y las variedades diatópicas, diastráticas y diafásicas de la lengua. No hay que hablar de errores ortológicos cuando nos referimos a los dialectos del castellano, ya que cada uno de ellos tiene sus propias peculiaridades fonéticas (variedades diatópicas). Sin embargo, un hablante culto es aquel que conoce la norma, evita los errores en la comunicación (variedades diastráticas) y, a su vez, es capaz de cambiar de registro lingüístico, adaptándose a las diferentes situaciones comunicativas (variedades diafásicas).

VARIEDADES DE LA LENGUA

- **Variedades diatópicas**. Relacionadas con el punto geográfico en el que se produce la comunicación. Un andaluz cecea, un segoviano no, por ejemplo.
- **Variedades diastráticas**. Relacionadas con el nivel sociocultural del hablante. El desconocimiento de la norma puede dar lugar a un uso incorrecto de la lengua oral.
- **Variedades diafásicas**. Relacionadas con las diferentes situaciones comunicativas. En un entorno coloquial se justifican determinados errores, en una situación formal no.

1. Pronunciación

Pronunciar bien significa 'emitir correctamente los sonidos de una lengua'. Si se producen errores de pronunciación, es probable que la comunicación se interrumpa.

Observa los siguientes errores de pronunciación:

- Se sustituye el sonido *k* por el sonido *z* cuando sigue otra consonante: **aztuar* por *actuar*.
- En la doble *cc* (recuerda que cada *c* pertenece a una sílaba distinta) se suprime el sonido *k* de la primera: **interseción* por *intersección [intersekción]*.

HABLAR BIEN

La buena presentación de un discurso oral exige tener presentes varios factores como son la entonación, el ritmo, la vocalización, la velocidad... Sin olvidar el respeto a las normas gramaticales.

2. Dicción

Tener buena dicción significa 'hablar (y también escribir) de forma correcta'. Hay varios aspectos que determinan la buena o mala dicción:

- El control de la velocidad, la entonación y el ritmo.
- La vocalización.
- El empleo acertado de palabras o construcciones.

Observa los siguientes errores de dicción:

- Supresión de fonemas dentro de una palabra: **alante* por *adelante*, **abogao* por *abogado*.
- Adición de algún fonema al final de la palabra: **comistes* por *comiste*.
- Repetición de fonemas que producen sonidos poco agradables (cacofonías): para evitar la cacofonía se pone *el aula* (artículo masculino *el*, aunque la palabra *aula* es femenina).

¿SE PUEDE DECIR *SICOLOGÍA* Y *NUEVÍSIMO*?

Psico, en griego, significa 'alma' y *logía* es 'el estudio de'.

La RAE admite también la forma simplificada aunque recomienda escribir la forma etimológica.

La RAE admite la duplicidad en algunos casos como: *nuevísimo* o *novísimo*.

3. Fenómenos ortológicos dialectales

Son aquellos rasgos que afectan a la pronunciación y están relacionados con una determinada área geográfica.

- **Seseo**: es típico del habla de los países latinoamericanos y de algunas regiones españolas, y consiste en pronunciar *s* por *c* (*ce, ci*) y por *z*: *[*casa*] por *caza* (actividad referida a la acción de cazar).
- **Ceceo**: es el fenómeno contrario y consiste en pronunciar la *s* con el sonido de la *z*: *[*perzona*] por *persona*.
- **Yeísmo**: es el fenómeno que se produce cuando pronunciamos *y* por *ll*. Está muy extendido en América y también en la zona del centro y sur de España: *[*cabayo*] por *caballo*.

Bernardo Hernández es director de *marketing* de productos Google.

30. Explica el fenómeno que se produce en los siguientes errores de pronunciación de consonantes:

- *alcol por alcohol
- *remplazar por reemplazar
- *vente, *trenta en vez de veinte y treinta
- *expectáculo *[ekspektákulo]* por espectáculo
- *azmitir por admitir
- *¡comer! por ¡comed!
- *tasi por taxi [*taksi*]
- *sicología por psicología
- *apreto por aprieto
- *nuevecientos por novecientos
- *aereopuerto por aeropuerto
- *arrascar por rascar

31. Explica el fenómeno que se produce en los siguientes errores de dicción:

- Pues llegaremos tarde a la cita pues no nos enteramos de lo que dijeron.
- La casa que han comprado ha costado casi como la que has comprado tú.

32. Coged cualquier texto que tengáis a mano y, de uno en uno, id leyendo en alto algún párrafo. Los que escuchan irán anotando en el cuaderno que errores ortológicos, si los hubiera, se detectan. Proponed la forma correcta.

33. Seleccionad algún programa, televisivo o radiofónico, de debates, entrevistas, entretenimiento, etc., que podáis ver todos a una hora determinada. Comentad en clase quién habla mejor o peor y por qué.

34. Explica qué ha pasado con las siguientes palabras, identifica el fallo ortológico y, después, propón la forma correcta:

*fustración	*palante	*álbunes
*atiforrar	*dentrífico	*¡fijarse de una vez!
*calao	*ventitrés	*metereología
*diabetis	*en ver de	*hicistes

35. Memorizad algún párrafo del discurso sobre el TOC y exponedlo delante de vuestros compañeros.

Los demás deben analizar vuestra dicción, valorando la velocidad, la entonación, el ritmo y la vocalización.

36. Elabora un discurso expositivo oral sobre el ceceo, seseo y yeísmo en España e Hispanoamérica ayudándote de mapas.

37. Escucha el siguiente discurso de Bernardo Hernández en www.tiching.com/730740, y después reflexiona sobre su forma de hablar:

a. ¿Cómo son sus tácticas prosódicas?

- Cualidades de la voz: claridad y pronunciación.
- Volumen: constante, variado…
- Pausas y velocidad.
- Tono: refleja muy directamente la personalidad del orador, es decir, si es confiado, alegre, apagado, inseguro…
- Flexibilidad: capacidad para variar las cualidades de su voz en función del interés de persuasión en cada momento.

38. Realiza una lectura que refleje diferentes personalidades con las oraciones que se proponen a continuación, como si fueras una persona insegura / segura, animosa / apagada y contenta / enfadada.

El resto de los compañeros harán de críticos y dirán qué efecto produce escuchar las oraciones de una manera u otra:

- No he terminado nada hoy, mañana será otro día.
- He terminado todo hoy, mañana será otro día.
- No termino de creer lo que estoy oyendo.
- Quizás tengamos algún pequeño problema por haber elegido esta opción.
- ¿Vas a venir ya?
- ¿Me darás otra oportunidad?
- ¡No me lo creo ni yo!

9 LA EXPOSICIÓN EN LA PRENSA. EL SUJETO Y EL PREDICADO

Los mamíferos ya pueden regenerar órganos como los peces y salamandras

Un experimento logra activar el mecanismo que reconstruye órganos mutilados en ratones. Esta técnica permitiría recuperar el corazón de pacientes tras un infarto.

JAVIER SALAS, 6 NOV 2014 – 19:05 CET23

La medicina regenerativa señala el camino para la recuperación de personas con cegueras, infartos o problemas de riñón. Los pasos que se están dando son a la vez prometedores. La buena noticia es que en los mejores laboratorios del mundo trabajan para identificar todos los caminos por los que la medicina del futuro podría avanzar.

Es el caso del laboratorio del español Juan Carlos Izpisúa. "Estamos pensando en varios sistemas en paralelo", reconoce. En el Instituto Salk de California estudian cómo reprogramar células madre para reconstruir órganos y cómo usar las de cerdos, por ejemplo, para producirlos. Pero también se han detenido a observar cómo actúa la naturaleza en otros animales, como las salamandras, que recuperan una extremidad aunque se la mutilen una y cien veces. O los peces cebra, a los que les cortas el 20% de su corazón y lo vuelve a regenerar una y otra vez sin problemas.

Izpisúa y su equipo han trabajado en entender el mecanismo molecular que permite a los peces cebra regenerar el corazón, para después estudiar si sería posible en mamíferos como ratones y humanos. En un experimento dado hoy a conocer han demostrado que es posible: han conseguido activar ese mecanismo en el corazón de un ratón adulto para que se recupere tras quedar seriamente dañado por un infarto.

Izpisúa insiste en la importancia de este trabajo porque demostraría que "se puede activar la regeneración endógena en mamíferos de forma natural, sin necesidad de trasplantar células desde fuera del organismo".

Javier SALAS: "Los mamíferos ya pueden regenerar órganos como los peces y salamandras", 6 de noviembre de 2014, *El País*. Web [Consulta: 10 de junio de 2015].

1. Identifica al emisor del texto y señala su intención comunicativa.
2. ¿A qué tipo de destinatario crees que se dirige el texto? ¿En qué sección del periódico crees que lo encontrarías?
3. ¿A qué fuentes de información crees que ha acudido el periodista de este reportaje?
4. Por el contenido del texto, ¿crees que pertenece a un género periodístico informativo o a uno de opinión?
5. ¿Qué opinas sobre la medicina regenerativa? ¿Piensas que puede ser en un futuro un importante recurso médico para la humanidad?
6. ¿Crees que es o no necesario que la investigación científica y médica se ajuste a unos límites de carácter ético?

La exposición en la prensa

1. El discurso de los medios de comunicación

Los mensajes de los medios, ya sean impresos, sonoros o audiovisuales, se caracterizan por su heterogeneidad, por la utilización de diferentes códigos y por la gran variedad de sus contenidos. Podemos encontrar textos informativos de diversas clases: de opinión, publicitarios, etc.; diversos registros idiomáticos; diferentes estilos y variados géneros periodísticos.

Los medios, desde su origen, además de entretener y divertir, cumplen las funciones de informar, opinar y –como vehículos de mensajes publicitarios– persuadir. Estas funciones determinan el tipo de discurso que predomina en ellos, así como las formas o géneros periodísticos en que se estructuran los textos:

Para vivir en sociedad necesitamos comunicarnos y lo hacemos de distintas maneras.

MEDIOS DE COMUNICACIÓN: ESCRITOS, SONOROS Y AUDIOVISUALES			
Función social	Informar	Opinar	Persuadir
Tipo de discurso	Narrativo Expositivo	Expositivo-argumentativo	Persuasivo
Géneros periodísticos	Noticia Reportaje Crónica Foto-noticia Pie de foto Infografías Anuncio por palabras	Reportaje Entrevista Crónica Editorial Artículo Columna Cartas al director Crítica Suelto Fotomontaje Viñeta o tira de opinión	Anuncio publicitario impreso

Un hecho de actualidad se puede relatar, explicar, comentar o valorar utilizando tanto el código verbal como el visual. Cada género periodístico posee características propias, tanto formales como de contenido: se diferencia por su estructura, por su estilo y por rasgos propios en cuanto al diseño, extensión, etc.

Se denominan **géneros periodísticos informativos** los textos que exponen y narran un hecho de actualidad sin ofrecer la opinión o el punto de vista del periodista. De ellos los más importantes son la **noticia** y el **reportaje**.

Cuando el periodista analiza un hecho de actualidad, sus causas y consecuencias, y ofrece una interpretación del mismo, nos encontramos ante los **géneros periodísticos de opinión**, entre los que destacan el **editorial**, el **artículo** y la **columna**.

Si, además de informar, el periodista ofrece sus impresiones personales, se trata de un **género periodístico mixto**, como la **crónica**.

Los periódicos incluyen, además, otras informaciones de interés general: cartelera, meteorología, anuncios por palabras, programación de televisión, etc.

2. La noticia narra un hecho de actualidad

Cualquier hecho de actualidad que un medio de comunicación considera interesante puede convertirse en noticia. Los rasgos de este género periodístico, tanto de contenido como formales, son los siguientes:

La exposición en la prensa

- La noticia es la narración de un hecho relevante o curioso sucedido recientemente.
- Su función es la de informar al público de la forma más directa, veraz y objetiva posible.
- En cuanto a su contenido, la noticia intenta contestar al mayor número de preguntas básicas: quién, qué, cuándo, cómo, dónde y por qué.
- Busca informar con un lenguaje claro, breve y preciso. Para ello utiliza una sintaxis sencilla, a base de oraciones cortas, directas y afirmativas, y un vocabulario accesible que facilite la lectura y favorezca la comprensión del contenido del texto.
- La información es impersonal: el emisor no aparece, aunque cada vez es más frecuente que el redactor firme con su nombre.
- Las noticias se estructuran en dos partes: titular y cuerpo.

Actualmente, la mayoría de los periódicos se editan en papel y en formato digital porque así los puede leer un mayor número de personas.

2.1 Estructura de la noticia

El titular

El **titular** puede ser simple o complejo. El titular complejo se compone de título, antetítulo y subtítulo.

El **título** anuncia el contenido de la información y busca atraer al lector. Debe informar sobre la esencia de la noticia. El **antetítulo** indica de manera general el asunto o el lugar donde se desarrolla la noticia. Puede ser una única palabra. El **subtítulo** añade alguna otra particularidad. Se suele utilizar cuando el titular solo indica de qué trata la noticia. Por ejemplo, el título EL PUERTO SECRETO DE COLÓN precisa aclarar de qué se habla con un subtítulo:

> "Un equipo de arqueólogos descubre en Palos de la Frontera el muelle desde el que zarpó el almirante".

La extensión del titular está condicionada por la importancia de la noticia y las dimensiones del texto. Una noticia que ocupa tres columnas o más llevará un titular de esa extensión en una o dos líneas.

El cuerpo

El **cuerpo** de la noticia, al contrario que en el texto narrativo tradicional, presenta los datos en forma de **pirámide invertida**: lo más importante se refiere al principio y los datos secundarios se ofrecen al final.

La **entradilla** es un primer párrafo, generalmente destacado en negrita, que suele contestar a dos o tres preguntas básicas.

Cuando la noticia es extensa y es preciso conciliar el orden de importancia con la narración cronológica de los hechos, presenta a veces la estructura de **pirámide truncada**, o de *reloj de arena*.

Se comienza el relato presentando aquellos datos más significativos que se recogen también en el título y la entradilla; se sigue con el resto de la información en orden decreciente de interés.

En un momento dado se interrumpe este orden para ofrecer una serie de informaciones complementarias o antecedentes del hecho que ayuden a entender mejor la noticia. Por último, se retoma la narración, esta vez siguiendo un orden cronológico de interés creciente y terminando con un cierre llamativo e interesante para el lector.

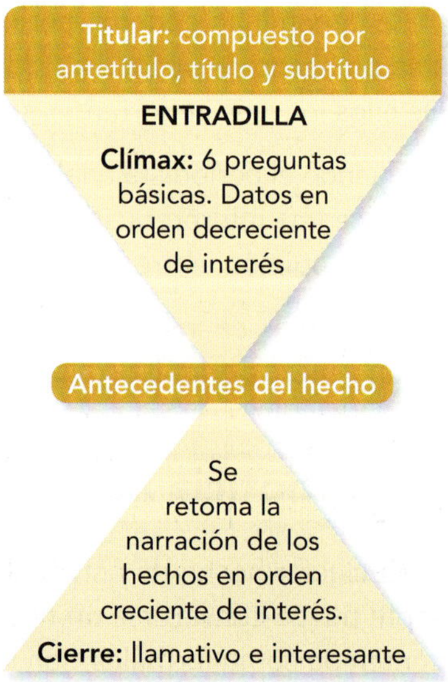

La imagen

Cuando la noticia se considera de cierta importancia, el texto suele ir acompañado de una **imagen** o fotografía relacionada con aquello de lo que se informa.

La fotografía periodística se caracteriza por mostrar el acontecimiento de la forma más objetiva posible.

Según su función predominante -informar, interpretar, opinar-, y teniendo en cuenta el contenido de la información textual a la que acompañan, las fotografías periodísticas se clasifican en fotografía informativa, fotonoticia, fotografía de impacto, de denuncia, reportaje fotográfico, fotografía publicitaria, científica, etc.

Fotografía de Andy Goldstein, de la serie "Vivir en la Tierra". La fotografía de denuncia tiene como fin denunciar situaciones "vergonzantes" de la sociedad, con el objetivo de dar testimonio y provocar o estimular la reacción de la sociedad y los poderes públicos.

El pie de foto

La fotografía no es la realidad sino una interpretación de la misma y, en muchos casos, posee un significado polisémico: admite varias interpretaciones, por lo que necesita ser contextualizada y aclarada por un pie de foto.

El **pie de foto** es el texto que aparece al pie de las fotografías. Tiene como objetivo identificar, completar, aclarar y concretar el significado de la imagen, identificar a las personas o el lugar, y justificar el porqué de la fotografía.

En relación con la imagen, el pie de foto puede desempeñar una de las siguientes funciones:

- **Apoyo**, cuando el texto ayuda a identificar los diferentes elementos de la imagen.
- **Simbiosis**, si existe una relación plena entre la imagen y el texto.
- **Redundancia**, cuando el pie de foto se limita a describir lo que ya es evidente en la imagen.
- **Conflicto**, si surge una contradicción entre la imagen y el texto, independientemente de si se ha buscado la contradicción de forma intencionada o de si ha surgido por error.

2.2 La fotonoticia

La **fotonoticia**, o **noticia gráfica**, es aquella fotografía que no va acompañada de un texto, pues tiene validez informativa por sí misma.

Generalmente lleva un pie de foto de varias líneas que tiene un breve título en negrita (pie de foto "engatillado").

Los rasgos que caracterizan a la fotonoticia son:

- **Actualidad y relevancia**: el hecho captado por la cámara es socialmente significativo y de actualidad.
- **Momento decisivo**: la imagen muestra el instante decisivo o pocos momentos después.
- **Impacto emocional**: la imagen, además de informar, tiene un gran impacto emocional que, a veces, es tan importante como el valor social del suceso.
- **Novedad**: el hecho no se conoce.
- **Formato**: la imagen y el pie de foto aparecen en un recuadro abrazado por dos líneas horizontales (filetes) que delimitan el espacio y ayudan a destacar la información.

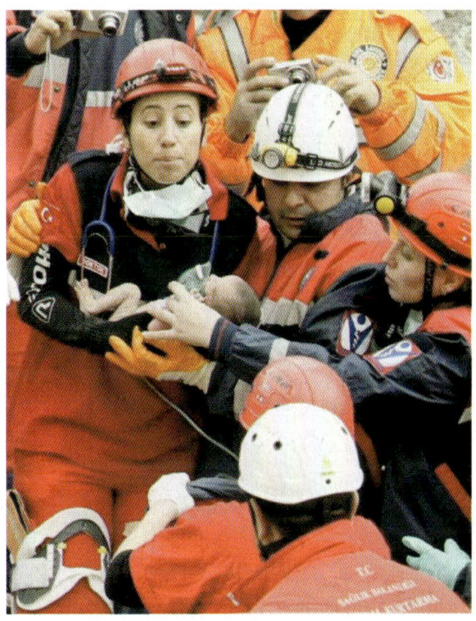

Milagro entre los escombros en Turquía. Los equipos de rescate han localizado a una niña de dos semanas que ha sobrevivido entre los escombros de la ciudad de Ercis, golpeada por un fuerte terremoto.

3. El reportaje es una noticia ampliada

El **reportaje** es una ampliación de la noticia. Consiste en la explicación de los hechos actuales y sus circunstancias con un estilo literario próximo a la narración. Se trata de una reconstrucción de la noticia para que el lector la reviva y la comprenda desde todos los puntos de vista y con todo detalle. Sus principales características son:

- Es un género periodístico de cierta **complejidad** que exige un trabajo previo de documentación. El periodista ha de investigar, acudir al lugar de los hechos, recopilar testimonios, cifras, anécdotas, diálogos, descripciones, sensaciones, etc., con el fin de reconstruir el ambiente general de la forma más fiel posible.
- Puede tratar los más **diversos temas** (hay reportajes de sucesos, de viajes, biográficos, de sociedad, de costumbres, de interés humano, históricos...) sin otros límites que la claridad, la exactitud y la eficacia informativa.
- La **objetividad** y la **veracidad** son sus señas de identidad, pero el reportero puede introducir algunos elementos subjetivos en sus observaciones y en su valoración de los hechos.
- Su **estilo** es **libre**, pero su lenguaje ha de ser claro, preciso, fluido, creativo y ameno, pudiendo también integrar elementos literarios, narrativos y descriptivos.
- El reportaje va **firmado**: se menciona el nombre del reportero y el lugar desde donde se ha redactado el texto.

El reportaje se compone de **titular**, **entradilla**, **cuerpo** y **cierre**.

El **titular** y la **entradilla** buscan captar el interés del lector. Suelen ser ingeniosos y creativos y pueden incorporar paradojas, dobles sentidos, antítesis, metáforas, etc.

¿Cuántas veces se puede acabar el mundo?

La distopía, el reverso oscuro de la utopía, que imagina escenarios totalitarios y sociedades maltrechas, es el género dominante de la ficción actual. Películas, series de televisión y literatura presentan un panorama de futuro poco halagüeño para la humanidad.

Begoña GÓMEZ URZAIZ: *¿Cuántas veces se puede acabar el mundo?*, 12 de octubre de 2014, *El País semanal*. Web [Consulta: 1 de julio de 2015].

REPORTAJE

- En el reportaje de acontecimientos, el periodista contempla los hechos desde fuera y ofrece una visión estática de ellos.
- En el reportaje de acción, el reportero cuenta los hechos desde dentro, aportando una visión dinámica de los mismos.
- En el reportaje de citas o entrevista, el periodista, tras presentar al personaje, va alternando sus palabras textuales con distintas observaciones acerca de la persona y del ambiente que rodea la comunicación.

7. El texto con que comienza este apartado es un reportaje. Vuelve a leerlo prestando atención a las características que sirven para definirlo como tal:

a. ¿Cuál crees que es la intención comunicativa del autor del texto?

b. ¿En qué fuentes se ha documentado el periodista para ofrecer esta información ampliada a sus lectores?

c. Aunque el texto responde a la necesidad de objetividad propia de los géneros informativos, el periodista ha incluido en el primer párrafo algunas valoraciones personales. Identifícalas.

d. El tema del reportaje determina el uso de léxico científico. Subraya los términos y las expresiones que pertenezcan a este campo del saber y explica su significado.

e. Observa la sintaxis. ¿Crees que hay bastante presencia de subordinación en este reportaje? Señala alguna oración subordinada y di de qué tipo es.

f. Analiza la forma del reportaje: señala qué parte del texto corresponde al titular, a la entradilla y al cuerpo. ¿Crees que el titular y la entradilla consiguen captar el interés del lector?

g. Según la exposición de los hechos que realiza el periodista, ¿los contempla desde fuera o desde dentro?

h. ¿Es un reportaje de acontecimiento o de acción?

i. Por su contenido, ¿crees que este reportaje es informativo o interpretativo?

8. Redacta un reportaje: elige una noticia de actualidad y amplíala documentándote lo que sea necesario sobre el tema.

El **cuerpo** desarrolla el relato de los hechos con abundante información, utilizando numerosos recursos formales, estilísticos y literarios. No siempre es obligatorio exponer los datos en un estricto orden decreciente de importancia.

Hay reportajes, como el **reportaje de acontecimientos** y el **reportaje de acción**, que sí respetan la estructura de pirámide invertida; otros, en cambio, como el **reportaje de citas** o la **entrevista**, no lo hacen.

Todos los reportajes terminan con un **cierre** que sintetiza, sentencia y concreta su contenido.

Si se tienen en cuenta las modalidades del tratamiento de la información, podemos distinguir el **reportaje informativo**, objetivo y fiel a los hechos, del **reportaje interpretativo**, que analiza y explica hechos recientes, y que pertenece ya a los géneros de opinión.

Una noticia será más importante cuanto más espacio ocupe en la página y más destacada esté por medio de procedimientos como grandes titulares, introducción del color, acompañamiento de gráficos o fotografías, uso de recuadros que la enmarquen, etc.

4. La noticia y el reportaje utilizan el estilo informativo

Las características de la noticia y el reportaje son:

- **Objetividad**: la narración de los hechos se realiza en 3.ª persona, no se dan opiniones personales. Predominan los tiempos verbales en modo indicativo y las construcciones impersonales o pasivas. La adjetivación es escasa: cuando aparecen adjetivos son especificativos. La construcción sintáctica sigue un orden lógico.
- **Claridad**: se huye de las expresiones ambiguas, oscuras o carentes de significado. Se evitan las muletillas, las frases demasiado largas, las expresiones retóricas, las palabras complejas y los tecnicismos.
- **Concisión**: se eliminan las redundancias.
- **Construcción que cautive la atención**: los textos se ajustan a distintos esquemas estructurales en los que se cuida especialmente el principio o arranque y el final o cierre.

5. La crónica informa, opina y entretiene

La **crónica** se considera un género mixto pues el periodista, además de exponer un acontecimiento (presentación objetiva), añade su propia interpretación personal (valoración subjetiva), generalmente recreando la atmósfera en que se produjo el suceso, de forma que lo objetivo y lo subjetivo se complementan.

La intención de la crónica es informar, formar opinión y entretener.

El cronista tiene una gran libertad a la hora de construir su texto: puede combinar narración, descripción, comentario y diálogo, y no tiene que someterse a la estructura de pirámide invertida, ni ha de redactar obligatoriamente una entradilla, salvo que sea la crónica de un corresponsal.

En la crónica se utiliza un lenguaje sencillo, llano y directo. Predominan las frases cortas y los párrafos breves que facilitan la lectura y hacen más grata la presentación del texto. **Claridad**, **sencillez**, **precisión** y **concisión** son claves en la redacción de la crónica.

Sin embargo, admite también elementos más literarios, como los recursos estilísticos, los giros y construcciones creativas, así como un vocabulario coloquial, fruto de la familiaridad del periodista con el lector.

ESTRATEGIA DE LECTURA CRÍTICA

¿Qué importancia da el medio informativo a un hecho? Para reconocerlo, presta atención en los medios escritos (prensa en papel y digital) a estos aspectos:

- La extensión del texto periodístico: si va acompañado de imágenes, grandes titulares...
- La variedad y fiabilidad de las fuentes de información que utiliza: agencias de noticias, reporteros solventes, instituciones serias, etc.
- El significado añadido al texto por el tratamiento formal: ¿Hay sensacionalismo formal: grandes titulares, abundante color, fotografías de gran tamaño, etc.?

Una vez reconocido, pregúntate: ¿Tiene realmente tanta importancia este hecho? Contrástalo con tus valores personales y con tu propia experiencia.

La exposición en la prensa

9. Lee el texto y responde las preguntas:

¿Solo amigos?

Toparse con una buena comedia romántica es más difícil que hallar el amor verdadero. Por cada *Cuando Harry conoció a Sally* o *Un lugar llamado Notting Hill* nos tropezamos con cientos de intentos fallidos con los que nos aburrimos por más entusiasmo que les pongamos. *¿Solo amigos?* de Michael Dowse no sé si está a la altura de los clásicos mencionados, pero está lejos de avergonzar al género.

Como Harry y Sally, Wallace (Daniel Harry Potter Radcliffe) y Chantry (Zoe Kazan, que fuera la deliciosa Ruby Sparks) comienzan como amigos. La dificultad para pasar a mayores radica en que ella está en pareja (¿ideal?) con Ben (Rafe Spall). El amor está más cerca de lo que imaginan, aunque como en la vida real, reconocerlo y aceptarlo se vuelve una aventura o una desventura. Los personajes son sólidos, las situaciones están bien armadas y el conflicto central se sostiene y genera el apropiado suspenso sobre si la cosa terminará en boda o en despedida final.

Radcliffe y Kazan, por separado, son la mar de simpáticos y no sé si tienen mucha química entre ellos. No importará a la larga porque enamorarán al público, que es el que paga. Ser galán es algo más que tener la suerte de la buena prestancia y la seducción. Los ganadores de la pantalla tienen que aprender lo que los perdedores de abajo sabemos: para que sea factible que la chica se quede hay que trabajar más que el obrero del monumento al trabajo. Radcliffe lo tiene al alcance de la mano y cuenta además con la ventaja de su pasado de mago, así que ojalá lo comprenda y obre en consecuencia.

En realidad, lo único que me molestó de esta película es que todos los personajes hablaran del mismo modo y tuvieran el mismo sentido del humor. No es que pretenda que los guionistas sean expertos en distintos registros de habla, pero que absolutamente todos hablen en un estilo tan singular me parece un error.

En resumen, una comedia simpática con grandes posibilidades de convertirse en entrañable.

Un abrazo, Gustavo Monteros.

Gustavo Monteros: "*¿Solo amigos?*" (adaptación), 30 de octubre de 2014, *Crónicas de cine*. Web [Consulta: 1 de julio de 2015].

a. Explica cuál es el tema de esta crónica y localiza los párrafos que corresponden a cada una de las partes de su estructura.

b. Identifica al emisor del texto y señala su intención comunicativa: ¿pretende narrar, exponer, criticar, persuadir…? ¿A qué tipo de destinatario crees que se dirige? Justifica tu respuesta.

c. Identifica en esta crónica las informaciones objetivas y las apreciaciones subjetivas del cronista. Subraya dos o tres ejemplos y, después, indica alguna de las marcas lingüísticas que delata la presencia del emisor en el texto.

d. En el primer párrafo, el cronista ya adelanta su valoración de este filme. ¿Cuál es?

e. ¿Qué tiene que conocer el receptor para entender la frase: *…y cuenta además con la ventaja de su pasado de mago…*?

f. Valora el estilo: ¿prefiere un registro culto o coloquial? Subraya algunas expresiones que justifiquen tu respuesta.

10. Redacta una crónica (cultural, deportiva, de viajes…): elige un tema que te guste y combina información y valoraciones, dando a tu texto la estructura precisa. Recuerda que puedes utilizar un estilo expresivo y personal.

ESTRATEGIA DE LECTURA CRÍTICA

Para identificar las fuentes de información y evaluar su fiabilidad, presta atención a las pautas que tienes a continuación:

- ¿Se nombran fuentes propias del medio: redactores, colaboradores, enviados especiales, etc.? (Información de primera mano).
- ¿Están identificados los protagonistas de los hechos? (Información de segunda mano).
- Si la información procede de una persona u organismo que recibió la información de un testigo presencial de los hechos, ¿aparece en el texto el nombre de esa persona u organismo? ¿Se identifica al testigo? (Información de tercera mano).
- ¿Se oculta la fuente de información en parte o totalmente? ¿Consideras que las fuentes de información están confusas o no se especifican? (Fuente de información confusa u oculta).

	FIABILIDAD
10	Información de primera mano.
8	Información de segunda mano.
4	Información de tercera mano.
0	Fuente de información confusa u oculta.

COMENTARIO DE TEXTO

Que.es 11 de noviembre de 2014

Siete años de prisión por robar un Stradivarius

Un hombre ha sido condenado a siete años de prisión por el robo de un violín Stradivarius de 300 años y con un valor de 5 millones de dólares. Al parecer, el acusado arrebató el instrumento a un músico en Milwaukee, Estados Unidos.

Salah Salahadyn, un hombre de 42 años de Milwaukee (EE. UU.), ha sido condenado a siete años de cárcel por robar un violín Stradivarius. El acusado arrebató el instrumento, que tenía 300 años y estaba valorado en 5 millones de dólares, en plena calle a Frank Almond, uno de los músicos de la Orquesta Sinfónica de Milwaukee. Lo consiguió atacándole con una pistola de aturdimiento eléctrico.

El violín estuvo desaparecido durante 9 días hasta que la policía lo encontró en perfectas condiciones en una maleta en la casa de unos conocidos de Salahadyn. El dueño de la casa declaró a la policía que desconocía el contenido de esa maleta ubicada en un altillo. Salahadyn se enfrenta ahora a una pena de prisión de diez años. El robo del Stradivarius no era el primer delito de Salahadyn. En 2000 se declaró culpable de tratar de revender una estatua de 25 000 dólares al propietario de la galería de donde había sido sustraída cinco años antes.

Los violines Stradivarius fueron fabricados por el lutier italiano Antonio Stradivari. Muchos son propiedad de coleccionistas que los prestan a violinistas prominentes para ejecuciones sinfónicas. Los expertos dicen que un Stradivarius se deteriora si no se usa, pero que permanece en buenas condiciones cuando se ejecuta regularmente. El propietario del violín ha permanecido anónimo.

Los expertos calculan que quedan de 600 a 650 Stradivarius en el mundo. Aunque pueden valer millones de dólares, rara vez son objeto de robos pues están tan bien catalogados que es muy difícil revenderlos.

"Siete años de prisión por robar un Stradivarius" (adaptación), 11 de noviembre de 2014, *Qué!*. Web [Consulta: 1 de julio de 2015].

a. ¿Quién es el emisor y cuál es su intención comunicativa?

b. Enuncia las preguntas básicas a las que contestan el titular, la entradilla (en este caso, el primer párrafo de la noticia) y el cuerpo de la noticia.

c. Explica si el titular de la noticia es simple o complejo y por qué.

d. Describe su estructura: ¿es de pirámide invertida, o de pirámide truncada?

e. Señala dónde aparecen las informaciones más relevantes, dónde los antecedentes, si los hubiera, y dónde los datos secundarios.

f. La objetividad de la noticia exige sustantivos concretos. ¿Esto se confirma aquí? ¿Hay muchos o pocos adjetivos?

g. La claridad y la concisión exigen frases cortas y escasa subordinación. ¿Sucede así en este texto?

h. Valora el título de la noticia. ¿Te parece interesante? ¿Es informativo o expresa alguna opinión?

i. Presta atención al subtítulo e indica qué aspectos de la información del título aclara o completa.

j. Valora el estilo utilizado por el periodista.

k. Observa la foto que acompaña la noticia y descríbela. ¿Aporta algún significado extra a la información o es meramente ilustrativa? Indica qué connotaciones te sugiere a ti como lector.

l. Redacta una noticia. Escoge un hecho de actualidad que te parezca interesante y dale una estructura adecuada. Decide el titular complejo, la entradilla, la fotografía, el diseño, etc.

El sujeto y el predicado

Viva la gramática

Una red invisible de palabras planea sobre nuestras cabezas. Todas las conversaciones realizadas a través de los teléfonos móviles recorren la atmósfera antes de llegar a su destinatario. A las sucesivas capas de gas que rodean la Tierra habría que añadir ahora la alfabética. Esta capa, a diferencia de la de ozono, no tiene ningún agujero. Sobrecoge la posibilidad de que un día esas palabras se solidifiquen de forma paranormal, como los aerolitos, y comiencen a caer sobre nosotros. Saldría uno al jardín y le caería a los pies una oración gramatical cualquiera: "Dile a tu madre que no voy a comer".

Si las palabras fueran materiales de construcción, hace tiempo que no se podría salir a la calle. De hecho, casi no se puede entrar ya en el tren o en el autocar de línea. Está uno intentando concentrarse en una novela de Simenon, cuando le cae encima la conversación del señor de atrás con su socio. El señor de atrás fabrica envases de plástico, aunque después de escucharle un rato, se da uno cuenta de que lo que fabrica son frases. Defectuosas, por cierto. En las dos horas que ha durado el viaje no ha hecho una sola construcción sintáctica como Dios manda. Espero que sus envases sean mejores, aunque lo que a él le gusta es la oratoria.

La industria del futuro es la industria sintáctica. Todo el mundo habla. La atmósfera está completamente llena de conversaciones. Lo malo es que son conversaciones banales, malas, rotas, tristes, defectuosas. Tanta tecnología punta para preguntarle a la sufrida esposa dónde está la mahonesa. Vamos, que son mejores los teléfonos que las conversaciones. Pues bien, ahora que ya hemos conseguido una calidad impresionante en el aparato, sería hora de poner las frases a su altura. En otras palabras: viva la gramática, con permiso de Telefónica (con acento en la *o*).

Juan José MILLÁS: *Articuentos*. Ed. Punto de lectura, 2002.

11. El verbo es en la oración quien organiza todos sus componentes, decide si va solo, o si necesita de otros grupos de palabras llamados argumentos: Amanece; *Juan* cocina; *Pedro* hizo *un pastel*; *Laura* compró *un regalo a su amiga*. ¿Cuántos argumentos aparecen en las siguientes oraciones?

- Una red invisible de palabras planea sobre nuestras cabezas.
- Esta capa no tiene ningún agujero.
- Todo el mundo habla.

12. El primer argumento requerido por el verbo es el sujeto, que siempre es un GN. Cuando aparece expreso concuerda en persona y número con el verbo, aunque, a veces, no aparece escrito porque se sobrentiende (tácito) o no lo necesita (impersonal). Identifica estos tres tipos de sujeto:

- Hace tiempo que no se podría salir a la calle.
- La industria del futuro es la industria sintáctica.
- Dile a tu madre que no voy a comer.

13. El predicado es la función desempeñada por el GV, cuyo núcleo es un verbo. Como ya has visto, el verbo selecciona los argumentos que necesita. ¿Recuerdas el nombre de las funciones de los que aparecen en cursiva a continuación?

- Lo que a él *le* gusta es *la oratoria*.
- Si las palabras fueran *materiales de construcción*, hace *tiempo* que no se podría salir *a la calle*.
- *Una red invisible de palabras* planea *sobre nuestras cabezas*.
- Saldría uno *al jardín* y le caería a los pies *una oración cualquiera*.
- Dile *a tu madre* que no voy a comer.

14. Los verbos copulativos *ser*, *estar* y *parecer* tienen un escaso significado léxico y sirven de nexo entre un predicado no verbal (el atributo) y el sujeto. Copia en tu cuaderno estas oraciones y subraya los atributos:

- Si las palabras fueran materiales de construcción...
- Lo que fabrica son frases.
- Espero que sus envases sean mejores, aunque lo que a él le gusta es la oratoria.
- La atmósfera está completamente llena de conversaciones.

1. La oración: sujeto y predicado

La oración, unidad mínima de comunicación en el discurso hablado o escrito, es una construcción formada por la unión de dos funciones sintácticas: el **sujeto** y el **predicado**.

RECUERDA

Tradicionalmente, se ha definido el sujeto como un GN que realiza la acción verbal: *Adrián escucha la radio*; *Lidia correrá la maratón*.

Sin embargo, la noción de "agente" es semántica, no sintáctica, por lo que plantea dificultades con las oraciones pasivas y con verbos que no expresan acciones, tales como *caber*, *descansar*, *gustar*, *merecer* y *sufrir*: *Los ladrones fueron detenidos por la policía* (el papel de agente recae en *la policía*, no en *los ladrones* como cabría esperar); *La mesa no cabe en la habitación*; *Me gusta la radio*, etc.

1.1 Categorías sintácticas que ejercen la función de sujeto

- **GN**. Pueden ser simples o complejos, e ir en posición preverbal o posverbal: *Julián come mucho*; *Le falta sal*; *Los jugadores celebraron el título*; *Le encanta la música disco*; *Nosotras no estábamos de acuerdo*; *Quien mucho abarca poco aprieta*.
- **Oraciones subordinadas sustantivas**. *Me sorprendió que no viniera*; *Fumar puede matar*; *No se sabe si podrá ir de vacaciones*; *Me gusta cómo viste esa chica*.
- Los GPrep nunca pueden ejercer la función de sujeto, ni siquiera aquellos grupos introducidos por *hasta*, *entre* y *según*:

  Hasta yo lo puedo hacer: *Hasta* no es una preposición, sino un adverbio que equivale a *incluso*.

  Lo trajeron entre todos: *Entre* sí es una preposición, pero hace función de CPred y no de sujeto, como lo demuestra el hecho de que la oración admite otro sujeto (*Sus amigos lo trajeron entre todos*) y que el CPred puede ser sustituido por un adverbio de modo (*Lo trajeron así*).

  No es un GPrep el encabezado por *según* en oraciones como *Según tú sostienes*. El hecho de que pueda alternar con *Según sostienes tú* indica que *según*, en este caso, es una conjunción subordinante o un adverbio relativo ('como', 'tal como').

  Los pronombres personales átonos *me, te, se, le, les, lo, la, los, las* no pueden ser nunca sujeto porque llevan implícita la preposición *a*: *(a Julia) Le encanta el dulce*; *Las vieron en el bar (a tus amigas)*.

1.2 Sujeto expreso y sujeto tácito

- **Sujeto expreso**. Es un GN que aparece expreso y concuerda en persona y número con el verbo: *El buzo encontró un tesoro*; *Los buzos encontraron un tesoro*.
- **Sujeto tácito**. Como la mayoría de las lenguas románicas, el castellano admite sujetos que carecen de expresión fónica. Tiene propiedades pronominales, pues concuerda con el verbo en persona y número, y en género y número con adjetivos y participios: *Vamos al cine* [*nosotros*]; *Estaban cansadas* [*ellas*].

1.3 La concordancia entre sujeto y verbo

Entre el sujeto y el predicado se establece una relación sintáctica de concordancia en número y persona entre los núcleos del GN y del GV: *Ella vino/Ellas vinieron*; *Se vende un piso/Se venden unos pisos*.

- **Concordancia de persona**. Las personas gramaticales no siempre coinciden con las personas del discurso. Al pronombre personal *usted* y a los GN que expresan respeto o cortesía (*su excelencia*, *su ilustrísima*, *su majestad*, etc.) les corresponde la 2.ª persona del discurso, pero la 3.ª gramatical: *Usted* [2.ª pers. sing.] *es* [3.ª pers. sing.] *afortunado*.

  Asimismo, se emplea la 3.ª persona cuando el hablante se refiere a sí mismo en expresiones como *uno*, *el abajo firmante*, *un servidor*, etc.: *Uno hace lo que puede*.

Los GN que expresan respeto o cortesía se corresponden con la 2.ª persona del discurso, pero con la 3.ª persona gramatical.

El sujeto y el predicado

Cuando se coordinan un pronombre de 1.ª persona y uno de 2.ª o 3.ª, el verbo presenta la flexión de la 1.ª persona: *Lo lograremos* [1.ª pers. pl.] *tú* [2.ª pers. sing.] *y yo* [1.ª pers. sing.]. En cambio, si se coordinan un pronombre de 2.ª y uno de 3.ª, el verbo mostrará la flexión de la 2.ª o de la 3.ª según la zona dialectal: *Lo haréis tú y ella; Lo harán tú / vos y ella.*

Cuando el sujeto lo desempeñan GN en plural que designan personas (*los hablantes, las madres, los abogados*, etc.) y el hablante se incluye en ellos, el verbo aparece en 1.ª persona del plural: *Los docentes somos muy trabajadores.* En cambio, si el hablante considera que el destinatario está incluido en el grupo, el verbo aparecerá en 2.ª persona del plural: *Los médicos sois gente honrada.* En caso de que ni hablante ni oyente se incluyan, la concordancia se efectúa en 3.ª persona del plural: *Las madres son esenciales.*

- **Concordancia de número en sujetos coordinados**. Los GN coordinados en función de sujeto concuerdan con el verbo en plural: *El microondas y la lavadora se estropearon esta mañana.* Sin embargo, se dan las siguientes excepciones:
  - Pueden concordar también en singular cuando el hablante interpreta que las dos expresiones forman una sola construcción compleja: *Se permite / permiten la carga y descarga de mercancías.*
  - Los GN coordinados mediante la conjunción *ni* admiten concordar en singular en posición posverbal, excepto cuando uno de los elementos presenta rasgos de 1.ª o 2.ª persona: *No llegó la carne ni el pescado; No tenemos compostura ni ella ni yo; *No tengo compostura ni ella ni yo.*
  - La concordancia de grupos con género neutro se realiza en singular, aunque también se da en plural con predicados que se atribuyen a grupos o conjuntos: *Me gusta lo uno y lo otro; Conviven lo divino y lo profano.*
  - Las oraciones subordinadas sustantivas coordinadas con función de sujeto concuerdan con el verbo en singular: *Me gusta bailar y cantar; Es preferible que uno calle y el otro escuche.*

CONSTRUCCIONES PARTITIVAS Y PSEUDOPARTITIVAS

La concordancia con construcciones que seleccionan una parte de un conjunto mayor, constituidas por dos GN unidos por la preposición *de*, se puede realizar tanto en singular (con el núcleo) como en plural (con el complemento): *La mitad de los estudiantes no conoce / conocen al director.*

En cambio, aquellas construcciones semejantes a las anteriores, pero que no seleccionan una parte de un todo, sino que aportan una cuantificación, concuerdan en singular y en plural, o solo en singular si el primer elemento es definido: *Un grupo de estudiantes se manifestó / manifestaron en la capital; Este grupo de estudiantes se manifestó / *manifestaron en la capital.*

15. Lee el siguiente microcuento y contesta las preguntas:

> Llovía incesantemente. Julián y Lorena se refugiaron en la parada de autobús. No hablaron, solo se miraron. Y, entonces, se detuvo el tiempo.

a. ¿El sujeto aparece expreso en todas las oraciones del texto?

b. ¿En la última oración *el tiempo* es sujeto o CD? ¿Cómo lo puedes verificar?

16. Copia las oraciones en tu cuaderno, señala los sujetos y explica sus propiedades gramaticales:

- Bajará el precio del billete de tren.
- Es ella la polémica cantante.
- Se pide otra huelga general.
- Se le atribuye blanqueo de capitales.
- Han insistido en su inocencia.
- Le faltaba tiempo y paciencia.

17. Copia las oraciones en tu cuaderno y comprueba si los grupos en cursiva son sujeto:

- Se fue al suelo *el piloto.*
- Renfe suprime *la comida* en preferente.
- Hay *gente* dispuesta *para todo.*
- *Me* extraña su decisión.
- *Los vecinos* le dieron su apoyo.

18. Reescribe estas oraciones cambiando el sujeto en cursiva por la categoría sintáctica indicada:

- Me encanta *que me ayudes* (nombre-GN).
- *La primera comida del día* (infinitivo) es siempre muy reconfortante.
- *Le preocupa tu soledad* (orac. sub. sust.).
- *Todas las personas* (pronombre indefinido) nos podemos equivocar.
- *Los exámenes trimestrales* (adj. sust.) se aplazarán una semana.

2. El predicado

El concepto de **predicado** se usa en dos sentidos:

- El predicado es la expresión gramatical que dice algo del sujeto: *El profesor explicaba sintaxis a sus alumnos*.
- Los predicados son categorías que designan actividades, realizaciones, logros o consecuciones y estados (ver Unidad 6) en los que intervienen uno o varios participantes. Así, en *El profesor explicaba sintaxis a sus alumnos*, el predicado *explicaba* requiere, por su significado, un agente que realice la acción (*el profesor*), una información que se expone (*sintaxis*) y un destinario al que se dirige la acción (*sus alumnos*). Estos participantes que intervienen se llaman **argumentos verbales**.

RECUERDA

Los predicados no son solo verbales. También los sustantivos (ver Unidad 2), los adjetivos, los adverbios y las preposiciones pueden tener argumentos exigidos por su significado léxico.

Por ejemplo: el adjetivo *atinado* selecciona sustantivos de individuos o grupos que se ocupan en actividades en las que es habitual tomar decisiones: *El árbitro no estuvo atinado en la final.*

2.1 Los argumentos del predicado verbal

Todos los argumentos seleccionados por el predicado verbal desempeñan una **función sintáctica** (sujeto, CD, CI, CR).

Complemento directo (CD)

El CD es una función sintáctica exigida por el verbo predicativo transitivo que delimita y completa su significado: *Amparo predijo el desenlace/ *Amparo predijo; María levantó la mano/ *María levantó.*

- **Categorías sintácticas que pueden desempeñar la función de CD:**
  - GN: *Besó su frente; La llamó por teléfono; Defiende lo justo; Gastó todo lo que tenía.*
  - Oraciones subordinadas sustantivas: *Desea comer; Me dijo que vendrías; No sabemos cómo afrontarlo; Nos dijo quién era el culpable.*
- **Propiedades gramaticales del CD:**
  - Sustitución por pronombres átonos. Los GN en función de CD se pueden sustituir por los pronombres átonos *lo, la, los, las*: *Avisé a los compañeros* > *Los avisé.*
  - Duplicación de pronombres átonos. El CD aparece duplicado en forma pronominal cuando precede al verbo: *Las lecturas las dividiremos en tres trimestres.* Esto mismo sucede cuando el CD es un pronombre personal tónico precedido por la preposición *a*: *Vi a Juan* > **Vi a él* > *Lo vi a él.*
  - Presencia de la preposición *a*. El CD lleva la preposición *a* cuando el referente es específico y animado: *No encuentro las llaves/ No encuentro a mi perro/ No encuentro a Miguel.* Sin embargo, cuando el CD es animado, pero no identificable, aparece sin preposición: *Busca un médico* ('el que sea')/ *Busca a un médico* ('uno en particular').
  - Las oraciones activas con verbos transitivos permiten su conversión a pasiva. En este tipo de construcciones el CD pasa a ser sujeto paciente: *Juan descubrió un secreto/ Un secreto fue descubierto por Juan.*
- **Construcciones especiales:**
  - CD elíptico, omitido o de uso absoluto. Algunos verbos transitivos omiten el CD en aquellos contextos en los que se sobreentiende: *Te escribí desde Italia (una carta/ una postal).*
  - CD interno. Algunos verbos intransitivos se convierten en transitivos cuando aceptan la presencia de un CD con significado afín: *Lloran lágrimas de alegría; Viven la vida.*

Según la norma culta, el laísmo es incorrecto en todos los contextos.

FÍJATE

Si bien la mayoría de los verbos transitivos requieren la presencia de la preposición *a* ante referentes específicos y animados, existen otros verbos, como *haber* y *tener*, que no la llevan nunca: *Hay muchas personas; Sara tiene dos hijos.*

- CD lexicalizado. El CD forma parte de una expresión semilexicalizada con el verbo, razón por la cual no admiten la construcción pasiva: *dar las gracias* (*agradecer*); *tener miedo* (*temer*), *prestar atención* (*atender*), *tomar nota* (*anotar*).

Complemento indirecto (CI)

El CI es una función sintáctica que puede ser argumental (*Juró obediencia al rey*/ **Juró obediencia*) o no argumental (*Sofía le preparó un guiso a Esther*/ *Sofía preparó un guiso*).

- **Categorías sintácticas que pueden desempeñar la función de CI:**
  - GPrep. Encabezados siempre por la preposición *a*: *Pidió ayuda al profesor*.
  - Pronombres átonos *le*, *les*: *Le*/ *Les gusta el chocolate*.
- **Propiedades gramaticales del CI:**
  - Sustitución por pronombres átonos. Los grupos sintácticos que presentan la estructura "*a* + GN" son CI cuando pueden ser sustituidos por *le*, *les*: *Envió una carta a Isabel* > *Le envió una carta*/ *Recurrió a Isabel* > *Recurrió a ella*; **Le recurrió*.

    Cuando el pronombre átono de CI precede al de CD y ambos son de 3.ª persona, *le* y *les* adoptan la forma *se*: *Vendió los animales a un ganadero* > *Se los vendió*/ *Entregarán el premio a un escultor* > *Se lo entregarán*.
  - Duplicación de pronombres átonos. El CI puede aparecer duplicado en forma pronominal. Si el CI va antepuesto, la duplicación pronominal es obligatoria: *A tu prima no le desagrada mi amigo*. Si el CI va pospuesto, la duplicación es opcional en unos casos: *Hacienda* [*les*] *devolverá dinero a los contribuyentes*; y obligatoria en otros: *El deporte no le gusta a Pedro*; **El deporte no gusta a Pedro*.

    La duplicación es obligatoria con cualquier verbo cuando el CI es un pronombre tónico: *Me entregó la carta a mí*; **Entregó la carta a mí*.
  - Presencia de la preposición *a*. Los GPrep de CI se forman **todos** con la preposición *a*. Tradicionalmente, se han considerado CI los grupos encabezados con *para* con valor de destinatario, pero estos grupos no permiten la sustitución por *le*, *les* y pueden aparecer en un mismo contexto con CI: *Le compré el periódico al quiosquero para mi hermana mayor*; *Le dio un regalo para su novia*/ *Le dio un regalo a su novia*. Estos complementos se deben analizar como CC de beneficiario.
- **Construcciones especiales:**
  - En verbos de preparación, creación o destrucción, como *cocinar*, *dibujar*, *destruir*, etc., es frecuente que se agregue un beneficiario de la acción verbal expresado mediante un CI no argumental. En tales casos, aparece también un pronombre átono: *Rocío pintó un cuadro*/ *Rocío le pintó un cuadro a su madre*.
  - En ocasiones se añaden CI **no argumentales** enfáticos y que aluden, directa o indirectamente, a la persona que se ve afectada por la acción verbal (*Nos daremos un paseo*/ *Daremos un paseo*; *Se lo merece todo*/ *Lo merece todo*).

Complemento de régimen (CR)

El CR es una función sintáctica argumental desempeñada por un GPrep seleccionado por el verbo (*Dependía de las circunstancias*; *Se adentró en el bosque*; *Siguen hablando de fútbol*).

INTERPRETACIÓN SEMÁNTICA DEL CI

El CI posee numerosas interpretaciones semánticas, tales como destinatario (*Donó su casa a su hermana*), experimentador (*Le dolía la espalda*), origen (*Compró la loción al vendedor ambulante*), beneficiario (*¿Puedes acercarme el libro?*), etc.

FÍJATE

El CI se puede confundir con el CD cuando este es de persona introducido por la preposición *a*. En estos casos es conveniente convertir la oración en pasiva para verificar el CD:

Admiro a mi hermano [CD] > *Mi hermano* [suj. paciente] *es admirado por mí* [CAgente].

A mí [CI] *me* [CI] *gusta el cine* > **Yo soy gustado por el cine*.

ELECCIONES EN COMUNIDAD SAN JUAN BAUTISTA DE CATACAOS

Tres aspiran la presidencia comu

12 mil comuneros a las urnas

HUGO SILVA SILVA
colaborador

CATACAOS. Tres son las listas que han logrado su inscripción para participar en las elecciones comunales de la Comunidad San Juan Bautista de Catacaos a realizarse este 19 de diciembre, así lo informó el comité electoral.

Se trata de los comuneros Alejandro Puescas Fernández, encabeza la Lista Blanca: Manuel Sernaqué Velásquez por la Lista Azul y José Ricardo Sullón Vilchez quien lidera la Verde. El comité electoral ha informado que sobre el periodo de tachas no se ha presentado ningún recurso de este tipo.

Dato

- El nuevo presidente comunal por un periodo de dos años tendrá la dura tarea de resolver el conflicto limítrofe con la comunidad Santo Domingo de Olmos y 50 hectáreas de tierras eriazas que el estado se niega a devolver a esta ancestral comunidad.

Octavio Ipanaqué Nizama, presidente del comité electoral informó que podrán sufragar únicamente los comuneros con carné. "Por lo que el comunero que ha extraviado, o ha caducado el mismo, tiene plazo hasta el 13 de diciem-

CATACAOS. Candidatos han firmado un pacto garantizando el respeto a los resultados

El verbo *aspirar*, en este contexto, significa 'pretender o desear algo', y rige un CPred: *Tres aspiran a la presidencia comunal*.

- **Propiedades gramaticales del CR:**
  - Siempre es un GPrep. *Se abalanzó sobre el enemigo*; *Renunció al cargo*.
  - El término de la preposición. Siempre es un GN, cuyo núcleo puede ser un sustantivo (*Depende de los políticos*), un pronombre (*Depende de vosotras*) o una subordinada sustantiva (*Depende de que el presidente dé su aprobación*). Los GN cuyos núcleos sean un sustantivo o una subordinada sustantiva aceptan la sustitución por un pronombre tónico: *depende de ellos* [*de los políticos*] / *ello* [*de que el presidente dé su aprobación*].
  - Locativos, temporales y CR. Tradicionalmente se clasificaban como complementos circunstanciales aquellos CR que denotan lugar o tiempo. Sin embargo, esta clasificación no tenía en cuenta si esos complementos eran argumentos seleccionados por el verbo o meros adjuntos: *Se casó en Guadalajara* / *Se casó* (adjunto: CCLugar); *Reside en Guadalajara* / **Reside* (argumento: CR).
- **Construcciones especiales:**
  - Verbos que se construyen con CD y CR. Verbos como *decir*, *adecuar*, *informar*, *obligar*, *invitar*, etc., aceptan la construcción con CD y CR: *Dijo barbaridades de sus amigos*; *Lo informó de lo ocurrido*; *Te invito a comer*.

VERBOS QUE SE CONSTRUYEN CON CR

Verbos pronominales. Se forman con los pronombres reflexivos *me*, *te*, *se*, *nos*, *os*, *se*: *abalanzarse* (sobre), *arrepentirse* (de), *atreverse* (a), *preocuparse* (por), *exponerse* (a), etc.

Verbos no pronominales. La presencia del CR es obligatoria: *equivaler* (a), *versar* (sobre), etc.; u opcional: *bastar* (con), *convencer* (de), *influir* (en), *recurrir* (a), etc.

19. Localiza los GN y señala cuáles realizan la función de sujeto y cuáles la de CD:

> El manejo de estas ideas me daba una consistente euforia. Acumulé pruebas que mostraban mi relación con los intrusos como una relación entre seres en distintos planos. En esta isla podría haber sucedido una catástrofe imperceptible para sus muertos (yo y los animales que la habitaban); después habrían llegado los intrusos.
>
> ¡Que yo estuviera muerto! Cuánto me entusiasmó esta ocurrencia (vanidosamente, literariamente).
>
> Adolfo Bioy Casares: *La invención de Morel*. Ed. Destino, 2006.

20. Verifica cuáles de estos grupos son CD o CI:
- Vi *a tu familia* en el cine.
- El perro ladró *a tu familia*.
- La falta de sueño envejece *a todos*.
- Miraron *a todos* con sorpresa.
- Rosa sonrió *a su compañero*.
- Rosa ayudó *a su compañero*.

21. Señala los verbos que tienen el CD elíptico y lexicalizado:
- Julio siempre compra en el mercado.
- Le amonestaron por no prestar atención.
- Álvaro estornudó.
- Pilar leía en la playa.

22. Lee el texto y realiza las actividades:

> En el café de la Oliva se dispuso cierta noche una cena *para doce personas*, en el comedor de arriba; un cuarto oscuro que *a los calaveras del pueblo* y *al amo del establecimiento* les parecía muy reservado, y muy misterioso.
>
> Leopoldo Alas, Clarín: *Su único hijo*. Ed. Alianza Editorial, 1976.

a. Razona si los grupos marcados son CI.

b. ¿Con qué formas pronominales se puede conmutar o dupliar el CI? ¿Hay algún ejemplo en el texto?

23. Señala la función que hacen los grupos en cursiva y sustitúyelos por pronombres átonos:

> Ayer acompañé *a Pedro* a pasear *a su perro*. En el quiosco compramos *el periódico para su madre* y nos sentamos a tomar *un café*. Llamamos por teléfono *a Juan* para que viniera. Pedro agradeció *a Juan* que se hubiera encargado de su mascota durante el fin de semana y regaló *un CD a su amigo*.

24. Fíjate en estas oraciones y contesta las preguntas:
- Se ha marchado *a por su hermano*.
- Se guía *por su instinto*.
- La felicidad consiste *en eso*.
- Faltan cinco minutos *para las doce*.
- Se presentó en casa *con su padre*.

a. ¿A qué tipo de grupos sintácticos pertenecen las palabras en cursiva?

b. ¿Se pueden conmutar por adverbios?

c. ¿Los verbos son transitivos o intransitivos?

25. Señala los CD, CI y CR de las siguientes oraciones:
- Hemos visto al profesor de Lengua en el cine.
- Se sometió a su voluntad.
- Saludé a tu primo el otro día.
- Dáselo inmediatamente.
- A mí no me pareció oportuna su intervención.

26. Escribe oraciones con estos verbos que admiten la doble construcción CD y CR: *comparar*, *decir*, *informar*, *obligar* y *persuadir*.

2.1 Los adjuntos del predicado verbal

Los **adjuntos** son modificadores que, al contrario de los argumentos, no están seleccionados por el núcleo del grupo sintáctico. Pueden modificar sustantivos (*un movimiento lento*), adjetivos (*depresivo desde que lo despidieron*), adverbios (*lejos para siempre*) y verbos (*se movían lentamente*).

Complementos circunstanciales (CC)

Se denomina complementos circunstanciales a los adjuntos del verbo o GV.

- **Categorías sintácticas que pueden desempeñar la función de CC:**
  - GPrep. Es la forma más frecuente: *Llegaron por mar*; *Lo sabían desde el principio.*
  - GAdv. Aportan circunstancias de lugar, tiempo, modo y cantidad: *Vive allí*; *Vendrá antes*; *Durmió bien*; *Ha sudado mucho.*
  - GN. Sobre todo, los que indican tiempo: *Se fue el domingo*; *Ven el día que quieras*; *Se portaba mal muchas veces.*
  - Oraciones subordinadas. Causales, finales y de relativo sin antecedente expreso introducidas por un adverbio: *Fue porque le dio la gana*; *Lo hizo para que la respetaran*; *Sucedió cuando estábamos en casa.*
- **Clasificación semántica de los CC:**
  - **De lugar** (CCL). Indican el espacio en el que se realiza la acción verbal. Se relacionan con *¿dónde?, aquí, ahí, allí*: *Residen en Santander* (*allí*); *Estaban donde las habían dejado* (*allí*).
  - **De tiempo** (CCT). Sitúan lo designado por el verbo en unas coordenadas temporales. Se relacionan con *¿cuándo?, entonces, ahora, siempre*: *Visitaremos Portugal el próximo verano*; *Cada dos días voy al mercado*; *Lo saludé cuando lo vi.*
  - **De manera o modo** (CCM). Expresan la forma como se realiza la acción verbal. Se relacionan con *¿cómo?, ¿de qué manera?, así*: *Encontró la dirección sin dificultad*; *Trabaja bien.*
  - **De cantidad o grado** (CCC). Intensifican, ponderan o muestran un grado en el proceso verbal. Se relacionan con *¿[a / por / en] cuánto?*: *La camisa me gusta mucho*; *Has trabajado un montón*; *¡Cuánto he disfrutado!*
  - **De compañía** (CCComp). Son GPrep, introducidos por la preposición *con* (o *junto*, o *juntamente con*), cuyo término denota un ser, generalmente animado, que acompaña al sujeto o participa con él en el desarrollo de la acción verbal: *Raúl va al cine con su amiga*; *Laura baila juntamente con nosotros.*
  - **De instrumento** (CCIns). Son GPrep, introducidos por la preposición *con* (o *sin*, para expresar la ausencia del instrumento), que indican el objeto o utensilio empleado para realizar la acción verbal por un agente: *Construyó la casa con sus propias manos*; *Corrió la maratón sin zapatillas.*
  - **De finalidad** (CCFin). Son GPrep, introducidos por las preposiciones *a* y *para*, que expresan el propósito u objetivo de la acción verbal: *Vino a la revisión del examen*; *Leía para su entretenimiento*; *Lo hicimos para su provecho.*
  - **De causa** (CCCausa). Son GPrep, introducidos por las preposiciones *por*, *con*, *de* y las locuciones *a causa de* y *por causa de*, que expresan la causa, motivo o razón de la acción verbal: *Lo preguntó por curiosidad*; *Casi me muero de risa*; *No vino porque le dolía la cabeza.*

FUNCIÓN SINTÁCTICA Y CATEGORÍA GRAMATICAL

Es importante no confundir el concepto de **función** y de **categoría gramatical**. En el caso de los complementos circunstanciales, no todos tienen una correspondencia con la categoría *adverbio*.

Sí que podemos encontrar adverbios que funcionan como CCL, CCT, CCM o CCC, pero no tenemos, por ejemplo, adverbios de CCComp, CCInst, CCFin o CCCausa, entre otros:

Teresa trabaja aquí / hoy / bien / mucho (adv: CC).

Teresa trabaja con Vicente (CCComp).

Teresa trabaja con el ordenador (CCInst).

Teresa trabaja para vivir (CCFin).

Teresa trabaja por necesidad (CCCausa).

- **De medio**. Son GPrep, introducidos por las preposiciones *por, con, en, a, mediante* y las locuciones *a través de* y *por medio de*, que indican el canal o el medio a través del cual se realiza la acción verbal. Tradicionalmente se consideraban CCM: *Viaja en avión; Lo envió por medio de su hermano; Perciben su presencia a través del olfato; Me enteré por el vecino.*
- **De materia**. Son GPrep, introducidos por las preposiciones *con* y *de*, que se refieren a la realidad que sirve para elaborar o transformar algo. Tradicionalmente se consideraban CCM: *Lo escribió con tinta china; Estaba hecho de hierro forjado; Se fabrica con acero.*
- **De beneficiario**. Son GPrep, introducidos por las preposiciones *para* y *por*, que designan a un ser que recibe el daño o provecho de la acción verbal. Tradicionalmente se consideraban CI y CCFin: *Trabajaba para un ricachón; Lo hizo por vosotros.*

Adjuntos periféricos

Existen unos adjuntos, llamados periféricos por estar en una posición más externa que los CC, que no modifican solo al verbo, sino que complementan a toda la oración o al acto de enunciación mismo. Siempre aparecen separados del resto de la oración por pausas:

- **Adjuntos del enunciado**. Expresan un juicio o valoración del hablante respecto al enunciado en que aparecen: *Por fortuna, no pasó nada malo; Ciertamente, tienes toda la razón; Desgraciadamente, no sé nada.*
- **Adjuntos de la enunciación**. Expresan la actitud del hablante hacia sus palabras: *Sinceramente, no lo hemos visto; Si me permites, yo no estoy de acuerdo.*

FÍJATE

Algunos adverbios terminados en *-mente* funcionan como adjuntos periféricos, no como complementos circunstanciales:

***Honestamente**, no me parece justo.*

***Sinceramente**, yo pienso lo mismo que tú.*

***Efectivamente**, podría estar en lo cierto.*

27. ¿Qué funciones realizan los grupos en cursiva? Localiza una locución preposicional que introduzca un CC y una locución adverbial:

> *Al cabo de quince días*, el coaticito andaba suelto, y él mismo se iba *de noche a la jaula*. Salvo algunos tirones de orejas que se llevaba por andar muy cerca del gallinero, todo marchaba bien. Él y las criaturas se querían mucho, y los mismos coatís salvajes, al ver lo buenos que eran aquellos cachorritos de hombre, habían concluido por tomar cariño a las dos criaturas.
>
> Horacio QUIROGA: *Anaconda y otros cuentos de la selva*. Ed. Vicens Vives, 2011.

28. Los casos anteriores eran adverbios o CC conmutables por adverbios. ¿Conoces otras clases de CC que no se puedan cambiar por adverbios?

29. ¿Qué tipos de CC aparecen en estas oraciones? Conmuta los que puedas por adverbios:

- El curso próximo me marcho de Erasmus a Bélgica.
- Lo consiguió a duras penas.
- Siempre va con ella a todos los sitios.
- Iré en tren a Santiago.
- Lo compré para eso.
- Salí con él por pesado.
- Este paquete es para Beatriz.
- Se hizo una casa con contenedores marítimos.
- La mar de veces me toca cocinar a mí.

30. Razona si las palabras en cursiva tienen una función verbal o complementan el significado de la oración en su conjunto:

- *Tal vez* iremos este año a la playa.
- *A propósito de tu hermana*, vendrá con nosotros a la exposición.
- *Sinceramente*, la camisa es horrorosa.

31. Explica la diferencia de significado entre estas oraciones:

- La ópera concluyó lamentablemente.
- Lamentablemente, la ópera concluyó.

32. Relaciona los complementos oracionales con su valor:

a. Expresan el contenido como verdadero, posible o falso.
b. Introducen una opinión personal.
c. Cambian o fijan un tema.

- Personalmente, creo que eso será lo mejor.
- Efectivamente, así es como sucedió.
- En relación con tu propuesta, seguiremos estudiándola.
- Por fortuna, nadie se dio cuenta.

3. El atributo (Atr)

Es la función sintáctica que desempeñan varios grupos sintácticos que denotan propiedades o estados que se predican de un referente nominal u oracional.

La atribución se puede realizar con verbos copulativos (*Laura es manchega*), semicopulativos (*Se quedó preocupado*) y plenos (*Ana despertó aturdida*).

Pese a que se considera una función sintáctica, el atributo se diferencia del resto de funciones en que no es un argumento ni un adjunto verbal.

Así, en *El asesino mató al doctor*, el verbo *matar* selecciona dos argumentos: quien realiza la acción (*el asesino*) y quien la padece (*el doctor*). Sin embargo, en *El asesino es el doctor*, el verbo *ser* no selecciona argumentos, sino que se limita a vincular el atributo con el sujeto y a aportar la información relativa a la flexión verbal.

En realidad es el atributo quien selecciona al sujeto, en el sentido de que restringe la entidad que puede desempeñar esa función.

- **Categorías gramaticales que pueden desempeñar la función de atributo:**
  - Adjetivos. Son los más frecuentes: *La tarde era fría; El cliente quedó satisfecho.* Sin embargo, no todos los adjetivos admiten esta función: **El culpable es presunto.*
  - Sustantivos. Se combinan con los verbos copulativos *ser* y *parecer*, y con los semicopulativos *hacerse, resultar* y *volverse*: *Andrés es abogado; Resultó la persona idónea*; pero, en general, rechazan combinarse con *estar* y algunos semicopulativos como *ponerse*.
  - Atributos preposicionales. *Está de vacaciones; El traje parecía de otra época.*
  - Adverbios. Sobre todo adverbios de modo, el interrogativo *cómo* y algunos locativos: *Está perfectamente; ¿Cómo es él?; Lo ponía detrás.*
  - Oraciones. Subordinadas sustantivas: *Amar es sufrir*; y algunas relativas: *Lo vieron que salía por la ventana.*
- **Propiedades gramaticales del atributo:**
  - Concordancia con el sustantivo. Los atributos adjetivales concuerdan en género y número: *Los niños estaban dormidos; Laura preferiría Ø estar sola.* Los atributos nominales se comportan igual (*Andrés es mi primo*), excepto si el sustantivo no tiene flexión de género (*La reunión fue un éxito*).
  - Sustitución por pronombres átonos. Se conmutan por el pronombre átono neutro *lo*, excepto con los verbos semicopulativos: *Luis es un buen amigo > Luis lo es; Anduvo preocupado / *Lo anduvo.*
  - Concordancia con el verbo. Lo normal es que el verbo copulativo concuerde con el sujeto en número y persona, pero existen oraciones en las que concuerda solo con el atributo, sobre todo cuando el sujeto es un pronombre o está encabezado por el artículo neutro: *Todo eran imaginaciones suyas; Lo anterior eran malas noticias.*

Complemento predicativo (CPred)

El complemento predicativo es una variante del atributo que se construye con verbos plenos y que modifica, a la vez, al verbo y a un GN del que muestra sus cualidades o algún estado: *Eva subió contenta a su coche; Ellos cerraron asustados la puerta.*

USOS NO COPULATIVOS DE *SER, ESTAR Y PARECER*

Ser, estar y *parecer* admiten construcciones no copulativas. También pueden utilizarse como:

- Auxiliar de una perífrasis activa o pasiva:

  El dolor parecía desvanecerse.

  El libro fue leído con interés.

  El candidato está siendo investigado.
- Verbo predicativo: *parecer* + oración subordinada sustantiva de sujeto:

  Parece que ya ha llegado el verano.

  Parece que no tengo suerte.

"La libertad de expresión es decir lo que la gente no quiere oír" (George Orwell). En esta cita, el infinitivo *decir* es el atributo de *es*.

- **Propiedades gramaticales del CPred:**
  - Añade a la predicación principal otra secundaria. En *María llegó radiante*, se dice que María llegó (predicación principal), y que, cuando llegó, estaba radiante (predicación secundaria). Eso mismo no sucede, en cambio, con el atributo: *María estaba cansada*.
  - Sustitución por pronombres átonos. A diferencia del atributo, no se conmuta nunca por el pronombre *lo*, excepto con el verbo *llamar*: *Él trabaja contento* > **Él lo trabaja; A Samuel lo llamaban "El Sabio"* > *Se lo llamaban*.
- **Tipos de CPred:**

A partir de la función sintáctica que desempeña el elemento al que complementan, se clasifican en CPred del sujeto (*Ignacio caminaba cansado*), CPred del CD (*La vieron preocupada*), CPred del CI (*Le pintaron la cara dormido*), CPred del CR (*Nos acordamos de ti aburrido en la excursión*) y CPred de un GN (*La llegada de Carmen cansada; Un retrato del monarca a caballo*).

Carlos IV a caballo (1800), de Francisco de Goya.

33. Lee las siguientes greguerías de Ramón Gómez de la Serna y comprueba si los verbos que aparecen son copulativos. Recuerda que si no hay atributo se comportan como intransitivos y en otros casos pueden funcionar como verbos auxiliares:

- Nunca es tarde si la sopa es buena.
- Cuando el armario está abierto parece que toda la casa bosteza.
- La *L* parece largar un puntapié a la letra que lleva al lado.
- El soneto es el chaleco de terciopelo de la poesía.
- Los cocodrilos están siempre en pleno concurso de bostezos.
- La T está pidiendo hilos de telégrafo.

34. Sustituye los atributos anteriores por un pronombre átono. ¿Cambian de género y de número?

35. Crea nuevas greguerías combinando los verbos copulativos con estas palabras:

Ej.: *ordenador-libro: El primer ordenador fue el libro.*

luna-faro; *M*-montaña; *Y*-copa; ceros-huevos; estrella-broche.

36. ¿En qué oraciones aparecen atributos? Señala sus categorías gramaticales:

- Son las doce y todavía permanece callada.
- Cuando se es responsable, uno anda menos preocupado.
- El engaño ha sido descubierto.
- María está arreglando la radio.
- En el pasado mi trabajo era viajar.
- Manuel está a dos velas.

37. Indica cuáles de estas oraciones tienen verbos copulativos y semicopulativos:

- ¿Estás en casa?
- ¡Qué susto! Sigo vivo de milagro.
- Hoy está con humor de perros.
- No vine a clase porque me hallaba indispuesta.
- Está a dos velas.
- Son las dos.

38. Fíjate en estas oraciones. ¿En qué se diferencian?

- Elías estaba triste en casa; Elías entró triste en casa.
- Sandra parece contenta en la oficina; Sandra trabaja contenta en la oficina.

39. ¿Puedes sustituir en todos los casos anteriores las cualidades de los GN por el pronombre *lo*?

40. ¿Qué funciones tienen en la oración las palabras a las que se refieren estos CPred? ¿Se da algún tipo de concordancia entre ellos?

Las noté *demasiado preocupadas;* Les cortaron el pelo *como a reclutas;* Él nació *cansado.*

41. Localiza el complemento predicativo e indica la función del sustantivo al que complementa:

- Retraté a Irene peinándose.
- Ellos siempre van de exquisitos por la vida.
- A Carolina se la considera la mejor en francés.
- Mario ha salido como representante del curso.
- Confío en ti dispuesto a todo.
- Le quitaron la cartera despistado.

42. Distingue los atributos (v. semicopulativos), CCM y CPred de las siguientes oraciones:

- Ellas trabajan de probadoras de videojuegos.
- Sofía come en silencio.
- Se hicieron muy ricos vendiendo camisetas pintadas a mano.
- El evento pasó inadvertido para el gran público.
- Yo no me llamo Fernando.
- Tus amigas hablaron con ilusión.

Los anacolutos

El **anacoluto** es un mal uso del lenguaje por una mala construcción de la oración. Las incoherencias gramaticales, si bien son habituales y hasta justificables en la lengua oral, no deben producirse en la lengua escrita.

PROCEDENCIA ETIMOLÓGICA

El término *anacoluto* proviene del griego ανακόλουθον, que significa 'inconsecuente'. En efecto, tal y como indica su significado etimológico, los anacolutos son inconsecuencias o incoherencias en la construcción del discurso.

1. Anacolutos frecuentes

Los anacolutos más frecuentes son los provocados por:

1.1 El uso indebido del verbo *haber*

Fíjate en **Habían muchos chicos en esa clase.* El verbo *haber* es impersonal, lo que significa que, independientemente del grupo nominal que le siga, se usa en singular. Lo correcto sería: *Había muchos chicos en esa clase.*

1.2 Errores de concordancia

Observa lo que sucede en la siguiente oración: *He dejado regado las plantas del salón.* No existe concordancia ni de género (se riegan *las plantas*; luego *regadas*) ni de número (son varias plantas). Se ha producido, pues, un error de concordancia.

Los errores de concordancia como los que tienes a continuación son frecuentes en castellano y conviene evitarlos:

- **Yo, me gustaría que viajáramos juntos en vacaciones. Yo* no puede ser el sujeto de *viajáramos*, aunque el hablante lo entienda así, ni tampoco se puede decir **Yo me gustaría*. Hay varias alternativas correctas: *Yo querría que viajáramos juntos, A mí me gustaría que viajáramos juntos*, o simplemente eliminar el *yo* y decir: *Me gustaría que viajáramos juntos.*
- **La mayoría creen que la frase es correcta.* Se hace concordar el sujeto *mayoría* con el verbo en plural *creen* porque *mayoría* significa 'un grupo de personas'. Sin embargo, el sujeto tiene número singular y el verbo debe concordar en número con el sujeto. Lo correcto sería: *La mayoría cree que la frase es correcta.*
- **Yo ya no doy más de sí.* Se utiliza mal *dar de sí*, puesto que es una construcción reflexiva que incluye el pronombre objeto que se refiere a la misma persona que el sujeto (*sí* es de 3.ª persona y, sin embargo, el sujeto de esta frase es *yo*, 1.ª persona). Lo correcto sería: *Yo ya no doy más de mí.*

1.3 **Es cuando, *es donde*

- *Cuando* tiene un valor temporal y fuera de ese contexto su uso es incorrecto: **Vanguardia es cuando se introducen muchas novedades.*

  En el ejemplo anterior se está definiendo un término y no se alude a ninguna cuestión temporal, así que el uso de *cuando* aquí debe considerarse incorrecto. ¿Qué se debe hacer?

  – Hacer referencia al propio concepto: *Vanguardia es un movimiento cultural...*

  – Usar fórmulas como *expresa, hace referencia a...: Vanguardia hace referencia a un movimiento cultural.*
- *Donde* tiene un valor locativo:

  **El* spanglish *es donde se alternan construcciones y léxico español con construcciones y léxico inglés.*

  Lo correcto sería: *El* spanglish *es una lengua en la que se alternan construcciones y léxico español con construcciones y léxico inglés.*

SPANGLISH

El spanglish es una variedad lingüística "híbrida" formada a partir del español, al que se le han ido incorporando elementos, sobre todo léxicos, morfológicos y sintácticos, del inglés de Estados Unidos.

A continuación tienes el principio de *El Quijote* que Ilan Stavans, profesor de la Universidad de Columbia, tradujo al spanglish:

In un placete de La Mancha of which nombre no quiero remembrearme, vivía, not so long ago, uno de esos gentlemen who always tienen una lanza in the rack, una buckler antigua, a skinny caballo y un grayhound para el chase.

2. El anacoluto como figura retórica

El anacoluto no siempre es considerado un error lingüístico. En algunas ocasiones se interpreta como una figura retórica que implica la ruptura de la norma con el objetivo de alejarse de la lengua usual y causar extrañamiento:

Maese Pedro no quiso volver a entrar en más dimes ni diretes con don Quijote, a quien él conocía muy bien y, así, madrugó antes que el sol, y cogiendo las reliquias de su retablo, y a su mono, se fue también a buscar sus aventuras. El ventero, que no conocía a don Quijote, tan admirado le tenían sus locuras como su liberalidad.

Miguel de CERVANTES: *El ingenioso hidalgo don Quijote de la Mancha*. Ed. Espasa, 2004.

Aquel de buenos amigos
amado por virtuoso
de la gente,
el maestro don Rodrigo
Manrique, tan famoso
y tan valiente,
sus grandes hechos y claros
no cumple que los alabe.

Jorge MANRIQUE: *Coplas a la muerte de su padre*. Ed. Castalia, 1993.

43. Corrige las siguientes construcciones fragmentadas de forma que los enunciados tengan sentido, sean coherentes y estén cohesionados:

- Mira, yo… desde que pasó aquello, los chicos dicen que no volverán a abrir la puerta si no están seguros de conocer a la persona que llama.
- La casa es muy grande. Tiene cinco habitaciones y un trastero, bueno también está la terraza, es preciosa.
- A mí me parece… yo creo que no es así eso que dices, como si tuvieras toda la razón.
- Con eso de la globalización, lo que pasa es que ahora todas las cosas se hacen en todos los sitios, como si hubiera una sola fábrica mundial.

44. Identifica los errores de concordancia, explícalos y propón la forma correcta:

- La empresa ha afirmado que nos encontramos en el periodo con el índice de impagos más elevados de los últimos tiempos.
- La película nos gustó porque tenía muchos momentos de humor y no era aburrido.
- Han llegado veintiún personas esta mañana a la oficina de empleo.
- Cerca de nuestra ciudad habían varios centros comerciales.

45. En las oraciones siguientes, explica el uso correcto o incorrecto de *es cuando* y *es donde*:

- Lo más terrorífico de la película es cuando las calles se quedan totalmente vacías.
- La fotosíntesis es cuando la materia inorgánica se transforma en materia orgánica gracias a la energía que aporta la luz.
- Cuando supimos la noticia, ya era demasiado tarde para cambiar.
- Fue el verano pasado donde nos conocimos.
- El lugar donde se produjo el incendio es inaccesible.

46. Revisa cualquier conversación de Whatsapp de tu teléfono móvil, busca ejemplos de anacolutos y explícalos.

47. Los anacolutos son más frecuentes en la lengua oral, dado el carácter inmediato de la misma. Escucha la radio, analiza cómo se habla y haz una lista de los anacolutos más frecuentes. Puedes utilizar los siguientes enlaces a *podcasts*:

www.tiching.com/730768
www.tiching.com/730770
www.tiching.com/730771

48. Reconoce los anacolutos en este fragmento de *El Lazarillo de Tormes* y explícalos:

Por no echar la soga tras el caldero, la triste se esforzó y cumplió la sentencia. Y, por evitar peligro y quitarse de malas lenguas, se fue a servir a los que al presente vivían en el mesón de la Solana; y allí, padeciendo mil importunidades, se acabó de criar mi hermanico hasta que supo andar, y a mí hasta ser buen mozuelo, que iba a los huéspedes por vino y candelas y por lo demás que me mandaban.

El garrotillo (c. 1819), de Francisco de Goya.

10 LA EXPOSICIÓN EN LOS MEDIOS AUDIOVISUALES. CLASES DE ORACIONES

La radio y la televisión consiguen su plenitud originaria con las retransmisiones en directo. La técnica de los micrófonos, de las cámaras de las mesas de procesamiento y de las redes de difusión permiten que el informador tenga que improvisar la aclaración e interpretación de los hechos sobre la marcha.

Estamos ante un tratamiento genuinamente de relato, de contar los hechos, de narración. Los micrófonos y cámaras recogen el desarrollo de los hechos y el ambiente audiovisual. Mientras tanto, el comentarista complementa la exposición con datos importantes en la evolución del suceso y que no aparecen recogidos por las cámaras ni por los micrófonos. Existen dos versiones: la del realizador que selecciona las imágenes y sonidos que considera de mayor interés informativo y la del comentarista que improvisa oralmente la suya. La exigencia de las transmisiones en directo lleva a que haya una perfecta trabazón entre ambas para conseguir un relato unitario.

Desde el punto de vista del relato narrativo se genera una coincidencia total de los cuatro tiempos de todo relato:

- *Tiempo del suceso.* Momento en que los hechos se producen.
- *Tiempo de la elaboración narrativa.* En la información de prensa el autor efectúa una redacción conforme al ritmo de su capacidad expresiva escrita. En la radio y la televisión la evolución de los hechos obliga a una elaboración simultánea de la exposición audiovisual y los comentarios.
- *Tiempo de la difusión o distribución.* La radio y la televisión tienen la capacidad para efectuarlo de manera instantánea.
- *Tiempo de recepción.* La transmisión en directo de la radio y la televisión exige que la audiencia siga la información en el momento de la recepción, puesto que si no se pierde.

Solo en las transmisiones en directo se produce la simultaneidad de los cuatro tiempos. Si falla alguno de ellos, el relato se convierte en diferido.

Mariano CEBRIÁN HERREROS: *Géneros informativos audiovisuales* (adaptación). Editorial Ciencia 3, 1992.

1. Escoge el título más adecuado para este texto.
2. Identifica al emisor y señala su intención comunicativa. Valora la objetividad del texto: ¿aparece alguna marca lingüística que delate la presencia del autor?
3. ¿A qué tipo de destinatario se dirige el texto?
4. Enumera los rasgos que permiten clasificar este texto como expositivo.
5. Indica el número de emisores que existen en las retransmisiones en directo y la función de cada uno de ellos.

La exposición en los medios audiovisuales

1. Modalidades del discurso en los medios audiovisuales

El desarrollo histórico de los medios de comunicación de masas dio lugar a la radio primero, y a la televisión, después.

El mensaje radiofónico se transmite exclusivamente por el oído, mientras que el de la televisión se hace a través de un código mixto basado en la palabra hablada o escrita y en la imagen en movimiento.

Los dos medios poseen un rasgo común: se desarrollan en el tiempo y persiguen, a través de sus diferentes programas, informar, formar, entretener y persuadir a la audiencia.

El hecho de que sus mensajes se desarrollen en el tiempo, así como la forma particular de recepción de estos medios –de forma discontinua y con una atención flotante–, determina una de las características básicas de sus mensajes: la necesidad de repetir varias veces contenidos (títulos, frases, ideas...) y de captar continuamente, una y otra vez, la atención del receptor por medio de los más variados recursos expresivos.

Tanto en la radio como en la televisión podemos encontrar **todas las variedades posibles de discurso**: narrativo, descriptivo, expositivo, argumentativo, persuasivo, etc.

Mesa de mezclas de un medio audiovisual.

2. El mensaje radiofónico

La radio es un medio exclusivamente sonoro y solo puede ser percibido por el sentido del oído. Esta forma de recepción influye en la atención y la comprensión del mensaje.

Ante la diversidad de mensajes radiofónicos, el oyente selecciona aquellos contenidos que están de acuerdo con sus intereses o que coinciden con sus creencias y valores. La captación continua de la atención con los más diversos medios es, por tanto, un elemento imprescindible en cualquier género radiofónico.

Sin embargo, la mayor o menor comprensión del mensaje radiofónico por parte del oyente no depende solo de la capacidad del medio para captar su atención sino también, y en gran medida, de la claridad expositiva del discurso radiofónico.

Los **elementos** con que cuenta la radio **para elaborar sus mensajes** son: la palabra, la música, los efectos de sonido y el silencio. Todos estos elementos son imprescindibles para la configuración del lenguaje radiofónico, pero su relevancia varía en función del tipo de programación y de las peculiaridades de cada emisora:

- En la radio, la **palabra** –que se halla materializada en la voz del locutor– ha de ser correcta, cercana al lenguaje coloquial, clara y concisa.

  La **claridad** en la radio exige el uso de una sintaxis sencilla, con verbos en forma activa y modo indicativo; el orden lógico de los elementos de la oración y la selección de palabras concretas que eviten la ambigüedad o la falta de sentido. La concisión, por su parte, exige el uso de frases cortas y sencillas.
- La **música**, en la radio, tiene una enorme capacidad de evocación y de sugerir significados. Además, al igual que la imagen, la música es polisémica: se carga de significaciones diferentes según los contextos.

Estudio de radio formado por un locutorio, donde se encuentra el equipo de locución y un control, donde está el equipo técnico.

- Los **efectos de sonido** son productos sonoros breves que, bien solos o con ayuda de la palabra, colaboran en la creación del ambiente sonoro. Pueden ser sonidos naturales como el viento, el agua, el ladrido de un perro... o construidos, es decir, efectos que no describen ninguna realidad, como las señales horarias o las señales electrónicas de un concurso.
- El **silencio** es el último de los elementos que configuran el mensaje radiofónico y es un importante recurso expresivo. Todo silencio radiofónico que se haya previsto como recurso expresivo es recibido por el oyente como una eternidad.

3. El mensaje audiovisual

El lenguaje audiovisual es un código mixto, verbal y visual. Sus elementos son los mismos que los del mensaje radiofónico -la palabra, la música, los efectos especiales y el silencio- y las imágenes en movimiento. Pero en el lenguaje audiovisual son las **imágenes** las que prevalecen por encima de los demás elementos. La necesidad de captar y mantener la atención del receptor determina que uno de los ingredientes del mensaje audiovisual sea el espectáculo.

Los mensajes audiovisuales se procesan de forma global y más que al intelecto, se dirigen a las emociones: los numerosos estímulos afectivos que proporciona condicionan y dirigen la comprensión del mensaje racional.

El **lenguaje audiovisual**, como el verbal, tiene una morfología: los distintos elementos sonoros y visuales que lo componen; una sintaxis: los distintos tipos de plano, la angulación de la cámara, la iluminación y el color, los movimientos de cámara, etc.; y una semántica: los diversos recursos expresivos de carácter visual o verbal (metáfora, hipérbaton, ironía, etc.).

Los mensajes audiovisuales resultan motivadores y aproximan la realidad a las personas, pero su naturaleza exige ser críticos ante ellos, tomando conciencia del enorme poder emotivo de las imágenes.

ESTRATEGIA DE LECTURA CRÍTICA

Los mensajes televisivos utilizan frecuentemente distintos mecanismos de seducción con los que buscan la adhesión del espectador. La fuerza de la seducción se basa en el deslumbramiento:

- Se ofrece la **realidad fragmentada para focalizar la atención del espectador** hacia los aspectos aislados que interesan.
- Se deslumbra al espectador con **elementos de seducción** (el vitalismo, la juventud, la belleza, la violencia, las situaciones de riesgo, la música, la apariencia, el movimiento, etc.) que **adormecen su racionalidad** y lo dejan fascinado ante las imágenes.
- Se realiza la **transferencia de la parte al todo**, haciendo creer que las características de la parte pueden aplicarse a la realidad en su conjunto y se reconstruye así una **nueva y falsa realidad**.

6. Comenta este breve texto:

> Las palabras de la radio te acompañan. Creo recordar que esta frase, u otra muy parecida, forma parte de una vieja canción de homenaje a la radio. Cierto. Te acompañan. Sin desdeñar otras funciones, la de acompañante es, por definición, la tarea con la que la radio ha sido distinguida por los pequeños dioses benéficos que tratan de hacernos la vida un poco menos imposible. Yo dejo que me acompañe mientras me meto en el sueño. Y, como le ocurre a todo buen insomne profesional, esa hora, la de finalmente dormirse, nunca se presenta a la hora en que la esperas. De ahí la infinita paciencia de la radio al acompañarnos.
>
> Maruja TORRES: *En el aire: 75 años de radio en España*. Ed. Promotora General de Revistas, 1999.

7. Escucha diversos programas de tu emisora preferida tomando conciencia del uso de los cuatro elementos en la configuración del mensaje radiofónico.

8. Visiona un telediario de tu canal de televisión preferido:

a. Identifica las distintas secciones o apartados en que se divide el informativo.
b. Indica el número total de noticias que se emiten.
c. Valora la forma de hablar y la actitud de los locutores.
d. Describe el escenario en que aparecen ante el espectador. ¿Qué impresión crees que pretende dar la disposición del estudio?

Un programa de radio es una serie de emisiones transmitidas por vía radiofónica con cierta periodicidad.

4. Los géneros periodísticos en los medios audiovisuales

Los géneros periodísticos tradicionales tienen su reflejo en los medios sonoros y audiovisuales, con algunos rasgos específicos.

En la radio y la televisión, además de la distinción de géneros informativos y de opinión, se establece la diferencia entre:

- **Géneros de monólogo**, en los que la presentación de los contenidos se lleva a cabo por una sola persona, el locutor.
- **Géneros de diálogo**, en los que interviene más de una persona.

Fíjate en la siguiente tabla:

<table>
<tr><th colspan="3">LOS GÉNEROS PERIODÍSTICOS EN LA RADIO Y LA TELEVISIÓN</th></tr>
<tr><th></th><th>De monólogo</th><th>De diálogo</th></tr>
<tr><td>Géneros informativos</td><td>Referenciales o expositivos: ofrecen una versión distanciada de los hechos. Narran o describen con objetividad hechos, ideas u opiniones ajenas.
Noticia, reportaje, informe, documental, docudrama.</td><td rowspan="2">Géneros apelativos: exponen hechos, ideas u opiniones de personalidades, expertos o personas portadoras de información.
El informador pasa a segundo lugar y actúa como interrogador o moderador.
Entrevista, encuesta, ruedas de corresponsales, consultorios, debates, tertulias.</td></tr>
<tr><td>Géneros de opinión</td><td>Expresivos o testimoniales: exponen el pensamiento, la opinión, los sentimientos y las actitudes del autor y su testimonio.
Editorial, comentario, crítica y crónica.</td></tr>
</table>

La tertulia radiofónica aborda un tema que motiva un debate entre los contertulios.

5. Géneros y programas

El tiempo, en los medios sonoros y audiovisuales, se parcela en programas.

Los programas se caracterizan por:

- Tener una limitación temporal.
- Emitirse con una cierta periodicidad: a determinada hora del día y ciertos días a la semana.
- Tener un contenido específico, un título y una intención comunicativa que los identifica.

Los programas, a su vez, suelen dividirse en partes que reciben el nombre de **secciones**.

Cada sección posee una unidad temática propia y se diferencian fácilmente del conjunto del programa pues suelen llevar un título y una sintonía propias diferentes del programa en que se insertan.

La **programación** es la previsión de programas que van a ser emitidos durante un tiempo determinado. Se diseña para un periodo limitado, ya que está sujeta a continuos cambios en función de los fines comerciales e ideológicos de la empresa que sustenta al medio y de las preferencias de la audiencia, que se conocen a través de encuestas y sondeos.

La periodicidad de los programas informativos suele ser diaria, pero también puede ser semanal.

Los distintos programas se diseñan en función del objetivo que persigan: informar, formar, entretener o persuadir.

Así, por ejemplo, existen programas informativos como los **boletines de noticias** o los **telediarios**; formativos, como los **programas culturales o dramáticos**; de entretenimiento, como los **magacines**, los **concursos**, los **programas de humor** o los **musicales**, y programas persuasivos como los **espacios de propaganda** y las diferentes formas de **publicidad**.

En cada programa predomina un género periodístico que, a su vez, prefiere unas formas modalidades discursivas u otras. En un telediario, por ejemplo, habrá un claro predominio de los discursos narrativo y expositivo; mientras que en una tertulia predominarán la exposición y la argumentación.

6. Géneros y programas informativos en la radio y la televisión

Noticias, reportajes, informes, etc., son el contenido característico de los programas radiofónicos que ofrecen información: *flash, boletín* e *informativos*.

El **flash** es la comunicación breve de los primeros datos de una noticia imprevista en el instante en que es conocida por el informador. Su interés justifica la interrupción de cualquier otro programa que se esté emitiendo.

El **boletín informativo** es un programa de noticias de corta duración que se emite generalmente cada hora y cuya finalidad es informar sobre las noticias más recientes, una vez valoradas y seleccionadas.

Los **informativos** son noticiarios radiofónicos de mayor extensión que las emisoras ofrecen actualmente tres o cuatro veces al día. Utilizan variados géneros periodísticos y no solo difunden las noticias, sino que también las comentan y analizan. Su duración habitual es de treinta minutos y se programan en horas de máxima audiencia. Sus contenidos se dividen en bloques separados entre sí por ráfagas de sonido o bloques de publicidad.

Los cuatro elementos esenciales del mensaje radiofónico son: la palabra (correcta, clara y llamativa); la música (para crear ambientes sonoros y marcar transiciones); los efectos especiales y el silencio, de gran valor expresivo.

Los géneros informativos audiovisuales están presentes en programas televisivos de periodicidad diaria, como los telediarios, y en otros de periodicidad ocasional, como los documentales y los programas informativos especiales. El **telediario** es el programa informativo por excelencia que las cadenas suelen programar entre dos y cuatro veces al día.

Tanto en la radio como en la televisión se programan informativos especiales con motivo de eventos importantes como unas elecciones, unos mundiales de fútbol o unos juegos olímpicos, por ejemplo.

9. Escucha en www.tiching.com/732239 un reportaje radiofónico y realiza las actividades:
   a. Enuncia su tema.
   b. ¿Quién es el autor o autora del reportaje?
   c. ¿En qué medio se ha emitido?
   d. Según el público al que puede ir dirigido, ¿crees que el nivel de lenguaje y el tono de la locución son adecuados?
   e. ¿Crees que el primer párrafo de la locución consigue interesar al oyente?
   f. ¿Qué formas discursivas predominan en este reportaje: narrativa, descriptiva, expositiva, argumentativa…?
   g. Analiza el uso que se hace de la música.
10. Elabora un breve reportaje radiofónico al estilo del que has escuchado. Elige el tema y dale el tratamiento sonoro necesario para emitirse en Radio 5 Todo Noticias.

6.1 Documentales y magacines

Los **documentales** radiofónicos o televisivos son una variante de los reportajes de actualidad que no están tan pegados a la noticia inmediata, lo que permite tratar los hechos a un nivel mucho más profundo.

El documental busca lo permanente, por lo que sigue manteniendo su vigencia aunque pase el tiempo y puede emitirse varias veces, ya que el receptor siempre encontrará algo nuevo en lo que no se había fijado previamente. El documental informativo profundiza en las diferentes dimensiones de los hechos de actualidad.

El **docudrama** o **documental dramático** es un tipo de documental que, con el objetivo de hacer más expresivo el mensaje, rompe la tradicional separación entre realidad y ficción. Es en realidad un programa informativo que se realiza como si fuera dramático o de ficción, ambientando los hechos reales con testimonios y declaraciones de las personas directamente implicadas. A veces, es el protagonista quien cuenta los hechos y, en otras ocasiones, son actores los que los dramatizan ante los micrófonos o ante las cámaras.

El magacín es un formato que mezcla diferentes géneros como el informativo, de opinión, entretenimiento, etc.

La información está también presente en los *magacines*, que aunque su finalidad esencial es el entretenimiento, también sirven de complemento y ampliación de los informativos.

El **magacín** es un programa, ya sea sonoro o audiovisual, de varias horas de duración, dirigido por un presentador de prestigio que se emite en horas de máxima audiencia y que incluye entrevistas, reportajes, coloquios, etc. En el magacín se emplea un lenguaje coloquial que entienda todo el mundo, pues se dirige a un número muy amplio de posibles receptores. Son muy apreciados por la audiencia. Sus presentadores llegan a convertirse en verdaderos líderes de opinión.

7. La noticia en la radio y la televisión

La **noticia radiofónica** es la escueta narración de los hechos utilizando los documentos sonoros imprescindibles. Puede presentarse en forma de monólogo o de diálogo. Puede incluir voces grabadas de personas protagonistas, declaraciones de testigos de los hechos, etc.

La **noticia audiovisual** refleja la realidad también de forma escueta y con el mayor grado de objetividad posible. En la noticia audiovisual predomina la exposición sin valoración alguna. No obstante, se admite cada vez más la contextualización y el análisis de los hechos y sus consecuencias. El género noticia exige contar las cosas desde fuera, de forma distanciada. Los micrófonos y las cámaras recogen lo que ocurre, el informador solo tiene que intervenir cuando es necesario identificar, aclarar y relacionar los elementos de la realidad.

La noticia audiovisual debe coordinar de forma coherente las imágenes y los sonidos. Al tener que ofrecer las acciones y los testimonios en un corto periodo de tiempo se recurre a la *elipsis* en la narración de las imágenes y a la *síntesis* en las ideas del discurso.

Cada noticia debe durar un mínimo de treinta segundos -para dar tiempo a que el receptor capte lo esencial de la información- y un máximo de dos o tres minutos. A veces, cuando el hecho es muy importante, una sola noticia puede llegar a ocupar casi todo el telediario.

Según la Real Academia Española, un telediario es un "programa informativo de televisión, destinado a las noticias del día".

La exposición en los medios audiovisuales

11. Uno de los requisitos de la noticia audiovisual es conseguir el mayor grado de objetividad posible. No obstante, la total objetividad es imposible, ya que la simple selección de unas noticias y no otras para ser emitidas implica una valoración y un punto de vista.

Igualmente, en el medio televisivo manda la imagen; por lo tanto, en la mesa de redacción del telediario, entre dos noticias de igual importancia, el periodista elegirá para su emisión aquellas que tengan más imágenes o sean más interesantes para el espectador.

Te proponemos que, teniendo en cuenta estas características técnicas del medio televisivo, practiques el **criterio informativo**:

a. De la lista de noticias internacionales de la tabla siguiente, elige solamente tres de ellas para formar parte del telediario.

Deberás tener en cuenta su actualidad, la importancia del hecho, el interés que puede suscitar en los espectadores y las posibilidades técnicas que ofrecen las imágenes disponibles.

1

b. Compara las noticias seleccionadas por ti con las que han seleccionado tus compañeros.

¿Habéis coincidido en vuestras conclusiones? En caso de que la respuesta sea *no*, comentad los criterios de cada uno a la hora de seleccionar las noticias que merecen emitirse.

NOTICIA	IMÁGENES DISPONIBLES
Enfrentamiento a tiros entre civiles iraquíes en las calles de Bagdad.	Un hombre remata a otro caído en el suelo delante de la cámara.
100 muertos en Indonesia al hundirse un transbordador sobrecargado.	No hay imágenes.
La ONU asegura que la diferencia entre el 20% más rico y el 20 % más pobre se ha doblado.	Imágenes de archivo de opulencia y pobreza.
Una niña campesina guatemalteca consigue salvar a su padre gravemente enfermo tras andar con él a cuestas durante tres días en busca de ayuda.	Padre e hija abrazándose emocionados en el hospital.
Francia anuncia que duplicará el gasto en armamento en los próximos cinco años.	Declaraciones del Presidente. Protestas en las calles de París.
Nigeria gana la Copa de África de fútbol tras ganar en un encuentro vibrante con magníficos goles.	Imágenes de los goles y celebración en las calles.
El gato preferido de Obama muere destrozado por la segadora de césped de la Casa Blanca.	El presidente derrama una lágrima mientras abraza a su mujer.
Avalancha mortal en los Alpes suizos. Treinta esquiadores sepultados.	Vídeo doméstico en el que se ve la nieve caer sobre los esquiadores.

12. Se dice que los medios audiovisuales transmiten muchos elementos efectivos que se dirigen a la emoción del receptor, más que a su racionalidad.

Analiza y comenta el diferente efecto que pueden tener sobre el receptor las formas distintas de dar esta noticia:

El hecho sucedido es una inundación en la India con numerosas víctimas. Las diferentes maneras de presentar la noticia son las siguientes:

a. Noticia breve (sin fotografía) en páginas interiores de un periódico.

b. Noticia radiofónica.

c. Noticia de portada con una fotografía a toda página. Se ven varios heridos que están siendo asistidos por los equipos de rescate.

d. Noticia de televisión. Plano general de la riada. El locutor menciona el número de víctimas y cálculo aproximado de pérdidas materiales.

e. Noticia de televisión. Primer plano de un perro que busca entre varios cuerpos a su ama, una joven de veinticinco años. La encuentra. Se tumba a su lado y gime. No quiere abandonarla.

7.1 La estructura de la noticia en radio y televisión

En la radio y la televisión, la necesidad de mantener continuamente la atención del público excluye la estructura de pirámide invertida propia de las noticias de prensa. Las noticias sonoras y audiovisuales se estructuran en cuatro partes bien diferenciadas:

- **Apertura o arranque**: frase o fórmula inicial que sirve para llamar la atención del oyente o telespectador.
- **Entrada o lid**: normalmente contesta a dos preguntas básicas: ¿qué ha sucedido? y ¿quién es el protagonista? Se parece más a los titulares que a las entradillas de las noticias de prensa.
- **Desarrollo**: se explican todos los pormenores del hecho. La exposición de los datos se presentan de forma que en ningún momento decaiga la tensión inicial.
- **Cierre** o **repetición**: es un resumen de los elementos esenciales de la noticia.

13. Entra en www.tiching.com/732243 y visualiza el vídeo que recoge el principio y el final del Telediario Fin de Semana del 18 de agosto de 2013.

a. Identifica las siguientes partes de su estructura:

Cabecera: es la presentación visual realizada con la ayuda de programas informáticos que, acompañada por la sintonía característica del programa, sirve para identificar al telediario y al medio: en este caso, Televisión Española.

– Valora su atractivo: diseño, colores, movimiento, etc.

Titulares: se enumeran con un pequeño resumen las noticias más importantes del día.

– ¿Cuántas noticias diferentes se han seleccionado?
– ¿Cuáles se ofrecen en primer lugar?
– Por el contendido de las noticias, podrías averiguar el orden de las secciones. ¿Cuál de estos es?

Noticias nacionales – Deportes – Noticias Internacionales.

Noticas nacionales – Noticias internacionales – Deportes.

Noticias internacionales – Noticias nacionales – Deportes.

Desarrollo (no aparece en el vídeo): Es la parte más larga del telediario.

Se dedica a la narración de todas y cada una de las noticias que se han nombrado en los titulares, pero de forma más extensa, incluyendo declaraciones de personas significativas, conexiones en directo, crónicas de corresponsales, etc.

Cierre: El tiempo. Despedida. Cortina de cierre.

14. Identifica en la transcripción de esta noticia audiovisual las distintas partes de su estructura:

La compra de ropa *on-line*

No tocar y sobre todo no poder probarse una prenda o un zapato antes de comprarlo parece que a priori echaría atrás a más de un comprador, pero las cifras del mercado de moda *on-line* demuestran precisamente lo contrario. La ropa ya es el producto que más se compra por Internet en nuestro país.

Privalia facturó en 2006, su primer año de vida, 400 000 euros. En 2013, siete años después, esta empresa española los había multiplicado por 1 000, hasta los 400 millones de euros. Unos 80 millones en nuestro país, donde solo lo supera Inditex con Zara a la cabeza. Los precios, un extenso catálogo y todo tipo de facilidades al cliente han conseguido que la moda esté en lo más alto del comercio *on-line* a pesar de las carencias.

François Nuyts (*Director general de Amazon España*): "La entrega gratuita y la devolución gratuita son maneras de hacerle... hacerlo fácil para el cliente, claro y si lo haces fácil al cliente, si lo haces con precios muy asequibles, eso al cliente le gusta.

Comprar ropa o calzado por Internet tiene sus particularidades. Es habitual, dicen, que el cliente que duda con las tallas, compre dos y después de probarse en casa devuelva una. Amazon es el último actor que se ha sumado a la oferta en España. 700 000 prendas de más de 2 000 marcas para hacerse con parte de un pastel que supone más de 300 millones de euros y que todavía tiene mucho recorrido".

Miguel Giribet (*Director general de Privalia España*): "El 60 % del tráfico que llega a Privalia es ya a través de aplicaciones móviles y más del 45 % de las ventas. Más oferta textil en el bolsillo, sin probador, pero abierta 24 horas y accesible desde cualquier sitio".

http://www.ver-taal.com/noticias 20140710 modaonline.htm
(Transcripción)

Clases de oraciones

Toda esta basura volverá a ser tuya

Tiene varios nombres: vórtice o remolino de basura, sopa de plástico o sopa tóxica. *Todos ellos se refieren a lo mismo: una gran masa de desechos*, principalmente compuesta por plásticos, que *se concentra rotando sobre sí misma en un remolino formado por las corrientes de giro del Pacífico Norte. Fue descubierta en la década de los ochenta. Y hoy Greenpeace ya estima su área como equivalente al estado de Texas*. Un gigantesco basurero flotante, entre Estados Unidos y Japón, con una capacidad estimada de unos 100 millones de toneladas de escoria.

El tema no es demasiado popular. El asunto es incómodo, aunque también algo conveniente. Ahí donde está, la porquería no se ve, dando vueltas en mitad de los océanos. Es una versión hiperbólica del levantar la alfombra para echar debajo lo barrido. Ojos que no ven... Sin embargo, la realidad es que la fauna marina cada vez come más plástico y las consecuencias comienzan a aparecer cuando *la cochambre nos es devuelta a través de la cadena trófica*.

En general, *preferimos seguir creyéndonos el truco barato a intentar descubrir la verdad*. Los prestidigitadores están instalados en nuestras casas y calles y hacen desaparecer nuestros desperdicios cada día como por arte de magia. El inodoro, los contenedores, los desagües... ¡Alehop!

Mientras tanto, los aviones sobrevuelan estos nuevos mundos sin que sus pasajeros sean conscientes de su existencia. Puede que pronto se convierta en un aliciente más del viaje: Mira, hijo, acércate a la ventanilla. Aquello de allí es Punta Detritus; allá, recortada contra el sol poniente, Bahía PVC. Trabajamos muy duro durante generaciones para construirlo. Y algún día, toda esta basura volverá a ser tuya.

Berto ROMERO: "VÓRTICES–Islas de basura", *Persona, animal o cosa*. Web [Consulta: 2 de junio de 2015].

15. Copia las siguientes oraciones en tu cuaderno y clasifícalas según sean transitivas, intransitivas, copulativas o pasivas:

- Tiene varios nombres.
- Todos ellos se refieren a lo mismo.
- Fue descubierta en la década de los ochenta.
- El tema no es demasiado popular.
- Los prestidigitadores están instalados en nuestras casas y calles.
- Trabajamos muy duro durante generaciones.
- Toda esta basura volverá a ser tuya.

16. Lee las oraciones en cursiva del texto de Berto Romero y clasifica los sujetos en:

a. Sujetos que realizan la acción.

b. Sujetos que conciertan en persona y número con el núcleo del GV.

c. Sujetos que no tienen ningún control sobre la acción verbal.

d. Oración sin sujeto expreso o elíptico.

17. En *la porquería no se ve*, el sujeto no realiza la acción verbal. ¿Puedes cambiar el verbo a la forma pasiva sin que se pierda el sentido? ¿Admite como refuerzo un complemento agente (CAg)?

18. ¿Podrías hacer lo mismo que en la actividad anterior en las siguientes oraciones que te proponemos?

- El ganador del concurso millonario no se conoció hasta ayer.
- El pescado se asó a la brasa.
- Se rompió la cuerda en pleno ascenso.
- Se alquilan habitaciones a buen precio.

19. Los enunciados no solo expresan la representación de algo, sino también la actitud que tiene el hablante ante lo que dice: informar, preguntar, exclamar, ordenar, dudar o desear. ¿Qué finalidad tienen estos enunciados?

- Fue descubierta en la década de los ochenta.
- Preferimos seguir creyéndonos el truco barato a intentar descubrir la verdad.
- ¡Alehop!
- Puede que pronto se convierta en un aliciente más del viaje.
- Mira, hijo, acércate a la ventanilla.

1. Según la naturaleza del predicado

En función de las propiedades del verbo con el que se construyen, las oraciones se clasifican en **copulativas**, **transitivas** e **intransitivas**.

1.1 Las oraciones copulativas

Las oraciones copulativas se forman con verbos copulativos, semicopulativos y plenos que enlazan el atributo y el sujeto (y el CPred, un tipo de atributo, y los CD, CI y CR: *Lo vieron escondido / Le extrajeron la bala inconsciente / Habló de Juan enfadado*.

El	*primo*	*de*	*Miguel*	*es*	*médico*	*en*	*Santander*.
Det	Sust / N	E	T	VC	N	E	T
		GPrep / CN			GN / Atr	GPrep / CCL	
GN / Sujeto				GV / Predicado			
Oración copulativa							

1.2 Las oraciones transitivas

Las oraciones transitivas son aquellas cuyo verbo selecciona un argumento como CD para completar su significado:

Felipe	*preparó*	*una*	*comida*	*exquisita*	*el*	*día*	*de*	*Navidad*.
N	VT	Det	N	Adj	Det	N	E	T
				GAdj / CN			GPrep / CN	
		GN / CD			GN / CCT			
GN / Suj	GV / Predicado							
Oración transitiva								

1.3 Las oraciones intransitivas

Las oraciones intransitivas son aquellas que se construyen con verbos intransitivos, es decir, que su núcleo verbal no precisa de un CD para completar su significado, pero admiten otros argumentos y adjuntos:

(Ellos / ellas)	*Volverán*	*de*	*Madrid*	*por*	*la tarde*.
	VI	E	T	E	T
		GPrep / CCL		GPrep / CCT	
Suj	GV / Predicado				
Oración intransitiva					

RECUERDA

Como ya se vio en la Unidad 9, los verbos copulativos *ser*, *estar* y *parecer* pueden tener usos copulativos y usos no copulativos (como auxiliares de perífrasis verbales, y en el caso exclusivo de *parecer*, cuando selecciona una subordinada sustantiva como sujeto).

El verbo *preparar* es transitivo, es decir, selecciona un CD para completar su significado: **Felipe preparó el día de Navidad / Felipe preparó una comida exquisita el día de Navidad.*

20. Lee el siguiente texto y realiza las actividades:

> La urna era un grial de finísimo cristal, y yo no quería romperlo. Allí estaba delante sin mácula. La recuerdo con la ilusión de un aspirante a adulto y con el orgullo del que se mira al espejo en el día de la graduación: aquella primera vez en que fui a votar y metí la papeleta por la ranura fue como mandarle una carta de amor a la primera novia: "Querida democracia", un corazón grabado en el bíceps y todos esos empalagues...
>
> Pedro Simón: "Los antisistema son ellos", *A simple vista*. Web [Consulta: 2 de junio de 2015].

a. Localiza las oraciones copulativas, cópialas en tu cuaderno y marca sus atributos.

b. ¿Qué GN (CD) completan el significado de los verbos *romper*, *recuerdo*, *mira*, *metí* y *mandar*?

21. Justifica si *aquella primera vez en que fui a votar* es una oración intransitiva.

22. Copia en tu cuaderno las siguientes oraciones y analízalas morfosintácticamente:

- Alfredo tiene un perro de la protectora.
- Sandra pensaba en las vacaciones.
- Vicente fue el médico de tu pueblo.

2. Según la diátesis

La lengua permite describir un mismo proceso con estructuras que presentan diferente organización sintáctica: *Marta despertó a los niños* > *Los niños fueron despertados por Marta* > *Se despertaron los niños* > *Se despierta a los niños*.

Se conoce como **diátesis** cada una de las construcciones gramaticales que permiten expresar de manera diferente los argumentos de un verbo. Y entre ellas, las más importantes son la **voz activa** y la **voz pasiva**.

2.1 Las oraciones activas

Estas oraciones son las más frecuentes en castellano y se caracterizan, en general, por que el sujeto es el argumento encargado de realizar la acción verbal.

Como ya se ha visto, la naturaleza de su predicado puede ser copulativa (*Alba está muy contenta pero hoy parece indispuesta*), transitiva (*Antes escribía cartas a diario, ahora dibujo retratos y los vendo en el rastro*) o intransitiva (*Todos los días se levanta a las seis*).

2.2 Las oraciones pasivas

Al contrario de lo que sucede en otras lenguas, en castellano no se construyen oraciones pasivas con verbos intransitivos. Existen dos posibilidades: la **pasiva perifrástica** y la **pasiva refleja**.

Pasiva perifrástica

Se expresa por medio de una construcción formada por el verbo *ser* más el participio de un verbo transitivo, que concuerda en género y número con el sujeto paciente. El CD de la oración activa se convierte en el sujeto paciente de la pasiva, y el sujeto de la activa, en el complemento agente (introducido por la preposición *por*):

Sofía (Suj) *comentó* (VT) *la película.* (CD)

La (Det) *película* (Sust) — GN / S.Paciente; *fue comentada* (VPasivo) *por* (E) *Sofía.* (T) — GPrep / CAgente — GV / Predicado

Pasiva refleja

Se construye con la forma *se* y un verbo que concuerda en número y persona con el sujeto paciente: *Se aprobó la ley* > *Se aprobaron las leyes*. En general, rechaza la presencia del complemento agente: **Se aprobó la ley por los votantes*; y puede aparecer en perífrasis verbales: *Este día no se debe olvidar / no debe olvidarse*.

2.3 Las oraciones impersonales

Se considera una oración impersonal aquella que no lleva sujeto expreso ni tácito: *Llueve*; *Hay muchas personas*; *Se habla de política*.

Sin embargo, hay que distinguir entre los verbos impersonales léxicos (que son aquellos cuyo significado bloquea la presencia de un sujeto) y las oraciones impersonales con *se*.

CÓMO RECONOCER UNA PASIVA REFLEJA

Fíjate en el ejemplo:

Se dijo (NP) *la verdad* (GN/Suj) *en el debate.* (GPrep/CCL)

1. Se construye con un verbo activo en 3.ª persona singular o plural.
2. El verbo va precedido por el morfema *se*, que bloquea la aparición del CAgente. El núcleo del predicado es intercambiable por la perífrasis pasiva: *Fue dicha la verdad en el debate*.
3. Tiene sujeto paciente (GN que recibe la acción verbal) que concuerda en número con el verbo: *Se dijeron las verdades en el debate*.

USOS DE *SE*

La forma *se* tiene muchos valores gramaticales y aparece en estructuras muy diversas. Se distinguen dos tipos:

- ***Se* paradigmático**. El *se* pertenece al paradigma de las formas *me*, *te*, *se*, *nos*, *os*, *se* que concuerdan con el sujeto en las construcciones reflexivas y recíprocas (*Se conoce a sí mismo*; *Se aman los unos a los otros*), y con verbos pronominales (*Pedro se queja*).
- ***Se* no paradigmático**. No alterna con pronombres de otras personas y carece de función sintáctica. Es el que aparece en las pasivas reflejas (*Se vive bien aquí*) y en las impersonales reflejas (*La noticia se recibió ayer*).

- **Verbos impersonales léxicos**. Son aquellos verbos cuyas características semánticas bloquean la presencia del sujeto:
  - Verbos referidos a fenómenos atmosféricos. Se trata de verbos como *granizar, llover, nevar, oscurecer*, etc. Van en 3.ª persona del singular y carecen de sujeto: *Nevó durante todo el día de ayer; Empieza a oscurecer*. Sin embargo, algunos permiten usos personales en sentido figurado: *Tronaban los cañones; Le llovieron las críticas*.
  - Impersonales con *haber, hacer, ser, estar*. El verbo *haber* se usa en 3.ª persona singular como impersonal transitivo: *No hay posibilidades*. Los verbos *hacer, ser* y *estar* son impersonales cuando se utilizan en construcciones asociadas al tiempo atmosférico o cronológico: *Hace calor; Está nublado; Hace dos años; Aún es de noche*.
  - Otras construcciones impersonales. Verbos como *dar, ir, oler, doler, bastar*, etc., pueden ser impersonales en ciertos usos: *Me va bien; Aquí huele raro; Me duele aquí; Me basta con su compromiso*.

    Asimismo, se consideran impersonales algunas oraciones con el verbo en 3.ª persona del plural a las que se les supone un sujeto tácito referido a una persona: *Llaman a la puerta*.
- **Oraciones impersonales reflejas**. Son aquellas oraciones que se construyen con *se* y un verbo en 3.ª persona de singular, tanto transitivo como intransitivo: *Se honra a los caídos en combate*. El agente que corresponde al sujeto queda oculto, pero se refiere siempre a una persona: *Aquí se estudia mucho* implica que 'Alguien estudia mucho'.

CÓMO RECONOCER UNA IMPERSONAL REFLEJA

Fíjate en el ejemplo:

En este bar	*se come*	*bien*.
GPrep/CCL	NP	Adv/CCM

1. Se construye con un verbo intransitivo exclusivamente en tercera persona singular: **En este bar se comen bien*.
2. El verbo va precedido del morfema *se*, que bloquea la presencia del sujeto.
3. No tiene ningún GN que pueda ser sujeto (no cumplen la concordancia en número con el verbo).

2.3 Las construcciones medias

Se forman con verbos intransitivos que expresan cambios de estado o procesos experimentados por un sujeto que no tiene ningún control sobre esos cambios o procesos: *Se rompió la cuerda; La sopa hirvió*.

23. Según la diátesis, di qué clases de oraciones son las siguientes:
- El IVA cultural sube.
- Se sube el IVA el cultural.
- El gobierno sube el IVA cultural.
- El IVA cultural es subido por el gobierno como medida recaudatoria.

24. Copia estas oraciones en tu cuaderno y clasifícalas según sea su predicado:
- Amaya parece cansada.
- Se fue sin avisar.
- Se comentó su queja en la reunión.
- Pedro hizo la colada, preparó la cena, bañó a los niños y los acostó.
- Me baño con agua fría.
- Se besaron en el portal.
- Parece que ya ha llegado la estación primaveral.
- Se comió cinco naranjas.

25. Escribe un titular en pasiva a partir de estas noticias en el que se destaque el tema tratado:
- Un empleado del Museo Arqueológico de El Cairo abrió la vitrina de exposición de la máscara de Tutankamon para cambiar una bombilla y, al mover la pieza, rompió la barba.
- Dos alumnos de un colegio valenciano grabaron al conductor del autobús escolar hablando por Whatsapp mientras conducía. La empresa de transportes lo ha despedido.
- Un equipo investigador encuentra restos de Miguel de Cervantes en el convento de San Ildefonso de las monjas Trinitarias de Madrid.

26. Localiza las construcciones medias en estas oraciones:
- El caldo hirvió. / Se hirvió el caldo.
- Se marea con facilidad. / Alfonso marea a sus amigos.
- Me desperté a las tres de la tarde. / Mi madre me despertó a las tres de la tarde.
- El médico curó al paciente con remedios caseros. / Alberto se curó sin ir al médico.

3. Según la modalidad

Como ya se ha visto, la modalidad expresa la actitud del hablante ante lo que se enuncia: *Se echó la siesta; ¿Se echó la siesta?; ¡Se echó la siesta!; Échate la siesta, Juan; Ojalá se eche la siesta Juan.*

La modalidad se expresa mediante recursos lingüísticos diversos:

- **fonológicos**: la entonación reflejada en los signos de puntuación.
- **léxicos**: adverbios modales y conectores como *posiblemente, ojalá...*
- **morfosintácticos**: desinencias verbales del imperativo, perífrasis modales...

Se distinguen seis modalidades enunciativas fundamentales: **aseverativa** o **enunciativa**, **interrogativa**, **exclamativa**, **imperativa**, **dubitativa** y **desiderativa**.

3.1 Enunciados aseverativos o enunciativos

Los enunciados aseverativos presentan la información de tal manera que puede decirse de ella si es verdadera o falsa. Se expresan en modo indicativo: *Pedro tiene dos hermanos; Beatriz no vive con sus padres.*

3.2 Enunciados interrogativos

Los enunciados interrogativos introducen alguna incógnita. No son enunciados verdaderos ni falsos, sino abiertos comunicativamente hablando porque posibilitan una respuesta del interlocutor. Pueden ser **oracionales** (*¿Nieva?*) o **no oracionales** (*¿Contento?; ¿Ya?*). Se construyen generalmente en modo indicativo.

Las construcciones interrogativas pueden ser **directas** (tienen una entonación interrogativa y marcas de interrogación: *¿Dónde se ha escondido el perro?*) o **indirectas** (tienen entonación enunciativa y no tienen marcas de interrogación: *No pensó si eso era lo mejor para todos*); y **totales** (se responden *sí* o *no*: *¿Ha llegado el tren?; Dime si tienes tú mi móvil*) o **parciales** (van introducidas por determinantes, pronombres y adverbios interrogativos, y su respuesta es abierta: *¿Sabes qué hora es?; Entérate de quién viene*).

3.3 Enunciados exclamativos

Los enunciados exclamativos muestran distintos estados de ánimo: alegría, sorpresa, temor, dolor, etc. Pueden ser **oracionales** (*¡Qué cara tienes!*) o **no oracionales** (*¡Excelente!; ¡Ay!*), y tienen entonación exclamativa y marcas de exclamación.

Se clasifican en **totales** (no tienen palabras exclamativas: *¡Hemos ganado el título!*) y **parciales** (tienen un determinante, pronombre o adverbio exclamativo que encabeza la oración: *¡Cuánto se ha esforzado!; ¡Qué cosas dices!*).

3.4 Enunciados imperativos

Los enunciados imperativos pretenden influir en el interlocutor para que actúe de una determinada manera, así que son órdenes, prohibiciones, consejos, etc. En general, usan el modo verbal imperativo (*¡Cambia de amistades!*).

Es posible dar órdenes mediante enunciados sin modalidad imperativa: con el presente y el futuro de mandato (*Usted se calla; Saldremos inmediatamente del cine*), con la pasiva refleja (*Se ruega discreción*), con construcciones de infinitivo (*¡A callar!; ¡Sin rechistar!*), con el condicional de cortesía (*¿Querría indicarme dónde está Correos?*) y otras expresiones no oracionales (*¡A la mesa!; ¡Fuera de mi casa!*)

LA NEGACIÓN

Las oraciones negativas expresan la falsedad o la inexistencia de cierto estado de cosas: *Nadie respondió; Carmen no tiene suerte.*

Se expresa mediante determinantes y pronombres (*nadie, ninguno, nada*), así como con adverbios (*no, nunca, jamás, tampoco*), conjunciones (*ni, sino*) y preposiciones (*sin*).

- **Negación sintáctica**. Puede ser **externa** (afecta a toda la oración: *Esther no le prestó el ordenador a Ángel*) o **interna** (se niega un elemento, no la oración: *Esther no le prestó el ordenador a Ángel, sino a Lucía*).
- **Negación morfológica**. Se caracteriza por no tener efectos sintácticos más allá de la palabra en la que aparece. Los prefijos *a-*, *in-* o *des-* tienen sentido negativo.

Los enunciados imperativos pretenden influir sobre la conducta del interlocutor, de ahí que se relacionen con la función apelativa del lenguaje.

3.5 Enunciados dubitativos

Los enunciados dubitativos expresan una duda o suposición que se formula con la ayuda de adverbios y expresiones adverbiales de duda y probabilidad como *a lo mejor, quizá, tal vez, acaso*, etc.: *Probablemente, mañana vaya a la playa; Quizá salga el sol; Tal vez este año tenga vacaciones.*

Hay que tener en cuenta que algunos lingüistas incluyen los **enunciados de posibilidad** en los dubitativos. Su entonación es enunciativa, pero presentan los hechos como posibles o probables. Se construyen en futuro de indicativo y con perífrasis modales: *Estarán a punto de llegar; Deben de ser cuatro o cinco personas; Puedes alcanzar todo lo que te propongas.*

FÍJATE

Algunos enunciados desiderativos están formados por grupos interjectivos:

¡Ojalá tengas suerte!

¡Así le parta un rayo!

¡Ah, no, de eso ni hablar!

3.6 Enunciados desiderativos

Los enunciados desiderativos manifiestan el deseo o la voluntad del emisor de que se cumpla el contenido de su mensaje.

Pueden ser **oracionales** o **no oracionales**, y su entonación está cercana a las oraciones exclamativas y pueden llevar marcas de exclamación, pero utilizan el modo subjuntivo: *Me encantaría que aprobaras los exámenes; ¡Ojalá ganemos el partido de hoy!; ¡Buenas noches!*

27. Lee el siguiente texto y realiza las actividades:

La semana pasada, a raíz de un tuit de Zuriñe, una chica vasca que pedía juguetes para los Reyes de sus hijos, a unas amigas y a mí se nos ocurrió montar una campaña para el reciclaje de juguetes, http://nosinjuguetes.es/, una idea desde luego poco original, aunque, tal como está el patio, creo que viene bien reinventar la gaseosa. *Y en estos primeros días de agitación (gracias a todos), he observado que muchas de las personas que necesitan juguetes se avergüenzan de tener que pedirlos, lo cual me parece el más perverso efecto de la crisis.* En esta sociedad enferma en la que la única medida de valor es el dinero, la inmensa y creciente oleada de parados, de contratados por sueldos de miseria y de jubilados sin recursos sufre el doble castigo de la pobreza y la culpabilización. *¡Qué mundo tan absurdo!* Los máximos responsables de esta crisis carnicera están tan campantes y aún no se han excusado por lo que han hecho, pero las víctimas de sus desmanes se sienten culpables por pedir juguetes para sus niños. *Hay que luchar contra ese sentimiento de humillación, que es la peor trampa, la más destructiva.* El digno coraje de Zuriñe es un ejemplo. Ser pobre es un problema, a veces una tragedia, pero desde luego no es una indignidad. Por eso también me inquietó que algunos dijeran: "¿No es una frivolidad regalar juguetes con la que está cayendo?", como si los pobres solo pudieran aspirar al extremo utilitarismo del kilo de garbanzos más barato. A la caspa y la pena. *Ni hablar: hay que aspirar a todo.* Como en el cuento del mercader árabe que entró en una ciudad un día de mercado y le dio a un mendigo dos monedas de cobre. Al irse, horas más tarde, se lo volvió a cruzar, y le preguntó qué había hecho con el dinero. Y el hombre contestó: "*Con una moneda compré un pan, para tener con qué vivir, y con la otra una rosa, para tener por qué vivir*". Pues eso.

Rosa MONTERO: *El País*, 4 de diciembre de 2012.

28. Indica la modalidad de las oraciones en cursiva.

29. Localiza en el texto una oración interrogativa indirecta parcial.

30. Expresa la tesis del texto con cada una de las modalidades oracionales siguientes:

- enunciativa
- imperativa
- desiderativa

31. Escribe una oración con cada una de estas estructuras e indica cuál es su modalidad oracional:

- *Deber* + *de* + infinitivo
- *Deber* + infinitivo
- *Haber* + *que* + infinitivo
- *Tener* + *que* + infinitivo
- *No* + infinitivo
- *Saber* + *si* + oración
- *Saber* + *qué* + oración

32. ¿Existen oraciones con signos de exclamación que no se correspondan con enunciados exclamativos?

La puntuación

El objetivo de la puntuación es facilitar la comprensión de un texto escrito ajustándose, en la medida de lo posible, a los aspectos melódicos que se utilizan en la lengua oral.

Existen normas para puntuar que, necesariamente, deben ser respetadas si queremos entender y hacernos entender; sin embargo, en la lengua oral poner una coma o no ponerla depende de la intención y del propio estilo del hablante (preferir un ritmo rápido, lento...).

Por tanto, las pausas en la lengua oral no tienen por qué señalarse, obligatoriamente, con un signo ortográfico en la lengua escrita.

Observa:

1. Es decir que [pausa] ha preparado un proyecto con otra empresa.
2. Tengo algo que decir [pausa] finalmente [pausa] no ha podido ser.

→ LENGUA ORAL

3. Es decir, que ha preparado un proyecto con otra empresa.
4. Tengo algo que decir: finalmente, no ha podido ser.

→ LENGUA ESCRITA

Las frases 2 y 4 sí guardan correspondencia entre la lengua oral y la escrita.

Sin embargo, no sucede lo mismo entre las frases 1 y 3 porque en la 1 el hablante hace la pausa después de *que* (quizás porque le interesa más acusar de algo que explicar algo), y en la 3 debe aplicarse la norma de la *Ortografía de la lengua española* que dice:

> Los conectores como *es decir*, *no obstante*, etc., colocados al principio de una oración, deben separarse del resto a través de una coma.

1. El uso de la coma

En la lengua escrita, siempre hay que respetar los puntos siguientes respecto al uso de la coma:

- Los vocativos siempre van separados del resto de la oración por comas:

  ¡María, no hagas eso!

  Tenéis que saber, amigos, que hemos cambiado de idea.

- Se pone coma entre las palabras que forman una enumeración. Delante del último término, lo normal es cerrar la enumeración con una conjunción:

  Tengo muchas mascotas: un perro, un gato, un periquito y un roedor.

  Es un gran amigo, pues en un momento complicado me ofreció comida, alojamiento, ropa limpia y algo de dinero.

- Se pone coma después las oraciones subordinadas tradicionalmente conocidas como adverbiales cuando estas anteceden a la oración principal:

  Si no vas a tomarte el café, guarda la taza en el armario.

  Si crees que no tengo razón, dímelo.

COMA OBLIGATORIA

La **coma** indica una pausa breve dentro de un enunciado y, aunque usarla en un determinado lugar puede depender del gusto o intención de quien habla, existen comas de presencia obligatoria en un escrito para que este pueda ser leído e interpretado correctamente.

- Se usa coma antes y después de frases explicativas:

  María, la hermana mayor de Ana, ha aprobado todos los exámenes.

  Su nueva casa, la de las ventanas y puertas pintadas de verde, necesita una reforma de gran envergadura.

- Antes y después de adverbios, conjunciones, locuciones conjuntivas, aclarativas, concesivas, consecutivas, etc., se pone coma:

  Tiene alergia a las gramíneas, es decir, en primavera no puede salir a la calle.

  No obstante, ha prometido que cumplirá los plazos.

- Las conjunciones adversativas *pero* y *sino* deben ir precedidas de coma:

  No sabía nada, pero parecía todo lo contrario.

  No solo debe ser honesto, sino parecerlo.

- La palabra *etcétera* y su abreviatura *etc.* debe ir precedida y seguida de coma:

  Come todo tipo de verduras: lechuga, pimiento, alcachofa, col, etc.

  Pintó el cuadro con acuarelas, témperas, ceras, óleos, etc., y lo colgó en el recibidor de su casa para que todos lo vieran al entrar.

RECUERDA

El **punto y coma** suele utilizarse en un periodo de cierta extensión cuando ya se han utilizado comas y cuando la primera oración tiene enlace perfecto con la segunda.

33. Explica los errores que se cometen en las oraciones siguientes y pon las comas que sean necesarias:

- Ni se ha planteado el problema ni lo considera apropiado ni tomará la decisión correcta.
- Es decir que ha preparado un proyecto para la nueva empresa.
- Por lo que respecta a tu pregunta no creo que sea conveniente iniciar el proceso en este momento.
- Está conforme pero todavía hay muchos inconvenientes.

34. Lee el siguiente texto y pon las comas que faltan:

Si uno va por la calle y presencia un accidente horrible es seguro que ese recuerdo se le grabará a fuego durante meses y años sin que pueda hacer nada por disiparlo; si no hay accidente pasear por la misma calle será probablemente una rutina soporífera de caras desconocidas coches parados en los semáforos y escaparates sin mayor interés.

Nuestro cerebro también registra todo eso pero de una manera muy débil y destinada al olvido en pocas horas.

Pero supongamos ahora que al día siguiente te enteras de que exactamente a la misma hora que tú paseabas por allí se daba a la fuga un asesino que vestía un abrigo de espiguilla: en ese momento tu recuerdo del hombre con abrigo de espiguilla se hace nítido, robusto y tan duradero como el del horrible accidente.

De pronto recuerdas no solo su abrigo sino también su cara sus zapatos su forma de andar y el portal exacto del que salía.

Javier SAMPEDRO: *El País*, 21 de enero de 2015.

35. ¿Por qué crees que se pone coma después de las palabras marcadas en naranja?

- María perdió sus hojas; Pedro, su bolígrafo.
- Zaragoza, 9 de febrero de 2010.
- GRANDES, Almudena: *El lector de Julio Verne.*
- La música, dice Platón, es para el alma lo que la gimnasia para el cuerpo.

36. Escucha este discurso oral en www.tiching.com/732382 y realiza las actividades:

a. Transcribe los cinco primeros minutos del discurso y pon los signos de puntuación que crees que se corresponden con los aspectos melódicos del conferenciante.

b. Vuelve a escucharlo y modifica las comas, si lo crees necesario, hasta que el discurso oral y el discurso escrito se ajusten correctamente.

c. Si has modificado alguna coma en tu revisión, explica por qué lo has hecho.

11 LA ARGUMENTACIÓN EN LA PRENSA. LAS ORACIONES COMPUESTAS (I)

300 000 energúmenos

España es el país de Europa en el que más animales se abandonan en verano con motivo de las vacaciones.

Es muy probable que, a estas alturas de agosto, ya hayas visto a unos cuantos. En España se abandonan 300 000 animales domésticos al año, fundamentalmente perros. Uno cada tres minutos. Estamos a la cabeza de Europa en este *ranking* miserable. Sí, seguro que ya te has cruzado con alguna de esas pobres criaturas condenadas. Ahora bien: lo más inquietante es pensar que posiblemente también nos hemos cruzado, sin saberlo, con el energúmeno sin entrañas que los ha abandonado.

Yo quiero que me presenten a esos 300 000 conciudadanos capaces de convivir durante un tiempo con una criatura absolutamente indefensa, que te ama con adoración y que depende en todo de ti, para luego, sin ningún remordimiento, con sigilo y alevosía, de noche, en algún lugar remoto, abandonar a su suerte a ese tembloroso y anhelante puñado de pelos.

Varios trabajos internacionales han demostrado que hay una relación directa entre el maltrato animal y la criminalidad contra las personas. Por supuesto: quien hace eso a su cachorro, probablemente maltrate también a su hijo, a su esposa, a los viejos a su cargo. Y no solo eso; según los estudios, también hay una relación con los delitos públicos: secuestros, violaciones, robos con violencia.

En España carecemos de una ley nacional de protección animal. Cada autonomía tiene sus propias normas, y difieren muchísimo entre sí. La insensibilidad española en este tema es una vergüenza dentro del contexto europeo.

Rosa MONTERO: "300 000 energúmenos" (adaptación), 17 de agosto de 2014, *El País*. Web [Consulta: 17 de junio de 2015].

1. ¿Cuál es la intención comunicativa de la emisora del texto?
2. Señala las marcas lingüísticas que denotan la presencia del emisor y las referencias al receptor.
3. La periodista hace en su artículo una argumentación subjetiva adoptando un tono personal y emotivo. Señala los fragmentos del texto en que se hace más patente esa carga emotiva. ¿Qué recursos expresivos utiliza para ello?
4. ¿Cuál es la tesis que defiende Rosa Montero en su artículo? ¿Qué argumentos aporta? Enuméralos. ¿De qué tipo son?
5. ¿Te parece interesante el tema planteado por la periodista? ¿Crees que es un problema ante el que hay que sensibilizar a la sociedad?

La argumentación en la prensa

1. La información y la opinión en los medios

El nacimiento de la prensa en el siglo XVIII dio lugar también al surgimiento de la opinión pública: los lectores recibían información de los **papeles periódicos**, al mismo tiempo que se identificaban con su postura ideológica.

Los medios de comunicación, además de ofrecer información, se convierten en líderes de opinión a través del análisis que hacen de los hechos de actualidad. La ética profesional exige una diferenciación clara entre lo que es información objetiva y lo que constituyen opiniones o valoraciones subjetivas.

Esto ha determinado la existencia de géneros periodísticos informativos y géneros de opinión, tanto en las diferentes secciones de los periódicos, como en la programación de radio y televisión, e incluso en Internet.

La evolución histórica de los medios de comunicación ha ido definiendo una serie de géneros periodísticos de opinión: el artículo, la columna, el editorial, las cartas al director, la crítica, el suelto[1], el fotomontaje, la viñeta de opinión, el reportaje de opinión, la entrevista...

Sin embargo, hay formas más sutiles de dirigir el modo de pensar de los lectores. La opinión de un medio de comunicación se refleja también en la ocultación de hechos relevantes, en el tratamiento de determinadas noticias, en la elección de las imágenes, en la redacción de titulares y pies de fotos, en la forma de diagramar un periódico... todo ello puede sugerir al lector una interpretación determinada y no otra.

EL PAÍS

La dimisión de Blatter abre la vía a la regeneración del fútbol mundial

La ley prohibirá tomar imágenes de detenidos

HIPOTECA NARANJA. HAS ELEGIDO BIEN.

Portada de un periódico.

1. **suelto**: en un periódico, escrito de corta extensión que expone un tema concreto.

2. El artículo

El **artículo** es un texto periodístico que comenta e interpreta un hecho de actualidad. Está, por tanto, íntimamente ligado a la noticia. Su autor explica los hechos remontándose a sus antecedentes, formula juicios de valor y predice, de alguna forma, las consecuencias o el desarrollo futuro de esos hechos.

Se trata de un género periodístico que no se somete a unas normas fijas, pues goza de una gran libertad temática, estilística e ideológica. Es el articulista quien elige el contenido, el tono y la perspectiva desde la que se dirige al lector. En la actualidad los artículos de opinión aparecen en diferentes secciones del periódico.

	ALGUNOS TIPOS DE ARTÍCULOS
Editorial	Es el artículo de opinión del periódico. El medio manifiesta públicamente su punto de vista sobre asuntos de trascendencia social o política.
Artículo o comentario de opinión o de tribuna	Texto de opinión de personas ajenas al medio, que escriben de forma esporádica y con absoluta libertad expresiva un texto sin una ubicación ni extensión fija. Los diarios suelen tener reservado un espacio en las páginas de opinión con la cabecera de *Tribuna* para recoger este tipo de artículos.
Columna	Artículo de opinión en el que su autor dispone de total libertad para emitir sus juicios sobre los asuntos que considere oportunos. Recibe este nombre porque antes se escribían en una columna. Con una ubicación, frecuencia y extensión fijas, la columna interpreta, analiza, valora y orienta al público respecto de sucesos noticiosos diversos.
Ensayo	Artículo en el que el escritor reflexiona sobre cuestiones filosóficas o sociales: el amor, la amistad, la religión, las relaciones internacionales, los valores sociales, etc.

EL ARTÍCULO

Expone las opiniones de expertos o personas relevantes.

Su credibilidad y capacidad de influencia dependen del prestigio y autoridad que merezca su autor a los lectores.

3. El editorial

El **editorial** es un artículo de opinión por medio del cual el diario expresa su punto de vista sobre un asunto de interés general, ya sea de ámbito local, nacional o internacional. Su lectura atenta aporta al lector pistas muy claras sobre los principios éticos e ideológicos que definen la publicación, así como sobre los intereses del grupo o de los grupos económicos que la sustentan.

La redacción del editorial es responsabilidad del director del periódico, quien coordina a su equipo de expertos o **consejo editorial**. El texto se incluye siempre en las páginas de opinión, destacado por medio de la tipografía y el recuadro.

Los editoriales persiguen **explicar los hechos**; ofrecer **sus antecedentes** relacionándolos con otros hechos anteriores; **formular juicios** de valor analizando problemas complejos y aclarando situaciones confusas; y **predecir el futuro** a partir del presente, previendo los acontecimientos venideros.

LA VANGUARDIA

Juegos vascos

Editorial de un periódico.

3.1 Lenguaje y estructura

El editorial, como género, goza de gran libertad expresiva, aunque debe respetar los principios generales de claridad, sencillez y precisión. El texto suele seguir el orden lógico propio de la argumentación y la exposición, y aunque aparenta ser objetivo, en realidad introduce elementos connotativos y subjetivos que rompen esa objetividad.

Su estilo suele ser persuasivo, vivo y penetrante, a veces polémico. Puede utilizar un lenguaje grave y digno, acorde con la importancia del tema, o expresiones coloquiales si el asunto lo permite. En el editorial pueden aparecer cultismos, tecnicismos y neologismos. Su sintaxis, en cambio, es sencilla. La riqueza y variedad del lenguaje propias del editorial permiten igualmente el uso de algunos recursos literarios.

El editorial presenta un esquema libre en cuanto a su desarrollo. Por lo regular, consta de tres a cinco párrafos, aunque puede haber editoriales de dos párrafos, siempre y cuando cumplan con las tres partes básicas (introducción o entrada, desarrollo y conclusión).

4. La columna

La **columna** es un artículo de opinión de periodicidad fija. Cuenta con un espacio preestablecido, pues ocupa una columna en el periódico impreso.

El columnista, que siempre firma su escrito, es libre para elegir el tema, la orientación y el estilo que desea utilizar. La única restricción con la que cuenta es el número fijo de palabras que caben en la columna del periódico para el que escribe.

Es el género periodístico de opinión en el que más claramente se manifiesta el *yo* del autor. Constituye un género híbrido entre la literatura y el periodismo. Al tener periodicidad y ubicación fijas, los lectores siguen habitualmente al escritor y establecen con él y con el medio una cierta complicidad.

El columnista, a través de sus artículos, revela una manera de ser, de sentir y de comportarse ante los acontecimientos y las personas, unas preferencias morales y unas determinadas intenciones; y hace todo eso con una forma y un estilo propios.

LA COLUMNA

- El autor utiliza un estilo ameno y numerosos y variados recursos estilísticos: comparaciones, metáforas, repeticiones, paralelismos...
- Presenta una estructura interna, que, aunque es libre, responde en muchas ocasiones al siguiente esquema:
  - Se resaltan los elementos de menor importancia (anécdotas, curiosidades, etc.).
  - Los temas se tratan con agudeza, intentando desvelar lo esencial.
  - Se da el salto de lo anecdótico a lo general, dotando de un carácter simbólico al texto.

4.1 Lenguaje y estilo

Los columnistas suelen utilizar un lenguaje muy cuidado; a veces, más literario que periodístico. Pueden usar tanto cultismos y neologismos como expresiones más coloquiales y diferentes recursos expresivos: alegorías, anáforas, analogías, antítesis, apóstrofes, comparaciones, metáforas... El tono también puede variar.

La columna utiliza todo tipo de formas discursivas: narrativa, descriptiva, expositiva, argumentativa, etc., dándose con frecuencia una combinación de dos o más de ellas. La elección de una u otra forma de expresión lingüística depende del tipo y de la función de la columna.

4.2 Estructura

No existe un modelo común de estructura para este género periodístico, pues cada columnista desarrolla su modelo personal: elige el tema y el punto de vista desde el cual lo va a enfocar y se expresa en un estilo propio. No obstante, podemos diferenciar: titular, entrada, desarrollo y cierre.

- El **titular** enuncia el asunto.
- La **entrada** o arranque presenta el tema de una cita o una anécdota.
- El **desarrollo** expone los argumentos para persuadir al lector de lo acertado de los planteamientos del autor.
- El **cierre** sintetiza o expresa la opinión del columnista e invita al lector a compartir su punto de vista.

ESTRATEGIA DE LECTURA CRÍTICA

Extrapolar conocimientos:

- **Relaciona** los datos y las informaciones con tus conocimientos y tu experiencia.
- **Compara** los datos con otros similares de otras áreas.
- **Busca con actitud abierta** todas las asociaciones que los textos te sugieran.
- **Cambia de punto de vista** adoptando nuevas perspectivas: invertir los problemas, mirarlos desde otro lugar...

6. Elige el tema, dale la estructura, el estilo y la extensión propias de la columna, y redacta un texto personal.
7. Lee el texto y realiza las actividades:

El pie de foto rezaba así: "Una niña yazidí es evacuada del monte Sinjar por tropas kurdas el miércoles pasado". El miércoles pasado es ya un miércoles cualquiera. También la niña es cualquiera y cualquiera es asimismo el conflicto del que huye en la caja medio oxidada de un camión cualquiera. Medio mundo está en fuga. Hay quien huye de la guerra, quien del hambre, quien de las dictaduras, quien de las persecuciones religiosas, quien de las catástrofes naturales… En la mirada de los desplazados suele hallarse una mezcla de impotencia, de estupor, de miedo y conformismo.

El rostro de esta niña descoloca porque se advierte en él más rabia de la común; más tenacidad de la normal; más desafío del que estamos acostumbrados. Todo ello se aprecia en la imperturbabilidad de su mirada, en el ligero gesto de desprecio de los labios, en las greñas de pelo sucio que cubren parcialmente su cara, pero también en el modo en que su cuerpo emerge sobre el de los demás como para situarse en el mundo y averiguar hacia dónde se dirige, quizá hacia dónde saltar.

¿Qué habrá sido de ella después de tantos miércoles (la fotografía se publicó en agosto), adónde habrá ido a parar con su único jersey, su única falda, su única ropa interior, sus únicos zapatos? ¿Estará enferma, sana, irá a la escuela, conseguirá comer todos los días?

No sé, chica, si te hemos leído bien, si hemos sentido lo que deberíamos al contemplar tu foto, si este artículo es de los que se utilizan para empedrar el infierno de buenas intenciones. ¿Pero cómo pasar la página del periódico sin recortarte?

Juan José MILLÁS: "Situarse en el mundo", 2 de noviembre de 2014, *El País*. Web [Consulta: 1 de julio de 2015].

a. Enuncia el tema de esta columna. ¿En qué medida se relaciona con hechos de actualidad?
b. Identifica las formas discursivas que utiliza el autor.
c. Destaca las cuatro partes de su estructura.
d. La presencia del autor es más visible en la columna que en otros géneros periodísticos. Señálala.
e. En varios momentos, el autor dialoga con la niña de la fotografía. ¿Qué efecto produce este recurso?
f. El estilo de la columna se concreta en los recursos que Juan José Millás utiliza para transmitir sus sentimientos. Localiza enumeraciones, repeticiones, anáforas, paralelismos y demás recursos retóricos.

5. Las viñetas de opinión

La **viñeta de opinión** es una imagen (o serie breve de imágenes, en cuyo caso se denomina *tira*) que se publica en las páginas o sección de opinión de los medios impresos, a veces acompañada de texto, en la que el autor representa una situación sobre la que desea expresar su opinión.

El humorista gráfico mira la realidad desde un punto de vista original e irónico, ofrece una visión crítica de algún hecho relevante y busca conseguir que el lector sonría y reflexione sobre el tema planteado.

Las viñetas de opinión constituyen una de las principales herramientas de los diarios para el análisis crítico de la realidad, y poseen un gran potencial como creadoras de opinión.

En la actualidad, las viñetas están presentes en todos los diarios. Son una especie de "columnas gráficas": los periódicos utilizan tanto las columnas como las viñetas para reforzar su propia línea editorial con opiniones independientes de columnistas y humoristas de prestigio.

La viñeta de opinión utiliza un código mixto: visual y verbal.

- El **lenguaje visual** está integrado por las viñetas, los encuadres, los ángulos de visión, los personajes y sus expresiones, el color, las metáforas visuales y los códigos cinéticos.

  El ángulo de visión expresa la posición en que se coloca la cámara o el ojo del que mira. Puede ser:

  - **Normal u horizontal**: la cámara o el observador se sitúa en posición paralela al objeto, ni por encima, ni por debajo.
  - **Picado**. Se produce cuando la imagen se ve desde una posición más alta que el objeto, de arriba hacia abajo.
  - **Contrapicado**. En este caso, se ve el objeto desde abajo.

  Los **códigos gestuales** del rostro de los personajes aportan también un valor expresivo. Los fundamentales son los rasgos de la boca, las cejas y los ojos.

  Por medio de leves cambios de las líneas faciales se pueden representar una serie de sentimientos y situaciones que están universalizadas: enfado, irritación, tristeza, hipocresía, miedo o sorpresa, alegría o satisfacción, etc.

  El **color** desempeña un papel importante en la composición de la viñeta o de la tira cómica. Los colores se utilizan según sus distintos significados expresivos o simbólicos.

  No obstante, el significado del color no está estandarizado y, en cada situación, los dibujantes pueden realizar combinaciones que den lugar a nuevas y variadas interpretaciones.

  Las **metáforas visuales** consisten en la expresión de ideas, sensaciones o estados de ánimo a través de una imagen (rayos y centellas para expresar ira, una bombilla para expresar que un personaje ha tenido una idea). Estas metáforas proporcionan información sobre el estado psíquico de los protagonistas.

  Los **códigos cinéticos** son recursos gráficos que expresan la ilusión del movimiento o una trayectoria. Son las respuestas gráficas a la naturaleza inmóvil de las imágenes fijas que tratan de reflejar una realidad dinámica.

ESTRATEGIA DE LECTURA CRÍTICA

Dos o más textos pueden establecer entre sí distintas relaciones significativas:

- **Complementariedad**: cada texto aporta parte del significado.
- **Supresión o adición de sentido**: un texto puede restringir o ampliar su sentido cuando se relaciona con otro.
- **Repetición e hipérbole**: varios textos con un sentido similar se refuerzan entre sí.
- **Oposición y contraste**: al relacionar dos textos opuestos, cada uno de ellos puede reforzar su significado.
- **Paralelismo**: a veces, dos textos referidos a situaciones y contextos diferentes ponen inesperadamente de manifiesto elementos comunes.
- **Sustitución de sentido**: en ocasiones, al relacionar dos o más textos independientes, estos adquieren un valor simbólico y su sentido inicial es sustituido por un significado nuevo convirtiéndose en metáfora o alegoría de otra cosa.
- **Contradicción**: en este caso se produce un conflicto que crea extrañeza en el lector y lo obliga a detenerse en la interpretación del mensaje.

Opinión

Arabia Saudí se mueve y deprisa, ¿hacia dónde?

Expansión

Página de opinión de un periódico.

En general, el movimiento se expresa con líneas de fuerza, trazos aislados e incluso el difuminado de los contornos y la repetición de los perfiles, dibujados en la dirección que convenga.

De esa manera, con este tipo de signos, se comprende cuándo y dónde comienza y acaba una caída, o hacia dónde corre un personaje o incluso la fuerza con que se realiza un movimiento.

Opinión

Preguntas a la posible alcaldesa

Buen gobierno: del 'compliance' al 'performance'

- El **lenguaje verbal** no siempre está presente, pero cuando aparece lo hace para reflejar las expresiones y pensamientos de los personajes, servir de información de apoyo o representar los ruidos de la realidad por medio de las onomatopeyas. Algunas viñetas pueden ofrecer la información a modo de título.

8. Observa las dos viñetas y realiza las actividades:

J. R. MORA, en www.taringa.net

MALAGÓN, en www.vivirentrecosturas.com

a. Describe literalmente la realidad que se ve en cada viñeta. Explica cómo son los personajes que aparecen y qué están haciendo.

b. Enuncia el tema que trata cada una de ellas.

c. Indica en qué medida se relaciona cada viñeta con algún hecho conflictivo de la realidad.

d. El humorista adopta ante estos hechos una postura crítica. ¿Qué denuncia el autor de la primera viñeta? ¿Qué denuncia el de la segunda?

e. Si tuvieras que reducir a un enunciado la opinión que subyace en la primera viñeta, ¿cuál sería?

f. Imagina que la segunda viñeta aparece en la página del diario, al lado de un artículo de opinión:
   - ¿Cuál sería el título de ese artículo?
   - ¿Cuál sería su idea central?

g. Narra oralmente la acción inmediatamente anterior a la imagen de la primera viñeta y la inmediatamente posterior.

h. Transforma el contenido de la segunda viñeta en una supuesta carta al director que alguien publicaría en el periódico del día.

i. Explica qué reacción emocional o intelectual provoca en ti cada viñeta.

j. Compara los dos estilos visuales de estos dos humoristas: trazos y líneas, uso del color, caracterización de personajes, realismo de las figuras, etc.

9. Elige uno de los siguientes temas conflictivos de actualidad. Expón visualmente tu postura personal respecto al mismo a través de una viñeta de opinión:

- El crecimiento de la pobreza como resultado de la crisis económica.
- El despilfarro de agua potable en los países ricos y su escasez en el Tercer mundo.
- La tendencia del ser humano a la guerra como respuesta a los conflictos.
- Los problemas del medio ambiente.
- El tráfico en las grandes ciudades.
- El derecho a la educación de los niños y las niñas.
- La necesidad de solidaridad entre las personas y los pueblos.
- Causas y efectos del calentamiento global.
- El tráfico de especies protegidas.

Las oraciones compuestas (I): la coordinación

Los eslabones

Hemos hablado de un tren que tiene una locomotora (el verbo), un maquinista (el sujeto) y unos vagones (los complementos), engarzados por tornillos y juntas (artículos y preposiciones). Todos ellos forman oraciones de clase preferente, primera clase, clase turista y paquetería. Las conjunciones tienen el papel de enganchar estas oraciones entre sí como los vagones de primera se unen a los de segunda. Eso no suele hacer prescindible la locomotora, que se convierte en verbo principal y arrastra también las categorías subordinadas.

La relación entre todos esos elementos es la sintaxis.

La sintaxis se parece a la mecánica. De nada sirve una manivela si no está conectada con un sistema que aproveche su energía para transformarla en una fuerza más precisa, ya sea con el objetivo de levantar un toldo o con el de arrancar el motor de una cortadora de césped. La mecánica hace avanzar un auto, y también que se muevan nuestras piernas. *Unas potencias llevan a otras, las conectan y en ese momento las activan.*

El cerebro humano ha ido creando durante siglos los engranajes que mueven las oraciones, y estos han de hallarse bien engrasados para que a su vez expresen el pensamiento sin que se rompa un engarce. Los vagones del tren necesitan de firmeza en la unión y de flexibilidad para tomar las curvas, lo mismo que las oraciones subordinadas. La sintaxis está llena de junturas estables, enganches resistentes y grasa para las holguras. *Estos papeles los representan los tipos de palabras que hemos revisado hasta llegar aquí en esta gramática.*

El prefijo griego *sin-* significa, paradójicamente, 'con'. Por eso hemos formado palabras como *sin-cronizados* ('con el mismo tiempo', 'con el mismo ritmo'), *sín-odo* ('con-cilio de obispos'), *sin-óptico* ('visión con-junta')... y unas cuantas decenas más (*sinfonía, sincretismo, sinergia...*) que debemos explicarnos en castellano mediante la preposición que implica la relación de unas cosas y otras (unas cosas *con* otras).

Sin-taxis no tiene que ver, pues, con los problemas del transporte público, sino con la "co-ordinación" de las oraciones entre sí.

Álex GRIJELMO: *La gramática descomplicada*. Ed. Taurus, 2006.

10. Explica la analogía que hace Álex Grijelmo entre la sintaxis y la mecánica.

11. ¿Serías capaz de realizar una analogía entre la sintaxis y cualquier otra disciplina científica o humanística? Propón algunos ejemplos.

12. En el texto se dice que el prefijo *sin-* significa 'con'. Busca en el *DRAE* el significado de las siguientes palabras que comparten dicho prefijo:

simpatía	sincretismo	sinfonía
sintagma	síntesis	sintonía

13. Las oraciones se relacionan unas con otras mediante nexos (conjunciones, pronombres, adverbios). ¿Qué tipo de nexos aparecen en las oraciones marcadas en cursiva en el texto?

14. ¿Estas oraciones son dependientes o independientes entre sí? ¿Cómo se puede comprobar? Explícalo con ejemplos.

15. ¿Se pueden unir oraciones sin ningún tipo de nexo? Intenta unir estas dos oraciones simples en una oración compuesta sin nexos:

- La sintaxis sirve para pensar. La inteligencia se construye con el pensamiento.

16. Ciertas oraciones equivalen a algunas clases de palabras (sustantivos o pronombres, adjetivos y adverbios), por lo que se pueden conmutar por ellas. Cambia las oraciones en cursiva por el sustantivo, adjetivo o adverbio que convenga:

- Estos papeles los representan los tipos de palabras *que hemos revisado hasta llegar aquí*.
- La mecánica hace *que se muevan nuestras piernas*.
- Los diccionarios siguen *donde los dejaste*.
- Las conjunciones tienen el papel de enganchar estas oraciones entre sí *como los vagones de primera se unen a los de segunda*.

1. El texto y las oraciones

En los textos formales escritos la organización sintáctica está ligada al uso de conjunciones o conectores y a la puntuación.

Las oraciones también se pueden clasificar en función de su complejidad: se denominan oraciones **simples** las que tienen un solo predicado, y oraciones **compuestas** las que tienen varios. Ambas clases de oraciones se escriben entre puntos.

Las oraciones compuestas se clasifican, a su vez, en **coordinadas** y **subordinadas**. Tanto las coordinadas como las subordinadas utilizan una conjunción o locución conjuntiva que une las oraciones coordinadas o la oración subordinada (u oraciones) con su principal.

No obstante, algunas oraciones pueden estar introducidas por **conectores**, conjunciones y otros elementos que no tienen una función sintáctica, sino textual. Son fáciles de reconocer ya que suelen aparecer entre pausas, normalmente a principio de párrafo u oración.

El uso de conectores o marcadores textuales sirve para ordenar, relacionar, matizar o reformular las partes o ideas de un texto:

- **Organizadores de la información**. Inician, desarrollan o concluyen el texto: *en primer lugar; por un lado... por el otro; con respecto a; finalmente...*
- **Relacionantes**. Suman ideas o muestran relaciones de causa, de consecuencia, de comparación, etc.: *y; puesto que; por consiguiente; por ejemplo; igualmente...*
- **Contraargumentativos**. Matizan o se oponen a otra idea expresada con anterioridad: *pero; sin embargo; aunque; no obstante...*
- **Reformuladores** o **explicativos**. Explican o sintetizan la información: *es decir; en definitiva; recapitulando; en resumen...*

OTROS ORGANIZADORES DE LA INFORMACIÓN

Algunos verbos (*continuar, finalizar...*), adjetivos (*anterior, posterior...*) y recursos tipográficos (letras, números, guiones...) también pueden funcionar como organizadores de la información en el texto:

Finalizo mi exposición con una cita de Voltaire.

El tema anterior puede tener otras interpretaciones.

Estas son las opciones:

a. Verdadero

b. Falso.

c. En blanco.

17. Lee el texto y realiza las actividades:

> Romu Agulló es peluquero en Cocentaina, un pequeño pueblo de Alicante. *Pero* su verdadera pasión es la música. El propio compositor nos explica su afición: "Invierto en música *pero* no para sacar dinero ni para hacer negocio, sino por los beneficios morales y emocionales que me proporciona". *No obstante*, su último disco ha recibido ya tres premios en dos certámenes estadounidenses. *Y* en noviembre volverá a Los Angeles nominado para los Hollywood Music in Media Awards.
>
> *Sin embargo*, no se plantea dedicarse a la música profesionalmente, es decir, prefiere llevar una vida tranquila *y* relajada porque la estrambótica maquinaria de la industria musical no le seduce.

a. Identifica todas las oraciones simples que encuentres en el texto y cópialas en tu cuaderno.

b. Muchas de las oraciones simples del texto tienen un conector. ¿Con qué fin se utilizan?

c. Di si las palabras en cursiva son conjunciones o conectores.

d. Busca en el texto una oración coordinada y otra subordinada. ¿Cómo las has identificado?

e. ¿Cómo se llaman las oraciones compuestas que se unen sin nexo? ¿Hay alguna en el texto? Cópialas en tu cuaderno.

f. Sustituye los conectores del texto por otros que funcionen igual de bien.

18. Completa los huecos en tu cuaderno con un conector adecuado e indica su valor:

- ... quisiera agradecer a todos su presencia.
- No tengo hambre; ... tomaré una ensalada.
- Las catáforas pueden ser pronombres que se anteponen a su referente. ... anticipan una información en el discurso.
- La informática ha cambiado nuestras vidas. ..., es difícil encontrar una actividad en la que no intervenga.
- La humanidad tiene que hacer frente a múltiples amenazas, ..., la degradación del medio ambiente.

19. Elige una noticia actual y reescríbela en tu cuaderno utilizando los conectores que se han estudiado.

2. Oraciones compuestas por coordinación

Las oraciones compuestas por coordinación no presentan dependencia sintáctica entre sí.

Se unen por medio de una conjunción que aporta distintos valores: *El cumpleaños fue muy divertido, pero no me quedé hasta el final; ¿Entra o sale?; Lebron James encesta y rebotea y asiste a sus compañeros.*

2.1 Oraciones coordinadas copulativas

Expresan una suma positiva o negativa. Sus conjunciones son *y, e, ni*:

Elena	*es*	*amable*	*y*	(Elena)	*estudia*	*traducción.*
Sust	VCop	Adj	Nx		V	Sust
		GAdj / Atr				GN / CD
GN / Suj	GV / Pred			GN / Suj	GV / Pred	
Oración 1				Oración 2		
Oración compuesta coordinada copulativa						

- En ocasiones, la conjunción *y* está al inicio de la oración: *Luisa está enfadada. Y tiene motivos para ello.* En estos casos la conjunción funciona como un conector relacionante de adición con lo expresado con anterioridad.
- La conjunción *ni* exige una negación previa. Puede aparecer ante cada uno de los elementos negados o solo ante el segundo. Cuando aparece repetida, la primera hay que analizarla como un adverbio con valor enfático: *No bebe ni fuma; Ni duerme ni deja dormir.*
- El adverbio *así* unido al relativo *como* da lugar a una de las pocas locuciones conjuntivas coordinantes con valor copulativo: *Leo la prensa en papel así como también la leo en Internet.*

2.2 Oraciones coordinadas disyuntivas

Muestran la existencia de dos o más opciones. La conjunción más frecuente es *o*, que puede aparecer como enlace simple (*Cantas o bailas*) o discontinuo (*O cantas o bailas*).

¿(Tú)	*Estudias*	*o*	(Tú)	*trabajas?*
	V	Nx		V
GN / Suj	GV / Pred		GN / Suj	GV / Pred
Oración 1			Oración 2	
Oración compuesta coordinada disyuntiva				

- Las **distributivas** son una subclase donde aparece una alternancia en las oraciones. Esta alternancia se representa mediante las conjunciones disyuntivas discontinuas *ora... ora; ya... ya; bien... bien; tan pronto... como*:

Tan pronto	(Ø)	*llueve*	*como*	(Ø)	*hace*	*sol.*
Nx		V	Nx		V	Sust
						GN / CD
	Imp	GV / Pred		Imp	GV / Pred	
Oración 1			Oración 2			
Oración compuesta coordinada disyuntiva-distributiva						

LA COORDINACIÓN

La coordinación es un procedimiento sintáctico que sirve para relacionar grupos y oraciones que tienen la misma función y jerarquía: *Vendo libros* y *apuntes*; *Es atractivo* pero *reservado*; *Soy Clara* y *estudio en Valencia*.

RECUERDA

La repetición de la conjunción *y* en cada una de las oraciones copulativas es un recurso estilístico que tiene un valor enfático y es conocido como polisíndeton: *Vi el mar y las olas y los barcos y el intenso azul.*

FÍJATE

Hay que prestar especial atención cuando se coordinen oraciones con predicado verbal transitivo e intransitivo, porque sus respectivos complementos no son intercambiables:

**Leyó y habló del poema; Leyó el poema y habló de él.*

2.3 Oraciones coordinadas adversativas

Establecen una contraposición u oposición de ideas. Las conjunciones que conectan las oraciones son *pero*, *mas* y *sino* (esta última aparece, exclusivamente, en contextos negativos).

(él/ella)	*Entrena*	*mucho*	*pero*	(él/ella)	*no*	*juega.*
	V	Adv	Nx		Adv	V
		GAdv/CC			neg	
Suj	GV/Pred			Suj	GV/Pred	
Oración 1				Oración 2		
Oración compuesta coordinada adversativa						

- *Pero* al inicio de oración funciona como un conector que contrasta lo que se ha dicho con anterioridad: *Toma otro folio. Pero no te vuelvas a equivocar.*
- *Mas* equivale a *pero*, aunque tiene un valor formal y su uso es arcaizante en la actualidad: *Le entiendo mas no comparto su opinión.*
- La construcción *pero que* tiene un valor enfático, por lo que no es adversativa: *La película es interesante, pero que muy interesante.*

LAS ADVERSATIVAS Y EL CONTEXTO

Excepcionalmente, las oraciones coordinadas adversativas pueden unirse con la conjunción *y*. Es el contexto el que determina si se trata de una simple suma de oraciones o de una oposición no excluyente:

No estudió nada y aprobó./No estudió nada pero aprobó.

2.4 Oraciones coordinadas yuxtapuestas

La yuxtaposición es la unión de dos o más oraciones sin nexos que las relacionen. No es solo un recurso sintáctico capaz de unir oraciones, sino que afecta al nivel semántico y discursivo ya que el destinatario tiene que interpretar aquello que el emisor no ha dicho explícitamente con los nexos.

Generalmente, suelen interpretarse con sentido copulativo (*Botó el balón, se levantó, lanzó, encestó*), pero, según el contexto, pueden tener otros valores, tales como adversativo (*Él era consciente; yo no* [lo era]), causal (*No le hablo, no me cae bien*), consecutivo (*Llueve; coge el paraguas*), etc.

(él/ella)	*Se sentó,*	(él/ella)	*pidió*	*un*	*café,*	(él/ella)	*leyó*	*el*	*periódico.*
	V		V	Det	Sust		V	Det	Sust
				GN/CD				GN/CD	
Suj	GV/Pred	Suj	GV/Pred			Suj	GV/Pred		
Oración 1		Oración 2				Oración 3			
Oración compuesta yuxtapuesta con valor copulativo									

(yo)	*Me marcho;*	(yo)	*tengo*	*sueño.*
	V		V	Sust
				GN/CD
Suj	GV/Pred	Suj	GV/Pred	
Oración 1		Oración 2		
Or. comp. yuxtapuesta con valor causal				

(Ø)	*Es*	*la*	*una;*	(yo)	*me voy*	*a*	*casa.*
	VCop	Det	Sust		V	Prep/E	Sust/T
		GN/Atr				GPrep/CR	
Imp	GV/Pred			Suj	GV/Pred		
Oración 1				Oración 2			
Or. comp. yuxtapuesta con valor consecutivo							

Hace un día radiante; nos vamos a la playa es una oración coordinada yuxtapuesta con valor consecutivo.

Las oraciones compuestas

La yuxtaposición y el discurso directo

La yuxtaposición es un buen recurso que sirve para citar las palabras de los demás. Aparece en el discurso directo y consigue que el destinatario identifique como distintos el tiempo y el espacio del emisor de los de la propia cita.

Así, en la oración *Álex dijo en la reunión: "No sé cuándo podré terminar el trabajo"*, el tiempo y el lugar de Álex no coinciden con los del narrador.

En los textos periodísticos, este mecanismo permite, junto a la intervención de nuevas voces en el discurso, crear enunciados con diferentes significados sin que el periodista participe en ellos directamente y se comprometa su objetividad: *El Presidente dijo en la comparecencia: "Estoy seguro de que llegaremos a un acuerdo"; y el candidato le replicó: "Es demasiado ambigua la propuesta del Presidente".*

Las fórmulas que se suelen utilizar en la yuxtaposición de oraciones en castellano son las siguientes:

- **Coma**: *Llegó, vio, venció.*
- **Punto y coma**: *Tengo un gran interés en ver la nueva exposición del Museo de Arte Contemporáneo; iré seguro.*
- **Dos puntos**: *Esta es aproximadamente la tercera ley de Newton: con toda acción ocurre siempre una reacción igual y contraria.*
- **Dos puntos y comillas** (discurso directo): *Ya sabes lo que dijo Mar: " A partir de hoy no salgo".*
- **Guion largo** (discurso directo): *—¡Qué despiste! —exclamó el profesor cariacontecido ante sus alumnos de Bachillerato.*

VERBA DICENDI

Son los verbos que sirven para introducir las citas directas o indirectas en el discurso: *decir, afirmar, contestar, observar...*

Tomás dijo: "Hoy actúo en Segovia".

Mar afirmó que mantenía su propuesta.

2.5 Oraciones coordinadas explicativas*

Tradicionalmente, se clasificaban como oraciones coordinadas explicativas aquellas cuya segunda oración aclara la anterior y cuyos nexos son *o sea, esto es, es decir*.

Sin embargo, como ya se vio en la Unidad 8, y según establece la *Nueva gramática de la lengua española* de la RAE, esas unidades lingüísticas no son conjunciones ni locuciones conjuntivas, por mucho que se asemejen en función y significado a estas, sino **conectores discursivos explicativos**.

El análisis tradicional de este tipo de oraciones era el siguiente:

Las	*aves*	*son*	*ovíparas,*	*es decir,*	(las aves)	*ponen*	*huevos.*
Det	Sust	VCop	Adj	Nx		V	Sust
			GAdj / Atr				GN / CD
GN / Suj		GV / Pred			Suj	GV / Pred	
Oración 1					Oración 2		
Oración compuesta coordinada explicativa*							

Luis	*se puso*	*nervioso,*	*en otras palabras,*	(Luis)	*perdió*	*los*	*papeles.*
Sust	V	Adj	Nx		V	Det	Sust
		GAdj / CPred				GN / CD	
GN / Suj	GV / Pred			Suj	GV / Pred		
Oración 1				Oración 2			
Oración compuesta coordinada explicativa*							

OTROS CONECTORES EXPLICATIVOS

Otros conectores explicativos o reformuladores conmutables por *es decir* son *a saber, en otras palabras, dicho de otra forma, esto es, mejor dicho, o sea...*

20. Expresa las siguientes oraciones con todas las variantes coordinadas que se te ocurran:

- Un mundo sin libros no es posible. Los libros conforman nuestra percepción del mundo.
- El cómic ha alcanzado la mayoría de edad. Ya no es un subproducto para niños y adolescentes.
- Muchos de los mejores futbolistas son latinoamericanos. Las selecciones europeas han ganado los tres últimos mundiales.
- ¿La cocina ha tomado la televisión? ¿La televisión ha tomado la cocina?
- El trabajo del futuro no será solo rutinario. Requerirá estética y humor.

21. Narra en discurso directo estas oraciones. Para ello, sírvete de los distintos recursos tipográficos estudiados. Utiliza diferentes *verba dicendi*:

- El fútbol es una pelota y unos amigos.
- Hemos venido para quedarnos.
- Me encantaría poder pilotar un avión.
- No hay nada que hacer.
- Soy una persona que sueña todos los días.

22. Escribe como nexo una conjunción o una locución conjuntiva adecuada para las siguientes oraciones yuxtapuestas:

- El delegado territorial dijo en la asamblea semestral: "Dimito".
- Este verano voy a Italia; tengo familia allí.
- –Me caso en septiembre– confirmó Lucía a sus familiares y amigos.
- Suena el despertador, me levanto, me ducho, desayuno, abro los libros.
- Escribimos lo que hemos leído; en realidad, todos copiamos.

23. Lee el texto y contesta las preguntas:

Habían cruzado ya todos, y se disponían a emprender la marcha, cuando pudieron presenciar un gran prodigio, del que Jerjes hizo caso omiso, a pesar de que su interpretación resultaba fácil: una yegua parió una liebre. El portento, en efecto, permitía una fácil interpretación en el siguiente sentido: Jerjes iba acaudillar contra Grecia una expedición con suma arrogancia y boato, pero regresaría a su punto de partida corriendo, para salvar la vida.

HERÓDOTO: *La batalla de las Termópilas*. Ed. RBA, 2007.

a. ¿Cuántos verbos en forma personal aparecen en la primera oración compuesta? ¿Y en la segunda?

b. ¿Las oraciones conectadas por la conjunción *y*, en la primera oración compuesta, y la conjunción *pero*, en la segunda oración compuesta, son independientes sintácticamente? ¿Las podrías reescribir con un punto y seguido?

c. ¿Y la oración introducida por la locución conjuntiva *a pesar de que*, es independiente?

24. ¿Hay en el siguiente texto algún caso de dos oraciones seguidas sin ningún nexo que las conecte? Cópialo en tu cuaderno:

En la cima del Olimpo los doce dioses disfrutaban de la vida: ora se alimentaban de ambrosía, ora bebían el néctar de la inmortalidad. Las Gracias los entretenían con sus danzas y las Musas cantaban acompañadas por la lira de Apolo.

Apolo era bello y sabio, es decir, personificaba la perfección; pero un día conoció la desgracia. Su hijo Esculapio, dios de la medicina, fue asesinado por el celoso Júpiter.

a. Indica a qué clase de coordinación pertenecen las oraciones del texto anterior y analiza las que están en cursiva.

b. Sustituye los nexos coordinados anteriores por otros equivalentes.

25. Explica en tu cuaderno, con oraciones coordinadas y yuxtapuestas, qué sientes cuando realizas tu actividad favorita.

26. Los aspectos más relevantes para la revisión de textos son la estructuración en párrafos y oraciones de sentido completo, la concordancia entre el sujeto y el verbo, la adecuación de los tiempos verbales y la puntuación para separar adecuadamente grupos sintácticos y oraciones.

Revisa el siguiente texto en el que se han eliminado deliberadamente algunas de las recomendaciones anteriores. Ten en cuenta que un mismo texto se puede puntuar de maneras diferentes:

ya ni me acuerdo cuándo fue el último examen "tipo test" que hice pero entre todas las cosas que ha comentado este amable docente no se encuentra la que vi en uno que hice y no me volvió a suceder después me preguntaron sobre todo el temario y tuve un buen resultado todos los exámenes que he realizado después han sido de desarrollo eligiendo el modo clásico un tema entre dos y en algún caso dos entre tres nunca me ha parecido que fuera más acertado que el otro y he visto suspender a gente con un nivel de conocimiento y aprobar a gente a quien le sonaba la flauta la conclusión para mí es que más allá de centrarse en aplicar la estadística a las evaluaciones hay que considerar lo que decía un profesor mío una cosa es evaluar conocimientos y otra jugar a las adivinanzas con afán de pillar entiéndase en sentido taurino

José Ángel MURCIA: "Consejos de un profesor de matemáticas para aprobar un examen tipo test sin estudiar", 9 de junio de 2015, *Verne / El País*. Web [Consulta: 19 de junio de 2015].

a. ¿Cuántas oraciones simples, coordinadas y subordinadas has utilizado?

b. ¿A qué clase pertenecen las coordinadas?

c. ¿Cómo has reproducido la cita en estilo directo?

Los nexos

Los hablantes enlazan un enunciado a otro por medio de nexos, es decir, relacionan unas palabras con otras y encajan diferentes grupos de palabras en oraciones con sentido completo. Este mecanismo de actuación puede dar lugar a diversos errores en el uso de los elementos de relación: o no se emplean correctamente -lo que cambia el sentido de la frase-, o se abusa de ellos.

RECUERDA

El desconocimiento de las normas sintácticas que relacionan palabras y frases no solo altera su estructura oracional, sino también su significado. No hay que descuidar la corrección en el uso de conjunciones y preposiciones.

1. Las conjunciones

La norma dice que son nexos entre segmentos equivalentes (conjunciones coordinantes) o segmentos de distinto nivel gramatical (conjunciones subordinantes). Los errores de uso más frecuentes son:

- *Que* innecesario: *¡Qué dulce *que está este bizcocho!*

  La conjunción no cumple ninguna función, así que lo recomendable es eliminarla: *¡Qué dulce está este bizcocho!*

- Usos coloquiales erróneos de algunas locuciones conjuntivas como **a la que*, **en lo que* y **entre que* con un valor temporal:

  **A la que subes, me traes la correspondencia.* Mejor: *Cuando subas me traes la correspondencia.*

  **En lo que estudias, reviso los nuevos mensajes.* Mejor: *Mientras estudias, reviso los mensajes.*

  **Entre que ves la película, rehago el documento.* Mejor: *Mientras ves la película, rehago el documento.*

- La locución conjuntiva *o sea* en oraciones que no tengan valor explicativo: *Estábamos en casa, *o sea, viendo una película de miedo.* Mejor eliminarla: *Estábamos en casa viendo una película de miedo.*

Conjunción es un sustantivo que designa una categoría gramatical, pero también se refiere a la situación alineada de los astros con el punto de observación.

2. Las preposiciones

La norma dice que son elementos que relacionan palabras (sustantivos, pronombres, adjetivos, verbos o adverbios) con su complemento, por eso su presencia es indispensable para que la oración tenga sentido. Los errores de uso más frecuentes son:

- La repetición excesiva de una misma preposición da lugar a cacofonías: **Fue **a** su casa **a** ver **a** su hermana **a** darle la noticia.* Mejor: *Fue hacia su casa para ver a su hermana y darle la noticia.*

- La supresión provoca errores de significado en algunas perífrasis verbales. No es lo mismo decir: *Debe llamar por teléfono* (tiene la obligación de llamar), que *Debe de llamar por teléfono* (probablemente esté llamando); la presencia de la preposición *de* elimina el valor de obligatoriedad que tiene la primera oración.

- Empleo de la expresión *de que* de forma injustificada (dequeísmo): *Mis amigos me piden *de que vaya con ellos*, cuando lo correcto es decir: *Mis amigos me piden que vaya con ellos.*

  Algunos verbos sí exigen el uso de preposición: *arrepentirse de* (*algo*), *enorgullecerse de* (*algo o alguien*)... Esa preposición va a introducir siempre un complemento de régimen.

RECUERDA

Tal y como se ha visto en la Unidad 7, las conjunciones y locuciones conjuntivas se clasifican en coordinantes (copulativas, disyuntivas, adversativas y explicativas*) y subordinantes (completivas, condicionales, causales, concesivas, temporales, consecutivas, ilativas, comparativas y finales).

- Uso innecesario de preposiciones con varios grupos nominales que desempeñan la misma función: *Hemos quedado con Lorena, con Pedro, con Antonio y con Elena*. En casos como este, y para evitar repeticiones, es suficiente con poner la preposición en el primer grupo: *Hemos quedado con Lorena, Pedro, Antonio y Elena*.
- Uso incorrecto de la preposición *a*. La norma dice que se usa esta preposición delante de un CD de persona o de animal o cosa personificada: *He visto a tu hermano; He cuidado a tu perro*... Sin embargo, si hay que distinguir el CD de otro complemento que también se introduzca con la misma preposición, es recomendable suprimirla para evitar ambigüedades: *He llevado al* (*a* + *el*) *perro al médico*; mejor decir *He llevado el perro al médico*.
- Las construcciones sustantivo + *a* + sustantivo son galicismos que poco a poco se van introduciendo en nuestra lengua: *vestido a rayas, olla a presión, paté a las finas hierbas*... La expresión correcta sería, tal y como recomienda la RAE, *vestido de rayas* o *paté de finas hierbas*.
- Expresiones como *de arriba abajo, de dentro afuera, de delante atrás, de entonces acá, boca abajo*, se escriben siempre sin la preposición *a*, aunque muchos hablantes siguen usándola en el habla cotidiana: **de delante a atrás*, **de dentro a afuera*, **boca a abajo*, etc.

FÍJATE

Presta especial atención a la hora de utilizar las siguientes construcciones:

- **Tema a debatir / Tema que hay que debatir.*
- **A no ser de que... / A no ser que...*
- **A mi gusto... Para mi gusto.*

27. Elimina los nexos conjuntivos cuando sean innecesarios y construye correctamente las oraciones:

- Llegaron demasiado temprano, *pero sin embargo* ya se habían ido.
- *Entre que* sube la masa, voy haciendo la crema para el pastel.
- Dice que *en lo que* rellenas el impreso, pregunta a la funcionaria.
- Pensó *que* tendría que rehacer el equipaje.
- ¡Qué tiempo *que* hace tan bueno!
- Ellos ayer, *o sea*, cuando fueron al cine, aparcaron el coche en el garaje.
- Leyó el libro *y* reflexionó sobre el tema y cambió de opinión.
- Elena *ni* Juan van a ir al viaje.
- *Si no* vienes, no empezaremos la sesión.

28. En www.tiching.com/732245 se dice lo siguiente respecto a la conjunción *mas*:

> La conjunción *mas* (no lleva tilde, lo cual la diferencia del adverbio de cantidad *más*) es equivalente a la conjunción *pero*: *Ella estaba equivocada, pero no lo sabía*; *Ella estaba equivocada, mas no lo sabía*. *Mas* se usa poco en el lenguaje común, y se emplea sobre todo en el lenguaje literario, con fines estilísticos. Sin embargo, fuera del lenguaje literario su uso es frecuente cuando en un texto se ha empleado la conjunción *pero*, para evitar la repetición de esta.

- Explica la diferencia entre el adverbio *más* y la conjunción *mas*.
- Elabora cinco oraciones en las que aparezca la conjunción *mas*.

29. Identifica los usos incorrectos de las preposiciones, si los hay, y construye correctamente las oraciones:

- Debo *de* exigirte que no vayas.
- Su amigo se ha fijado *de* que no lleva puesta la chaqueta que le regaló.
- Me propuso *de* escribir un artículo juntos.
- El socio *de* su hermano habló *de* organizar la administración *de* la finca *de* su familia.
- Pensó *en* abandonar la sala.
- Ella sospecha *de* que han cometido una irregularidad.

30. Busca información en el *Diccionario panhispánico de dudas* (www.tiching.com/732247) sobre las siguientes construcciones preposicionales:

- Aspectos a tratar.
- Asuntos a resolver.
- Modelo a seguir.
- Problema a tener en cuenta.

31. Explica las diferencias significativas que se producen en las siguientes construcciones al cambiar la preposición:

- Apoyada *por* ti. / Apoyada *en* ti.
- Hablar *por* interés. / Hablar *con* interés.
- Regañar *con* alguien. / Regañar *a* alguien.
- Vivir *de* alguien. / Vivir *para* alguien.

32. Explica lo que ocurre en las siguientes oraciones respecto al uso de la preposición:

- Se lo he advertido a mi hermana, a su amiga y a su compañera.
- He visto a una roca que es como la que venía en la ilustración.

12 EL DISCURSO: PUBLICIDAD IMPRESA. LAS ORACIONES COMPUESTAS (II)

Claves para diseñar anuncios impresos exitosos

Existen **seis consejos clave** para diseñar anuncios impresos en los que tanto las imágenes como los textos cumplan su cometido en pocos segundos:

1. Enfoque. Lo primero que tendrás que hacer es asegurarte de cuál es el mensaje que deseas transmitir. Elige una o dos ideas visibles y fáciles de recordar, como el nombre de la marca, una imagen del producto, un eslogan...

2. Considerar el tipo de presentación según la audiencia. Piensa qué tipo de presentación será la más interesante para el público objetivo. Toma una hoja de papel y dibuja una idea aproximada de cómo te gustaría que fuera tu anuncio.

3. Elegir o crear las imágenes correctas. La elección de la imagen debe estar basada en las ideas clave que decidiste. Todo en tu anuncio debe apuntar hacia un mismo mensaje.

4. Contar con un esquema de colores. Una vez que tengas tus imágenes, crea una combinación de colores. Si cuentas con el logotipo de la empresa, crea un esquema de colores basado en él. Demasiados colores alejarán la atención del espectador.

5. Oferta corta, texto simple. ¿Cuál es el menor número de palabras que puedes utilizar para transmitir tu mensaje? El texto debe ser corto, de modo que aunque el anuncio se publique en una valla, sea fácil de leer y de recordar.

6. Deja abierta la expectativa. Es limitada la cantidad de información que puede incluir un anuncio impreso. El objetivo no es dar la lista de los detalles del producto. El anuncio debe causar la suficiente impresión en el espectador para que desee buscar más información sobre el producto. Asegúrate de decir dónde se puede acudir para obtenerla.

Occi OLACHEA: "6 claves para diseñar anuncios impresos exitosos" (adaptación), 15 de febrero de 2013, www.paredro.com. Web [Consulta: 9 de junio de 2015].

1. Selecciona un anuncio gráfico de un periódico o revista y responde las preguntas:
   a. Además del nombre de la marca, ¿cuál es la idea clave del anuncio? ¿Qué pretende vender?
   b. ¿Se refleja la idea clave que el emisor quiere transmitir de forma visual? ¿Crees que la imagen comunica de forma eficaz el mensaje del anuncio?
   c. Observa la gama de colores e identifícala. ¿Cuántos tonos diferentes distingues en el anuncio? ¿Resultan agradables?
   d. Analiza el texto que acompaña a la imagen. ¿Es breve y eficaz?

El discurso: publicidad impresa

1. La publicidad

La publicidad es una actividad económica que ha existido desde la Antigüedad: en Grecia, el **heraldo**, y en Roma, el ***praeco***, voceaban los edictos, las noticias y las mercancías de los comerciantes; en la Edad Media, **pregoneros** y **charlatanes** utilizaban sabiamente la palabra para incorporar al producto anunciado un cierto valor añadido.

A partir del desarrollo de la imprenta aparecieron carteles, folletos, catálogos, hojas de anuncios de compraventa, etc. En el siglo XVIII nacieron los periódicos de anuncios y, en el siglo XIX, la publicidad se convirtió en el instrumento económico que permitió abaratar el precio de los diarios. Fue en esta época cuando apareció el anuncio moderno: un reclamo breve, simple y seductor.

El primer eslogan o lema de gran éxito fue el de Kodak: *Usted apriete el botón. Nosotros hacemos el resto*. A partir del siglo XX se produjo un auge de la publicidad y se desarrollaron nuevas formas de persuasión que se han intensificado en la actualidad con la aparición de los nuevos medios y dispositivos tecnológicos.

Dice el charlatán: "*Señores que habéis venido, mirad atentamente que no os voy a engañar... Mirad las hierbas que la maga de Salerno envía a este país y a esta tierra. Tras trece días de tratamiento estaréis curados de enfermedades y heridas, de todas las fiebres, de todas las gotas, de la hinchazón del cuerpo. Si mi padre y mi madre en peligro de muerte me pidieran la mejor hierba que yo pudiera darles, les daría esta*".

2. El mensaje publicitario

El mensaje publicitario es un elemento artístico cuyo objetivo es dar a conocer productos o servicios con la finalidad de convencer al receptor e incitarlo a consumir ese producto o a utilizar ese servicio. El anuncio intentará por tanto seducir al público a través de la palabra, la imagen fija o en movimiento y el sonido.

En los mensajes publicitarios **predominan la persuasión y la connotación** sobre la información y la denotación. Para persuadir, se exaltan los valores del producto, intentando ocultar sus posibles defectos y se ofrece, además, un **valor añadido** con la compra del producto.

Los mensajes publicitarios utilizan distintos códigos: el **código verbal**, en los textos orales o escritos, que a veces se manipula para llamar la atención sobre el propio mensaje; el **paralingüístico**, en el diseño y la tipografía, que aportan nuevos valores al conjunto del mensaje; el **icónico**, en las imágenes fijas o en movimiento; y el **sonoro**, en el caso de la publicidad audiovisual.

El valor añadido

La publicidad utiliza los sentimientos y las necesidades humanas para incrementar las ventas. Los temores de las personas, su ansiedad, sus sentimientos de culpa o de soledad; sus necesidades de alimento y sueño, de seguridad, de poder, de autorrealización, de aceptación... son explotados por los mensajes publicitarios para mover a la acción al consumidor.

Así, los anuncios, además de exponer las cualidades del producto, apelan a los sentimientos profundos del receptor y le hacen la falsa promesa del valor añadido: no le venden un cepillo de dientes sino una defensa segura contra las bacterias; le hacen creer, por ejemplo, que comprar un coche determinado lo hará más poderoso o que adquiriendo un perfume conseguirá una inmediata conquista amorosa.

Algunos de estos valores añadidos suelen ser: juventud, seguridad emocional, afirmación del propio valor, sensación de poder, de arraigo, de inmortalidad, etc.

1. ¿Cuál es el valor añadido de este anuncio?

3. El uso de la lengua en los textos publicitarios

En los textos publicitarios, el uso de la lengua se subordina a la necesidad de persuadir y convencer al receptor. Sus características son:

- **Brevedad**. Para evitar el cansancio del receptor, los mensajes publicitarios eliminan todo aquello que no es esencial. Para ello recurren a la elipsis, sobre todo del verbo (*Nuevo SEAT Ibiza, hecho para su gente*); a construcciones nominales y aposiciones (*CITROËN XM. Señor de la carretera*); a oraciones de infinitivo independientes; a usos del adjetivo como adverbio, etc.
- **Redundancia**. Los textos publicitarios necesitan ser recordados por el receptor, por eso incluyen numerosas repeticiones:

  Bic naranja escribe fino; bic cristal escribe normal: bic, bic, bic, bic, bic.

  Ni gota, ni gota. (Dodotis)
- **Variedad**. Todo vale para convencer. Los mensajes publicitarios incorporan signos variados como palabras, iconos, números; toda clase de léxico y los más diversos registros, desde el coloquial (*Si no tomas Danao, qué has desayunao...*) al científico y literario. Un ejemplo de eslogan rimado:

  Hay cosas que el dinero no puede comprar... para todo lo demás, Mastercard.
- **Creatividad**. Los mensajes publicitarios se caracterizan por la **innovación léxica** (constante uso y creación de neologismos y tecnicismos: *bragapañal, clorex, oxianillos*) y por la inclusión de **transgresiones de la norma lingüística** para llamar la atención del receptor, como el anuncio que hay en el margen.

  Al servicio de la creatividad están también los abundantes **recursos retóricos** presentes en el lenguaje publicitario: anáforas, comparaciones, metáforas, sinestesias, antítesis, paradojas, juegos de palabras...
- **Ponderación**. La exaltación de las cualidades del producto se manifiesta en la frecuente presencia de comparativos de superioridad o de superlativos absolutos con los sufijos *-érrimo* e *-ísimo* o los prefijos *extra-*, *mega-*, *super-*, etc.

  1880. El turrón más caro del mundo.

  Ariel lava más blanco.
- **Apelación**. Los mensajes publicitarios incluyen numerosas apelaciones para implicar al receptor. Son frecuentes, por ello, las oraciones imperativas, exclamativas e interrogativas; las oraciones enunciativas que incluyen al receptor y el uso de las más variadas formas de tratamiento:

  Busque, compare, y si encuentra algo mejor, cómprelo. (Camp)

  ¿Te gusta conducir? (BMW)
- **Connotación**. El lenguaje publicitario posee un fuerte valor connotativo. Las palabras se escogen por su capacidad de evocar valores positivos y sensaciones agradables.

  Los mensajes, por tanto, evitan palabras cargadas de connotaciones negativas y escogen las que sugieren sensaciones placenteras, como *sano*, *gratis*, *joven*, etc. Igualmente, en las imágenes presentan familias felices, niños encantadores y competitivos, niñas obedientes y presumidas, hombres trabajadores, jóvenes tiernos y apasionados, mujeres hermosas, ancianos entrañables, etc. De este modo, acaban creando un mundo estereotipado y ficticio en el que nunca aparece una situación conflictiva.

Brevedad en el mensaje publicitario: construcción nominal y aposición.

Oxianillos es un ejemplo de la innovación léxica característica de los textos publicitarios.

Apelación en busca de la implicación del receptor y connotación.

2. Lee, observa y después analiza el uso del lenguaje en este anuncio:

Te mueves por emociones

75 pulsaciones por minuto en reposo, metes la mano en el bolsillo y con la yema de los dedos acaricias tu llavero.

90 pulsaciones por minuto, la pupila se dilata, la respiración se acelera y las endorfinas se disparan. Lo tienes ante ti. Ya solo queda entrar.

100 pulsaciones por minuto, abres la puerta y te acomodas en el asiento, con la mano derecha metes la primera, con el pie izquierdo presionas el embrague.

110 pulsaciones por minuto, el motor ruge, la piel se te pone de gallina, el bello se eriza. Sueltas poco a poco el embrague y comienzas a acelerar.

120 pulsaciones por minuto, tus manos agarran firmemente el volante. Notas la fuerza del asfalto.

130 pulsaciones por minuto, por fin lo notas, ahora sí, ahora eres libre.

Y todo esto cada día.
BMW
¿Te gusta conducir?

a. Aparentemente es un texto descriptivo. ¿Qué describe el texto del anuncio?
b. Indica la estructura paralelística del texto y su ascensión climática como elementos de ponderación del producto que se ofrece.
c. Señala las marcas lingüísticas de la apelación.
d. Identifica los recursos retóricos utilizados.

4. El anuncio impreso

El anuncio impreso es un mensaje publicitario compuesto por textos, imágenes y elementos paralingüísticos tales como el diseño y la tipografía. No todos los anuncios tienen todos estos elementos: algunos presentan más textos, otros tan solo muestran una imagen atractiva, pero siempre, en todos los casos, aparece la marca del producto.

Ahora, observad los elementos y la estructura de los anuncios gráficos que están en el margen de esta página.

Como se puede ver, el anuncio **1** pertenece a una campaña del Consejo de Delegaciones de Estudiantes. Consta de una imagen que refleja exactamente la idea clave de la campaña. Se distinguen en él las distintas partes del texto:

- Un **título** que expresa el tema del anuncio.
- Un **subtítulo** que aclara algún dato del título.
- El **texto** en el que se explica quiénes van a ser los beneficiados por la campaña de recogida de alimentos.
- La **frase resolutiva**, dirigida expresamente al receptor y que lo anima a participar.
- La **marca**, en este caso, el organismo que convoca la campaña.
- Y, finalmente, el **eslogan**: la frase fácil de recordar que concreta todo el mensaje.

La fuerza del anuncio **2**, en cambio, descansa fundamentalmente en una imagen impactante. En este caso solo aparecen el **título**, la **marca** y la **frase resolutiva**, y tanto los textos como la imagen, además de contar una historia de ficción, provocan la identificación del receptor con el objeto.

1

2

5. Los argumentos de la publicidad

Los anuncios suelen presentar sus productos a través de diferentes esquemas argumentales. Algunos de ellos son los siguientes:

- **La demostración**. Consiste en demostrarle al comprador, de forma clara y explícita, las ventajas racionales del producto que se anuncia, sus características y aplicaciones prácticas. Se puede presentar de formas distintas, ya sea de manera positiva: lo que el producto hace; o de manera negativa: lo que el producto puede evitar.
- **La comparación**. Se compara el artículo que se pretende publicitar con los de la competencia para destacar la cualidad que lo diferencia de los demás. En ocasiones, la comparación se puede realizar con una versión anterior de ese mismo producto.
- **La analogía**. Consiste en provocar una asociación de ideas en la mente del que recibe el mensaje. Se utiliza mucho en los anuncios de artículos cuya función es difícil de mostrar directamente.
- **El problema-solución**. Se plantea un problema para presentar a continuación el producto que lo resuelve.
- **El símbolo visual**. El anuncio expresa visualmente una idea con el fin de hacerla más fácil de recordar.
- **El testimonio**. Aparecen personas que cuentan su experiencia como usuarios del producto.
- **Trozos de vida**. Son aquellos anuncios que desarrollan historias extraídas de la vida cotidiana. El objetivo es que el receptor se identifique con la situación que se le muestra.

Ejemplo de demostración negativa: si el consumidor cambia su cepillo de dientes cada tres meses, evitará la acumulación de bacterias.

3. Señala en este anuncio gráfico todos los elementos que lo componen:
   a. ¿En qué radica la originalidad de la imagen?
   b. Localiza el título, el subtítulo, el texto, el eslogan y la marca.
   c. Identifica en el texto la información y la persuasión.
   d. Plantea y diseña un nuevo anuncio gráfico de este mismo producto mediante los argumentos que has aprendido.

4. ¿Qué argumentos utilizan los siguientes anuncios gráficos?

UNA PUBLICIDAD QUE SALVA VIDAS

La Dirección General de Tráfico realiza campañas de concienciación y divulgación sobre seguridad vial a los conductores y peatones desde 1960. A partir de 1992, con el eslogan "Las imprudencias se pagan. Cada día más", las campañas alcanzaron un mayor impacto social, ya que incluyeron imágenes explícitas e impactantes de la secuencia previa al accidente, del siniestro o de sus secuelas físicas, familiares y sociales. Durante 1994 y hasta 1998, con el eslogan "Las imprudencias se pagan... carísimas", la DGT incorporó trágicos testimonios de varios afectados por accidentes de tráfico.

6. La lectura de la imagen

Las imágenes aportan al anuncio impreso mucho más que información. Transmiten no solo emociones y sentimientos, sino también contenidos no explícitos que el receptor asume inconscientemente. Los publicistas lo saben y escogen imágenes que apelan a lo irracional y activan en los receptores los mecanismos psicológicos de la **identificación** y la **proyección**. Por la identificación, el receptor se identifica con lo que transmite la imagen; en la proyección, el receptor proyecta sus propios deseos y necesidades en la realidad sugerida por la imagen.

La publicidad ya utilizaba en sus inicios el color como elemento destacado en los anuncios.

Para decodificar críticamente una imagen publicitaria es preciso prestar atención a los siguientes aspectos:

- **El encuadre**. Es la parte de realidad representada en la imagen. Y el punto de vista desde el que esta realidad se contempla (arriba, abajo, izquierda, derecha). El encuadre se hace siempre con una intención: objetividad / distorsión, realismo / engaño; etc.
- **Los gestos y la escenografía**. Es importante ser conscientes de la sensación que transmiten las actitudes y los gestos de las figuras que aparecen, y también observar la escenografía y cualquier objeto que esté adjetivando el tema central.
- **El tratamiento de la luz**. Una luz frontal aplasta las figuras; la iluminación posterior, en cambio, las separa del fondo; la luz lateral y la que se dirige de arriba abajo acentúan volúmenes, mientras que la que va de abajo arriba produce deformaciones inquietantes o siniestras.
- **Los elementos simbólicos**. A veces, las imágenes presentan elementos simbólicos que aluden a ideas abstractas o inmateriales. A menudo en las imágenes publicitarias se utilizan también los colores con una intención simbólica.
- **Las relaciones espaciales** que los distintos elementos de la imagen establecen entre sí. Sirven para jerarquizar los elementos y ordenarlos en el proceso de examen visual. En función de las relaciones, el autor de la imagen puede establecer el itinerario de mirada del receptor y, por lo tanto, interpretar el mensaje icónico.
- **La historia**. A veces, las imágenes publicitarias cuentan una historia, un relato que incluye una idea que el receptor asimila instantáneamente.

5. Analiza la siguiente imagen publicitaria:

a. ¿Qué parte de la realidad está representada en el encuadre? Descríbela.

b. ¿Cuál es la posición de la cámara? ¿Desde qué punto de vista se ha tomado la imagen? ¿Tiene algún valor expresivo?

c. ¿Cuál es la expresión del animal? ¿Está alegre, tranquilo, triste, temeroso? ¿Qué efecto produce en ti la figura de este perro?

d. ¿Qué elementos y objetos rodean al animal? ¿De qué modo adjetivan la escena?

e. La idea expresada en el titular se repite a través de un elemento simbólico que se ha añadido a la imagen del perro. ¿Cuál es? ¿Con qué intención se ha manipulado la figura?

f. Presta atención al recorrido de tu mirada en el anuncio. ¿Qué llama tu atención en primer lugar? ¿Qué miras después? Sé consciente de las emociones y sentimientos que el recorrido visual por la imagen despierta en ti.

g. Narra brevemente la historia que cuenta este anuncio. ¿Qué le ha pasado al perro? ¿Qué puedes hacer tú?

Las oraciones compuestas (II)

La materia oscura

Dicen *que las obras musicales más difíciles de interpretar son, por lo general, las más simples*. Lo mismo ocurre en el ámbito de la ciencia: preguntas como "de qué está hecho el universo" evaden incluso a los físicos más brillantes.

Pero esto puede cambiar. El Gran Colisionador de Hadrones en el CERN[1], el acelerador europeo de partículas localizado en la frontera franco-suiza, vuelve a funcionar tras una pausa por mantenimiento y modernización de dos años.

Ahora las partículas se chocarán al doble de energía de la que estaba disponible en los gloriosos días del descubrimiento del bosón de Higgs.

Se anticipa –o se espera– *que el aumento de su potencia permita finalmente revelar la identidad de la "materia oscura"*, una entidad invisible pero crítica que conforma alrededor de un cuarto del universo.

Cuando ocurre lo que no debería

La materia oscura apareció en el radar de la mayoría de los científicos en 1974, gracias a las observaciones de la astrónoma estadounidense Vera Rubin, quien notó que las estrellas que orbitan alrededor de los agujeros negros en el centro de las galaxias en espiral como la nuestra lo hacen a la misma velocidad, independientemente de la distancia a la que se encuentren del centro.

Esto no debería ocurrir, y no pasa aparentemente en sistemas comparables como nuestro Sistema Solar, en el que la velocidad de los planetas atrapados por la gravedad de la órbita solar se ralentiza cuanto más lejos se encuentran de la estrella.

Neptuno, por ejemplo, demora 165 años terrestres en dar una vuelta al Sol.

Esto es lo que nuestro entendimiento de la gravedad nos dice *que debería ocurrir*.

Las estrellas observadas por Rubin moviéndose a la misma velocidad fueron una sorpresa: tenía que haber algo más allí –que provea más gravedad– de lo que podemos ver. Materia oscura.

Acelerador de partículas del CERN, en Ginebra (Suiza).

La materia oscura, entonces, es un término genérico para eso (materia) que debe estar allí, pero que no podemos ver (oscura). Pero los científicos, realmente, no saben *qué es*. [...]

Peter LEONARD: *¿Qué es la materia oscura y para qué sirve?* 3 de junio de 2015, *BBC*. Web [Consulta 9 de junio de 2015].

1. **CERN**: Organización Europea para la Investigación Nuclear.

6. ¿Puedes sustituir las oraciones subrayadas por algún grupo nominal?
7. ¿El nexo que introduce esas oraciones es siempre una conjunción subordinante?
8. Comprueba la función sintáctica que realizan estas oraciones subordinadas sustituyéndolas por el pronombre *eso*:
   a. Dicen que las obras musicales más difíciles de interpretar son, por lo general, las más simples.
   b. Se anticipa que el aumento de su potencia permita finalmente revelar la identidad de la "materia oscura".
   c. Neptuno, por ejemplo, demora 165 años terrestres en dar una vuelta al Sol.
9. Localiza los pronombres relativos que aparecen en el texto. ¿Cómo los diferencias de la conjunción subordinante *que* o del interrogativo *qué*?
10. ¿Los antecedentes de los pronombres relativos anteriores aparecen expresos, están elididos o implícitos en el propio relativo?
11. Amplía la siguiente información agregando oraciones de relativo a los grupos nominales en cursiva:
    - *La materia oscura* que... es una forma fundamental de *partículas* que...
    - Estas *partículas* que... se conocen como WIMP, siglas en inglés de *Weakly Interacting Massive Particles* que...

1. Oraciones compuestas por subordinación

Las oraciones compuestas por subordinación presentan **dependencia sintáctica** entre sí. Se componen de una oración principal y una o varias oraciones subordinadas introducidas por algún tipo de nexo.

En algunas de ellas, la subordinada aparece insertada en la principal desempeñando alguna función sintáctica en su interior. Es el caso de las oraciones subordinadas **sustantivas** y **adjetivas**: *Me encanta [que trabajes tan bien]; Nos preguntó [si habíamos terminado ya el trabajo en grupo]; La isla [que se ve a lo lejos] es Lanzarote; La casa [donde veranea] era de sus abuelos.*

En otros casos, la subordinada no aparece insertada en la principal: [*Como era tarde,*] *se marcharon a casa;* [*Aunque partían de posiciones distanciadas,*] *llegaron a un acuerdo.*

Las oraciones declarativas que se construyen con infinitivo lo hacen sin la conjunción *que*.

2. Clasificación

Tradicionalmente, las oraciones subordinadas se han clasificado en **sustantivas**, **adjetivas o de relativo** y **adverbiales o circunstanciales**. Sin embargo, este tercer grupo presenta cierta polémica, porque no existen adverbios que puedan sustituir a las oraciones finales, causales, concesivas, etc.

2.1 Subordinadas sustantivas

Son aquellas oraciones subordinadas que aparecen insertadas en la oración principal y que desempeñan las funciones características de los sustantivos o los grupos nominales (Sujeto, CD, CI, término de la preposición y aposiciones):

Me gusta [*que seas así.*] — Or. sub. sust./Suj.

No sabía [*si iría a la fiesta.*] — Or. sub. sust./CD

No te olvides de [*que te queremos.*] — *de*: E; Or. sub. sust./T

Me preocupa esa noticia, [*que se meta en líos.*] — Or. sub. sust./aposición

La naturaleza nominal de este tipo de subordinación queda demostrada al poder conmutarse por un sustantivo o un pronombre: *Me gusta tu carácter/Me gusta eso; No lo sabía;* así como por la posibilidad de coordinarse con GN que ejerzan su misma función sintáctica: *Me gusta que seas así y tu buen corazón; No sabía si iría a la fiesta ni nada de nada.*

A partir de su estructura y significado, las subordinadas sustantivas se clasifican en **declarativas o enunciativas**, **interrogativas indirectas** y **exclamativas indirectas**.

FUNCIONES DE LAS ORACIONES SUSTANTIVAS

Las oraciones subordinadas sustantivas pueden realizar las siguientes funciones sintácticas:

- **Sujeto**. *Es posible que suceda.*
- **CD**. *Quiero que me acompañes.*
- **CI**. *Dio importancia a que trabajaras en ello.*
- **Término de preposición**. *Tengo esperanza de que termines hoy.*
- **Aposición**. *Me entristece eso, que pienses así.*

Declarativas o enunciativas

Subordinan contenidos que se enuncian o declaran, ya sean positivos o negativos. Pueden construirse con verbos en indicativo, en subjuntivo o con infinitivos. Se insertan con la conjunción *que*, excepto en las construcciones con infinitivo:

(Yo)	*Deseo*	[*que*	(él/ella)	*venga*	*pronto*]
	V	Conj		V	Adv
	GV	Nx	Suj		GAdv/CCT
					GV/Pred
				Or. sub. sust CD	
Suj			Pred		
			Oración transitiva		

(Yo)	*Prefiero*	[(Yo)	*cantar*	*con*	*ellos*]
	V		Vinf	Prep/E	Pron/T
	GV			GPrep/CCComp	
		Suj		GV/Pred	
			construcción de infinitivo CD		
Suj			Pred		
			Oración transitiva		

Las oraciones compuestas (II)

Interrogativas indirectas

Son una clase de subordinada sustantiva con la que se pregunta o se muestra alguna duda, con el verbo en forma personal o en infinitivo. Carecen de entonación interrogativa, por lo que no se escriben con los signos de interrogación: *No recuerdo* [*quién me lo dijo*]; *No sé* [*si lo podré hacer*]. Se clasifican en **totales** y **parciales**:

- **Totales**. Van introducidas por la preposición *si* y la pregunta o duda que plantean se resuelve con una respuesta categórica: sí o no.

(Tú)	*Di-*	*-me*	[*si*	*mañana*	*vendrás*	(Tú)]
	V	Pron	Conj	Adv	V	
			Nx	GAdv/CCT		
		GN	GV/Pred			Suj
		CI	Or. sub. sust interr. ind. total CD			
GN/Suj	GV/Pred					
Oración transitiva						

No	*se supo*	[*si*	*él*	*fue*	*el*	*responsable*]
Adv	Vpas.ref.	Conj	Pron	VCop	Det	Adj
neg		Nx	GN		GAdj/Atr	
			Suj	GV/Pred		
GV/Pred		Or. sub. sust. interr. ind. total/Sujeto paciente				
Oración pasiva refleja						

- **Parciales**. Van introducidas por los determinantes y pronombres interrogativos *qué, quién, cuál, cuánto* (y sus variantes), y por los adverbios interrogativos *cómo, dónde, cuándo, cuánto*.

  Estos pronombres y adverbios interrogativos, además de introducir la subordinada sustantiva, desempeñan una función sintáctica dentro de la oración que introducen propia de la clase de palabra a la que pertenecen:

No	*se sabía*	[*quién*	*era*	*su*	*amigo*	*invisible*]
Adv	Vpas.ref.	Pron.int	VCop	Det	Sust	Adj/CN
neg		GN		GN/Atr		
		Suj	GV/Pred			
GV/Pred		Or. sub. sust. interr. ind. parcial/Sujeto paciente				
Oración pasiva refleja						

Ella	*me*	*preguntó*	[*qué*	*quería*	(Yo)]
Pron	Pron	V	Pron.int	V	
	GN		GN/CD		
	CI		GV/Pred		Suj
			Or. sub. interr. ind. parcial/CD		
Suj	GV/Pred				
Oración transitiva					

(Él/ella)	*Me*	*aclaró*	[(Yo)	*cuándo*	*solicitar*	*la*	*beca*]
	Pron	V		Adv. int.	Vinf	Det	Sust
	GN			GAdv/CCT		GN/CD	
			Suj	GV/Pred			
	CI		Or. sust. int. ind. parcial/CD				
Suj	GV/Pred						
Oración transitiva							

LA CONJUNCIÓN *QUE*

Las oraciones sustantivas se introducen con la conjunción *que* cuando van con verbo en forma personal. Sin embargo, la conjunción puede eliminarse en ciertos contextos: *Esperamos* [*que*] *vuelvan pronto; Los estudios que creo* [*que*] *son necesarios.*

Asimismo, la conjunción *que* puede ir precedida del artículo *el* con valor enfático cuando la oración subordinada sustantiva realiza la función de sujeto de la oración principal: *Que pienses eso me molesta./El que pienses eso me molesta.*

RECUERDA

No debes confundir los interrogativos con los relativos. Los primeros se escriben con tilde, los otros, sin ella:

No sabía dónde meterse.

La casa donde vivo es una auténtica ratonera.

FÍJATE

Las oraciones que se introducen por los verbos *haber* y *tener* no deben analizarse como interrogativas indirectas parciales, sino como oraciones relativas de adverbio o pronombre:

Tienes dónde dormir.

No hay de quién fiarse.

Exclamativas indirectas

Las oraciones exclamativas indirectas coinciden formalmente con las interrogativas indirectas parciales que se vieron con anterioridad. Expresan una ponderación que se realiza exclusivamente con el verbo en indicativo.

A diferencia de las interrogativas indirectas, pueden escribirse con signos exclamativos o sin ellos: *¡Mira [qué escena tan divertida viene ahora]!*; *Verás [cómo te lo pasas en el viaje de final de curso]*.

> **RECUERDA**
>
> Las oraciones en discurso directo son yuxtapuestas porque no aparecen nexos subordinantes.

Discurso directo e indirecto

Cuando los hablantes quieren citar o reproducir palabras de otros hablantes, lo pueden hacer mediante el **discurso directo** o el **discurso indirecto**.

- El discurso directo es mucho más objetivo que el indirecto, pues reproduce de manera literal las palabras o pensamientos propios o de personas ajenas.

  Generalmente, se construye con un verbo introductor, como *decir, asegurar, responder, manifestar*, etc., seguido de dos puntos y la cita entre comillas (*Elías dijo: "Me encanta el olor de la lluvia en el campo"*), aunque también se puede insertar dicho verbo entre guiones en medio o al final de la cita (*Me encanta -dijo Elías- el olor de la lluvia en el campo. / Me encanta el olor de la lluvia en el campo -dijo Elías.*).

  El segmento citado se comporta como una oración subordinada sustantiva: *Elías dijo eso*.

- El discurso indirecto reproduce las palabras de una persona ajena adaptándolas a su sistema de referencias. Para ello, utiliza una oración subordinada sustantiva enunciativa de CD. Esta adaptación discursiva afecta a algunos determinantes, pronombres personales y tiempos verbales: *Óscar comentó: "Mi casa es vuestra". / Óscar comentó que su casa era nuestra.*

SÁBADO 25 DE JULIO DE 2015

Diario de Sevilla

Abengoa cae un 7% en Bolsa debido a los especuladores • 39

Hajrovic, una nueva opción para reforzar las bandas del Betis • DP 2-3

Investigan si la madre del contenedor se deshizo de otro bebé • 27

LUCHA POR EL PODER EN LOS JUZGADOS SEVILLANOS • 2-3 / EDITORIAL 4

La juez Bolaños contesta a Alaya: "Sus formas no son elegantes"

• La titular del juzgado de los ERE muestra su malestar tras las acusaciones de su predecesora • El Consejo General del Poder Judicial vuelve a retrasar la decisión final

7 ENTRE TRIANA Y LOS REMEDIOS

Una fundación islámica quiere construir una mezquita en el río

• El Gobierno de Malasia dona un millón de dólares al proyecto

32 ESPERPENTO EN BARCELONA

Colau también retira una foto de Felipe VI de la sala de plenos

• Concejales del PP colocaron una imagen del actual jefe del Estado en respuesta a la excusa de la alcaldesa

36 PABLO IGLESIAS OBTIENE UN 81%

Cañamero y Gordillo se cuelan en la lista de Podemos

El discurso directo se utiliza en la prensa por su objetividad.

---

12. Lee el texto y realiza las actividades:

> [...] El gobierno de Obama ha revelado *que* el FBI está muy seguro de *que* el ataque a Sony se originó en Corea del Norte. Esa revelación contrasta con la complejidad habitual de lo que el mundo de la ciberseguridad denomina el "problema de la atribución", es decir, la dificultad de asignar la responsabilidad indudable de los ataques informáticos. Un problema que resulta especialmente complicado en el caso de China.
>
> Harris afirma *que* el ejército de Estados Unidos tiene acceso a una base de datos en la que figuran dosieres sobre todos los piratas identificados en China, con detalles sobre "*qué* tipos de *software* malicioso le gusta utilizar a cada hacker, *qué* sistemas suele atacar y *dónde* se cree que opera". No obstante, esa élite de piratas informáticos, que, según Harris, está formada por un mínimo de 20 000, sigue siendo secreta para gran parte del público. Los hackers chinos se han infiltrado en las redes de empresas energéticas estadounidenses para robar datos sobre la extracción de gas y petróleo de esquisto. [...]
>
> Gordon M. GOLDSTEIN: "Un mundo en ciberalerta", 8 de febrero de 2015, *El País*. Web [Consulta: 3 de junio de 2015].

a. Clasifica en tu cuaderno los nexos en cursiva en conjunciones y pronombres interrogativos. ¿Qué tipo de oraciones sustantivas introducen?

b. Analiza la oración *El FBI está muy seguro de que el ataque a Sony se originó en Corea del Norte.*

c. ¿Qué tipo de discurso se utiliza en el texto para citar las fuentes? Justifícalo con las estructuras empleadas.

13. Lee el texto y contesta las preguntas:

> Ya no sé qué pensar. No estoy seguro de si son de verdad. Todo el mundo me dice que no me preocupe. Pero no puedo; todavía me emociono cuando se acercan estas fechas. Miro la nieve que cae y las luces que iluminan las calles. Me dicen: "¡Verás cómo se acuerdan de ti!". Y aquí sigo esperando. Desde que me marché de casa de mis padres no he tenido un regalo de Reyes.

a. ¿Qué tipo de palabras introducen en el texto las oraciones sustantivas?

b. La oración *Me dicen: "¡Verás cómo se acuerdan de ti!"* se puede considerar sustantiva. Razona por qué sí o por qué no es así.

c. Analiza en tu cuaderno todas las oraciones sustantivas que aparecen en el texto.

Las oraciones compuestas (II)

2.2 Subordinadas de relativo

Las oraciones subordinadas de relativo aparecen insertadas en una oración principal y modifican a un antecedente sustantivo de manera similar a como lo haría un adjetivo: *Los chismes [que cuentas] no me interesan > Los chismes contados no me interesan.*

Están introducidas por un pronombre (*que, cual, quien, cuanto*), un determinante (*cuyo*) o un adverbio (*donde, adonde, como* y *cuando*) relativos cuyas propiedades formales y sintácticas ya se vieron en la Unidad 5:

El	*cuadro*	[*que*	*pintas*	(Tú)]	*es*	*muy*	*colorido*.
Det	Sust	Pron	V		VCop	Adv	Adj
		CD				GAdj / Atr	
		GV / Pred		Suj			
		Or. sub. de relativo CN					
GN / Sujeto					GV / Pred		
Oración copulativa							

Aquel	*escritor*	[*cuyo*	*libro*	*leímos*	*esta*	*evaluación*	(Nos.)]	*ha venido*	*a*	*clase*.
Det	Sust	Det	Sust	V	Det	Sust		V	E	T
		GN / CD			GN / CCT				GPrep / CCL	
		GV / Pred					Suj			
		Or. sub. de relativo CN								
GN / Sujeto								GV / Predicado		
Oración intransitiva										

El	*hotel*	[*donde*	*nos hospedamos*	(Nos.)]	*era*	*confortable*.
Det	Sust	Adv	V		VCop	Adj
		CCL				GAdj / Atr
		GV / Pred		Suj		
		Or. sub. de relativo CN				
GN / Sujeto					GV / Pred	
Oración copulativa						

FÍJATE

Aunque las oraciones relativas se comportan como un adjetivo, no siempre se pueden sustituir por una palabra de esa categoría gramatical:

He visto a Carlos, que cumple *años hoy.*

Relativas especificativas y relativas explicativas

Las subordinadas de relativo, en función de su significado, se clasifican en:

- **Oraciones de relativo especificativas**. Limitan el significado de su antecedente, y nunca se escriben entre comas: *Los deportistas que entrenan a diario consiguen buenas marcas;* en esta oración se especifica que no todos los deportistas consiguen buenas marcas, solo lo logran quienes entrenan a diario.
- **Oraciones de relativo explicativas**. No limitan el significado de su antecedente, sino que muestran una cualidad inherente a él, y se escriben siempre entre comas: *Los deportistas, que entrenan a diario, consiguen buenas marcas;* en esta oración todos los deportistas consiguen buenas marcas porque ninguno deja de entrenar a diario.

Las subordinadas de relativo especificativas y explicativas se diferencian, además, semántica y sintácticamente:

- En relación con el antecedente, las explicativas se pueden suprimir sin que afecte al significado del antecedente, al contrario de lo que sucede con las especificativas:

  Ayer zarpó el barco, que transportaba material inflamable > Ayer zarpó un barco (sigue describiendo la misma situación) / *Ayer zarpó el barco que transportaba material inflamable > Ayer zarpó un barco* (cambia el significado, pues la presencia de la relativa especificativa da a entender que había más barcos).

DIFERENCIAS PROSÓDICAS

Las relativas explicativas son un inciso, es decir, un grupo sintáctico con entonación propia que se separa del resto de la oración principal por pausas que en la escritura se representan por medio de comas, paréntesis o rayas.

Las especificativas, por el contrario, no son un inciso, de ahí que en la escritura no se separen del antecedente por medio de pausas.

Asimismo, las especificativas, al contrario de lo que sucede con las explicativas, son incompatibles con un antecedente que sea un pronombre personal o un nombre propio: *Alfredo, que acaba de cumplir años...; Él, que acaba de cumplir años... / *Alfredo que acaba de cumplir años...; *Él que acaba de cumplir años...*

- En relación con los relativos, las especificativas solo admiten *el que*, *el cual* y *quien* si los precede una preposición (*la manifestación de la que hablaban...; el señor con quien trabaja... / *la mujer la cual conocí...*). Las explicativas, en cambio, no presentan esta restricción (*Acusó al director del banco, el cual no hizo nada por defenderse*).
- En relación con el verbo, las especificativas admiten los modos indicativo y subjuntivo, y verbos en infinitivo (*No encuentro nada que me satisfaga; Buscaba algo en lo que creer*). Las explicativas, por su parte, se construyen normalmente con indicativo.

Los relativos y su antecedente

Los pronombres relativos desempeñan tres funciones en la oración:

- Son nexos subordinantes que introducen una oración subordinada de relativo.
- Sustituyen anafóricamente al antecedente en la oración subordinada.
- Desempeñan una función sintáctica dentro de la subordinada de relativo independiente de la que desempeña el antecedente en la oración principal.

La canción	[*que*	*oímos* (Nos.)]	*es de los años ochenta.*
antecedente	Nx		
	(la canción)		
Sujeto	CD		

El antecedente de los pronombres relativos puede aparecer **expreso**, **elidido** o **implícito** en el propio relativo:

La película que vimos ayer me gustó mucho, sin embargo, la que hemos visto hoy es insufrible. Quien te diga lo contrario miente.

– En la primera oración, el antecedente *la película* aparece expreso. En la segunda, está elidido, pero se identifica por el contexto. En la tercera, finalmente, el antecedente aparece de forma implícita en el pronombre *quien*, que equivale a *la persona que*.

Se distinguen dos tipos de oraciones relativas según la presencia o no del antecedente: las **relativas con antecedente expreso** y las **relativas sin antecedente expreso**.

Relativas con antecedente expreso

Tienen función adjetiva y modifican a su antecedente, es decir, desempeñan la función de complemento del nombre. Sin embargo, los relativos que las introducen pueden tener diferentes funciones dependiendo de su naturaleza morfológica:

- **Pronombres relativos**:
  – *Que*: es el relativo más utilizado en castellano. Realiza básicamente las funciones de sujeto y CD en la oración subordinada.

Tomás	*tiene*	*un*	*gato*	[*que*	*baila*	*rap*]	> *El gato*	*baila rap*
Sust	V	Det	Sust	Pron	V	Sust	Sujeto	
		GN / CD				GN / CD		
				Suj	GV / Pred			
				Or. sub. de relativo / CN				
GN / Suj	GV / Pred							
Oración transitiva								

FÍJATE

Para reconocer la función del relativo, se puede convertir la oración subordinada en simple, y sustituir el relativo por su antecedente. La función que tenga este en la nueva oración coincidirá con la función del relativo en la subordinada:

El piso [que compré] es viejo.
antecedente

Yo compré un piso.
CD

El piso [que compré] es viejo.
CD

RELATIVOS SIMPLES Y COMPLEJOS

Las oraciones de relativo se insertan mediante un relativo simple o complejo (formados por las construcciones "artículo determinado + *que*" o "artículo determinado + *cual*", y siempre con antecedente expreso).

Los relativos complejos, además, pueden ser término de una preposición, junto a la que forman grupos preposicionales con función sintáctica dentro de la subordinada:

El ordenador [con el que trabaja] no funciona. GPrep / CCIns

Cuando el relativo complejo es término de una preposición, como en el caso anterior, puede omitirse en ocasiones el artículo: *El ordenador con que trabaja...*; además, pueden alternar las formas *el que* y *el cual*: *El ordenador con [el que / el cual] trabaja...*

Las oraciones compuestas (II)

La	*obra*	*de*	*teatro*	[*que*	*viste*	(*Tú*)]	*tiene*	*buena*	*crítica*	> *Viste la obra de teatro*
Det	Sust	Prep/E	Sust/T	Pron	V		V	Adj/CN	Sust	CD
GN		GPrep/CN		CD				GN/CD		
				GV/Pred		Suj				
				Or. sub. de relativo CN						
Suj							GV/Pred			
Oración transitiva										

Los relativos complejos "artículo determinado + *que*" precedidos de preposición forman un grupo sintáctico que realiza funciones circunstanciales:

El rodillo [*con el que* *pinté la casa*] *me lo prestaron* > *Pinté la casa* *con el rodillo*

CCIns — CCIns

- *El cual, la cual, lo cual, los cuales, las cuales*: el relativo *cual* lleva siempre artículo determinado que concuerda en género y número con su antecedente. La forma neutra *lo cual* tiene siempre un antecedente oracional.

Ø	*Han rebajado*	*la*	*bicicleta,*	[*lo cual*	*es*	*una*	*oportunidad*	*única*]
	V	Det	Sust	Pron	VCop	Det	Sust	Adj/CN
		GN/CD		GN		GN/Atr		
				Suj	GV/Pred			
				Or. sub. de relativo explicativa				
Imp	GV/Pred							
Oración transitiva impersonal								

La	*unidad*	[*a*	*la cual*	*me refiero*	(Yo)]	*es*	*la*	*cinco*
Det	Sust	Prep/E	Pron/T	V		VCop	Det	Sust
		GPrep/CR					GN/Atr	
		GV/Pred			Suj			
		Or. sub. de relativo CN						
GN/Suj						GV/Pred		
Oración copulativa								

- *Quien/Quienes*: su antecedente es una persona con la que concuerda en número.

Aquellos	[*quienes*	*no*	*hicieron*	*el*	*parcial*]	*podrán hacer*	*lo*	*este*	*lunes*
Pron	Pron	Adv	V	Det	Sust	V	Pron	Det	Sust
		neg		GN/CD			CD	GN/CCT	
	GN/Suj	GV/Pred							
	Or. sub. de relativo CN								
GN/Suj						GV/Pred			
Oración transitiva									

- **Determinantes relativos**:
  - *Cuyo, -a, -os, -as*: no concuerdan con su antecedente, sino con el sustantivo al que acompañan dentro de la subordinada. Tienen significado posesivo.

La	*granada*	*es*	*una*	*fruta*	[*cuyos*	*granos*	*son*	*refrescantes*]
Det	Sust	VCop	Det	Sust	Det	Sust	VCop	GAdj/Atr
					GN/Suj		GV/Pred	
					Or. sub. de relativo CN			
			GN/Atr					
GN/Suj		GV/Pred						
Oración copulativa								

¿CONJUNCIÓN O RELATIVO?

No confundas la conjunción *que* con el relativo *que*. Este último se puede sustituir en la mayoría de contextos por *el cual* y sus variantes:

El libro que/el cual leí me entusiasmó.

Las relativas con antecedente expreso siempre realizan la función de CN.

RECUERDA

Los relativos *lo cual* y *lo que* alternan con un antecedente oracional:

Explicó su comportamiento, lo cual/lo que justificó su actitud.

- **Adverbios relativos:**
  - *Donde, adonde, cuando, como* y *cuanto*: sus antecedentes expresan lugar, tiempo, modo o cantidad. Dada su naturaleza adverbial, siempre funcionan como CC del verbo de la subordinada.

Este	*es*	*el*	*colegio*	[*donde*	*estudié*	*Educación Primaria*	(Yo)]
Pron	VCop	Det	Sust	Adv	V	Sust	
				CCL		GN/CD	
				GV/Pred			Suj
				Or. sub. de relativo CN			
		GN/Atr					
GN/Suj	GV/Pred						
Oración copulativa							

Fue aquel día cuando (CCT) *lo supe; Admiro el modo como* (CCM) *tocas el piano; Hice todo cuanto* (CCC) *pude.*

Relativas sin antecedente expreso (Rel SA)

Existen dos clases de oraciones relativas sin antecedente expreso: las **relativas libres** y las **relativas semilibres**.

[*Quien te lo dijo*] *no podía saberlo* > *Esa persona no podía saberlo* / *Ellas son* [*las que no quisieron venir*] > *Ellas lo son*

- [*Quien te lo dijo*]: Suj — Rel SA Sujeto
- *Esa persona*: Suj
- [*las que no quisieron venir*]: Suj — Rel SA Atributo
- *lo*: Atr

- **Oraciones relativas libres:**
  - En estas oraciones el antecedente aparece incorporado semánticamente en el pronombre (*quien* y *cuanto*) o en el adverbio (*donde, como* y *cuando*) relativos, por lo que la función de la oración subordinada se asocia a la de los grupos nominales o a grupos adverbiales y preposicionales (CC), de ahí que tradicionalmente los manuales de Lengua denominaran a las primeras oraciones de relativo sustantivadas, y a las segundas, subordinadas adverbiales propias.

[*Quien*	*viaja*]	*abre*	*su*	*mente*
Pron	V	V	Det	Sust
GN/Suj	GV/Pred		GN/CD	
Or. sub. Rel SA/Suj		GV/Pred		
Oración transitiva				

Marta	*es*	[*quien*	*ha elegido*	*la*	*película*]
Sust	VCop	Pron	V	Det	Sust
		GN	GN/CD		
		Suj	GV/Pred		
GN	GV	Or. sub. Rel SA Atr			
Suj	Pred				
Oración copulativa					

(Él/Ella)	*Desprecia*	[*cuanto*	*sabes*	(Tú)]
	V	Pron	V	
		GN/CD		
		GV/Pred		Suj
		Or. sub. Rel SA CD		
Suj	GV/Pred			
Oración transitiva				

FÍJATE

Los adverbios relativos pueden ir precedidos de una preposición: *Dibujé el camino* por *donde había ido el día anterior*; y se pueden sustituir por un pronombre relativo precedido de preposición: *El año* cuando *sucedió aquello vivía en Francia/ El año* en el que *sucedió aquello vivía en Francia.*

SUBORDINADAS ADVERBIALES

El próximo curso se ampliará la información sobre las tradicionalmente conocidas como oraciones subordinadas adverbiales propias (tiempo, lugar y modo) y se explicarán las impropias (comparativas, superlativas, consecutivas, causales, finales, ilativas, condicionales y concesivas).

Las oraciones compuestas (II)

(Yo)	*Te*	*llamaré*	[*cuando*	*pueda*	(Yo)]
	Pron	V	Adv / Nx	V	
			GV / Pred		Suj
	CI		Or. sub Rel SA CCT		
Suj	GV / Pred				
Oración intransitiva					

(Yo)	*Te*	*esperé*	[*donde*	*acordamos*	(Nos.)]
	pron	V	Adv / Nx	V	
			GV / Pred		Suj
	CI		Or. sub. Rel SA CCL		
Suj	GV / Pred				
Oración intransitiva					

– Cuando las relativas libres introducidas por pronombre van precedidas de preposición, el término no es solo el pronombre relativo, sino toda la oración subordinada:

(Yo)	*Compré*	*las*	*entradas*	*a*	[*quienes*	*me*	*las*	*pidieron*]
	V	Det	Sust	Prep	Pron	Pron	Pron	V
						CI	CD	
					GN / Suj	GV / Pred		
	GV	GN / CD		E	Or. sub. Rel SA CI / T			
Suj	GV / Pred							
Oración transitiva								

(Él / Ella)	*Vino*	*con*	[*quien*	*te*	*imaginas*	(Tú)]
	V	Prep	Pron	Pron	V	
			CD	CI		
			GV / Pred			Suj
		E	Or. sub. Rel SA CCComp / T			
Suj	GV / Pred					
Oración intransitiva						

La	*información*	*fue contada*	*por*	[*quienes*	*estuvieron*	*allí*]
Det	Sust	VPasiva	Prep	Pron	V	Adv / CCL
				GN		
				Suj	GV / Pred	
			E	Or. sub. Rel SA CAgente / T		
GN / Suj		GV / Pred				
Oración pasiva perifrástica						

- **Oraciones relativas semilibres:**
  - Son semilibres las relativas sin antecedente expreso introducidas por el artículo determinado y el pronombre *que* (*el que, la que, lo que, los que, las que*).
  - En ocasiones, el antecedente puede recuperarse del contexto oracional, como en *He leído infinidad de novelas, pero las Ø que más me gustan son las de detectives* (Ø = novelas). Sin embargo, en otras ocasiones el antecedente no es recuperable, como en *El que canta no soy yo*, donde *el que* equivale a *la persona que*.
  - En esta clase de oraciones relativas la construcción "artículo determinado + *que*" no constituye relativos complejos, porque no forman una unidad, sino segmentos distintos, de ahí que puedan intercalarse entre ellos determinadas palabras: *Es la misma que te dije el otro día.*

FÍJATE

Los grupos introducidos por *con* y *por* son complementos circunstanciales o complementos agente:

Lo arregló [con lo que tenía a mano]. (CCIns)

La primera fila del concierto fue ocupada [por quienes no durmieron el día de antes]. (CAg)

RECUERDA

Los relativos semilibres se forman con *el que* y sus variantes, pero nunca con *el cual* y las suyas:

*Según los que (*cuales) opinan eso, no hay marcha atrás.*

Daniel	*se marchó*	*con*	[*los*	*que*	*llamaron*	*por*	*teléfono*]
Sust	V	Prep	Det	Pron	V	Prep/E	Sust/T
						GPrep/CCIns	
			GN/Suj		GV/Pred		
		E	Or. sub. Rel SA CCComp/T				
GN/Suj	GV/Pred						
Oración intransitiva							

La	*presentación*	*del*	*acto*	*fue realizada*	*por*	[*los*	*que*	*ganaron*	*la*	*beca*]
Det	Sust	Prep+Det	Sust	VPasiva	Prep	Det	Pron	V	Det	Sust
									GN/CD	
		E	T			GN/Suj		GV/Pred		
		GPrep/CN			E	Or. sub. Rel SA CAgente/T				
GN/Suj				GV/Pred						
Oración pasiva perifrástica										

El	*jurado*	*premió*	*a*	[*las*	*que*	*lo*	*merecían*]
Det	Sust	V	Prep	Det	Pron	Pron	V
						CD	
				GN/Suj		GV/Pred	
			E	or. sub. Rel SA CD/T			
GN/Suj		GV/Pred					
Oración transitiva							

Muchos refranes castellanos se construyen con oraciones compuestas relativas semilibres. Identifica las que aparecen en el de la imagen.

14. Lee el texto y realiza las actividades que se proponen en tu cuaderno:

La isla mínima

La película que ha triunfado en los premios Goya de 2015 ha sido *La isla mínima*. Quien no la haya visto no podrá decir que el cine español no tiene calidad. Los que vayan a verla no les defraudará.

Sin duda, es un thriller que ofrece tensión y que está dirigido magníficamente por Alberto Rodríguez. Es una cinta donde el pulso no deja ni un instante de latir. La culpa la tiene la sólida narrativa con la que se cuenta.

Está ambientada en la España de los años 80. Dos policías, que ideológicamente son opuestos, tienen que averiguar la desaparición de dos adolescentes que viven en un pueblecito de las marismas del Guadalquivir. Tendrán que capturar a un cruel asesino en una población cuyos habitantes parecen de otra época.

a. Localiza los relativos e indica cuáles son sus antecedentes.

b. Encuentra en el texto un ejemplo de relativa sin antecedente expreso libre y semilibre.

c. Analiza las oraciones subordinadas relativas que aparecen en el texto.

15. Escribe una crítica cinematográfica de la última película que hayas visto utilizando subordinadas relativas.

16. Reescribe el siguiente texto con la ayuda de oraciones subordinadas relativas que consigan una mejor cohesión del mismo.

- León vivía en casa del boticario. El boticario tenía una pequeña habitación en el segundo piso. La habitación daba a la plaza.
- Desde la ventana observaba pasear a los habitantes. Los habitantes se detenían para interesarse por la salud de sus vecinos.
- Un día apareció tras los empañados cristales una muchacha. La muchacha lo cautivó. La muchacha se llamaba Emma. Emma se convirtió en una obsesión. Esa obsesión lo devolvió a la vida.

17. Identifica las oraciones subordinadas de relativo de las siguientes críticas cinematográficas de *Ocho apellidos vascos*:

a. "Hay al menos media docena de escenas en las que el público se mondará incluso a costa de sus principios". Federico Marín Bellón, *Diario ABC*.

b. "La desgana con la que parece estar rodada, su impersonalidad y su desarrollo plano que desaprovecha escenas que piden a gritos el desmadre". Fausto Fernández, *Fotogramas*.

c. "La peli tiene eso tan subjetivo y delicado que conocemos como gracia". Carlos Marañón, *Cinemanía*.

d. "Creo que la risa es la mejor terapia para romper los tópicos". *Un espectador*

La construcción de la oración

Nuestra lengua manifiesta un cierto grado de flexibilidad a la hora de ordenar las palabras y los grupos de palabras en la oración, en función del elemento al que se quiera dar relevancia.

No es lo mismo decir *Ana ha obtenido el primer puesto* que *El primer puesto (lo) ha obtenido Ana*: en la primera oración, el hablante quiere destacar la figura del sujeto por encima de todo lo demás; en la segunda, en cambio, da más importancia al puesto obtenido que a la persona que lo obtiene.

No obstante, si se quieren evitar ambigüedades semánticas conviene respetar el orden habitual en la construcción de las oraciones. Este orden es el que tienes a continuación:

1. **Núcleo del sujeto**.
2. **Complementos del sujeto**.
3. **Verbo**. Si se quiere destacar el valor de la acción, el verbo se antepone; la recomendación es que el verbo vaya lo más cerca posible del sujeto.
4. **Complementos del verbo**. Se suele dar prioridad al complemento más corto, aunque el orden habitual sea CD + CI + CC (Comunicó la *noticia a sus padres ayer por la tarde).*
5. **Complementos de cada complemento**.

Los últimos compradores	*hicieron*	*una oferta*	*que no ha podido ser superada.*
Suj	V	CD	Complemento de *oferta*

Observa lo que hace Bécquer

Del salón en el ángulo oscuro
de su dueña tal vez olvidada
silenciosa y cubierta de polvo
veíase el arpa.

¿Qué sucede?

1. La subordinación

Construir un párrafo con una sucesión de oraciones subordinadas puede entorpecer exageradamente la comprensión del mismo, ya que produce enunciados demasiado largos.

Lo aconsejable es mantener el equilibrio entre un ritmo de oraciones cortas y otro de oraciones largas.

Lee atentamente el siguiente texto. ¿Podrías explicar el significado de esta oración? ¿Necesitas varias lecturas para enterarte bien?

El sistema es más flexible porque permite ajustar la oferta formativa y sus itinerarios a la demanda que en su día presentaron las familias y a la proximidad de facultades o escuelas universitarias y otros centros docentes que son afines, y favorece la especialización de los centros que presentan diferentes itinerarios.

RECUERDA

El hablante dispone de libertad a la hora de construir los enunciados, siempre que estos sigan un orden lógico que facilite su comprensión.

Del mismo modo, no hay que caer en algunos vicios expresivos como el abuso de oraciones subordinadas, la forma pasiva y el gerundio.

2. La pasiva

La pasiva es poco frecuente en castellano y su uso produce el efecto rígido y lento de los textos administrativos. Hay que evitar esta forma, siempre que se pueda, y eliminarla o sustituirla por la pasiva refleja (con *se*), que da como resultado enunciados más claros y dinámicos.

Fíjate en las oraciones siguientes y piensa en cuál de las dos eligirías tú y por qué:

Ayer fueron publicadas las listas de admitidos o *Ayer se publicaron las listas de admitidos.*

3. El gerundio

El gerundio solo está justificado para expresar acciones progresivas. Como sucede con la pasiva, el abuso del gerundio da lugar a una sensación de lentitud y pesadez en la prosa.

Lee con atención el siguiente texto:

Habiendo visto el documento que me ha enviado y valorando y sopesando todo lo que contiene, he creído conveniente revisarlo de nuevo, analizando y estudiando todos los apartados.

El gerundio como predicativo (es decir, como una forma que puede complementar al sujeto o al CD) aparece habitualmente en los pies de fotos de periódicos, revistas, etc.:

El representante de la ONU saludando a los ministros del país.

Por influencia del inglés, algunos títulos de libros o películas comienzan con un gerundio: *Buscando a Nemo, Rompiendo las olas*, etc. Este tipo de construcciones reflejan usos impropios del gerundio en español y deben sustituirse por otras más ajustadas a nuestra lengua: *En busca de Nemo, Las olas que rompen...*

Es incorrecto el uso del gerundio cuando se refiere a un sustantivo al que pretende diferenciar de otros. En estos casos es mejor utilizar una oración de relativo o un grupo preposicional:

**Se ofrece mecánico conociendo bien la automoción. Lo correcto sería: Se ofrece mecánico que conoce bien la automoción.*

FÍJATE

El uso del gerundio es incorrecto cuando:

- Su acción es posterior a la del verbo principal:

  **Se cayó por las escaleras siendo trasladada al ambulatorio.*

- Aporta cualidades a algún sustantivo:

  **Descubrieron un manuscrito conteniendo el texto original.*

18. Ordena de forma lógica las siguientes oraciones y explica el motivo de los cambios que realices:

- El león hambriento capturó al ñu que no había podido huir por lo rápido que se lanzó.
- Adela participó en el concurso literario por lo bien que escribía.
- Cansados acudieron a una importante cita en el polideportivo ayer por la tarde.
- Nombraron presidente en la sesión del martes pasado al aspirante de menor edad.

19. Explica los valores significativos de los siguientes enunciados (que dicen lo mismo, pero en distinto orden):

- Un gran periodista deportivo dio la primicia sobre el traspaso del jugador/La primicia sobre el traspaso del jugador la dio un gran deportista deportivo.
- El nuevo coche tiene un GPS de última generación/El GPS de última generación lo tiene el nuevo coche.
- Luis, quiero preguntarte algo muy importante/Quiero preguntarte algo muy importante, Luis.
- Desde luego, es una máquina muy precisa/Muy precisa es la máquina, desde luego.

20. Construye de nuevo los siguientes enunciados de una forma más clara, sin tantas subordinadas:

- Los resultados del presente estudio servirán como base para diseñar, modificar, o mejorar, de ser posible, políticas institucionales o por lo menos estará disponible como antecedente de una parte del fenómeno de la deserción en la Universidad Nacional.
- Estuvieron revisando una casa en la playa porque querían invertir los ahorros que habían conseguido a lo largo de todos estos años ya que habían estado trabajando muy duramente en las dos empresas que heredaron de sus abuelos dedicadas a la fabricación de planchas de aluminio para naves industriales.

21. Elimina la voz pasiva y construye un enunciado más dinámico:

- Ayer fueron robados algunos cuadros en el Museo del Prado, cuando la pinacoteca ya había sido cerrada al público y los sistemas de alarma habían sido activados en todas las salas.

22. Explica por qué el gerundio no debería aparecer en las siguientes oraciones y reescríbelas de forma correcta:

- Chocaron dos camiones, muriendo los conductores en el acto.
- Aprobaron una ley prohibiendo la copia libre de películas.
- Las mujeres, cubriendo sus caras, entraron pensando y rezando en una sala bajando el tono de voz.
- El hombre rezando pidió que le esperaran un minuto más.

LAS LENGUAS DE ESPAÑA

Las lenguas[1] de la Tierra

Escribe George Steiner que los hombres son iguales en toda la Tierra. Todos respiran el mismo elemento químico y fallecen si carecen de él. Tienen el mismo número de dientes y de vértebras. Los etnógrafos dividen a la especie humana en cuatro o siete "razas", dependiendo del tipo de clasificación utilizada. Existen seis tipos de sangre y tres tipologías de tamaños y estructuras óseas. Sería lógico, según Steiner, que las lenguas humanas también se dividieran en un número ínfimo, digamos media docena, de lenguas.

Los pájaros de igual especie "hablan" el mismo lenguaje en todas las latitudes. Lo mismo ocurre con los lobos, los perros, las abejas y los demás animales. La realidad humana es radicalmente diferente. No se hablan media docena ni medio centenar de lenguas. Hoy en el mundo se hablan entre 6 000 y 7 000 lenguas y dialectos[2].

El número de hablantes de cada lengua es también muy diverso. Existen nada más diez "megalenguas", habladas por más de 100 millones de personas, y, en el polo inverso, 780 lenguas de menos de 150 hablantes. El 95 % de las lenguas son habladas por grupos de menos de un millón de personas.

[...]

Con la dispersión de los grupos humanos por la faz de la tierra, la lengua primigenia de hace 130 000 años se fue transformando y paulatinamente se fue convirtiendo en los miles de idiomas que se hablan hoy. El número de lenguas se fue multiplicando durante los milenios pero, en algún momento, el proceso de multiplicación se detuvo y se inició un proceso de signo contrario. En nuestros días somos testigos de una veloz disminución del caudal lingüístico.

¿Cuándo y por qué se produjo tal inversión? Los idiomas se multiplican con el crecimiento y la dispersión de la población. Se extinguen a causa de la influencia de idiomas nacionales o imperiales, a cuya sombra numerosas lenguas minoritarias son paulatinamente absorbidas y acaban por desaparecer. El latín, por ejemplo, sustituyó al etrusco y a las lenguas oscoumbras que se extinguieron en los primeros siglos de nuestra era, pero al contrario de estas lenguas, el latín dio origen, con el paso de los siglos, a buen número de lenguas romances y se extinguió como lengua viva.

Carlos PRIETO: *Cinco mil años de palabras.*
Fondo de Cultura Económica, 2005.

1. **lengua:** sistema de comunicación verbal y casi siempre escrito, propio de una comunidad. Sistema lingüístico cuyos hablantes reconocen modelos de buena expresión.
2. **dialecto:** variedad de un idioma que no alcanza la categoría social de lengua. Sistema lingüístico considerado con relación al grupo de los varios derivados de un tronco común. El español es uno de los dialectos nacidos del latín.

1. Según el texto, ¿a qué se debe que la especie humana hable entre 6 000 y 7 000 lenguas y dialectos distintos en la actualidad?
2. Busca información en Internet sobre las diez "megalenguas" e indica en un mapamundi los países en los que se hablan.
3. Las lenguas se clasifican en mayoritarias y minoritarias según su número de hablantes. Las minoritarias, sin embargo, pueden verse amenazadas por sus lenguas vecinas si estas están dotadas de un gran poder político y económico. Localiza tres ejemplos de estos casos en Europa.
4. Con la caída del Imperio romano (476 d.C.) el latín empezó a fragmentarse en numerosos dialectos que con el paso de los siglos adquirieron el estatus de lenguas. ¿Conoces el nombre de estas lenguas romances? Elabora una lista con todas ellas.
5. A lo largo de la historia de la humanidad se han extinguido muchas lenguas por diferentes razones. ¿Sabrías cuándo y dónde se dejaron de hablar el mozárabe, el guanche y el dálmata?
6. Realizad en clase un debate en el que reflexionéis sobre cuáles pueden ser las causas por las que pueden desaparecer en la actualidad las lenguas en el mundo. Os sugerimos algunas ideas para iniciar el debate: guerras, desastres naturales, dominio económico o cultural, emigraciones...

1. El origen de las lenguas de Europa

En el siglo XVIII se descubrieron ciertas semejanzas entre el sánscrito, el latín, el griego y algunas lenguas europeas, lo cual permitió concluir que todas ellas provenían de una lengua común de la que no quedan testimonios escritos, el **indoeuropeo**.

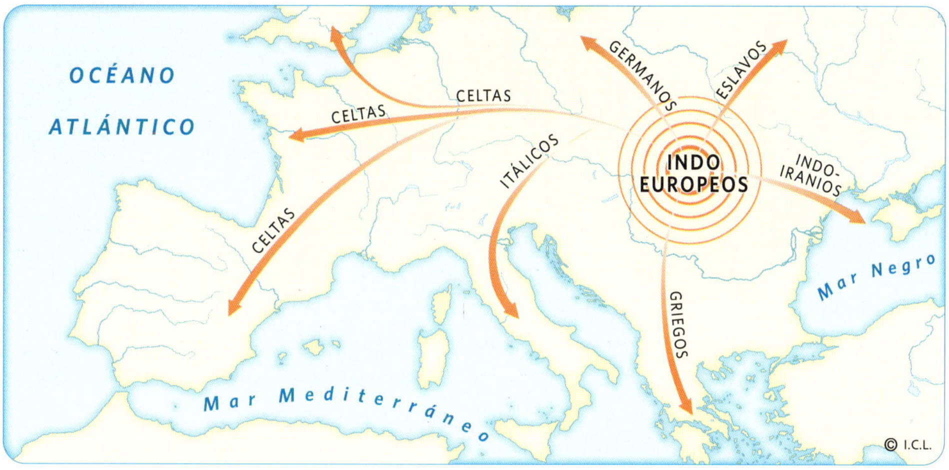

La dispersión del indoeuropeo se produjo entre el III y II milenio a.C., y su asentaminento, a comienzos del I milenio a.C.

El indoeuropeo se transformó y dio lugar a otras lenguas antiguas, como el latín, de las que surgieron las lengua modernas:

	GRUPO ORIGINARIO	LENGUAS MODERNAS
INDOEUROPEO	**Báltico**	Lituano, letón.
	Eslavo	Ruso, polaco, checo, búlgaro, eslovaco, esloveno, serbocroata.
	Céltico	Irlandés, escocés, galés, bretón.
	Germánico	Inglés, alemán, holandés, sueco, danés, noruego, islandés.
	Griego	Griego moderno.
	Indo-iranio (sánscrito)	Lenguas y dialectos de la India, Irán y Afganistán.
	Itálico (latín)	Lenguas románicas: castellano, catalán, gallego, portugués, francés, provenzal u occitano, franco-provenzal, italiano, sardo, rético, rumano.
	Armenio	Armenio.
	Ilirio	Albano.

OTRAS FAMILIAS LINGÜÍSTICAS

En el mundo existen otras familias lingüísticas que no pertenecen al indoeuropeo. Las más destacadas son:

- Las **lenguas semíticas**: arameo, hebreo, árabe y etíope.
- Las **lenguas sinotibetanas**: chino, tibetano, birmano…
- Las **lenguas indígenas africanas**: bantú, sudanés…
- Las **lenguas indígenas americanas**: esquimal, navajo, sioux, maya, quechua, guaraní, mapuche, náhuatl…
- El **japonés**, el **coreano** y el **vasco**, cuyos orígenes son desconocidos.

1.1 Las lenguas románicas

Con la consolidación y expansión del Imperio romano, se extendieron la cultura y la lengua latinas (es el proceso llamado **romanización**), de manera que el latín se convirtió en la lengua oficial de un inmenso territorio que abarcaba el norte de África, la Europa mediterránea y central, las islas Británicas y extensas zonas de Asia Menor.

Sin embargo, esta lengua no era homogénea, sino que hay que distinguir tres variantes históricas bien distintas: el **latín arcaico**, correspondiente a la etapa de formación y consolidación de la lengua; el **latín clásico**, correspondiente a la etapa de

DEL LATÍN VULGAR A LAS LENGUAS ROMANCES

Entre los diversos factores que propiciaron la transformación, destacan la **falta de unidad** debida a la procedencia social y geográfica de los colonizadores; la **antigüedad de la colonización**, pues a mayor antigüedad, mayor influencia de la cultura romana; la **situación geográfica de los territorios conquistados**, ya que las zonas mejor comunicadas fueron más romanizadas que las de difícil acceso; y la **influencia del sustrato y el superestrato.**

Las lenguas de España

madurez, que estaba sujeto a normas gramaticales y era utilizado para la creación literaria, propio de las clases acomodadas y cultas; y el **latín vulgar**, patrimonio de colonos, guerreros y comerciantes, la lengua que se hablaba en las casas y calles del Imperio, variante de la que proceden las diferentes lenguas románicas posteriores.

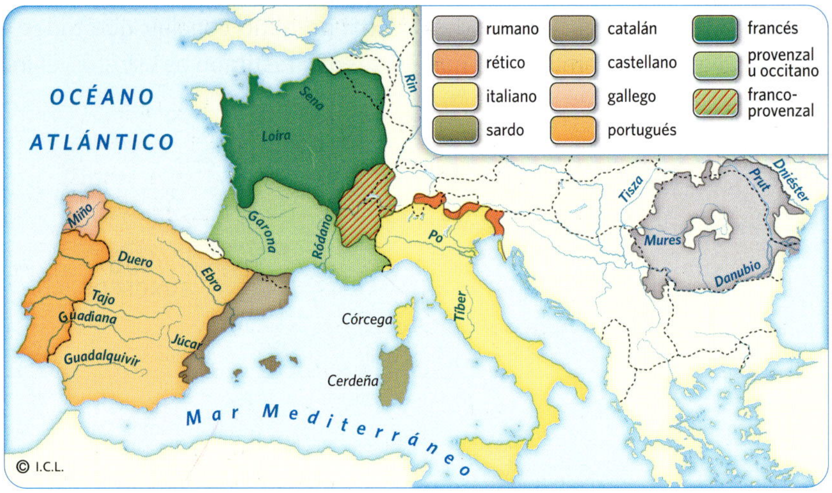

En efecto, fue ese latín vulgar el que, influido por las lenguas que ya existían en un territorio antes de la llegada de los romanos (**sustrato**) y por las que llegaron con las invasiones posteriores (**superestrato**), dio lugar al castellano, gallego, catalán, portugués, francés, provenzal u occitano, rético, franco-provenzal, italiano, sardo y rumano.

7. Busca en un diccionario los nombres de los números en estas lenguas y compáralos:

Castellano	dos	tres	cuatro	cinco	seis	siete	ocho	nueve	diez
Inglés	...	...	...	...	...	...	...	...	...
Francés	...	...	...	...	...	...	...	...	...
Alemán	...	...	...	...	...	...	...	...	...
Latín	...	...	...	...	...	...	...	...	...
Griego	...	...	...	...	...	...	...	...	...
Ruso	...	...	...	...	...	...	...	...	...

8. Rellena esta tabla con las palabras siguientes y compara las similitudes entre las diferentes lenguas románicas: *umbilicum, becco, fer, cama, embigo, étoile, stellam, tavola, gamba, bico, mesa, ferro, jambe, llit.*

Latín	Castellano	Catalán	Gallego	Francés	Italiano
...	ombligo	*melic*	...	*nombril*	*ombelico*
ferrum	hierro	...	*ferro*	...	*ferro*
...	estrella	*estrella*	*estrela*	...	*stella*
beccum	pico	*bec*	...	*bec*	...
cama/lectus	cama	...	...	*lit*	*letto*
mensa/tabula	mesa	*taula*	...	*table*	...
perna/camba	pierna	*cama*	*perna*	...	...

9. ¿Cuál de todas las lenguas románicas se parece más al latín? ¿Por qué?

10. En la tabla anterior, ¿qué lenguas románicas están más próximas unas de otras? ¿Podrías dar alguna razón?

2. El origen de las lenguas peninsulares

Antes de que llegaran los romanos y se iniciase el proceso de romanización, la Península Ibérica estaba habitada por diferentes pueblos, entre los que destacan:

- **Los celtas**. Fueron el primer pueblo indoeuropeo que llegó a la Península. Procedían del sur de la actual Alemania, y se asentaron en Galicia, Extremadura y el centro peninsular. Algunas palabras celtas como *brigos* ('fuerza') y *sego* ('victoria') las reconocemos en *brío* y *Segovia*.
- **Los iberos**. Procedentes del norte de África, vivieron a orillas del río *Iber*, actual Ebro, en una franja entre Andalucía y Francia. Algunas palabras de procedencia ibera son *Iberia* o el adjetivo *ibérico*.
- **Los fenicios**. Construyeron colonias en buena parte de la Península (*Gadir*, Cádiz, fue la más importante). Los cartagineses, posteriormente, fueron los continuadores del comercio iniciado por los fenicios. De hecho, *Hispania*, 'tierra de conejos', el nombre con que los romanos conocían la Península, es de origen cartaginés.
- **Los vascones**. Coincidieron en el tiempo con los iberos, aunque su procedencia y la de su lengua siguen sin conocerse. Ocupaban un territorio mayor que el del País Vasco actual, y nos han dejado palabras como *pizarra*, *cencerro* o *aquelarre*.
- **Los tartesios**. De origen también desconocido, este pueblo se asentó a orillas del río Tartesos (*Baetis*, para los romanos, y *Guadalquivir*, para los musulmanes).
- **Los griegos**. Fundaron importantes colonias mercantiles como *Emporion* y *Rhode*, Ampurias y Rosas, en la costa de la actual Girona.

3. Las lenguas románicas peninsulares

Debido al proceso de romanización, el latín vulgar, alimentado de los giros y palabras procedentes del sustrato prerromano, se impuso de forma gradual en toda la Península.

Pero con la caída del Imperio, a partir del siglo V, llegaron a la Península los pueblos bárbaros (suevos, vándalos y alanos), de origen germánico, que posteriormente fueron expulsados por los visigodos, otro pueblo germánico. De ese superestrato han quedado en castellano topónimos como *Burgos*, antropónimos como *Alfonso*, *Ramón* o *Álvaro*, y sustantivos como *espuela* o *guerra*.

En el año 711 se inicia la invasión musulmana de la Península, que supuso la división del territorio en dos grandes zonas: la cristiana, situada al norte, desde donde se iniciará la Reconquista; y la musulmana, situada al sur. El castellano actual conserva numerosas palabras de procedencia musulmana, como *acequia*, *alcantarilla*, *arroz* o *jarabe*.

Y es en este momento histórico cuando empiezan a surgir los dialectos románicos peninsulares: el **castellano** en el centro, el **gallego** y el **astur-leonés** en el oeste, y el **navarro-aragonés** y el **catalán** en el este. Los cristianos que vivían en territorio musulmán hablaban **mozárabe**, dialecto en que se escribieron los primeros textos líricos no latinos que se conservan, las jarchas.

DIALECTOS ROMANCES

En la actualidad, el **astur-leonés** se habla en Asturias, donde se le conoce como **bable**, y en algunas poblaciones de León, Zamora, Salamanca y Extremadura.

El **navarro-aragonés** ha quedado limitado a los valles pirenaicos de Ansó, Biescas, Hecho, Lanuza, Sobrarbe y Ribagorza.

Las lenguas de España

3.1 El castellano

El castellano o español es una lengua hablada por más de 400 millones de personas. Es la lengua oficial en 19 países americanos y también la utilizan más de 40 millones de estadounidenses. En el continente africano es lengua oficial en Guinea Ecuatorial, y se sigue utilizando en el Sáhara, que fue protectorado español hasta 1975. En Filipinas dejó de ser lengua oficial en 1987.

El castellano nació entre Cantabria y el norte de la provincia de Burgos. La unión de Castilla y Aragón, la Reconquista y la anexión de Navarra supuso que el castellano se extendiera por estas tierras, por lo que el astur-leonés y el navarro-aragonés, dialectos históricos latinos, sufrieron una situación de diglosia y de sustitución lingüística.

Los primeros testimonios escritos son las **glosas**, unas anotaciones en los márgenes de libros latinos que pertenecen a los siglos X-XI. Fueron realizadas por los monjes de los monasterios de Santo Domingo de Silos y de San Millán de la Cogolla, de ahí que se conozcan como *Glosas silenses* y *Glosas emilianenses*.

Pero fue Alfonso X el Sabio en el siglo XIII quien convirtió el castellano en una lengua literaria culta, promoviendo su uso como lengua oficial en la administración de su reino y fomentando la traducción de obras árabes y judías (*General Estoria*, *Libro de Ajedrez*...).

Una fecha señalada en la historia del castellano fue 1492. Por una parte, supuso el inicio de la expansión de la lengua por el continente americano, y por otra, fue el año en el que Antonio de Nebrija publicó la primera *Gramática de la lengua castellana*.

Durante los siglos XVI y XVII el castellano adquirió un gran prestigio debido al poder político y económico del imperio gobernado por Carlos I. Estos siglos son conocidos como los Siglos de Oro de la literatura española, pues dejaron su huella escritores de la talla de Garcilaso, Cervantes, Góngora, Quevedo, Lope de Vega o Calderón de la Barca.

En el siglo XVIII, a la luz de las ideas ilustradas, se creó la **Real Academia Española** (1713), institución que a partir de entonces normativizará el castellano y velará por su correcto uso. Con este fin, publicó el *Diccionario de Autoridades* (1739), una *Ortografía* (1741) y una *Gramática* (1771).

La industrialización del siglo XIX supuso una fuerte emigración de obreros castellanos, andaluces y extremeños a las grandes ciudades y, por ese motivo, el uso del castellano creció en las comunidades asturiana, vasca y catalana. No obstante, coincide este siglo con el **renacimiento cultural** de las otras lenguas peninsulares.

En la actualidad, la enseñanza obligatoria y los medios de comunicación han contribuido a que en la Península prácticamente todos los hablantes conozcan y usen el castellano estándar de manera más o menos similar.

Al igual que sucedió con el latín, en la lengua castellana también podemos encontrar algunos dialectos, que se estudiarán el próximo curso, localizados en la zona peninsular meridional: extremeño, murciano, andaluz y canario; y en América: amazónico, andino, caribeño, centroamericano y rioplatense.

BILINGÜISMO Y DIGLOSIA

Se entiende por *bilingüismo* la situación en que dos lenguas conviven en una misma región. *Diglosia*, en cambio, hace referencia a la situación de desequilibrio entre las lenguas en contacto. Una de ellas es considerada lengua de prestigio (cultura, medios de comunicación...), mientras que la otra queda relegada a usos coloquiales.

EJEMPLOS DE GLOSAS

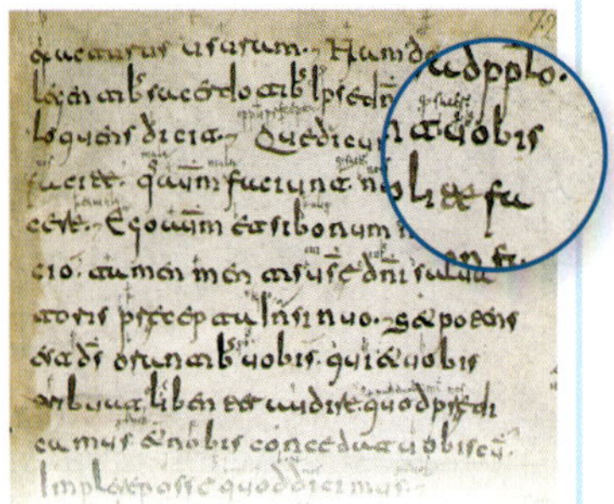

Latín	**glosa**
Barbari	paganos
Invalidi	débiles
Lapsus	*cadutu* (caído)
Periurium	mentira
Poculum	*bebetura* (bebida)

11. Busca en el *DRAE* el origen de estas palabras:
abedul, arroyo, maná, brezo, cencerro, colmena, álamo, barro, carro, alud, izquierdo, muñeca, gordo, vasallo, guerra, alcalde.

12. Encuentra el topónimo que se ha creado a través de estas palabras árabes:
Al Qasar ('el palacio') *Wad* ('río') + *kebir* ('grande')
Al Ramla ('el arenal') *Al Hambra* ('la roja')

3.2 El catalán

Actualmente, el catalán es hablado por unos 7 millones de personas y es lengua cooficial en Cataluña, las Islas Baleares y la Comunidad Valenciana, donde recibe el nombre de **valenciano**.

También se habla en algunas poblaciones del este de Aragón, el Rosellón francés y en Alguer, capital de la isla italiana de Cerdeña. En el Principado de Andorra es la lengua oficial.

El catalán surgió aproximadamente entre los siglos X y XI en la zona pirenaica, lugar hasta donde había llegado la presión musulmana, y en un primer momento, se orientó hacia Francia y el Mediterráneo.

Los textos en lengua catalana más antiguos datan del siglo XII y son anónimos y de tema legal o religioso: el *Liber iudiciorum* y las *Homilies d'Organyà*.

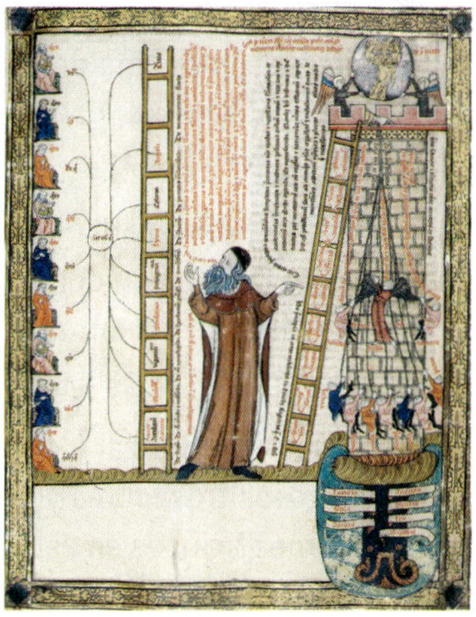

Ramon Llull fue el primero en escribir poesía en catalán. Además, escribió obras científicas y filosóficas en esa misma lengua.

El catalán es la única lengua galorrománica de la Península, ya que tuvo un contacto político y lingüístico muy estrecho con el sur de Francia. De hecho, hasta finales del siglo X los territorios catalanes se correspondían con la Marca Hispánica de Carlomagno, y hasta el siglo XIII tuvieron una relación muy directa con Occitania, cuya lengua, el occitano o provenzal, es la más próxima al catalán.

Posteriormente, Cataluña unió su destino con Aragón (Corona de Aragón), alianza que perduró hasta el siglo XV. Esta época es la de máximo esplendor político y cultural, y da a luz a autores de renombre internacional como Ramon Llull, Ausiàs March, Bernat Metge o Joanot Martorell.

Los siglos XVI y XVII son un periodo de decadencia política y lingüística. La expansión mediterránea de la Corona catalano-aragonesa se vio eclipsada por el descubrimiento de América. Será a finales del siglo XVIII y principios del XIX, gracias al impulso de la burguesía catalana, cuando vuelven a recuperarse la lengua y literatura catalanas. Este movimiento cultural es conocido como la ***Renaixença***, y es común al resto de lenguas y culturas peninsulares.

En 1907, se creó el **Institut d'Estudis Catalans**, y en 1918 Pompeu Fabra publica la primera *Gramática catalana*, que sirvió para fijar y estandarizar la lengua. A partir de este momento, muchos autores literarios, entre los que destacan Àngel Guimerà, Salvador Espriu, Mercè Rodoreda o Pere Gimferrer, se expresan en catalán.

Comiat

Els núvols vénen apilotats.

Agafo un mocador per dues puntes
i hi faig un nus. Després un altre.
(Fluixos tots dos, però dic que els estrenyo).
Un altre en faig d'igual i estiro sempre
el mateix bec. Tapo els nusos.
Llanço el mocador enlaire, i els nusos
estan desfets.

Ah, Llibertat!

Despedida

Las nubes vienen apiñadas.

Cojo un pañuelo por dos puntas
y hago un nudo. Después otro.
(Flojos los dos, pero digo que los aprieto).
Hago otro igual y estiro siempre
la misma punta. Tapo los nudos.
Arrojo el pañuelo al aire, y los nudos
están deshechos.

¡Ah, la Libertad!

Gabriel FERRATER: *Ocho siglos de poesía catalana*. Alianza editorial, 1976.

13. Deduce algunas de las diferencias entre el catalán y el castellano:

Catalán	Castellano
muntanya	montaña
batxillerat	bachillerato
diga-li	díselo
tassa	taza
llaç	lazo

3.3 El gallego

El gallego es hablado por dos millones y medio de personas. Es lengua cooficial en la Comunidad Autónoma de Galicia, aunque también se habla en la franja occidental de Asturias, la comarca leonesa del Bierzo, en la comarca zamorana de As Portelas y en la zona de Portugal.

Durante la Edad Media, el gallego y el portugués estuvieron unidos lingüísticamente hasta la creación del Reino de Portugal. A medida que avanza la Edad Media, las lenguas que se hablan al norte y al sur del río Miño se distancian hasta que se fragmentan en dos: el gallego y el portugués.

Junto con el provenzal u occitano, el gallego fue la lengua lírica por excelencia, ya que numerosos trovadores y el propio Alfonso X (*Cantigas de Santa María*) escribieron sus composiciones en esta lengua.

Alfonso X el Sabio y su directorio fueron fundamentales para convertir el castellano y el gallego en lenguas literarias cultas.

A partir del siglo XV comienza una época de decadencia motivada por la llegada de nobles y clérigos castellanos a la administración e iglesia gallegas.

Esto limitó el uso del gallego al ámbito coloquial. En el siglo XVIII esta situación empeoró cuando Carlos III promulgó la enseñanza única en castellano, por lo que su uso se ruralizó.

El movimiento cultural conocido como ***Rexurdimento***, cuyos máximos exponentes fueron Rosalía de Castro y Eduardo Pondal, consigue en el siglo XIX que renazca el interés por la lengua y cultura gallegas.

En 1906 se creó la **Real Academia Galega**, y en 1971, el **Instituto de Lingua Galega**, instituciones que normativizaron y normalizaron la lengua.

AY ONDAS, que eu vin ver,
se me saberedes dizer
porque tarda meu amigo
sen min?
Ay ondas, que eu vin mirar,
se me saberedes contar
porque tarda meu amigo
sen min?

¡AY, OLAS, que vine a ver!
¿no me sabríais decir
por qué tarda mi amigo
sin mí?
¡Ay, olas, que vine a mirar!
¿No me sabríais contar
por qué tarda mi amigo
sin mí?

Martín Codax: *Locus amoenus.*
Galaxia Gutemberg-Círculo de lectores, 2009.

14. ¿Por qué crees que para un hablante castellano, catalán o gallego es más fácil aprender francés que euskera? Razona tu respuesta.

15. Completa la tabla con las siguientes palabras: *ollo*, *forner*, *panadeiro*, *ull*.

Castellano	Gallego	Catalán
panadero		
ojo		

16. A partir de esta tabla, deduce algunas diferencias entre el gallego y el castellano:

Castellano	llorar, pieza, noche, en la casa, casita, hermosa, cosa, mi amigo, tú y yo, luna.
Gallego	xorar, peza, noite, na casa, casiña, fermosa, cousa, o meu amigo, ti e eu, lúa.

4. El euskera

El euskera es hablado aproximadamente por un millón de personas. Es la lengua cooficial en el País Vasco y en Navarra. También se habla en el sur de Francia, en el departamento de los Pirineos Atlánticos.

El euskera es la **única lengua prerromana peninsular** y no pertenece a ninguna de las familias de la lengua indoeuropea. Los primeros testimonios corresponden a algunas inscripciones datadas entre los siglos I y II donde aparecen términos en una especie de protoeuskera. Pero no es hasta el siglo XI cuando se registran las primeras oraciones en forma de acotación en las *Glosas Emilianenses* del monasterio de San Millán de la Cogolla.

La primera obra impresa en euskera es la *Linguae Vasconum Primitiae* (1545), una antología de poesía recopilada por Bernat Dechepare. Sin embargo, cuenta con la importante tradición oral de los *bertsolaris*, poetas que improvisaban sus poemas ante el público.

El euskera, con una gran fragmentación dialectal debido al aislamiento de las poblaciones por su agreste orografía, sufrió una época de decadencia hasta el siglo XIX. Es en este siglo cuando se da el "Renacimiento" de la cultura y las letras vascas. Escritores de este periodo son José María Iparraguirre o Kirikiño.

Para favorecer la difusión de la lengua se crea en 1919 la **Euskaltzaindia**, la Academia de la Lengua Vasca, que años más tarde conseguiría normalizar el uso de la lengua con la creación del *euskara batúa* (1968), el estándar vasco que se utiliza en la administración, en la enseñanza, en los medios de comunicación y en la literatura escrita.

Aunque la lengua vasca no tiene una gran cantidad de hablantes, la literatura en euskera ha tenido una gran repercusión dentro y fuera del País Vasco, traduciéndose sus obras a numerosas lenguas. Destacan autores como Bernardo Atxaga, Felipe Juaristi o Unai Elorriaga.

CARACTERÍSTICAS DEL VASCO

- Mantenimiento de la declinación para expresar las funciones gramaticales de las palabras (lengua aglutinante).
- Existencia de una *h* aspirada, tendencia a palatalizar las consonantes y reducción de las consonantes dobles a simples.
- Posición variable del acento, que se desplaza de posición dependiendo de la estructura oracional.
- Complejo sistema verbal (solo tiene una voz y el sujeto es paciente).

Ainoa

Begira egien berriro masustei
Horma moreak egiten bideari
oseguan ixiltasuna brodatzen, Ainoa;
Bete ezan horrela
Udaren adar gorrietatik
Eskegita dagoen arratsa. [...]

Ainhoa

Vuelve a mirar las moras
Construyen paredes violetas en los caminos
Brodan el silencio sosegadamente,
Ainhoa;
Se ocupan así en el atardecer
Que cuelga de las ramas rojas del verano. [...]

Bernardo ATXAGA: *Cien años de poesía. 53 poemas en catalán, gallego y vasco: estructuras poéticas, pautas críticas*. Ed. Peter Lang, 2007 (fragmento).

17. ¿Puede una lengua ser dialecto de otra lengua?

18. ¿Es lo mismo que una comunidad sea bilingüe a que lo sean sus hablantes? ¿Conoces otros países en los que se hable más de una lengua?

19. ¿Cómo piensas que es la convivencia de las lenguas de España?

20. Formad grupos de trabajo y realizad una presentación sobre las similitudes y diferencias que se dan entre España y otros países como Francia, Bélgica, Suiza o Canadá respecto a la protección de su patrimonio lingüístico.

21. Busca información en Internet sobre las hipótesis que se han formulado sobre el origen del euskera.

II LITERATURA

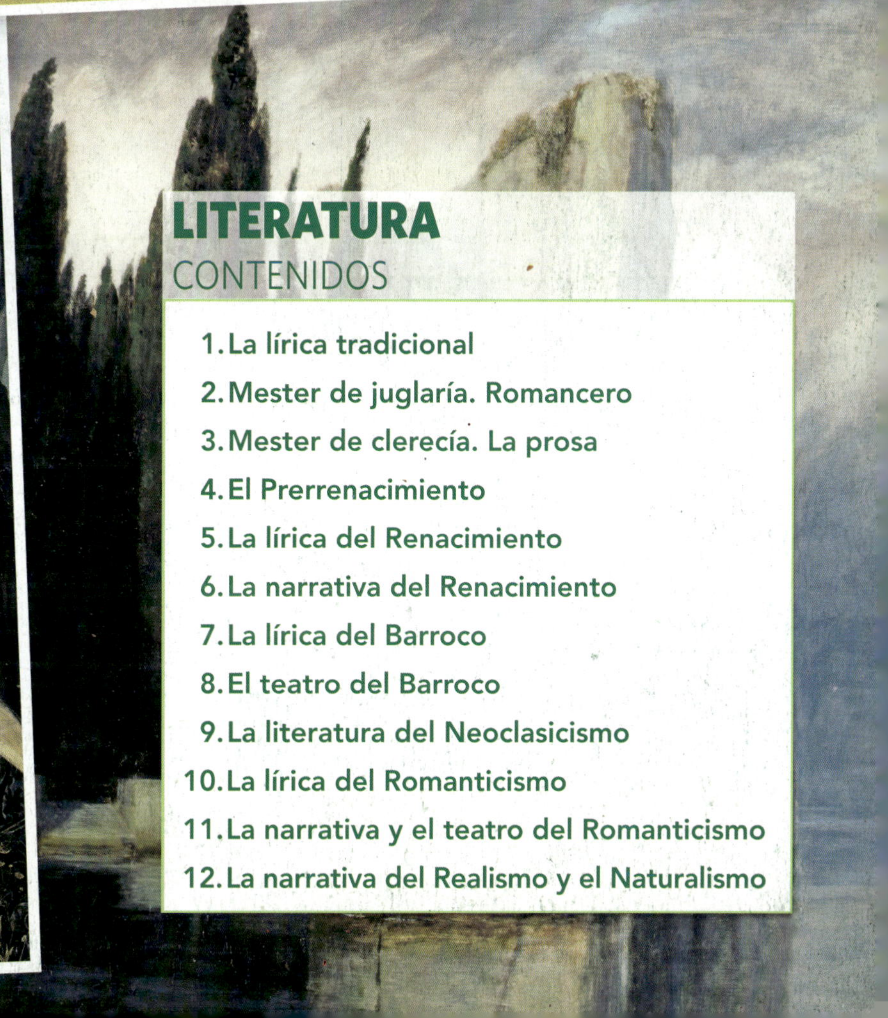

LITERATURA

CONTENIDOS

LITERATURA

LA EDAD MEDIA

Detalle de una miniatura del Antiguo Testamento (c. 1245).

HISTORIA

- **711** Los árabes conquistan la Península
- **722** Inicio de la Reconquista
- **c. 1045** Nacimiento del Cid
- **1094** El Cid conquista Valencia
- **1099** Muerte del Cid
- **1212** Victoria cristiana en Navas de Tolosa, clave en la Reconquista
- **1238** El rey de Aragón Jaime I conquista Valencia y Balear
- **1252** Coronación de Alfonso X el Sabio

700 — 800 — 900 — 1000 — 1100 — 1200 — 1300

LITERATURA

- *Calila e Dimna* **1251**
- *Milagros de Nuestra Señora* de Berceo **1260**
- **Mediados del siglo XIII-1284** *Cantigas de Santa María*

EL FEUDALISMO

La Edad Media se inicia con la disgregación del Imperio romano en el siglo V en los numerosos reinos germánicos. Estos reinos mantuvieron constantes luchas entre sí, y tenían unos reyes cada vez más debilitados política y económicamente.

Los monarcas fueron incapaces de defender sus territorios, así que entregaron gran parte de sus tierras (feudos) a los nobles y a los eclesiásticos más poderosos para que las defendieran en su nombre. Los señores gobernaban su feudo con total autonomía con respecto al rey, aplicaban las leyes y recibían el tributo de los siervos adscritos a sus tierras.

A cambio, los señores feudales se comprometían a defender estos territorios y a acudir en auxilio del rey, si era necesario, aportando sus propios ejércitos, que ellos mismos se encargaban de formar y mantener.

LA SOCIEDAD MEDIEVAL

La sociedad medieval estaba dividida en tres estamentos:

- **La nobleza**. Su misión era defender a la población de sus enemigos interiores y exteriores. Estaba formada por los caballeros y, en una jerarquía superior, por condes, marqueses y duques. Junto con la Iglesia, formaban el grupo de los **privilegiados**.
- **La Iglesia**. Se ocupaba de la transmisión del Evangelio y la conservación del patrimonio cultural. Los clérigos copiaban los manuscritos e impartían la docencia, primero en los monasterios y después en las escuelas catedralicias y las universidades.
- **El pueblo** o los **no privilegiados** eran la base de la pirámide social y mantenían con su trabajo y sus impuestos a los otros dos estamentos. Tenían auténticas dificultades para sobrevivir.

LA EDAD MEDIA EN LA PENÍNSULA IBÉRICA

La Edad Media en la Península Ibérica tuvo, además, tres características especiales que la diferencian del resto de Europa:

- **La Reconquista**. Se llama así al largo periodo de enfrentamiento entre cristianos y musulmanes para recuperar los territorios ocupados por los árabes.
- **Tres culturas y tres religiones**. Durante toda la Edad Media, en la Península Ibérica convivieron tres culturas y tres religiones diferentes: cristianos, musulmanes y judíos. El contacto permanente durante tantos siglos hizo que se enriquecieran entre ellas por el intercambio cultural.
- **La conquista guerrera como medio de progreso social**. La Reconquista afianzó el ideal guerrero sobre otras formas de vida, y justificó su supremacía frente a otras posibilidades de progreso y riqueza, como el comercio o la industria.

  El hecho de que el mismo año que terminó la Reconquista se descubriera América (1492) hizo que esta mentalidad guerrera perdurara dos siglos.

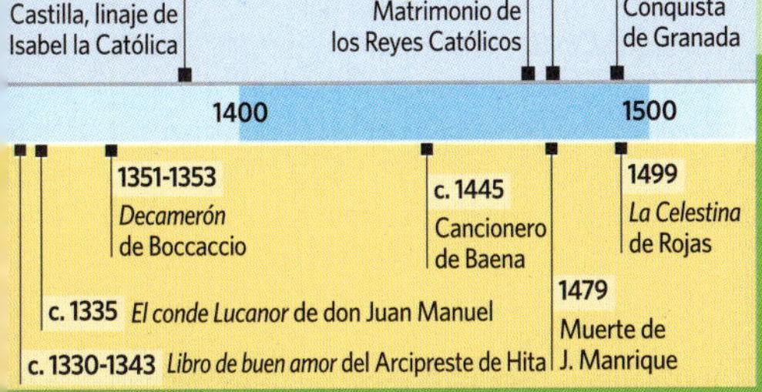

1 LA EDAD MEDIA
LA LÍRICA TRADICIONAL

1. La lírica medieval de tipo popular

Las primeras composiciones líricas tal vez fueron contemporáneas de las pinturas rupestres. Se cree que se les atribuían propiedades mágicas y se utilizaban en rituales para favorecer la caza o la fecundidad.

Mucho más tarde, cuando se alcanzó un estadio de agricultura estable, aparecieron las canciones de tema amoroso.

Se llama poesía lírica porque habitualmente se cantaba acompañada de un instrumento, la lira.

1.2 Características de la lírica popular

La creación y transmisión de las canciones populares solo podía hacerse de forma oral, y normalmente iban unidas a la danza. Dichas circunstancias dejaron su sello particular en estas composiciones que, desde épocas remotas hasta hoy, presentan las siguientes características:

- Utilizan un lenguaje sencillo y emotivo.
- Son composiciones breves que se recuerdan con facilidad.
- Abundan las repeticiones y paralelismos, que favorecen la memorización.
- Suelen estar formadas por unos versos que canta el solista y un estribillo, que se repite a lo largo de la canción, y que corean los participantes.

Estas características se mantienen aún en las canciones actuales por su eficacia para memorizar y repetir las composiciones, ya que su transmisión ha sido siempre fundamentalmente oral: a través de la voz de un juglar medieval, de un solista o un grupo de música actual; o, modernamente, en los soportes más variados, como la radio, la televisión o Internet.

Al Capone en Chicago,
legionario en Melilla,
pintor en Montparnasse.
Mercader en Damasco,
costalero en Sevilla,
negro en Nueva Orleans...
Pero si me dan a elegir
entre todas las vidas yo escojo
la del pirata cojo
con pata de palo,
con parche en el ojo,
con cara de malo.
El viejo truhán, capitán
de un barco que tuviera
por bandera
un par de tibias
y una calavera.

Joaquín SABINA:
"La del pirata cojo".

1. Lee el texto y contesta a las preguntas:
   a. ¿Qué características de la lírica tradicional están presentes en la canción de Joaquín Sabina?
   b. Copia la canción que más te guste de tu grupo preferido y explica qué características de la lírica tradicional ves en ella.
   c. Como en la actualidad, las canciones tradicionales se acompañaban de música. Investiga qué instrumentos se utilizaban en la Edad Media.
   d. Busca la canción completa de Joaquín Sabina. ¿Cuál es el estribillo? ¿Y el de la canción que has elegido analizar? ¿Cómo sabes que es el estribillo?

2. La lírica mozárabe

Durante la Edad Media en toda Europa circulaban canciones creadas por el pueblo para expresar sus sentimientos y acompañar sus labores cotidianas.

Estas canciones populares, sin embargo, no se conservan en documentos escritos porque el pueblo que las creó y las cantó era analfabeto, y el pergamino era demasiado caro para emplearlo en guardar unas composiciones a las que apenas no se daba importancia.

Sin embargo, desde el siglo XI, los poetas cultos de los reinos musulmanes de Al-Andalus se interesaron por estas cancioncillas populares y las recogieron por escrito en sus antologías poéticas.

Gracias a este interés por conservarlas han llegado hasta nosotros las primeras canciones en lengua romance: las **jarchas**.

Detalle de *Las muy ricas horas del duque de Berry*, siglo XV.

2.1 Las jarchas

Las jarchas son canciones populares escritas en una de las lenguas románicas que se hablaban durante la Edad Media en la Península: el **mozárabe**.

Formaban parte de un poema bilingüe mayor llamado moaxaja. La moaxaja estaba escrita en árabe culto o hebreo y al final incluía la jarcha, que contenía el núcleo temático de la composición.

Estas canciones mozárabes frecuentemente reproducían un tipo de canción amorosa muy extendida por la Península Ibérica: el lamento de la mujer ante la ausencia del amado dirigido a su madre, amigas o hermanas.

Las jarchas son la primera manifestación escrita de la lírica popular en lengua romance, y uno de los mejores ejemplos de la riqueza del intercambio cultural entre cristianos, musulmanes y judíos en la Península Ibérica.

2.2 El lenguaje poético de las jarchas

El lenguaje poético de las jarchas es sencillo y emotivo, como cabe esperar debido a su carácter popular. Su fuerza poética reside en la intensidad de los sentimientos que expresan, reforzados con frecuentes exclamaciones e interrogaciones retóricas en las que la mujer se pregunta el por qué de la ausencia de su amigo.

Debido a la interinfluencia de los dos idiomas en contacto, con frecuencia aparecen palabras en árabe, como *habib* (que significa 'amigo' o 'amado').

¡Tant' amare, tant' amare, habib, tant'amare! Enfermaron olios nidios e dolen tan male. (Romance mozárabe)	*¡Tanto amar, tanto amar, amado, tanto amar! Enfermaron mis ojos brillantes y duelen de tanto mal.* (Versión actualizada)

2. ¿Por qué se perdieron las canciones populares? ¿Por qué se conservan las jarchas?
3. ¿Por qué decimos que la moaxaja es un poema bilingüe?
4. ¿Cuál es la temática de las jarchas?
5. ¿De qué se queja la mujer de la jarcha que has leído?

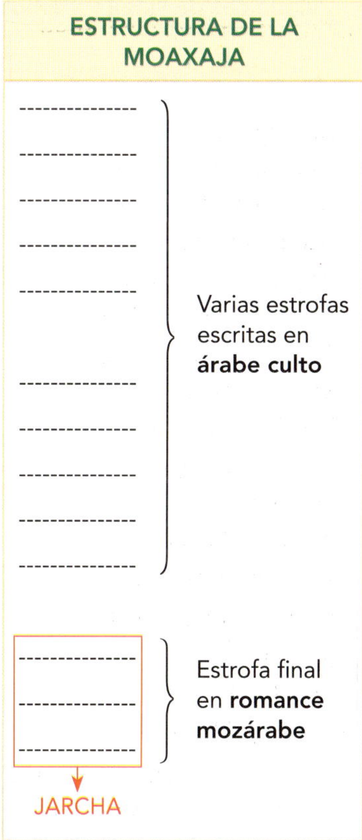

3. La lírica popular castellana

Como ya sabemos, los juglares fueron los principales difusores de la lírica popular. Los juglares transmitían de pueblo en pueblo las canciones populares; además, modificaban las composiciones que iban aprendiendo según su especial sensibilidad artística. Así, con distintas variantes, estas cancioncillas continuaron su andadura de boca en boca y de pueblo en pueblo. Más tarde, la colectividad las asumió como propias y se siguieron transmitiendo de generación en generación. Por este motivo decimos que **la lírica medieval es una creación popular, anónima y colectiva**.

3.1 Los villancicos

Las canciones populares castellanas se llaman **villancicos** porque las cantaban los villanos, es decir, los habitantes de las villas, aldeas y pueblos medievales.

Estos poemas se perdieron en su mayoría, y solo unos pocos se salvaron gracias a que los poetas cortesanos de los siglos XIII, XIV y XV, como hicieron los poetas de Al-Andalus, se interesaron por ellos y los copiaron en los cancioneros cortesanos.

3.2 Clases de villancicos

En función de la temática que tratan, se distinguen varias clases de villancicos:

- **Villancicos de amigo**. En ellos una mujer se lamenta de la ausencia del amado, el 'amigo', a su madre, amigas o hermanas, como sucedía en las jarchas.
- **Alboradas**. Las jóvenes cantan al alba porque con la llegada del día podrán reunirse de nuevo con su amado.
- **Mayas**. Celebran el mes de mayo y el regreso de la primavera.
- **Villancicos de siega y siembra**. Acompañan las labores del campo.

LÍRICA POPULAR

Las modificaciones que iban introduciendo en estas canciones, tanto los juglares como la gente que las cantaba, dieron lugar a que el mismo poema popular se fuera transmitiendo en varias versiones distintas.

I

Al alba venid, buen amigo,
al alba venid.
Amigo al que yo más quería,
venid al alba del día.
Amigo al que yo más amaba,
venid a la luz del alba.
Venid a la luz del día,
non traigáis compañía.
Venid a la luz del alba,
non traigáis más compaña.

II

¿Yo qué le hice, yo qué le hago,
que me da tan ruin pago?
Mas ¿yo qué le hago, yo qué le hice,
que de mí tanto mal dice?

III

Aunque yo quiero ser beata
¡el amor, el amor me lo desbarata!

IV

Véante mis ojos,
muérame yo luego,
dulce amor mío
lo que yo más quiero.

V

Llaman a la puerta,
y espero yo a mi amor.
¡Ay, que todas las aldabadas[1]
me dan en el corazón!

Anónimo, en Margit FRENK:
Lírica española de tipo popular.
Ed. Cátedra, 2001.

1. **aldabada**: golpe que se da en la puerta con una aldaba o pieza de hierro, para llamar a casa de alguien.

6. Explica qué características de la lírica popular identificas en estos poemas.
7. Los enamorados medievales se alegraban al reencontrarse por la mañana. Adapta el poema I a nuestros días de modo que sus protagonistas sean compañeros de estudios.
8. Los autores místicos tomaron algunos villancicos y los transformaron "a lo divino". Busca el poema de santa Teresa basado en el villancico V y, siguiendo ese modelo, haz tú una nueva versión del villancico.

3.3 Estructura métrica del villancico

Los poetas cultos del siglo XV que copiaron los villancicos en sus cancioneros probablemente también los glosaron, es decir, les añadieron una **glosa** o estrofa propia que desarrollaba la idea que aparecía en el villancico.

El villancico con glosa se divide en tres partes bien diferenciadas: la *cabeza*, la *glosa* y el *estribillo*.

Villancico	Parte	Explicación
Perdida traigo la color: todos me dicen que lo he de amor.	CABEZA	La **cabeza** es una estrofa recogida de la lírica popular, que da nombre al villancico.
Viniendo de la romería encontré a mi buen amor; pidiérame tres besicos: luego perdí la color. Dicen a mí que lo he de amor.	GLOSA	La **glosa** desarrolla el tema de la cabeza. Tiene una rima diferente para distinguirla de la cabeza. El último verso de la glosa se llama **verso de vuelta** porque reproduce uno o varios versos de la cabeza y avisa de que llega el estribillo.
Perdida traigo la color: todos me dicen que lo he de amor.	ESTRIBILLO	El **estribillo** repite la estrofa de la cabeza. Si los últimos versos de la glosa contienen versos de la cabeza, entonces no hay estribillo.

3.4 Lenguaje de los villancicos

La lengua literaria de los villancicos es sencilla, y su tono es cercano e íntimo. Los sentimientos aparecen expresados de manera directa y clara.

Los recursos estilísticos se caracterizan también por su sencillez. Abundan las comparaciones, pero no las metáforas. En los villancicos se usan también repeticiones y paralelismos que refuerzan el ritmo a la hora de ser cantados.

Es muy frecuente el empleo de **símbolos**, que enmascaran asuntos delicados como el erotismo: el agua y la fuente suelen simbolizar el encuentro amoroso; el ciervo representa al amado, y las tórtolas o ruiseñores, a los enamorados; la rosa se asocia a la pasión amorosa, así como las amapolas o el color rojo.

Al coger amapolas,
madre, me perdí.
¡Caras amapolas
fueron para mí!

@ Para ampliar en la Red...

Si quieres leer más ejemplos de villancicos, entra en el siguiente enlace www.tiching.com/730436.

9. Lee con atención el villancico "Al coger amapolas". ¿De qué se queja la muchacha? ¿Qué crees que simboliza la amapola?

10. Lee el villancico "Perdida traigo la color" y relaciona su contenido y su lenguaje con el movimiento literario al que pertenece: la lírica de tipo popular.

11. ¿Recuerdas otras composiciones de la lírica popular en las que una mujer se queja a su madre, amigas o hermanas del amor? ¿Cómo se llaman?

12. Busca en Internet el villancico "Si la noche hace oscura". Cópialo en tu cuaderno y complétalo añadiéndole el estribillo. ¿De qué se lamenta la protagonista de este villancico? ¿A quién se dirige en sus quejas?

4. La lírica galaicoportuguesa

La lírica galaicoportuguesa de tipo popular, al igual que le sucedió a la castellana, fue recogida en cancioneros por los poetas cultos mucho tiempo después de haber sido compuesta y cantada por los hombres y mujeres del Noroeste peninsular. Estos poemas se conocen como **cantigas de amigo**.

CANTIGAS DE AMIGO !

Muchos autores cultos escribieron cantigas de amigo que imitaban el tema y el tono de las composiciones populares. Por este motivo conocemos el nombre del autor de muchas cantigas de amigo.

4.1 Las cantigas de amigo

En las cantigas de amigo, como sucedía en las jarchas o los villancicos de amigo, una mujer se queja a su madre o a otras mujeres de la ausencia de su amado. A veces, también puede hacer confidencias de sus penas de amor a elementos de la naturaleza, como los bosques o el mar.

Ondas do mar de Vigo,
se vistes meu amigo?
E ai Deus, se verrá cedo!

Ondas do mar levado
se vistes meu amado?
E ai Deus, se verrá cedo!

Se vistes meu amigo
o por que eu sospiro?
E ai Deus, se verrá cedo!

Se vistes meu amado,
por que ei gran cuidado?
E ai Deus, se verrá cedo!

Martín CÓDAX

Ondas del mar de Vigo,
¿habéis visto a mi amigo?
¡Ay, Dios! ¿vendrá pronto?

Ondas del mar alzado,
¿habéis visto a mi amado?
¡Ay, Dios! ¿vendrá pronto?

¿Visteis a mi amigo
por el que tanto suspiro?
¡Ay, Dios! ¿vendrá pronto?

¿Visteis a mi amado
por el que tengo gran cuidado?
¡Ay, Dios! ¿vendrá pronto?

4.2 Estructura y lenguaje de las cantigas de amigo

Las cantigas de amigo están formadas por unos versos paralelísticos en los que se repiten unas frases muy breves que van cambiando de lugar.

A este recurso se le llama *leixa-pren* (que significa 'deja-toma') porque retoman un verso anterior y le añaden una ligera variación al final. El estribillo se repite sin cambio alguno al final de cada estrofa.

El lenguaje es sencillo, como corresponde a la lírica de tipo popular, y también, como en ella, los símbolos como el ciervo o la fuente aparecen con mucha frecuencia.

Vi eu, mia madr', andar
as barcas e-no mar,
e moiro-me d'amor.

Foi eu, madre, veer
as barcas e-no ler,
e moiro-me d'amor.

Vi yo, madre mía, andar
las barcas en el mar
y me muero de amor.

Fui yo, madre, a ver
las barcas en la playa,
y me muero de amor.

Anónimo, en Margit FRENK: *Lírica española de tipo popular*. Ed. Cátedra, 2001.

13. ¿A quién se dirige la muchacha en esta cantiga?
14. ¿Qué paisaje es común en ambos poemas? ¿Por qué crees que el mar es tan importante en estos poemas?
15. ¿Qué otras composiciones tienen como tema las quejas de una mujer enamorada en mozárabe y en castellano?

La lírica tradicional

Niña y viña, peral y habar
malo es de guardar.

Levantéme, oh madre,
mañanica frida,
fui cortar la rosa,
la rosa florida.
Malo es de guardar.

Viñadero malo
prenda me pedía;
dile yo un cordón
dile yo mi cinta.
Malo es de guardar.

Levantéme, oh madre,
mañanica clara,
fui cortar la rosa,
la rosa granada.
Malo es de guardar.

Viñadero malo
prenda me demanda;
yo dile una cinta,
mi cordón le daba.
Malo es de guardar.

Anónimo, en Margit FRENK:
Lírica española de tipo popular.
Ed. Cátedra, 2001.

Un juglar dominaba las siguientes técnicas poéticas.

Anáfora

Consiste en la repetición de la misma palabra al principio de cada verso.

Todas visten un vestido,
todas calzan un calzar,
todas comen a una mesa,
todas comían de un pan.

(Romancero viejo)

Paralelismo

Consiste en la repetición de los mismos elementos en dos o más versos.

Aunque le di la mano,
la mano le di,
aunque le di la mano,
no me arrepentí.

Anadiplosis

Consiste en empezar un verso con la última palabra del verso anterior.

Aunque le di la mano,
la mano al caballero,
anillo de oro
metió en mi dedo.

Anónimo, en Margit FRENK:
Lírica española de tipo popular. Ed. Cátedra, 2001.

COMPRENSIÓN DEL TEXTO

1. ¿De qué se queja la niña? ¿A quién se lo cuenta?
2. ¿Dónde está ambientada la queja? ¿A qué hora?
3. ¿Qué villancicos hablaban de las relaciones sentimentales a primeras horas de la mañana? ¿Esta vez, el encuentro es alegre o triste? ¿Por qué?

TEMA Y ESTRUCTURA

4. ¿Cuál es el tema del poema? ¿Qué quiere decir el estribillo? ¿Podría ser un refrán? ¿Por qué?
5. ¿Qué intención tiene el autor de este poema?
6. Señala las tres partes de este villancico: cabeza, glosa y estribillo.
7. ¿En cuántas partes puedes dividir el contenido? ¿Qué contenido recoge cada una de estas partes? ¿Qué variaciones percibes en ellas?

LENGUAJE Y RECURSOS ESTILÍSTICOS

8. Señala los paralelismos que hay en el poema.
9. ¿En qué se parece esta estructura al *leixa-pren*? ¿Por qué crees que este recurso aumenta el ritmo en el poema?
10. ¿Qué representan los símbolos que aparecen en el texto?
11. Añade a este poema un par de estrofas más siguiendo la estructura paralelística y cambiando lo necesario para que avance el contenido.

TEXTO Y CONTEXTO

12. ¿Qué características de la lírica tradicional reconoces en este poema?
13. ¿Qué aspectos socioculturales de la Edad Media ves reflejados en este poema?

2 LA EDAD MEDIA
MESTER DE JUGLARÍA. ROMANCERO

1. El mester de juglaría

El juglar era el que se ganaba la vida actuando ante el público; su oficio, el mester de juglaría, consistía en entretener a la gente interpretando cantares de gesta, romances y canciones populares.

En su repertorio también se incluían pequeños espectáculos con juegos de manos y doma de animales. Frecuentemente iban acompañados de juglaresas que bailaban durante su interpretación.

PALLEA JUGLAR !

El primer juglar del que se tiene noticia es Pallea juglar, que aparece firmando junto a condes, obispos y ricos hombres el Fuero de los Francos, el 24 de abril de 1136, lo que indica la enorme consideración en la que se le tenía.

2. Los cantares de gesta

Desde la más remota antigüedad, el ser humano ha guardado en su memoria y en sus escritos las hazañas de los héroes que representaban las virtudes que cada sociedad consideraba valiosas para su supervivencia, y que deseaba transmitir a las generaciones posteriores.

Desde *La Ilíada* y *La Odisea*, de Homero, sus aventuras no solo servían de entretenimiento al pueblo y a los señores, sino que además cumplían otras funciones como la propaganda de la nobleza y de su forma de vida; la transmisión de los hechos históricos más sobresalientes, y también la de conseguir la cohesión social de los pueblos, que veían en sus héroes representadas sus aspiraciones sociales y políticas.

Los cantares de gesta eran largos relatos en verso que recogían las hazañas de los héroes nacionales. Los cantaban los juglares acompañados de instrumentos musicales.

A pesar de estar escritos en verso, los cantares de gesta eran verdaderas obras narrativas con un narrador, casi siempre omnisciente, unos personajes: héroes, antihéroes y secundarios, una acción bien trabada con introducción, nudo y desenlace, y espacios y tiempos perfectamente definidos.

Mio Cid Rodrigo Díaz   en Burgos, la villa, entró;
hasta sesenta pendones[1]   llevaba el Campeador;
salían a verlo todos,   la mujer como el varón:
a las ventanas la gente   burgalesa se asomó
con lágrimas en los ojos   ¡que tal era su dolor!
todas las bocas honradas   decían esta razón:
"¡Oh Dios y qué buen vasallo,   si tuviese buen señor[2]!"

Cantar de Mio Cid. Transcripción anotada de Luis Guarner. Ed. Edaf, 2007.

1. **pendón**: bandera larga y estrecha que llevaban los soldados en el extremo superior de sus lanzas y servía para distinguir los regimientos, batallones, etc. Aquí se refiere a los guerreros que iban con el Cid.
2. **si tuviese buen señor**: se refiere al rey Alfonso VI, rey de Castilla, que había desterrado al Cid.

1. ¿Cómo es el narrador, omnisciente u observador?
2. ¿Qué acción se narra? Resume la acción de este fragmento.
3. Identifica los personajes: protagonista, antagonista, secundarios…
4. Señala el espacio.
5. Explica por qué este fragmento es una narración a pesar de estar en verso.
6. ¿Qué relación crees que tienen el verso y la rima a la hora de memorizar estos extensos relatos?

3. El *Cantar de Mio Cid*

Con el *Cantar de Mio Cid* empieza su andadura la literatura en lengua castellana; sin embargo, a pesar de ser una de las primeras obras literarias conservadas, su estructura y sus rasgos de estilo son de una gran madurez literaria.

3.1 Argumento del *Cantar de Mio Cid*

Tradicionalmente el contenido del *Cantar* se ha dividido en tres partes:

"Cantar del destierro"

El Cid es desterrado de Castilla por Alfonso VI. Le siguen sus vasallos y amigos más leales. Para sobrevivir, va conquistando ciudades musulmanas y cobrando luego de ellas los tributos. A pesar del saqueo, el Cid no abusa de sus conquistados, a los que trata con benevolencia.

Esto que a deciros voy   no habréis de tenerlo a mal:
en Castejón por más tiempo   no nos podemos quedar;
que está cerca el rey Alfonso   y a buscarnos nos vendrá.
Mas el castillo no quiero   derribarlo, lo he de dar
a cien moros y a cien moras   que dejaré en libertad,
y así por lo que les tomo   no podrán de mí hablar mal.

7. ¿Por qué el Cid no quiere enfrentarse al rey Alfonso? Relaciona este hecho con el significado del vasallaje en la sociedad medieval.

"Cantar de las bodas"

El Cid asedia Valencia y la conquista obteniendo grandes riquezas. Es entonces, en la cumbre de su prosperidad, cuando el rey lo perdona.

Con unos quince vasallos   suyos, el pie a tierra echó,
los hinojos y las manos   sobre la tierra posó,
y las hierbas de los campos   entre los dientes tomó;
lloraban sus ojos,   que tan grande fue su emoción,
que así rinde acatamiento   a Alfonso, que es su señor.

Ante la humilde actitud del Cid, el rey lo llena de honores y acuerda el matrimonio de sus hijas con los infantes de Carrión.

"Cantar de la afrenta de Corpes"

Los yernos del Cid se revelan como unos verdaderos cobardes en privado y en el campo de batalla, así que en cuanto reúnen riquezas suficientes se llevan a sus esposas de Valencia, y en el robledal de Corpes les dan una paliza hasta dejarlas por muertas. Sin embargo, los hombres del Cid logran rescatarlas con vida y devolverlas a su padre.

El Cid renuncia a una venganza inmediata y sangrienta, y decide solicitar que se reúnan las Cortes en Toledo para hacer justicia. Allí, ante toda la nobleza castellana se juzgan los hechos, se narran las vergüenzas de los condes de Carrión, los hombres del Cid los retan a verdad o muerte (el "repto") y los derrotan. Las hijas del Cid son resarcidas al prometerlas el rey Alfonso a los herederos de Navarra y Aragón.

EL CID LITERARIO Y EL CID HISTÓRICO

El *Cantar* es una obra literaria y no un documento histórico. Muchos de sus personajes son reales: Rodrigo Díaz de Vivar, su mujer, sus hijas, y muchos de los guerreros, amigos y familiares.

Sin embargo, otros son ficticios, como los condes de Carrión y los episodios que protagonizan.

El *Cantar*, históricamente, solo narra el último de los dos destierros del Cid, el de 1088, y la posterior conquista de Valencia.

REPTO O RETO

El "repto" o reto a verdad o muerte consistía en un duelo singular entre caballeros en el que el vencido debía reconocer su derrota dando la razón al vencedor en lo que le demandaba, o debía morir.

3.2 El tema de la obra y su estructura

El tema

El tema del *Cantar* es **la recuperación de la honra perdida**. El Cid pierde su honor y sus riquezas al ser desterrado, pero obtendrá mayor honra y poder al conquistar Valencia y casar a sus hijas con los condes de Carrión.

Por otro lado, cuando está en la cúspide de su fama vuelve a perder el honor, ahora familiar, por la afrenta de doña Elvira y doña Sol en el robledal de Corpes. Sin embargo, otra vez, recibirá mucha más honra de la que tenía en las Cortes de Toledo, al demostrar ante el rey y toda la alta nobleza castellana la cobardía de los infantes de Carrión. Además, casa a sus hijas con dos príncipes herederos.

Escena de las *Cantigas de Santa María* (siglo XIII), de Alfonso X el Sabio.

Estructura del *Cantar de Mio Cid*

La estructura de la obra se articula en función de dos elementos:

- **El contrapunto**. El autor organiza su obra para que la atención del público no decaiga ni un solo momento; así hace coincidir los momentos más bajos del Cid con la ayuda y el amor de los suyos, y los momentos de máximo poder y alegría con el germen de lo que será un futuro peligro.
- **La ironía**. Como resultado del contrapunto entre los momentos positivos y negativos surge la ironía porque el Cid no solo sale airoso de todas sus adversidades, sino que además acaba mucho más rico y poderoso que antes de las insidias de sus enemigos.

3.3 El narrador

El autor del *Cantar de Mio Cid* maneja la figura del narrador con absoluta maestría. Frecuentemente es un narrador omnisciente en 3.ª persona, que presenta los hechos con mesura y sin demasiado dramatismo:

Al buen Minaya Alvar Fáñez le mataron el caballo,
y en su ayuda corren prestas las mesnadas de cristianos.

En numerosas ocasiones el narrador se dirige a los oyentes para reclamar su atención:

Así habló el rey Alfonso, oíd lo que fue a decir.

También consigue el interés de los oyentes al identificarse con ellos en diversas situaciones, como el hambre y la miseria de aquellos años.

Los moros que hay en Valencia escarmentados están,
no osaban salir afuera, ni quieren irlo a buscar;
todas las huertas les talan haciéndoles grande mal,
durante aquellos tres años el Cid los dejó sin pan.
Se quejan los de Valencia que no saben lo que harán,
pues que de ninguna parte llegarles podía el pan;
ni da amparo el padre al hijo ni este al padre puede dar,
ni un amigo al otro amigo se podía consolar.
Mala cuita es, señores, el tener mengua de pan,
los hijos y las mujeres de hambre muriéndose están.

8. ¿Qué sistema utiliza el Cid para cercar Valencia por hambre?
9. ¿Cuánto dura el asedio?
10. ¿Cómo expresa el narrador la absoluta miseria de sus gentes?
11. ¿En qué verso el narrador se dirige a los oyentes? ¿Qué palabras utiliza?
12. ¿Qué efecto crees que produce esa alocución directa del narrador en los oyentes? ¿Por qué?

3.4 Personajes

El Cid es el héroe, el prototipo del caballero medieval: valiente en la batalla, generoso con sus hombres, cariñoso con su familia y leal a su rey.

A su lado están su mujer, sus hijas y su sobrino, Minaya Alvar Fáñez, a quien el Cid se refiere como "mi diestro brazo", otro de los valientes guerreros cercanos al Cid en los primeros momentos del destierro proporcionándole comida y dinero. Entre sus leales amigos encontramos, además, al alcalde moro Abengallón, dispuesto a cualquier cosa con tal de defender al Cid y a sus hijas.

Los antihéroes son el conde García Ordóñez y sus parientes, los infantes de Carrión. Ellos son mentirosos, cobardes y crueles. Representan así a la rancia nobleza castellana que no podía tolerar que un infanzón pudiera subir de escala social por muchas que fueran sus conquistas guerreras. Todos ellos acabarán avergonzados y humillados ante el rey y los demás nobles en las Cortes de Toledo.

Grabado sobre madera (hacia 1880) de la entrada del Cid a Valencia. El Cid conquistó este Reino en 1094, en poder de los musulmanes.

3.5 Espacio y tiempo

El Cid sale desterrado de Burgos y comienza un largo recorrido que se inicia en Burgos y culminará con la conquista de la ciudad de Valencia.

En este recorrido y la conquista de la ciudad levantina tarda tres años. El tiempo de felicidad del Cid y sus hijas ya casadas en Valencia es de unos dos años más.

De esta manera el autor del *Cantar* cifra en aproximadamente cinco años el tiempo interno del relato, que se corresponde con los diez últimos años de la vida del Cid histórico.

3.6 La sociedad que aparece en el *Cantar*

La sociedad que aparece en el *Cantar* refleja el "espíritu de frontera" que se dio a finales del siglo XII en los territorios limítrofes de Castilla y Aragón en la que los pueblos y ciudades eran conquistados alternativamente por cristianos o por musulmanes.

Esta situación permitía a los infanzones y a los que les seguían (caballeros o aldeanos) un rápido ascenso social y económico a través de la conquista de las tierras y ciudades musulmanas.

El *Cantar* recoge este aspecto de la conquista guerrera como progreso social. En él se anotan cuidadosamente las ganancias obtenidas en cada una de las conquistas: en total unos 35 000 marcos de plata y más de 10 000 caballos.

De todas estas riquezas el Cid se quedaba la quinta parte, como le correspondía por las leyes de Extremadura en los territorios de frontera, el resto lo repartía entre sus caballeros y soldados y daba el diezmo a la Iglesia.

Por Aragón y Navarra pregones hizo enviar,
y hasta tierras de Castilla sus mensajeros se van.
"Quien quiera dejar trabajos y su soldada ganar,
véngase con Mio Cid que desea guerrear
y cercar quiere Valencia que a los cristianos dará."
Se difunden los pregones, por todas partes van,
y al sabor de la ganancia nadie atrás quiere quedar,

13. ¿Qué aspectos del vasallaje medieval percibes en la ceremonia del perdón real al Cid Campeador?
14. ¿Qué promete el Cid a los campesinos para que se le unan en la lucha?
15. ¿Qué compensaciones podía ofrecer servir en la guerra a los campesinos?

3.7 Autor y fecha del *Cantar*

Durante muchos años prevaleció la idea defendida por Menéndez Pidal de que intervinieron dos juglares en la creación del *Cantar*; sin embargo, estudios posteriores han demostrado que se trata de un único autor culto con un amplio conocimiento de las leyes de finales del siglo XII. También era un experto conocedor de los cantares de gesta y del lenguaje juglaresco.

El *Cantar* debió de escribirse a **finales del siglo XII** porque ciertas secuencias reproducen leyes que solo estaban vigentes en los años finales de este siglo, como *el reto a muerte* al que los caballeros del Cid obligan a los infantes de Carrión.

El único documento que conservamos es la copia de un ejemplar firmado por un tal Per Abbat a principios del siglo XIII, en 1207. Probablemente el copista la hizo para uso de algún juglar de los que difundían las hazañas del Cid.

Exterior de la casa del Cid junto a la Puerta de Olivares, también llamada del Obispo, en Zamora.

3.8 Lengua literaria

El lenguaje del *Cantar de Mio Cid* sigue fielmente el estilo de los cantares de gesta donde era más importante la acción y la exaltación del héroe que las descripciones.

Así encontramos:

- **Epítetos épicos** referidos al Cid: *el burgalés leal, el que en buena hora nació, el de la barba florida.*
- **Alternancia de los tiempos verbales**: el presente histórico (uso del presente de indicativo para narrar hechos pasados) actualizaba la acción ante los que escuchaban el relato, y el pretérito imperfecto de indicativo remitía a un tiempo no demasiado lejano.

  Ambos tiempos se alternan en los cantares de gesta y en los romances creando una atmósfera temporal indefinida y sugerente:

  Mio Cid Rodrigo Díaz   en Burgos, la villa, entró;
  hasta sesenta pendones   llevaba el Campeador.

- Son abundantes las **sinécdoques** en el poema. Este es un recurso que consiste en designar el todo con el nombre de una de sus partes:

  Hasta sesenta pendones   llevaba el Campeador.

  De esta forma, para contar los caballeros que acompañan al Cid, el autor nombra los pendones, pequeños estandartes alargados que colgaban de sus lanzas, ya que cada caballero llevaba una.

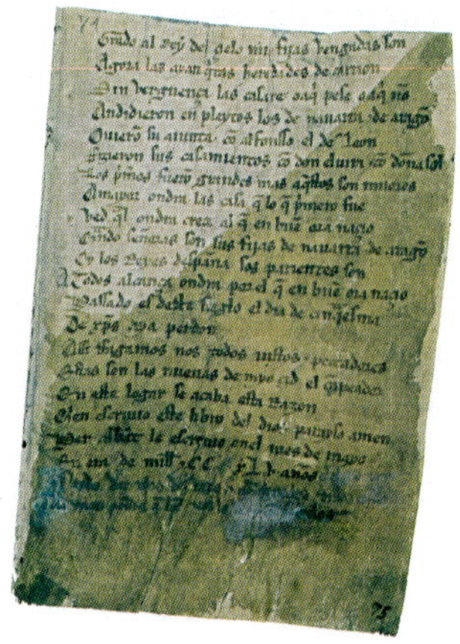

Última página del *Cantar de Mio Cid* (1307). Biblioteca Nacional, Madrid.

3.9 Métrica

El *Cantar de Mio Cid* está compuesto por 3 731 versos de rima asonante y medida variable, aunque la mayoría tiene unas dieciséis sílabas por verso.

Cada verso está dividido en dos partes por una cesura o pausa necesaria para el canto. Cada una de las dos partes de cada verso se llama hemistiquio. Los versos, a su vez, se agrupan en tiradas[1] monorrimas[2] de extensión variable que oscilan entre tres versos y más de cien versos por tirada.

Cada tirada se diferencia de la siguiente por el cambio de rima. A su vez, cada tirada representa un cambio de acción o una variación importante en la acción narrada, así la rima favorecía la memorización del *Cantar*.

1. **tirada**: conjunto de versos de extensión variable que comparten la misma rima.
2. **versos monorrimos**: conjunto de versos en los que solo hay una rima.

Cantar de Mio Cid

El Cid y sus caballeros luchan en combate y conquistan la ciudad de Valencia.

Embrazan[1] ya los escudos delante del corazón,
bajan las lanzas en ristre envueltas con el pendón,
inclinan todos las caras por encima del arzón[2]
y arrancan a combatir con ardido[3] corazón.
A grandes voces les dice el que en buena hora nació:
"¡Heridlos mis caballeros, por amor del Creador!
Yo soy Ruy Díaz, el Cid de Vivar Campeador".
Todos van sobre la fila donde Bermúdez entró.
Trescientas lanzas serían, todas llevan el pendón,
cada jinete cristiano a otro moro derribó,
y a la vuelta otros trescientos muertos en el campo son.

Cantar de Mio Cid. Ed. Edaf, 2007.

1. **embrazar**: meter el brazo por la embrazadura de un escudo para cubrir y defender el cuerpo.
2. **arzón**: parte delantera de la silla de montar.
3. **ardido**: valiente.

COMPRENSIÓN DEL TEXTO

1. Los cristianos utilizan una estrategia muy agresiva: entran a través del boquete que ha hecho Bermúdez entre las filas musulmanas matando a todos los hombres que pueden, y luego se dan la vuelta y atacan de nuevo duplicando el número de muertos y heridos. ¿Cuántos cristianos atacan? ¿Cuántas bajas consiguen?

CONTENIDO Y ESTRUCTURA

2. Resume brevemente los tres momentos de la batalla que destacamos:
   - ¿Cómo se preparan para atacar a sus enemigos los caballeros del Cid?
   - ¿Cómo es el inicio de la batalla?
   - ¿Cuál es su desenlace?
3. Observa si se corresponden con los tres momentos estructurales de la narración: introducción, nudo y desenlace. Márcalos en el texto del *Cantar* separándolos con una línea y di qué versos corresponden a cada una de las partes.

LENGUAJE LITERARIO

4. ¿Qué tiempo verbal predomina en esta tirada? ¿Por qué crees que lo utiliza aunque los sucesos que narra sucedieron muchos años antes? ¿Qué efecto consigue?
5. En el texto hay un epíteto épico referido al Cid. ¿Cuál es?
6. El autor utiliza una sinécdoque para decir el número de cristianos que combaten. ¿Cuál es?
7. ¿Qué efecto crees que logra la resonancia de la rima, que además es aguda, para describir el fragor de una batalla?

MÉTRICA

8. ¿Todos los versos tienen el mismo número de sílabas? Mide los tres primeros versos y explica qué efecto provoca en la medida total del verso el hecho de que el segundo hemistiquio tenga rima aguda.
9. ¿Cómo es la rima de esta tirada, consonante o asonante?
10. ¿Qué es una tirada? ¿De qué manera ayuda a la memorización del *Cantar de Mio Cid* el hecho de que se cambie de rima en cada tirada?

TEXTO Y CONTEXTO

11. Relaciona este texto con el movimiento literario al que pertenece: el mester de juglaría y los cantares de gesta. Di qué aspectos de dicho subgénero observas en este fragmento.
12. Relaciona este texto con el contexto sociocultural al que pertenece.

4. El Romancero

Sabemos con certeza que al menos desde el siglo XIV se cantaban por pueblos y ciudades unas canciones populares, anónimas y colectivas que contaban diversas historias. Estos relatos cantados eran los **romances**.

Músicos de las *Cantigas de Santa María* (siglo XIII), de Alfonso X el Sabio.

4.1 Los romances

Los romances son poemas narrativos porque cuentan una historia y tienen los elementos estructurales de todo relato: narrador, personajes, acción, espacio y tiempo.

Sin embargo, los romances también tienen muchos componentes propios de la lírica, como son la emotividad y un lenguaje simbólico y connotativo, que enriquecen el significado del texto con múltiples sugerencias poéticas.

Como los romances unen en la misma composición rasgos de la narrativa y de la lírica, se los ha definido como **poemas épico-líricos**.

Los romances tienen los elementos estructurales de la narrativa, y el tono y los recursos estilísticos de la lírica.

4.2 Origen de los romances

Una de las teorías más aceptadas es la que defiende que los romances nacieron de los cantares de gesta. Esta teoría sostiene que algunos fragmentos especialmente significativos de los poemas épicos se grabaron en la memoria de los que los escuchaban por su belleza o interés y posteriormente se transmitieron separados del original.

4.3 La métrica de los romances

Los cantares de gesta, como ya sabemos, estaban formados por una serie de versos monorrimos de unas 16 sílabas por término medio, con una cesura en el centro que dividía el verso en dos partes o hemistiquios, permitiendo al juglar hacer una pausa durante el canto.

E durmiendo los días   e las noches trasnochando,
en ganar aquellas villas   Mio Cid duró tres años.

Sin embargo, tenemos que recordar que el pueblo no veía escritos los romances, sino que los oía cantar al juglar, así que probablemente confundió el descanso de la cesura con la pausa final del verso:

CANTAR DE GESTA	ROMANCE
8 sílabas + 8 sílabas	8 sílabas
16 ------------ ------------- A	-------------- 8 – (cesura)
16 ------------ ------------- A	-------------- 8 a
(cesura)	-------------- 8 – (cesura)
	-------------- 8 a

De este modo la estructura métrica del romance quedó establecida en una **serie ilimitada de versos octosílabos con rima asonante en los pares quedando libres los impares**, que se correspondían con la cesura intermedia de los cantares de gesta.

4.4 La lengua literaria de los romances

La lengua literaria de los romances se caracteriza por la **sencillez** (apenas hay comparaciones o metáforas complejas) y la **claridad**. Además podemos percibir en ellos los siguientes rasgos:

- **Esencialidad**: se elimina cualquier elemento que no sea estrictamente necesario para el relato. En el lenguaje se traduce por la poca presencia de adjetivos y por preferir la narración a las descripciones.
- **Dramatismo**: la intensidad dramática se consigue por el enfrentamiento de dos posturas contrarias gracias al diálogo de los protagonistas en el que abundan exclamaciones e interrogaciones.
- **Rasgos de oralidad**: es muy frecuente el uso de fórmulas para llamar la atención del espectador, "Bien oiréis lo que dirá".
- **Fragmentarismo**: la mayoría presenta un principio brusco y un final repentino, como si el romance fuera un episodio sacado de un relato más amplio. Esta técnica narrativa deja al lector sorprendido y aumenta el misterio del posible final. Es lo que los críticos llaman: "callarse a tiempo".

PERVIVENCIA DEL ROMANCERO

Desde sus inicios, los romances han formado parte de la poesía popular española.

A imitación de los romances viejos, anónimos y colectivos de los siglos XIV y XV, los poetas cultos de los siglos XVI y XVII crearon sus propios romances nuevos que ya aparecieron con los nombres de sus autores.

Desde entonces, los romances han continuado siendo la poesía popular por excelencia.

4.5 Temas de los romances

Los romances desarrollan con frecuencia los mismos temas:

- **Romances históricos**: recogen hechos que aparecían en los cantares de gesta.
- **Romances épico literarios**: narran hechos gloriosos del pasado desde una perspectiva más novelesca que histórica. Sus protagonistas son los héroes de las gestas tanto españolas como francesas.
- **Romances novelescos**: recogen temas de amores, venganzas o misterio. El final incierto o trágico es muy frecuente en este tipo de romances.

Que por mayo era, por mayo,
cuando hace la calor,
cuando los trigos encañan
y están los campos en flor,
cuando canta la calandria
y responde el ruiseñor,
cuando los enamorados
van a servir al amor;
sino yo, triste, cuitado,
que vivo en esta prisión;
que ni sé cuándo es de día
ni cuándo las noches son,
sino por una avecilla
que me cantaba al albor.
Matómela un ballestero;
déle Dios mal galardón.

Anónimo,
en Ramón MENÉNDEZ PIDAL:
Flor nueva de romances viejos.
Ed. Espasa Calpe, 2002.

16. ¿Cómo se describe la primavera? ¿Dónde está encerrado el protagonista? Describe las diferencias que hay entre la realidad cotidiana del protagonista y lo que es capaz de vivir a través de sus recuerdos.

17. ¿Por qué sabe el protagonista lírico que fuera de la prisión es el mes de mayo? ¿Qué importancia tenía esta información para el protagonista? ¿Qué sucederá al perder dicha información?

18. ¿Qué elementos propios de un relato se encuentran en este romance? Analiza el narrador, los personajes, la acción, el espacio y el tiempo. ¿Hay fragmentarismo? ¿Por qué?

19. ¿Qué características de la lírica puedes ver en este romance? ¿Qué figuras literarias encuentras en él?

20. Di qué aspectos de la lengua literaria de los romances están presentes en él. Justifícalos.

El Cid en el Romancero

Cabalga Diego Laínez
al buen rey besar la mano,
consigo se los llevaba
los trescientos hijosdalgo;
entre ellos iba Rodrigo,
el soberbio castellano.
Todos cabalgan a mula,
solo Rodrigo a caballo;
todos visten oro y seda,
Rodrigo va bien armado. […]
Andando por su camino,
unos con otros hablando,
allegados son a Burgos,
con el rey han encontrado. […]
Se apean los de Vivar
para al rey besar la mano;
Rodrigo se quedó solo
encima de su caballo.
Entonces habló su padre,
bien oiréis lo que le ha hablado:
–Apeaos vos, mi hijo,
besaréis al rey la mano,
porque él es vuestro señor,
vos, hijo, sois su vasallo.
–Si otro me dijera eso,
ya me lo hubiera pagado,
mas por mandarlo vos, padre,
lo haré, aunque no de buen grado.
Ya se apeaba Rodrigo
para al rey besar la mano;
al hincar de la rodilla
el estoque se ha arrancado.
Espantóse de esto el rey
y dijo como turbado:
–¡Quítate, Rodrigo, allá,
quita, quítate allá, diablo,
que el gesto tienes de hombre,
los hechos de león bravo!
Como Rodrigo esto oyó,
apriesa pide el caballo;
con una voz alterada,
contra el rey así ha hablado:
–Por besar mano de rey
no me tengo por honrado;
porque la besó mi padre
me tengo por afrentado.
En diciendo estas palabras,
salido se ha del palacio;
consigo se los tornaba
los trescientos hijosdalgo.

Anónimo, en Ramón MENÉNDEZ PIDAL: *Flor nueva de romances viejos.* Ed. Espasa Calpe, 2002.

ANÁLISIS DEL CONTENIDO Y DEL LENGUAJE LITERARIO

1. Observa la descripción de los hidalgos que se dirigen a la corte. ¿Cómo van vestidos? ¿Qué monturas utilizan? ¿Y Rodrigo? ¿Qué intención tiene el autor al especificar estas diferencias?
2. ¿Qué figura estilística utiliza el autor del romance para describirlos? ¿Por qué crees que la utiliza?
3. Subraya las tres partes en las que se divide la acción: introducción, nudo y desenlace. Resume brevemente qué sucede en cada una de las partes.
4. Observa la actitud de Rodrigo ante el rey. ¿Es sumisa u orgullosa? ¿Qué ha cambiado entre el romance del siglo XV y el *Cantar de Mio Cid*, del siglo XIII? ¿Por qué crees que ha cambiado?
5. Analiza los demás elementos narrativos de este romance: narrador, personajes, espacio y tiempo.
6. ¿Qué características de la lengua literaria de los romances aprecias en este fragmento?
7. Clasifica este romance según el tema que desarrolla.
8. Mide los ocho primeros versos.

TEXTO Y CONTEXTO

9. Del siglo XIV nos han quedado fragmentos de un cantar de gesta incompleto: *Las mocedades de Rodrigo*, en el que se habla de la juventud del Cid desde un punto de vista absolutamente fantástico. Busca información sobre este cantar y relaciona la actitud de Rodrigo de este romance con dicho cantar de gesta.
10. Aunque desconocemos la fecha de composición de los romances, ¿a cuál de los dos cantares de gesta te parece más próximo este romance, al *Cantar de Mio Cid* o a *Las mocedades de Rodrigo*? ¿Por qué?
11. Las palabras de Diego Laínez recuerdan a Rodrigo su posición ante el rey. ¿Cuál es esta? ¿Respeta Rodrigo el código del vasallaje?
12. ¿Cuál crees que es la intención del autor del romance al presentar ante el pueblo al héroe castellano con esta actitud ante el rey?
13. ¿Qué crees que opinaban los espectadores de este romance? Justifica tu respuesta.

Los romances novelescos

Conde Niño, por amores,
es niño y pasó la mar;
va a dar agua a su caballo
la mañana de san Juan.
Mientras el caballo bebe,
él canta dulce cantar;
todas las aves del cielo
se paraban a escuchar.
–Bebe mi caballo, bebe,
Dios te me libre del mal,
de los vientos de la tierra
y de la furia del mar.
La reina estaba bordando,
la hija durmiendo está:
–Levantaos, Albaniña,
de vuestro dulce folgar,
sentiréis cantar hermoso
la sirenita del mar.
–No es la sirenita, madre,
la de tan bello cantar,
sino es el conde Niño
que por mí penando está.
–Si por tus amores pena
¡oh, malhaya su cantar!
y porque nunca los goce
yo le mandaré matar.
–No le mandéis matar, madre,
no le mandéis vos matar
que si muere el conde Niño
juntos nos han de enterrar.

Guardias mandaba la reina
al conde Niño buscar,
que le maten a lanzadas
y echen su cuerpo a la mar.
La princesa que lo supo,
no dejaba de llorar,
él murió a la media noche;
ella a los gallos cantar.
A ella, como hija de reyes,
la entierran en el altar;
a él, como hijo de conde,
unos pasos más atrás.
De ella nació un rosal blanco;
de él nació un espino albar;
crece el uno, crece el otro,
los dos se van a juntar;
las ramitas que se alcanzan
fuertes abrazos se dan,
y las que no se alcanzaban
no dejan de suspirar.
La reina, llena de envidia,
ambos los mandó cortar;
el galán que los cortaba
no cesaba de llorar.
De ella naciera una garza;
de él un fuerte gavilán:
juntos vuelan por el cielo,
juntos vuelan par a par.

Anónimo

COMPRENSIÓN DEL TEXTO

1. ¿Qué hace el conde Niño? ¿Por qué lo manda matar la reina? ¿Qué sucede con la princesa? ¿Dónde los entierran? ¿Qué suceso maravilloso ocurre tras el enterramiento? ¿Cómo reacciona la reina al saberlo? ¿En qué se convierten ambos jóvenes?

ESTRUCTURA, TEMA Y MÉTRICA

2. Analiza la estructura narrativa del romance: narrador, personajes y sus características esenciales, espacio y tiempo. Subraya las tres partes de la acción: introducción, nudo y desenlace. Resume brevemente qué sucede en cada una de ellas.
3. ¿Cuál es el tema del romance?
4. Haz el esquema métrico de los ocho primeros versos.

LENGUAJE LITERARIO

5. ¿Qué características de la lengua literaria de los romances aprecias en este fragmento?
6. Localiza tres ejemplos de paralelismo. ¿Cuál es la finalidad del empleo de este recurso?
7. ¿Cómo se llama la princesa? ¿De qué color son las rosas que nacen en su tumba? ¿Cómo se llama la clase de espino que nace en la tumba del conde Niño? Relaciona los tres elementos y explica qué significado simbólico encierran en el poema.

TEXTO Y CONTEXTO

8. ¿Qué aspectos de la visión del mundo medieval encuentras en este romance?
9. Relaciona los romances con los cantares de gesta: métrica y temas.

CREACIÓN LITERARIA

10. Escribe un romance siguiendo el estilo tradicional: fragmentarismo, esencialidad y dramatismo (a través de los diálogos). Procura que también tenga llamadas de atención al espectador, sencillez y emotividad.

    Puedes inspirarte en algún suceso de la actualidad (romance histórico), en alguna leyenda o en un suceso completamente inventado (novelesco). No olvides los elementos narrativos y las repeticiones y paralelismos que ayuden a su memorización.

3 LA EDAD MEDIA
MESTER DE CLERECÍA. LA PROSA

1. El mester de clerecía

Clérigos y trovadores se dirigían al mismo tipo de oyentes, así que ambos debían manejar recursos de atención similares para mantener el interés del público que los escuchaba.

El segundo estamento social, como ya sabemos, estaba formado por los clérigos. La mayoría eran monjes o sacerdotes, aunque también había clérigos seglares que no pertenecían a ninguna orden religiosa y, aunque estaban adscritos a un convento, no vivían en él.

Los clérigos querían hacer llegar al público, en su mayoría analfabeto, las Sagradas Escrituras y sus enseñanzas religiosas y morales. Para ello aprovecharon la fascinación que siempre han ejercido sobre los espectadores las buenas historias bien contadas.

Así, a imitación del mester de juglaría surge, a comienzos del siglo XIII y hasta finales del siglo XIV, el mester de clerecía, u oficio de clérigos, que pretende divulgar de la manera más amena posible las enseñanzas morales de las que era depositaria la Iglesia.

La principal diferencia entre clérigos y juglares se fundamenta en la mayor cultura del clérigo, que conoce las enseñanzas de los sabios de la antigüedad y puede transmitirlas. En cuanto a los temas de sus obras, prefieren los asuntos religiosos, aunque no abandonan por completo los temas heroicos.

El principal representante del mester de clerecía durante el siglo XIII es Gonzalo de Berceo.

1.1 La cuaderna vía

El mester de clerecía utiliza una nueva estrofa, la **cuaderna vía**, compuesta por cuatro versos alejandrinos (de catorce sílabas) con la misma rima consonante.

Esta estrofa es una verdadera exhibición de técnica y de vocabulario, dado que cada cuatro versos cambiaban la rima, que era obligatoriamente consonante.

Los autores del mester de clerecía se sienten orgullosos de su maestría en el verso y de dominar un vocabulario mucho más amplio que el de los juglares. El suyo es un *mester sin pecado*, es decir, un oficio sin errores, muy superior al de juglaría. Así lo afirma la segunda estrofa del *Libro de Aleixandre*, anónimo del siglo XIII.

Mester traigo fermoso,	non es de joglaría	*Mester traigo hermoso,*	*no es de juglaría,*	14 A
mester es sin pecado,	ca es de clerecía	*mester es sin pecado,*	*pues es de clerecía*	14 A
fablar curso rimado	por la la cuaderna vía	*hablar curso rimado*	*por la cuaderna vía*	14 A
a síllavas cuntadas,	ca es grant maestría.	*en sílabas contadas,*	*eso es gran maestría.*	14 A

Libro de Alexandre, versos 5 al 8

1. ¿Qué adjetivo calificativo utilizan los clérigos para definir su oficio o mester? ¿Con cuál lo comparan?
2. ¿Cómo definen el mester de clerecía?
3. Justifica por qué es necesario poseer un vocabulario amplísimo para rimar en rima consonante y monorrima.

1.2 Mester de juglaría y mester clerecía

Tanto el mester de juglaría como el de clerecía se dirigían a un público mayoritariamente analfabeto, sin embargo ni su estilo literario ni su finalidad son las mismas.

	MESTER DE JUGLARÍA	MESTER DE CLERECÍA
Autores	Juglares anónimos	Clérigos cultos y conocidos: Gonzalo de Berceo y Arcipreste de Hita
Intención	Divertir, entretener e informar	Didáctica y moralizante
Fuentes	Populares	Cultas: la Biblia y los clásicos grecolatinos
Difusión	Oral	Escrita. La obra se escribe para ser leída
Temática	Amorosa, de aventuras y episodios heroicos	Contenido religioso o moralizante: *Los milagros de Nuestra Señora* y el *Libro de buen amor*
Métrica	Irregular y rima asonante	Regular: cuaderna vía. Rima consonante
Lenguaje	Sencillo. Pocos recursos estilísticos: paralelismos, repeticiones y comparaciones	Complejo. Abundan los recursos estilísticos: símbolos, metáforas, ironía, antítesis y enumeraciones

Ejemplo de las propiedades que tiene el dinero

Hace mucho el dinero, mucho se le ha de amar:
al torpe lo hace bueno y hombre de respetar,
hace correr al cojo, al mudo le hace hablar;
el que no tiene manos bien lo quiere tomar.

Séase un hombre necio y rudo labrador:
hacénle los dineros hidalgo y sabedor;
cuanto más él posee tanto es de más valor;
quien no tiene dinero no es de sí señor. [...]

Creaba los priores, los obispos y abades,
arzobispos, doctores, patriarcas, potestades;
a muchos clérigos necios dábales dignidades;
de verdad hace embuste; de mentiras, verdades.

Creaba muchos clérigos y muchos ordenados,
muchos monjes y monjas, religiosos sagrados;
el dinero les daba por bien examinados,
y a los pobres decían que no eran muy letrados.

En los juicios lograba mucha mala sentencia;
con muchos abogados era su mantenencia,
resolviendo los pleitos con muy mala avenencia.
Incluso, por dinero, se daba penitencia. [...]

Él hace caballeros a necios aldeanos;
condes y ricoshombres hace a algunos villanos.
Andan por el dinero los hombres muy ufanos;
cuantos hay en el mundo le besan en las manos

Arcipreste de Hita: *Libro de buen amor* (adaptación).

Representación de la sociedad de la Edad Media: clérigo, caballero y campesino.

4. Fíjate en el primer verso, ¿es una afirmación o una ironía? ¿Por qué?
5. ¿Qué quiere decir el Arcipreste al describir los "milagros" que puede hacer el dinero en la primera estrofa?
6. ¿Qué crees que opina el Arcipreste en la segunda y sexta estrofas con respecto a las rígidas diferencias de clase en la Edad Media? ¿Está de acuerdo con la movilidad social? Explica su postura.
7. La tercera y cuarta estrofas explican el poder del dinero en un estamento social, el de la clerecía, en el que los méritos deberían estar relacionados con el estudio y la inteligencia. ¿Era así? ¿Por qué?
8. Mide la primera y la segunda estrofa. ¿Cuántas sílabas tienen?
9. Observa las rimas. ¿Se repiten en alguna estrofa? Relaciona la riqueza de vocabulario de los hombres cultos con este tipo de versificación.
10. ¿Ves alguna intención moral en estos versos? ¿Cuál?
11. Justifica por qué estos versos pertenecen al mester de clerecía.

2. Gonzalo de Berceo

Gonzalo de Berceo (1198-1264) fue un clérigo adscrito al monasterio de San Millán de la Cogolla (La Rioja), en el que fue presbítero y ejerció de maestro de novicios y notario.

Berceo fue un hombre de amplios estudios que supo acercar la literatura culta a todo tipo de lectores y oyentes incorporando a sus textos numerosos recursos juglarescos.

También escribió sus obras con la intención de atraer fieles y limosnas tanto a su monasterio de San Millán como al cercano de Silos. Desde este punto de vista propagandístico hemos de entender dos de sus otras obras: *Vida de santo Domingo de Silos* y la *Vida de san Millán de la Cogolla*.

Ábside de la iglesia de Santa Maria de Taüll (siglo XII), en Lleida. El arte románico del siglo XII representaba a María como "trono de Dios" con el Niño sentado en su regazo pero sin comunicación entre madre e hijo.

3. *Milagros de Nuestra Señora*

Son veinticinco relatos breves que pertenecen a la tradición europea de los milagros de la Virgen y que Berceo tradujo al castellano. El mérito de Berceo no tiene que ver con la originalidad de las historias, sino con su actualización y acercamiento a la sensibilidad de los hombres y mujeres que escuchaban estas narraciones en verso en el monasterio de San Millán.

En estos relatos la Virgen María se presenta y se expresa como una mujer del siglo XIII que entiende, compasiva, las dificultades comunes de sus devotos, como enamorarse de quien no se debe, la dificultad de la castidad en los clérigos o la incapacidad de aprender de memoria las misas en latín.

El tema común en ellos es la ayuda inmediata que la Virgen presta a sus devotos en cuanto se la solicitan. Esta cercanía de la Madre de Dios a la vida cotidiana de sus fieles constituía un mensaje de esperanza para todos aquellos que escuchaban los *Milagros de Nuestra Señora*.

3.1 Estructura

Los milagros aparecen precedidos por una introducción alegórica en la que se muestra la caída del ser humano y su salvación por medio de la intercesión divina de la Virgen.

A continuación, los veinticinco milagros repiten la misma estructura: un hombre, clérigo o seglar, con numerosos defectos pero muy devoto de María, está en grave riesgo o en peligro de perder su alma. Ella acude en su ayuda y consigue que alcance sus deseos o abandone el pecado.

3.2 Lenguaje

La **lengua literaria** que utiliza Berceo es muy sencilla y cercana a los fieles que acudían a los monasterios. De hecho María se expresa como una mujer del pueblo, con llaneza y claridad.

Berceo alterna fragmentos narrativos, en los que son frecuentes los elementos de la vida cotidiana, con fragmentos dialogados, en los que los fieles veían reflejada su forma de hablar y de sentir.

También abundan los recursos como las llamadas de atención a los oyentes.

VIRGEN MARÍA

Virgen de Vladimir. Siglo XIII.

El arte gótico del siglo XIII representaba a María como "Madre de Dios" en situaciones de afecto y comunicación entre ambos.

Los *Milagros de Nuestra Señora* expresan esa proximidad de María como madre de todos sus fieles.

Milagros de Nuestra Señora

MILAGRO IX. El clérigo ignorante

Érase un simple clérigo que instrucción no tenía,
la misa de la Virgen todos los días decía;
no sabía decir otra, decía esa cada día:
más la sabía por uso que por sabiduría.

Fue este misacantano al obispo acusado
de ser idiota, y ser mal clérigo probado,
al Salve Sancta Parens[1] tan solo acostumbrado,
sin saber otra misa ese torpe embargado. [...]

El obispo le dijo: "Preste, di la verdad,
di si como dicen es tal tu necedad."
El buen hombre le dijo: "Señor, por caridad,
si dijese que no, diría falsedad."

El obispo le dijo: "Ya que no tienes ciencia
de cantar otras misas, ni sentido o potencia,
te prohíbo que cantes, y te doy por sentencia:
por el medio que puedas busca tu subsistencia.

El clérigo salió triste y desconsolado;
tenía gran vergüenza y daño muy granado.
Volvióse a la Gloriosa lloroso y aquejado,
que le diese consejo, porque estaba aterrado.

La virgen Gloriosa, que es Madre sin dicción[2],
apareció al obispo enseguida en visión;
díjole fuertes dichos, en un bravo sermón,
y descubrióle en él todo su corazón.

Díjole embravecida: "Don obispo lozano,
contra mí ¿por qué fuiste tan fuerte y tan villano?
Yo nunca te quité por el valor de un grano,
y tú a mi capellán me sacas de la mano. [...]

Si tú no le mandares decir la misa mía
como solía decirla, gran querella tendría,
y tú serás finado[3] en el treinteno[4] día:
ya verás lo que vale la saña de María."

Fue con esta amenaza el obispo espantado,
y mandó luego enviar por el preste vedado;
le pidió su perdón por lo que había errado,
porque en su pleito fue duramente engañado.

Milagros de Nuestra Señora (adaptación). Ed. Castalia, 1998.

1. **Salve Sancta Parens**: palabras que inician una misa dedicada a la Virgen.
2. **dicción**: aquí pecado.
3. **finado**: muerto.
4. **treinteno**: dentro de treinta días.

COMPRENSIÓN DEL TEXTO

1. ¿Por qué este clérigo repetía continuamente la misa de la Gloriosa?
2. Según puedes apreciar por los diálogos, ¿trata con respeto el obispo al clérigo? Pon algún ejemplo.
3. ¿Con qué amenaza la Gloriosa al obispo? ¿Cómo reacciona el obispo?
4. ¿Qué significan las palabras del obispo: "por el medio que puedas busca tu subsistencia"?

ESTRUCTURA DEL CONTENIDO Y TEMA

5. Di qué sucede en cada parte de la estructura. ¿Se corresponde con la estructura de los demás milagros?
6. Define el carácter de los personajes.
7. Explica los elementos: narrador, espacio y tiempo.
8. ¿Cuál es el tema del relato?

LENGUAJE LITERARIO Y MÉTRICA

9. ¿Cómo es el lenguaje literario de este milagro? Pon varios ejemplos que confirmen tu opinión.
10. ¿Cómo se expresa el obispo? ¿Y la Virgen María? ¿Hay idealización de los personajes o se busca la cercanía con los que escuchan el milagro?
11. Haz el esquema métrico de la primera estrofa. Di cómo se llama y cuáles son sus características.

TEXTO Y CONTEXTO

12. En el siglo XIII la Iglesia tiene mucho interés en la formación de los sacerdotes, que a menudo era muy deficiente. Di cómo se refleja este problema en el milagro.
13. ¿Qué intención tiene Berceo al escribir este milagro? ¿Pone los medios adecuados para conseguirlo? ¿Cuáles son? ¿Consigue su propósito? ¿Por qué?

4. El Arcipreste de Hita

Poco sabemos de Juan Ruiz, salvo que nació en Alcalá de Henares y fue arcipreste de Hita (Guadalajara). Sin embargo, al leer su obra, podemos descubrir a un hombre vitalista, poseedor de amplios conocimientos que abarcaban tanto la cultura clásica como la popular cristiana, musulmana o hebrea.

ARCIPRESTE DE HITA

Uno de los consejos que recibe el Arcipreste es el de buscarse una mujer que haga de intermediaria en sus amores. Así aparecerá la vieja Trotaconventos, antecedente inmediato de Celestina.

5. El *Libro de buen amor*

El *Libro de buen amor* es una autobiografía amorosa ficticia del Arcipreste de Hita. En ella, Juan Ruiz cuenta decenas de historias amorosas que se presentan como las posibilidades sentimentales del siglo XIV: amores idealizados, como el de la monja doña Garoza; amores posibles, como el de don Melón de la Huerta y la viudita doña Endrina; desgraciados o felices, con mujeres refinadas o montaraces como las serranas, etc.

5.1 Argumento

Esta relación de amores articula el libro y da pie a que aparezcan:

- **Consejos sobre el amor**, que darán don Amor y doña Venus al Arcipreste, entresacados en su mayoría del *Ars amandi* del poeta latino Ovidio. Estos consejos se ejemplifican con relatos en los que se podrá comprobar la eficacia de dichos consejos o el problema que surgirá en el caso de no seguirlos.
- **Una crítica severa sobre los vicios sociales**, como la avaricia o el poder del dinero para corromper la moral; como el "Ejemplo de las propiedades que tiene el dinero".
- **Un relato épico paródico**, como la "Batalla de don Carnal y doña Cuaresma", en la que se enfrentan don Carnal y sus huestes de vino y manjares a doña Cuaresma y sus seguidores penitentes.
- **Canciones líricas dedicadas a la Virgen**, como los *Gozos de Santa María.*
- **Canciones satíricas** que describen un modelo femenino completamente opuesto al ideal de la época: las agrestes serranas que vivían en las montañas.
- **Muchos cuentos y fábulas** que el Arcipreste utiliza como "consejos" de todo tipo. Juan Ruiz, en vez de pesados sermones morales, narra un cuento inteligente y divertido, y el lector ya se encargaba de sacar de él el consejo adecuado.

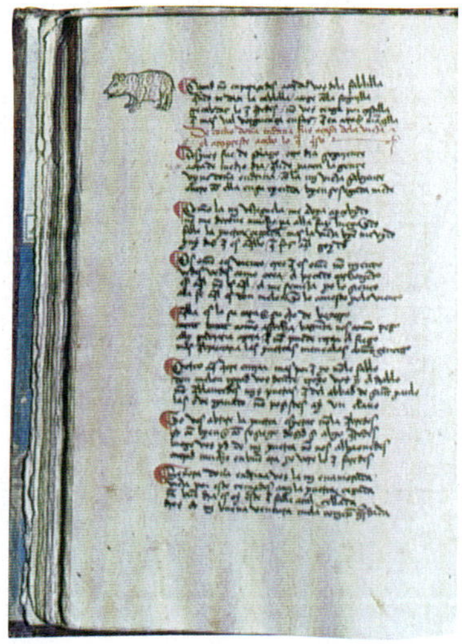

Manuscrito del *Libro de buen amor* (siglo XIV). Biblioteca de la Universidad de Salamanca. Esta obra del Arcipreste de Hita ha llegado hasta nosotros a través de dos versiones manuscritas distintas.

5.2 Intención

El Arcipreste pretende divertir y moralizar en un sentido amplio: Juan Ruiz critica tanto los vicios sociales como a las personas que engañan y se aprovechan de los demás. Sin embargo, este sentido moral va unido al humor y a la ironía. Muchas veces lo que critica es tan divertido que más que disuadir, parece invitar a realizarlo. En la obra predomina una visión vitalista y gozosa de la existencia.

5.3 Lenguaje y métrica

El *Libro de buen amor* es en cierto modo un compendio de la literatura del siglo XIV, pues en él se unen los conocimientos y la depurada técnica del mester de clerecía con todos los recursos del mester de juglaría.

Su lengua literaria es riquísima. En ella aparecen reflejados el lenguaje del pueblo llano, con sus refranes llenos de sabiduría popular, y el lenguaje culto, con largas enumeraciones y reflexiones filosóficas.

LIBRO DE BUEN AMOR

La métrica que predomina es la cuaderna vía, aunque también aparecen los metros cortos propios de las canciones de los juglares. El autor llega a afirmar que su libro es una "lección y muestra de metrificar, y rimar y de trovar".

Libro de buen amor

Consejos que don Amor da al Arcipreste

Si sabes instrumentos bien tañer y templar,
y si sabes preparar un hermoso cantar,
alguna vez, mas poco y en honesto lugar,
do la mujer te oiga, no dejes de probar.

Pues si una cosa sola no muda a la mujer,
muchas cosas juntadas ayuda te han de ser;
en tu canción la dueña su gusto ha de poner,
y, con el tiempo, bien te sabrá responder. [...]

Piensa su amante madre que con gran regañar,
avergonzar y herir y mucho denostar,
casta llegará a ser, queda llegará a estar:
estos son aguijones que más la hacen saltar.

Debe pensar su madre que, cuando era doncella,
la suya no paraba de buscarle querella,
y, así, más la encendía; debía pues, por ella
juzgar a las demás, también a su hija bella;

toda mujer nacida es hecha de tal masa:
lo que más le prohíben, por aquello antes pasa;
aquello más la enciende, aquello la traspasa;
mas si no es seguida, anda más floja y laxa.

No seas maldiciente ni seas envidioso.
con la mujer que es cuerda nunca seas celoso:
si careces de pruebas, no seas rencoroso;
no seas de sus bienes pedidor codicioso.

No seas mentiroso, sé siempre verdadero;
cuando juegues con ella no te muestres parlero;
cuando te hable de amor muéstrate placentero,
pues quien calla y escucha es quien vence primero.

Quiere la juventud mucho placer consigo,
la mujer quiere al hombre alegre por amigo,
al sañudo y al torpe no lo aprecia ni un higo;
la tristeza y rencilla preparan enemigo.

COMPRENSIÓN DEL TEXTO

1. ¿Deben las madres recordar su propia juventud para entender bien a sus hijas? ¿Por qué?
2. ¿Qué opina el Arcipreste de los hombres celosos? ¿Y de los excesivamente habladores? ¿Por qué?

CONTENIDO, ESTRUCTURA Y TEMA

3. Señala las tres partes en las que se divide este fragmento y resume el contenido de cada una.
4. ¿Qué consejos da don Amor al Arcipreste? ¿Qué opinas de estos consejos?
5. Define la visión del amor que aparece en estas estrofas.
6. ¿Cuál es el tema de estos versos?

LENGUAJE LITERARIO

7. ¿Qué aspectos propios del *Libro de buen amor* ves reflejados en estos fragmentos? Justifícalo con ejemplos del texto.
8. Mide la primera estrofa. ¿Por qué la rima consonante y monorrima exige un amplísimo vocabulario?

RELACIÓN TEXTO Y CONTEXTO

9. ¿Qué te parece la postura del Arcipreste sobre la actitud que deben mostrar los muchachos ante los celos?
10. ¿Te parece el Arcipreste un hombre adelantado para su época? ¿Por qué?
11. ¿Qué podrían aprender los jóvenes del siglo XXI de este hombre del siglo XIV?

6. La narración en prosa en el siglo XIV

La burguesía experimentó un fuerte auge en toda la Península en el siglo XIV gracias a la seguridad de las ciudades castellanas, una vez confinados los musulmanes al reino de Granada a mediados del siglo anterior.

Esta nueva clase social se enriqueció a partir de las nuevas posibilidades económicas, como el comercio, que la nobleza despreciaba anclada en los viejos ideales cortesanos. La burguesía gustaba de ver representados sus intereses y su forma de vida en la literatura. Así surgieron los cuentos breves en los que se reflejaba un estilo de vida basado más en la inteligencia y en la astucia que en la fuerza. Este tipo de relatos tuvieron un gran desarrollo en toda Europa.

6.1 Los relatos con marco

Los cuentos solían presentarse en colecciones que tenían un marco común que daba unidad y sentido a la obra. Este recurso ya aparecía en la colección de cuentos orientales *Calila e Dimna*, traducidos al castellano en el siglo XIII en la Escuela de Traductores de Toledo, bajo el patrocinio del rey Alfonso X el Sabio.

En Europa siguen el recurso de los relatos con marco el *Decamerón* de Giovanni Boccaccio (Italia), escrito en 1356, y los *Cuentos de Canterbury*, del inglés Goffrey Chaucer, de finales del siglo XIV. En estos útimos el marco narrativo es el viaje de unos peregrinos a la famosa abadía inglesa.

DECAMERÓN

El marco común sobre el que se inscriben los cien cuentos del *Decamerón* es la epidemia de peste que asoló Florencia en 1348.

Huyendo de ella, diez muchachos, siete mujeres y tres hombres se aíslan en una villa a las afueras de la ciudad. Allí, para entretenerse, cada uno cuenta un cuento durante las diez noches que dura el encierro.

7. Don Juan Manuel

Don Juan Manuel pertenecía a la más alta nobleza de Castilla. Su origen aristocrático se deja entrever en su obra literaria: él escribe libros didácticos en castellano para la educación de los nobles que frecuentaban la corte y no sabían latín.

7.1 *El conde Lucanor*

La obra incluye cincuenta cuentos en prosa, estructurados de esta forma:

- 1.° Se inicia con un diálogo en el que el conde Lucanor le plantea a su ayo Patronio un problema que le tiene muy preocupado.
- 2.° Patronio narra un cuento al conde Lucanor que sirve de ejemplo para entender y resolver el problema.
- 3.° Patronio da el consejo al conde Lucanor, quien lo sigue con provecho.
- 4.° El propio don Juan Manuel interviene resumiendo la idea central del cuento en un pareado para que resulte fácil de memorizar.

La lengua literaria

Don Juan Manuel, como Berceo y el Arcipreste de Hita, sabía del poder de un buen cuento para atraer la atención del espectador. Sin embargo, a diferencia de los autores anteriores, don Juan Manuel tiene conciencia de escritor porque sabe que cuanto más cuidada está la forma con mayor eficacia llega el mensaje.

La lengua literaria es sencilla, pero muy cuidada. El autor es un maestro de la concisión: se centra en la acción del cuento eliminando descripciones o cualquier otra cosa que distraiga del tema del relato.

DON JUAN MANUEL (1282-1348)

Don Juan Manuel orante (1937), de D. J. Seisdedos.

Fue hijo del infante don Manuel, nieto del rey Fernando III y sobrino de Alfonso X el Sabio. Fue un cortesano de vasta cultura y conocedor de los autores clásicos. Es el primer escritor en lengua castellana que tuvo conciencia de autor, y por ello, depositó un ejemplar revisado de su obra en el monasterio de Peñafiel para que su texto pudiera ser consultado por cualquier estudioso.

El conde Lucanor

El ahogado por codicia

Un día el conde Lucanor le dijo a Patronio:

–Patronio, me han prometido que si viajo a cierto lugar, me darán unos dineros. Sin embargo, temo que, si me detengo allí, aunque sea por poco tiempo, mi vida correrá grave peligro, así que os ruego que me aconsejéis sobre lo que me conviene hacer en este asunto.

–Señor conde –dijo Patronio–, para que hagáis lo que me parece más conveniente, querría contaros lo que le sucedió a cierto hombre que tuvo que pasar un río cuando iba cargado con unas piedras preciosas.

El conde preguntó qué le había pasado a aquel hombre, y Patronio respondió:

–Señor conde, hubo una vez un hombre que iba por un camino con un saco lleno de tantas piedras preciosas que le costaba mucho acarrearlo. Yendo por el camino, el hombre topó con un río, y no tuvo más remedio que meterse en el agua para cruzar a la otra orilla. Y como la carga que llevaba a cuestas era tan pesada, el hombre empezó a hundirse a toda prisa.

Un vecino que estaba a la orilla del río empezó a gritarle:

–¡Escuchadme, amigo, como no soltéis la carga que lleváis al hombro os ahogaréis sin remedio!

Pero el que llevaba las piedras preciosas era tan mezquino que no se dio cuenta de que si moría ahogado, no solo perdería la carga, sino algo mucho más preciado: su propia vida. Pero era tan codicioso que no quiso soltar la carga, así que al final murió ahogado.

–En cuanto a vos, señor conde Lucanor –concluyó Patronio–, aunque hacéis bien en anhelar el provecho que os espera en la tierra que decís, os aconsejo que no os quedéis allí por codicia si es que vuestra vida ha de correr peligro. Exponerse a la muerte solo es sensato para defender la propia honra o para cumplir un deber ineludible, pues el que arriesga su vida por codicia o por simple temeridad valora en poco su vida.

Al conde le pareció que el consejo era bueno, así que lo siguió y le fue bien.

Y como don Juan entendió que este ejemplo era muy bueno, ordenó que lo copiaran en este libro e hizo estos versos que dicen:

A quien por codicia mucho se aventura
muy poco tiempo la suerte le dura.

Don Juan Manuel: *El conde Lucanor*.
Ed. Vicens Vives, 2009.

COMPRENSIÓN DEL TEXTO

1. ¿Qué problema tiene el conde Lucanor?
2. ¿Por qué el hombre no suelta su carga? ¿Puede tener este cuento un significado simbólico? ¿Cuál?

CONTENIDO, ESTRUCTURA Y TEMA

3. Señala en el cuento los cuatro apartados estructurales propios de cada uno de los relatos de *El conde Lucanor*. Resume brevemente cada apartado.
4. Resume el contenido del cuento. Señala las tres partes en las que se divide la acción del cuento y resume brevemente qué sucede en cada una de ellas.
5. Explica los restantes rasgos estructurales propios de la narrativa: narrador, personajes, espacio y tiempo.
6. ¿Cuál es el tema del relato?

LENGUAJE LITERARIO

7. ¿Hay descripciones de lugares o de personajes?
8. La concisión es uno de los principales rasgos de estilo de don Juan Manuel. Aporta dos o tres ejemplos de ello extraídos de este cuento.

RELACIÓN TEXTO Y CONTEXTO

9. Investiga sobre el libro de relatos *Calila e Dimna* y di qué tienen en común su estructura y su finalidad educativa con la de *El conde Lucanor*.
10. ¿Cuáles son las únicas cosas, según Patronio, que justificarían arriesgar la vida? Justifícalo desde el punto de vista de la sociedad medieval. ¿Qué intención tiene don Juan Manuel al escribir este libro? ¿Crees que el cuento y un pareado final son el medio adecuado para conseguirlo? ¿Por qué?

4 LA EDAD MEDIA
EL PRERRENACIMIENTO

1. Panorama político y social del siglo XV

El siglo XV fue una época convulsa tanto desde el punto de vista político como social. En este siglo se desmoronó el sistema feudal, se debilitó la figura del rey y aumentó el poder de la burguesía, que frecuentemente apoyaba a los reyes en sus luchas contra la nobleza.

En Castilla, las guerras civiles entre los nobles y los monarcas aumentaron el clima de inseguridad y perpetuaron la pobreza endémica de los campesinos. Aragón, por su parte, amplió con Alfonso V sus territorios hacia el Mediterráneo y hacia Italia, que ya estaba en pleno Renacimiento, de modo que intelectuales y nobles aragoneses y castellanos entraron en contacto con el Humanismo italiano.

Castilla y Aragón unieron sus destinos, aunque no sus leyes ni sus fueros, con el matrimonio de Isabel de Castilla y Fernando de Aragón en 1469. Juntos terminaron la Reconquista con la victoria sobre el reino musulmán de Granada en 1492. Pocos años después (1512), la incorporación del reino de Navarra completó la unidad territorial que convirtió a España en un estado moderno y fuerte, comparable a los reinos de Francia e Inglaterra. Por su parte, Castilla extendió sus dominios hacia occidente en 1492 con el descubrimiento de América.

Estatua del Doncel de Sigüenza, caballero muerto en la conquista de Granada en 1486, símbolo de la nobleza guerrera e instruida.

2. La lírica culta cortesana

Paralela a la lírica de tipo popular, a lo largo de toda la Edad Media se desarrolló otro tipo de lírica: **la lírica culta**, escrita en romance por los **trovadores**, hombres cultos, frecuentemente nobles, que compusieron tanto la música como la letra de sus canciones. Los trovadores escribían una poesía amorosa muy refinada y compleja que desarrolló un nuevo concepto de relación amorosa: el amor cortés.

2.1 El amor cortés

El amor cortés traslada los principios del vasallaje medieval a las relaciones entre un caballero y su dama. Es un tipo de amor basado en el servicio incondicional a una mujer casada de extraordinarias cualidades a la que se sirve con lealtad, constancia y fidelidad.

Este tipo de amor es adúltero, pues se considera que no hay lugar para el amor idealizado en el matrimonio, que entre las clases elevadas era producto de las conveniencias económicas o políticas. De este modo, el amor extraconyugal adquiere un mayor sentido espiritual, pues ha nacido de la libre elección de los amantes.

LÍRICA TROVADORESCA

La lírica trovadoresca nace en el Sur de Francia en el siglo XII. Los trovadores provenzales son los primeros poetas cortesanos que abandonan el latín y escriben poesía culta en lengua romance.

Esto supuso una verdadera revolución en la poesía porque por primera vez se tenía acceso a una poesía culta que todos podían entender.

1. ¿Qué diferencias percibes de tipo social y cultural entre los juglares, transmisores de la lírica de tipo popular, y los trovadores?
2. Explica por qué crees que tuvo tanta importancia que los trovadores escribieran sus poemas cultos en una lengua romance, en vez de en latín, que era lo frecuente en la época.
3. Relaciona estos versos con la temática del amor cortés:

   –Dime pajarito, que estás en el nido:
   ¿la dama besada pierde su marido?
   –No, la mi señora, si fue en escondido.

   Anónimo, en Margit Frenk: *Lírica española de tipo popular*. Ed. Cátedra, 2004.

3. La lírica culta castellana

La lírica castellana es la más tardía, eso no quiere decir que su origen sea posterior al de otras líricas peninsulares. Lo que sucede es que los autores castellanos no la ponen por escrito hasta el siglo XV.

Los cancioneros cortesanos recogen tanto las composiciones de tipo popular como las canciones cultas escritas por los trovadores siguiendo las características de la poesía trovadoresca y el amor cortés. El tema de sus canciones puede ser amoroso, satírico, moral e incluso encontramos parodias religiosas. Estos poemas comparten las siguientes características:

- Un **universo mental y estético común** basado en el placer del juego compartido. Para ellos, poesía y amor forman parte de la vida cortesana, igual que los torneos son entrenamientos sucedáneos de la guerra.
- Un **lenguaje poético muy cuidado y difícil** basado en el alejamiento del lenguaje cotidiano como medio de distinción social y cultural.
- Los poetas cortesanos **buscan sorprender por el ingenio** más que emocionar por la sinceridad de sus sentimientos. Por eso utilizan recursos literarios como la antítesis, la paradoja y abundantes juegos de palabras (amor-dolor, fuego-hielo...) que ayudan a expresar los contradictorios sentimientos del amor.

3.1 Los cancioneros

Los cancioneros eran antologías poéticas en las que se reunieron las composiciones, firmadas o anónimas, de los poetas cortesanos junto con la música que las acompañaba.

Este tipo de poesía se llamaba cortesana porque estaba compuesta para ser recitada o cantada en la corte.

Aunque la mayoría de los poemas que se recogen son poemas cultos, también encontramos en ellos muchos poemas de tipo popular: los **villancicos**. Los poetas del siglo XV son los primeros en reconocer el valor de la poesía castellana de tipo popular y salvarla del olvido al fijarla por escrito en los cancioneros.

CANCIONEROS

Los cancioneros recogen las composiciones de los poetas cortesanos de las tres cortes más cultas del siglo XV:

- El **Cancionero de Baena** recoge los poetas de la corte de Juan II de Castilla.
- El **Cancionero de Stúñiga** recoge la obra de los poetas de la corte del rey de Aragón, Alfonso V, en Nápoles.
- El **Cancionero General** recoge la obra de los poetas de la corte de los Reyes Católicos.

Es amor fuerza tan fuerte
que fuerza toda razón,
una fuerza de tal suerte
que todo seso convierte,
con su fuerza en afición. [...]

Es placer en que hay dolores,
dolor en que hay alegría,
un pesar en que hay dulzores,
temor en que hay osadía[1].

Un placer en que hay enojos,
una gloria en que hay pasión,
una fe en que hay antojos,
fuerza que hacen los ojos
al seso y al corazón.

Jorge MANRIQUE

4. ¿Cómo es de fuerte el amor? ¿Qué es capaz de hacer con la inteligencia de los enamorados? Explica qué quiere decir esta estrofa.
5. El lenguaje de estas canciones expresa las contradicciones propias del sentimiento amoroso a base de antítesis y paradojas. ¿Cuántas antítesis hay en esta canción? Explica el significado de cada una de ellas.
6. ¿Qué quieren decir los dos últimos versos? ¿Qué importancia tienen los ojos en el hecho de enamorarse?
7. ¿Se mantiene este concepto del amor en la actualidad? Justifica tu respuesta.
8. ¿Crees que los poemas cortesanos y los torneos reflejan bien el ambiente de las cortes del siglo XV? ¿Por qué?

1. **osadía:** atrevimiento, audacia, resolución.

3.2 La canción de amor

Es la composición más representativa de la lírica culta de influencia provenzal. En ella un caballero se queja de los desdenes de su amada.

La estructura métrica de la canción de amor es muy parecida a la del villancico, aunque hay algunas diferencias notables: la principal es que, en la canción cortesana, los versos de vuelta, que forman parte de la glosa, tienen el mismo número de versos que los versos de la cabeza y también sus mismas rimas.

MOTE

Un **mote** es un enunciado de uno o dos versos que los poetas luego desarrollaban en una glosa. Formaba parte del juego de ingenio propio de los poetas cortesanos.

CANCIÓN DE AMOR

No sé para que nascí, a
pues en tal estremo estó, b
quel bevir no quiero yo b
y el morir no quiere a mí. a

CABEZA: La **cabeza** en el villancico se recogía de la tradición popular. En la canción cortesana es creación del poeta.

Todo el tiempo que viviere c
terné muy justa querella d
de la muerte, pues no quiere d
a mí, queriendo yo a ella. c
¿Qué fin espero d'aquí, a
pues la muerte me negó, b
pues que claramente vio b
que era vida para mí? a

GLOSA: La **glosa**, igual que en el villancico, se compone de una estrofa: la **mudanza**, con rima distinta a la de la cabeza, y los **versos de vuelta**, que repiten la rima de los versos de la cabeza. Estos versos avisan de que enseguida empieza el estribillo.

No sé para que nascí. [...] a

ESTRIBILLO: Se repiten los versos de la cabeza que ahora se llaman **estribillo**. Si los versos de vuelta repiten algunos versos de la cabeza, entonces no hay estribillo.

Pedro DE CARTAGENA

En la siguiente canción, Jorge Manrique glosa un "mote" de Pedro de Cartagena: "sin Dios y sin vos y mí" que expresaba "la religión de amor", es decir, la devoción trovadoresca llevada al extremo de deificar a la persona amada. Este concepto lo veremos desarrollado pocos años después en *La Celestina*.

Yo soy quien libre me vi,
yo quien pudiera olvidaros;
yo só[1] el que, por amaros,
estoy, desque os conocí,
"sin Dios, y sin vos y mí".

Sin Dios, porque en vos adoro,
sin vos, pues no me queréis;
pues sin mí ya está de coro[2]
que sois vos quien me tenéis.
Assí que triste nascí,
pues que pudiera olvidaros.
Yo só el que por amaros,
estó[3], desque os conoscí,
"sin Dios, y sin vos, y mí".

Jorge MANRIQUE: *Poesía*.
Ed. Vicens Vives, 2009.

9. ¿Cómo era el poeta antes de conocer a la amada? ¿Y ahora?
10. Resume el contenido de la cabeza. ¿Cuántos versos tiene? ¿Cuántas sílabas tiene cada verso? ¿Cómo es la rima?
11. La glosa desarrolla el tema de la cabeza. Explica verso a verso lo que quieren decir los cuatro primeros versos de la glosa. ¿Qué rima tienen? Justifica tu respuesta.
12. Los versos de vuelta, incluidos en la glosa, tenían que ser iguales en número y en rima a los versos de la cabeza. Explica si esta norma se cumple en esta canción.
13. Cuando la glosa repetía palabras o versos de la cabeza no había estribillo. ¿Qué versos de la cabeza se repiten en la glosa?

1. **só**: soy.
2. **de coro**: que todo el mundo lo sabe, lo corea.
3. **estó**: estoy.

4. Jorge Manrique

Jorge Manrique fue soldado y a veces escribía poesía de cancionero, como has visto en la página anterior; sin embargo, las ***Coplas a la muerte de su padre***, que escribió para hornar a su padre, el comendador Manrique, lo convirtieron en uno de los mejores poetas de la lengua castellana. En palabras de Pedro Salinas: "Le tocó ser un gran poeta solo una vez, pero de tal manera que vivirá para siempre".

JORGE MANRIQUE (c. 1440-1479)

Pertenecía a una poderosa familia culta y guerrera; su padre era sobrino del Marqués de Santillana, y el hermano de su padre, Gómez Manrique, fue un famoso poeta del siglo XV.

Murió en el campo de batalla en 1479, cuando participaba en la guerra de sucesión castellana en el bando partidario de Isabel la Católica.

5. *Coplas a la muerte de su padre*

5.1 Estructura

En las *Coplas* podemos apreciar tres partes bien diferenciadas que se corresponden con "las tres vidas":

- La **vida eterna**, perdurable, a la que todo hombre debe aspirar y cuyo camino aparece desarrollado en las coplas 1 a la 14.
- La **vida mortal**, perecedera, representada en la vida cortesana y guerrera que vemos en su esplendor y decadencia en las coplas 15 a la 24.
- La **fama**, el buen nombre que permanece tras la muerte, y que se consigue con una existencia intachable y heroica, representada en la vida y ejemplo de su padre, el comendador Rodrigo Manrique, en las coplas 25 a la 40.

Primera parte: la vida eterna. Coplas 1 a la 14

El poema empieza con una llamada a la conciencia del lector: "*Recuerde... avive... despierte...*", que lo anima a encaminarse hacia lo que realmente importa: la salvación del alma.

I

Recuerde el alma dormida,
avive el seso y despierte,
contemplando
cómo se pasa la vida,
cómo se viene la muerte
tan callando;
cuán presto se va el placer,
cómo, después de acordado,
da dolor,
cómo a nuestro parescer
cualquiera tiempo pasado
fue mejor.

II

Y pues vemos lo presente
cómo en un punto se es ido
y acabado,
si juzgamos sabiamente,
daremos lo no venido
por pasado.
No se engañe nadie, no,
pensando que ha de durar
lo que espera
más que duró lo que vio,
porque todo ha de pasar
por tal manera.

III

Nuestras vidas son los ríos
que van a dar en el mar,
que es el morir;
allí van los señoríos
derechos a se acabar
y consumir;
allí, los ríos caudales,
allí, los otros, medianos
y más chicos;
allegados son iguales
los que viven por sus manos
y los ricos.

Glosa famosissima sobre las coplas que hizo don Jorge Manrique a la muerte del maestre de Santiago su padre.

Las *Coplas a la muerte de su padre* son, además de un homenaje al comendador Manrique, una reflexión profunda sobre el sentido de la vida y de la muerte.

14. El poema empieza con tres verbos en imperativo. ¿Cuáles son? ¿Cumple este modo verbal esa función? ¿Por qué?
15. En esta primera estrofa hay varios paralelismos. ¿Cuáles son? ¿Por qué crees que los utiliza aquí Manrique?
16. En la tercera estrofa encontramos un símbolo. ¿Cuál es? Identifica el término real de ese símbolo y el término imaginario y justifica la relación entre ambos.

En estas primeras catorce coplas, el poeta reflexiona sobre la brevedad de la vida, la fugacidad de las glorias del mundo y el poder igualatorio de la muerte; pero, además, comenta la importancia desmesurada que el hombre da a los bienes temporales: el dinero, el poder, la juventud o la belleza, cuando son valores efímeros que Fortuna puede arrebatar incluso antes de que la muerte los arranque definitivamente.

Segunda parte: la vida mortal, perecedera. Coplas 15 a la 24

Como ejemplo de la fugacidad de las "cosas tras que andamos y corremos", Manrique recurre a episodios nacionales recientes:

> Vengamos a lo de ayer
> que también es olvidado
> como aquello.

El poeta hace hincapié en la cercanía temporal de estos hechos históricos: don Álvaro de Luna había muerto en el cadalso solo veintitrés años antes de que Manrique compusiera las *Coplas*, y Enrique IV de Castilla había fallecido solo dos años antes de que Manrique terminara su poema.

En estas estrofas vemos, como en un desfile iluminado por las luces del recuerdo, la alegre y bulliciosa vida de la corte: las damas, los amores y las canciones que inspiraban, los torneos, las danzas cortesanas, la riqueza... Ahora sus versos se convierten en una reflexión personal e íntima de los que los escuchan al acentuar, aún más si cabe, la angustia del olvido, que solo necesita para ejercer su oficio devastador muy poco tiempo: apenas el de ayer de los que escuchan a Manrique.

DANZAS DE LA MUERTE

Las danzas de la muerte son un género poético cuyo tema era la universalidad de la muerte y su poder ejercido sobre grandes y pequeños.

Se representaban y bailaban en toda Europa desde el siglo XIV, época especialmente difícil por la guerra de los Cien Años, las continuas hambrunas ocasionadas por las malas cosechas y las cuatro epidemias de la peste negra que dejaron millones de muertos.

La versión castellana debe situarse a mediados del siglo XV.

XVI

¿Qué se hizo el rey don Juan?
Los infantes de Aragón,
¿qué se hicieron?
¿Qué fue de tanto galán?
¿Qué de tanta invención
como traxieron?
¿Las justas y los torneos,
paramentos, bordaduras
y cimeras?
¿Fueron sino devaneos?
¿Qué fueron sino verduras
de las eras?

XVII

¿Qué se hizieron las damas,
sus tocados, sus vestidos,
sus olores?
¿Qué se hizieron las llamas
de los fuegos encendidos
de amadores?
¿Qué se hizo aquel trovar,
las músicas acordadas
que tañían?
¿Qué se hizo aquel dançar,
y aquellas ropas chapadas
que traían?

XVIII

Pues el otro, su heredero,
don Enrique, ¡qué poderes
alcançaba!
¡Cuán blando, cuán halaguero,
el mundo con sus plazeres
se le daba!
Más verás cuán enemigo,
cuán contrario, cuán crüel
se le mostró:
habiéndole seído amigo,
¡cuán poco duró con él
lo que le dio!

17. Ahora, Manrique adopta un tono confidencial, parece dirigirse a los que le oyen para decirles: ¿recuerdas...? Eran de los nuestros... y ahora... ¿dónde están? ¿Qué tópico latino recogía esta pregunta? ¿En qué estrofas Manrique utiliza este tópico?

18. ¿A qué espectáculos cortesanos se refiere Manrique en estos versos?

19. El protagonista de la copla XVIII, don Enrique, es Enrique IV, contra quien lucharon los Manrique que apoyaban a su hermana Isabel. ¿Qué tipo de críticas vierte sobre este rey el poeta?

20. Busca la copla XIX y completa las críticas que hace Manrique a Enrique IV y su corte.

Tercera parte: la fama. Coplas 25 a la 40

Por último, el poeta nos presenta a su padre: el comendador Manrique.

Su vida heroica ejemplifica la reflexión filosófica del poema; por eso, el poeta coloca su figura al final de las *Coplas*, como si estas fueran el monumento sobre el que se yergue, imponente y grave, la figura del comendador.

Esta tercera parte se inicia con la alabanza de sus cualidades: buen señor para sus vasallos, amigo de sus amigos y temido por sus enemigos.

Don Rodrigo representa al noble castellano que se gana su sustento con el oficio de las armas y que a la vez cuida de los suyos.

COPLAS

La conclusión de esta tercera parte de las *Coplas* es que todo lo acaba la muerte, la gran igualadora de grandes y pequeños. Sin embargo, si la vida es ejemplar, la muerte no es una enemiga, sino la acompañante hacia la morada feliz y definitiva.

XXXIII

Después que puso la vida
tantas vezes por su ley
al tablero,
después de tan bien servida
la corona de su rey
verdadero,
después de tanta hazaña
a que no puede bastar
cuenta cierta,
en la su villa de Ocaña,
vino la muerte a llamar
a su puerta,

XXXIV

diziendo: –Buen caballero,
dexad el mundo engañoso
y su halago;
vuestro coraçón de azero
muestre su esfuerço famoso
en este trago.
Y pues de vida y salud
hezistes tan poca cuenta
por la fama,
esfuércese la virtud
para sofrir esta afruenta
que os llama.

XXXV

No se os haga tan amarga
la batalla temerosa
que esperáis,
pues otra vida más larga
de fama tan gloriosa
acá dexáis.
Aunque esta vida de honor
tampoco no es eternal
ni verdadera,
mas con todo es muy mejor
que la otra temporal
pereçedera.

En estas coplas, la Muerte habla con el maestre para asegurarle que no solo ha conquistado la vida eterna, sino que también ha dejado memoria de su fama.

La Muerte insiste en que la **fama** (concepto ya plenamente renacentista) no se puede comparar con la vida eterna; sin embargo, otorga la supervivencia en el recuerdo de los hombres. Las últimas palabras de don Rodrigo son la aceptación serena del final de la vida.

XXXVIII

No gastemos tiempo ya
en esta vida mezquina
por tal modo,
que mi voluntad está
conforme con la divina
para todo.
Y consiento en mi morir
con voluntad plazentera,
clara y pura,
que querer hombre vivir
cuando Dios quiere que muera
es locura.

21. ¿Con qué adjetivo se dirige la Muerte al comendador? ¿Qué hechos de la vida de don Rodrigo considera la Muerte que le hacen merecedor de ese adjetivo?
22. ¿Con qué metáfora se refiere la Muerte al corazón de don Rodrigo?
23. ¿Acepta don Rodrigo su muerte? ¿Por qué? ¿Qué razones da para no resistirse?

5.2 Lenguaje de las *Coplas*

Para hacer llegar su mensaje con eficacia, el poeta utiliza un **lenguaje literario** claro e intimista, próximo al lector.

Desde las primeras coplas, Manrique se aleja del complicado lenguaje de la poesía filosófica y moral del siglo XV para acercarse a un estilo literario mucho más cercano.

Manrique sigue así la "naturalidad", norma estilística que acabó por imponerse en la corte de los Reyes Católicos.

La lengua literaria de las *Coplas a la muerte de su padre* presenta las siguientes características:

- **Sobria y directa**, porque el tema es de vital importancia.
- **Sencilla y clara**, alejada de la retórica culta y cortesana, porque no es un juego de entretenimiento, sino un vehículo para la reflexión.
- **Asertiva**, porque tiene muy pocas dudas de que es transmisor de una verdad incuestionable: "Nuestras vidas **son** los ríos".
- **Introduce recursos propios de la poesía popular**, como los paralelismos, la antítesis y la anáfora:

  Cómo **se pasa**/... cómo **se viene**...

  cómo después... / cómo a nuestro parescer...

5.3 Métrica de las *Coplas*

Este deseo de sencillez lo lleva a elegir el octosílabo, el verso preferido por la lírica tanto culta como popular, como metro de su poema, y lo mezcla con el de cuatro sílabas en la **copla de pie quebrado**.

Esta estrofa fue utilizada por el Marqués de Santillana y por su tío Gómez Manrique; sin embargo, Jorge Manrique consiguió darle la forma definitiva y la popularizó de tal manera que hoy se la conoce como **copla manriqueña**.

Se caracteriza por:

- Mezclar versos de ocho sílabas con otros de cuatro sílabas (el pie quebrado).
- Usar rima consonante.
- Unir dos sextillas formando una unidad de 12 versos.
- Tener una rima diferente las dos sextillas.

Manrique, además, mezcla dos tipos de acentuación en sus rimas: utiliza en una sextilla **rimas llanas** y en la otra, generalmente la segunda, **rimas agudas**.

Este cambio de acentos confiere una ligereza y un ritmo extraordinario a sus *Coplas*.

5.4 Pervivencia de las *Coplas*

Las *Coplas* de Jorge Manrique tuvieron un éxito casi inmediato, fueron traducidas al latín y a otros idiomas, y han tenido una influencia capital en la poesía española por su sencillez, belleza y hondura.

En el siglo XX, Federico García Lorca las utiliza como uno de sus modelos en el *Llanto por Ignacio Sánchez Mejías*.

EL SÍMBOLO

En el símbolo, igual que en la metáfora, se identifican un término real (R) con un término imaginario (I), y ambos términos son sustantivos. Sin embargo, la diferencia es que en el símbolo el término imaginario (I) es un sustantivo abstracto (*vida, libertad, paciencia*...).

Nuestras <u>vidas</u> **son** los <u>ríos</u>.
I (Sust abstracto) — R

COPLA DE PIE QUEBRADO (12 versos)

Copla 1 6 versos	------------- 8 a ------------- 8 b ------- 4 c ------------- 8 a ------------- 8 b ------- 4 c
Copla 2 6 versos	------------- 8 d ------------- 8 e ------- 4 f ------------- 8 d ------------- 8 e ------- 4 f

rima consonante

COMENTARIO DE TEXTO LITERARIO

Una copla de Jorge Manrique

V

Este mundo es el camino
para el otro, que es morada
sin pesar;
mas cumple tener buen tino
para andar esta jornada
sin errar.
Partimos cuando nascemos,
andamos mientras vivimos
y allegamos
al tiempo que fenescemos[1];
así que, cuando morimos,
descansamos.

Jorge MANRIQUE:
Coplas a la muerte de su padre.

1. **fenescer**: morir.

COMPRENSIÓN DEL TEXTO

1. ¿Por qué crees que el poeta identifica la vida con un camino? ¿En qué se parecen ambos?
2. ¿Por qué al otro mundo lo califica como "morada sin pesar"?
3. Esta copla V recoge el tópico del *homo viator*. Busca en la biblioteca de tu centro qué quiere decir este tópico.
4. ¿Qué significa "mas cumple tener buen tino / para andar esta jornada / sin errar"?
5. Resume brevemente el contenido de la copla V.

TEMA Y ESTRUCTURA

6. ¿Cuál es la idea central que mueve a Manrique a escribir esta copla? Resúmela en una oración, a ser posible con sustantivos abstractos, algunos adjetivos y pocos verbos.
7. Explica cómo se reparte el contenido del poema en las dos coplas de seis versos que forman la copla manriqueña.

LENGUAJE LITERARIO

8. El poema se inicia con un símbolo cuyo significado une las dos partes en que se divide el contenido. ¿Cuál es? Identifica en este símbolo el término real y el imaginario.
9. Una vez construido el símbolo, la segunda parte del poema se desarrolla a través de un recurso muy popular desde los juglares. ¿Cuál es? ¿Crees que este recurso aumenta el ritmo del poema y favorece su memorización? ¿Por qué?
10. ¿Te ha resultado fácil de entender esta copla? ¿Qué características del lenguaje literario de las *Coplas* ves reflejadas en esta copla V?

MÉTRICA

11. Haz el esquema de esta copla, indicando la métrica y la rima.
12. Observa la acentuación de las rimas. ¿Hay rimas llanas y agudas? ¿Dónde están situadas?

TEXTO Y CONTEXTO

13. ¿Qué aspecto de la visión del mundo resume esta copla V?
14. Relaciona esta composición con el movimiento literario al que pertenece: la poesía cortesana del siglo XV. Explica qué tiene en común con la poesía culta del siglo XV y en qué se diferencia de la poesía de los cancioneros de la Edad Media.

6. Teatro medieval

Aunque no se conservan apenas documentos escritos, es muy probable que durante la Edad Media se hicieran representaciones de contenido religioso en los templos para acercar al pueblo la vida de Jesús.

El primer texto conservado es la ***Representación de los Reyes Magos***, de mediados del siglo XII. A partir de esa fecha hay un gran vacío de textos teatrales y habrá que esperar hasta el siglo XV para encontrar la ***Representación del nacimiento de Nuestro Señor***, de **Gómez Manrique**, tío de Jorge Manrique.

La adoración de los Reyes Magos (siglo XII).

También del siglo XV es **Juan del Encina**. Este poeta y músico fue evolucionando desde el teatro religioso hacia otro tipo de representación teatral cuyos protagonistas solían ser pastores enamorados que expresaban sus desdichas con un lenguaje cortesano muy cuidado y en el que cabían, también, escenas cómicas.

6.1 La comedia humanística

Además de las obras teatrales cortesanas y religiosas, a finales del siglo XV se escribía en **latín** un tipo de teatro de influencia italiana que se desarrollaba en los círculos universitarios. Nos estamos refiriendo a la **comedia humanística**.

Este tipo de obras no se representaba, sino que se escribían para ser leídas en público; de esta forma se resolvían ciertos problemas como el de la multiplicidad de espacios. En la comedia humanística, al principio de cada acto se resumía dónde sucedía la acción y qué sucedía en él. Así, el público suplía con su imaginación los posibles decorados y ambientes.

7. Fernando de Rojas

En los últimos años del siglo XV, en 1499, apareció publicada por primera vez la ***Comedia de Calisto y Melibea***.

Su autor, **Fernando de Rojas**, afirmaba, en la dedicatoria inicial a su amigo, que encontró escrito el primer acto de la obra, de un autor anónimo, y que movido por su interés y novedad decidió continuarla; cosa que hizo durante los quince días de unas vacaciones de Semana Santa.

Muchos críticos han dudado de la veracidad de estas palabras y afirman que fue Rojas el único autor de la obra, pero otros creen la versión de Rojas y hablan de "los dos autores" de *La Celestina*.

Sin embargo, en esa dedicatoria inicial hay una verdad indiscutible: la **novedad** que representaba su obra, porque la suya era **la primera comedia humanística escrita en castellano**; así que su difusión fue enorme y conoció numerosas ediciones tanto en España como en el extranjero.

Manuscrito de la *Tragicomedia de Calisto y Melibea*.

8. *La Celestina*

La primera versión que hizo Rojas constaba de 16 actos y se llamaba: *Comedia de Calisto y Melibea*. En ella los amantes morían tras su primer encuentro amoroso.

No obstante, influido por los comentarios de sus amigos, en 1502 decidió añadirle 5 actos más y así dar tiempo a los enamorados para disfrutar de su pasión, quedando la redacción definitiva en 21 actos, y pasó a llamarse ***Tragicomedia de Calisto y Melibea***.

Con el paso de los años, la obra se conoció con el nombre de *La Celestina*, por la enorme personalidad de su protagonista.

Desde su publicación hasta la actualidad, *La Celestina* ha sido considerada una de las obras fundamentales de la literatura española, inspirando a escritores y artistas de todos los tiempos.

Celestina, de Pablo Picasso (1881-1973).

8.1 Argumento

El joven Calisto se enamora de Melibea, pero esta lo rechaza. Aconsejado por su criado Sempronio, Calisto contrata a la vieja alcahueta Celestina, que gracias a su sabiduría sobre la naturaleza de los jóvenes y a sus conjuros mágicos, consigue que la muchacha se enamore perdidamente de él y acceda a sus deseos.

Celestina recibe por sus servicios cien monedas de oro y una cadena muy valiosa que se niega a compartir con los criados de Calisto, Pármeno y Sempronio, a los que la vieja había prometido hacer partícipes de las ganancias. Los criados, en venganza, matan a Celestina y, apresados, son ajusticiados en la plaza pública. Enfurecidas al perder a sus amantes, Elicia y Areúsa contratan a un matón, Centurio, para que asesine a Calisto.

Centurio, después de escabullirse durante un mes del encargo, provoca un tumulto en la calle una noche en la que Calisto y Melibea están viviendo su amor en el jardín de la joven.

Calisto acude a ayudar a su criado y se mata al descender precipitadamente de la tapia del jardín. Melibea, al saberlo, se encierra en una torre de su casa y se suicida arrojándose al vacío, a pesar de las súplicas de su padre, Pleberio.Este se queja desesperadamente de la fuerza del loco amor que ha empujado a su hija a la muerte y que los ha condenado a él y a su esposa a la soledad.

24. ¿Cómo se llama el primer texto teatral de la Edad Media? ¿De qué siglo es?

25. ¿Qué dos autores del siglo XV continúan el teatro medieval?

La sabiduría de Celestina

CELESTINA. El dinero lo puede todo: quebranta peñas y pasa los ríos en seco [...]. Iré a casa de Pleberio, y aunque Melibea esté brava, no será la primera a la que yo baje los humos. [...] Este (el del amor) es un camino que nunca me he cansado de recorrer. Y, aunque soy vieja, ¡Dios sabe que todavía siento muchos deseos! ¡Cuánto más no sentirán estas que hierven sin fuego! Al primer abrazo quedan cautivas, se hacen esclavas del que antes eran señoras, rompen paredes, abren ventanas, fingen enfermedades, echan aceite a las chirriantes bisagras de las puertas para que no hagan ruido... ¡Si supieras qué efecto hace en ellas la dulzura de los primeros besos del amante!

(Acto III, escena I)

26. ¿Qué dos cosas mueven al hombre irremediablemente según Celestina?

27. Compara estas palabras de Celestina con "Las propiedades del dinero" del Arcipreste de Hita (página 235) y del amor como hilo argumental de su obra.

28. ¿Por qué cree Celestina que Melibea arde en amores como todas las jóvenes?

29. ¿Qué quiere decir Celestina cuando se refiere a Melibea como de "esas que arden sin fuego"?

30. ¿Qué poder da Celestina al amor cuando entra en el corazón de las muchachas jóvenes? ¿Qué hacen estas y a qué se arriesgan?

Escena de una representación de *La Celestina*.

8.2 Personajes

Celestina

Celestina pertenece a la tradición literaria de las alcahuetas, como la vieja Trotaconventos del *Libro de buen amor*. Sin embargo, el personaje de Rojas tiene tanta fuerza que ha pasado a convertirse en nombre común.

Celestina es el único personaje independiente de toda la obra, porque solo ella está libre de la pasión amorosa. Es una mujer orgullosa de su vida y de su oficio, ya que gracias a él vive sin depender de nadie; es falsa, avarienta y cruel, pero es la única libre y lúcida porque los demás están cegados por las pasiones.

CELESTINA. ¿Quién soy yo, Sempronio? Calla tu lengua, respeta mis canas, que soy una vieja como Dios me hizo, y no peor que las demás. Vivo de mi oficio, como cada cual del suyo, y muy limpiamente. A quien no me quiere, no lo busco. Vienen a mi casa a buscarme y a rogarme. Si vivo bien o mal solo a Dios le importa. (Acto XI, escena IX)

Codex Manesse, siglo XIV.

Calisto

Calisto es apasionado y egoísta. No soporta que le lleven la contraria y miente y finge con tal de conseguir sus propósitos. Así reacciona al saber que sus criados Pármeno y Sempronio han muerto esa misma mañana ajusticiados cuando él está a la espera de ver a Melibea esa misma noche.

CALISTO. Me importa más la dicha que espero que la pérdida de los que murieron. Sempronio y Pármeno eran audaces y esforzados: ahora o en otro tiempo habían de pagarlo. La vieja era falsa y mala, pues hacía tratos con ellos y les negó su parte. (Acto XIII, escena IV)

Melibea

Aunque al principio rechaza tener relaciones con Calisto, cuando al fin acepta su amor por él se entrega sin condiciones. Defiende el derecho que tiene a vivir su pasión amorosa y si de algo se arrepiente es de haber tardado demasiado en conocerla y vivirla.

MELIBEA. ¡Ay, triste de mí! ¿No hubiera sido mejor acceder ayer a la petición que me hizo Celestina de parte de aquel mi señor, cuya vista me cautivó, que tener que descubrirle ahora la llaga de mi amor? ¿No será ya tarde? ¿No habrá puesto él ya sus ojos en otra? [...] ¡Oh género femenino, apocado y frágil! ¿Por qué las mujeres no pueden descubrir su ardiente amor como los varones? (Acto X, escena I)

Criados y sirvientes

Los criados, Pármeno y Sempronio, y las prostitutas, Elicia y Areúsa, intentan abusar todo lo que pueden de sus señores. Sin embargo, el protagonismo literario dado al mundo de los criados y personajes del pueblo constituye una extraordinaria novedad: por primera vez, en una obra en romance, los desheredados adquieren tanta relevancia literaria como los personajes nobles.

31. ¿Qué motivos tiene la vieja Celestina para sentirse orgullosa de su independencia?

32. ¿Cómo definirías a Calisto al leer sus palabras cuando ha utilizado tanto a sus criados como a Celestina para conseguir sus propósitos?

33. Explica las dudas que tiene Melibea y di qué miedo le causa tanta preocupación.

34. Melibea reconoce que ella también se enamoró de Calisto en cuanto lo vio aparecer en su huerto tras el halcón. ¿Con qué palabras reconoce la muchacha el flechazo de amor?

35. ¿De qué se lamenta Melibea? ¿Cómo le gustaría a ella que pudieran comportarse las jóvenes?

8.3 Intención de Rojas al escribir su obra

Rojas afirma en la introducción de la obra que ha escrito su tragicomedia para prevenir a los jóvenes sobre los estragos que causa el amor ciego, así como del peligro de dejarse aconsejar por alcahuetas y hechiceras.

La muerte trágica de los amantes por caída física, como símbolo de su caída moral, tiene la finalidad de disuadir a los lectores de seguir los caminos de la pasión sin control ni medida.

Desde este punto de vista, la intención de Rojas es moralizante, sin embargo en *La Celestina*, como sucedía en el *Libro de buen amor*, aunque se reprueba "el loco amor", tampoco se oculta la maravilla de su fuerza incontrolable.

Grabado en el que están representados los personajes principales de *La Celestina*.

8.4 El mundo social de *La Celestina*

Al principio de la obra, Sempronio, criado de Calisto, reprende a su amo al oírle su "adoración" por Melibea, como era común en el amor cortés.

SEMPRONIO. Digo, señor, que acabas de decir una herejía.

CALISTO. ¿Por qué?

SEMPRONIO. Porque lo que has dicho va contra la religión cristiana.

CALISTO. ¿Y a mí qué me importa?

SEMPRONIO. ¿Acaso no eres cristiano?

CALISTO. ¿Yo? Melibeo soy y a Melibea adoro, en Melibea creo y a Melibea amo.

(Acto I, escena IV)

36. ¿Qué está criticando Rojas cuando hace que precisamente un criado le recuerde a su señor sus obligaciones como cristiano?

37. En el diálogo de Sempronio y Calisto aparece de nuevo "la religión del amor" que ya conocimos en el amor cortés y en la poesía de cancionero. Relaciona la canción de Jorge Manrique "Yo soy quien libre me vi" con las palabras de Calisto.

FÍJATE

Los fragmentos de esta unidad están entresacados de:

Fernando DE ROJAS: *La Celestina* (adaptación de Eduardo Alonso). Ed. Vicens Vives. Clásicos adaptados.

Desde este momento, los personajes de la tragicomedia **incumplen todos y cada uno de los mandamientos cristianos**: matan, mienten, roban, no guardan castidad y nadie hace lo que predica. En el mundo de *La Celestina*, los personajes están igualados desde el punto de vista de su bajeza moral. Todos, amos, criados y prostitutas, son víctimas de sus pasiones. El idealismo de los jóvenes enamorados es solo aparente, fruto de una educación más refinada; en el fondo, su actitud ante la vida es idéntica a la de sus criados.

Rojas intenta demostrar con ello que **nadie es mejor o peor según la cuna en la que haya nacido**, desmitificando con una óptica humanista los tópicos vigentes sobre la moralidad innata de las clases privilegiadas.

MELIBEA. (*A Celestina.*) Di, por Dios, lo que quieras y haz lo que sepas. Aunque afecte a mi honra, dañes mi fama y abras mis carnes para sacarme el dolorido corazón, te doy mi palabra de que no te pasará nada. Y si me alivias, tendrás un galardón.

LUCRECIA. (*Aparte.*) Ya todo está perdido.

38. Explica el poder de la pasión amorosa en las palabras de Melibea. Relaciona esta pasión con su muerte.

8.5 *La Celestina* entre la Edad Media y el Renacimiento

La vieja Celestina es el vértice de los tres mundos que convergen en la obra: el universo próspero de Calisto y Melibea, el de los criados y sirvientes, dominado por la codicia, y el bajo de las prostitutas y hampones.

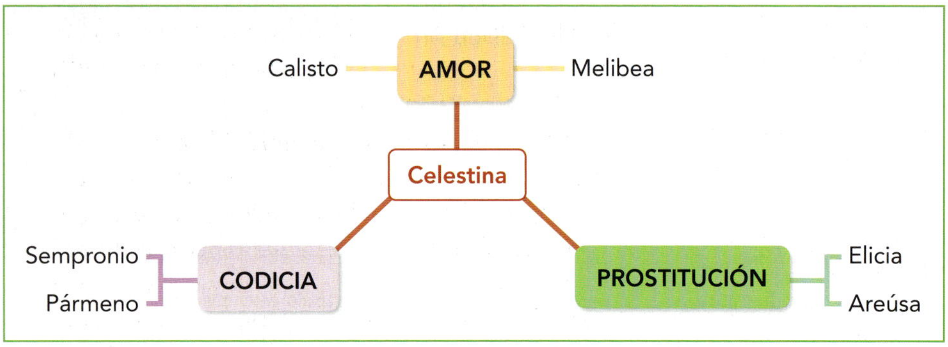

Cartel de la película *La Celestina* (1996), dirigida por Gerardo Vera.

Así, cuando muere Celestina, los tres centros vitales se desmoronan uno tras otro: Elicia se queda sin sustento, mueren los criados y mueren los amantes. **La muerte es la gran vencedora y la que da el carácter moralizador y medieval a la obra**.

Sin embargo, permanecen en la mente del lector la vida bulliciosa de criados y prostitutas, la independencia vital de Celestina y Areúsa, y el amor de Melibea por Calisto. Es el *carpe diem* que tanta importancia tendrá en el cercano Renacimiento.

8.6 La lengua literaria de *La Celestina*

A los dos mundos que intervienen en la obra les corresponden dos estilos de lengua distintos:

- El **habla popular** lo usan criados y prostitutas. Sus diálogos son vivos, de frases cortas. En ellos también abundan los insultos o los refranes, como por ejemplo, en palabras de Pármeno: "A quien dices tus secretos das tu libertad".
- El **estilo culto y refinado** de Calisto y Melibea refleja la conversación universitaria de la época de los Reyes Católicos. Así reprocha Sempronio a su amo Calisto su exceso de cultismos en el habla común:

> CALISTO. Ni comeré hasta entonces; aunque primero sean los caballos de Febo apacentados en aquellos verdes prados que suelen, cuando han dado fin a su jornada.
>
> SEMPRONIO. Deja, señor, esos rodeos, deja esas poesías, que no es habla conveniente la que a todos no es común, la que pocos entienden. Di "aunque se ponga el sol", y sabrán todos lo que dices.
>
> (Acto VIII, escena IV)

- **Celestina** varía de un lenguaje a otro dependiendo de su interlocutor porque su capacidad de seducción se basa precisamente en el arte de convencer a los demás para que hagan lo que ella desea. Su dominio del lenguaje es sorprendente.

  De todos modos, en ella predomina el lenguaje claro y sentencioso. Y es que a pesar de la forma de hablar latinizada y culta del siglo XV, ya se está imponiendo en estos años un nuevo gusto literario que tendrá la sencillez y la claridad como ideal de lenguaje.

> CELESTINA. Abrevia y ven al hecho, que vanamente se dice por muchas palabras lo que por pocas se puede entender.

Comentario de texto literario

La Celestina

SEMPRONIO. Por Dios, vengo sin juicio, desesperado, pero contigo no voy a desfogar mi ira, pues jamás he abusado de mi fuerza con los débiles. Señora, traigo todas las armas despedazadas [...]. Y tampoco puedo comprar armas nuevas, pues no tengo un maravedí.

CELESTINA. Pues hijo, pídele el dinero a tu amo, que has roto las armas en su servicio. Sabes que te dará para eso y para más.

SEMPRONIO. Pármeno también ha perdido sus armas. ¿Cómo quieres que le importunemos pidiéndole más de los que nos ha dado, que no es poco? Nos ha dado las cien monedas y la cadena. Contentémonos con lo razonable, que quien mucho abarca poco aprieta.

CELESTINA. ¿Estás en tu sano juicio, Sempronio? ¿Qué tiene que ver tu galardón con mi salario, y tu soldada con mis regalos? Que me maten si no te has agarrado como un clavo ardiendo a las palabrillas que te dije el otro día en la calle: que todo lo que tenía era tuyo, y que si Dios me daba buena mano con tu amo, tú no perderías nada. Pero ya sabes, Sempronio que estos ofrecimientos no obligan. [...]

SEMPRONIO. Más de una vez he dicho que en los viejos reina el vicio de la codicia [...]. Cuando esta vieja pensaba que este negocio sería pequeño, me daba todo el provecho. Ahora que lo ve crecido, no quiere dar nada.

PÁRMENO. Pues que te dé lo prometido o nos quedamos con todo. Ya te decía yo quién era esta vieja, pero tú no me creías [...].

CELESTINA. ¿Quién soy yo, Sempronio? Me has sacado tú de la putería? Calla tu lengua, respeta mis canas, que soy una vieja como Dios me hizo, y no peor que las demás. Vivo de mi oficio, como cada cual del suyo, y muy limpiamente. A quien no me quiere, no lo busco. Vienen a mi casa a buscarme y a rogarme. Si vivo bien o mal, solo a Dios le importa. Y no pienses en maltratarme, que hay justicia para todos y para todos es igual: que aunque soy mujer, yo seré oída y vosotros castigados. Y tú, Pármeno, no pienses que soy tu prisionera por conocer secretos de mi vida pasada y los casos que me sucedieron con tu desdichada madre.

PÁRMENO. (*Amenazador.*) No me hinches las narices con esos recuerdos, o te envío donde está ella para que te quejes a gusto.

(Acto XII, escena IX)

COMPRENSIÓN DEL TEXTO

1. Pármeno y Sempronio, después de dejar a Calisto en su cama descansando tras hablar por primera vez con Melibea, van a casa de Celestina. ¿Le piden directamente el dinero? ¿Con qué excusa le exigen su parte a Celestina? ¿Cómo reacciona la vieja?

CONTENIDO, ESTRUCTURA Y TEMA

2. En el teatro, la acción se construye por el enfrentamiento de dos posturas contrarias. ¿Qué dos posturas se enfrentan en este fragmento? Resume brevemente ambas posturas.
3. Haz un breve resumen del contenido de cada una de las tres partes en las que se puede dividir la acción de este fragmento.
4. ¿Cuál es el tema del fragmento que acabas de leer?
5. ¿Cuál es el momento culminante (el de mayor enfrentamiento)?

LENGUAJE LITERARIO

6. ¿Cómo es el lenguaje de los criados? ¿Hay algún refrán en boca de Sempronio? ¿Cuál? ¿Cómo es el lenguaje de Celestina?
7. Explica la lengua literaria de este fragmento.
8. ¿En qué palabras de Celestina vemos al jurista Fernando de Rojas? ¿Qué opina ella de la ley?
9. ¿Qué diminutivo utiliza para referirse al contrato verbal que unía a la vieja y a los criados? ¿Qué conclusión sacas de cómo utiliza la vieja el lenguaje?

TEXTO Y CONTEXTO

10. Relaciona *La Celestina* con la literatura del siglo XV y la comedia humanística.
11. ¿Qué rasgos de modernidad presenta *La Celestina* con respecto a la literatura de su época? ¿Por qué decimos que esta obra es un puente entre la Edad Media y el Renacimiento?

Orientaciones para la lectura de *La Celestina*

Fernando de Rojas empieza su obra con una carta "A un amigo". En ella afirma el autor: "Contra el amor no valen las armas... pero sí sirven las que están grabadas en estas páginas".

- Estableced una conversación informal en clase acerca de lo que sabéis o recordáis de esta obra de Fernando de Rojas.
- ¿Creéis que la literatura es útil para aprender algunas cosas importantes de la vida? ¿Por qué?
- ¿Cómo te imaginas a Calisto? ¿Y a Melibea? ¿Recuerdas qué tema de fondo plantea la obra?

Fernando DE ROJAS: *La Celestina*. Adaptación de Eduardo Alonso. Ilustraciones de Francisco Solé y Fuencisla del Amo. Ed. Vicens Vives, 2010.

Primer día

Acto I

- Calisto se enamora de Melibea en su primer encuentro. El protagonista, enfermo de amor, sigue el consejo de sus criados y pide ayuda a la alcahueta Celestina para conquistar a la joven.

1. El amor cortés deificaba e idealizaba a la amada. ¿Qué palabras de Calisto hacen exclamar a Sempronio que su amo es un hereje?
2. Pese a que Calisto proclama un discurso sobre el amor totalmente idealizado, Sempronio sabe cuáles son las verdaderas intenciones de su amo con Melibea. ¿Qué solución ofrece el criado para ayudarlo? ¿Cómo sabe Calisto antes de abrir la puerta quién es en realidad Celestina y a qué se dedica?
3. ¿Qué demuestra Calisto al solicitar sus servicios?
4. ¿Cómo es Pármeno antes de hablar con la vieja? ¿Qué le aconseja a Calisto?
5. La astucia de Celestina para obtener aliados está presente desde el primer acto. ¿Qué le ofrece Celestina a Pármeno para que se una a ella y a Sempronio? Resúmelo en dos palabras.
6. ¿Qué recibe Celestina en este primer momento como anticipo por el trabajo que se dispone a realizar?

Actos II y III

- Pármeno intenta ser leal a su amo y, cuando se queda a solas con él, le insiste en que debe desconfiar de Celestina.
- Celestina le recuerda a Sempronio lo buena que es en su oficio y cómo tiene controladas a todas las muchachas de la ciudad.
- El tercer acto termina con el conjuro que hace Celestina al diablo.

7. En el siglo XV se consideraba el amor-pasión una enfermedad. ¿Cuáles son los síntomas de la "enfermedad" que presenta Calisto?
8. ¿Con qué fin tiene Celestina controladas a las jóvenes?
9. ¿Qué crees que resulta más eficaz: el conocimiento que tiene Celestina del corazón de las muchachas o el conjuro al diablo?

Acto IV

- Celestina se dirige a casa de Melibea. Allí, la criada Lucrecia, prima de Elicia, le abrirá la puerta, e incomprensiblemente la madre de Melibea dejará a su hija a solas con ella.
- En el discurso que hace Celestina para embaucar a Melibea, la alcahueta hace alarde de su sabiduría de la vida.
- Melibea cambia repentinamente de actitud e incluso le pide a Celestina que vuelva al día siguiente en secreto.

10. ¿Qué argumentos utiliza Celestina para convencer a Melibea de que se deje llevar por la pasión amorosa?

11. ¿Cómo reacciona Melibea al oír el nombre de Calisto? ¿Qué mentira inventa Celestina para calmarla? ¿Este recurso es fruto de su sabiduría o la ha inspirado el diablo?

12. ¿Qué murmura Lucrecia al oír las palabras que Melibea le dice a Celestina?

Actos V, VI y VII

- Celestina sale de casa de Melibea y lleva el cordón a Calisto.
- En casa del protagonista se producen las primeras suspicacias entre sus criados y Celestina.

13. ¿Por qué pide un manto Celestina a cambio de sus servicios? ¿Qué opinan Pármeno y Sempronio de que la vieja pida como ganancia ropa de mujer?

14. ¿Con qué finalidad le recuerda Celestina a Pármeno las "habilidades" de su madre en cementerios y con ahorcados? ¿Qué hace además Celestina para asegurarse definitivamente su lealtad? ¿A quién le consigue?

@ Para ampliar en la Red...

Si quieres escuchar el conjuro de Celestina, entra en www.ticking.com/731265.

Segundo día

Actos VIII y IX

- Amanece el segundo día con Pármeno en la cama de Areúsa. Pármeno y Sempronio roban a su amo y, después, se van a comer a casa de Celestina con Elicia y Areúsa.
- En la escena de la comida en casa de la alcahueta se produce la mayor crítica social de la obra.

15. ¿Qué dice Areúsa de las muchachas que sirven a señoras? Resúmelo en dos o tres líneas.

16. ¿Qué clientes acudían a Celestina en el pasado?

17. Define la sociedad que critica Rojas con tres o cuatro adjetivos.

18. Se presenta Lucrecia en casa de la alcahueta para pedirle a Celestina dos cosas. ¿Cuáles son?

Actos X y XI

- Solo ha pasado un día desde que Melibea ha visto y rechazado a Calisto, y sin embargo ahora se muere de amor por él.

19. ¿Qué le preocupa a Melibea? ¿De qué se lamenta? ¿Crees que las mujeres podían expresar sus sentimientos con libertad? ¿Qué tienen en común la crítica social de Areúsa y la de Melibea?

20. ¿Crees que miente Melibea al principio para no evidenciar la rapidez del cambio de sus sentimientos?

21. ¿Dónde y cuándo será la próxima cita de los enamorados? ¿Quién decide el lugar y la hora del encuentro?

22. ¿Qué recibe la vieja por su trabajo en lugar de manta y sayo?

Acto XII

- Calisto y Melibea hablan por fin a través de la puerta mientras Sempronio y Pármeno vigilan.
- Terminada la cita, Calisto y los criados regresan a su casa.
- Pármeno y Sempronio se dirigen más tarde a casa de Celestina.

23. ¿Qué es lo que más preocupa a los criados esa noche? ¿Están dispuestos a defender a su amo de los peligros? Define en pocas palabras la personalidad de Pármeno y Sempronio.

24. ¿Cuándo y dónde da cita Melibea a Calisto para el día siguiente?

25. ¿Por qué Pármeno y Sempronio fingen estar enfadados cuando Celestina les abre la puerta?

26. ¿Qué contesta Celestina cuando Sempronio le pide su parte de las ganancias? ¿Qué argumentos da ella para negarse? ¿Cómo reaccionan los criados?

Tercer día

Actos XIII, XIV y XV

- Amanece el tercer día con el ajusticiamiento público de Pármeno y Sempronio.
- Llega la noche, y Calisto, que ha jugado todo el tiempo a ser un perfecto y gentil enamorado cortés, se comporta en el jardín con Melibea igual que sus criados con Elicia y Areúsa.
- Al día siguiente, Elicia, completamente enlutada, va a casa de Areúsa a contarle lo sucedido con Celestina y juntas fraguan un plan para vengarse de los amantes.

27. ¿Cómo se entera Calisto de lo que ha pasado con sus criados? ¿Cómo reacciona?

28. ¿Cómo espera Melibea que sea el encuentro amoroso? ¿Qué opinión tiene Calisto de este asunto?

29. ¿Qué le dice Calisto a Lucrecia, criada de Melibea, cuando ve que esta los está observando? ¿Te parece una actitud propia de alguien que practica el amor cortés? ¿Por qué?

30. ¿Qué plan trazan Elicia y Areúsa para vengarse de Calisto y Melibea?

Un mes después

Actos XVI, XVII y XVIII

- Los padres de Melibea, que desconocen los amores de su hija con Calisto, pretenden casarla.

31. ¿Qué piensa Melibea de los planes de matrimonio que tienen sus padres para ella? ¿Hasta qué punto llega su amor-pasión por Calisto?

32. ¿Cómo averiguan Elicia y Areúsa cuándo va a encontrarse Calisto con Melibea? ¿Qué hacen las mujeres para vengarse de él?

Actos XIX y XX

- Calisto, acompañado de Tristán y Sosia, acude al huerto de Melibea.
- Calisto oye alboroto en la calle y acude a ayudar a su criado, que aún es un niño. Al bajar precipitadamente por la escalera, el protagonista cae y muere.
- Tras el accidente de su amado, Melibea, desesperada, manda llamar a su padre, al que le cuenta todo lo ocurrido.

33. ¿Por qué sigue quejándose Melibea de las ansias de Calisto? ¿Qué le responde él? ¿Qué diferencias percibes en su actitud ante el amor en Calisto y Melibea?

34. ¿Cómo reacciona Melibea ante la muerte de Calisto?

35. ¿Cómo engaña Melibea a su padre para conseguir subirse a lo alto de la torre?

36. ¿Dónde lleva Melibea a su padre con la excusa de calmar su dolor? ¿Qué le pide? ¿Con qué intención lo hace? ¿Qué razones da Melibea para justificar su suicidio?

Acto XXI

- Destrozado, Pleberio le cuenta a Alisa la muerte de su hija y en un largo lamento se queja del poder del amor.

37. ¿Qué opina Pleberio en su llanto del mundo? ¿Qué opinión tiene del amor?

Tras la lectura, la reflexión…

Has tomado numerosas notas a lo largo de la lectura, ahora tendrás que elaborar un trabajo personal de carácter creativo en el que demuestres que has asimilado el valor de esta obra.

Escoge entre estas propuestas dos o tres temas que desees desarrollar:

a. Localización de la obra en el contexto histórico, literario y social del autor.

b. Caracterización de los principales personajes.

c. Temas presentes en la obra: el amor, la lujuria, la lealtad, el interés…

d. Los diversos niveles de lenguaje que aparecen en *La Celestina*.

e. Opinión personal de la obra.

EL RENACIMIENTO

La primavera (c. 1482), de Sandro Botticelli.

HISTORIA

REYES CATÓLICOS — **CARLOS I** — **FELIPE I**

- **1492** Descubrimiento de América. Expulsión de los judíos
- **1502** Conversión forzada de los musulmanes
- **1504** Muerte de Isabel la Católica
- **1516** Se inicia la dinastía Habsburgo en España
- **1517** *Las 95 tesis* de Lutero
- **1519** Carlos I, Emperador del Sacro Imperio Romano Germánico
- **1545** – **1563** **Concilio de Trento**
- **1547** – **1555** **Guerra contra los protestantes**
- **1555** Paz de Augsburgo
- **1571** Batalla de Lepanto

1490 · 1500 · 1510 · 1520 · 1530 · 1540 · 1550 · 1560 · 1570 · 1580

LITERATURA

- **1490** *Tirant lo Blanc* de Joanot Martorell
- **1508** *Amadís de Gaula* de Garci Rodríguez de Montalvo
- **1511** *Elogio de la locura* de Erasmo
- **c. 1527** Nacimiento de fray Luis de León
- **c. 1536** *Diálogo de la lengua* de Juan de Valdés
- **1542** Nacimiento de san Juan de la Cruz
- **1543** Se imprimen las obras de Boscán y Garcilaso
- **1554** *Lazarillo de Tormes*
- **158** *La Galate* de Cervante

EL SIGLO XVI EN ESPAÑA

Durante el **reinado de Carlos I (1516-1556)**, España vivió una época de **esplendor político y cultural** gracias a la libertad de intercambios entre los distintos territorios del emperador, aunque los príncipes alemanes apoyaban a Lutero y querían independizarse del imperio. América aportaba el oro y la plata y **la economía experimentó un gran periodo de prosperidad** a pesar de los conflictos internos en Castilla, Aragón y Navarra, y las guerras en Europa. La economía seguía siendo agraria, aunque se notaban ya los efectos de una **incipiente industria**.

El **reinado de Felipe II (1556-1598)** se caracterizó por el aislamiento de España para evitar que se contaminara con las ideas protestantes de Europa, hasta el punto de que llegó a ser un Estado prácticamente confesional. Los Estatutos del Concilio de Trento se convirtieron en Leyes del Reino.

La economía se enfrentó a serias dificultades. Aumentó la despoblación por las guerras y la emigración a América, y el oro de las Indias, acababa en las arcas de los banqueros genoveses para pagar las deudas contraídas por las guerras en Europa.

Por otro lado, los únicos que pagaban impuestos eran los campesinos y los comerciantes, con lo que el empobrecimiento progresivo de muchos de ellos los llevó a abandonar sus tierras, aumentando así el número de pícaros y mendigos en pueblos y ciudades.

RENACIMIENTO Y HUMANISMO

Se llama **Renacimiento** al movimiento estético que abarcó los últimos años del siglo XV y todo el siglo XVI. Los hombres de esta época buscaron la inspiración en la antigua cultura grecolatina para renovar el pensamiento y la estética medievales.

El Renacimiento, siguiendo los modelos clásicos, orientó su mirada hacia el hombre, por eso se llamó **Humanismo** a la corriente ideológica que impregnó toda la actividad intelectual y artística del momento. Los principios del Humanismo son:

- **Antropocentrismo frente a teocentrismo**. El pensamiento se desplaza desde el teocentrismo medieval hacia un nuevo punto de vista en el que el hombre es el centro del pensamiento y del arte. Este cambio supuso un gran avance hacia la secularización de la cultura, hasta ese momento centrada en los estudios teológicos.
- **Optimismo y confianza en la razón**. Aunque los hombres y las mujeres del Renacimiento seguían siendo muy religiosos, consideraban que la razón era un atributo humano en el que podían confiar para conocer el mundo a través de la ciencia y la experimentación.
- **Interés por la lengua original**. Los humanistas creían que la única forma correcta de acceder al pensamiento grecolatino era conocerlo directamente, sin traducciones que contaminaran la esencia del pensamiento antiguo. Este es el motivo de su interés en aprender latín y griego, para leer a Homero o a Virgilio en su lengua original.

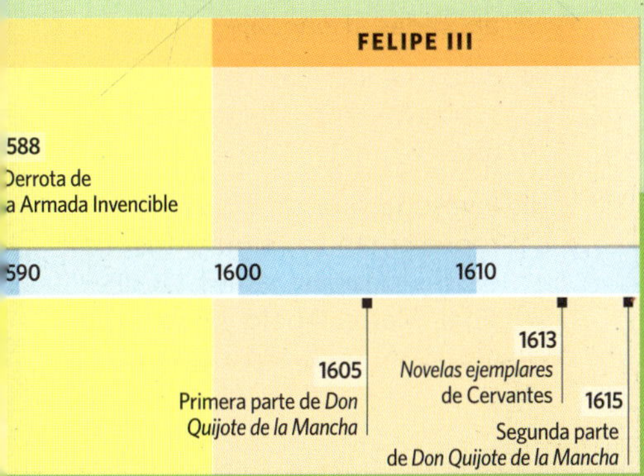

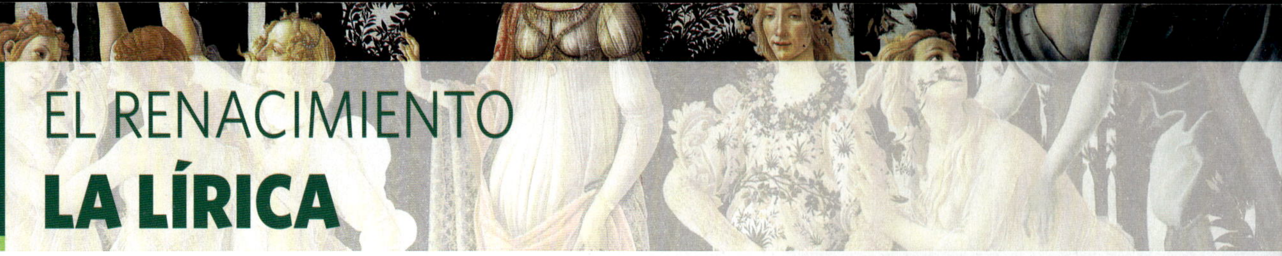

5 EL RENACIMIENTO LA LÍRICA

1. Renacimiento y literatura

Los nuevos aires del Renacimiento trajeron formas métricas distintas, temas literarios nuevos y una concepción sobre el lenguaje y el arte muy diferente a la que compartían los autores medievales. El espíritu renacentista se generaliza en España en el siglo XVI, cuando, por razones políticas, se aumenta el contacto cultural con Italia.

1.1 La lengua literaria

Durante la primera mitad del siglo XVI el ideal lingüístico aspiraba a conseguir una lengua hermosa, sencilla y clara, huyendo de la acumulación de sinónimos y de los artificios cortesanos del siglo anterior. Juan de Valdés expresa muy bien este ideal en su obra *Diálogo de la lengua*.

> Escribo como hablo, [...] y dígolo cuanto más llanamente me es posible porque, a mi entender, en ninguna lengua está bien la afectación.

En la segunda mitad del siglo XVI, el lenguaje literario evoluciona hacia una búsqueda de la belleza por encima de la claridad o de la sencillez. Dice fray Luis de León que el buen escritor elige entre las palabras que todos usan las que mejor le convienen.

> [...] Y mira el sonido dellas, y aun cuenta a veces las letras, y las pesa y las mide y las compone para que, no solamente digan con claridad lo que quiere decir, sino también con armonía y dulzura.

En estos años prevalece la belleza del lenguaje frente al contenido, anticipando lo que poco tiempo después predominará en la estética del Barroco.

1.2 Los temas literarios

Los temas más frecuentes de la literatura renacentista son el amor, la naturaleza y la mitología.

- El **amor**. Puede dirigirse hacia la amada o hacia Dios.
  - El **amor a la amada**. Se concibe desde un punto de vista neoplatónico, según el cual la unión espiritual de los amantes era superior al goce físico, porque al ser el amor un sentimiento infinito, solo podía alcanzar su plenitud en la unión de dos espíritus, igualmente infinitos.
  - El **amor a Dios**. En el Renacimiento se produce una renovación religiosa que invita a la experiencia personal de la oración. En este ambiente surge la **mística**, que intentaba describir el goce del alma al ponerse en contacto con Dios. A menudo se describía este proceso con imágenes del amor erótico pero "a lo divino".
- La **naturaleza**. Aparece siempre idealizada y en perfecta armonía. El escritor hace uso de todos los medios sensoriales para describirla: olores, colores, sonidos... Se trata de utilizar el lenguaje como el pintor usa los colores y las formas.
- La **mitología**. Vuelven los dioses paganos como referencia cultural o como protagonistas de las obras literarias. Los personajes mitológicos serán utilizados frecuentemente como símbolos que a menudo reflejan los sentimientos o ideas del inconsciente colectivo.

El cortesano

Retrato de un joven noble (1528-1530), de Lorenzo Lotto.

Nuestro cortesano tendrá gracia, especialmente en el hablar, deberá huir de la afectación, porque la facilidad y la llaneza siempre andan con la elegancia. Todo esto se haga tan sin trabajo que el que escuchare piense que esto no es nada de hacer y que está en su mano hacerlo él también.

Baltasar DE CASTIGLIONE: *El cortesano*.

1. ¿Qué quiere decir Castiglione cuando afirma que al hablar hay que "huir de la afectación"?
2. Describe qué se consideraría en la actualidad un lenguaje afectado.
3. ¿Qué característica tiene la elegancia para Castiglione? Busca el equivalente actual de "facilidad" y "llaneza" aplicadas al lenguaje.
4. ¿Cuáles son los grandes temas literarios del Renacimiento?
5. Investiga qué simbolizan y representan los siguientes dioses clásicos: Venus, Júpiter, Marte, Apolo y Baco.

1.3 La renovación poética del Renacimiento

Uno de los ideales que persigue el artista del Renacimiento es la **búsqueda de la autenticidad**. También en la poesía encontramos este deseo.

A diferencia de la poesía cortesana anterior, la lírica a partir de Petrarca se esfuerza por expresarse con sinceridad, y para ello necesita un verso amplio que pueda contener las dudas y los contradictorios sentimientos del amor. Lo encontrará en el endecasílabo, que aporta tres sílabas más que el tradicional verso castellano de ocho sílabas.

Además, la nueva métrica presentaba una gran novedad: el **encabalgamiento**, desajuste que se produce cuando la pausa de fin de verso no coincide con la pausa sintáctica. Con este recurso la oración podía pasar al verso siguiente y alargarse las sílabas que necesitara el poeta para describir sus sentimientos más cómodamente.

Con tanta mansedumbre el cristalino
→ Tajo en aquella parte caminaba.

Fue el poeta Juan Boscán quien introdujo estas innovaciones. Tras conocer al embajador y poeta italiano Andrea Navaggiero, convenció a su amigo Garcilaso de la Vega de la conveniencia de escribir sus poemas en los nuevos metros italianos. Así comenzó la renovación poética del Renacimiento en España.

FRANCESCO PETRARCA (1304-1347)

Su *Cancionero* (*Canzoniere*) se convirtió en el modelo de la lírica amorosa del Renacimiento. En su obra se incluyen los sonetos a Laura, su amor platónico. En ellos analizaba con total sinceridad los distintos sentimientos por los que pasa el alma enamorada: alegría, dolor, angustia o resignación.

1.4 Los nuevos metros italianos

Los nuevos metros italianos utilizaban el endecasílabo como única medida en el soneto o en la octava real, o bien lo combinaban con el heptasílabo para aumentar el ritmo y la ligereza de los poemas.

LA MÉTRICA DEL RENACIMIENTO			
Estrofas en endecasílabos y heptasílabos		**Estrofa en endecasílabos**	**Poema en endecasílabos**
ESTANCIA	**LIRA**	**OCTAVA REAL**	**SONETO**
7 + 11 sílabas	7 + 11 sílabas	11 sílabas	11 sílabas
Rima consonante	Rima consonante	Rima consonante	Rima consonante
Distribución libre El poeta puede colocar los versos de 7 y 11 sílabas y la rima en el orden que quiera. Pero una vez hecha la primera estrofa, el resto debe seguir el mismo patrón.	Distribución fija -------------- 7 a --------------------- 11 B -------------- 7 a -------------- 7 b --------------------- 11 B	Distribución fija --------------------- 11 A --------------------- 11 B --------------------- 11 A --------------------- 11 B --------------------- 11 A --------------------- 11 B --------------------- 11 C --------------------- 11 C	Distribución fija --------------------- 11 A --------------------- 11 B --------------------- 11 B --------------------- 11 A --------------------- 11 A --------------------- 11 B --------------------- 11 B --------------------- 11 A --------------------- 11 C --------------------- 11 D --------------------- 11 C --------------------- 11 D --------------------- 11 C --------------------- 11 D

2. Garcilaso de la Vega

Con Garcilaso de la Vega se consolida la renovación lírica del Renacimiento en España. En sus viajes a Italia, entró en contacto con los mejores poetas renacentistas. Junto a ellos y leyendo a los clásicos, aprendió a suavizar su lenguaje buscando una nueva armonía que expresara sus sentimientos de forma sencilla y elegante.

Garcilaso es el primer poeta español del que no se puede separar biografía y obra. En ella muestra el "dolorido sentir" de sus amores desdichados con varias mujeres. Destaca entre ellas Isabel Freyre, a la que conoció cuando ya estaba casado. Isabel, que acabó casándose con Antonio de Fonseca, murió de parto en 1533. La noticia de su pérdida hizo renacer en Garcilaso los antiguos sentimientos de abandono agravados ahora por su muerte. Este episodio inspiró la Égloga I.

GARCILASO DE LA VEGA (c. 1498-1536)

Garcilaso nació hacia 1498 en una familia noble. Representa el ideal del Renacimiento: el caballero que sabía conjugar las armas y las letras.

Hombre muy culto, fue también un buen capitán de sus hombres. Tras el asalto de la fortaleza de Muy, en Francia, en 1536, cuando servía al emperador Carlos I, murió en Niza, Italia.

Su obra fue publicada póstumamente por su amigo Boscán y en ella se recogen, entre otros poemas, sus famosas églogas y sus sonetos.

2.1 La Égloga I

La Égloga I está escrita en estancias. En ella el poeta desdobla su dolor en el canto de dos pastores: Salicio y Nemoroso. Salicio (el sauce) se queja de que su amada lo ha abandonado por otro hombre. En estas **estancias**, la naturaleza, siempre en perfecta armonía, no es solo el fondo sobre el que Salicio expresa su desesperación, sino que comparte los sentimientos del poeta.

Tu dulce habla, ¿en cúya oreja suena?
Tus claros ojos, ¿a quién los volviste?
¿Por quién tan sin respeto me trocaste?[1]
Tu quebrantada fe ¿dó[2] la pusiste?
¿Cuál es el cuello que como en cadena
de tus hermosos brazos añudaste[3]?
No hay corazón que baste[4],
aunque fuese de piedra,
viendo mi amada hiedra
de mí arrancada, en otro muro asida[5],
y mi parra en otro olmo entretejida,
que no se esté con llanto deshaciendo
hasta acabar la vida.
Salid sin duelo, lágrimas, corriendo. [...]

Con mi llorar las piedras enternecen
su natural dureza y la quebrantan[6];
los árboles parece que se inclinan;
las aves que me escuchan, cuando cantan,
con diferente voz se condolecen[7]
y mi morir cantando me adivinan;
las fieras que reclinan
su cuerpo fatigado
dejan el sosegado
sueño por escuchar mi canto triste:
tú sola contra mí t'endureciste,
los ojos aun siquiera no volviendo
a los que tú hiciste
salir, sin duelo, lágrimas corriendo. [...]

1. **trocar**: cambiar.
2. **dó**: dónde.
3. **añudar**: en este contexto, rodear.
4. **bastar**: soportar.
5. **asir**: arraigar una planta.
6. **quebrantar**: romper.
7. **condolecerse**: compadecerse.

6. ¿Qué aspectos o rasgos de la amada ahora se entregan a otro hombre?
7. ¿Por qué el poeta utiliza la hiedra y la parra como símbolo de la amada?
8. Como has visto, la naturaleza se convierte en un personaje activo que se solidariza con el dolor del poeta. Pon ejemplos del texto en los que esto sucede.

Cuando acaba el lamento de Salicio, empieza el de Nemoroso (el bosque), que llora la temprana muerte de su joven esposa, Elisa, en el parto de su hijo.

En este fragmento, el tópico del *ubi sunt* aparece de nuevo en la voz del pastor, que se pregunta dónde están ahora la belleza de su amada y la felicidad de los días vividos junto a ella.

UBI SUNT (DÓNDE ESTÁN)

Tópico literario que reflexiona sobre el paradero de los que han muerto. Se articula mediante preguntas retóricas.

¿Dó están agora aquellos claros ojos
que llevaban tras sí, como colgada,
mi alma, doquier[1] que ellos se volvían?
¿Dó está la blanca mano delicada,
llena de vencimientos y despojos
que de mí mis sentidos l'ofrecían?
    Los cabellos que vían
    con gran desprecio al oro
    como a menor tesoro
¿adónde están, adónde el blanco pecho?
¿Dó la columna que'l dorado techo
con proporción graciosa sostenía?
Aquesto todo agora ya s'encierra,
    por desventura[2] mía,
en la escura[3], desierta y dura tierra.

¿Quién me dijera, Elisa, vida mía,
cuando en aqueste valle al fresco viento
andábamos cogiendo tiernas flores,
que había de ver, con largo apartamiento,
venir el triste y solitario día
que diese amargo fin a mis amores?
    El cielo en mis dolores
    cargó la mano tanto,
    que a sempiterno[4] llanto
y a triste soledad me ha condenado;
y lo que siento más es verme atado
a la pesada vida y enojosa,
    solo, desamparado,
ciego, sin lumbre en cárcel tenebrosa. [...]

1. **doquier**: en cualquier parte.
2. **desventura**: desgracia.
3. **escuro**: oscuro.
4. **sempiterno**: eterno.

9. Busca el canon de belleza ideal renacentista y di en qué aspectos coincide con la descripción de la amada de Garcilaso.
10. Este canto es una elegía, composición que lamenta la muerte de algún ser querido. ¿Qué otra famosa elegía del siglo XV recurre al tópico del *ubi sunt*? ¿Por qué es este un tópico en muchas elegías?
11. ¿Cómo define Nemoroso la vida al perder a su esposa? ¿Cómo se siente sin ella?
12. Las palabras de Garcilaso, "Elisa, vida mía", fueron elegidas como título de una película de un famoso director español. Busca información sobre el director y la película.

2.2 La Égloga III

La Égloga III es la más perfecta de las obras del autor y en ella se funden los tres **temas** de su poesía: **amor**, **naturaleza** y **mitología**. Garcilaso recupera en este poema el recuerdo de Isabel, pero ahora que ha pasado el tiempo su voz aparece mucho más serena.

Garcilaso presenta a cuatro ninfas que están bordando unas telas en las que se representan cuatro historias de amor truncado por la muerte prematura de uno de los amantes.

Tres de esas historias son de tema mitológico, mientras que la última cuenta la muerte de Elisa (Isabel). Así, Garcilaso eleva a su amada a la categoría de mito junto a los otros seres del Olimpo.

Apolo y Dafne, de Bernini (1598-1680).

El Renacimiento. La lírica

En la Égloga III, Garcilaso nos sitúa en una naturaleza idealizada pero perfectamente localizable: las orillas del Tajo a su paso por Toledo. En sus versos, olores, colores y sonidos recrean el *locus amoenus*, el espacio ideal donde se desarrollan las cuatro historias de amor.

Con tanta mansedumbre el cristalino
Tajo en aquella parte caminaba
que pudieran los ojos el camino
determinar apenas que llevaba.
Peinando sus cabellos de oro fino,
una ninfa del agua do moraba
la cabeza sacó, y el prado ameno
vido de flores y de sombras lleno.

Movióla el sitio umbroso, el manso viento,
el suave olor d'aquel florido suelo;
las aves, en el fresco apartamiento
vio descansar del trabajoso vuelo;
secaba entonces el terreno aliento
el sol, subido en la mitad del cielo;
en el silencio solo se 'scuchaba
un susurro de abejas que sonaba.

13. En la Égloga III se unen los tres temas de la poesía de Garcilaso: amor, naturaleza y mitología. De estos temas, ¿cuáles aparecen en las dos octavas reales que has leído?

14. ¿Qué anima a la ninfa a salir del río para descansar?

15. Identifica la figura estilística que aparece en los dos últimos versos.

2.3 Los sonetos

En los sonetos de Garcilaso se refleja su trayectoria vital y su aprendizaje poético. Así, los primeros sonetos están aún bajo la influencia de la poesía de los cancioneros y su lenguaje todavía presenta las características propias de la poesía cancioneril.

Sin embargo, las lecturas de los poetas clásicos y de Petrarca le proporcionan nuevos temas poéticos y otras formas de expresión, que suavizan su lenguaje llenándolo de armonía y naturalidad, como en el Soneto XXIII, que trabajarás en el comentario de texto.

LIRA

Garcilaso adaptó la oda del poeta latino Horacio a la poesía española en su Canción V. Desde este momento, y gracias a su primer verso, se llamó lira a la estrofa formada por cinco versos que mezcla versos de siete y de once sílabas.

La lira fue la estrofa preferida por san Juan de la Cruz y fray Luis de León.

Soneto V

Escrito está en mi alma vuestro gesto
y cuanto yo escribir de vos deseo:
vos sola lo escribistes; yo lo leo
tan solo que aun de vos me guardo en esto.

En esto estoy y estaré siempre puesto,
que aunque no cabe en mí cuanto en vos veo,
de tanto bien lo que no entiendo creo,
tomando ya la fe por presupuesto.

Yo no nací sino para quereros;
mi alma os ha cortado a su medida;
por hábito mismo del alma os quiero;

cuanto tengo confieso yo deberos;
por vos nací, por vos tengo la vida,
por vos he de morir, y por vos muero.

16. ¿Qué lleva escrito el poeta en su alma? ¿Quién lo escribió allí?

17. La razón y la fe se enfrentan a veces en el Renacimiento. ¿Qué decide el poeta al ver que no puede entender el enorme amor que siente por su amada?

18. En el primer terceto el poeta hace tres afirmaciones. ¿Cuáles son?

19. En los dos últimos versos se aumenta la emoción con el uso de verbos en pasado, presente y futuro. ¿Cuáles son esos verbos?

Garcilaso de la Vega

Soneto XXIII

En tanto que de rosa y de azucena
se muestra la color en vuestro gesto[1],
y que vuestro mirar ardiente, honesto,
enciende el corazón y lo refrena;

y en tanto que el cabello, que en la vena
del oro se escogió con vuelo presto,
por el hermoso cuello blanco, enhiesto[2],
el viento mueve, esparce y desordena:

coged de vuestra alegre primavera
el dulce fruto, antes que el tiempo airado
cubra de nieve la hermosa cumbre.

Marchitará la rosa el viento helado,
todo lo mudará la edad ligera[3]
por no hacer mudanza[4] en su costumbre.

Metáfora

Se identifican el término real (R) y el imaginario (I). Ambos términos son sustantivos y están presentes en el texto:

Sus ojos son luceros. / Luceros son sus ojos.
(ojos: R; luceros: I; Luceros: I; ojos: R)

Metáfora pura

En la metáfora pura el término real (R) no aparece explícito en el texto, el lector debe deducirlo desde el término imaginario (I), que sí está presente en el texto:

Marchitará la rosa el viento helado.
(la rosa: I – R (juventud); el viento helado: I – R (tiempo))

1. **gesto**: rostro.
2. **enhiesto**: levantado, erguido.
3. **edad ligera**: tiempo presuroso.
4. **hacer mudanza**: cambiar.

COMPRENSIÓN DEL TEXTO

1. ¿A quién se dirige el poeta? Para describir las cualidades de la dama el autor utiliza una metáfora en los dos primeros versos; di cuál es el término real y cuál es el imaginario.
2. ¿Cuál es el término real (R) de los términos imaginarios (I): "alegre primavera", "dulce fruto", "tiempo airado" y "hermosa cumbre"?
3. Observa si estos términos imaginarios se corresponden con la definición de metáfora pura. Construye en tu cuaderno cada una de estas metáforas con su término real y su término imaginario.

TEMA, ESTRUCTURA Y MÉTRICA

4. El tema de este soneto recoge el tópico latino del *collige, virgo, rosas*. Busca información sobre este tópico y explica su significado.
5. El poema se divide en dos partes. ¿Qué estrofas corresponden a cada parte?
   - ¿Cuál es el verbo principal de la primera parte? ¿Por qué está en imperativo? Resume el contenido de esta primera parte.
   - ¿Cuál es el verbo principal de la segunda parte? ¿Por qué está en futuro? Resume el contenido de esta segunda parte.
6. Haz el esquema métrico de este soneto.

LENGUAJE LITERARIO

7. Observa la distribución de contenidos en el primer cuarteto y cómo el paralelismo refuerza su contenido:

   Rosa........... Azucena (el color del rostro)
   Ardiente...... Honesto (su mirar)
   Enciende..... Refrena (efectos en quien la mira)

   - ¿Qué oposición hay entre la primera y la segunda columna? ¿Cómo se llama este recurso? ¿Qué efecto se consigue con él?
8. Los dos primeros cuartetos empiezan con las mismas palabras ("En tanto..."). ¿Cómo se llama este recurso retórico? ¿Por qué refuerza el contenido del soneto?
9. "Todo lo mudará... por no hacer mudanza". ¿Cómo se llama este recurso? Explica con tus palabras lo que quiere decir Garcilaso de la Vega en estos versos.

TEXTO Y CONTEXTO

10. ¿Qué aspectos de la visión renacentista del mundo puedes apreciar en el soneto?
11. ¿Qué características de la poesía de Garcilaso ves reflejadas en el poema?

3. Fray Luis de León

Religioso

Fray Luis de León recogió la herencia poética de Garcilaso. De él tomó la lira como estrofa para escribir muchos de sus poemas y un lenguaje en el que la armonía y la naturalidad eran el eje de su poesía.

Fray Luis tradujo a Horacio y Virgilio en versos castellanos y de ellos le quedó el amor a la naturaleza como refugio de los males de la sociedad.

En una de sus composiciones más hermosas, la *Oda a la vida retirada*, Fray Luis desarrolla el tópico del *beatus ille* ('feliz aquel'). Observa en el siguiente fragmento de su obra cómo alaba la vida del que abandona los sinsabores y las envidias del mundo para retirarse al campo a descansar y disfrutar de la vida sencilla.

FRAY LUIS DE LEÓN (1527-1591)

Fray Luis de León nació en Belmonte (Cuenca). Fue fraile agustino y catedrático de la Universidad de Salamanca. Participó en las disputas universitarias de su tiempo; esto le ocasionó una denuncia ante la Inquisición acusado de traducir al castellano un texto de la Biblia: el *Cantar de los Cantares*.

En la cárcel compuso algunos de sus mejores poemas. Cuando al fin obtuvo la libertad sin cargos, al cabo de cinco años, se dice que comenzó su primer día de clase diciendo: "Decíamos ayer...".

Oda a la vida retirada

¡Qué descansada vida
la del que huye el mundanal ruïdo,
y sigue la escondida
senda por donde han ido
los pocos sabios que en el mundo han sido!

¿Qué presta a mi contento
si soy del vano dedo señalado
si en busca de este viento
ando desalentado
con ansias vivas, y mortal cuidado?

¡Oh campo! ¡Oh monte! ¡Oh río!
¡Oh secreto seguro, deleitoso!
roto casi el navío,
a vuestro almo[1] reposo
huyo de aqueste mar tempestuoso.

Un no rompido sueño,
un día puro, alegre, libre quiero;
no quiero ver el ceño
vanamente severo
del que la sangre sube o el dinero.

Despiértenme las aves
con su cantar süave no aprendido;
no los cuidados graves
de que es siempre seguido
quien al ajeno arbitrio[2] está atenido.

Vivir quiero conmigo;
gozar quiero del bien que debo al cielo,
a solas, sin testigo,
libre de amor, de celo,
de odio, de esperanzas, de recelo.

Del monte en la ladera
por mi mano plantado tengo un huerto,
que con la primavera,
de bella flor cubierto,
ya muestra en esperanza el fruto cierto.

Y como codiciosa
de ver y acrecentar su hermosura,
desde la cumbre airosa
una fontana pura
hasta llegar corriendo se apresura.

A mí una pobrecilla
mesa, de amable paz bien abastada,
me baste; y la vajilla
de fino oro labrada,
sea de quien la mar no teme airada.

Y mientras miserable-
mente se están los otros abrasando
con sed insacïable
del peligroso mando,
sentado yo a la sombra esté cantando.

1. **almo**: reparador.
2. **arbitrio**: poder.

20. ¿Crees que la experiencia de fray Luis de León en la cárcel pudo influir en la creación de este poema? ¿Por qué?

21. ¿De qué manera desea Fray Luis vivir el resto de su vida?

22. Describe cómo es ese *locus amoenus* en el que quiere vivir Fray Luis. ¿Quién ha plantado el huerto del que habla el poeta?

23. Mide la primera estrofa. ¿Cómo se llama este tipo de composición métrica?

4. San Juan de la Cruz

Toda la obra poética de san Juan de la Cruz es el resultado de sus vivencias místicas. En ellas, su alma (la esposa) busca y encuentra a Cristo (el Esposo) tras superar las distintas etapas (llamadas "caminos") de un difícil proceso purificador (la ascética).

En el proceso ascético, el alma se despoja de todas sus necesidades terrenales incluidas la memoria, el entendimiento o la voluntad, para que, libre de todo lo que no sea espíritu, pueda unirse a Dios en la unión mística.

Todo este proceso nos lo cuenta San Juan en uno de los poemas más bellos de la lírica española: el *Cántico espiritual*.

4.1 El *Cántico espiritual*

El *Cántico espiritual* es un poema de amor que se desarrolla en una naturaleza idealizada, como sucede en las églogas de Garcilaso. En él, una pastora (la esposa que representa el alma) busca a través de los montes y los valles a su Amado (el Esposo) que la ha abandonado después de enamorarla.

San Juan se inspira en un texto de la Biblia, *el Cantar de los Cantares*, para describir de esta forma la unión mística del alma con Dios.

El último verso del poema que tienes a continuación es una aliteración con la que el poeta reproduce el balbuceo de los pastores impresionados por la grandeza del Amado.

SAN JUAN DE LA CRUZ (1542-1591)

San Juan de la Cruz nació en una familia humilde. A los veinte años se hizo carmelita, estudió en Salamanca y fue ordenado sacerdote.

Santa Teresa lo convenció para que reformase la rama masculina de los carmelitas, lo que le supuso muchas dificultades e incluso lo llevó al calabozo en Toledo. Allí empezó a escribir el *Cántico espiritual*.

Pregunta a las criaturas
¡Oh bosques y espesuras,
plantadas por la mano del Amado!
¡Oh prado de verduras,
de flores esmaltado,
decid si por vosotros ha pasado!

Respuesta de las criaturas
Mil gracias derramando,
pasó por estos sotos[1] con presura[2],
y yéndolos mirando,
con sola su figura
vestidos los dejó de hermosura.

Esposa
¡Ay, quién podrá sanarme!
Acaba de entregarte ya de vero[3],
no quieras enviarme
de hoy más ya mensajero,
que no saben decirme lo que quiero.

Y todos cuantos vagan,
de ti me van mil gracias refiriendo,
y todos más me llagan,
y déjame muriendo
un no sé qué que quedan balbuciendo.

1. **soto**: lugar poblado de árboles.
2. **presura**: deprisa.
3. **vero**: de verdad.

24. En los poemas tradicionales es frecuente la figura de la amada que se queja de la ausencia del amado a su madre, hermanas y amigas. ¿Qué poemas tratan este tema en la Edad Media?

25. ¿Quién ha creado tanto la naturaleza como el alma? ¿Puede considerarse la naturaleza como hermana de la esposa desde este punto de vista?

26. San Juan de la Cruz mezcla la tradición de esa voz femenina con las modernas estrofas renacentistas. Mide la primera estrofa y di cómo se llama este tipo de composición de cinco versos.

El Renacimiento. La lírica

Después de preguntar a las criaturas, el alma necesita saber qué siente por ella el Esposo. Al no hallar una respuesta, se arma de valor y se dirige directamente a él reprochándole su ausencia después de haberla enamorado.

¿Por qué, pues has llagado
aqueste corazón, no le sanaste?
Y pues me le has robado,
¿por qué así le dejaste,
y no tomas el robo que robaste?

Descubre tu presencia,
y máteme tu vista y tu hermosura;
mira que la dolencia
de amor que no se cura
sino con la presencia y la figura.

Cristo de san Juan de la Cruz (1951), de Salvador Dalí.

Ante las encendidas palabras de amor, el Esposo no puede resistirse más y se entrega a la esposa, que estalla en un canto de alegría en el que los símbolos del amor humano, con toda su carga de pasión y sensualidad, pasan a ser símbolos místicos.

En la interior bodega
de mi Amado bebí, y cuando salía
por toda aquesta vega[1],
ya cosa no sabía,
y el ganado perdí, que antes seguía.

Allí me dio su pecho,
allí me enseñó ciencia muy sabrosa,
y yo le di de hecho
a mí, sin dejar cosa;
allí le prometí de ser su esposa.

Mi alma se ha empleado
y todo mi caudal[2] en su servicio:
ya no guardo ganado,
ni ya tengo otro oficio,
que ya solo en amar es mi ejercicio.

Pues si ya en el ejido[3]
de hoy más no fuere vista ni hallada,
diréis que me he perdido,
que, andando enamorada,
me hice perdidiza, y fui ganada.

1. **vega**: parte de tierra llana.
2. **caudal**: bienes, patrimonio.
3. **ejido**: campo.

27. ¿De qué robo se queja la amada en las dos primeras liras de arriba de esta página? ¿Es justa su queja? ¿Por qué?

28. ¿Cómo se cura el mal que causa la ausencia del ser amado?

29. San Juan utiliza un símbolo: el amor como licor que hace perder el sentido. ¿Crees que es un símbolo adecuado para expresar la euforia amorosa? ¿Por qué?

30. La poesía de San Juan lucha contra las carencias del lenguaje para explicar determinados sentimientos, así que aconseja dejarse llevar solo por la emoción que provocan los versos. ¿A ti te han emocionado?

4.2 El lenguaje de la poesía mística

La poesía mística no tenía tradición poética en castellano, así que los poetas acudieron al lenguaje poético más cercano: la poesía de cancioneros. También se fijaron en la poesía amorosa de Garcilaso, que ellos vuelven "a lo divino".

San Juan pensaba que los autores inspirados reciben misterios más que razonamientos, así que dejó a las palabras del amor toda su amplitud para que cada uno las aprovechara como pudiera.

FÍJATE

La poesía de san Juan de la Cruz cambia la relación histórica del lector con el poema; ahora gozar la poesía ya no significa entenderla primero. En este sentido, la poesía de San Juan preludia la poesía surrealista del siglo XX.

Un poema de san Juan de la Cruz

Noche oscura

En una noche oscura,
con ansias, en amores inflamada,
¡oh dichosa ventura!,
salí sin ser notada,
estando ya mi casa sosegada.

A oscuras y segura
por la secreta escala, disfrazada,
¡oh dichosa ventura!,
a oscuras y en celada,
estando ya mi casa sosegada.

En la noche dichosa
en secreto, que nadie me veía,
ni yo miraba cosa,
sin otra luz y guía
sino la que en el corazón ardía.

Aquesta me guiaba
más cierto que la luz del mediodía,
adonde me esperaba
quien yo bien me sabía,
en parte donde nadie parecía.

¡Oh noche, que guiaste!
¡Oh noche amable más que la alborada!
¡Oh noche que juntaste
Amado con amada,
amada en el Amado transformada!

En mi pecho florido,
que entero para él solo se guardaba,
allí quedó dormido,
y yo le regalaba,
y el ventalle de cedros aire daba.

El aire de la almena,
cuando yo sus cabellos esparcía,
con su mano serena
en mi cuello hería,
y todos mis sentidos suspendía.

Quedéme y olvidéme,
el rostro recliné sobre el Amado;
cesó todo, y dejéme,
dejando mi cuidado
entre las azucenas olvidado.

San Juan utiliza elementos cotidianos o naturales como **símbolos**, para expresar verdades espirituales. Por este motivo, en sus poemas solo aparece el término imaginario (I) y el lector debe deducir el término real (R).

En el proceso ascético deben seguirse unos caminos o vías para lograr la unión mística:

- La **vía purgativa**, en la que el asceta elimina todas sus necesidades humanas.
- La **vía iluminativa**, en la que se inicia el tránsito luminoso que llevará el alma a Dios.
- La **vía unitiva**, en la que el alma se une a Dios en el éxtasis místico.

COMPRENSIÓN DEL TEXTO

1. ¿Qué simboliza la noche en el poema?
2. ¿De dónde se escapa la amada para ir al encuentro del Amado? ¿Qué crees que simboliza ese espacio cerrado del que huye?
3. ¿Qué siente la amada cuando va a ese encuentro?
4. ¿Por qué se disfraza? ¿Había en la tradición costumbre de que las jóvenes se ocultaran o se disfrazaran para acudir a los encuentros amorosos furtivos?
5. ¿Qué guía a la amada? ¿Qué puede simbolizar la luz que la guía?
6. La amada y el Amado se reúnen en un *locus amoenus*. ¿Qué otros poetas del Renacimiento lo utilizan como fondo de su poesía? ¿En qué poemas?
7. ¿Qué verso expresa, breve e intensamente, la unión de los enamorados?
8. Resume con tus palabras la última lira.

TEMA, ESTRUCTURA Y MÉTRICA

9. Este poema muestra las tres vías que el alma ha de recorrer para la unión mística. Di qué estrofas corresponden a cada una de esas tres vías.
10. ¿Cuál es el tema de la composición?
11. ¿Por qué este poema, a pesar de expresar la unión mística, puede simbolizar también cualquier historia de amor humano?
12. Haz el esquema métrico de la primera estrofa.

LENGUAJE LITERARIO

13. Localiza los paralelismos y las anáforas.
14. ¿Por qué el poeta repite tres veces las mismas palabras ("Oh noche...")? ¿Qué relación tienen con el título y el tema del poema?

TEXTO Y CONTEXTO

15. ¿Qué aspectos de la poesía mística se reflejan en el poema?

6 EL RENACIMIENTO
LA NARRATIVA

1. Las novelas de caballerías

Desde tiempos inmemoriales, los relatos de héroes han sido una de las mejores formas de entretenimiento general.

La *Ilíada* y la *Odisea*, atribuidas a Homero, fijaron las características de los héroes; Héctor, Aquiles o Ulises fueron modelos de valor y constancia.

En la Edad Media se les unieron en el imaginario colectivo el rey Arturo, Lanzarote y la reina Ginebra, que fueron considerados personajes históricos en los comienzos del género.

La llamada "materia de Bretaña" actualizó las características de los héroes clásicos al añadir a las extraordinarias aventuras de sus héroes la erótica del amor cortés y el vasallaje medieval.

Óleo de Edmund Leighton (1852-1922) que representa el nombramiento de un caballero.

1.1 Novela de caballerías y sociedad

En la sociedad del Renacimiento, las novelas de caballerías cumplieron diversas funciones:

- **Entretenimiento**. Durante los siglos XV y XVI, las novelas de caballerías fueron la literatura popular por excelencia. Las leían los reyes -el emperador Carlos I o Francisco I, rey de Francia-, los nobles, los burgueses y también el pueblo, que las escuchaba leídas en voz alta en las posadas castellanas, los atrios de las catedrales, las casas familiares o en la trastienda de boticas y barberías.
- **Propaganda social**. Las novelas de caballerías eran, además de divertidas y apasionantes, una poderosa arma de propaganda que fortalecía la moral del público lector, bastante deteriorada por el creciente poder de los turcos, que habían tomado Constantinopla en 1453 y se expandían peligrosamente por el Mediterráneo.

  Cuando Tirante el Blanco levanta el cerco de Rodas y conquista Constantinopla, al menos en el territorio de la ficción, los lectores respiraban aliviados.
- **Modelo de conducta**. Joanot Martorell en su *Tirante el Blanco* (1490) y Garci Rodríguez de Montalvo en su versión del *Amadís de Gaula* (1508) pretendían que sus personajes fueran modelo de conducta tanto en el trato social como en la guerra o en el amor. Amadís fue considerado un referente de buenas maneras en Occidente durante décadas.

1.2 Dos novelas de caballerías: *Tirante el Blanco* y *Amadís de Gaula*

- ***Tirante el Blanco* (1490)**. *Tirant lo Blanc* es una novela de caballerías que fue escrita por el caballero valenciano Joanot Martorell en el año 1490 y traducida al castellano en 1511.

  A diferencia de otros autores, Martorell crea un héroe bastante próximo a la realidad. Tirante gana las batallas gracias a su valor, pero también gracias a su ingenio y a sus grandes dotes de estratega.

  Al final de la novela, Tirante muere en su cama. Al morir él, muere también su amada Carmesina.

Portada de la traducción castellana de *Tirante el Blanco*.

- ***Amadís de Gaula* (1508)**. Garci Rodríguez de Montalvo reescribió una versión muy antigua de *Amadís* del siglo XIV, que constituyó un gran éxito en toda Europa. En ella, Amadís, fruto de los amores furtivos del rey Perión de Gaula, es criado por un caballero y protegido por la maga Urganda la desconocida. Sus aventuras y su amor por Oriana fueron el modelo de las numerosas continuaciones que varios autores hicieron de la novela.

Edición del *Amadís de Gaula* de 1533.

1.3 Trascendencia literaria

El *Amadís de Gaula* llegó a tener 267 ediciones, lo que certifica su éxito. Los habitantes del nuevo mundo esperaban ansiosamente las novelas de caballerías en los cargamentos que llegaban desde la Península, y más de una vez sus héroes inspiraron a los conquistadores, hasta el punto de llamar California a ciertas tierras conquistadas, Amazonas a un río, o indios patagones a una tribu, todos ellos nombres sacados de los relatos caballerescos.

Las novelas de caballerías resistieron las críticas de los moralistas y de los lectores cultos del siglo XVI, pero no pudieron sobrevivir a la publicación de una novela: *Don Quijote de la Mancha*, en la que el último caballero andante se enfrentaba al mundo real de la España del siglo XVII.

Después de la publicación de *El Quijote* se siguieron leyendo y hubo reediciones de las novelas antiguas, pero ya no se volvió a publicar una nueva novela de caballerías.

1.4 Características estructurales

AUTOR		La novela solía presentarse como un manuscrito en una lengua exótica hallado de forma accidental por el autor.
LENGUA LITERARIA		La lengua literaria es arcaizante, así en pleno siglo XVI se imita la lengua del siglo XV.
NARRADOR		Es un cronista omnisciente que lo sabe todo de sus personajes.
ESPACIO Y TIEMPO		Son remotos, lo que justifica las fantásticas aventuras que suceden en la obra.
ACCIÓN	**Amor**	El caballero ama a una dama de innumerables cualidades que se entrega a él en secreto. El matrimonio acabará por otorgar el final feliz a los numerosos episodios de desencuentros del destino.
	Guerra	Combates peligrosísimos en torneos y guerras en las que son frecuentes los episodios mágicos y maravillosos. La guerra se convierte también en un símbolo del amor porque las conquistas, tanto amorosas como guerreras, necesitan valor, audacia y estrategia para conquistar la fortaleza de los enemigos o la simbólica de la amada.
PROTAGONISTA		Los numerosísimos héroes de caballerías se ajustan a un esquema fijo que se reproduce obra tras obra: – Es un personaje plano, perfecto de principio a fin de la novela. – Frecuentemente es educado lejos de sus padres –de los que es arrancado por algún desgraciado accidente– por un mago o anciano de gran sabiduría. – Abandona muy joven la corte en compañía de un escudero fiel para probar su valor en múltiples hazañas. – Su comportamiento es valiente, generoso y leal.

FÍJATE

En muchas ocasiones, las novelas de caballerías o las obras de la materia de Bretaña han sido llevadas al cine y a la televisión, como la de *El rey Arturo* (2004) o la de *Camelot* (2011).

2. *Lazarillo de Tormes*

La vida cotidiana de la mayoría de los lectores de las novelas de caballerías poco tenía que ver con esos relatos de aventuras extraordinarias. En la España de los siglos XVI y XVII, el pueblo pasaba muchas necesidades y sus penurias no fueron consideradas materia narrativa hasta la aparición del *Lazarillo de Tormes*, una novela anónima en la que un joven astuto de origen miserable se las apañaba para subsistir.

Tanto el protagonista como la sociedad que refleja esta novela eran la antítesis de la sociedad caballeresca y de sus héroes. Lázaro de Tormes es un nuevo tipo de antihéroe: el pícaro, un muchacho para el que la aventura más importante es sobrevivir al hambre y a los diversos amos a los que sirve.

UN TEXTO ANÓNIMO

Las razones para buscar el anonimato podían ser muy variadas, entre ellas la fuerte crítica social y clerical. De los nueve amos que tiene Lázaro, cinco son clérigos o tienen que ver con el clero, y en ninguno de ellos hay la más mínima muestra de piedad cristiana.

2.1 Autor, fecha y argumento

- **Fecha y autoría**. El *Lazarillo* se publicó de forma anónima en 1554. Su autor tuvo mucho cuidado de que su nombre no quedara registrado en ningún documento que pudiera identificarlo.
- **Argumento**. La novela se presenta como una carta autobiográfica dirigida a un tal "Vuestra Merced" para darle cumplida cuenta sobre "el caso".

"El caso" es el insistente rumor que circula por la ciudad sobre la infidelidad de la mujer de Lázaro con el arcipreste de san Salvador, amigo de "Vuestra Merced", y último amo del muchacho.

Lázaro, en vez de justificarse o negarlo, opta por escribir su autobiografía empezando por su nacimiento en una familia muy pobre y sin honra, y su crecimiento junto a una serie de amos que lo matan de hambre. De manera que ahora, que al menos puede comer, considera que su situación es *la cumbre de toda buena fortuna*.

2.2 Estructura del *Lazarillo de Tormes*

	Prólogo	Lázaro se dirige a un "Vuestra Merced" para hablarle de "el caso". Para terminar reflexionará sobre el mérito que tiene haber sabido progresar por sí mismo siendo tan pobre, a diferencia de aquellos que heredaron su fortuna.
HAMBRE	**Tratado 1**	Nacimiento en el río Tormes. Padres sin honra. Primer amo: el **ciego**. Pasa hambre, pero el ciego le enseña astucias para sobrevivir.
HAMBRE	**Tratado 2**	Segundo amo: el **clérigo de Maqueda**. Sacerdote avaro que casi lo mata de hambre. Con él, Lázaro aplica las picardías aprendidas con el ciego.
HAMBRE	**Tratado 3**	Tercer amo: el **escudero**. De él aprende a defender la honra, aunque no se tenga ninguna. El escudero es su maestro en hipocresía, le enseña cómo hay que tratar servilmente a los poderosos para vivir a su costa.
HONRA	**Tratado 4**	Con los tres amos anteriores, Lázaro ha completado su educación para la deshonra. Al cuarto amo, el **fraile de la Merced**, lo abandona sin demasiadas explicaciones agotado de tanta calle y tantas visitas y por "otras cosillas que no digo".
HONRA	**Tratado 5**	El quinto amo: el **buldero** –compinchado con el alguacil– le enseña lo fácil que es sacarle el dinero al pueblo ignorante con la excusa de la religión.
HONRA	**Tratado 6**	El sexto amo es un **maestro de pintar panderos** que también lo maltrata. El séptimo amo es un **capellán** para el que trabaja de aguador por un salario miserable.
HONRA	**Tratado 7**	El octavo amo es un **alguacil**, pero lo abandona por ser oficio peligroso. El noveno amo es el **arcipreste de san Salvador**, del que pregona sus vinos. Lázaro accede a casarse con la criada del arcipreste, dando lugar a las murmuraciones sobre "el caso".

2.3 La lengua literaria del *Lazarillo*

El lenguaje de esta obra está perfectamente escogido para hacer una crítica moral a la sociedad de su época. Por este motivo, el lenguaje del *Lazarillo de Tormes* se caracteriza por:

- **La sencillez**. El lenguaje es muy sencillo porque Lázaro es una persona humilde y su vida transcurre entre el pueblo. Esta adecuación entre el fondo (la historia de Lázaro) y la forma (el lenguaje de la autobiografía) es una de las características más importantes del estilo del Renacimiento.
- **El humor**. El humor lo consigue gracias a la ironía, a los juegos de palabras y a la inclusión de episodios divertidos, como la confusión de Lázaro al creer que trasladan un muerto a su casa porque la viuda se lamenta de que lo llevan "a la casa donde nunca comen ni beben".
- **La ambigüedad**. En el *Lazarillo* las personas y los acontecimientos parecen una cosa y luego resultan ser otra. Por eso, el lenguaje está plagado de frases con doble sentido que potencian esa ambigüedad: "Las malas lenguas... Dicen no sé qué y sí sé qué y que ven a mi mujer ir a hacerle la cama a mi amo y a guisarle de comer".

Detalle de *La parábola de los ciegos* (1568), del pintor Brueghel el Viejo.

2.4 Innovaciones narrativas en el *Lazarillo*

En esta novela aparecen por primera vez dos características que desde ahora formarán parte de las nuevas novelas:

- **El protagonista evoluciona** según los acontecimientos que le suceden. A diferencia de los héroes de las novelas de caballerías, Lázaro es un personaje complejo, con virtudes y defectos, que cambia, madura y se adapta a las circunstancias.
- **La sociedad que describe es muy variada**. Si los nobles y los reyes eran los protagonistas de las novelas de caballerías, ahora un personaje humilde toma la palabra. De ahora en adelante, las novelas reflejarán todas las capas sociales.

1. Lee los siguientes textos y contesta las preguntas:

Texto 1

Por Dios, si con él topase, muy gran su privado pienso que fuese y que mil servicios le hiciese, porque yo sabría mentille tan bien como otro y agradalle a las mil maravillas; reílle ya mucho sus donaires y costumbres, aunque no fuesen las mejores del mundo; nunca decirle cosa con que le pesase, aunque mucho le cumpliese; ser muy diligente en su persona en dicho y hecho; no me matar por no hacer bien las cosas que él no había de ver; y ponerme a reñir, donde él lo oyese, con la gente de servicio, porque pareciese tener gran cuidado de lo que a él tocaba. Si riñese con algún su criado, dar unos puntillos agudos para le encender la ira, y que pareciesen en favor del culpado; decirle bien de lo que bien le estuviese y, por el contrario, ser malicioso mofador, malsinar a los de casa y a los de fuera [...].

Lazarillo de Tormes, tratado III.
Ed. Vicens Vives, 2010.

Texto 2

Lázaro de Tormes, quien ha de mirar a dichos de malas lenguas nunca medrará. Digo esto porque no me maravillaría alguno, viendo entrar en mi casa a tu mujer y salir della, te llegará algún rumor. Pero ella entra muy a tu honra y suya; y esto te lo prometo. Por tanto, no mires a lo que pueden decir, sino a lo que te toca: digo a tu provecho.

Lazarillo de Tormes, tratado VII.
Ed. Vicens Vives, 2010.

a. En el primer texto el escudero le dice al Lazarillo cómo debe tratar a un gran señor. Explica la doble moral que se expone en el texto.

b. Celestina decía: "A tuerto o a derecho, nuestra casa hasta el techo". Lee el segundo texto y di en qué coinciden las palabras del arcipreste con las de la vieja Celestina.

c. El *Lazarillo* es un tratado de educación para la deshonra. Explica qué lecciones está aprendiendo Lazarillo de sus amos en estos textos.

3. Miguel de Cervantes

Cuando un lector de relatos del siglo XVI quería darle gusto a su afición tenía dos tipos de narraciones para satisfacerla:

- Las novelas de caballerías, llenas de aventuras inverosímiles sucedidas en tiempos y países lejanos.
- Los relatos cortos, o *novellas*, que se publicaban en España traducidas del italiano.

Cervantes revolucionó ambos: por un lado, acabó para siempre con las novelas de caballerías gracias a su *Don Quijote de la Mancha*. Por el otro, fue el primero en escribir narraciones breves completamente inventadas por él: las *Novelas ejemplares*, colección de doce novelas cortas que escribió en 1613.

Otras obras narrativas de Cervantes son *La Galatea* (1585), novela pastoril, y *Los trabajos de Persiles y Sigismunda* (1616), novela de aventuras que Cervantes terminó cuatro días antes de morir y de la que se sentía especialmente orgulloso.

MIGUEL DE CERVANTES (1547-1616)

Retrato de Cervantes (1600), de Juan de Jáuregui.

Miguel de Cervantes Saavedra (1547-1616) nació en Alcalá de Henares y desde muy joven tuvo inclinaciones literarias.

Vivió unos años en Italia y allí se hizo soldado. Participó en la batalla de Lepanto donde fue herido y perdió la movilidad de la mano izquierda. Cuando volvía a España fue apresado y llevado a Argel donde sufrió un cautiverio de cinco años. A la vuelta consiguió un puesto de recaudador de impuestos pero sus errores en las cuentas y otras irregularidades lo llevaron varias veces a la cárcel. En una de esas estancias empezó a escribir *Don Quijote de la Mancha*.

4. *Don Quijote de la Mancha*

El éxito popular de las novelas de caballerías hizo que los editores encargaran a escritores mediocres diversas continuaciones de los títulos más famosos.

Estas nuevas publicaciones enredaban a sus personajes en aventuras cada vez más disparatadas que los ávidos lectores devoraban como historias auténticas.

Cervantes, en vez de criticarlas, como hacían los escritores cultos y los moralistas, hizo algo mucho mejor: eligió como protagonista de su historia a uno de esos lectores, completamente loco de tanto leer día y noche novelas de caballerías, y lo puso a vivir aventuras por los caminos de la Mancha, vestido con una vieja armadura de sus abuelos y en pleno mes de julio.

Miguel de Cervantes hizo una parodia de las novelas de caballerías dando la vuelta a todos sus elementos estructurales, y el resultado fue la obra de *Don Quijote de la Mancha.*

En la siguiente tabla se comparan dichos elementos (el narrador, el protagonista, la amada, la acción, el espacio y el tiempo) entre las novelas de caballerías y *Don Quijote de la Mancha*:

NOVELAS DE CABALLERÍAS		*DON QUIJOTE DE LA MANCHA*
Finge haber encontrado un manuscrito muy antiguo en una lengua exótica.	**Narrador**	Cervantes finge haber encontrado el manuscrito en árabe, escrito por un tal Cide Hamete Benengeli. Se lo traducirá un morisco a cambio de comida.
Caballero joven de origen noble y muy rico.	**Protagonista**	Hombre de cincuenta años, hidalgo de aldea con una economía bastante limitada.
Dama joven y bellísima de alto linaje.	**Amada**	Campesina más o menos de la edad de don Quijote de la que estuvo enamorado cuando era joven. Él le da el nombre de Dulcinea del Toboso.
Múltiples aventuras guerreras en países exóticos y tiempos lejanos.	**Acción, espacio y tiempo**	La vida cotidiana de las gentes del siglo XVI por los caminos reconocibles de la Mancha, Aragón y Cataluña.

biblioteca virtual cervantes - portales

4.1 Argumento y estructura

El argumento de *Don Quijote* se puede resumir en muy pocas líneas: un hidalgo aficionado a leer novelas de caballerías se vuelve loco, cree que es un caballero andante y sale tres veces de su aldea en busca de aventuras, hasta que, obligado a regresar a casa, enferma, recobra el juicio y muere cristianamente.

Cervantes dio dos entregas de su novela: una en 1605 y otra en 1615.

Don Quijote y Sancho Panza. Cuadro de Jesús Helguera.

Primera parte de *Don Quijote de la Mancha* (1605)

En esta primera parte, don Quijote emprende dos viajes; en el primero sale solo, es armado caballero en una ridícula ceremonia en una venta que él se imagina castillo, y regresa a su casa apaleado.

En la segunda salida convence a su vecino Sancho Panza para que lo acompañe en sus aventuras. En este segundo viaje, don Quijote no ve la realidad: confunde los molinos de viento con gigantes y los rebaños con ejércitos, entre otras alucinaciones.

Todas sus aventuras van encaminadas a conseguir la fama y el amor de Dulcinea del Toboso. Al final, los amigos de don Quijote, el cura y el barbero, lo convencen de que está encantado y lo devuelven a su casa encerrado en una jaula.

Segunda parte de *Don Quijote de la Mancha* (1615)

En esta segunda parte de la novela, don Quijote y Sancho se saben personajes famosos porque sus aventuras están publicadas en un libro.

En esta tercera salida, don Quijote ve la realidad tal cual es; sin embargo, los que lo rodean se la cambian por diversos motivos: Sancho para encubrir sus mentiras sobre Dulcinea, y los duques para divertirse porque han leído la primera parte de la novela ya publicada y saben que está rematadamente loco.

Los duques también se burlan de Sancho haciéndole creer que es gobernador de una ínsula. Sin embargo, Sancho se comporta como un hombre listo y justo dejándolos a todos sorprendidos.

Al final, su amigo Sansón Carrasco se disfraza del caballero de la Blanca Luna, vence a don Quijote en singular combate, y le exige que vuelva a su aldea, donde muere rodeado de los suyos y tras haber recuperado la cordura.

Intención de la novela

Pues no ha sido otro mi deseo que poner en aborrecimiento de los hombres las fingidas y disparatadas historias de los libros de caballerías.

Miguel DE CERVANTES: *Don Quijote de la Mancha*, II, cap. LXXIV. Ed. Vicens Vives, 2010.

EQ

–Vencido sois, caballero, y aun muerto, si no confesáis las condiciones de vuestro desafío.

Don Quijote, molido y aturdido, sin alzarse la visera, como si hablara dentro de una tumba, con voz debilitada y enferma, dijo:

–Dulcinea del Toboso es la más hermosa mujer del mundo y yo el más desdichado caballero de la tierra, y no es bien que mi flaqueza defraude esta verdad. Aprieta, caballero, la lanza y quítame la vida, pues me has quitado la honra.

–Eso no haré yo, por cierto –dijo el de la Blanca Luna– [...] que solo me contento con que el gran don Quijote se retire a su lugar un año.

Don Quijote de la Mancha, II, cap. LXIV

2. Sansón Carrasco decide entrar dentro del mundo de la fantasía de don Quijote y desde allí, y usando sus reglas, obligarlo a volver a su aldea. ¿Cómo es la actitud del caballero ante su derrota?
3. Don Quijote debe reconocer que Dulcinea no es la mujer más hermosa del mundo o morir. ¿Qué decide don Quijote?
4. ¿Qué te parece la actitud del caballero?

4.2 Los protagonistas

Don Quijote

Don Quijote es en realidad Alonso Quijano, un hidalgo de un pueblo de la Mancha que, enloquecido de tanto leer novelas de caballerías y tomando sus embustes por verdades históricas, pretende resucitar la antigua orden de los caballeros andantes para socorrer a los débiles, proteger a las doncellas y a las viudas e impartir justicia en el mundo.

Don Quijote lucha contra los cueros de vino (1849), de Jean Ignace Isidore Gérard.

Para ello recupera las armas de sus abuelos, busca un nuevo nombre, elige como dama de su amor a una aldeana de la que estuvo enamorado en su juventud y se lanza a los caminos a vivir aventuras.

Don Quijote, en su locura, cree que puede trasladar los ideales caballerescos a la España del siglo XVII, aunque la realidad se impone una y otra vez sobre sus fantasías. Don Quijote se excusa siempre argumentando que son sus enemigos, los encantadores, los que convierten en vulgares molinos a los gigantes arrebatándole la gloria. Así, el Caballero de la Triste Figura puede mantener su delirio entre la realidad cotidiana de sus vecinos.

Por lo demás, el protagonista se muestra como un hombre noble, inteligente, generoso e incluso, en ocasiones, paradójicamente lúcido. En el texto de las actividades verás cómo responde don Quijote al caballero del Verde Gabán cuando este le cuenta los problemas que tiene con su hijo porque en vez de estudiar derecho insiste en ser poeta.

Los hijos, señor, son pedazos de las entrañas de sus padres, y, así, se han de querer, o buenos o malos que sean, como se quieren las almas que nos dan la vida. A los padres les toca encaminarlos desde pequeños por los pasos de la virtud, de la buena crianza y de las buenas y cristianas costumbres, para que cuando grandes sean báculo de la vejez de sus padres y gloria de su posteridad; y en lo de forzarles que estudien esta o aquella ciencia, no lo tengo por acertado.

Don Quijote de la Mancha, II, cap. XVI

–Si yo, por malos de mis pecados, o por mi buena suerte, me encuentro por ahí con algún gigante, como de ordinario les acontece a los caballeros andantes, y le derribo y le venzo y le rindo, ¿no será bien tener a quien enviarle y que entre y se hinque de rodillas ante mi dulce señora, y diga con voz humilde y rendida: "Yo, señora, soy el gigante Caraculiambro, señor de la ínsula Malindrania, a quien venció en singular batalla el jamás como se debe alabado caballero don Quijote de la Mancha"?

Don Quijote de la Mancha, I, cap. I

5. ¿Por qué crees que don Quijote necesita una dama para completar su locura caballeresca?
6. En el segundo texto, ¿qué nombre le da don Quijote al gigante? ¿Y a su reino? ¿Te parecen nombres serios?
7. ¿Por qué crees que don Quijote afirma que los padres deben querer a sus hijos sean como sean?
8. ¿Cómo definirías a un hombre que piense y se exprese en estos términos y adapte su vida cotidiana a las fantasías que ha leído en los libros de caballerías?
9. ¿El hecho de querer a los hijos significa renunciar a la responsabilidad de educarlos? ¿En qué consiste una buena educación de los hijos?
10. ¿Cómo definirías el carácter de un hombre que defendiera estas ideas?
11. Después de leer los textos, ¿qué opinas de la locura o la cordura de don Quijote?

Sancho

Sancho Panza es el vecino de don Quijote, un aldeano crédulo, socarrón y práctico que acompaña al caballero bajo la promesa de ganar dineros y ser gobernador de una ínsula.

Sancho enfrenta las alucinaciones de su amo con la realidad, y le advierte de los peligros a los que se expone con sus locuras, aunque no consigue librarlo de ninguno de ellos, y lo que es peor: recibe en sus carnes palos y manteos como consecuencia de los desvaríos del caballero.

Pero también comparte sus esperanzas, porque si don Quijote sueña con la gloria y el amor de Dulcinea, Sancho fantasea con ser gobernador de una ínsula y casar a su hija con un conde y que la llamen "señoría".

Sancho, poco a poco, va evolucionando y acercándose al universo mental de don Quijote; primero en su modo de hablar y más tarde en su comportamiento.

Cuando en el palacio de los duques ambos son víctimas de sus bromas, Don Quijote, subido en Clavileño, no observa nada especial, mientras que Sancho narra un fantástico viaje en el que, alejado de la tierra y volando por los cielos, veía a los hombres como diminutas avellanas.

A pesar de todo, en Sancho predomina el sentido práctico, y antes que elegir posibles riquezas en posibles campos de batalla, prefiere las crías de las tres yeguas preñadas que tiene don Quijote en su aldea.

Don Quijote y Sancho Panza (1868), de Honoré Daumier.

–A buena fe –respondió Sancho– que si Dios me llega a dar algún gobierno, que tengo de casar, mujer mía, a Mari Sancha tan altamente, que no la alcancen sino con llamarla "señoría".

–Eso no, –respondió Teresa–... casadla con su igual, que es lo más acertado. [...]

–Calla, boba –dijo Sancho–, que todo será usarlo dos o tres años, que después le vendrá el señorío y la gravedad como de molde; y cuando no, ¿qué importa? Séase ella señoría, y venga lo que viniere.

Don Quijote de la Mancha, II, cap. V

–Vamos, Sancho, hijo –respondió don Quijote–, y en albricias de estas no esperadas como nuevas, te mando el mejor despojo que ganare en la primera aventura que tuviere, y si esto no te contenta, te mando las crías que este año me dieren las tres yeguas mías, que tú sabes quedan para parir en el prado concejil de nuestro pueblo.

–A las crías me atengo.

Don Quijote de la Mancha, II, cap. II

12. ¿Cómo quiere casar Sancho a su hija en cuanto lo nombren gobernador?
13. ¿Qué opina su mujer al respecto?
14. ¿Qué te parece la respuesta de Sancho? ¿Crees que tiene razón y el señorío viene solo de usarlo un par de años? ¿Por qué?
15. ¿Te parece Sancho un hombre realista y práctico en el primer texto? ¿Por qué?
16. ¿Qué le promete don Quijote a Sancho, en el segundo texto, como ganancia en la primera aventura que se les presenta?
17. ¿Acepta Sancho esa promesa por buena que sea, o prefiere algo más práctico y tangible? ¿Por qué?
18. ¿Cómo es la actitud de Sancho en el segundo texto? ¿Qué conclusión sacas del carácter de Sancho en estos dos fragmentos?

El Renacimiento. La narrativa

4.3 Temas: amistad, libertad y literatura

Frente a la sencillez argumentativa de la novela, los temas que se plantean en ella adquieren un gran protagonismo, como la *libertad*, la *literatura* y la *amistad*:

- **La libertad**. *El Quijote* es también un canto a la libertad, que se aprecia en la actitud de las mujeres que siguen a su corazón y no atienden a los convencionalismos sociales; en la liberación de los presos que llevan a galeras, y en la naturaleza como escenario de las aventuras del caballero.
- **La literatura**. Al leer *El Quijote* asistimos también a la **literatura dentro de la literatura**, porque don Quijote y Sancho, en la segunda parte, asisten asombrados al hecho inaudito de que sus aventuras estén impresas en una novela de éxito, ellos sean los protagonistas y los lectores sepan hasta sus más recónditos pensamientos.
- **La amistad**. Entre otras muchas lecturas, *Don Quijote* es la historia de una gran amistad, la que surge entre dos personas muy distintas en formación y clase social; y sin embargo, poco a poco, el respeto mutuo va uniendo a estos dos personajes en un lazo de cariño y fidelidad.

Grabado de Don Quijote y Sancho (1888), de G. Doré.

Palabras de Sancho sobre don Quijote:

"No tiene nada de bellaco, antes tiene un alma como un cántaro: no sabe hacer mal a nadie, sino bien a todos, ni tiene malicia alguna; un niño le haría entender que es de noche en la mitad del día, y por esta sencillez le quiero como a las telas de mi corazón, y no me amaño en dejarle por más disparates que haga."

Don Quijote de la Mancha, II, cap. XIII

19. ¿Cómo describe Sancho a don Quijote?

20. ¿Cuál es la cualidad de don Quijote que más valora?

4.4 Lenguaje

El lenguaje literario de Cervantes es riquísimo en modos, formas y variedad de registros. Estas son algunas de sus características:

- **Polifonía**. En *Don Quijote de la Mancha* aparecen todos los niveles y registros del habla de la época: desde el pomposo de las novelas de caballerías al coloquial del ama y la sobrina; desde el retórico de los discursos al breve y sentencioso de los miles de refranes que Sancho alberga en su memoria. Esta variedad de voces convierte la obra *Don Quijote de la Mancha* en la mayor novela polifónica del siglo XVII.
- **Naturalidad**. El estilo de Cervantes es sencillo y claro. Donde más se puede apreciar esa naturalidad es en los diálogos entre don Quijote y Sancho. Las pláticas entre los dos personajes son una constante muestra de espontaneidad, buen humor y confianza.
- **Humor**. *Don Quijote* es una novela de humor porque el autor, sobre todo, pretendía divertir a sus lectores. Para conseguirlo, Cervantes parodia el lenguaje ampuloso y arcaizante de las novelas de caballerías haciendo que el hidalgo en la primera salida no solo vista como sus abuelos, sino que hable como ellos, provocando la risa de cuantos le escuchan.

Caricatura de Don Quijote y Sancho (1987), de Antonio Saura.

Don Quijote de la Mancha

En esto se oyeron grandes voces en el patio. Eran las del ama y de la sobrina, que impedían a Sancho Panza la entrada en la casa.

–¿Qué buscas aquí, perdido? Vete a tu casa, que tú eres el que desquicia a mi señor y lo lleva por esos andurriales.

–Ama de Satanás –respondió Sancho–, fue tu amo el que me llevó por el mundo con la promesa de darme una ínsula.

–Malas ínsulas te ahoguen, Sancho maldito –dijo la sobrina–. ¿Y qué son ínsulas? ¿Alguna cosa de comer, golosazo, que eres un comilón?

–No es de comer –replicó Sancho–, sino de gobernar.

–Es igual –dijo el ama– porque aquí no entras, saco de maldades. Vete a gobernar tu casa y a labrar tu tierra, y déjate de ínsulas y de ínsulos.

El cura y el barbero oyeron divertidos el coloquio de los tres hasta que don Quijote mandó que dejasen entrar a su escudero. Don Quijote se encerró con Sancho en su aposento y le dijo:

–Mucho me pesa, Sancho, que hayas dicho que fui yo el que te saqué de tus casillas, porque juntos salimos de casa y juntos peregrinamos; la fortuna ha sido la misma para los dos, solo que, si a ti te mantearon una vez, a mí me han molido ciento.

–Eso era justo –respondió Sancho–, porque las desgracias son más propias de los caballeros andantes que de los escuderos.

–Te engañas, Sancho, porque todo el mal que a ti te hacen me duele a mí en el cuerpo.

–Pues cuando a mí me manteaban se estaba mi señor detrás de la tapia mirándome volar por los aires, sin sentir dolor alguno...

–Dejemos esto y dime, Sancho amigo, ¿qué dice la gente de mi valentía y de mis hazañas? Habla libremente y sin rodeo.

–Pues la gente tiene a vuestra merced por grandísimo loco, y a mí por mentecato.

–Siempre se ha calumniado a los buenos... ¿Hay algo más?

–Aún falta lo peor. Anoche llegó de Salamanca hecho bachiller Sansón Carrasco y me dijo que la historia de vuestra merced andaba ya en libros con el título *El ingenioso hidalgo don Quijote de la Mancha*; y que me mencionan por mi nombre, y a la señora Dulcinea del Toboso, y otras cosas que pasamos los dos a solas. Me hago cruces cómo las llegó a saber el historiador que las escribió.

Don Quijote de la Mancha, II, cap. I.
Ed. Vicens Vives, 2010.

COMPRENSIÓN DEL TEXTO

1. Don Quijote está recuperándose de las aventuras que le han sucedido en la primera parte de la novela. ¿Cómo reciben el ama y la sobrina a Sancho? ¿Por qué?
2. ¿Qué es lo que le preocupa a don Quijote y pregunta a Sancho? ¿Por qué?

TEMA Y ESTRUCTURA

3. Resume brevemente el contenido del fragmento.
4. ¿En cuántas partes se estructura la acción? Resume brevemente qué sucede en cada una de ellas.
5. Analiza los restantes elementos estructurales de todo texto narrativo: narrador, personajes (principales y secundarios), espacio y tiempo.
6. ¿Cuál es el tema del fragmento?

LENGUAJE LITERARIO

7. Di los niveles de lenguaje que se dan en este fragmento y quiénes los utilizan. Pon un ejemplo de cada uno de estos niveles sacado del texto.
8. Explica el concepto de polifonía en el lenguaje literario a partir del texto y las características del lenguaje literario de la novela a través de ejemplos de este fragmento.

TEXTO Y CONTEXTO

9. Cervantes escribió esta obra para ridiculizar las novelas de caballerías. ¿Qué importancia tenían estas novelas en la época? ¿Qué sistema utilizó Cervantes para acabar con ellas?
10. ¿Con qué tipo de literatura de masas o programas de televisión actuales sería aplicable la fórmula cervantina? ¿Por qué?

Orientaciones para la lectura del *Quijote*

Has crecido oyendo hablar de *Don Quijote de la Mancha* y tienes más información de la que crees acerca de los dos protagonistas de la obra.

- Por grupos, estableced en clase una conversación informal sobre la vida de don Quijote y Sancho. Comentad todo lo que se os ocurra en torno a esta novela y preparaos para vivir una interesante experiencia lectora.
- Ahora, individualmente, lee esta guía y realiza las actividades. Puedes usar la adaptación del *Quijote* de Eduardo Alonso que te proponemos, o bien la obra completa si sigues la correspondencia que se señala entre paréntesis.

Miguel DE CERVANTES: *Don Quijote de la Mancha*. Adaptación de Eduardo Alonso. Ed. Vicens Vives, 2010.

Primera salida

Capítulos 1 a 4 (Primera parte, cap. I-VII)

- Don Alonso Quijano se transforma en el caballero don Quijote y sale en busca de aventuras para restaurar en el mundo los valores de la caballería andante.
- Don Quijote confunde continuamente la realidad con la ficción de las narraciones caballerescas.
- El caballero protagoniza tres aventuras: la de la venta, la del mozo Andrés y la de los mercaderes. Después, un vecino lo encuentra malherido y lo devuelve al pueblo.
- El cura y el barbero queman todos los libros de caballerías de la biblioteca de don Quijote. Solo tres títulos se salvan: el *Amadís*, el *Palmerín* y el *Tirante*.
- Don Quijote, junto con su vecino Sancho Panza, a quien ha contratado como escudero, sale de noche a los caminos para buscar nuevas aventuras.

1. Anota tus impresiones ante los acontecimientos que ocurren en la venta.

2. ¿Cuáles de estas tres primeras aventuras son un éxito y cuáles un fracaso?

3. Investiga sobre las novelas de caballerías que se salvan de la quema.

Primera salida

- Alonso Quijano se transforma en don Quijote
- Episodios de la venta
- Aventura de Andrés y Juan Aldudo
- Aventura de los mercaderes
- Vuelta a casa
- Quema de la librería
- Don Quijote se repone y vuelve a salir de casa

Segunda salida

Capítulo 5 (Primera parte, cap. VIII)

- El escudero de don Quijote es Sancho, un aldeano vecino suyo que cree que acompañándolo conseguirá ser gobernador de una ínsula.
- Don Quijote responsabiliza de sus fracasos a unos supuestos encantadores.
- En la aventura del vizcaíno, Cervantes interrumpe la acción narrativa y, seguidamente, aparece él mismo como personaje de la obra. Así recrea la ficción del manuscrito encontrado típica de las novelas de caballerías.

4. ¿Con qué intención interrumpe Cervantes la aventura del vizcaíno en mitad de la acción? ¿A qué recurso cinematográfico te recuerda?

5. ¿Te sorprende que Cervantes se incluya como personaje en la ficción? ¿Crees que esto dota de más interés al relato?

Capítulos 6 a 9 (Primera parte, cap. IX-XXII)

- Don Quijote pronuncia el discurso de la Edad de Oro, época remota que representa el sueño de la felicidad permanente. En él se describe una sociedad ideal, que existía cuando no había corrupción sobre la Tierra.
- Le cuentan a don Quijote la historia de Grisóstomo y Marcela.
- Tras ser apaleados por los yangüeses, don Quijote y Sancho llegan a la venta que don Quijote cree que es un castillo. En ella, amo y criado conocerán los distintos efectos que puede producir el bálsamo de Fierabrás.
- El caballero y su escudero se ponen de nuevo en camino y viven la increíble aventura del yelmo de Mambrino.
- Tras la liberación de los galeotes, don Quijote y Sancho se ocultan en Sierra Morena. Uno de los galeotes, Ginés de Pasamonte, reaparecerá más tarde en el relato.

6. Observa la descripción que hace don Quijote de la Edad de Oro en contraposición con su tiempo, y cómo justifica la existencia de los caballeros andantes.

7. ¿Te parecen divertidos los episodios de la venta? ¿Cómo transforma don Quijote la realidad? Fíjate en los personajes que aparecen y en cómo están descritos: el ventero, las mozas, los arrieros... Comenta después el episodio de Maritornes.

8. ¿Qué explicación tiene, desde tu punto de vista, el hecho de que un mismo bálsamo sane a don Quijote y enferme a Sancho?

9. Señala los elementos cómicos del episodio del yelmo de Mambrino.

10. En los diálogos que don Quijote mantiene con los galeotes, el caballero no entiende el sentido figurado de las expresiones de los condenados. Anota algún otro ejemplo del uso humorístico del lenguaje en la obra.

Capítulos 10 a 14 (Primera parte, cap. XXIII-LII)

- Don Quijote decide hacer penitencia por Dulcinea, como Amadís. El caballero revela a Sancho la identidad de su señora para que este le entregue una carta.
- Se introducen las historias de Cardenio y Luscinda y Fernando y Dorotea.
- Los personajes abandonan Sierra Morena y se dirigen de nuevo a la venta de Palomeque. Allí, el cura lee al grupo la novela *El curioso impertinente* y todos conocen la historia del cautivo, y la de don Luis y doña Clara.
- Tiene lugar el episodio del baciyelmo y la llegada de los cuadrilleros de la Santa Hermandad, que quieren prender a don Quijote.
- Don Quijote regresa a casa enjaulado.

11. Don Quijote reproduce con su penitencia un episodio literario. ¿Qué opinas de que don Quijote no se contente con leer, sino que desee *vivir la literatura*?

12. Comenta los distintos papeles de los hombres y las mujeres en las historias intercaladas. ¿Cómo se resuelven? ¿Dirías que triunfa el amor?

13. El lector conoce a don Quijote y Sancho a través de los diálogos. ¿Cómo se van acrecentando entre amo y escudero los sentimientos de cariño y amistad?

14. Resume la historia del cautivo y relaciónala con la experiencia vital de Cervantes.

15. Analiza detenidamente todo el episodio del baciyelmo. ¿Cómo puede ser que tantas personas nobles y cultas afirmen que la bacía es yelmo?

Segunda salida

- Aventura de los molinos.
  Aventura del vizcaíno
- Aventura de los yangüeses.
  Episodios de la venta
- El lector descubre a Cide Hamete Benengeli
- Cena con los cabreros.
  Historia de Grisóstomo y Marcela
- Historias de Cardenio y Luscinda y de Fernando y Dorotea.
  El curioso impertinente
- Aventuras de los rebaños y del cuerpo muerto.
  Episodio de los batanes
- El yelmo de Mambrino.
  Aventura de los galeotes.
  Episodios de Sierra Morena
- Historia del cautivo.
  Historia de doña Clara y don Luis.
  Episodio del baciyelmo
- Vuelta a casa enjaulado.
  Episodio de los disciplinantes

Tercera salida

Capítulos 1 a 8 (Segunda parte, cap. I-XXVIII)

- Don Quijote y Sancho son ahora personajes de ficción en la ficción y son conscientes de que sus hazañas andan impresas en un libro.
- Se produce el encuentro de don Quijote con la supuesta Dulcinea en el Toboso.
- Sansón Carrasco tiene una idea para hacer desistir a don Quijote de su obsesión: la aventura del Caballero del Bosque.
- En el camino, don Quijote se encuentra con el Caballero del Verde Gabán y en su presencia tiene lugar la aventura de los leones.
- Don Quijote vive la misteriosa aventura de la cueva de Montesinos, parodia de las narraciones de sueños alegóricos del Siglo de Oro.
- Ginés de Pasamonte reaparece como Maese Pedro, quien escenifica en su retablo o teatro de marionetas la historia de don Gaiferos.

16. Comenta la reacción de don Quijote y Sancho, al comienzo de la segunda parte, al enterarse de que son famosos y de que sus hazañas andan impresas.

17. Analiza el episodio del encuentro de don Quijote con Dulcinea "encantada".

18. Compara la reacción del Caballero del Verde Gabán y la de don Quijote ante la aventura de los leones.

19. Anota tus impresiones acerca del episodio de la cueva de Montesinos.

20. Cervantes recupera algunos personajes que aparecieron en otros capítulos y le cuenta al lector qué ha sido de sus vidas en el tiempo transcurrido. ¿Qué opinas del hecho de que el antiguo galeote se haya hecho titiritero?

Capítulos 9 a 12 (Segunda parte, cap. XXIX-XLI)

- Don Quijote y Sancho se encuentran con los duques. Estos, conocedores de la locura de don Quijote, llevan a los protagonistas a su castillo para burlarse de ellos. A partir de este momento, las aventuras que vive el caballero no nacen de sus desvaríos, sino que son ficciones representadas por los que le rodean.
- Una de las bromas será la aparición de Merlín, quien anunciará cómo desencantar a Dulcinea. Se introduce aquí el tema del burlador burlado: Sancho tendrá que desencantarla dándose tres mil azotes.
- Tiene lugar el episodio de Clavileño, que guarda un paralelismo con el de la cueva de Montesinos. Aquí también Sancho tiene una visión.

21. Resume brevemente las bromas pesadas que gastan los duques a don Quijote y Sancho.

22. Comenta la faceta cómica del episodio del desencantamiento de Dulcinea y relaciónalo con el tema del burlador burlado.

23. Compara el episodio de Clavileño con el de la cueva de Montesinos. En el episodio de la cueva, don Quijote cree bajar a las entrañas de la Tierra, mientras que en este de Clavileño, Sancho cree subir al cielo.

24. Analiza y aporta algunos ejemplos del uso humorístico del lenguaje en estos capítulos.

Tercera salida

- Don Quijote y Sancho, personajes de ficción en la ficción
- Dulcinea encantada. Aventura del Caballero del Bosque
- El Caballero del Verde Gabán y la aventura de los leones
- Aventura de la cueva de Montesinos. El retablo de Maese Pérez
- Aventura en el castillo de los duques. Episodio de Clavileño
- Sancho gobernador. Encuentro con Ricote
- La arcadia fingida. El bandolero Roque Guinart
- Episodios de Barcelona. El caballero de la Blanca Luna. El desencantamiento de Dulcinea
- Vuelta a casa. Don Quijote recobra la cordura, hace testamento y muere

Capítulos 13 a 19 (Segunda parte, cap. XLII-LVII)

- Don Quijote y Sancho se separan y viven distintas aventuras en solitario.
- Sancho es nombrado gobernador y, sorprendentemente, actúa como un dirigente sabio y justo. Mientras tanto, continúan las crueles burlas de los duques.
- Sancho renuncia a la ínsula y va a buscar a don Quijote. Por el camino se encuentra con el morisco Ricote.
- Ya de noche, el escudero cae en una sima con su rucio y don Quijote lo salva a la mañana siguiente.
- Amo y criado abandonan el castillo de los duques.

25. ¿En qué momentos se aprecia la amistad y el cariño que une a los protagonistas? Indica los valores que defiende don Quijote en sus consejos a Sancho.

26. Anota las aventuras que viven los protagonistas individualmente: Sancho ejerce como gobernador y don Quijote reacciona ante las burlas de Altisidora.

27. Documéntate sobre la expulsión de los moriscos de España y explica cómo se refleja en la historia de Ricote.

Ilustración de Svetlin de don Quijote y Sancho para *Don Quijote de la Mancha I*. Ed. Vicens Vives, 2015.

Capítulos 20 a 25 (Segunda parte, cap. LVIII-LXXIV)

- Don Quijote y Sancho tienen noticia de la publicación de la segunda parte apócrifa de sus aventuras y deciden ir a Barcelona en lugar de visitar Zaragoza.
- Se produce el encuentro con Roque Guinart. Paradójicamente, son los ladrones capitaneados por él los que mejor tratan a don Quijote y Sancho.
- El Caballero de la Blanca Luna derrota a don Quijote, que debe emprender, lleno de tristeza, el regreso a su aldea. Se produce el desencantamiento de Dulcinea.
- Don Quijote recobra la cordura y muere confesado y en paz con Dios.

28. Comenta la estancia de los protagonistas con el bandolero Roque Guinart.

29. Anota los episodios de Barcelona que más llamen tu atención y comenta la derrota de don Quijote. ¿Cuáles son tus reacciones ante ellos como lector?

30. Explica cómo desencanta Sancho a Dulcinea.

31. Teniendo en cuenta la creencia en la vida eterna de la época, ¿cómo entiendes el hecho de que don Quijote recobre la cordura y muera en paz con Dios?

Tras la lectura, la reflexión...

Has tomado numerosas notas a lo largo de la lectura, ahora tendrás que diseñar y elaborar un trabajo personal de carácter creativo en el que demuestres que has asimilado el valor de esta obra universal.

Escoge entre estas propuestas dos o tres líneas argumentales que desees desarrollar:

a. *El Quijote* como obra de humor: la confusión entre realidad y ficción y la parodia de las novelas de caballerías.

b. Don Quijote y Sancho: un loco cuerdo y un cuerdo loco, amigos para siempre.

c. Las historias intercaladas en *El Quijote*.

d. Las figuras femeninas en *El Quijote*.

e. Don Quijote como defensor de unos valores que se han perdido: libertad, justicia, amor, honestidad...

f. *El Quijote* como retrato de la sociedad de su tiempo: tipos, problemas sociales y costumbres.

g. Opinión personal de la obra.

LITERATURA
EL BARROCO

El sueño del caballero (c. 1645-1660), de Antonio de Pereda.

HISTORIA

FELIPE III

- **1599** El duque de Lerma, valido del monarca
- **1609** Expulsión de los moriscos
- **1618** **Guerra de los 30 años** **1648**
- **1621** El conde-duque de Olivares, valido de Felipe IV

FELIPE IV

- **1627** Primera bancarrota de Felipe IV
- **1640** **Rebeliones en Cataluña y Portugal** **1652**
- Derrota de Rocroi **1643**
- **1648** Paz de Westfalia
- **1659** Paz de los Pirineos

1600 · 1610 · 1620 · 1630 · 1640 · 1650 · 1660

LITERATURA

- **1604** *Rimas* de Lope de Vega
- **1609** *Arte nuevo de hacer comedias...* de Lope de Vega
- **c. 1610** Muere Lope de Rueda
- **1612-13** *Fábula de Polifemo y Galatea* y *Soledades* de Góngora
- **1614** *Rimas sacras* de Lope de Vega
- **1626** *La vida del Buscón...* de Quevedo
- **1635** *La vida es sueño* de Calderón
- **1645** Muere Quevedo
- **1649** Estreno de *El gran teatro del mundo* de Calderón

DECADENCIA POLÍTICA Y ESPLENDOR ARTÍSTICO

Durante el siglo XVII España entró en un periodo de decadencia política imparable debida a la mala administración de sus gobernantes. Tanto los reyes como sus validos despilfarraron las ingentes riquezas que venían de las colonias americanas en guerras en Europa y en lujos cortesanos.

Cuando sube al trono Felipe IV se debía toda la renta del estado de los cuatro años siguientes. Esta situación llevó a la miseria a un pueblo que aún creía en los ideales caballerescos y pensaba que la conquista de territorios era la única forma noble de enriquecimiento, por lo que rechazaba el trabajo como forma de progreso económico y social.

Llamamos Barroco a este **siglo lleno de contrastes**, ya que en una época caracterizada por la **decadencia económica y social**, se desarrolla el período más espléndido de las letras y las artes españolas.

LA SOCIEDAD ESPAÑOLA

Las épocas depresivas exacerban los antagonismos sociales; por este motivo en el siglo XVII se produce una polarización social enorme entre una minoría de privilegiados y una mayoría miserable.

- Los **campesinos** trabajaban unas tierras por las que tenían que pagar unos impuestos excesivos porque el 95 % de las tierras de cultivo pertenecían a la nobleza y al clero.

  Además, el siglo XVII tuvo una climatología especialmente adversa, lo que propició malas cosechas que provocaron largos períodos de hambre y epidemias que diezmaron la población.

  El empobrecimiento general y los impuestos hicieron que los campesinos abandonaran las tierras y emigraran a las ciudades en busca de un futuro mejor, aumentando allí la mendicidad y la picaresca.
- **Artesanos y comerciantes** vieron disminuir sus ingresos por la inflación de los precios ocasionada por el oro que venía de América. La poca consideración del trabajo manual hizo que en cuanto un burgués se enriquecía comprara un título nobiliario y abandonara las labores productivas.
- La **nobleza** duplicó su número por la compra de títulos nobiliarios. El hidalgo de ciudad, vagabundo, como los pícaros, y el hidalgüelo de pueblo, confinado en unas tierras que su condición le impide cultivar, serán motivo de reflexión e ironía en la literatura de la época.
- Las **ciudades** se convierten en un hervidero de nobles cortesanos, pícaros, campesinos, funcionarios, artesanos, hidalgos en busca de un empleo en la administración, soldados, clérigos, criados y mujeres que pululan por sus calles. Son los espectadores del gran teatro barroco, gente inquieta y desocupada, especialistas en saber qué pasa en la corte y en cada una de las casas de la ciudad.

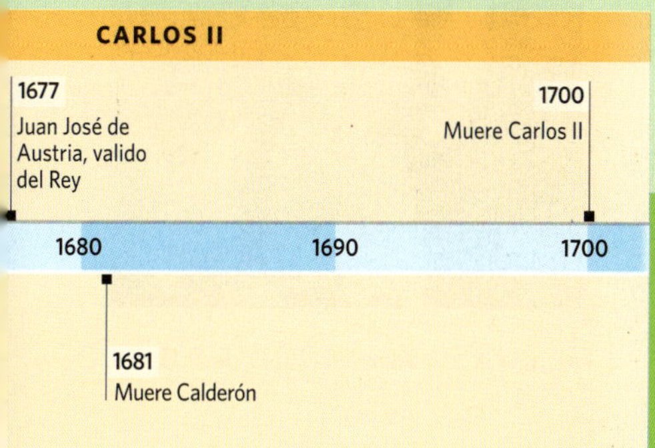

7 EL BARROCO
LA LÍRICA

1. Ideología y estética del Barroco

Los conflictos políticos y sociales del siglo XVII transformaron el optimismo renacentista en una amplia sensación de **desengaño** y **pesimismo** que fue impregnando los espíritus de los pensadores y artistas del Barroco.

En el siglo XVII, la vida se siente como caos y desorden, el mundo parece una ficción y vivir es un camino que lleva inevitablemente hacia la muerte.

Detalle de *Las meninas* (1656), de Velázquez. En primer plano, de izquierda a derecha, podemos observar a la infanta Margarita de niña, a su menina Isabel de Velasco y a los enanos Mari Bárbola y Nicolasito Pertusato.

1.1 Características estéticas del arte barroco

Durante el Barroco, **la realidad** se alza espléndida como tema central en el arte; así la estética barroca tendrá las siguientes características:

Realismo

En el Renacimiento, el arte quería reproducir el mundo ideal neoplatónico de belleza y armonía perfectas.

Por el contrario, el arte barroco pretende representar estéticamente la realidad tal cual es, con su mezcla de belleza y fealdad. Cambia, pues, la concepción del arte, que pasa de idealista a realista.

Arte de contrarios

El hombre barroco ya no se siente el centro de un cosmos armónico; ahora se ve a sí mismo como un campo de batalla en el que luchan fuerzas contrarias: vida y muerte, pasión y razón, virtud y pecado...

El artista pretende plasmar en el arte este conflicto permanente; así vemos que en sus obras aparecen juntos lo bello y lo feo, elementos religiosos junto a motivos sensuales, y espacios iluminados junto a otros prácticamente en sombra. Es lo que se llama el **claroscuro barroco**.

Las obras literarias también recogen este **arte de contrarios**: un mismo autor, como Quevedo, escribe poemas de idealizado amor neoplatónico y otros en los que se burla despiadadamente del amor.

¿Qué es la vida? Un frenesí.
¿Qué es la vida? Una ilusión,
una sombra, una ficción,
y el mayor bien es pequeño:
que toda la vida es sueño,
y los sueños, sueños son.

Pedro CALDERÓN DE LA BARCA:
La vida es sueño.

Acumulación de elementos estéticos: el *horror vacui*

El Barroco no crea elementos estéticos nuevos, sino que utiliza los mismos del Renacimiento, pero con mayor frecuencia e intensidad.

El arte experimenta una profusión de elementos decorativos que ocupan cualquier rincón disponible en fachadas o frescos ornamentales. Esta estética representa el *horror vacui* ('horror al vacío'). Lo puramente decorativo pasa a ser prioritario.

También en el lenguaje literario vemos esa **acumulación de recursos expresivos**: las metáforas se acumulan y la sintaxis se retuerce en complicadas construcciones, en un desafío constante a la inteligencia del lector.

Martirio de san Sebastián (1577), de El Greco.

Ruptura de la armonía fondo-forma en beneficio de la forma

El artista barroco **busca la belleza en la suma de elementos**, en la originalidad y en la sorpresa. Las complicaciones formales ganan definitivamente la batalla a la claridad.

1.2 La lengua literaria del Barroco

La lengua literaria del siglo XVII se aleja cada vez más de la naturalidad renacentista y acumula metáforas, símbolos y otros recursos estilísticos con la finalidad de sorprender al lector por el ingenio y la belleza de los textos.

Dos movimientos literarios surgen en el Barroco: el **conceptismo** y el **culteranismo**.

Lee el siguiente soneto de Quevedo como ejemplo de conceptismo, y una estrofa de la *Fábula de Polifemo y Galatea*, de Góngora, como modelo de culteranismo:

Un soneto conceptista

Es hielo abrasador, es fuego helado,
es herida que duele y no se siente,
es un soñado bien, un mal presente,
es un breve descanso muy cansado;

es un descuido que nos da cuidado,
un cobarde, con nombre de valiente,
un andar solitario entre la gente,
un amar solamente ser amado;

es una libertad encarcelada,
que dura hasta el postrero parasismo;
enfermedad que crece si es curada.

Este es el niño Amor, este es su abismo.
¡Mirad cuál amistad tendrá con nada
el que en todo es contrario de sí mismo!

Francisco DE QUEVEDO

Una estrofa culteranista

(La Aurora deshoja su luz blanca y roja sobre la ninfa Galatea. El dios Amor duda cuál sea su color: púrpura nevada o nieve roja. Una perla del mar Eritreo pretende ser más bella que la frente de la ninfa. Cupido la castiga por su atrevimiento y la convierte en un pendiente para la joven).

Purpúreas rosas sobre Galatea
la Alba entre lilios cándidos deshoja:
duda el Amor cuál más su color sea,
o púrpura nevada, o nieve roja.
De su frente la perla es, eritrea,
émula vana. El ciego dios se enoja,
y, condenado su esplendor, la deja
pender en oro al nácar de su oreja.

Luis DE GÓNGORA

Acis y Galatea (1761), de Pompeo Batoni.

CONCEPTISMO	CULTERANISMO
Busca el concepto, la asociación ingeniosa de ideas.	**Busca la belleza** formal y sensorial.
El contenido de las obras es **muy denso** porque se pretende expresar muchas ideas en el menor número de palabras.	**El contenido** de las obras suele ser **mínimo**, apenas el soporte para utilizar un lenguaje suntuoso de gran belleza formal.
Muestra la realidad tal cual es. Muchas veces la deforma para destacar sus aspectos más ridículos o corruptos.	**Idealiza la realidad**. Procura mostrar sus aspectos más hermosos usando los recursos embellecedores del idioma.
Prefieren los **recursos estilísticos** que juegan con el **significado**: equívocos, antítesis, paradojas, juegos de palabras…	Prefieren los **recursos estilísticos** que aportan **ritmo y belleza**: metáforas, comparaciones...

- Ambos movimientos complican el lenguaje literario gracias al uso acumulativo de recursos estilísticos.
- Ambos movimientos buscan la complicidad de un lector culto que sepa entenderlos y descifrarlos.

1. Según la concepción petrarquista, el amor es una suma de sentimientos contrarios, por eso la antítesis aparece frecuentemente en los poemas barrocos. ¿Cuántas antítesis hay en el soneto de Quevedo? Explica qué quiere decir Quevedo con cada una de ellas.

2. Explica algunas características del conceptismo y del culteranismo partiendo del soneto de Quevedo y de la estrofa de Góngora que has leído. Encuentra algunos ejemplos de los recursos estilísticos que se han utilizado en uno y otro texto.

2. Francisco de Quevedo

Francisco de Quevedo es el **máximo representante del lenguaje literario conceptista** y uno de los poetas más famosos y admirados de la lírica española. Dominó como nadie el lenguaje, lo exprimió para sacarle todas sus posibilidades expresivas y lo amplió con la creación de nuevas palabras.

La poesía de Quevedo se divide en tres grandes apartados: *poesía grave*, *poesía burlesca* y *poesía amorosa*.

2.1 La poesía grave

En ella se agrupan los poemas religiosos, metafísicos y morales.

Los poemas religiosos

Expresan su lucha espiritual y su esperanza de alcanzar la vida eterna a pesar de sus debilidades humanas.

En lágrimas deshecho,
suspiro de lo hondo de mi pecho.
Mas, ¡ay!, que si he dejado
de ofenderte, Señor, temo que ha sido
más de puro cansado
que no de arrepentido.

Los poemas metafísicos

Exponen en un tono serio y reflexivo el desasosiego del hombre cercado por la muerte. Estos poemas tratan sobre la **brevedad de la vida** y traslucen una resignada aceptación de su final inexorable.

"¡Ah de la vida!"... ¿Nadie me responde?
¡Aquí de los antaños[1] que he vivido!
La Fortuna[2] mis tiempos ha mordido;
las Horas[3] mi locura las esconde.

¡Que sin poder saber cómo ni adónde
la salud y la edad se hayan huido!
Falta la vida, asiste lo vivido,
y no hay calamidad que no me ronde.

Ayer se fue; mañana no ha llegado;
hoy se está yendo sin parar un punto:
soy un fue, y un será, y un es cansado.

En el hoy y mañana y ayer, junto
pañales y mortaja, y he quedado
presentes sucesiones de difunto.

1. **antaño**: el tiempo pasado.
2. **Fortuna**: diosa de la abundancia y de la buena suerte.
3. **las Horas**: hijas de Zeus; sus nombres son Disciplina, Justicia y Paz.

3. En sus poemas metafísicos, Quevedo tensa el lenguaje para expresar su angustia emocional. Así, hasta los mismos verbos acaban convertidos en sustantivos: "soy un fue, y un será, y un es cansado". Localiza este verso y explica qué quiere decir Quevedo en los tercetos de este soneto.

Los poemas morales

Los poemas morales fustigan los vicios y las malas costumbres de los hombres y mujeres de su época en un tono serio y reflexivo.

FRANCISCO DE QUEVEDO (1580-1645)

Retrato de Francisco de Quevedo, de Velázquez.

Quevedo era hijo del secretario particular de la reina Ana, mujer de Felipe II. Recibió una sólida educación: conocía el latín, el griego, el hebreo, el francés, el italiano y el portugués.

Su vida siempre transcurrió en ambientes palaciegos. Fue el hombre de confianza del duque de Osuna.

Quevedo fue un cortesano que vivió apasionada y críticamente su época participando en las intrigas cortesanas. Estas lo llevaron al final de sus días a la cárcel de San Marcos de León, de donde salió cinco años después y murió poco tiempo más tarde.

Al conde-duque de Olivares dedica su "Epístola satírica y censoria contra las costumbres presentes de los castellanos".

No he de callar, por más que con el dedo,
ya tocando la boca, o ya la frente,
silencio avises, o amenaces miedo.

¿No ha de haber un espíritu valiente?
¿Siempre se ha de sentir lo que se dice?
¿Nunca se ha de decir lo que se siente?

Hoy, sin miedo que, libre, escandalice,
puede hablar el ingenio, asegurado
de que mayor poder le atemorice.

En otros siglos pudo ser pecado
severo estudio y la verdad desnuda,
y romper el silencio el bien hablado.

Pues sepa quien lo niega, y quien lo duda,
que es lengua la verdad de Dios severo,
y la lengua de Dios nunca fue muda. [...]

Señor Excelentísimo, mi llanto
ya no consiente márgenes ni orillas:
inundación será la de mi canto.

4. ¿Qué señala el dedo que toca la boca? ¿Y el que toca la frente? ¿Qué hará Quevedo ante estas amenazas?
5. ¿Qué quiere decir Quevedo en el segundo terceto?
6. Escribe un texto en prosa en el que expliques a un político actual lo que expresa Quevedo en estos versos.

2.2 La poesía burlesca

En la poesía burlesca, Quevedo se ríe de todo y de todos. En estos poemas el autor emplea de manera magistral todos los recursos del conceptismo y consigue en muchos de ellos auténticas caricaturas de la realidad.

Poderoso caballero es don Dinero

Madre, yo al oro me humillo;
él es mi amante y mi amado,
pues, de puro enamorado,
de contino anda amarillo,
que pues, doblón o sencillo,
hace todo cuanto quiero,
poderoso caballero
es don Dinero.

Nace en las Indias honrado,
donde el mundo le acompaña;
viene a morir en España,
y es en Génova enterrado.
Y pues quien le trae al lado
es hermoso, aunque sea fiero,
poderoso caballero
es don Dinero. [...]

7. ¿En qué poemas medievales una muchacha habla con su madre o amigas acerca de su amado?
8. ¿Qué punto de vista ha cambiado entre aquellas composiciones y este poema? Relaciona este cambio con el tema del "desengaño barroco".
9. ¿Cómo define la mujer a su "amado"?
10. ¿Qué trayectoria geográfica recorre el "amado" de la mujer? Relaciona la crítica de Quevedo con los problemas económicos de las monarquías en el siglo XVII.

2.3 La poesía amorosa

Pese a que Quevedo no tuvo una vida amorosa feliz, creó algunos de los sonetos de amor más hermosos de la lengua castellana. En ellos consigue desarrollar un lenguaje poético propio que renueva la poesía del Barroco por dos caminos:

- **La pasión**. Sus poemas son un puro grito de soledad, angustia y resignación final ante un amor imposible e idealizado. En ellos Quevedo huye de la retórica amorosa de su tiempo para utilizar un lenguaje profundo, duro y sincero.
- **La unión del amor y de la muerte**. Aunque no es original de Quevedo, sí que alcanza en algunos de estos sonetos su más perfecta expresión. Lo comprobarás en su soneto "Amor constante más allá de la muerte".

FÍJATE

Hallarás el soneto "Amor constante más allá de la muerte" en el comentario de texto al final de esta unidad.

3. Luis de Góngora

En la España del siglo XVII, en la que casi todo hombre culto escribe versos, Luis de Góngora es el poeta por excelencia, el más alabado, criticado e imitado de su época. A los 19 años, en 1580, justo el año en que nació Quevedo, Góngora ya era un famoso poeta **conceptista** y circulaban en copias manuscritas sus letrillas más famosas como "Hermana Marica" y "Déjame en paz, amor tirano".

Dividiremos su obra poética en tres apartados: *poesía en metros cortos*, *sonetos* y *poemas mayores*.

3.1 Poesía en metros cortos

Sus poemas en metros cortos: **romances**, **letrillas** y **canciones**, satirizan la hipocresía y los vicios de su tiempo. En estos poemas hace una crítica de todo y de todos: nobles y pueblo, damas y enamorados.

Que anochezca cano el viejo,
y que amanezca bermejo[1],
bien puede ser;
mas que a creer nos estreche
que es milagro y no escabeche[2],
no puede ser.

1. **bermejo**: rubio o rojizo.
2. **escabeche**: salsa o adobo, y también líquido para teñir canas.

También trató el **tema amoroso** pero, a diferencia de Quevedo o Lope, Góngora arremete contra los falsos idealismos del amor neoplatónico del que siempre se burla. En este romance con estribillo pretende alejarse del amor y de sus problemas.

Ciego que apuntas y atinas,
caduco dios y rapaz,
vendado que me has vendido
y niño mayor de edad,
por el alma de tu madre
-que murió, siendo inmortal,
de envidia de mi señora-,
que no me persigas más.
Déjame en paz, amor tirano,
déjame en paz. [...]

Amadores desdichados
que seguís milicia tal,
decidme, ¿qué buena guía
podéis de un ciego sacar?
De un pájaro, ¿qué firmeza?
¿Qué esperanza, de un rapaz?
¿Qué galardón, de un desnudo?
De un tirano, ¿qué piedad?
Déjame en paz, amor tirano,
déjame en paz. [...]

11. Lee a continuación lo que el padre Pineda, en su informe para las autoridades inquisitoriales, afirmaba sobre Góngora, y realiza las actividades:

Pica a todos los estados de la república cristiana y de todos los estados religiosos y eclesiásticos en general... y tanto más perjudicial, cuanto por ser en verso es más fácil de tener y más apetitoso de leer y de acordarse y repetir en conversación y fuera de ella.

a. ¿Por qué considera el padre Pineda que el verso es tan peligroso como vehículo expresivo?
b. ¿Qué hecho real hay en el milagro de que un viejo se acueste canoso y se levante rubio?
c. Explica las antítesis de los cuatro primeros versos de la segunda letrilla. ¿Por qué llama a Cupido *ciego*, *pájaro*, *rapaz* y *tirano*?

LUIS DE GÓNGORA (1561-1627)

Retrato de Luis de Góngora, de Velázquez.

Luis de Góngora nació en Córdoba en una familia próspera y culta. Estudió leyes en Salamanca y a los veinticuatro años heredó de su tío un puesto eclesiástico.

En la corte convivió con escritores famosos y se enemistó con Lope de Vega y con Quevedo, al que acusó de copiarle sus versos.

Sus últimos años fueron muy difíciles, acuciado por las deudas, la enfermedad y la soledad, tras perder a su protector, el duque de Lerma.

3.2 Sonetos

En los **sonetos**, Góngora habla de los mismos temas: la crítica social, el amor... Sin embargo, en estos poemas las metáforas, los paralelismos y las correlaciones aparecen con mayor frecuencia e intensidad.

FÍJATE

Correlación: serie de elementos distribuidos en el texto que más adelante se recogen agrupados en otra serie con la que se corresponden. Tiene dos fases: diseminación y recolección.

Cabello / frente / labio / cuello.

Oro / lilio / clavel / cristal.

Mientras por competir por tu cabello
oro bruñido al sol relumbra en vano;
mientras con menosprecio en medio el llano
mira tu blanca frente el lilio bello;

mientras a cada labio, por cogello,
siguen más ojos que al clavel temprano,
y mientras triunfa con desdén lozano
del luciente cristal tu gentil cuello,

goza cuello, cabello, labio y frente,
antes que lo que fue en tu edad dorada
oro, lilio, clavel, cristal luciente,

no solo en plata o vïola troncada
se vuelva, mas tú y ello juntamente
en tierra, en humo, en polvo, en sombra, en nada.

12. ¿Qué tópico se desarrolla en este soneto? ¿En qué estrofas se anima a disfrutar de la juventud? ¿En cuáles se advierte de la inminencia de la vejez?
13. Góngora disemina los rasgos de la belleza de la joven en los cuartetos y los recolecta en los tercetos. ¿Sigue el mismo orden en la diseminación y en la recolección?
14. Compara este soneto con el Soneto XXIII de Garcilaso (página 267) y explica por qué aquel es del Renacimiento y este pertenece al Barroco.

3.3 Poemas mayores

En sus últimos años, Góngora abandonó los juegos conceptistas y se dedicó a plasmar en sus versos toda la belleza que podía percibir.

En sus poemas mayores: ***Soledades*** y la ***Fábula de Polifemo y Galatea***, el poeta pretende que sus versos sean una fiesta para los sentidos: colores, luces y formas se eligen por su belleza y musicalidad, y se expresan con una sintaxis complicada que intenta captar las múltiples posibilidades de las cosas.

Sus contemporáneos llamaron despectivamente **culteranismo** a esa nueva poesía que utilizaba los recursos más bellos del idioma para escribir no solo de temas cultos, como la mitología, sino también sobre la belleza oculta de las cosas más humildes de la vida cotidiana, como las fiestas de los campesinos en su poema *Soledades*.

Veamos a continuación cómo describe, en este nuevo y lujoso lenguaje, la imposibilidad del amor entre un desmesurado gigante y una frágil ninfa en su *Fábula de Polifemo y Galatea*:

Fresco del Palacio de Cnosos, Creta (1450-1400 a. C).

Huye la ninfa bella; y el marino
amante nadador[1]; ser bien quisiera,
ya que no áspid[2] a su pie divino,
dorado pomo[3] a su veloz carrera;
mas, ¿cuál diente mortal, cuál metal fino
la fuga suspender podrá ligera
que el desdén solicita? ¡Oh cuánto yerra
delfín que sigue en agua corza en tierra!

1. **marino amante nadador**: gigante Polifemo, hijo de Neptuno.
2. **áspid**: serpiente venenosa que si mordiera el pie de Galatea detendría su huida.
3. **dorado pomo**: manzana de oro. Polifemo quisiera ser una manzana de oro que detuviera la huida de Galatea.

15. ¿Por qué Polifemo prefiere ser un "dorado pomo"?
16. ¿Se puede detener la fuga del que huye de un amor no deseado? ¿Por qué?
17. ¿Por qué llama a Polifemo "delfín"? ¿De quién es hijo?
18. ¿Es posible el amor entre un delfín y una corza?
19. Explica qué quiere decir Góngora en: "¡Oh cuánto yerra / delfín que sigue en agua corza en tierra!

4. Lope de Vega

Félix Lope de Vega y Carpio no solo fue el dramaturgo más importante de su época, fue también un excelente prosista y uno de los poetas más importantes de la literatura española.

Lope era un hombre muy extravertido que convertía en literatura todos los acontecimientos de su vida, desde los más importantes, como sus amores o la muerte de su hijo, a los más anodinos e intrascendentes.

En este sentido se considera que Lope de Vega es el primer poeta moderno, porque hasta el Romanticismo no encontraremos a ningún poeta capaz de comunicar con tanta sinceridad las intimidades de su vida personal.

4.1 Poesía en metros cortos

Lope de Vega es uno de los mejores escritores de romances, letrillas y canciones del siglo XVII. Hasta tal punto se identificaba el estilo del poeta con la ligereza y la gracia de la lírica tradicional, que muchos de sus romances y canciones se han transmitido a lo largo de los siglos como canciones populares.

La mayoría de estas composiciones se encuentran intercaladas en sus obras de teatro y en sus obras en prosa, como este romance incluido en su novela *La Dorotea*.

A mis soledades voy,
de mis soledades vengo,
porque para andar conmigo
me bastan mis pensamientos. [...]
Ni estoy bien ni mal conmigo;
mas dice mi entendimiento
que un hombre que todo es alma
está cautivo en su cuerpo.
Entiendo lo que me basta,
y solamente no entiendo
cómo se sufre a sí mismo
un ignorante soberbio.
De cuantas cosas me cansan
fácilmente me defiendo;
pero no puedo guardarme
de los peligros de un necio.
Él dirá que yo lo soy,
pero con falso argumento;
que humildad y necedad
no caben en un sujeto. [...]

Fea pintan a la envidia;
yo confieso que la tengo
de unos hombres que no saben
quién vive pared en medio.
Sin libros y sin papeles,
sin tratos, cuentas ni cuentos,
cuando quieren escribir
piden prestado el tintero.
Sin ser pobres ni ser ricos,
tienen chimenea y huerto;
no los despiertan cuidados
ni pretensiones ni pleitos,
ni murmuraron del grande,
ni ofendieron al pequeño;
nunca, como yo, firmaron
parabién, ni Pascua dieron.
Con esta envidia que digo,
y lo que paso en silencio,
a mis soledades voy,
de mis soledades vengo.

15. ¿De qué trata el romance de Lope? ¿Qué actitud vital defiende?

16. ¿Cómo viven los hombres a los que el poeta dice envidiar?

17. En los cuatro primeros versos hay dos recursos estilísticos. ¿Cuáles son? ¿Por qué crees que Lope de Vega inicia el romance con ellos? ¿Aclaran estos recursos el tema de la composición?

LOPE DE VEGA (1562-1635)

Lope de Vega nació en el seno de una familia modesta. Estudió con los jesuitas y más tarde en la Universidad de Alcalá, aunque abandonó los estudios.

Participó en la conquista de las Azores y en la Armada Invencible, y tuvo muchas historias de amor, dos matrimonios y quince hijos, legítimos e ilegítimos.

Durante un tiempo, Lope sufrió una honda crisis espiritual y se hizo sacerdote. Pese a ello, se enamoró de nuevo dos años después.

Sus últimos años fueron tristes. Además de sufrir varias desgracias familiares, Lope perdió parte de su influencia en la Corte, aunque siguió siendo admirado como dramaturgo.

4.2 Los sonetos

También en los sonetos Lope volcó las vicisitudes de su vida o de sus sentimientos.

En las ***Rimas*** (1604) reúne una colección de doscientos sonetos amorosos que forman un cancionero petrarquista. Es frecuente la introspección amorosa y el amor se presenta como una dolorosa suma de contrarios.

Las ***Rimas sacras*** (1614) recogen la crisis espiritual que sufrió tras la muerte de su hijo Carlos Félix y de su segunda esposa. Son cien sonetos llenos de dolor y angustia en los que reconoce sus errores. Lope no hacía nada a medias, ni amar ni arrepentirse.

Desmayarse, atreverse, estar furioso,
áspero, tierno, liberal, esquivo[1],
alentado, mortal, difunto, vivo,
leal, traidor, cobarde y animoso;

no hallar fuera del bien centro y reposo,
mostrarse alegre, triste, humilde, altivo[2],
enojado, valiente, fugitivo,
satisfecho, ofendido, receloso;

huir el rostro al claro desengaño,
beber veneno por licor süave,
olvidar el provecho, amar el daño;

creer que un cielo en un infierno cabe,
dar la vida y el alma a un desengaño;
esto es amor: quien lo probó lo sabe.

Rimas (1604)

¿Qué tengo yo que mi amistad procuras?
¿Qué interés se te sigue, Jesús mío,
que a mi puerta cubierto de rocío
pasas las noches del invierno escuras?

¡Oh cuánto fueron mis entrañas duras,
pues no te abrí! ¡Qué extraño desvarío[3],
si de mi ingratitud el hielo frío
secó las llagas de tus plantas puras!

¡Cuántas veces el Ángel me decía:
"Alma, asómate ahora a la ventana,
verás con cuánto amor llamar porfía[4]"!

¡Y cuántas, hermosura soberana,
"Mañana le abriremos", respondía,
para lo mismo responder mañana!

Rimas sacras (1614)

1. **esquivo**: huraño, retraído.
2. **altivo**: orgulloso, soberbio.
3. **desvarío**: locura.
4. **llamar porfía**: insiste en llamar.

20. Clasifica por parejas los elementos contrarios de los dos cuartetos del soneto "Desmayarse, atreverse...".
21. Explica qué quiere decir cada uno de los versos de los dos tercetos.
22. ¿Qué tipo de espiritualidad se refleja en el soneto "¿Qué tengo yo..."?

4.3 La lengua literaria: tradición y modernidad

Lope pertenecía a un grupo de jóvenes poetas que habían empezado a escribir hacia 1580 y que habían recibido una riquísima herencia: la gracia y la frescura de los romances y de las canciones tradicionales, y la elegancia y la perfección del endecasílabo renacentista.

Con este bagaje, además de las corrientes literarias del momento, Lope elabora una lengua poética propia que recoge la tradición recibida y la enriquece tanto con los juegos de ingenio, característicos del conceptismo, como con la brillantez y la sensualidad propias del culteranismo.

Sin embargo, Lope no se pierde en la zona más oscura de los conceptos o en el complicado lenguaje culterano. Su lengua literaria, aunque muy cuidada, busca siempre la claridad, y muestra lo mejor de todas las corrientes: la tradicional y la culta, el **conceptismo** y el **culteranismo**.

Fachada de la casa madrileña de Lope de Vega.

Un poema de Luis de Góngora

Dineros son calidad,
¡verdad!
Más ama quien más suspira,
¡mentira!

Cruzados[1] hacen cruzados,
escudos[2] pintan escudos,
y tahúres[3] muy desnudos
con dados hacen condados;
ducados dejan ducados
y coronas[4], majestad:
¡verdad!

Pensar que uno solo es dueño
de puerta de muchas llaves[5],
y afirmar que penas graves
las paga un mirar risueño,
y entender que no son sueño
las promesas de Marfira[6]:
¡mentira!

Todo se vende este día,
todo el dinero lo iguala:
la corte vende su gala,
la guerra, su valentía;
hasta la sabiduría
vende la universidad:
¡verdad! [...]

JUGAR CON LAS PALABRAS

La poesía del siglo XVII juega con los conceptos y se divierte adensando el lenguaje al utilizar palabras con varios significados a la vez. Esta densidad lingüística es la expresión literaria de la suma de contrarios y del gusto por la acumulación de elementos propia del Barroco.

Concepto

Es una asociación ingeniosa de ideas.

Su finalidad es la reflexión y/o el humor.

Equívoco

Es el empleo de una o varias palabras que poseen doble sentido:

ducados < moneda / título nobiliario

(Los títulos nobiliarios se podían comprar con dinero).

Calambur

Es un juego de palabras que consiste en unir en una sola dos palabras distintas:

–¿Este **es** conde?
–Sí, este **esconde** la calidad y el dinero.

Juan Ruiz de Alarcón

1. **cruzados**: moneda antigua y también soldados que iban a las Cruzadas.
2. **escudos**: moneda y también escudos nobiliarios con los símbolos familiares, que adornaban las casas nobles.
3. **tahúr**: jugador tramposo.
4. **coronas**: moneda de la época y símbolo de la monarquía.
5. **puerta de muchas llaves**: alusión a la dificultad de poseer en exclusiva algo a lo que otros tienen acceso.
6. **Marfira**: nombre de mujer.

COMPRENSIÓN DEL TEXTO

1. ¿Qué quiere decir el estribillo? ¿Es cierto que el dinero aporta calidad? ¿Es cierto que el amor se puede medir en suspiros? Razona la respuesta.
2. La primera estrofa es una crítica al poder del dinero. Explícala verso por verso.
3. ¿Qué visión del amor se expresa en la segunda estrofa, idealista o desengañado? Explícala.
4. La tercera estrofa critica el poder del dinero en tres ámbitos. ¿Es posible comprar *gala*, *valentía* o *sabiduría*? ¿Qué compra realmente el dinero en esos ámbitos?

TEMA, ESTRUCTURA Y MÉTRICA

5. ¿Cuál es el tema de esta letrilla? ¿Cómo se expresa este tema en las tres estrofas?
6. Mide la primera estrofa e indica cómo es la rima.

LENGUAJE LITERARIO

7. Señala qué recursos de la lengua literaria del Barroco aparecen en esta letrilla.
8. ¿Qué finalidad tiene Góngora al utilizar estos recursos: la reflexión, el humor, ambas cosas?
9. En la última estrofa hay un paralelismo. ¿Crees que la figura retórica expresa la corrupción de los tres estamentos? Justifica la respuesta.

TEXTO Y CONTEXTO

10. ¿Qué aspectos critica Góngora de la sociedad del Barroco en esta letrilla satírica? Relaciónala con el poema de Quevedo "Madre, yo al oro me humillo".
11. ¿Qué características de la poesía barroca y de la de Góngora en particular aprecias en el poema?
12. Busca la letrilla de Góngora: "Traten otros del gobierno... y ríase la gente", y comentadla en clase.

Un soneto de Francisco de Quevedo

Amor constante más allá de la muerte

Cerrar podrá mis ojos la postrera
sombra[1] que me llevare el blanco día,
y podrá desatar esta alma mía
hora a su afán ansioso lisonjera;

mas no, desotra parte, en la ribera[2],
dejará la memoria, en donde ardía:
nadar sabe mi llama la agua fría,
y perder el respeto a ley severa.

Alma a quien todo un dios prisión ha sido[3],
venas que humor a tanto fuego han dado[4],
medulas[5] que han gloriosamente ardido,

su cuerpo dejará, no su cuidado;
serán ceniza, mas tendrán sentido;
polvo serán, mas polvo enamorado.

Ángel de la pena (1894), de William Wetmore Story.

1. **postrera sombra**: la última sombra, la muerte.
2. **desotra parte, en la ribera**: esa otra parte de la ribera. Se refiere Quevedo a las orillas de la laguna Estigia. El alma, según la mitología griega, atravesaba esta laguna en una barca, guiada por el barquero Caronte. En el transcurso de ese viaje por sus heladas aguas, el alma perdía la memoria de todo lo vivido. Quevedo siente el amor con tal fuerza que es capaz de saltarse la ley severa del olvido y llegar con su amor indemne hasta la eternidad.
3. **Alma a quien todo un dios prisión ha sido**: se refiere el poeta a Cupido, dios del amor, que quedó prisionero en su alma al ver la fuerza de su amor, y de allí no pudo volver a salir.
4. **venas que humor a tanto fuego han dado**: humor aquí es líquido. Se supone que algo líquido acabaría con el fuego; sin embargo, su sangre ha alimentado el fuego de su amor.
5. **medulas**: medula o médula es la sustancia que llena el interior de los huesos.

COMPRENSIÓN DEL TEXTO

1. ¿Qué puede hacer la muerte y qué no podrá hacer jamás en el alma de Quevedo? ¿Por qué?
2. En los dos últimos tercetos, Quevedo hace una correlación de tres elementos del primer terceto: *alma*, *venas* y *medulas*, que se corresponderán con otros tres elementos del último. ¿Con cuáles?

TEMA, ESTRUCTURA Y MÉTRICA

3. ¿Cuál es el tema del soneto?
4. El soneto de Quevedo está divido en dos partes claramente diferenciadas. ¿Cuáles son esas dos partes y a qué estrofas corresponden? Resume el contenido del poema en cada una de estas divisiones.
5. Haz el esquema métrico de este soneto.

LENGUAJE LITERARIO

6. En el primer cuarteto hay una antítesis y una personificación. Identifícalas.
7. Localiza otra personificación en el segundo cuarteto del poema. ¿Por qué es importante?
8. Los tercetos están construidos sobre el paralelismo y la correlación. Explica qué versos forman cada paralelismo y qué elementos entran en correlación.
9. Encuentra dos metáforas en las dos últimas estrofas.

TEXTO Y CONTEXTO

10. ¿Qué características temáticas o lingüísticas de la poesía barroca observas en este soneto? ¿Es conceptista o culteranista? Justifica la respuesta.
11. ¿Qué rasgos de la poesía de Quevedo se observan?

8 EL BARROCO
EL TEATRO

1. Antecedentes del teatro barroco

En el siglo XVI, el teatro español inicia una evolución desde unos parámetros puramente medievales hasta la modernidad, representada por la nueva fórmula teatral de Lope de Vega en el siglo XVII.

Por un lado, existía un teatro religioso, cuyo objetivo era fomentar la piedad del público. A mediados del siglo, cuando el Concilio de Trento prohibió las representaciones teatrales en el interior de los templos, actores profesionales comenzaron a presentar obras breves de tema religioso sobre carros móviles. Fueron el antecedente de los autos sacramentales.

Por otro lado, triunfaba también un teatro profano, muy influenciado por la *commedia dell'arte* italiana, cuyos autores más representativos anticipan elementos que anuncian una nueva fórmula teatral: **Bartolomé Torres Naharro** (c. 1485-c. 1520) introduce en sus comedias el tema del honor y la figura del criado, y a **Juan de la Cueva** (c. 1550-c. 1610) se le debe una mayor variedad temática, la polimetría o la mezcla de lo trágico y lo cómico.

CONCILIO DE TRENTO

Ante la amenaza del luteranismo en Europa, la Iglesia Católica apuesta por un movimiento de renovación de su institución. Con este motivo, el papa Pablo III convocó el Concilio de Trento, cuyas sesiones se celebraron entre 1545 y 1563, en el que se tomaron medidas destinadas a consolidar los dogmas de la fe católica.

En estas sesiones participaron, además de los altos cargos eclesiásticos, algunos monarcas, como el emperador Carlos V.

Pero el verdadero puente hacia la comedia nueva fue **Lope de Rueda** (c. 1505-1565), empresario y autor teatral, cuyo mérito fue introducir entre los actos de sus comedias algunas escenas breves de carácter cómico a las que denominó *pasos* (antecedente del entremés).

obras menores

Y entre los pasos de veras
mezclados otros de risa:
que porque iban entremedias
de la farsa, los llamaron
entremeses de comedia.

Agustín DE ROJAS:
El viaje entretenido.

Temas:
- Generación de los Reyes Católicos
- Desde 1530 hasta finales del siglo XVI
- la generación de los trágicos
- El teatro de Cervantes

Nos han llegado un total de veinticuatro pasos. Estas obras humorísticas están protagonizadas por personajes populares entre los que destacan el bobo o simple, el criado, el rufián, el vizcaíno, etc.

La acción de los pasos es sencilla y se resuelve al final con palos, burlas o la huida de alguno de los personajes.

PANARIZO. Mira: en la tierra de Jauja hay muchas cazuelas con huevos y queso.

MENDRUGO. ¿Como esta que yo traigo? (*Mira la cazuela.*) ¡Anda, si está vacía! (*Honziguera y Panarizo hacen mutis corriendo. Mendrugo, dando voces tras ellos.*) ¡Ladrones! ¡Ladrones! (*Se detiene de pronto y mira la cazuela tristemente*). Me han dejado sin un buñuelo. ¡Pobre de mí! ¿Y qué hago yo ahora? (*Pausa.*) Pobrecillos, a lo mejor es que tenían hambre... ¡Que Dios les perdone el daño que me han hecho! La culpa la he tenido yo, por creer que hay tierras en donde se puede vivir sin trabajar. Esto me servirá de lección (*Vase tristemente por donde vino.*)

Lope DE RUEDA: *La tierra de Jauja* (versión modernizada).

El país de Jauja (1567), de Brueghel el Viejo. Todavía hoy se usan expresiones coloquiales que se refieren a Jauja como paraíso de la abundancia.

2. Lope de Vega y la comedia nueva

Lope de Vega comienza a escribir sus obras en 1585. En este momento, además de las representaciones que tenían lugar sobre carros móviles y en los teatros cortesanos, proliferan los espectáculos populares dirigidos a un público urbano, que tenían lugar en los corrales de comedias.

Lope de Vega llevaba muchos años haciendo teatro cuando la Academia de Madrid le encargó un discurso sobre sus principios del género dramático: en el *Arte nuevo de hacer comedias* (1609), el autor demuestra un dominio perfecto de las reglas dramáticas, pero también es consciente de que ha inventado una nueva fórmula de escritura teatral que funciona y atrae al público variopinto de los corrales de comedias. Además, Lope está atento a los gustos de este público, y no solo intenta entretenerlo, sino que también cree en la función didáctica del teatro en la medida en que la comedia es espejo de la vida.

Los corrales de comedias eran patios de vecindad que se habilitaban como teatro, aprovechando las ventanas y los balcones como lugares desde donde asistir al espectáculo.

2.1 Una nueva fórmula teatral

A Lope de Vega le corresponde el mérito de haber fijado las reglas de la comedia nueva. Son las siguientes:

- **Pluralidad temática y libertad en la elección del tema**, con preferencia por los asuntos de honra.
- **Mezcla de lo trágico y lo cómico**. Lope defiende que lo trágico y lo cómico pueden darse juntos en una misma obra dramática, tal y como ocurre en la vida real.

> Lo trágico y lo cómico mezclado,
> y Terencio con Séneca, aunque sea
> como otro Minotauro de Pasife,
> harán grave una parte, otra ridícula,
> que aquesta variedad deleita mucho:
> buen ejemplo nos da naturaleza,
> que por tal variedad tiene belleza.

- **Ruptura de la norma clásica de las tres unidades** según la cual la obra debía tener una sola acción principal y desarrollarse en un único lugar a lo largo de un solo día. En muchas obras de Lope, además de la acción principal, hay otras acciones paralelas protagonizadas por personajes secundarios y la acción puede durar varios días y desarrollarse en varios lugares.
- **División de la obra en tres jornadas o actos**. En el primero, Lope desarrolla el planteamiento; en el segundo, el nudo; y en el tercero, el desenlace, que debe dejarse para el final.
- **Verosimilitud en la forma de hablar de los personajes** que deben expresarse de forma acorde con su condición.
- **Personajes fijos**. A medida que Lope de Vega se fue acercando a su madurez, su habilidad dramática se fue acrecentando. Desarrolló la figura del **gracioso**, a través del cual incluyó la risa hasta en sus obras más serias y graves, y fue introduciendo en sus dramas una trama secundaria, complemento significativo de la intriga principal. También mejoró la estructura dramática de sus comedias, así como su eficacia y su contenido didáctico.

EL LOPE POLEMISTA

En el *Arte nuevo de hacer comedias*, Lope aprovecha también para defenderse de los puristas o clasicistas que lo criticaban por violar las reglas del teatro clásico.

- **Polimetría y adecuación del verso al contenido del mensaje**. Lope recomienda que el tipo de versificación se ajuste al contenido del mensaje.

> Acomode los versos con prudencia
> a los sujetos de que va tratando:
> las décimas son buenas para quejas;
> el soneto está bien en los que aguardan;
> las relaciones piden los romances
> aunque en otavas lucen por extremo;
> son los tercetos para cosas graves,
> y para las de amor, las redondillas.

FÍJATE

Supo mezclar en sus obras elementos cultos y populares, y valores individuales y colectivos, apoyándose siempre en su conocimiento de las relaciones entre el teatro y el público que asistía a las representaciones.

En esta época, el término *comedia* era equivalente al de obra dramática, de modo que se refería tanto a comedias como a tragedias o tragicomedias.

2.2 Los personajes de la comedia nueva

El teatro de Lope y, en general, todo el teatro del siglo XVII, salvo excepciones, presenta personajes que carecen de interioridad, no hay en ellos profundidad psicológica. Aunque tienen una aguda conciencia de sí mismos, son **personajes tipo**, figuras teatrales trazadas según un sistema de convenciones artísticas.

Los protagonistas de las obras suelen ser **el galán** y **la dama**, que son jóvenes enamorados movidos por el amor, los celos y la honra. Tienen su contrapunto en **el gracioso** y **la criada**, que también están enamorados y son confidentes de sus respectivos amos.

A menudo aparece la figura del **caballero**, que puede ser el padre, esposo o hermano de la protagonista femenina que ha sido deshonrada y que tiene la difícil misión de restaurar el honor de la familia. Otro personaje noble es **el poderoso**, joven de alta alcurnia que con sus abusos genera el conflicto de la obra. **El villano** es un campesino rico, orgulloso de su limpieza de sangre, que defiende su derecho al honor basándose en su condición de cristiano viejo.

Por último, **el rey** es una figura dual. Si es joven, adquiere los rasgos negativos del poderoso, a quien nadie puede juzgar y castigar, excepto el propio Dios; si es viejo, representa en la obra la prudencia y la justicia, y constituye la figura que restaura el equilibrio final.

@ Para ampliar en la Red...

Para conocer más datos sobre la vida de Lope de Vega, entra en www.tiching.com/730445.

2.3 Los temas

Lope escribió sobre los más diversos temas y extrajo los asuntos de sus obras no solo de su propia inventiva, sino también de fuentes históricas y noticiosas, del romancero, de la Biblia o de leyendas populares.

El tema amoroso

El tema amoroso está presente en las intrigas de **amor y celos** de las comedias de capa y espada. Son ejemplos *La dama boba*, que desarrolla la idea de que el amor puede volver listo al más tonto; *Los melindres de Belisa*, obra en la que Lope satiriza a una joven melindrosa y a su madre, una viuda joven; o *El perro del hortelano*, en la que Diana, condesa de Belflor, se enamora del plebeyo Teodoro.

El tema del poder injusto

Lope desarrolla el tema del poder injusto en tres obras maestras: *Fuenteovejuna*, *El mejor alcalde el rey*, y *Peribáñez y el comendador de Ocaña*.

Escena de la representación de una comedia de capa y espada.

- *Fuenteovejuna.* Inspirada en fuentes históricas, narra el caos provocado en la aldea de Fuenteovejuna por el comendador mayor de la Orden de Calatrava y la revuelta de los aldeanos que, tras darle muerte, hacen un pacto de silencio hasta que reciben el perdón del rey.
- *El mejor alcalde el rey.* Cuenta la historia de Sancho, el campesino que ve mancillado su honor por don Tello, un noble que ha raptado y forzado a su prometida Elvira. El rey obliga a don Tello a casarse con Elvira para después ordenar su ejecución, convirtiendo así a la joven en una viuda rica y honorable que puede ya casarse con Sancho.
- *Peribáñez y el comendador de Ocaña.* En esta obra el autor presenta un doble conflicto: el de Peribáñez, que descubre que su esposa Casilda está siendo cortejada por el comendador; y el del comendador, hombre joven y honrado que sabe que su amor por Casilda le acarreará la muerte a manos de Peribáñez.

@ Para ampliar en la Red...

Para saber más sobre la histórica Orden de Calatrava, entra en www.tiching.com/730446.

El tema del honor y la honra

En estas obras se abordan también los temas del honor y la honra basada en la limpieza de sangre. La ofensa del honor solo puede limpiarse con derramamiento de la sangre del ofensor, así que frecuentemente este estricto código social coloca a los personajes ante situaciones límite en las que tienen que actuar en contra de sus deseos y afectos.

REY. Cuando pierde de su punto
la justicia, no se acierta
en admitir la piedad.
Divinas y humanas letras
dan ejemplos: es traidor
todo hombre que no respeta
a su rey, y que habla mal
de su persona en ausencia.
Da, Tello, a Elvira la mano
para que pagues la ofensa
con ser su esposo, y después
que te corten la cabeza,
podrá casarse con Sancho,
con la mitad de tu hacienda
en dote[1]. Y vos, Feliciana,
seréis dama de la reina,
en tanto que os doy marido
conforme a vuestra nobleza[2].

NUÑO. Temblando estoy.

PELAYO. ¡Bravo rey!

SANCHO. Y aquí acaba la comedia
del Mejor Alcalde, historia
que afirma por verdadera
la Crónica de España:
la cuarta parte la cuenta.

Lope DE VEGA: *El mejor alcalde el rey.*

Figura del rey en la representación de una obra de Lope de Vega.

1. **dote**: bienes que aportaba la mujer al matrimonio en la época.
2. **nobleza**: aquí, el rey nombra a Feliciana dama de la reina para que sea digna de casarse con alguien de una clase social superior.

1. Valora la decisión final del rey a la vista del estricto código del honor.
2. Indica la fuente en la que se ha inspirado Lope de Vega para idear el tema de su obra.
3. Analiza la métrica de este fragmento y valora si es la adecuada a los hechos que suceden sobre el escenario.
4. Comenta las características de la figura del rey en el teatro de Lope de Vega.

3. Pedro Calderón de la Barca

Cuando Calderón de la Barca comenzó su carrera como autor dramático, la industria teatral estaba ya consolidada en España y contaba con una rica tradición previa de temas y motivos de las obras, géneros, conflictos planteados, personajes, técnica y lenguaje.

3.1 Evolución y perfeccionamiento de la fórmula teatral

Calderón asume la tradición teatral de la comedia nueva y depura sus procedimientos ordenando, estilizando e intensificando la materia dramática. Los rasgos innovadores de su teatro en relación al de Lope son:

- **Estilo conciso y simplificación de la trama**. Calderón de la Barca suele respetar la unidad de acción, evitando las intrigas secundarias que, cuando existen, se subordinan a la acción principal.
- **Perfección formal**. Sus obras presentan más orden y claridad en el planteamiento, el desarrollo y la solución del conflicto.
- **Fuerte carga ideológica**. Toda la producción de Calderón expresa su visión barroca del mundo, dentro de la más estricta ortodoxia católica. El autor pretende educar y adoctrinar al pueblo.
- **Menor número de personajes**, que se agrupan en torno a una figura clave, núcleo y eje de la acción.
- **Uso del monólogo**. El protagonista hace reflexiones en largos monólogos, a través de los cuales el espectador accede a su conflicto interno.
- **Lenguaje artificioso**, más próximo a la literatura que al lenguaje coloquial. Usa muchos de los recursos del conceptismo y del culteranismo.
- **Uso del símbolo y la alegoría** como procedimiento para plantear al público los problemas universales de la existencia humana.
- **Complicación de la escenografía**. En muchas de sus obras, especialmente las escritas para la corte, Calderón utiliza decorados complejos y sorprendentes tramoyas, como las *mutaciones*: cambios de decorado entre escena y escena a la vista del público.

PEDRO CALDERÓN DE LA BARCA (1600-1681)

Retrato de Calderón de la Barca.

Calderón de la Barca nació y murió en Madrid. Estudió con los jesuitas en Salamanca y en Alcalá, y muy pronto se dedicó al teatro. En 1651, siendo un conocido autor teatral, se ordenó sacerdote, y en 1663 Felipe IV le nombró capellán de honor. El autor se convirtió así en el dramaturgo oficial de la corte y, desde 1649, en el único proveedor de autos sacramentales para las fiestas del Corpus de Madrid.

3.2 Los personajes calderonianos

Los héroes calderonianos adquieren una profundidad psicológica que los aleja de los personajes tipo de la comedia nueva. Se presentan a menudo en parejas o divididos interiormente por dos fuerzas en conflicto: la fe y el espíritu crítico, la credulidad y el escepticismo, o el determinismo y el libre albedrío. Son seres que se sienten impotentes frente a su destino e intentan entender el caos del mundo a través de la reflexión racional.

Calderón introduce variaciones en la figura del gracioso, que deja de ser una imitación paródica de su amo y de estar totalmente unido a él por lazos de amistad y fidelidad. A veces, se llega a romper la relación doméstica y el gracioso abandona a su amo para servir a alguien más poderoso.

La figura del villano, el campesino digno, dotado de una gran libertad de pensamiento, cobra en la obra calderoniana un valor universal en la figura de Pedro Crespo, protagonista de *El alcalde de Zalamea*.

Personajes de una comedia del Siglo de Oro.

3.3 Los temas

Las comedias de Calderón de la Barca recurren a las mismas fuentes que toda la comedia barroca: las crónicas históricas, las leyendas y romances, la Biblia y la mitología.

Estos asuntos ya se habían convertido en tópicos, pero el dramaturgo los revitaliza a través de un proceso de reflexión intelectual que analiza la conciencia humana. Su obra puede sistematizarse en tres bloques:

- **Obras de tema trágico**. A este grupo pertenecen el drama filosófico *La vida es sueño* y *El alcalde de Zalamea*.

  En esta última, el rico labrador Pedro Crespo aloja en su casa a don Lope de Figueroa, general militar, y al capitán don Álvaro de Ataide, quien lo deshonra al raptar y abusar de su amada hija Isabel.

  El protagonista prende, juzga y hace ajusticiar a don Álvaro. Don Lope se enfrenta a él, pero, al final, el rey Felipe II apoyará la decisión de Pedro Crespo y lo nombrará alcalde perpetuo de Zalamea. Isabel será recluida en un convento.
- **Obras de tema cómico**. Calderón escribió algunas comedias de capa y espada, como *La dama duende* y *Casa con dos puertas, mala es de guardar*. También escribió obras menores como entremeses[1], jácaras[2] y mojigangas[3] que acompañaban las representaciones de los autos sacramentales.
- **Autos sacramentales**. Eran obras dramáticas de un solo acto, de carácter alegórico, que trataban temas relacionados con el dogma católico. Los personajes representan ideas y conceptos abstractos como la vida y la muerte, el cuerpo y el alma, la virtud y el vicio, etc. Los autos sacramentales constituían la pieza fundamental de la fiesta religiosa del día del Corpus.

@ Para ampliar en la Red...

Para conocer más sobre la vida y obra de Calderón, entra en www.tiching.com/730447.

1. **entremés**: pieza cómica breve.
2. **jácara**: pieza breve de carácter poético. A veces se sustituía por un baile.
3. **mojiganga**: pieza breve, cercana al entremés, en la que aparecen personajes disfrazados de manera grotesca que danzan al son de una música estrepitosa. Solía poner fin al espectáculo.

Don Lope de Figueroa, alojado en casa de don Pedro Crespo, se extraña del comportamiento del rico labrador del día anterior.

LOPE. ¡Los cielos me den paciencia!
Sentaos, Crespo.

CRESPO. Yo estoy bien.

LOPE. Sentaos.

CRESPO. Pues me dais licencia,
digo, señor, que obedezco,
aunque excusarlo pudierais.
(*Siéntase.*)

LOPE. ¿No sabéis qué he reparado?
Que ayer la cólera vuestra
os debió de enajenar
de vos.

CRESPO. Nunca me enajena
a mí de mí nada.

LOPE. Pues,
¿cómo ayer, sin que os dijera
que os sentarais, os sentasteis
aun en la silla primera?

CRESPO. Porque no me lo dijisteis,
y hoy, que lo decís, quisiera
no hacerlo. La cortesía
tenerla con quien la tenga.

LOPE. Ayer todo erais reniegos,
porvidas, votos y pesias;
y hoy estáis más apacible,
con más gusto y más prudencia.

CRESPO. Yo, señor, siempre respondo
en el tono y en la letra,
que me hablan. Ayer vos
así hablabais, y era fuerza
que fuera de un mismo tono
la pregunta y la respuesta.
Demás de que yo he tomado
por política discreta
jurar con aquel que jura,
rezar con aquel que reza.

Pedro CALDERÓN DE LA BARCA:
El alcalde de Zalamea.

5. Comenta la actitud de don Lope. ¿Qué es lo que le extraña en el comportamiento del aldeano?
6. Analiza la contestación del labrador y explica qué rasgo de su personalidad manifiestan sus palabras. ¿Qué puede adivinar el espectador sobre el modo en que Pedro Crespo reaccionará ante una posible ofensa de su honor?

El caballero de Olmedo

Alonso ha participado en las fiestas de Medina y tiene que partir hacia Olmedo para tranquilizar a sus padres tras su lance taurino. Inés y él se han declarado su amor, el padre de Inés lo acepta, todo parece perfecto... pero el caballero está inquieto, dominado por un oscuro presentimiento.

El juego del amor y la muerte aparece en *El caballero de Olmedo*, obra inspirada en una cancioncilla popular que anuncia el trágico destino del caballero:

Que de noche lo mataron, / al caballero, / la gala de Medina, / la flor de Olmedo.

(*Sale doña Inés a la reja.*)

[...]

INÉS. Mas ¡ay! ¿Cómo estoy
[contenta
si os partís?

ALONSO. Mis padres son
la causa.

INÉS Tenéis razón;
mas dejadme que lo sienta.

ALONSO. Yo lo siento, y voy a
[Olmedo,
dejando el alma en Medina:
no sé cómo parto y quedo;
amor la ausencia imagina:
los celos, señora, el miedo;
así parto muerto y vivo,
que vida y muerte recibo.
Mas ¿qué te puedo decir,
cuando estoy para partir,
puesto ya el pie en el estribo?

Ando, señora, estos días,
entre tantas asperezas
de imaginaciones mías,
consolado en mis tristezas
y triste en mis alegrías;
tengo, pensando perderte,
imaginación tan fuerte,
y así en ella vengo y voy,
que me parece que estoy
con las ansias de la muerte.

La envidia de mis contrarios
temo tanto, que, aunque puedo
poner medios necesarios,
estoy entre amor y miedo
haciendo discursos varios.
Ya para siempre me privo
de verte, y de suerte vivo,
que, mi muerte presumiendo,
parece que estoy diciendo:
"*Señora, aquesta te escribo*".

Tener de tu esposo el nombre
amor y favor ha sido;
pero es justo que me asombre,
que amado y favorecido
tenga tal tristeza un hombre.
Parto a morir, y te escribo
mi muerte, si ausente vivo,
porque tengo, Inés, por cierto
que si vuelvo será muerto,
pues partir no puedo vivo.

Bien sé que tristeza es;
pero puede tanto en mí,
que me dice, hermosa Inés:
"Si partes muerto de aquí,
¿cómo volverás después?".
Yo parto, y parto a la muerte,
aunque morir no es perderte;
que si el alma no se parte,
¿cómo es posible dejarte,
cuanto más, volver a verte?

INÉS. Pena me has dado y temor
con tus miedos y recelos;
si tus tristezas son celos,
ingrato ha sido tu amor.

Bien entiendo tus razones;
pero tú no has entendido
mi amor.

ALONSO. Ni tú, que han
[sido
estas imaginaciones
solo un ejercicio triste
del alma, que me atormenta,
no celos; que fuera afrenta
del nombre, Inés, que me diste.
De sueños y fantasías,
si bien falsas ilusiones,
han nacido estas razones,
que no de sospechas mías. [...]
¿Cuándo querrá Dios, Inés
que estemos juntos los dos?
Aquí se acabó mi vida,
que es lo mismo que partirme.
Tello no sale, o no puede
acabar de despedirse.
Voyme, que él me alcanzará.

(*Al entrar, una Sombra con una máscara negra y sombrero, y puesta la mano en el puño de la espada, se le ponga delante.*)

¿Qué es esto? ¿Quién va?
[De oírme
no hace caso. ¿Quién es? Hable.
¡Que un hombre me atemorice,
no habiendo temido a tantos!
¿Es don Rodrigo? ¿No dice
quién es?

SOMBRA. Don Alonso.

ALONSO. ¿Cómo?

SOMBRA. Don Alonso.

ALONSO. No es posible.
Mas otro será, que yo
soy don Alonso Manrique...
Si es invención, ¡meta mano!
Volvió la espalda. Seguirle
desatino me parece.
¡Oh imaginación terrible!
Mi sombra debió de ser...
Mas no, que en forma visible
dijo que era don Alonso. [...]

(*Canten desde lejos en el vestuario, y véngase acercando la voz, como que camina.*)

VOZ. *Que de noche le mataron*
al caballero,
la gala de Medina,
la flor de Olmedo.

ALONSO. ¡Cielos! ¿Qué estoy
[escuchando?
Si es que avisos vuestros son,
ya que estoy en la ocasión,
¿de qué me estáis informando?
Volver atrás, ¿cómo puedo?
Invención de Fabia es,
que quiere, a ruego de Inés,
hacer que no vaya a Olmedo.

VOZ. *Sombras le avisaron*
que no saliese,
y le aconsejaron
que no se fuese
el caballero,
la gala de Medina,
la flor de Olmedo.

ALONSO. ¡Hola, buen hombre, el
[que canta!

LABRADOR. ¿Quién me llama?

ALONSO. Un hombre soy
que va perdido.

LABRADOR. Ya voy.

Lope DE VEGA: *El caballero de Olmedo.* Ed. Vicens Vives, 2010.

Escena de la representación de *El caballero de Olmedo*.

COMPRENSIÓN DEL TEXTO

1. El texto se compone de tres fragmentos cuya acción se desarrolla en dos escenarios diferentes. Indícalos.
2. ¿Cuál es el sentimiento de doña Inés ante la partida de don Alonso? ¿Qué razones alega el protagonista para partir hacia Olmedo en mitad de la noche? ¿Quién le acompañará?
3. ¿Qué mensaje desconcertante da la Sombra a don Alonso? Ya en el camino, de noche, don Alonso escucha una voz, ¿de qué le avisa?
4. ¿Qué representan los personajes de la Sombra y el labrador en esta escena?

TEMA Y ESTRUCTURA

5. Enuncia en dos o tres líneas el tema del fragmento que has leído.
6. En la obra teatral, se denominan situaciones a las unidades elementales de la acción dramática en las que se desarrolla un acontecimiento en un momento y un lugar determinados. Presta atención a las acotaciones escénicas y di cuántas situaciones se desarrollan en el texto.
7. La estructura externa de las obras dramáticas viene determinada por la distribución del contenido en actos o jornadas, cuadros y escenas. Los cambios de escena se producen cada vez que entra o sale un personaje del escenario. ¿Cuántas escenas hay en el texto?
8. La estructura interna de las obras dramáticas viene determinada por el conflicto o conflictos planteados entre los personajes y entre estos y su entorno. ¿Cuántos conflictos se plantean aquí? ¿Cuál o cuáles?
9. Del desarrollo del conflicto surge la tensión dramática en la que se alternan momentos climáticos o de máxima intensidad, y momentos de intensidad menor o anticlimáticos. ¿A cuál de estos momentos pertenece el texto que estás analizando?

MÉTRICA Y LENGUAJE LITERARIO

10. Observa la polimetría del texto y relaciona el tipo de verso escogido en cada parlamento con el contenido del mensaje que transmite, según las recomendaciones de Lope en su *Arte nuevo.*
11. Analiza el lirismo de las canciones populares que el autor introduce en su texto y comenta el largo parlamento de Alonso. Lope pone en boca del caballero expresiones amorosas basadas en la antítesis, típicas de la poesía cortesana, pero que en este contexto cobran para el espectador un nuevo significado trágico y anticipan el desenlace de la obra.

TEXTO Y CONTEXTO

12. Localiza este fragmento en el contexto de la obra. ¿A qué acto crees que pertenece?
13. Indica las características de la nueva fórmula teatral de Lope que se ponen de manifiesto en el texto.

Orientaciones para la lectura de *La vida es sueño*

Seguro que conoces estos versos: "que toda la vida es sueño/y los sueños, sueños son". Pertenecen a uno de los monólogos de Segismundo de *La vida es sueño*.

- Estableced una conversación informal en clase acerca de lo que sabéis de esta obra de Calderón. ¿Cómo es Segismundo? ¿Qué tema plantea la obra?
- Ahora lee esta guía de lectura individualmente teniendo presentes las características del teatro barroco, y prepárate para disfrutar de una obra genial.

Pedro CALDERÓN DE LA BARCA: *La vida es sueño*. Ilustraciones de Jesús Gabán. Ed. Vicens Vives, 2011.

Primera jornada

Escenas I a IV

- En la primera escena, con su inicio *in media res*, el espectador no sabe qué ha sucedido antes, ni quiénes son los personajes, ni qué hacen ahí.
- Rosaura ha caído de su caballo y describe el lugar en el que se encuentra.
- Antes de ver a Segismundo, Rosaura escucha sus quejas: es el primer monólogo de este personaje. Este, al saberse descubierto, amenaza de muerte a Rosaura; sin embargo, se conmueve ante ella sin saber por qué.
- Rosaura va a revelar su identidad cuando es sorprendida por Clotaldo, que ordena prenderla junto con Clarín. Al desarmarla, ve la espada que porta y cae en la cuenta de que ese "muchacho" es su hijo.
- Clotaldo se enfrenta al dilema de si debe seguir su sentimiento paterno o su fidelidad al rey. Finalmente, toma la decisión de llevar a los dos extranjeros al palacio del rey Basilio.

EL PLANTEAMIENTO

La primera jornada corresponde al **planteamiento**.

En ella, el espectador conoce a todos los personajes principales y las dos líneas argumentales que se van a desarrollar en la obra.

1. ¿Qué efecto produce en el espectador este comienzo *in media res*?
2. ¿Dónde sucede la acción?
3. ¿Cómo se interpreta la caída del caballo de Rosaura, teniendo en cuenta que este animal simboliza las pasiones humanas?
4. ¿Por qué deduces que Rosaura es una mujer?
5. Identifica en el personaje de Clarín algunos rasgos del gracioso.
6. Segismundo y Rosaura son el eje de las dos líneas argumentales de la obra. Señálalas.

Escenas V a VIII

- La acción cambia de lugar y se traslada al palacio real. Allí aparecen los demás personajes importantes de la obra: Astolfo, Estrella y Basilio.
- Astolfo, sobrino del rey Basilio, ambiciona heredar el trono de su tío e intenta conquistar a Estrella, pero a esta le hace dudar un retrato (de Rosaura) que él lleva colgado del pecho.
- El rey Basilio declara ante toda la corte los hechos ocurridos en el pasado y la existencia de Segismundo. Expone también lo que piensa hacer con su hijo.
- Llega Clotaldo con Rosaura y Clarín y se siente aliviado al saber que no tiene que matar a su hijo. Rosaura le insinúa que es una mujer y no un hombre.

Escena de *La vida es sueño*. La misma representación ilustra las páginas siguientes.

7. Analiza las personalidades de Astolfo y Estrella a la vista de los personajes tipo que encarnan. Un triángulo amoroso se intuye aquí. ¿Cuál es?
8. El rey Basilio representa la creencia en el destino, pero también tiene dudas, por eso decide someter a su hijo a un experimento. ¿Cuál es? Analiza y comenta las intenciones de este personaje.
9. Analiza la personalidad de Basilio. En la parte final de su parlamento plantea temas como el destino y la libertad, la tiranía y los deberes del monarca, el libre albedrío... Explica la importancia de estos temas.

Segunda jornada

Escenas I a X

- Clotaldo ha drogado a Segismundo y lo lleva a palacio. El rey Basilio le cuenta la prueba a la que piensa someter a su hijo.
- Clarín informa al espectador sobre el asunto del honor de Rosaura. Esta adopta una nueva identidad como Astrea.
- Segismundo despierta y sus acciones parecen confirmar las predicciones de los astros: amenaza a Clotaldo, mantiene un tenso encuentro con Astolfo, tira al criado por la ventana, desafía a Basilio, etc.
- Segismundo y Rosaura se encuentran y se reconocen; discuten y Segismundo la amenaza con forzarla. Clotaldo está presenciando todo entre bastidores y sale en defensa del honor de Rosaura. Es un momento de máxima tensión o clímax: las dos líneas argumentales de la obra se funden en la figura de Clotaldo.
- El padre de Segismundo admite que su experimento ha fracasado.

EL NUDO !

La segunda jornada corresponde al **nudo**.

En esta parte se desarrollan los dos hilos argumentales de la obra: la lucha, en el personaje de Segismundo, entre la libertad y el destino; y la recuperación del honor en el personaje de Rosaura.

10. ¿Qué piensa hacer el rey Basilio con Segismundo?
11. Comenta el hecho de que Clarín cambie de amo y decida servir a Clotaldo. ¿Qué rasgos lo alejan del gracioso tradicional?
12. Enumera los abusos que comete Segismundo y explica las emociones que lo impulsan a actuar así.
13. Analiza el encuentro entre Rosaura y Segismundo y el uso del recurso del aparte en toda esta secuencia.

Escenas XI a XVI

- Estrella siente celos de la mujer del retrato que Astolfo lleva al cuello y le encarga a Rosaura que lo recupere.
- Al final, Astolfo, que ha reconocido a Rosaura, queda burlado y confundido.

14. Explica la función de los objetos como la espada o el retrato en la obra.
15. ¿Cuál es el dilema que se le plantea a Rosaura y que expresa en su monólogo?
16. Identifica los típicos recursos de las comedias de capa y espada en estas escenas: los malentendidos, los personajes que contemplan la escena sin ser vistos, el triángulo amoroso, la ingeniosidad de Rosaura frente a la confusión de Astolfo, etc.

Escenas XVII a XIX

- El rey Basilio siente compasión por el destino de su hijo, por eso asiste escondido al momento en que Segismundo despierta.
- Clotaldo hace creer a Segismundo que todo lo vivido ha sido un sueño, pero este duda, pues se extraña de que perdure su sentimiento de amor hacia Rosaura.
- Segismundo reflexiona en otro largo monólogo y toma una decisión: reprimirá su condición de fiera. Con esto comienza la transformación del héroe.

17. Segismundo, antes de despertar, habla en sueños. ¿Cuáles son sus amenazas?

18. Analiza detenidamente el monólogo de Segismundo. Señala su estructura y los temas que desarrolla. Comenta después el efecto dramático que este monólogo produce en el espectador.

Tercera jornada

Escenas I a IV

- Clarín, encerrado en la misma torre que Segismundo, expone sus pensamientos en un monólogo que parodia al que acaba de declamar el príncipe.
- El pueblo de Polonia viene a liberar a Segismundo. Él duda si esto es también un sueño. Al final, decide enfrentarse a su padre, pero como ya ha aprendido la lección, afronta su libertad con otra actitud.
- Clotaldo se postra ante Segismundo convencido de que va a morir, pero el príncipe, creyendo que sueña, desea obrar bien y le perdona, a pesar de que Clotaldo deja bien claro que no va a traicionar al rey Basilio.

EL DESENLACE !

La tercera jornada corresponde al **desenlace**.

En el final de la obra, vence el libre albedrío frente al destino y Rosaura recupera su honor.

19. ¿De qué se lamenta Clarín en su largo parlamento? Analiza la comicidad de la escena en la que el pueblo confunde a Clarín con su príncipe.

20. Comenta la transformación de Segismundo. ¿De qué forma ha vencido la condición de hombre a la de fiera?

Escenas V a VIII

- El rey y Astolfo hablan de la inminente guerra civil. El padre de Segismundo comprende el error que ha cometido.
- Por fin llega Clotaldo con las últimas noticias y el rey se prepara para la lucha.
- La secuencia termina con una larga conversación entre Clotaldo y Rosaura, que aún desconoce que es hija del noble. Rosaura retoma el asunto que la ha traído a Polonia: la restitución del honor perdido.

21. Analiza la conversación entre padre e hija. ¿Qué argumentos da cada uno de ellos para defender su postura?

22. Comenta la aceleración final del diálogo entre estos dos personajes. ¿Qué efecto dramático consigue con este recurso?

Escenas IX a XI

- Clarín le cuenta a Segismundo que Rosaura llega en su caballo e identifica al animal con los cuatro elementos: tierra, fuego, agua y aire.
- Llega Rosaura, que en un largo parlamento revela quién es y el motivo que la ha traído a Polonia, y convence a Segismundo de que asuma la defensa de su honor.
- Segismundo comprende las contradicciones de su propia experiencia y, despertando de su sueño gracias a Rosaura, decide luchar para restaurar el honor de la joven.
- Rosaura se encuentra de nuevo con Clarín, quien le cuenta por qué lo encarcelaron.

23. Clarín recupera la imagen del caballo como símbolo. ¿Qué representa en este caso?

24. Observa y comenta el paralelismo que existe entre esta escena y la del encuentro entre Rosaura y Segismundo por primera vez. En aquella ocasión, Clotaldo los interrumpe justo cuando Rosaura va a desvelar su identidad, ahora puede por fin hacerlo. Resume los datos que le ofrece la joven a Segismundo.

Escenas XII a XIV

- El rey Basilio decide no huir y se entrega impotente a su destino. Cuando llega Segismundo, se postra ante él. Este reconoce los errores cometidos por su padre, pero se rinde también a los pies del rey, que acaba declarando que las hazañas de su hijo han vencido al destino.
- Segismundo se enfrenta ahora a un último desafío: debe vencerse a sí mismo renunciando a Rosaura.
- Ante la protesta de Astolfo por la falta de nobleza de la mujer, Clotaldo declara ser el padre de Rosaura. Astolfo accede entonces al casamiento y Segismundo pide la mano de Estrella. Todos se admiran de la transformación del príncipe.

25. En la escena XII, el espectador puede empezar a intuir el final trágico del gracioso. ¿Por qué? ¿Qué reflexiones hace el rey Basilio ante su muerte?

26. Comenta la secuencia del desenlace. ¿Cómo reaccionan los personajes?

27. Analiza los temas presentes en el largo parlamento de Segismundo.

28. Comenta, teniendo en cuenta la mentalidad barroca, el cambio de parejas final.

29. ¿Cuál crees que es la enseñanza que se desprende del final de la obra?

Tras la lectura, la reflexión...

Has tomado numerosas notas a lo largo de la lectura, ahora tendrás que elaborar un trabajo personal de carácter creativo en el que demuestres que has asimilado el valor de esta obra.

Redacta un trabajo sobre dos de estos epígrafes:

a. Desarrollo de las tramas principal y secundaria.

b. Caracterización de los siguientes personajes:
   - *Segismundo*: su evolución de fiera a hombre.
   - *Rosaura*: sus diferentes transformaciones hasta llegar a ser ella misma y recobrar su honor.
   - *Basilio*: su evolución personal.
   - *Clarín*: el gracioso trágico.

c. Análisis de algunos aspectos formales: estructura general de la obra, estilo barroco (polimetría, simbolismo, figuras retóricas, etc.), estructura y recursos de los dos monólogos de Segismundo...

d. Temas barrocos presentes en el texto.

e. Sentido universal de la obra y de su protagonista.

LITERATURA
LA ILUSTRACIÓN

La reina Cristina de Suecia y su corte (s. XVIII), de Pierre Louis Dumesnil.

HISTORIA

CARLOS II — FELIPE V — FERNANDO VI — CARLOS III

- 1700 Inicio de la dinastía de los Borbones
- 1701–1714 Guerra de Sucesión española
- 1713 Tratado de Utrecht
- 1727 Guerra con Inglaterra
- 1739 Guerra con Inglaterra
- 1763 1.ª Sociedad Económica de Amigos del País, dedicada al fomento de la agricultura
- 1766 Motín de Esquilache
- 1767 Expulsión de los jesuitas

1680 · 1700 · 1710 · 1720 · 1730 · 1740 · 1750 · 1760 · 1770

LITERATURA

- 1681 Muere Calderón de la Barca
- 1737 Aparición del periódico *El diario de los literatos*
- 1751 La *Enciclopedia*
- 1758 *Fray Gerundio de Campazas* de Isla
- 1760 Nacimiento de Moratín
- 1773 *El delincuente honrado* de Jovellanos

PÓSBARROCO — NEOCLASICISMO

LA ILUSTRACIÓN

Se llama Ilustración al movimiento que aspira a la modernización de la sociedad a través de la razón y de la ciencia.

Las corrientes filosóficas de la Ilustración se interesan por el conocimiento de la realidad y sus límites a partir de la razón (el **racionalismo**) o de la experimentación (el **empirismo**).

Las ideas políticas y sociales de los ilustrados se centran en la creencia en el derecho del hombre a la felicidad y a la libertad. Sin embargo, esta debe avenirse con los derechos de los demás hombres, porque se considera imprescindible la ayuda mutua para la supervivencia. Es lo que se llamó **el pacto social**.

EL DESPOTISMO ILUSTRADO

El despotismo ilustrado recogió las ideas políticas de la Ilustración, que apoyaban el poder absoluto del rey para que este cambiase las leyes necesarias para garantizar el progreso y la felicidad del pueblo. En la práctica, las monarquías absolutas utilizaron ese poder para afianzarse.

Su lema, "Todo para el pueblo, pero sin el pueblo", recoge el elitismo de estos gobernantes y su lejanía de aquellos a los que gobernaban.

LOS MONARCAS DE ESPAÑA EN EL SIGLO XVIII

Tras la muerte de Carlos II en 1700 se inicia la **Guerra de Sucesión**, que ganaron los partidarios del borbón Felipe de Anjou. Con la instauración de la dinastía borbónica, se facilita la entrada de las ideas ilustradas en España. Su reinado como **Felipe V** se caracterizó por el centralismo político y algunos intentos de reformas.

Su sucesor, **Fernando VI**, intentó continuar con las tímidas reformas de su progenitor. Le sucederá su hermano, **Carlos III**, quien durante su reinado llevó a cabo algunas iniciativas para desarrollar las ideas ilustradas: la creación de la enseñanza media y la formación profesional, la creación de hospitales públicos, la Real Academia y las Escuelas de Ingenieros, Arquitectos y Médicos. También se repartieron entre los más necesitados los baldíos y las tierras concejiles, aunque muchas se quedaron en manos de los poderosos mientras los jornaleros seguían viviendo en la miseria.

El inicio del reinado de **Carlos IV** coincidió con el estallido de la Revolución francesa. Ante la amenaza liberal, el rey se unió a las potencias extranjeras que declararon la guerra al país galo, de la que España salió derrotada. Años después, el valido del rey, Godoy, se alió con Francia en su guerra contra Inglaterra y permitió que las tropas francesas entraran en España para luchar contra Portugal, aliada de los ingleses.

La ocupación francesa del territorio español aumentó el disgusto de la población. En Francia, Napoleón obligó al rey y a su heredero, Fernando VII, a abdicar, y nombró rey de los españoles a su hermano José Bonaparte. Se produjeron entonces los levantamientos contra los franceses que defendían a Fernando VII como legítimo rey, lo que dio inicio a la **Guerra de la Independencia**.

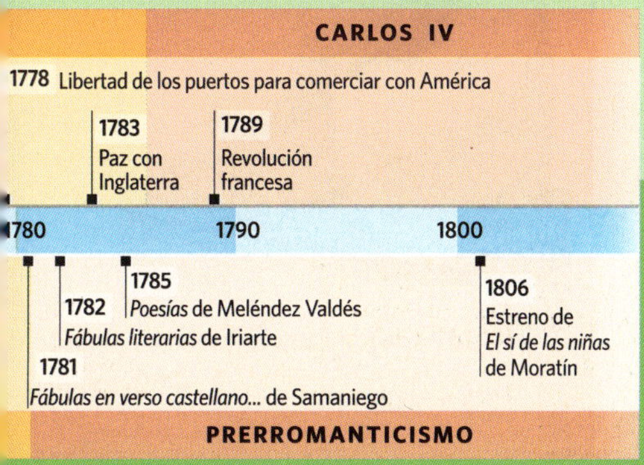

9 LA ILUSTRACIÓN
LA LITERATURA DEL NEOCLASICISMO

1. El Neoclasicismo

La estética que triunfó a mediados del siglo XVIII se llamó Neoclasicismo porque se inspiraba en el modelo clásico grecolatino, como sucedió en el siglo XVI. Esta estética presenta las siguientes características:

- Tanto en las obras de arte como en la literatura se eliminan los adornos superfluos y la acumulación de elementos que tanto gustaban a los artistas barrocos.
- Se vuelve a los ideales clásicos de sencillez, claridad, armonía y utilidad.

El juramento de los Horacios (fragmento) (1784), de Jacques-Louis David.

2. La literatura en el Neoclasicismo

Los autores del siglo XVIII trasladan su concepción estética a la obra literaria, que presenta los siguientes rasgos:

- Dado que no se admite *el arte por el arte*, si una obra literaria quiere ser considerada como tal, deberá poseer y transmitir valores que ayuden a las personas a superar sus limitaciones. El objetivo de la literatura es **enseñar deleitando**.
- Se potencian géneros como el ensayo y el teatro como escuela de buenas costumbres; mientras que se limitan otros, como la novela, por considerarla falsa e incitadora a la evasión de la realidad.
- Las obras deben seguir los **preceptos clásicos**. No se mezclarán géneros literarios en la misma obra, y el teatro respetará la regla de las tres unidades.
- La lengua literaria será sencilla, clara, hermosa y ordenada, alejada de los excesos del Barroco, para poder transmitir de forma amena y agradable el pensamiento filosófico y moral de la Ilustración.

2.1 Etapas de la literatura del siglo XVIII

En la literatura del siglo XVIII se distinguen varias etapas:

- **El Posbarroco (1680-1750)**. El gusto por lo barroco continuará durante la primera mitad del siglo XVIII, sobre todo en el teatro, aunque ya solo quedaban malos imitadores del teatro de Lope y Calderón.
- **El Neoclasicismo (1750-1780)**. La estética neoclásica solo duró treinta años.
- **El Prerromanticismo (1780-1830)**. Durante los últimos veinte años del siglo XVIII, los ideales ilustrados, que defendían los derechos del individuo y su libertad personal, terminan calando en la sociedad y son el origen de un nuevo movimiento estético y literario: el Romanticismo, que ya estaba consolidándose en Inglaterra y Alemania.

3. La poesía en el siglo XVIII

Durante los primeros cincuenta años del siglo XVIII, los poetas siguen imitando la poesía barroca y no aportaron nada nuevo a la poesía anterior. Solo hacia 1750 surge una poesía nueva que reflejará los ideales de la Ilustración.

Esta nueva poesía recoge estos principios ilustrados que intentaban unir lo hermoso y lo útil, siguiendo los consejos del poeta latino Horacio. Ahora el placer estético irá unido al utilitarismo didáctico para reformar la sociedad.

Odalisca (1841), de Jean-Jacques Pradier.

3.1 El estilo rococó

El rococó busca un tono elegante para expresar una nueva sensibilidad y un nuevo concepto de vida ocioso y despreocupado propio de las cortes del siglo XVIII.

Sus temas preferidos son el amor, la celebración de la amistad y la naturaleza.

En su afán por la claridad y la concisión, los poetas utilizan frecuentemente un tipo de poema: el **epigrama**, que sintetizaba los nuevos preceptos estéticos de sencillez, claridad y utilidad. Nicolás Fernández de Moratín escribió uno de los epigramas más conocidos de la época, "Saber sin estudiar".

Saber sin estudiar

Admirose un portugués
de ver que en su tierna infancia
todos los niños en Francia
supiesen hablar francés.
"Arte diabólica es",
dijo, torciendo el mostacho,
"que para hablar en gabacho,
un fidalgo en Portugal
llega a viejo, y lo habla mal;
y aquí lo parla un muchacho".

Nicolás FERNÁNDEZ DE MORATÍN

3.2 La poesía neoclásica

Paralela a la corriente anterior, encontramos un nuevo tipo de poesía que trataba de asuntos considerados más serios y reflexivos, y pretendía contribuir a la difusión de las nuevas teorías ilustradas.

Para los poetas de la Ilustración, la poesía, como toda obra literaria, debía servir para la reflexión y la educación, por eso procuran usar un **lenguaje sencillo** y un **tono contenido y natural**.

La poesía neoclásica cultivó dos tipos de poemas que reflejaron la finalidad didáctica de la Ilustración: los poemas en metros largos, dirigidos a un público culto e ilustrado, y las fábulas de animales, que buscaban llegar a todo tipo de lectores.

La poesía en metros largos

Esta poesía criticaba la ociosidad de la nobleza y sus gastos excesivos, y también el atraso de un pueblo anclado perezosamente en sus tradiciones obsoletas y sus supersticiones irracionales.

Destacan en este tipo de poesía comprometida autores como **Juan Meléndez Valdés** o **Melchor Gaspar de Jovellanos**.

El filósofo en el campo

Miro y contemplo los trabajos duros
del triste labrador, su suerte esquiva,
su miseria, sus lástimas, y aprendo
entre los infelices a ser hombre.
¡Ay, Fabio, Fabio! en las doradas salas,
entre el brocado y colgaduras ricas,
¡qué mal al pobre el cortesano juzga! [...]
Él carece de pan; cércale hambriento
el largo enjambre de sus tristes hijos,
escuálidos, sumidos en miseria [...]
y allá en la corte, en lujo escandaloso
nadando en tanto, el sibarita ríe
entre perfumes y festivos brindis,
y con su risa a su desdicha insulta.
Insensibles nos hace la opulencia,
insensibles nos hace.

Juan MELÉNDEZ VALDÉS

Descanso durante la caza (1737), de Carle van Loo.

La Ilustración. La literatura del Neoclasicismo

Sátira a Arnesto (fragmento)

Ya ni el rico Brasil, ni las cavernas
del nunca exhausto Potosí nos bastan
a saciar el hidrópico deseo,
la ansiosa sed de vanidad y pompa.
Todo lo agotan: cuesta un sombrerillo
lo que antes un estado; y se consume
en un festín la dote de una infanta. [...]
El noble engaña, empeña, malbarata,
quiebra y perece, y el logrero goza
los pingües patrimonios, premio un día
del generoso afán de altos abuelos.

Melchor Gaspar DE JOVELLANOS

1. Resume el contenido de este fragmento de la "Sátira a Arnesto".
2. Relaciona el contenido de este fragmento con el contexto sociocultural y las ideas estéticas del Neoclasicismo.

RECUERDA

En el siglo XVII, Francisco de Quevedo también hacía una crítica de los vicios de su época en su "Epístola satírica y censoria de las costumbres castellanas".

Las fábulas de animales

Las fábulas de animales son pequeños relatos escritos en verso y protagonizados por animales, que simbolizan, con sus virtudes y defectos, a los seres humanos. De esta forma se conseguía un distanciamiento, muy útil para la reflexión, al poner en boca de seres irracionales los vicios y defectos de la sociedad.

La **estructura** de las fábulas de animales se dividía en dos partes: una parte **narrativa**, al principio de la fábula, donde se exponía la historia ejemplarizante, y una parte **reflexiva**, donde se aplicaba la moraleja.

El lenguaje de estas obras es muy sencillo para favorecer la memorización, sobre todo de los niños en las recién estrenadas escuelas públicas de enseñanza primaria.

Los mejores fabulistas del siglo XVIII en España fueron Tomás de Iriarte, autor de la fábula "El burro flautista", y Félix María de Samaniego, autor de la fábula "La zorra y las uvas". Estos fabulistas escribieron sus poemas a imitación de los autores clásicos grecolatinos Fedro y Esopo, y también de los modernos fabulistas franceses, como La Fontaine.

Jean de La Fontaine (1621-1695) fue un fabulista francés que inspiró a los fabulistas españoles del siglo XVIII.

La zorra y las uvas

Es voz común que a más del mediodía,
en ayunas la zorra iba cazando:
halla una parra; quédase mirando
de la alta vid el fruto que pendía.
Causábala mil ansias y congojas
no alcanzar a las uvas con la garra,
al mostrar a sus dientes la alta parra
negros racimos entre verdes hojas.
Miró, saltó y anduvo en probaduras;
pero vio el imposible ya de fijo.
Entonces fue cuando la zorra dijo:
"No las quiero comer. *No están maduras*".

Félix María SAMANIEGO

3. Resume el contenido de la fábula de Samaniego.
4. ¿Qué características de la poesía neoclásica cumplían las fábulas? ¿Cuál era su objetivo?
5. Señala en la fábula de Samaniego las dos partes estructurales de las fábulas: la narrativa y la reflexiva.
6. Explica la reflexión a la que podemos llegar a través de la moraleja de esta fábula.

La zorra y las uvas es una fábula atribuida inicialmente a Esopo.

4. La prosa en el siglo XVIII

4.1 La novela

El siglo XVIII es un siglo sin novela porque las narraciones que se le aproximaron no son novelas en el sentido tradicional. La fantasía y el entretenimiento, fundamentales en la novela, quedaron sepultadas por la finalidad didáctica y moralizante.

Como sucedió en la poesía, la narrativa de la primera mitad del siglo XVIII sigue bajo la influencia barroca. Hasta 1758 no aparece la primera novela neoclásica: *Fray Gerundio de Campazas, alias Zotes*, del padre Isla.

Esta novela es una sátira burlesca contra los malos predicadores incultos, pero floridamente barrocos, que, con sus sermones ininteligibles y su oratoria vacía, encandilaban al pueblo.

En este fragmento vemos los consejos que da a Fray Gerundio un famoso sacerdote para que el joven llegue a dominar el estilo de los sermones de moda:

Ascensión de un globo Montgolfier en Aranjuez (c. 1784), de Antonio Carnicero.

> Guárdate bien de decir nunca la *vara de Aarón*, porque juzgarán que es la vara de algún alcalde de aldea; en diciendo la *aaronítica vara*, se concibe una vara de las Indias, y se eleva la imaginación, *cecuciente naturaleza* es claro que suena mejor que naturaleza corta de vista, porque esta última expresión parece que está pidiendo de limosna unos anteojos de vista cansada. Sobre todo, *ígnitas aras del deseo*, por deseo ardiente y encendido, es locución que embelesa. Basten estos verbigracias para que sepas las frases que has de estudiar, o a lo menos imitar, en el *Florilogio sacro*, y con esto solo harás un estilo cultísimo por el camino más fácil. Para que comprehendas mejor qué cosa tan bella es esta, oye una cláusula en el mismo estilo [...]: "Cuando la cecuciente naturaleza, superando los ígnitos singultos del deseo, erumpe del materno habitáculo y presenta su existencial ser a las atingencias visuales, aunque con la labe original traducida por el fomes, los circunstantes se erigen, cual aaronítica vara, ansiosos de conspicirla". Dígote de verdad que un sermón en este estilo no hay oro en el mundo para pagarle.
>
> José Francisco DE ISLA: *Historia del famoso predicador fray Gerundio de Campazas, alias Zotes*. *Biblioteca Virtual Miguel de Cervantes*. Web [Consulta: 3 de junio de 2015].

FÍJATE

Fray Gerundio de Campazas tuvo un éxito tremendo, tanto que se agotaron sus mil quinientos ejemplares en los primeros tres días de su venta. Un mes después de su publicación ya la había prohibido la Inquisición.

4.2 La prensa periódica

Las gacetas de finales del siglo XVII dieron paso a los periódicos que, aunque caros y escasos, tuvieron en la burguesía ilustrada a sus principales lectores: nobles, burgueses, funcionarios, médicos, políticos, abogados y clérigos, que eran los protagonistas de la vida social y política del país.

Uno de los primeros periódicos fue *El diario de los literatos* (1737), que apoyaba decididamente la estética neoclásica y el desarrollo técnico y científico. Al él le siguieron *El Pensador* (1763), bastante más crítico que su antecesor, y por último, *El Censor de pensamiento* (1781), mucho más radical, y en el que se criticaban el atraso y las supersticiones populares, el obsoleto sistema educativo y judicial, el fanatismo religioso y el escaso desarrollo industrial.

En 1791, dos años después del estallido de la Revolución francesa, se prohibieron los periódicos más populares y críticos ante el temor de que se extendieran las ideas y los sucesos revolucionarios de Francia.

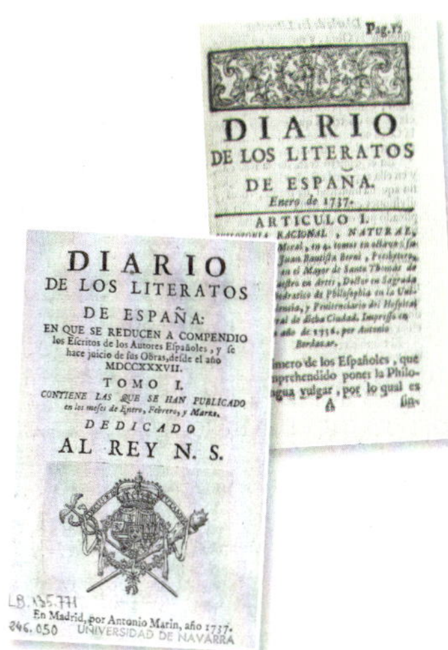
DIARIO DE LOS LITERATOS DE ESPAÑA.

ARTICULO I.

DIARIO DE LOS LITERATOS DE ESPAÑA: EN QUE SE REDUCEN A COMPENDIO los Escritos de los Autores Españoles, y se hace juicio de sus Obras, desde el año MDCCXXXVII.

TOMO I.

DEDICADO AL REY N. S.

En Madrid, por Antonio Marin, año 1737.

4.3 El ensayo

El ensayo fue el género preferido para difundir las nuevas ideas de la Ilustración porque las características de este género literario servían especialmente bien para comunicar el pensamiento ilustrado.

Las características más importantes del ensayo son:

- Recoge las reflexiones bien razonadas y argumentadas sobre un tema que no se pretende analizar de forma exhaustiva.
- Usa un tono personal y sencillo sin artificios grandilocuentes.
- Cualquier tema se puede exponer en un ensayo, desde los más serios a los más fantásticos, porque como dijo Montaigne, su primer impulsor en 1580: "el tema constante del ensayo es el hombre".
- Su estilo literario busca la claridad y la sencillez, huye de la erudición rebuscada y recoge los registros lingüísticos que puedan hacerlo más cercano al público lector, como la ironía, el chiste o la parodia.

Durante el siglo XVIII, las formas que adoptó el ensayo fueron muy variadas. Algunas de estas formas son:

- **El informe**: *Informe sobre la ley agraria*, de Jovellanos.
- **La memoria**: *Memoria sobre espectáculos y diversiones públicas*, de Jovellanos.
- **La narrativa epistolar**: *Cartas eruditas y curiosas*, de Feijoo.

Gaspar Melchor de Jovellanos (1798), de Francisco de Goya.

7. La narrativa epistolar con una clara función crítica y social fue frecuente en el Neoclasicismo. Las *Cartas marruecas* de Cadalso son un buen ejemplo.

Observa la condena de la guerra de Cadalso, que murió en el sitio de Gibraltar luchando contra los ingleses, y justifica las características de la literatura neoclásica con ejemplos sacados de este fragmento:

Dase una batalla sangrienta entre dos ejércitos numerosos, y uno o ambos quedan destruidos; pero ambos generales la envían pomposamente referida a sus cortes respectivas. El que más ventaja sacó, por pequeña que sea, incluye en su relación un estado de los enemigos muertos, heridos y prisioneros [...]. Se anuncia la victoria en su corte con el *Te Deum*, campanas, iluminaciones, etc.

El otro asegura que no fue batalla, sino un pequeño choque de poca o ninguna importancia; que, no obstante la grande superioridad del enemigo, no rehusó la acción; que las tropas del rey hicieron maravillas; que se acabó la función con el día y que, no fiando su ejército a la oscuridad de la noche, se retiró metódicamente.

También se canta el *Te Deum* y se tiran cohetes en su corte. Y todo queda problemático, menos la muerte de veinte mil hombres, que ocasiona la de otros tantos hijos huérfanos, padres desconsolados, madres viudas, etc.

José CADALSO: *Cartas marruecas*. "Carta XIV" (fragmento). *Biblioteca Virtual Miguel de Cervantes*. Web [Consulta: 3 de junio de 2015].

8. Lee este fragmento del ensayo de Jovellanos *Memoria sobre espectáculos y diversiones públicas* que explica el ambiente de las salas teatrales de la época. Después, relaciónalo con el contexto social y cultural del siglo XVIII, y con el pensamiento ilustrado:

No he visto jamás desorden en nuestros teatros que no proviniese principalmente de estar en pie los espectadores del patio. Prescindo de que esta circunstancia lleva al teatro, entre algunas personas honradas y decentes, otras muchas oscuras y baldías, atraídas allí por la baratura del precio. Pero fuera de esto, la sola incomodidad de estar en pie por espacio de tres horas, lo más del tiempo de puntillas, pisoteado, empujado y muchas veces llevado acá y acullá mal de su grado, basta y sobra para poner de mal humor al espectador más sosegado. Y en semejante situación, ¿quién podrá esperar de él moderación y paciencia? Entonces es cuando del montón de la chusma salen el grito del insolente *mosquetero* [...] los silbos y el murmullo general que desconciertan al infeliz representante y apuran el sufrimiento del más moderado y paciente espectador. Siéntense todos y la confusión cesará; cada uno será conocido y tendrá a sus lados, frente y espalda cuatro testigos que lo observen y que sean interesados en que guarde silencio y circunspección.

Gaspar Melchor DE JOVELLANOS: *Memoria para el arreglo de la policía de los espectáculos y diversiones públicas y sobre su origen en España*. *Biblioteca Virtual Miguel de Cervantes*. Web [Consulta: 3 de junio de 2015].

5. El teatro neoclásico

Al iniciarse el siglo XVIII, tanto el público popular como el culto exigían una buena dosis de espectacularidad en las representaciones teatrales. El primero estaba acostumbrado al teatro barroco, que había ido ampliando las posibilidades de la escenografía y acumulaba recursos escénicos a cada cual más sorprendente y llamativo; el segundo gustaba de las fastuosas puestas en escena de la ópera.

Los nuevos dramaturgos ilustrados buscaron en el exterior innovaciones que permitieran renovar la escena española, cuyo estado era deplorable, e importaron formas y contenidos, sobre todo de Italia y Francia. Pero ni los actores ni el público apoyaron estos intentos de reforma que acabaron fracasando.

El hechizado por fuerza (1798), de Francisco de Goya. La imagen representa una escena de una famosa comedia de magia del mismo nombre escrita por Antonio Zamora.

5.1 Corrientes teatrales en el siglo XVIII

El barroquismo

El barroquismo continuó la tradición del teatro barroco hasta 1780. Las obras de más éxito fueron las **comedias de magia**, que ponían en escena encantos, duendes, diablos, enanos que se hacían gigantes, peleas... y que, por supuesto, no gozaban del aprecio de los escritores neoclásicos.

La comedia sentimental

La comedia sentimental se desarrolló en el último tercio del siglo y fue el género puente que preparó el gusto del público para la aceptación del teatro neoclásico:

- Presentaba los conflictos y la vida cotidiana de la burguesía ascendente. Sus argumentos eran sencillos y buscaban conmover al espectador, despertando en él ternura y compasión, solidaridad con el desvalido y rechazo del vicio con un fin moral.
- Sus temas preferidos fueron la crítica de la nobleza, de las leyes injustas y de las malas costumbres.
- Sus protagonistas se caracterizaron por defender un código moral fundamentado en la tolerancia, la fraternidad y la caridad.

A este género pertenece *El delincuente honrado* de Jovellanos, obra en la que el escritor denuncia la contradicción entre la ley de su tiempo que prohibía el duelo, y el todavía vigente código del honor que defendía esta práctica.

La comedia neoclásica

La también llamada comedia de buenas costumbres se desarrolla, como la sentimental, en el último tercio del siglo. Sus características son las siguientes:

- **Fidelidad a la regla de las tres unidades del teatro clásico**: unidad de acción, de tiempo y de lugar.
- **Protagonistas de clase media** que se expresan conforme a su condición social.
- **Situaciones de la vida cotidiana** que se plantean con realismo, con las que el público burgués podía identificarse fácilmente. Los temas preferidos son los matrimonios concertados, la educación de los hijos, las relaciones amorosas y las familiares.
- **Verosimilitud**. Los sucesos han de parecerse a situaciones de la vida real.
- **Afán didáctico**. Las obras defienden una tesis moral, pues se concibe el teatro como un medio para difundir las buenas costumbres y las ideas ilustradas.

LOS PERSONAJES DE LA COMEDIA NEOCLÁSICA

- *Los jóvenes enamorados*, generosos y valientes.
- *El criado y la criada*, materialistas, pero sensatos y leales a sus amos.
- *El entrometido*, egoísta y cobarde, que crea el triángulo amoroso y complica la acción.
- *El petimetre*, joven narcisista y mentiroso.
- *El cazadotes*, joven que busca un matrimonio ventajoso.
- *El viejo* interesado por casarse con una mujer joven.
- *El padre* o *la madre*, viudos o sin pareja.
- *El tutor*, preocupado por la educación, introduce en la comedia la tesis del autor.

6. Leandro Fernández de Moratín

Leandro Fernández de Moratín es el dramaturgo más relevante del siglo XVIII. Gran admirador de la cultura francesa, viajó por toda Europa, donde conoció las tendencias teatrales de Inglaterra, Francia e Italia.

Esta experiencia fue fundamental para su formación como autor de teatro. En 1806 estrenó con gran éxito *El sí de las niñas*.

6.1 *El sí de las niñas*

La comedia neoclásica alcanzó su madurez con *El sí de las niñas*, obra de Leandro Fernández de Moratín en la que aborda el tema de los matrimonios desiguales y la falta de libertad de los hijos en la elección de pareja. También plantea el asunto de la educación de los jóvenes.

La obra cuenta la historia de doña Francisca, una joven de dieciséis años obligada por su madre, doña Irene, a contraer matrimonio con don Diego, un hombre maduro y de buena posición económica. Pero ella en realidad está enamorada de don Carlos, sobrino de don Diego. Los jóvenes se disponen a sacrificar su felicidad para no disgustar a sus mayores, hasta que don Diego lo descubre y renuncia a su boda con doña Francisca para que ellos se casen por amor.

El verdadero protagonista de la historia es don Diego, modelo de hombre ilustrado. Es un hombre culto y sensible que, aunque pretende casarse con doña Francisca, desea sobre todo conocer sus verdaderos sentimientos. Cuando por fin los descubre, no duda en renunciar a su propia felicidad:

DON DIEGO. Yo pude separarlos para siempre y gozar tranquilamente la posesión de esta niña amable, pero mi conciencia no lo sufre... ¡Carlos!... ¡Paquita!... ¡Qué dolorosa impresión me deja en el alma el esfuerzo que acabo de hacer!... Porque, al fin, soy hombre miserable y débil. [...]

DOÑA IRENE. ¡Conque el bueno de don Carlos! Vaya que...

DON DIEGO. Él y su hija de usted estaban locos de amor, mientras que usted y las tías fundaban castillos en el aire, y me llenaban la cabeza de ilusiones, que han desaparecido como un sueño... Esto resulta del abuso de autoridad, de la opresión que la juventud padece; estas son las seguridades que dan los padres y los tutores, y esto lo que se debe fiar en el sí de las niñas... Por una casualidad he sabido a tiempo el error en que estaba... ¡Ay de aquellos que lo saben tarde!

Leandro FERNÁNDEZ DE MORATÍN: *El sí de las niñas*. *Biblioteca Virtual Miguel de Cervantes*. Web [Consulta: 28 de mayo de 2015].

La comedia está estructurada en tres actos y respeta la regla de las tres unidades dramáticas, ya que hay una única acción principal: el matrimonio concertado entre don Diego y doña Francisca; la acción sucede en un único lugar: la sala de paso de una posada de Alcalá de Henares; y todo ocurre en menos de 24 horas: desde las siete de la tarde de un día hasta las cinco de la mañana del día siguiente.

Esta fórmula teatral ejerció una importante influencia en el teatro español posterior, pues, prácticamente, mantuvo su vigencia durante todo el siglo XIX.

LEANDRO FERNÁNDEZ DE MORATÍN (1760-1828)

Leandro Fernández de Moratín nació en Madrid en 1760. Su padre, Nicolás Fernández de Moratín, prefirió que tuviera una formación autodidacta, ya que las universidades habían perdido prestigio.

En sus viajes entró en contacto con las ideas y la literatura europeas. Tras la invasión napoleónica, en 1808, Moratín tomó partido por los invasores y fue tachado de "afrancesado", por lo que al terminar la contienda se exilió a Francia.

Allí vivió los últimos años de su vida, marcados por la soledad, la tristeza y los problemas de salud. Murió en París, en 1828.

Carlos III (1759-1788) publicó una ley en 1776 que obligaba a los hijos a contar con el consentimiento del cabeza de familia para contraer matrimonio. Moratín critica estas uniones concertadas por los padres en contra de los deseos de los hijos.

COMENTARIO DE TEXTO LITERARIO

El sí de las niñas

DON DIEGO. Quisiera solo que se explicase libremente acerca de nuestra proyectada unión, y...

DOÑA IRENE. Oiría usted lo mismo que le he dicho ya.

DON DIEGO. Sí, no lo dudo; pero el saber que la merezco alguna inclinación, oyéndoselo decir con aquella boquilla tan graciosa que tiene, sería para mí una satisfacción imponderable.

DOÑA IRENE. No tenga usted sobre ese particular la más leve desconfianza; pero hágase usted cargo de que a una niña no la es lícito decir con ingenuidad lo que siente. Mal parecería, señor don Diego, que una doncella de vergüenza y criada como Dios manda, se atreviese a decirle a un hombre: yo le quiero a usted.

DON DIEGO. Bien; si fuese un hombre a quien hallara por casualidad en la calle y le espetara ese favor de buenas a primeras, cierto que la doncella haría muy mal; pero a un hombre con quien ha de casarse dentro de pocos días, ya pudiera decirle alguna cosa que... Además, hay ciertos modos de explicarse...

DOÑA IRENE. Conmigo usa de más franqueza. A cada instante hablamos de usted, y en todo manifiesta el particular cariño que a usted le tiene... ¡Con qué juicio hablaba ayer noche, después que usted se fue a recoger! No sé lo que hubiera dado porque hubiese podido oírla.

DON DIEGO. ¿Y qué? ¿Hablaba de mí?

DOÑA IRENE. Y qué bien piensa acerca de lo preferible que es para una criatura de sus años un marido de cierta edad, experimentado, maduro y de conducta...

DON DIEGO. ¡Calle! ¿Eso decía?

DOÑA IRENE. No; esto se lo decía yo, y me escuchaba con una atención como si fuera una mujer de cuarenta años, lo mismo... ¡Buenas cosas la dije! Y ella, que tiene mucha penetración, aunque me esté mal el decirlo... ¿Pues no da lástima, señor, el ver cómo se hacen los matrimonios hoy en el día? Casan a una muchacha de quince años con un arrapiezo de dieciocho, a una de diecisiete con otro de veintidós: ella niña, sin juicio ni experiencia, y él niño también, sin asomo de cordura ni conocimiento de lo que es mundo. Pues, señor (que es lo que yo digo), ¿quién ha de gobernar la casa? ¿Quién ha de mandar a los criados? ¿Quién ha de enseñar y corregir a los hijos? Porque sucede también que estos atolondrados de chicos suelen plagarse de criaturas en un instante, que da compasión.

DON DIEGO. Cierto que es un dolor el ver rodeados de hijos a muchos que carecen del talento, de la experiencia y de la virtud que son necesarias para dirigir su educación.

Leandro FERNÁNDEZ DE MORATÍN: *El sí de las niñas*. *Biblioteca Virtual Miguel de Cervantes*. Web [Consulta: 28 de mayo de 2015].

COMPRENSIÓN DEL TEXTO

1. En esta escena dialogan don Diego y doña Irene. ¿Cuál es la preocupación del protagonista respecto al matrimonio que se ha concertado? Doña Irene tranquiliza a don Diego, ¿con qué argumentos?
2. Por las reacciones de los personajes, ¿sabrías explicar algún rasgo de la personalidad de cada uno de ellos? ¿En qué expresiones se pone de manifiesto el interés de don Diego hacia doña Francisca, la hija de doña Irene?
3. Resume la idea que expone doña Irene sobre los casamientos de los jóvenes.

LENGUAJE LITERARIO

4. Observa el modo de hablar de los personajes. ¿Te parece adecuado a su condición de personas respetables y maduras? ¿Se dan un trato de respeto o de confianza mutua?¿Utilizan un lenguaje culto o coloquial?

TEXTO Y CONTEXTO

5. ¿Con qué tipo de los personajes de la comedia neoclásica se puede relacionar a don Diego y a doña Irene?
6. En este fragmento, Moratín aborda dos temas que preocupaban a los hombres ilustrados. ¿Cuáles son?

Orientaciones para la lectura de *El sí de las niñas*

- Reunidos en grupo, leed este texto acerca de la familia y la situación de las mujeres en el siglo XVIII en www.tiching.com/731592. Después, comentadlo entre todos. ¿Creéis que estaba justificado que las niñas debieran decir siempre sí?
- Aportad vuestras opiniones y analizad los cambios sociales producidos en la concepción de la familia, el matrimonio y la mujer desde entonces hasta la actualidad.

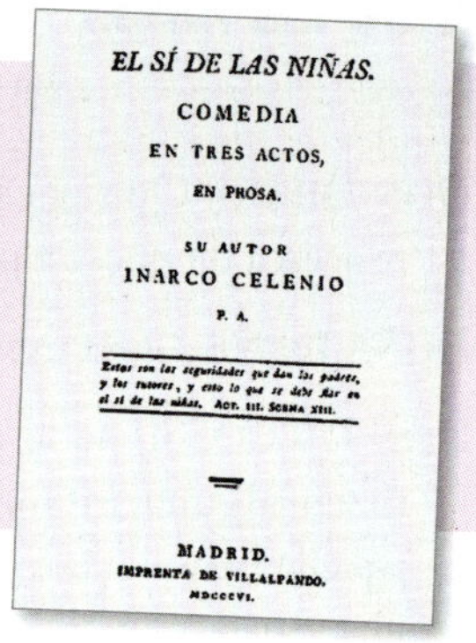
EL SÍ DE LAS NIÑAS.
COMEDIA
EN TRES ACTOS,
EN PROSA.
SU AUTOR
INARCO CELENIO
P. A.
Estas son las seguridades que dan los padres, y los tutores, y esto lo que se debe fiar en el sí de las niñas. Act. III. Scena XIII.
MADRID.
IMPRENTA DE VILLALPANDO.
MDCCCVI.

Leandro FERNÁNDEZ DE MORATÍN: *El sí de las niñas. Biblioteca Virtual Miguel de Cervantes.* Web [Consulta: 12 de junio de 2015]. Inarco Celenio era un seudónimo que utilizaba Moratín.

Acto I

Escena I

- Aparece en escena don Diego, que dialoga con su criado y confidente, Simón. Se encuentran en una posada esperando a alguien, pero don Diego no desea que nadie descubra su presencia allí.
- Por la conversación sabemos que don Diego y Simón esperan a la viuda doña Irene y a su hija doña Francisca, de 16 años, que acaba de salir del convento donde se ha educado.
- Don Diego se muestra disgustado con su sobrino don Carlos.

1. Describe el lugar en el que se desarrolla la acción. ¿Te parece realista? Presta atención a los espacios o ambientes que aparecen a lo largo de la lectura.
2. ¿Qué hacen en la posada don Diego y Simón?
3. ¿Cuál es la confusión de Simón cuando don Diego habla del casamiento? ¿Con quién cree que va a casarse doña Francisca? ¿Cómo reacciona cuando se aclara el malentendido?
4. Don Diego ya muestra en esta primera escena algunas de sus dudas sobre los matrimonios desiguales. ¿Cuáles son?
5. Anota los rasgos que consideras más destacables del carácter de don Diego y su criado.
6. ¿Por qué está enfadado don Diego con su sobrino?

EL PLANTEAMIENTO !

En este primer acto, Moratín presenta el **planteamiento**.

En él se informa al espectador del lugar en el que suceden los hechos, se presenta a los personajes y se plantea el conflicto de la obra.

Escenas II a IX

- Llegan a la posada doña Irene con su hija doña Francisca, acompañadas de Rita.
- Don Diego sigue preocupado por saber si su compromiso con doña Francisca ha sido una decisión libremente tomada por ella.
- Doña Irene no para de hablar y su cháchara delata el interés que tiene en que se celebre el matrimonio de su hija con don Diego.
- Don Diego, que ha ido a la posada a recoger a la madre y a la hija, le comenta a Simón que piensa abandonar Alcalá a la mañana siguiente.
- Aparecen nuevos personajes. Son Calamocha y su amo, un tal don Félix, pretendiente de doña Francisca. Se dice que la muchacha corresponde en amores a don Félix, a quien conoció cuando estaba en el convento. Rita le comunica a doña Francisca que su amado está en la posada.

¡Qué sacrificio! (1799), de Francisco de Goya. El grabado trata el tema de los matrimonios desiguales.

7. ¿Qué primera impresión producen en el espectador los personajes femeninos que entran en escena?
8. ¿Qué niñerías hace doña Francisca?
9. ¿Qué concepto de la educación de su hija tiene doña Irene? ¿Expresa don Diego algunas de sus dudas? ¿Cuáles?
10. ¿Por qué crees que tiene doña Irene tanto interés en que su hija se case con don Diego?
11. Doña Irene no conoce realmente cómo es su hija. ¿Qué crees que le impide verla tal y como es en realidad?
12. En la escena IV, doña Irene cuenta algunos episodios su vida: su matrimonio, sus hijos... Analiza la actitud que muestra con su hija a la vista de estos episodios.
13. Comenta algunas costumbres de la época que se representan. Por ejemplo, aparece Rita haciendo las camas de sus amas en una posada. ¿Cómo te imaginas el lugar?
14. En la escena VII, se encuentra Calamocha solo en escena. ¿Cómo se presenta al espectador? Indica qué clase de personaje-tipo encarna.
15. ¿Qué relación se intuye entre Calamocha y Rita?
16. ¿Con qué intenciones llega a la posada don Félix?
17. En la escena IX, doña Francisca habla con Rita. ¿Qué siente realmente ante la situación que está viviendo? ¿Parece aquí tan niña como se ha mostrado hasta el momento?
18. ¿Cómo se conocieron doña Francisca y don Félix? ¿Cuáles son sus verdaderos sentimientos?

Matrimonio a la moda. El contrato de boda (1743), de William Hogarth. El cuadro muestra el negocio que supone para los padres el casamiento de los hijos.

Acto II

Escenas I a V

- Doña Francisca, sola en el escenario, se muestra por un breve espacio de tiempo tal y como ella es y descubre sus sentimientos al espectador.
- Enseguida sale doña Irene y continúa aleccionando a doña Francisca de las bondades del casamiento con don Diego, pero ella no le presta atención.
- De nuevo, don Diego intenta retomar el tema que le preocupa, pero sus intentos de hablar con la chica se ven obstaculizados por la actitud de doña Irene.

EL NUDO

En el segundo acto se desarrolla el **nudo**.

En esta segunda parte se suceden las acciones de los personajes y el espectador va conociendo cada vez más detalles del conflicto que se plantea en el primer acto.

19. Observa el comienzo de este segundo acto. ¿Dónde se desarrolla la acción? ¿Se ha producido un cambio de escenario?
20. A lo largo de todas estas escenas se reflejan costumbres de la época, como formas de alumbrado, dolencias y remedios, comidas... Coméntalas.
21. ¿Qué dolencias tiene doña Irene y qué medicinas toma?
22. Indica hasta qué punto doña Irene desconoce a su hija, sus deseos y necesidades. ¿De qué modo interpreta las reticencias de su hija ante la defensa apasionada que ella hace de su matrimonio con don Diego?
23. Toma nota de algunas de las expresiones del rico lenguaje coloquial de la época y escribe su significado.
24. En la escena V, don Diego reflexiona sobre la educación de los jóvenes y los matrimonios concertados. Recoge sus ideas.

Escenas VI a XVI

- Llega a la posada don Félix (quien en realidad es don Carlos, pues se informa de que se había presentado a Paquita bajo un nombre falso). Los enamorados se encuentran y se prometen amor eterno. Don Carlos quiere casarse con Paquita y ella también lo desea, aunque teme disgustar a su madre.
- Cuando Paquita se va a dormir, se produce el encuentro entre Calamocha y don Carlos con Simón, el criado de don Diego. A continuación se encuentran don Carlos y su tío, que está disgustado con el joven porque ha abandonado su regimiento militar.
- Como don Carlos no puede justificar el motivo de su viaje, don Diego ordena tajantemente a su sobrino que abandone la posada, que se aloje en el mesón y que de madrugada vuelva a Zaragoza.

El beso robado (finales de 1780), de Jean Honoré Fragonard. El cuadro, de estética neoclásica, reproduce una escena sentimental muy de moda a finales del s. XVIII.

25. Anota lo que llame tu atención de la escena del encuentro entre los dos enamorados. ¿De qué modo expresan lo que sienten?

26. Explica cuáles son los verdaderos sentimientos de la joven ante su próxima boda con don Diego. Indica también cuáles son los motivos por los que no se lo declara a su madre.

27. ¿Cómo reaccionan tío, sobrino y criados cuando se encuentran? ¿Por qué disimulan todos? Anota lo que cada uno tiene que esconder.

28. Don Diego está molesto con su sobrino, aunque lo quiere sinceramente. ¿En qué detalle de estas escenas crees que se aprecia este sentimiento del tío hacia el sobrino?

29. ¿Cómo reacciona el joven don Carlos ante la orden de su tío? ¿Por qué no le desobedece?

30. ¿Cómo interpreta Paquita la marcha de don Félix?

31. Moratín concebía el teatro como escuela de buenas costumbres. ¿Crees que tiene algo que ver la actitud de estos jóvenes personajes con esta concepción del teatro?

Acto III

Escenas I a XIII

- A las tres de la mañana duerme Simón en un banco y sale don Diego, que se ha despertado justo cuando don Carlos, que parte hacia Zaragoza, ha venido a despedirse en secreto de doña Francisca.
- Simón y don Diego, desde el balcón, son testigos de la conversación entre Paquita y don Carlos. Cuando este lanza un papel a su amada, Simón tropieza con la jaula del tordo y delata su presencia.
- Las mujeres huyen, don Diego encuentra la carta y se entera de lo que pasa. Entonces manda a Simón a buscar a su sobrino para hacerle volver a la posada. Está amaneciendo.
- Don Diego plantea abiertamente el tema de su compromiso a Paquita esperando que ella se sincere, pero no lo consigue.
- Regresa don Carlos a la posada y habla con su tío, que le enseña la carta que tiene en su poder.

EL DESENLACE !

El tercer acto corresponde al **desenlace**.

En el final de la obra de Moratín se precipitan los acontecimientos cuando se descubre que el pretendiente de doña Francisca es, en realidad, don Carlos, el sobrino de don Diego.

- Se produce una discusión entre don Diego y su sobrino y el joven insiste en irse a Zaragoza, pero su tío le ordena que se esconda en el cuarto.
- Doña Irene se ha despertado y sale sin saber lo que está ocurriendo. Cuando don Diego le aclara lo sucedido, ella recurre al victimismo y se abalanza sobre su hija. En ese momento, don Carlos sale del cuarto y se produce el desenlace de la obra.

Grabado *El sí pronuncian y la mano alargan al primero que llega* (1799), de Francisco de Goya.

32. Comenta cuál crees que es la función que desempeña la jaula del tordo a lo largo de toda la obra.

33. ¿Qué siente don Diego cuando descubre los verdaderos sentimientos de los jóvenes? ¿Cómo reacciona?

34. Ante el silencio de doña Francisca, don Diego expresa sus quejas sobre la educación que reciben las muchachas de su tiempo. ¿Qué opina el protagonista de la obra exactamente? ¿Crees que puede tener algo que ver con las ideas ilustradas de Moratín?

35. Comenta los sentimientos que expresan en esta situación don Diego y su sobrino don Carlos.

36. Describe la reacción de doña Irene cuando se entera de la relación de su hija con el sobrino de su prometido.

37. Anota las circunstancias en que se produce el final feliz. ¿Qué personaje se guía más por su conciencia y es el más generoso?

38. Analiza el final de la obra. ¿Te parece verosímil este desenlace? ¿Qué enseñanza crees que pretende transmitir?

39. ¿Cuánto tiempo ha pasado desde que comenzó la acción hasta el desenlace en este último acto?

40. Los escritores ilustrados eran reformistas, deseaban encontrar para los problemas de su tiempo soluciones justas que promovieran un cambio social moderado. ¿Aprecias esta actitud en el desarrollo y solución del conflicto? Razona tu respuesta.

Tras la lectura, la reflexión...

Has tomado numerosas notas a lo largo de la lectura, ahora tendrás que elaborar un trabajo personal de carácter creativo en el que demuestres que has asimilado el valor de esta obra.

Escoge entre las propuestas que aparecen a continuación dos o tres líneas argumentales que desees desarrollar:

a. *El sí de las niñas* en el contexto de su época.

b. La obra como expresión de la fórmula teatral creada por el autor.

c. Caracterización de los personajes principales y comparación con los personajes de la comedia neoclásica.

d. Temas y motivos de la obra y su relación con la realidad social en la España de la época.

e. El lenguaje coloquial en *El sí de las niñas*.

f. Don Diego como personificación de las ideas ilustradas.

g. Opinión personal sobre la comedia.

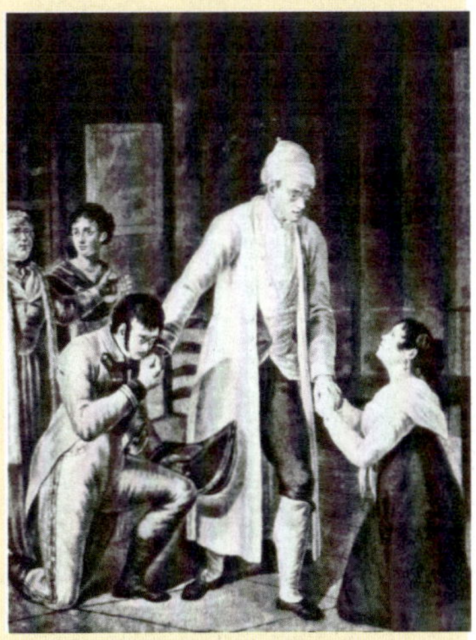

Imagen de una representación de la época de *El sí de las niñas*.

LITERATURA

EL ROMANTICISMO

La isla de los muertos (1883), de Arnold Böcklin.

HISTORIA

JOSÉ BONAPARTE — FERNANDO VII — REGENCIA DE MARÍA CRISTINA — REGENCIA DE ESPARTERO — MINORÍA DE EDAD DE ISABEL II — ISABEL I

GUERRA DE LA INDEPENDENCIA — RESTAURACIÓN ABSOLUTISTA — TRIENIO LIBERAL — DÉCADA OMINOSA

- 1812 Constitución de Cádiz
- 1814 Vuelta de Fernando VII
- 1823 Cien Mil Hijos de San Luis
- 1830 Derogación de la Ley Sálica
- 1833 I Guerra Carlista 1839
- 1837 Constitución progresista
- 1845 Constitución moderada

1810 — 1820 — 1830 — 1840 — 1850

LITERATURA

- 1812-15 *Cuentos para la infancia y el hogar* de los hermanos Grimm
- 1830 *Hernani* de Víctor Hugo
- 1834 *El doncel de don Enrique el Doliente* de Larra. *Sancho Saldaña* de Espronceda
- 1835 "Canción del pirata" de Espronceda. Estreno de *Don Álvaro o la fuerza del sino* del duque de Rivas
- 1836 *Escenas matritenses* de Mesonero Romanos. Estreno de *El trovador* de García Gutiérrez
- 1837 Muerte de Larra
- 1844 Estreno de *Don Juan Tenorio* de Zorrilla
- 1846 *Escenas andaluzas* de Estebánez Calderón
- 1849 *La gaviota* de Fernán Caballero

LA GUERRA DE LA INDEPENDENCIA Y JOSÉ BONAPARTE

El siglo XIX se inició con la **Guerra de la Independencia** contra los franceses. Con sus reyes fuera del país, los españoles se negaron a aceptar a **José Bonaparte (1810-1813)** como rey legítimo y se organizaron en Juntas Provinciales para presentar la mayor resistencia posible al invasor francés.

Más adelante, las Juntas cedieron su poder a la Junta Central Suprema, que convocó una reunión extraordinaria a Cortes que se celebraron en Cádiz en 1810 y 1812. Los diputados que asistieron eran en su mayoría liberales y se logró la primera constitución promulgada en España.

La **Constitución de 1812** fue revolucionaria en ese momento porque en ella se declaraba que la soberanía residía en la Nación, compuesta por ciudadanos libres e iguales, y se abolían los derechos feudales, la Inquisición y la tortura. Además, proclamaba la libertad de prensa y de imprenta.

LA VUELTA DE FERNANDO VII (1814-1833)

El **regreso de Fernando VII en 1814** acabó con los aires de libertad que se habían extendido por todo el territorio nacional. A su vuelta, el rey restauró el absolutismo e inició una dura represión sobre los liberales que obligó a miles de ellos a exiliarse a Europa o América.

En estos años, se produjeron varios golpes de estado de los sectores contrarios al absolutismo. Uno de ellos, encabezado por el general Riego, triunfó en 1820, y obligó a Fernando VII a acatar la Constitución de Cádiz. Esto inició una etapa liberal que duró tres años, hasta que el rey pidió ayuda a Europa y Francia le envió un ejército que le devolvió el poder absoluto. Comenzó entonces un periodo de dura represión sobre los liberales, conocido como la **Década Ominosa**.

Cuando en 1833 murió Fernando VII, los exiliados liberales regresaron de nuevo a España con un espíritu más moderado y las ideas estéticas de un nuevo movimiento literario que llevaba ya algún tiempo en Europa: el **Romanticismo**.

LA ETAPA ISABELINA (1833-1868)

Durante el **reinado de Isabel II** se alternaron en el poder moderados y progresistas y se aprobó la **Constitución de 1845**, en la que se afirmaba la soberanía compartida entre las Cortes y la monarquía. Sin embargo, esta se reservaba una enorme parcela de poder.

El descontento de los progresistas al no poder acceder al gobierno a través de las elecciones, junto a la enorme crisis económica, hizo que estos y los demócratas unieran sus fuerzas para derrocar a la monarquía.

Un nuevo golpe militar, en 1868, protagonizado por los generales **Prim y Serrano**, se hizo con el poder. A esta revolución se la llamó **La Gloriosa**, e Isabel II se vio obligada a abandonar el país.

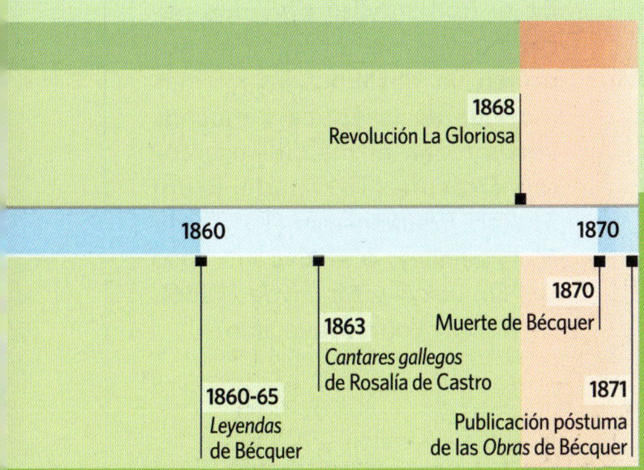

10 EL ROMANTICISMO LA LÍRICA

1. El Romanticismo

A mediados del siglo XVIII, en Alemania se empieza a vislumbrar un cambio de sensibilidad estética que dará origen al Romanticismo. En 1774, Goethe publica *Las desventuras del joven Werther*, una novela que tendrá una importancia fundamental en la creación y consolidación del nuevo movimiento literario.

En España, aunque se inicia más tarde, existía ya un sustrato prerromántico que partía de ciertos aspectos de la Ilustración: los que defendían la libertad individual y el interés por la naturaleza.

A los poetas románticos, del mismo modo que a los pintores románticos, les gustaba describir la naturaleza salvaje.

1.1 La ideología romántica

El romántico es un espíritu desasosegado y rebelde que rechaza la sociedad burguesa en busca de un ideal tanto en el amor como en la vida. En su búsqueda, hay una huida hacia delante que él siente cercana a la muerte, a la que teme y a la vez corteja.

De esa búsqueda constante de la lucha por la libertad surgió el movimiento romántico, cuyas características más destacadas son las siguientes:

- **Libertad**. El Romanticismo defendió la libertad en todos sus aspectos: la libertad política frente a las monarquías absolutas; la libertad individual, que ponía en entredicho las normas sociales de la sociedad burguesa; y la libertad artística, que rechazaba las reglas del arte neoclásico.
- **Subjetivismo**. El artista romántico mira el mundo a través del cristal del YO. Frente al racionalismo de la etapa anterior se impone el subjetivismo como punto de partida para entender el mundo. Ahora no importa cómo es la realidad, sino cómo la percibe cada individuo.
- **Irracionalismo**. En esa defensa por la libertad individual se incluyó también el derecho a la diferencia como forma de exaltación de valores antiburgueses y antirracionalistas. Por este motivo, aparecen en las obras literarias nuevos protagonistas asociales cercanos al malditismo.
- **Evasión de la realidad**. Los románticos rechazan la realidad que les rodea. Ellos buscan unos ideales que no se pueden alcanzar en el tiempo que les ha tocado vivir; por eso se evaden a **espacios lejanos y exóticos** o a **tiempos pasados**, idealizados por la fantasía. Este es el motivo de que se escriban numerosas obras literarias ambientadas en la Edad Media, las Cruzadas o la Reconquista.
- **Valoración del pasado histórico**. Los románticos defienden que en las tradiciones de cada país está "el alma" del pueblo, su historia particular. Esto trajo como consecuencia la recuperación de los cuentos tradicionales y de las leyendas antiguas que reflejaban el espíritu de cada nación. También hizo que se recuperaran las lenguas vernáculas como la gallega o la catalana.
- **Concepción subjetiva del paisaje**. El paisaje es para el autor romántico una proyección de su espíritu; y como su alma padece una incurable melancolía, elegirá aquellos paisajes con los que pueda identificarse: las ruinas, el mar embravecido, las tormentas y la noche.
- **La estética del terror**, que, ambientada en sepulcros y lugares de pesadilla, se recrea en la descripción de situaciones espeluznantes.

PERSONAJES MALDITOS

En el Romanticismo vemos nacer nuevos personajes que suponen un desafío a las normas morales de la época y muchas veces rozan el malditismo, como *Drácula* (1897), de Bram Stoker; *Frankenstein* (1818), de Mary Shelley; o el *Extraño caso del Dr. Jekyll y Mr. Hyde* (1886), de Robert Louis Stevenson.

INTRO

- **El amor**. El escritor romántico está enamorado del amor, por eso ninguna mujer, salvo la soñada, puede calmar sus aspiraciones ideales.

1.2 La lengua literaria en el Romanticismo

Con la libertad y el subjetivismo por bandera, la lengua literaria fue sometida a numerosas transformaciones. Sus características más sobresalientes son:

- **Mezcla de verso y prosa** en un mismo texto, mezcla de distintos tipos de versos en el mismo poema, y también uso de distintos géneros literarios en la misma obra. Los románticos piensan que la literatura debe reflejar la vida y su carácter múltiple, variado y mestizo.
- **Exaltación del YO**. El autor romántico expresa sus sentimientos más íntimos sin pudor, alardeando de su amor, su desdicha o su rebeldía.
- **Lenguaje apasionado**. La lengua refleja la convulsión espiritual de estos autores con recursos como exclamaciones, interrogaciones o imprecaciones[1], que muestran su desconcierto y su angustia frente al mundo. Esto se plasmará en el lenguaje de la siguiente forma:
  - La **sintaxis** prefiere la construcción afectiva sobre la construcción lógica, así que las oraciones aparecen a menudo entrecortadas (con exclamaciones, incisos...).
  - El **léxico** refleja la subjetividad con abundancia de pronombres de primera persona: *yo, mí, me, conmigo*... Para expresar emociones extremas usará sustantivos como *lamentos, quejas, dolor, horror, miedo, delirio, quimera*... y adjetivos como *infeliz, impío, horrendo, mágico, fatal*...

FÍJATE

Romanticismo y *romántico* son palabras que no únicamente nombraban un movimiento artístico, sino que se aplicaban también a una forma de entender la vida y a una particular visión del mundo.

1. **imprecación**: exclamación blasfema, maldición, improperio.

Canción del pirata

Sentenciado estoy a muerte.
Yo me río;
no me abandone la suerte,
y al mismo que me condena
colgaré de alguna entena[1]
quizá en su propio navío.
Y si caigo,
¿qué es la vida?
Por perdida
ya la di,
cuando el yugo
del esclavo
como un bravo
sacudí.

Que es mi barco mi tesoro,
que es mi Dios la libertad,
mi ley la fuerza y el viento,
mi única patria, la mar.

José DE ESPRONCEDA (adaptación)

1. **entena**: vara de la que cuelga la vela de un barco.

A Jarifa en una orgía[1]

Yo quiero amor, quiero gloria,
quiero un deleite divino,
como en mi mente imagino,
como en el mundo no hay;
y es la luz de aquel lucero
que engañó mi fantasía,
fuego fatuo, falso guía
que errante y ciego me tray. [...]

Yo me arrojé, cual rápido cometa,
en alas de mi ardiente fantasía,
doquier mi arrebatada mente inquieta
dichas y triunfos encontrar creía. [...]

Y encontré mi ilusión desvanecida,
y eterno e insaciable mi deseo.
Palpé la realidad y odié la vida:
solo en la paz de los sepulcros creo.

José DE ESPRONCEDA (adaptación)

1. **orgía**: satisfacción de una pasión desenfrenada. Es un motivo frecuente en la literatura entre los autores románticos.

1. Lee los versos de Espronceda y relaciona su contenido y su lenguaje literario con las características del Romanticismo.
2. Señala qué rasgos propios del lenguaje literario del Romanticismo reconoces en estos versos.

2. La poesía romántica

Durante los primeros treinta años del siglo XIX, la poesía en España siguió bajo la influencia de la estética neoclásica. Sin embargo, a principios de siglo, en Alemania e Inglaterra se estaba escribiendo una nueva poesía que reflejaba el nuevo modo de ver la vida, más apasionado, intimista y libre.

La publicación en Francia de las *Odas* de Víctor Hugo en 1820 contribuyó decisivamente al nuevo cambio de estética.

INTRO

3. José de Espronceda

Espronceda fue considerado por sus contemporáneos el prototipo de poeta romántico, no solamente por sus escritos, que en muchos aspectos eran verdaderamente revolucionarios, sino también porque entregó su vida a la poesía y a la lucha por la libertad.

3.1 Evolución de la poesía de Espronceda

Tras una etapa de formación neoclásica bastante sólida, Espronceda se puso en contacto con la poesía romántica inglesa (Lord Byron) y francesa (Víctor Hugo) en su etapa del exilio.

Cuando regresó a España, el poeta luchó por encontrar un lenguaje poético propio. De este modo, Espronceda superó una de estas vías de evasión de la realidad del romántico y pasó del romanticismo histórico, de talante conservador, al romanticismo social, mucho más crítico. Pertenecen a esta etapa *A Jarifa en una orgía;* seis canciones, entre ellas la *Canción del pirata,* y dos poemas extensos: *El estudiante de Salamanca* y *El diablo mundo.*

3.2 Obra poética

Canciones

En las canciones se ve claramente la nueva orientación estética del romanticismo social, absolutamente crítico con la sociedad burguesa de la época. De entre ellas destacan:

- "Canción del pirata". En esta canción se observan dos características del nuevo cambio de rumbo poético: la polimetría y un protagonista que vive al margen de la sociedad burguesa.
- "El mendigo" aún es una canción más dura que la anterior en sus reivindicaciones sociales, porque el protagonista no vive en lejanos mares, sino en la misma realidad del lector.
- "El verdugo" y "El reo de muerte" presentan a dos personajes arquetípicos. Uno de sus propósitos es plantear la pena de muerte ante la sociedad.

El estudiante de Salamanca

El estudiante de Salamanca es un largo poema narrativo que ejemplifica la ruptura de las normas neoclásicas que obligaban a la separación de géneros, pues en él encontramos fragmentos narrativos, líricos y dramáticos.

JOSÉ DE ESPRONCEDA (1808-1842)

Retrato de Espronceda (1842-1846), de Antonio M.ª Esquivel.

Espronceda nació en Almendralejo (Extremadura). A los 14 años fundó la sociedad secreta Los Numantinos para luchar contra el absolutismo. Fueron traicionados y Espronceda estuvo detenido en un convento durante varios meses.

Más tarde se exilió a Inglaterra, Francia y Bruselas. A su regreso del exilio participó activamente en la vida cultural y política y volvió a ser detenido por conspirar contra el gobierno moderado. En 1838 fue diputado "exaltado" (republicano) en las Cortes.

Murió a los 34 años por un ataque de difteria.

El protagonista es don Félix de Montemar, personaje que aúna en su carácter todas las características del héroe romántico: malditismo, donjuanismo, provocación, belleza y osadía.

En este fragmento podemos identificar los elementos de los **textos narrativos**: narrador, personaje y espacio donde se desarrollan los hechos.

En Salamanca famoso
por su vida y buen talante,
al atrevido estudiante
le señalan entre mil;
fuero le da su osadía,
le disculpa su riqueza,
su generosa nobleza,
su hermosura varonil.

Que en su arrogancia y sus vicios,
caballeresca apostura,
agilidad y bravura
ninguno alcanza a igualar:
que hasta en sus crímenes mismos,
en su impiedad y altiveza,
pone un sello de grandeza
don Félix de Montemar.

El cementerio de Cloister nevado (1817-19), de Caspar David Friedrich. El cementerio es uno de los lugares típicos del Romanticismo, utilizado en *El estudiante de Salamanca*.

Mas ¡ay! que se disipó
tu pureza virginal,
tu encanto el aire llevó
cual la aventura ideal
que el amor te prometió.

Hojas del árbol caídas
juguetes del viento son:
las ilusiones perdidas
¡ay! son hojas desprendidas
del árbol del corazón.

Don Félix seduce y burla bajo promesa de matrimonio a doña Elvira. Esta expresa sus quejas y sus lamentos tras verse engañada, y finalmente, muere de amor.

Aquí encontramos un **fragmento lírico**, en el que el lenguaje, cuidadosamente utilizado, exalta la expresión de los sentimientos y busca la identificación con un lector cómplice.

El hermano de la joven, don Diego, reta en duelo al protagonista para vengar el honor de su hermana, aunque don Félix vence y lo mata.

Este es un **fragmento dramático**. Observa que no hay narrador y que la acción se desarrolla por el enfrentamiento entre dos posturas contrarias.

D. DIEGO. ¡Mal caballero!
D. FÉLIX. Don Diego,
mi delito no es gran cosa.
Era vuestra hermana hermosa:
la vi, me amó, creció el fuego,
se murió, no es culpa mía;
y admiro vuestro candor,
que no se mueren de amor
las mujeres de hoy en día.

Después, don Félix se siente atraído por una mujer misteriosa y la sigue para conquistarla. La dama lo lleva a un cementerio donde le revela que es el cadáver de doña Elvira y le reclama su promesa de matrimonio. Don Félix vuelve a rechazarla sarcástico y despectivo, y ella lo estrecha entre sus brazos hasta quitarle el aliento. Al final, el protagonista muere sin arrepentirse de nada, desafiando al espectro, a su propia muerte y a Dios.

3. Relaciona los fragmentos que has leído de *El estudiante de Salamanca* con las características del movimiento romántico.
4. Di qué rasgos de la poesía romántica se reflejan en estos textos.
5. Relaciona estos fragmentos de Espronceda según su temática y su forma con este momento histórico y cultural.

INTRO

4. El Posromanticismo

Alrededor de 1850 se aprecian algunos cambios en el mundo de la poesía lírica. Aún se publican con éxito los libros de Espronceda y Zorrilla, sin embargo muchos poetas sienten un cierto cansancio de lo que algunos llamaban "los excesos románticos".

4.1 Características del Posromanticismo

Los nuevos autores buscan una lengua poética sencilla y natural, alejada de la intensidad sentimental de los primeros años del Romanticismo.

Esta poesía más intimista intenta acercarse al lenguaje coloquial y se interesa por el cantar popular.

Una poesía cercana al lenguaje coloquial

Lo primero que se percibe en la nueva poesía es una reducción del tono exaltado. Estos autores prefieren para sus poemas un lenguaje sencillo y próximo a la lengua coloquial.

Interés por el cantar popular

Los poetas de la segunda mitad del siglo XIX tuvieron mucho interés en el cantar popular porque este reunía muchas de las características que ellos buscaban para su poesía: sencillez, brevedad, intensidad y sugerencia.

Además, estas canciones coincidían en muchos aspectos con las del poeta romántico alemán Heinrich Heine, que se pusieron muy de moda en España cuando se tradujeron al castellano. Heine fue muy admirado por su *Libro de las canciones*, que contiene poemas sencillos, cortos e intimistas.

El intimismo

En esta nueva poesía, el poeta sigue hablando de sus sentimientos, pero lo hace en un tono íntimo, casi confidencial, muy alejado de la grandilocuencia anterior.

La voz que se expresa en el poema se dirige a sí misma, en una especie de reflexión interior, o se dirige a un lector cómplice de sus sentimientos capaz de entenderlo. El territorio donde ambos se encuentran es el poema: el espacio de intimidad y complicidad entre el poeta y el lector.

En esto difiere de la poesía romántica anterior, que se dirigía a toda la humanidad y en un tono exaltado y grandilocuente.

Viajero junto a un mar de niebla (1818), de Caspar David Friedrich.

Cantar popular

Desde que te ausentaste,
sol de mis soles,
ni los pájaros cantan
ni el río corre.
¡Ay, amor mío!
ni los pájaros cantan,
ni corre el río.

Rima XXX

Asomaba a sus ojos una lágrima,
y a mi labio una frase de perdón;
habló el orgullo y se enjugó su llanto,
y la frase en mis labios expiró.

Yo voy por un camino, ella por otro;
pero al pensar en nuestro mutuo amor,
yo digo aún: ¿por qué callé aquel día?
Y ella dirá: ¿por qué no lloré yo?

Gustavo Adolfo BÉCQUER

6. Lee la Rima XXX y explica qué características de la poesía posromántica se reflejan en ella.
7. ¿Por qué motivo crees que se habían distanciado los enamorados? ¿Se explicita en algún momento lo que había pasado entre ellos? ¿Crees que esa información no expresada aumenta el misterio del poema?

5. Gustavo Adolfo Bécquer

En Bécquer convergen las mejores líneas de la poesía culta desde Jorge Manrique a Ramón de Campoamor. En sus poemas vamos a ver muchas de las características del cantar popular: sencillez, brevedad, emoción contenida, y un lenguaje sencillo y cercano.

Sin embargo, el poeta no se limita a seguir fielmente sus referentes, sino que construye un lenguaje poético propio que innova absolutamente la poesía de su tiempo sentando las bases de la modernidad.

5.1 La poesía que hereda y la poesía que innova

De dos poetas clásicos como Jorge Manrique y Garcilaso, Bécquer aprendió a expresar los más dolorosos sentimientos en un tono de baja intensidad, muy alejado de la exaltación de los precedentes románticos; aunque en ocasiones también encontramos cierto léxico romántico cercano a Espronceda.

De los poetas de su tiempo, como Campoamor, aprendió a actualizar el lenguaje de la poesía incorporando palabras "extrapoéticas" de una modernidad absoluta.

Rima XXVI

Voy contra mi interés al confesarlo;
no obstante, amada mía,
pienso, cual tú, que una oda solo es buena
de un billete de banco al dorso escrita. [...]

Esto es lo verdaderamente nuevo: un tono íntimo y cercano para conseguir que la poesía culta parezca tan sencilla y espontánea como la poesía popular tradicional.

GUSTAVO ADOLFO BÉCQUER (1836-1870)

Retrato de Gustavo Adolfo Bécquer (1862), de Valeriano Bécquer.

Bécquer nació en Sevilla en 1836. Tras perder prematuramente a sus padres, se hizo cargo de él una tía suya.

A los dieciocho años se traslada a Madrid para vivir de su producción literaria, aunque pasó estrecheces económicas durante mucho tiempo. Sus contactos le consiguieron un empleo como redactor en el *El Contemporáneo*, periódico en el que aparecerían también algunos de sus escritos literarios.

Tras su muerte en 1870, sus amigos recogieron y publicaron sus obras completas, que han gozado de un gran éxito hasta hoy.

6. *Rimas*

Bécquer fue publicando desde 1859 algunos de sus poemas en distintos periódicos y revistas. Con ellos preparó un manuscrito para su amigo, el político conservador González Bravo, pero en la revolución de 1868 desapareció en el incendio de la casa del ministro. Más tarde el poeta lo reconstruyó y lo tituló *Libro de los gorriones*.

Tras la muerte de Bécquer, sus amigos publicaron sus versos en un libro titulado *Rimas*. También ordenaron los poemas de modo que el conjunto de todos ellos recorriera las distintas etapas de una doble historia de amor: la del poeta con la poesía y la del poeta con la mujer; ambas difíciles y apasionadas.

6.1 Temática de las *Rimas*

El poeta y la poesía (rimas I-XI)

El libro se abre con unas reflexiones sobre la inspiración y el arduo trabajo del poeta con el lenguaje, para dar una forma exacta y hermosa a las sensaciones vagas y angustiosas que le perseguían. El poema es a la vez su exorcismo y su plenitud.

Bécquer se debate entre la inspiración (fuerza y desorden), y la razón: "Gigante voz que el caos/ordena en el cerebro". Solo el poeta excepcional podrá armonizarlas y convertir murmullos, sensaciones e ideas en "armonioso ritmo", en "hilos de luz".

@ Para ampliar en la Red...

Para leer las *Rimas* de Bécquer, entra en www.tiching.com/730449.

El Romanticismo. La lírica

Para Bécquer la poesía es algo inefable, que no se puede expresar con palabras, y de ella participan la música y el amor. La mujer y la poesía se identifican en muchas ocasiones en las *Rimas*, hasta tal punto que algunas rimas como la XI y la XV, podrían referirse tanto a la relación del poeta con la poesía como a la relación del poeta con un amor idealizado y romántico.

Detalle de *La pradera del arquero* (1872), de Dante Gabriel Rossetti.

El poeta y la mujer (rimas XII-LXXVI)

Los amigos de Bécquer organizaron sus poemas como un cancionero que refleja los estados de una historia de amor: desde la felicidad inicial al desengaño, incluyendo el dolor y la desesperación por la pérdida final. En el libro se distribuyen así:

- **Rimas XII - XXIX**. El amor es vivido como la verdadera plenitud del alma.
- **Rimas XXX - LI**. Surgen los conflictos y el poeta y su amada no son capaces de solucionarlos. El desamor se va instalando entre los amantes.
- **Rimas LII - LXXVI**. Se habla en ellas directamente del dolor, de la soledad, del vacío y de la angustia existencial del fracaso amoroso.

6.2 Estructura de los poemas

En sus *Rimas* Bécquer utiliza básicamente dos procedimientos de composición en su producción lírica:

- El poema breve, en el que suele exponer una idea o una intuición. En estos poemas Bécquer prefiere la sugerencia a la descripción pormenorizada, como en las rimas XX, XXIII, XXXVIII y LX.
- El poema largo, muy frecuente en las *Rimas* y muy interesante por sus resultados. En muchos de estos poemas vemos la siguiente estructura:

FÍJATE

Bécquer consigue transmitirnos un complejo mundo poético con una sencillez de medios admirable. Podríamos decir que cuando se acaban los versos de Bécquer, se inicia la poesía en la mente del lector.

Rima XXIV

Dos rojas lenguas de fuego
que a un mismo tronco enlazadas
se aproximan, y al besarse
forman una sola llama;

dos notas que del laúd
a un tiempo la mano arranca,
y en el espacio se encuentran
y armoniosas se abrazan;

dos olas que vienen juntas
a morir sobre una playa,
y que al romper se coronan
con un penacho de plata;

dos jirones de vapor
que del lago se levantan,
y al juntarse allá en el cielo
forman una nube blanca;

dos ideas que al par brotan,
dos besos que a un tiempo estallan,
dos ecos que se confunden…
eso son nuestras dos almas.

Cada estrofa se inicia con una anáfora que introduce una idea que aporta un nuevo punto de vista al tema del poema.

El poeta refuerza esa construcción anafórica con recursos como el paralelismo.

Al final, se presenta el término real de las sucesivas imágenes que han ido apareciendo en el poema.

6.3 El lenguaje poético de Bécquer

La poesía de Bécquer está muy trabajada a pesar de su aparente sencillez. Y esto es así porque los recursos poéticos que utiliza son los de la poesía de tipo tradicional: **rima asonante**, **mezcla de versos** largos con otros más cortos, y figuras estilísticas sencillas como **anáforas**, **comparaciones** y **metáforas** con base en la naturaleza.

7. Leyendas

Si en sus *Rimas* Bécquer fue innovador, en las *Leyendas* se muestra muy cercano a la tradición romántica, aunque las depura de toda grandilocuencia. En muchos casos Bécquer utilizó **recursos propiamente poéticos** como la ensoñación y la sugerencia, tan frecuentes en las *Rimas*. Por eso, muchos críticos consideran las *Leyendas* prosa poética.

Las *Leyendas* (1860-1865) son una colección de veintiocho relatos de carácter fantástico en su mayoría. En ellas aparecen casi todos los grandes temas del imaginario romántico: el **misterio** sucedido en épocas remotas, el gusto por lo **sobrenatural**, el **fondo religioso** como atmósfera para lo extraordinario, y el apego por lo **pintoresco**.

En estas narraciones, Bécquer recoge diversas tradiciones populares y busca en ellas los elementos que podían interesar a los lectores de su época.

En las *Leyendas* podemos rastrear algunos aspectos de una corriente pseudocientífica muy en boga en esos años: el **espiritismo**, por la que Bécquer sentía cierta curiosidad. Esto se manifiesta en *El monte de las ánimas*, en la que Alonso vuelve después de muerto para devolverle a Beatriz su banda azul; en *El Miserere*, en la que las almas de los monjes reviven cada año el incendio que arrasó su abadía y su horrible muerte; y en *El rayo de luna*, en la que Manrique se enamora de un rayo de luz, el espíritu de "una de las mujeres de esas regiones luminosas".

Circe invidiosa (1892), de John William Waterhouse.

El rayo de luna

La noche estaba serena y hermosa; la luna brillaba en lo más alto del cielo, y el viento suspiraba con un rumor dulcísimo entre las hojas de los árboles.

Manrique llegó al claustro, tendió la vista por su recinto y miró a través de las macizas columnas de sus arcadas... Estaba desierto.

Salió de él, encaminó sus pasos hacia la oscura alameda que conduce al Duero, y aún no había penetrado en ella, cuando de sus labios se escapó un grito de júbilo.

Había visto flotar un instante y desaparecer el extremo del traje blanco, del traje blanco de la mujer de sus sueños, de la mujer que ya amaba como un loco.

Corre, corre en su busca; llega al sitio en que la ha visto desaparecer; pero al llegar se detiene, fija los espantados ojos en el suelo, permanece un rato inmóvil; un ligero temblor nervioso agita sus miembros, un temblor que va creciendo, que va creciendo, y ofrece los síntomas de una verdadera convulsión, y prorrumpe, al fin, en una carcajada, en una carcajada sonora, estridente, horrible.

Aquella cosa blanca, ligera, flotante, había vuelto a brillar ante sus ojos; pero había brillado a sus pies un instante, no más que un instante.

Era un rayo de luna, un rayo de luna que penetraba a intervalos por entre la verde bóveda de los árboles cuando el viento movía sus ramas.

Gustavo Adolfo BÉCQUER: *Leyendas y rimas*. Ed. Vicens Vives, 2007.

8. ¿Qué aspectos propios del Romanticismo identificas en esta leyenda?
9. Observa el espacio y el tiempo. ¿Cómo serían en un texto romántico de la primera mitad del siglo XIX? Haz los cambios en tu cuaderno como si fueras Espronceda.
10. Define las características del protagonista y de la amada. ¿Han variado mucho con respecto a los personajes típicos de la primera mitad del siglo XIX?
11. ¿Qué rasgos propios del lenguaje romántico aprecias en este texto?
12. Relaciona este fragmento con la nueva visión romántica que se da en la segunda mitad del siglo XIX.

8. Rosalía de Castro

Rosalía de Castro nació un año después de Bécquer y, junto a la del poeta sevillano, es una de las voces más sencillas e intimistas de la lengua castellana. Fue también una figura clave del *Rexurdimiento* ('resurgimiento') gallego.

Sin embargo, mientras la voz de Bécquer alcanza sus momentos más sinceros en la expresión de la ausencia amorosa, la voz de Rosalía muestra con delicada actitud el desamparo y la orfandad del ser humano ante la vida.

8.1 La poesía en lengua gallega

Rosalía también tomó como modelo el cantar popular en gallego para sus poemas. Surgen así sus *Cantares gallegos* (1863), tan compenetrados con la poesía popular que algunos críticos los tomaron como auténticamente tradicionales.

Más tarde publicó *Follas novas* ('Hojas nuevas') en 1880. En este libro, además del tono íntimo, aparece la denuncia social de las desigualdades económicas de su Galicia natal y el desarraigo de la emigración.

8.2 La poesía en lengua castellana

En 1884, Rosalía de Castro publicó un libro en castellano, *En las orillas del Sar,* en el que la poeta nos ofrece una visión del mundo de extremada desolación, motivada en gran medida por esa sensación permanente de lo que ella llama "la desgracia traidora" que "viene y nunca se sabe de dónde viene".

Su mundo interior, lleno de negros presentimientos, aparece expresado en un tono intimista y sin estridencias a través de símbolos tomados de la naturaleza: *caminos* y *veredas* que representan sus oscuros laberintos interiores. Por ellos deambula sin la "celeste venda" de las certezas absolutas y arropada solo por la duda y la soledad.

ROSALÍA DE CASTRO (1837-1885)

Rosalía de Castro nació en 1837 y era hija natural de un sacerdote y una hidalga con pocos recursos. Se hizo cargo de ella una tía paterna y no vivió con su madre hasta la adolescencia.

En 1856 se traslada a Madrid, donde se casa dos años después con el historiador y escritor Manuel Murguía, quien la animó a que continuase en su carrera como escritora.

Sus últimos años los pasó en Galicia, donde falleció en 1885.

Dicen que no hablan las plantas, ni las fuentes, ni los pájaros,
ni la onda con sus rumores, ni con su brillo los astros;
lo dicen, pero no es cierto, pues siempre cuando yo paso
de mí murmuran y exclaman: –Ahí va la loca, soñando
con la eterna primavera de la vida y de los campos,
y ya bien pronto, bien pronto, tendrá los cabellos canos,
y ve temblando, aterida, que cubre la escarcha el prado.

–Hay canas en mi cabeza; hay en los prados escarcha;
mas yo prosigo soñando, pobre, incurable sonámbula,
con la eterna primavera de la vida que se apaga
y la perenne frescura de los campos y las almas,
aunque los unos se agostan y aunque las otras se abrasan.

Astros, fuentes y flores, no murmuréis de mis sueños;
sin ellos, ¿cómo admiraros, ni cómo vivir sin ellos?

Saudade (1899), de Almeida Júnior. La saudade es un sentimiento próximo a la melancolía, provocado por estar lejos física o sentimentalmente de lo amado.

13. Explica la sensación de orfandad de Rosalía de Castro teniendo en cuenta su biografía.

14. Observa la amplitud del verso de dieciséis sílabas, tan adecuado para el discurrir íntimo y sosegado de los sentimientos. Convierte los cuatro primeros versos en un poema en octosílabos. ¿Qué diferencias encuentras en la velocidad y el ritmo?

@ Para ampliar en la Red...

Para leer un cantar gallego, entra en www.tiching.com/730451.

Una rima de Bécquer

Rima LIII

Volverán las oscuras golondrinas
en tu balcón sus nidos a colgar,
y otra vez con el ala a sus cristales
jugando llamarán.

Pero aquellas que el vuelo refrenaban
tu hermosura y mi dicha al contemplar,
aquellas que aprendieron nuestros nombres...
esas..., ¡no volverán!

Volverán las tupidas madreselvas
de tu jardín las tapias a escalar,
y otra vez a la tarde, aún más hermosas,
sus flores se abrirán.

Pero aquellas cuajadas de rocío
cuyas gotas mirábamos temblar
y caer como lágrimas del día...
esas..., ¡no volverán!

Volverán del amor en tus oídos
las palabras ardientes a sonar,
tu corazón, de su profundo sueño
tal vez despertará.

Pero mudo y absorto y de rodillas
como se adora a Dios ante su altar,
como yo te he querido..., desengáñate,
¡así... no te querrán!

La golondrina (2014), de Kovács Anna Brigitta.

En esta rima, el relato de lo sucedido se mueve como una cámara cinematográfica que fuera desde un plano general exterior dinámico (con el vuelo de las golondrinas, las madreselvas escalando la tapia...) a un plano interno y estático (los sentimientos inamovibles del poeta).

COMPRENSIÓN DEL TEXTO

1. ¿Qué elementos se repiten de forma constante en la naturaleza según Bécquer? ¿Qué elementos no repetirán su ciclo natural? ¿Por qué?
2. Relaciona el tratamiento de la naturaleza con la importancia que esta tiene en el Romanticismo.

TEMA, ESTRUCTURA Y MÉTRICA

3. Define brevemente el tema de la Rima LIII.
4. Explica qué aspectos del tema se desarrollan en cada una de las partes de la estructura de esta rima.
5. Mide la 1.ª estrofa y explica la relación de este tipo de rima y de versificación con el lenguaje de Bécquer.

LENGUAJE LITERARIO

6. Bécquer trataba de poner orden frente al caos de la inspiración con anáforas y paralelismos. Localízalos.
7. ¿Hay alguna antítesis? ¿Cuál es? ¿En qué versos se produce? ¿Qué función cumple?
8. ¿Hay otros recursos? ¿Cuáles? ¿Qué función cumplen en relación con el tema?
9. El poeta elige como símbolos de sus sentimientos a las golondrinas y las madreselvas, pequeñas y delicadas. Relaciónalos con la concepción de su poesía en oposición al primer Romanticismo.
10. Observa los planos temporales: pasado y futuro. ¿En qué estrofa se da cada uno? ¿Por qué?

REDACCIÓN DEL COMENTARIO

11. Redacta un comentario de texto que resuma los conocimientos que has adquirido.
12. Relaciona esta Rima LIII con la nueva visión de la poesía romántica en la segunda mitad del siglo XIX y con la renovación poética de Bécquer.

11 EL ROMANTICISMO
LA NARRATIVA Y EL TEATRO

1. La narrativa romántica

1.1 Las leyendas y los cuentos de tipo popular

Las invasiones napoleónicas tuvieron el mismo efecto en Europa que en España: ante la invasión francesa, el pueblo opuso resistencia militar y cultural. Los eruditos buscaron en sus tradiciones y relatos folclóricos sus señas de identidad para enfrentarse a la uniformidad del imperio. En Alemania, los hermanos Grimm recopilaron una serie de cuentos tradicionales: *Cuentos para la infancia y el hogar* (1812-1815) en los que aparecen Blancanieves, la Cenicienta, Hänsel y Gretel, la Bella Durmiente o Pulgarcito.

En España fue Cecilia Böhl de Faber, que firmaba con el seudónimo de Fernán Caballero, quien recogió los cuentos populares españoles de transmisión oral. En estos relatos se funden el cuento fantástico, la leyenda tradicional, el cuento popular y el cuadro de costumbres.

Tristán e Isolda (1916), de John William Waterhouse.

1.2 La narrativa histórica y costumbrista

Después del largo paréntesis que sufrió la novela durante el siglo XVIII, los autores españoles de principios del XIX intentaron hacer resurgir el género animados por el éxito de que gozaban las traducciones de las novelas europeas.

De toda la narrativa que llegaba a España, la que más aceptación tuvo fue la novela histórica, que recreaba en un pasado lejano e idealizado los viejos principios aventureros y caballerescos. Las más buscadas eran *Ivanhoe* de sir Walter Scott, *Los tres mosqueteros* de Alejandro Dumas, y *Los Miserables* de Víctor Hugo.

Al mismo tiempo, existe otra corriente narrativa que intenta alejarse del irrealismo de la novela histórica y busca su inspiración en temas y personajes contemporáneos. Son las novelas costumbristas y los artículos de costumbres, en los que los autores pretenden retratar fielmente las costumbres populares, ya sea para preservar las tradiciones o bien para hacer una crítica de tipos (profesionales o ideológicos), escenas o instituciones con el objetivo de reformar la sociedad.

Estas dos corrientes configuran el panorama de la narrativa en España a principios del siglo XIX.

RECUERDA

Un destacado ejemplo de narrativa romántica en España son las *Leyendas* de Gustavo Adolfo Bécquer.

NOVELA HISTÓRICA

Los protagonistas son personajes imaginarios, mientras que los secundarios son personajes históricos. Muy politizadas, a menudo encierran alusiones concretas a acontecimientos recientes bajo la trama histórica.

Espronceda: *Sancho Saldaña o el castellano de Cuéllar* (1834).

Larra: *El doncel de don Enrique el doliente* (1834).

NOVELA COSTUMBRISTA

Son novelas ambientadas en la clase media contemporánea, de la que muestran sus costumbres sin entrar a analizarlas o criticarlas.

En estas novelas se percibe una cierta nostalgia del pasado. Fernán Caballero, de ideología conservadora, llega incluso a interrumpir el relato para predicar contra el liberalismo.

Caballero: *La gaviota* (1849).

ARTÍCULOS DE COSTUMBRES

En los cuadros de costumbres se retrataban el habla y el comportamiento del pueblo de manera pintoresca o idealizada. Fueron el germen de la **novela realista** posterior.

Larra: *Artículos* (1828-1836).

Mesonero Romanos: *Escenas matritenses* (1836).

Estébanez Calderón: *Escenas andaluzas* (1846).

2. Mariano José de Larra

Larra fue el mejor prosista del Romanticismo. Su obra literaria abarca todos los géneros: poesía, novela (*El doncel de don Enrique el Doliente*, novela histórica) y teatro (*Macías* y *El conde Fernán González*). Sin embargo, donde Larra sobresalió fue en el campo del periodismo.

Sus artículos periodísticos, que pronto comenzó a firmar bajo el seudónimo de Fígaro, transmiten el ansia de renovación social y cultural que comparten la mayoría de los intelectuales del momento, de los ilustrados a los liberales.

Su lenguaje claro y directo, la viveza de la narración y de los diálogos, y su fuerza satírica inician un nuevo estilo dentro del periodismo español, acercándolo a la modernidad.

Sus artículos tienen formas diversas: crónicas, relatos breves, cartas..., y se suelen clasificar en tres grupos: *artículos de costumbres, artículos políticos* y *artículos literarios*. Los más conocidos son "El castellano viejo", sobre la mala educación; "El casarse pronto y mal", de raíz autobiográfica; "Vuelva usted mañana", sobre la ineficacia de las instituciones; y "El día de difuntos de 1836", en el que Madrid aparece retratado como un cementerio.

MARIANO JOSÉ DE LARRA (1809-1837)

Retrato de Larra (c. 1835), de José Gutiérrez de la Vega.

Hijo de un médico afrancesado, huyó con su familia a Francia al terminar la Guerra de la Independencia.

A su vuelta, aunque coqueteó con los liberales, se mantuvo cercano a los moderados, con los que consiguió un asiento en las Cortes, aunque no lo llegó a ocupar nunca.

Decepcionado de la política y abandonado por su amante, se suicidó a los 28 años.

Artículos de costumbres

En los artículos de costumbres hace una sátira mordaz de los defectos de la sociedad española: la mala educación, la pereza... Pese a ser costumbristas, Larra se aleja del toque festivo que solían tener estos textos para convertirlos en reflexiones serias.

Artículos políticos

En los artículos políticos, Larra analiza los acontecimientos de su época. En ellos se aprecia también su evolución política.

Artículos literarios

En sus artículos literarios, Larra defiende los principios del Romanticismo. Son especialmente importantes los textos dedicados al teatro romántico.

El protagonista, Fígaro, es invitado a comer por un amigo que se precia de ser "castellano viejo" y de no tener los melindres de la buena educación. La comida resulta ser un desastre.

A todo esto, el niño que a mi izquierda tenía hacía saltar las aceitunas a un plato de magras con tomate, y una vino a parar a uno de mis ojos, que no volvió a ver claro en todo el día, y el señor gordo de mi derecha había tenido la precaución de ir dejando en el mantel, al lado de mi pan, los huesos de las suyas, y los de las aves que había roído. [...]

¿Hay más desgracias? ¡Santo cielo! ¡Sí las hay para mí, infeliz! Doña Juana, la de los dientes negros y amarillos, me alarga de su plato y con su propio tenedor una fineza, que es indispensable aceptar y tragar; el niño se divierte en despedir a los ojos de los concurrentes los huesos disparados de las cerezas; don Leandro me hace probar el manzanilla exquisito, que he rehusado, en su misma copa, que conserva las indelebles huellas de sus labios grasientos; mi gordo fuma ya sin cesar y me hace cañón de su chimenea; por fin, ¡oh última de las desgracias!, crece el alboroto y la conversación; roncas ya las voces piden versos y décimas y no hay más poeta que Fígaro.

Mariano José DE LARRA: "El castellano viejo" (adaptación), *Artículos de costumbres*. Ed. Espasa, 2011.

1. ¿Qué acciones critica Larra en este fragmento?
2. Larra tuvo una sólida formación neoclásica. ¿Encuentras en este texto elementos de la ideología ilustrada? ¿Qué hay del movimiento romántico en él?

3. Los géneros teatrales en el siglo XIX

Durante el Romanticismo, las formas teatrales del siglo XVIII siguieron vigentes. Las comedias sentimentales dieron paso al **melodrama**, que suscitaba el entusiasmo de las clases populares. Originario de Italia, fue inicialmente musical, pero a finales del XVIII se desprendió de la música y se transformó. El melodrama solía presentar las siguientes características:

- Tenía un esquema narrativo muy simple y unas estructuras fijas.
- La acción se desarrollaba en paisajes abruptos y misteriosos, con puentes carcomidos, ruinas y bosques enmarañados, llenos de sonidos siniestros.
- Presentaba personajes estereotipados, modelos de bondad o de maldad, enfrentados a situaciones extremas.
- La protagonista era siempre una joven desvalida cuya honra estaba en peligro por los deseos malignos del traidor.
- Al final un joven caballero apuesto y rico la salvaba y le proponía matrimonio.

El melodrama conservó el fuerte tono sentimental de sus orígenes. Su objetivo era emocionar al espectador, por lo que se intensificaba el sentimentalismo de la intriga y el efectismo espectacular de la puesta en escena.

Por otro lado, las tragedias y las comedias neoclásicas se siguieron representando durante la primera mitad del siglo XIX. La tragedia neoclásica evolucionó hacia el **drama histórico romántico**, mientras que la comedia neoclásica derivó hacia **la comedia y el drama de costumbres contemporáneas**, obras de estética neoclásica, opuestas a la moral romántica y al liberalismo, protagonizadas por personajes burgueses, pacíficos y conformistas.

FÍJATE

El melodrama (c.1860), de Honoré Daumier.

Los temas básicos del melodrama han persistido hasta nuestros días: en las novelas por entregas del siglo XIX, en las radionovelas de comienzos del XX, y en las telenovelas y otros formatos televisivos actuales.

4. El drama romántico

El drama romántico triunfó durante un breve período de tiempo en los escenarios españoles. El duque de Rivas estrenó *Don Álvaro o la fuerza del sino* en 1835 y Antonio García Gutiérrez *El trovador* en 1836.

Don Juan Tenorio, la obra cumbre de José Zorrilla, se estrenó en 1844. Cuando en 1849 el autor estrenó otra de sus obras, *Traidor, inconfeso y mártir*, el drama romántico ya era considerado una fórmula teatral demasiado extrema para el público burgués, y entrará en decadencia.

Estas obras expresan la nueva concepción romántica del yo: el ser humano es un espíritu inconformista que busca incesantemente unos ideales inalcanzables. Los dramaturgos románticos darán cabida en sus textos al misterio, a lo sobrenatural y a todo lo que pertenece a la esfera del inconsciente.

Estos dramas giran alrededor de los temas del **amor** y la **libertad**. Los héroes protagonistas desean una unión amorosa perfecta y total, pero esto no es posible porque los persigue un destino desgraciado. La **historia** aparece frecuentemente como telón de fondo de la trama, aunque los autores no describen con rigor una época, sino que les interesa más el detalle pintoresco o la anécdota histórica. Está también presente la **preocupación social** por los problemas de su tiempo: la lucha por la libertad política, las pasiones y los conflictos del alma humana.

@ Para ampliar en la Red...

Para leer la obra *Don Álvaro o la fuerza del sino* entra en www.ticching.com/731635.

4.1 Características del drama romántico

En el drama romántico se aprecia perfectamente uno de los principios estéticos más importantes del Romanticismo: la **libertad absoluta del arte**. Estas son las principales características de estas obras:

- Los dramaturgos rechazan la regla clásica de las tres unidades e introducen episodios secundarios. El dinamismo de la acción y la trama complicada determinan frecuentes cambios de lugar.
- Este mismo deseo de libertad lleva a los románticos a desdibujar las fronteras entre los géneros: mezclan en una misma obra lo trágico y lo cómico y también la prosa y el verso. Posteriormente preferirán el verso de rica polimetría.
- El número de actos ya no se reduce a tres, sino que pueden ser tres, cuatro o cinco, cada uno con un título muy llamativo.
- La importante función de la escenografía determina que los dramaturgos incluyan en sus textos largas acotaciones.
- Para intensificar el clima trágico, recurren a elementos efectistas como la *anagnórisis* o reconocimiento, con la que los personajes descubren que su amigo es en realidad su mayor enemigo o que quien los condena a muerte resulta ser su propio padre.
- El desenlace es siempre el mismo: la destrucción trágica del individuo que sucumbe ante el orden social.

NUEVOS ESPACIOS TEATRALES

Al iniciarse el siglo XIX, la situación de los teatros era bastante desastrosa. Estos estaban mal acondicionados, tenían poca luz y escasa ventilación.

A lo largo del siglo XIX se introdujeron innovaciones en el espacio escénico. Los sistemas de iluminación cambiaron y se pasó de alumbrar con velas a hacerlo con gas y, más tarde, con electricidad. La puesta en escena fue cobrando importancia y la dirección escénica se hizo indispensable.

Mesonero Romanos cuenta en este artículo de costumbres la historia de su "sobrino", creación ficticia que le sirve para ilustrar y criticar los excesos del teatro del Romanticismo.

Vino a dar [el Romanticismo] en mi sobrino, del que ya en otro tiempo creo haber hablado a mis lectores [...]. La primera aplicación que mi sobrino creyó deber hacer [...] fue a su propia física persona, esmerándose en poetizarla por medio del Romanticismo aplicado al tocador. Porque (decía él) la fachada de un romántico debe ser gótica, ojiva, piramidal y emblemática [...].

Ya que vio romantizada su persona, toda su atención se convirtió a romantizar igualmente sus ideas, su carácter y sus estudios. [...] Fuertemente pertrechado con toda esta diabólica erudición, se creyó ya en estado de dejar correr su pluma, y rasguñó unas cuantas docenas de *fragmentos* en prosa poética y concluyó algunos *cuentos* en verso prosaico; y todos empezaban por puntos suspensivos, y concluían en *¡maldición!* [...] Inflamose al fin su fosfórica fantasía y compuso un drama. [...] Mas ni la suerte ni mi sobrino me han hecho poseedor de aquel tesoro, y únicamente la memoria, depositaria infiel de secretos, ha conservado en mi imaginación el título y personajes del drama. Helos aquí:

¡¡ELLA...!! Y ¡¡ÉL...!!
DRAMA ROMÁNTICO NATURAL
EN SEIS ACTOS Y CATORCE CUADROS

Siglos IV y V - La escena pasa en Europa y dura cien años.

INTERLOCUTORES

La mujer (todas las mujeres, toda la mujer),
el marido (todos los maridos),
un hombre salvaje (el amante),
el Dux de Venecia,
el tirano de Siracusa,
la cuádruple alianza,
el sereno del barrio,
coro de monjas carmelitas [...].

Los títulos de las jornadas (porque cada uno llevaba el suyo, a manera de código) eran los siguientes: 1.ª *Un crimen* - 2.ª *El veneno* - 3.ª *Ya es tarde* - 4.ª *El panteón* - 5.ª *¡Ella!* - 6.ª *¡Él!*, y las decoraciones [...]: *Salón de baile*; *Bosque*; *La capilla*; *Un subterráneo*; *La alcoba* y *El cementerio*.

Ramón DE MESONERO ROMANOS: "El Romanticismo y los románticos" (adaptación), en *Escenas y tipos matritenses*. Ed. Cátedra, 1993.

3. Comenta la descripción satírica que Mesonero Romanos realiza del Romanticismo. ¿Qué aspectos del teatro romántico ridiculiza?

El Romanticismo. La narrativa y el teatro

4.2 Personajes

Pese a que el Romanticismo exalta al individuo, el drama romántico presenta personajes planos, que no evolucionan y que carecen de profundidad interior. Toda la trama gira en torno a los protagonistas, el héroe y la heroína, jóvenes que se aman más allá del bien y del mal. Generalmente pertenecen a clases sociales diferentes, lo que dificulta la realización de sus deseos.

El protagonista es un ser misterioso, de origen desconocido, portador de un fatal destino. Hombre en tensión, insatisfecho, ángel y demonio, vive intensamente el placer y el dolor. Ama la vida, pero la muerte lo persigue.

La protagonista femenina es un ángel de dulzura, pureza e inocencia, capaz de los mayores sacrificios. Ama con pasión, pero está predestinada al dolor y a la muerte.

En el drama romántico aparecen personajes de las clases sociales más altas (reyes y nobles) y más bajas (gitanos, criados...), pero apenas encontramos personajes de clase media, abundantes, en cambio, en la comedia de costumbres.

El beso (1859), de Francesco Mayez.

4.3 Lenguaje

En el drama romántico los sentimientos exaltados se expresan con una serie de recursos retóricos utilizados hasta la saciedad. Abundan las exclamaciones en los parlamentos de los personajes, resaltadas por acotaciones escénicas de apoyo como *con ira*, *con terror*, etc.

Son muy frecuentes también las interjecciones como *¡Dios mío!*, *¡Virgen Santa!*, *¡Voto al diablo!*, etc. Esto dota al lenguaje de estos dramas de un exceso de teatralidad que lo aleja de la lengua hablada.

Entre los procedimientos retóricos más utilizados encontramos la antítesis y las imágenes agrupadas en campos semánticos contrapuestos.

MARQUÉS. ¿Tú a morir a manos de un caballero? No, morirás a las del verdugo.

DON ÁLVARO. ¡Señor marqués de Calatrava!... Mas ¡ah! no: tenéis derecho para todo... Vuestra hija es inocente... tan pura como el aliento de los ángeles que rodean el trono del Altísimo. La sospecha a que puede dar origen mi presencia aquí a tales horas concluya con mi muerte; salga envolviendo mi cadáver como si fuera mortaja... Sí, debo morir... pero a vuestras manos. (*Pone una rodilla en tierra.*) Espero resignado el golpe, no lo resistiré: ya me tenéis desarmado.

(*Tira la pistola, que al dar en tierra se dispara y hiere al marqués, que cae moribundo en los brazos de su hija y de los criados, dando un alarido.*)

MARQUÉS. Muerto soy... ¡Ay de mí!...

DON ÁLVARO. ¡Dios mío! ¡Arma funesta! ¡Noche terrible!

DOÑA LEONOR. ¡Padre, padre!

MARQUÉS. Aparta; sacadme de aquí..., donde muera sin que esta vil me contamine con tal nombre...

DOÑA LEONOR. ¡Padre!...

MARQUÉS. Yo te maldigo.

(*Cae Leonor en brazos de don Álvaro, que la arrastra hacia el balcón.*)

Duque DE RIVAS: *Don Álvaro o la fuerza del sino*. Ed. Cátedra, 2004.

4. ¿A qué clase social pertenecen los personajes que intervienen en la escena?
5. ¿Cómo aparece descrita doña Leonor? Identifica en ella los rasgos de la protagonista del drama romántico.
6. Localiza en el texto las numerosas exclamaciones e interjecciones que aparecen.
7. Identifica las antítesis que encuentres en este fragmento.
8. Analiza la naturalidad o teatralidad del texto. ¿Cómo te imaginas la declamación de los actores en esta escena?

5. José Zorrilla

Zorrilla fue uno de los autores teatrales preferidos por el público. Escribió sus dramas casi exclusivamente en verso, lo que facilitaba la introducción en la obra de fragmentos líricos de gran belleza. En su teatro predomina la acción frente al análisis de los sentimientos y del carácter de los personajes.

Al autor no le interesan los conflictos contemporáneos. Sus obras, centradas en la exaltación patriótica, carecen de espíritu crítico. Predomina en ellas el tema histórico, y muchas están ambientadas en la Edad Media y el Siglo de Oro.

Su obra más conocida, *Don Juan Tenorio*, se estrenó con gran éxito en Madrid. En ella popularizó el mito de don Juan adaptándolo a la ideología romántica.

Para desarrollar su drama, Zorrilla se inspiró en la obra de Tirso de Molina, *El burlador de Sevilla*, en la que se escenificaba la lucha entre el bien y el mal a través de dos personajes: doña Inés y el burlador don Juan. Con su lujuria, el seductor desafiaba las leyes humanas y divinas, atentando contra uno de los valores más arraigados socialmente en el siglo XVII: el honor y la honra. Su actitud le acarrea el castigo divino: don Juan muere y su alma se hunde en los infiernos.

Zorrilla reinterpreta este mito haciendo que don Juan, el joven libertino, irresponsable, cínico e irreverente, se enamore verdaderamente de doña Inés, y que ese amor lo salve de la condena eterna. Esta es, precisamente, la originalidad del personaje de Zorrilla.

JOSÉ ZORRILLA (1817-1893)

Retrato de José Zorrilla (1896), de Luis González Lefort.

José Zorrilla se dio a conocer con la lectura de unos versos en el entierro de Larra, en 1837. Ese mismo año inició su producción teatral. Viajó a Francia –donde conoció a Alejandro Dumas, George Sand, Teófilo Gautier y Alfred de Musset– y años más tarde a México. Allí el emperador Maximiliano lo nombró director del Teatro Nacional. De regreso a España, en 1866, se casó con la actriz Juana Pacheco. Años después viajó a Roma e ingresó en la Real Academia.

Su *Don Juan Tenorio* se representa todos los años en los teatros españoles.

6. *Don Juan Tenorio*

6.1 Estructura y argumento

La obra se divide en dos partes. La acción de cada una de ellas transcurre a lo largo de una sola noche, y entre una parte y otra pasan cinco años. Esta diferencia temporal sirve para poner de relieve el amor que don Juan siente por doña Inés, pues a pesar del paso del tiempo, el seductor no la ha podido olvidar.

ESTRUCTURA DE LA OBRA

- **Primera parte**
  - **Actos I, II, III**
    - Predomina lo **terrestre**: el protagonista, don Juan, se enfrenta a los vivos.
    - La **acción**, **rápida** y **violenta**, se desarrolla a lo largo de una sola noche.
    - Don Juan es, desde el punto de vista católico, un pecador que **merece el infierno**.
  - **Acto IV**
    - Su título, "El diablo a las puertas del cielo", expresa su función de unión entre las dos partes: marca el inicio de la **transformación** de don Juan.
- **Segunda parte**
  - **Actos V, VI, VII**
    - Predomina lo **celestial**: don Juan se enfrenta a los muertos, a su conciencia y a Dios.
    - La **acción**, **más sosegada** y centrada en el proceso interior de don Juan, se desarrolla en una sola noche.
    - Don Juan se está transformando por el poder de la gracia, a través de doña Inés, y **conseguirá la salvación**.

El Romanticismo. La narrativa y el teatro

En la **primera parte** se narran las conquistas del libertino don Juan, que ha ganado una apuesta a su amigo don Luis Mejía: ver cuál de los dos comete más fechorías en un año. Don Luis, despechado, le presenta un reto aún mayor: no habrá ganado realmente su apuesta hasta que no conquiste a una novicia a punto de profesar.

Don Juan acepta el desafío y seduce y rapta a doña Inés del convento. Cuando el padre de la novicia, don Gonzalo, va a buscarla, el protagonista lo mata. Después, don Juan huye de la justicia dejando desolada a doña Inés por la muerte de su padre y la huida del protagonista. Pero él se ha enamorado de ella y esto cambiará su vida.

La acción de la **segunda parte** ocurre cinco años después. Don Juan no ha podido olvidar a doña Inés, que murió de pena en el convento. Un día, mientras contempla su sepulcro, el fantasma de la joven se le aparece informándole de que su destino depende de él, pues los dos se salvarán o se condenarán juntos.

Ya de noche, mientras don Juan cena con unos invitados, se presenta ante él el espíritu de don Gonzalo. Este lo invita a cenar al sepulcro, y don Juan, que no teme a nada ni a nadie, acepta. El protagonista se presenta ante don Gonzalo y este intenta arrastrarlo a los infiernos, pero don Juan se arrepiente de sus pecados y doña Inés sale de su tumba y lo salva.

La actriz María Guerrero como doña Inés (1891), de Raimundo de Madrazo y Gaveta.

PARTE II, ACTO III, ESCENA II

[…]

DON JUAN. ¡Aparta, piedra fingida!
Suelta, suéltame esa mano,
que aún queda el último grano
en el reló[1] de mi vida.
Suéltala, que si es verdad
que un punto de contrición[2]
da a un alma la salvación
de toda una eternidad,
yo, Santo Dios, creo en Ti;
si es mi maldad inaudita,
tu piedad es infinita...
¡Señor, ten piedad de mí!

ESTATUA. Ya es tarde.

(*Don Juan se hinca de rodillas, tendiendo al cielo la mano que le deja libre la estatua. Las sombras, esqueletos, etc., van a abalanzarse sobre él, en cuyo momento se abre la tumba de doña Inés y aparece esta. Doña Inés toma la mano que don Juan tiende al cielo.*)

1. **reló**: reloj.
2. **contrición**: arrepentimiento.

ESCENA III

DON JUAN, LA ESTATUA DE DON GONZALO, DOÑA INÉS, SOMBRAS, *etc.*

DOÑA INÉS. ¡No! Heme ya aquí,
don Juan; mi mano asegura
esta mano que a la altura
tendió tu contrito afán,
y Dios perdona a don Juan
al pie de la sepultura.

DON JUAN. ¡Dios clemente! ¡Doña Inés!

DOÑA INÉS. Fantasmas, desvaneceos;
su fe nos salva..., volveos
a vuestros sepulcros, pues.
La voluntad de Dios es:
de mi alma con la amargura
purifiqué su alma impura,
y Dios concedió a mi afán
la salvación de don Juan
al pie de la sepultura.

José ZORRILLA: *Don Juan Tenorio* (adaptación)
Ed. Vicens Vives, 2014.

9. Comenta el momento en que don Juan se arrepiente de su vida licenciosa.
10. En esta escena se mezclan el mundo de los vivos y el de los muertos. Relaciónalo con las características del drama romántico.
11. Explica qué dos visiones de la muerte aparecen implícitamente en este texto.
12. Resume en una frase el tema del fragmento.

COMENTARIO DE TEXTO LITERARIO

Don Juan Tenorio

Don Juan acaba de raptar a doña Inés y, en este momento, le declara su amor.

DON JUAN. Cálmate, pues, vida mía;
reposa aquí, y un momento
olvida de tu convento
la triste cárcel sombría.
¡Ah! ¿No es cierto, ángel de amor,
que en esta apartada orilla
más pura la luna brilla
y se respira mejor?
Esta aura que vaga llena
de los sencillos olores
de las campesinas flores
que brota esa orilla amena;
esa agua limpia y serena
que atraviesa sin temor
la barca del pescador
que espera cantando el día,
¿no es cierto, paloma mía,
que están respirando amor? [...]
Y estas palabras que están
filtrando insensiblemente
tu corazón, ya pendiente
de los labios de don Juan,
y cuyas ideas van
inflamando en su interior
un fuego germinador
no encendido todavía,
¿no es verdad, estrella mía,
que están respirando amor? [...]
¡Oh, sí!, bellísima Inés,
espejo y luz de mis ojos,
escucharme sin enojos
como lo haces, amor es:
mira aquí a tus plantas, pues,
todo el altivo rigor
de este corazón traidor
que rendirse no creía,
adorando, vida mía,
la esclavitud de tu amor.

DOÑA INÉS. Callad, por Dios, [¡oh, don Juan!,
que no podré resistir
mucho tiempo sin morir
tan nunca sentido afán.
¡Ah! Callad, por compasión,
que oyéndoos me parece
que mi cerebro enloquece
y se arde mi corazón. [...]
¡Don Juan! ¡Don Juan!, yo lo [imploro
de tu hidalga compasión:
o arráncame el corazón
o ámame porque te adoro.

DON JUAN. ¡Alma mía! Esa palabra
cambia de modo mi ser,
que alcanzo que puede hacer
hasta que el Edén se me abra.
No es, doña Inés, Satanás
quien pone este amor en mí;
es Dios, que quiere por ti
ganarme para Él quizás.

José ZORRILLA:
Don Juan Tenorio (adaptación).
Ed. Vicens Vives, 2014.

COMPRENSIÓN DEL TEXTO

1. Esta escena describe una declaración de amor. Subraya los versos en los que se perciba ese sentimiento amoroso. ¿En qué momento don Juan se da cuenta de que ese amor puede transformarlo?
2. Cuando los amantes quedan solos, don Juan describe el lugar en que se encuentran según un tópico literario muy frecuente en el Siglo de Oro. ¿Cuál?
3. Localiza el momento en el que don Juan adivina los sentimientos de doña Inés, que poco a poco se va enamorando de él.
4. Analiza la respuesta de doña Inés al parlamento de don Juan. ¿Te parece verosímil teniendo en cuenta que la joven ha sido raptada a la fuerza? ¿Crees que es algo propio del drama romántico?

TEMA Y ESTRUCTURA

5. Enuncia en dos o tres líneas el tema del texto.
6. Este fragmento ejemplifica uno de los recursos del teatro de Zorrilla: la interrupción de la acción por bellos fragmentos líricos. Localiza algunos de esos fragmentos líricos en el texto.

MÉTRICA Y LENGUAJE LITERARIO

7. Zorrilla usa en este fragmento dos estrofas: la décima y la redondilla. Localiza este tipo de estrofas en el texto y describe su esquema métrico.
8. Analiza el lirismo de esta escena: enumera las imágenes con las que don Juan califica a su amada, identifica los epítetos, localiza hipérbatos, comenta los paralelismos, etc.

TEXTO Y CONTEXTO

9. Sitúa este fragmento en su contexto. ¿A qué acto pertenece? ¿Por qué es tan importante este acto?
10. Reconoce en esta escena algunas de las características del drama romántico.

EL REALISMO Y EL NATURALISMO

Exposición pública de un cuadro (c. 1888), de Joan Ferrer Miró.

HISTORIA

- **ISABEL II**
  - 1868 Revolución La Gloriosa
- **GOBIERNO PROVISIONAL**
  - 1869 Primera Constitución democrática
- **AMADEO DE SABOYA**
  - 1872–1876 III Guerra carlista
- **1ª REP.**
  - 1874 Golpe de estado del General Pavía
- **ALFONSO XII**
  - 1876 Constitución de 1876
- **MINORÍA DE EDAD DE ALFONSO XII**
  - 1885 Pacto del Pardo, que acuerda la alternancia de gobierno entre liberales y conservadores
  - 1886 Ley de Asociaciones
  - 1888 Se funda la UGT

1870 — 1880 — 1890

LITERATURA

- 1873 Primeros *Episodios nacionales*
- 1877 *La taberna* de Zola
- 1881 *La desheredada* de Galdós
- 1883 "La cuestión palpitante" de Pardo Bazán
- 1884-85 *La Regenta* de Clarín
- 1886 *Los pazos de Ulloa* de Pardo Bazán
- 1887 *Fortunata y Jacinta* de Galdós; *La madre naturaleza* de Pardo Bazán
- 1891 *Su único hijo* de Clarín

(Regencia de María Cristina)

1895 1898
Guerra de Cuba y de Filipinas

1900

1897
Galdós entra en la RAE y publica *Misericordia*

EL SEXENIO REVOLUCIONARIO (1868-1874)

La Constitución de 1869 establecía la monarquía como sistema de gobierno, pero no se sabía quién ocuparía el trono español tras el exilio obligado de Isabel II por la revolución de 1868.

El general Prim trajo a España al hijo del rey de Italia, Amadeo de Saboya, pero el nuevo rey solo estuvo tres años como monarca.

La Primera República (1873-1874) tuvo que afrontar muchos problemas, como las luchas internas de los partidos políticos, la oposición de la nobleza monárquica y la irrupción de partidos obreros que denunciaban las precarias condiciones de campesinos y proletarios.

El golpe de estado del General Pavía acabó con la Primera República solo un año después, y el general Martínez Campos logró la Restauración de la monarquía con el hijo de Isabel II, Alfonso XII.

LA RESTAURACIÓN BORBÓNICA: ALFONSO XII Y LA REGENCIA DE MARÍA CRISTINA (1875-1902)

Con Alfonso XII se inició la Restauración borbónica. Su reinado fue muy breve porque el rey murió a los 28 años. Este fue un periodo de estabilidad constitucional y de modernización económica. Durante su gobierno se estableció un sistema de turno pacífico entre conservadores y liberales.

Cuando murió Alfonso XII, su viuda embarazada se convirtió en Regente hasta la mayoría de edad de su hijo. Durante este periodo, los líderes del partido conservador (Cánovas) y liberal (Sagasta) consolidaron la alternancia en el poder siguiendo unas pautas de manipulación electoral.

LA SOCIEDAD ESPAÑOLA EN LA 2.ª MITAD DEL SIGLO XIX

- **Las clases populares**

Los **campesinos** y **obreros** vivían en condiciones de absoluta pobreza. Surgió **el proletariado**, formado por trabajadores procedentes del campo que se convirtieron en mano de obra barata para las industrias. Entre ellos calaron los movimientos obreros, fundamentalmente los anarquistas. **Los artesanos** ligados al mundo de los oficios vivían también con dificultades, igual que las mujeres del servicio doméstico.

- **Las clases medias**

Las clases medias englobaban a medianos y pequeños **comerciantes**, **profesionales liberales** (abogados, notarios, médicos), de la administración (jueces, profesores, jefes militares), **funcionarios** y **pequeños propietarios** urbanos. Era un sector social muy reducido.

- **La nobleza y la burguesía**

La vieja nobleza y la nueva burguesía se integraron, constituyendo la élite del poder y del dinero.

La burguesía estaba formada por un grupo de grandes propietarios rurales y urbanos, especuladores y comerciantes. Solo a finales de siglo surge en Asturias, Cataluña y País Vasco una burguesía empresarial, artífice de la incipiente industrialización.

12 EL REALISMO Y EL NATURALISMO
LA NARRATIVA

1. El Realismo y el Naturalismo

La literatura de la segunda mitad del siglo XIX es un fiel reflejo de la sociedad burguesa, que está ávida de historias en las que puede verse representada. Se convierte así la literatura en el ocio y el espejo de dicha sociedad.

Concretamente, será la **novela** el género que más éxito tenga entre los lectores. Este auge de la novela realista se dio en toda Europa: en Francia con Balzac, Stendhal, Flaubert y Zola; en Inglaterra con Dickens; en Rusia con Tolstoi y Dostoyevski; y en España con Galdós, Clarín, Pardo Bazán y Blasco Ibáñez, entre otros.

La novela realista

La novela realista pretendía ser, según Stendhal, como "un espejo que se pasea a lo largo de un camino" y refleja lo que encuentra a su paso, sin que el narrador se inmiscuya ni lo comente. De esta manera, el novelista decimonónico se convierte en un testigo de su tiempo y un catalizador de las ideas de su época. El positivismo y el determinismo están en la base de muchas de las novelas más importantes del momento.

La novela naturalista

La novela naturalista es una evolución de la novela realista. El escritor francés Émile Zola, impulsor del Naturalismo, se propone demostrar, de acuerdo con la **tesis determinista**, que la herencia biológica y las circunstancias que rodean al individuo (la clase social, el ambiente o el contexto histórico...) condicionan la conducta del hombre, hasta el punto de afirmar que carece por completo de libertad y, por lo tanto, de responsabilidad moral.

Estos autores observan y recogen los datos que les interesan de la realidad para analizarlos de forma sistemática, como un científico. Sobre los resultados construirán unas obras que les permitan transmitir alguna enseñanza o hacer una **denuncia social**.

POSITIVISMO Y DETERMINISMO

Son dos corrientes filosóficas que influyen decisivamente en la literatura realista y naturalista:

- El **positivismo** es un sistema de pensamiento que solo admite verdades comprobables por la ciencia para explicar los hechos. Tiene un carácter fundamentalmente pragmático, y se centra en lo concreto y lo práctico.
- El **determinismo** nace al calor de los descubrimientos de Darwin y Mendel. Niega la libertad humana, ya que cree que el hombre actúa impulsado únicamente por su herencia biológica y la presión social del medio en el que habita.

1.1 Evolución de la novela del Romanticismo al Realismo

ROMANTICISMO		REALISMO
La literatura es la representación **subjetiva** del mundo del autor.	**Punto de vista**	El autor describe la realidad externa con **objetividad**.
Le interesan **asuntos extraordinarios** y pintorescos.	**Temas**	Le interesa la **vida cotidiana**: problemas sentimentales, económicos, religiosos y sociales.
Héroes de tiempos remotos o personajes asociales con pasiones vagas e indefinidas.	**Personajes**	**Personajes reales** con sentimientos e inquietudes comunes: el amor, la familia, la amistad, la lucha por la vida, etc.
Escenarios lejanos y exóticos.	**Espacio**	Escenarios concretos y reconocibles para el lector. Es el **AQUÍ**.
Las obras se sitúan en el **pasado**, cuando eran posibles los sueños ideales que se narran.	**Tiempo**	Tiempo coetáneo al novelista y sus lectores. Es el **AHORA**.
Lenguaje retórico y grandilocuente, que refleja las pasiones de personajes atormentados.	**Lengua literaria**	**Lenguaje sencillo y cuidado**, fiel reflejo de la clase social o el ambiente al que pertenecen los personajes. Busca ante todo la **verosimilitud**.

2. La novela realista

Durante el Romanticismo, los artículos de costumbres, la novela costumbrista y los artículos periodísticos de Larra se habían acercado a la realidad cotidiana de su época con la finalidad de reflejarla y, en muchos casos, de denunciar lo que consideraban que debía cambiarse. La novela realista es el resultado de la evolución de esta forma de entender la realidad.

EL REALISMO EN ESPAÑA

La novela realista en España nace al amparo de las libertades que trajo la Revolución de 1868 y la primera Constitución democrática de 1869.

2.1 Características de la novela realista

Las novelas realistas, tanto europeas como españolas, abordan los elementos estructurales de la narración de manera similar. Estas son sus características:

- **El narrador** suele ser omnisciente. Gracias a este tipo de narrador se accede a los pensamientos, sentimientos y dudas de los personajes, y también a las condiciones externas que influyen en su comportamiento.
- **Los temas** reflejan la sociedad contemporánea de los lectores: los problemas sentimentales, económicos y familiares, el peso de la religión en el ámbito personal y familiar, la hipocresía...
- **Los personajes** no son héroes, sino personas representativas de los diversos grupos sociales. Las clases bajas son consideradas objeto novelístico serio y no cómico, como sucedía hasta entonces.

  Los personajes se presentan al lector directamente a través de los diálogos y también a través del soliloquio, gracias al cual se accede a su mundo interior. En numerosas ocasiones, el marco social, opresivo y dominante, determina su comportamiento.
- **La acción** de la novela suele iniciarse *in medias res*; es decir, el relato se inicia cuando la historia que nos presenta el narrador ya ha comenzado.
- **El espacio** suele ser real y conocido por el lector, y se ubica el relato en un marco verosímil para que se desarrolle la historia.
- **El tiempo** es lineal, avanza desde el momento inicial de la novela. Sin embargo, para explicar cómo la herencia genética y el ambiente influyen en los personajes, a menudo la narración regresa al pasado (*flashback*).

2.2 El lenguaje de la novela realista

Para conseguir un mayor efecto de realismo, el narrador se presenta como un simple transmisor de la historia, lo que condiciona las características del lenguaje de estas novelas. Las más destacadas son:

- Procura siempre la sencillez y la naturalidad.
- Las descripciones son precisas y minuciosas para describir los ambientes, incluso los más problemáticos, y su influencia en los personajes. Esto será especialmente importante para demostrar la tesis del determinismo naturalista.
- Aparecen con frecuencia los diálogos, que son vivos y ágiles, y reflejan el nivel social y cultural del personaje. También se aprecia en esas intervenciones su carácter y su origen.

  Los autores realistas introducen en los diálogos todos los niveles del lenguaje, así como las variedades dialectales o geográficas del habla de los personajes.

¡Aún dicen que el pescado es caro! (1894), de Joaquín Sorolla.

El Realismo y el Naturalismo. La narrativa

2.3 Técnicas narrativas

En la novela realista se utilizan a menudo las siguientes técnicas narrativas:

- **Estilo directo**. Los personajes se presentan directamente a través de los diálogos.
- **Estilo indirecto**. La voz del personaje aparece dentro del discurso del narrador precedida de un verbo de pensamiento o habla más la conjunción *que*.
- **Soliloquio**. Reflexión que hace un personaje en el que cuenta sus pensamientos y emociones.

FÍJATE

Mediante estas técnicas narrativas, el lector accede directamente a las palabras de los personajes, sin la mediación del narrador. Así puede conocer más acerca de la personalidad o los pensamientos de estos personajes.

Los mendigos están en la puerta de la iglesia para pedir limosna. Entre ellos hay categorías: Casiana es la jefa, la caporala, *luego están las antiguas y las nuevas.*

Lo mismo fue salir la *caporala* que correrse la Burlada hacia el otro grupo, [...] y sentándose entre la mujer que pedía con dos niños llamada Demetria y el ciego marroquí, [...] dio suelta a la lengua, más cortante y afilada que las diez uñas lagartijeras de sus dedos negros y rapantes.

–Pero qué, ¿no creéis lo que os dije? La *caporala* es rica, mismamente rica, tal como lo estáis oyendo, y todo lo que coge aquí nos lo quita a los que *semos* de verdadera *solenidá*, porque no tenemos más que el día y la noche.

–Vive por allá arriba –indicó la Crescencia–, *orilla en ca los Paúles.*

–¡Quia, no, señora! Eso era antes. Yo lo sé todo –prosiguó la Burlada, haciendo presa en el aire con sus uñas–. A mí no me la da esa, y he tomado lenguas. Vive en Cuatro Caminos, donde tiene corral, y en él cría, con perdón, un cerdo; sin agraviar a nadie, el mejor cerdo de Cuatro Caminos.

ESTILO DIRECTO

Benito PÉREZ GALDÓS: *Misericordia* (adaptación). Ed. Vicens Vives, 2007.

La joven Ana Ozores, la Regenta, se debate entre la fidelidad a un marido anciano que la quiere como a una hermana pequeña y el amor apasionado que por primera vez siente en su vida por don Álvaro, un don Juan de provincias.

La Regenta no vaciló en creer lo que le decían voces interiores de independencia, amor, alegría [...]. Desde aquella tarde ningún momento había dejado de **pensar** lo mismo; **que** era absurdo que la vida pasase como una muerte, **que** el amor era un derecho de la juventud, **que** Vetusta era un lodazal de vulgaridades, **que** su marido era una especie de tutor muy respetable a quien ella solo debía la honra del cuerpo, no el fondo de su espíritu [...]. "Amaré, lo amaré todo, lloraré de amor, soñaré como quiera y con quien quiera; no pecará mi cuerpo, pero el alma la tendré anegada en el placer de sentir esas cosas prohibidas por quien no es capaz de comprenderlas".

ESTILO INDIRECTO

SOLILOQUIO

Leopoldo ALAS, CLARÍN: *La Regenta* (adaptación). Ed. Crítica, 2006.

1. Lee el fragmento de *Misericordia* y realiza las actividades:
   a. ¿Cómo es el narrador que introduce el diálogo, omnisciente u observador? Justifica tu respuesta.
   b. ¿En qué persona habla el narrador, en 1.ª, 2.ª o 3.ª? ¿Y los personajes?
   c. ¿Qué características del Realismo aparecen en este fragmento?
   d. Señala los vulgarismos que encuentres en el texto.
2. Lee el fragmento de *La Regenta* y contesta a las preguntas:
   a. ¿Cómo es el narrador que introduce el soliloquio?
   b. ¿En qué persona habla el narrador, en 1.ª, 2.ª o 3.ª? ¿En qué persona se expresa el soliloquio de Ana Ozores?
   c. ¿Qué características de la heroína romántica conserva la Regenta? Justifica tu respuesta con ejemplos del texto.
   d. ¿Cómo es el lenguaje de este fragmento?
   e. ¿Qué rasgos de la novela realista encuentras en el texto?

3. Benito Pérez Galdós

Galdós está considerado uno de los mejores novelistas del siglo XIX. En sus inicios fue periodista, pero pronto empezó a escribir relatos. Viajó mucho por España y Europa, y conoció ampliamente la obra de Balzac y de Dickens, del que tradujo la novela *Los papeles póstumos del Club Pickwick*.

BENITO PÉREZ GALDÓS (1843-1920)

Retrato de Benito Pérez Galdós (1894), de Joaquín Sorolla.

De ideología liberal, Galdós llegó a ser dos veces diputado por el partido republicano. Esta elección política, reflejada en su obra literaria, hizo que sus detractores impidieran en una feroz campaña propagandística que se le concediera el Premio Nobel en dos ocasiones.

4. La obra de Pérez Galdós

La obra literaria de Galdós nace con una profunda **vocación reformadora**, porque el novelista pensaba que conocer los problemas del ser humano puede ser el principio de su solución. Por ese motivo, indaga en el pasado más inmediato para entender las raíces de los enfrentamientos políticos de la España de su tiempo, que luego reflejará en sus *Episodios nacionales.*

Por otro lado, también le interesa exponer los conflictos de la sociedad de su época, y por ello escribirá sus novelas de tesis y sus novelas contemporáneas realistas.

Más adelante centrará su atención en las eternas contradicciones del hombre como ser individual y trascendente, y escribirá sus novelas espiritualistas o simbólicas.

Galdós fue además autor de numerosas obras de teatro, algunas de éxito internacional como *Electra* (1901). Varias de sus obras teatrales son adaptaciones de novelas dialogadas, como *La loca de la casa* (1893).

4.1 *Episodios nacionales*

Los *Episodios nacionales* son la historia novelada de los acontecimientos históricos más importantes sucedidos en España a lo largo del siglo XIX, desde el heroísmo de la batalla de *Trafalgar* (1873) a la esperanza liberal que supuso la Constitución de 1812 en *El equipaje del rey José* (1875), las guerras carlistas y la restauración de la monarquía.

En el puente nos agolpamos con pavor y desorden invencibles. Nada hay más frenético que la cobardía: sus vilezas son tan vehementes como las sublimidades del valor. Los jefes nos gritaban: "¡Atrás canallas! ¡El reducto del Pilar no se rinde!" Y al mismo tiempo sus sables azotaron de plano nuestras viles espaldas. [...]

–¡Atrás canallas! –gritaban los jefes abofeteándonos–. ¡A morir en la brecha!

El reducto estaba vacío: no había en él más que muertos y heridos. De repente vimos [...] una mujer que se había abierto paso entre nosotros, y, penetrando en el recinto abandonado, marchaba majestuosa hasta la horrible brecha. Pirli, que yacía en el suelo herido en una pierna, exclamó con terror:

–Manuela Sancho, ¿adónde vas?

[...] Tras de Manuela Sancho se lanzó uno; luego, tres; luego, muchos, y, al fin, todos los demás, azuzados por los jefes, que a sablazos nos llevaron otra vez al puesto del deber. Ocurrió esta transformación portentosa por un simple impulso del corazón de cada uno, obedeciendo a sentimientos que se comunicaban a todos, sin que nadie supiera de qué misterioso fondo procedían. Ni sé por qué fuimos cobardes, ni sé por qué fuimos valientes unos cuantos segundos después.

Benito PÉREZ GALDÓS: *Episodios nacionales. Zaragoza* (adaptación).
Ed. Alianza, 2004.

3. ¿En qué persona habla el narrador? ¿Este tipo de narrador da verosimilitud al relato? ¿Por qué?
4. Este narrador hace reflexiones sobre el valor y la cobardía. Extrae del texto algunas de esas reflexiones.
5. ¿Qué crees que predomina en este fragmento, la descripción o la narración? ¿Por qué?
6. ¿Con qué finalidad escribe Galdós los *Episodios*? Investiga sobre el hecho histórico que inspira *Zaragoza*.

El Realismo y el Naturalismo. La narrativa

4.2 Las novelas

Novelas de tesis

En las novelas de tesis, al autor le interesa mostrar sus convicciones ideológicas creando historias que desarrollan un conflicto entre dos posturas o tesis contrarias. En ellas, con frecuencia aparecen diálogos en los que se discute sobre cuestiones políticas o ideológicas.

Los personajes son **tipos** y **maniqueos**[1], meros soportes de las ideas que expone el autor, y los lugares son imaginarios (Orbajosa, Ficóbriga), para apoyar el carácter simbólico de estas novelas.

1. **maniqueo**: que mantiene una postura extrema (como bueno o malo), sin término medio.

Pertenecen a esta etapa las siguientes obras:

- *Doña Perfecta* (1876). En ella el joven ingeniero de ideas liberales Pepe Rey se enfrenta a la cacica de Orbajosa, su tía doña Perfecta.
- *Marianela* (1878). La joven Marianela, bondadosa pero poco agraciada físicamente, ve en esta obra cómo el muchacho ciego al que ama y al que ha ayudado a recobrar la vista prefiere a otra joven más atractiva que ella.
- *La familia de León Roch* (1878). En ella, el matrimonio resulta una experiencia frustrante para el protagonista, León Roch, debido al fanatismo religioso de su esposa, María Egipcíaca.

Entrada la noche, el Casino se llenaba de nuevo, y mientras una parte de los socios entregaba su alto entendimiento a las delicias del monte, los otros leían los periódicos, y los más discutían en la sala del café sobre asuntos de diversa índole, como política, caballos, toros, o bien sobre chismes locales. El resumen de todos los debates era siempre la supremacía de Orbajosa y de sus habitantes sobre los demás pueblos y gentes de la tierra.

Eran aquellos varones insignes lo más granado de la ilustre ciudad, propietarios ricos los unos, pobrísimos los otros, pero libres de altas aspiraciones todos. Tenían la imperturbable serenidad del mendigo, que nada apetece mientras no le falta un mendrugo para engañar el hambre y buen sol para calentarse. Lo que principalmente distinguía a los orbajonenses era un sentimiento de hostilidad hacia todo lo que de fuera viniese. Y siempre que algún forastero se presentaba en las augustas salas, creíanle venido a poner en duda la superioridad de la patria del ajo, o a disputarle por envidia las preeminencias incontrovertibles que Natura le concediera.

Benito PÉREZ GALDÓS: *Doña Perfecta*. Ed. Aguilar, 2003.

La brasserie (1883), de Jean Béraud.

7. ¿En qué persona habla el narrador? ¿Da este tipo de narrador una impresión de objetividad o subjetividad? ¿Por qué?
8. En la descripción del casino y sus gentes aparecen dos características típicas de la obra de Galdós: la ironía y el humor. Extrae algunos ejemplos de estos recursos del texto.
9. ¿Qué pretende criticar Galdós de las gentes de Orbajosa?
10. ¿Cuál es la intención del autor en este fragmento? ¿Y en su obra en general? Justifica tu respuesta a partir de este fragmento.
11. ¿Qué características de las novelas de tesis de Galdós encuentras en este texto?

Novelas contemporáneas realistas

A partir de 1881, con la publicación de *La desheredada*, Galdós da un giro a su escritura intentando retratar la sociedad de su tiempo. El propio autor denominará a estas obras *novelas españolas contemporáneas*.

En las nuevas novelas los personajes son **seres complejos**, llenos de matices y se presentan con detalle en su vida cotidiana.

Siguiendo los postulados realistas, el espacio en estas obras es fácilmente reconocible por los lectores. Madrid es el escenario donde se nos muestra a una serie de personajes de todas las clases sociales: la aristocracia venida a menos, el pueblo llano, la burguesía, la clase media con su "quiero y no puedo", los mendigos...

- *Fortunata y Jacinta* (1887) se desarrolla en torno a una familia de ricos comerciantes, cuyo hijo, Juanito Santa Cruz, se une en matrimonio con Jacinta Arráiz. Ambos representan a una clase acomodada asentada en las leyes morales y sociales de la época. Y frente a ellos está Fortunata, la amante del protagonista y símbolo del pueblo madrileño, que se mueve más por los anhelos de felicidad que por las normas burguesas.

  El triángulo amoroso se resuelve cuando Fortunata acepta las reglas sociales y entrega a su hijo ilegítimo a Jacinta, que es estéril, para que lo críe como suyo. Paradójicamente, será la esposa la que finalmente ejerza la justicia social y acabe rechazando al marido infiel.

La hilandera dormida (1853), de Gustave Courbet.

Novelas contemporáneas espiritualistas o simbólicas

A partir de 1889, Galdós escribe novelas centradas en el sentido de la vida, que él pretende encontrar en el amor, en la caridad y en la búsqueda de un ser superior que otorgue una explicación al mundo. Aparecen ahora en sus novelas nuevos elementos narrativos como el sueño o lo fantástico.

- *Misericordia* (1897). En esta obra el sacrificio de Benigna, una criada que pide limosna a escondidas para mantener a su señora, no se verá recompensada cuando esta cobre una rica herencia. Sin embargo, la generosidad de Benigna, que ayuda a cuantos necesitados salen a su encuentro, es la triunfadora moral de la novela.

4.3 La lengua literaria de Galdós

Galdós escribe sus obras con un lenguaje fresco y natural para crear una mayor sensación de realismo en sus relatos y personajes. Estas son algunas de las características de su lengua literaria:

- La lengua es sencilla y clara, precisa en las descripciones y dinámica en los relatos de acción.
- Refleja con exactitud todos los niveles del habla: el culto, el coloquial y el vulgar.
- Las descripciones son minuciosas, y en ellas los adjetivos se utilizan para concretar los rasgos de los personajes o los elementos importantes del relato. Nunca son un mero adorno del texto.
- Los diálogos son ágiles y frescos, y dan mucha información acerca los personajes, como sus cualidades y sus defectos, sus dudas y sus incoherencias.
- Se utilizan a menudo la ironía y la caricatura como recursos para acentuar la crítica social.

Imagen de la vida es la novela, y el arte de componerla estriba en reproducir los caracteres humanos, las pasiones, las debilidades, lo grande y lo pequeño.

Benito Pérez Galdós (1897)
Discurso de entrada como miembro de la RAE.

COMENTARIO DE TEXTO LITERARIO

Fortunata y Jacinta

Fortunata ha abandonado a su marido y ha vuelto con Juanito Santa Cruz, pero este, que ya empieza a cansarse de ella, decide romper la relación con la excusa de que su mujer se ha enterado de su infidelidad y le exige que abandone a su amante.

Sentado en el sofá y con el sombrero puesto, Juan contempló aquel día todo lo que allí había, gozándose en la idea de que lo miraba por última vez. Fortunata estaba en pie, delante de él, y luego se sentó en una banqueta, fijando los ojos en su amante, como en expectativa de algo muy grave que de él esperaba oír.

"Si esta pavisosa –pensó Santa Cruz mirándola también– viera con qué donaire se sienta en un puf Sofía la Ferrolana, tendría mucho que aprender. Lo que es esta, ni a palos aprenderá nunca esas blanduras de la gata, esos arqueos de un cuerpo pegadizo y útil que acaricia el asiento. ¡Ah! ¡Qué bestias nos hizo Dios...". [...]

Y en alta voz [...].

–Pues hija, yo tengo que hablarte hoy con claridad. Te quiero demasiado para andar en misterios contigo. Tú eres razonable, te haces cargo de las cosas y comprenderás que tengo razón en lo que te voy a decir.

Este lenguaje desconcertó a Fortunata, porque le recordaba el otra vez usado para licenciarla. [...]

–Por mi parte, bien lo sabes tú, seguiríamos lo mismo; pero mi mujer se ha enterado... anoche hemos tenido una bronca espantosa, pero espantosa, chica; no puedes figurarte cómo se puso. Se desmayó; tuvimos que llamar al médico. [...]

Mientras, ella empezaba a lloriquear. [...]

–No creas –balbució la prójima entre sollozos–. Te veía venir. Hace días que la estás tú tramando... Bueno, hemos concluido.

–No, si yo te querré siempre, nena negra. Solo que no puedo visitarte más. Alguna vez... no digo que no... Pero así, con esta manera de vivir... imposible. Madrid, que parece muy grande, es muy chico, es una aldea. Aquí todo se hace público, y al fin no hay más remedio que bajar la cabeza. Yo soy casado, tú también; estamos pateando todas las leyes divinas y humanas. Si hubiera muchos como nosotros, pronto la sociedad sería peor que un presidio, un verdadero infierno suelto. ¿No has pensado tú alguna vez en esto?

Lo que Fortunata había pensado era que el amor salva todas las irregularidades, mejor dicho, que el amor lo hace todo regular, que rectifica las leyes, derogando las que se le oponen.

Benito PÉREZ GALDÓS: *Fortunata y Jacinta* (adaptación). Ed. Aguilar, 2003.

COMPRENSIÓN DEL TEXTO

1. ¿Qué le comunica Juan a Fortunata? ¿Es sincero con ella? ¿Qué excusa le da para dejarla?
2. ¿Qué piensa Fortunata del amor? ¿Cómo reacciona ante las palabras de su amante?

TEMA Y ESTRUCTURA

3. Resume el contenido del fragmento destacando las ideas principales del texto.
4. Resume en pocas palabras el tema del fragmento.
5. Separa en partes el contenido y explica brevemente qué sucede en cada una de ellas.

LENGUAJE LITERARIO

6. Pon un ejemplo de estilo directo, estilo indirecto y soliloquio del texto.
7. Di qué características de la lengua literaria de Galdós encuentras en este fragmento.
8. ¿Cómo es el lenguaje de Fortunata? ¿Y el de Juan Santa Cruz? ¿Qué podemos saber de estos personajes por sus palabras, sus pensamientos y sus gestos?

RELACIÓN TEXTO Y CONTEXTO

9. Relaciona este fragmento de *Fortunata y Jacinta* con el momento histórico y social en el que se desarrolla el Realismo.
10. Di qué características de la novela realista aprecias en este fragmento.
11. Ubica este texto dentro de la evolución literaria de Galdós y di qué aspectos de esa etapa se reflejan en este fragmento.

5. Leopoldo Alas, Clarín

La obra literaria de Clarín la componen artículos periodísticos, cuentos, relatos cortos y dos novelas: *La Regenta* y *Su único hijo*.

Sus cuentos son de dos tipos: unos son relatos tiernos y líricos, en los que exalta la vida sencilla y a las criaturas indefensas y humildes, como en *Pipá* y *¡Adiós cordera!*; el otro grupo de relatos está formado por cuentos satíricos y de crítica filosófica, como *El gallo de Sócrates* o *La mosca sabia*. En estas narraciones, Clarín pretende evidenciar el fracaso moral de la sociedad española por la corrupción, el caciquismo y la discriminación de los desfavorecidos.

6. *La Regenta*

La Regenta está considerada como una de las mejores novelas en castellano de todos los tiempos. En algunos aspectos es heredera de *Madame Bovary* (1851), obra de Flaubert que trata el tema del adulterio. Sin embargo, a diferencia de la obra francesa, *La Regenta* no solo se centra en la compleja personalidad de su protagonista, sino que refleja también el alma de la sociedad de Vetusta, lugar imaginario que representa cualquier ciudad de provincias de finales del siglo XIX.

6.1 Argumento de la obra

La Regenta cuenta la historia de Ana Ozores, una mujer inteligente e inquieta encerrada en una sociedad opresiva e hipócrita que primero la eleva a lo más alto, y luego, cuando sucede "el escándalo", la abandona en la más absoluta soledad.

Y es que Ana, que ni de niña tuvo amor o compañía, y de casada solo puede obtener el cariño paternal de un marido demasiado mayor para ella, cae en la burda seducción de don Álvaro Mesía, un don Juan de provincias, entrado en carnes y en años, que quiere recuperar la fama de irresistible de su juventud atrayendo a la mujer más bella y virtuosa de Vetusta.

Esto no hubiera trascendido, como era habitual en las numerosas infidelidades de la buena sociedad vetustense, si no hubiera sido por la trampa que les tiende don Fermín de Pas, el magistral, el sacerdote más poderoso de la ciudad.

Hombre ambicioso y enamorado perdidamente de Ana, don Fermín intenta sublimar los sentimientos que tiene por la mujer del regente, sin éxito. Cuando don Fermín se entera de la relación de Ana con don Álvaro, reacciona como un marido celoso y empuja a don Víctor Quintanar a un duelo que el buen hombre no desea, porque en el fondo comprende a su mujer.

La sociedad vetustense puede perdonar cualquier cosa menos un escándalo, así que Ana quedará aislada como castigo por romper las reglas sociales.

Y es que Vetusta, el nombre que oculta a la ciudad de Oviedo, es el símbolo de las ciudades provincianas del siglo XIX. Vetusta es algo más que una ciudad, es un personaje tan importante como Ana y don Fermín.

En la novela, Vetusta es un ser colectivo con el alma que le dan sus habitantes, prisioneros de ella pero a la vez hacedores de las reglas que conforman su prisión. Estas normas no escritas, pero sabidas por todos, exigen mantener las apariencias, aunque en la intimidad las rompan y animen a los demás a romperlas.

LEOPOLDO ALAS, CLARÍN (1852-1901)

De ideología liberal y republicana, el gobierno conservador de 1878 le negó la cátedra de economía política que había ganado, y hasta 1882 no se le concede la cátedra en la universidad de Zaragoza.

Posteriormente se traslada a Oviedo, ciudad donde permanecerá hasta su muerte.

Fue el mejor crítico literario de su tiempo, lúcido, culto y certero. Los autores temían sus artículos y los esperaban con expectación. Incluso su buen amigo Benito Pérez Galdós, al publicar sus novelas decía: "Ya veremos qué dice Clarín".

EL TRIÁNGULO AMOROSO

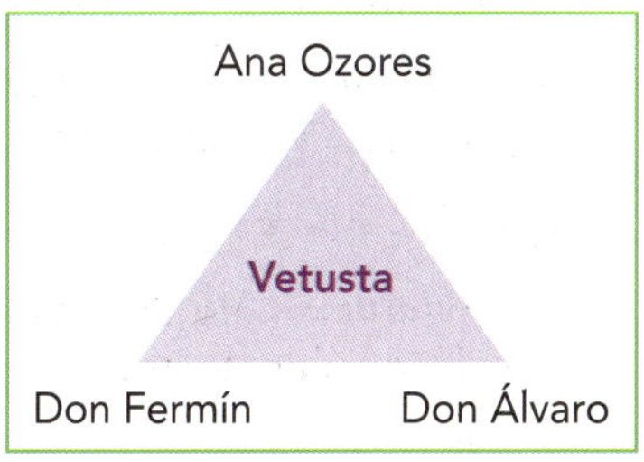

El Realismo y el Naturalismo. La narrativa

Don Fermín de Pas, el magistral de la catedral de Vetusta, el religioso más poderoso del lugar, contempla la ciudad desde el campanario con un catalejo.

El magistral, olvidado de los campaneros, paseaba lentamente sus miradas por la ciudad, escudriñando sus rincones, levantando con la imaginación los techos, aplicando su espíritu a aquella inspección minuciosa, como el naturalista estudia con poderoso microscopio las pequeñeces de los cuerpos [...]. Vetusta era su pasión y su presa. [...] La conocía palmo a palmo, por dentro y por fuera, por el alma y por el cuerpo, había escudriñado los rincones de las conciencias y los rincones de las casas. *Lo que sentía en presencia de la heroica ciudad era gula; hacía su anatomía,*[1] *no como el fisiólogo que solo quiere estudiar, sino como el gastrónomo que busca los bocados apetitosos; no aplicaba el escalpelo*[2]*, sino el trinchante*[3]*.*

Y bastante resignación era contentarse, por ahora, con Vetusta. De Pas había soñado con más altos destinos, y aún no renunciaba a ellos. [...] Ni la tiara[4] le parecía demasiado ancha; todo estaba en el camino; lo importante era seguir andando.

Leopoldo Alas, Clarín: *La Regenta* (adaptación). Ed. Crítica, 2006.

1. **anatomía**: disección que se hace de un cuerpo para estudiarlo o examinarlo.
2. **escalpelo**: instrumento que se usa en anatomía para cortar o diseccionar un cuerpo.
3. **trinchante**: objeto utilizado para cortar carnes. Como el escalpelo, se usa aquí para continuar con la metáfora del fisiólogo y el gastrónomo.
4. **tiara**: aquí se refiere a la corona que usa el Papa.

12. ¿Cómo es el narrador de este fragmento? ¿Por qué este tipo de narrador es el preferido de la novela realista y naturalista?

13. ¿Cómo es el punto de vista del narrador del fragmento, objetivo o subjetivo? Justifica tu respuesta.

14. ¿Por qué crees que elige el magistral ese lugar para contemplar la ciudad?

15. Relaciona la frase destacada en el texto con el movimiento naturalista.

16. Define la personalidad de don Fermín según el fragmento que acabas de leer.

6.2 Personajes

La novela muestra más de un centenar de personajes que configuran un mundo muy rico y perfectamente conectado. Los más importantes son:

- **Ana Ozores**. Se convierte en la Regenta tras su matrimonio con don Víctor Quintanar, regente de la audiencia. A Ana, huérfana y sin apenas recursos económicos, la casan sus tías con un hombre demasiado mayor para ella. Sus relaciones son muy cariñosas porque su esposo es la primera persona que le da afecto en su vida, pero Ana no tiene en él al marido que necesita. Ana intenta superar sus carencias afectivas con una religiosidad enfermiza que la deja en manos del magistral.
- **Don Fermín de Pas**, el magistral de Vetusta, es un hombre joven, más o menos de la edad de Ana, que se ordenó sacerdote por la ambición de su madre. Vive una vida tan hipócrita como la de la mayoría de los vetustenses, en la que todo se permite siempre que no haya escándalo.

  Cuando se enamora de Ana, intenta controlarla a través del deseo de espiritualidad de la Regenta, que lo admira y respeta como sacerdote. Pero cuando don Fermín descubre la relación sentimental de Ana con don Álvaro, se siente traicionado y les prepara una trampa para que don Víctor los descubra. Luego manipula al marido de Ana para que se bata en duelo con Mesía.
- **Don Álvaro**, el cacique liberal de Vetusta, es un conquistador que desea coronar su amplia trayectoria amorosa con la mujer más bella y respetada de la ciudad. Para él, Ana es solo una más de sus conquistas.

La carta (c. 1900), de Pedro Lira.

- **Vetusta**. Es a la vez marco y personaje en la novela. Es una sociedad envidiosa e hipócrita en la que la murmuración y las intrigas son el pasatiempo preferido de sus habitantes. El teatro, el casino y la catedral son los puntos de encuentro donde se difunden las noticias y los rumores de la ciudad.

Retratos en la bolsa (1878-1879), de Edgar Degas.

6.3 Lenguaje literario

La Regenta es, desde el punto de vista literario, una novela muy compleja. Clarín no solo cuida la descripción de personajes y ambientes, sino que además utiliza el lenguaje con el detenimiento propio de un relato corto. Es lo que se suele llamar "calidad de página".

Clarín busca el ritmo en la sintaxis, y la belleza y la eficacia de la frase utilizando recursos como metáforas, comparaciones y símbolos. El autor también hace uso de la ironía, que le sirve para criticar los vicios de la sociedad vetustense.

En su novela, el uso del *flashback* permite acceder a la infancia de sus personajes. Así se explica la omnipresente soledad de Ana y su frustración afectiva, cómo don Fermín es un títere manipulado por su madre, o el pasado de doña Paula, que consigue salir de la pobreza más absoluta y pagarle a su hijo los estudios eclesiásticos con conductas vergonzosas y manipulando a cuantos la rodean.

Este determinismo del pasado y del ambiente opresivo de Vetusta acercan a *La Regenta* al Naturalismo en muchos aspectos; sobre todo al exponer la falta de libertad de sus habitantes para elegir su destino.

Don Fermín le pide a Ana una confesión general, y ella, para prepararla, va recordando su infancia.

Se acordó de que no había conocido a su madre. Tal vez de esa desgracia nacían sus mayores pecados.

"Ni madre ni hijos."

Esa costumbre de acariciar la sábana con la mejilla la había conservado desde la niñez. Una mujer seca, delgada, fría, ceremoniosa, la obligaba a acostarse todas las noches antes de tener sueño. Apagaba la luz y se iba. Anita lloraba sobre la almohada, después saltaba del lecho; pero no se atrevía a andar en la oscuridad y pegada a la cama seguía llorando, tendida así, de bruces, como ahora, acariciando con el rostro la sábana que mojaba con lágrimas también. Aquella blandura de los colchones era todo *lo maternal* con que ella podía contar; no había más suavidad para la pobre niña. Entonces debía de tener, según sus vagos recuerdos, cuatro años. Veintitrés habían pasado y aquel dolor aún la enternecía.

Leopoldo ALAS, CLARÍN: *La Regenta*. Ed. Crítica, 2006.

La primavera (1882), de Édouard Manet.

17. ¿Cómo es el narrador de este fragmento en el que Ana recuerda su infancia?

18. ¿Qué recurso literario que afecta al tiempo encuentras en este fragmento? ¿Por qué es tan utilizado por los novelistas del siglo XIX? Relaciónalo con el determinismo, la corriente ideológica que tanto influyó en el Naturalismo.

19. ¿Por qué acaricia Ana la almohada con la mejilla? ¿Cómo ha sido su infancia?

20. ¿Con qué frase resume Ana su soledad?

21. ¿Por qué los autores realistas y naturalistas dan tanta importancia a la infancia y al ambiente que rodea a sus personajes?

7. Emilia Pardo Bazán

Emilia Pardo Bazán recibió una educación amplia y liberal. Viajó mucho y conoció de primera mano la novela realista y naturalista europea gracias a su dominio del inglés, francés y alemán.

Como Galdós, ambienta sus obras en la vida contemporánea con el objetivo de reflejar la realidad de su tiempo para comprenderla e intentar solucionar sus problemas. Sin embargo, a diferencia de la novela urbana de Galdós, Pardo Bazán consigue sus mejores páginas al describir el mundo rural de la Galicia profunda.

En su obra *Los pazos de Ulloa* (1886) y su continuación, *La madre naturaleza* (1887) encontramos los presupuestos naturalistas y deterministas defendidos por Émile Zola, en los que la herencia genética y el ambiente condicionan los comportamientos de los personajes.

Sin embargo, Pardo Bazán reinterpreta el determinismo de Zola desde una óptica cristiana que, aunque reconoce el peso de la naturaleza, considera que sus leyes se pueden superar con la fuerza del espíritu y la voluntad.

Emilia Pardo Bazán (1851-1921) compatibilizó su fe cristiana y su ideología conservadora con la defensa de un feminismo que reivindicaba el derecho de las mujeres a la educación y a vivir de su trabajo libremente.

Como si también los perros comprendiesen su derecho a ser atendidos antes que nadie, acudieron desde el rincón más oscuro, y, olvidando el cansancio, exhalaron famélicos bostezos, meneando la cola y husmeando con el partido hocico. Julián creyó al pronto que había aumentado el número de canes, tres antes y cuatro ahora; pero al entrar el grupo canino en el círculo de viva luz que proyectaba el fuego, advirtió que lo que tomaba por otro perro no era sino un rapazuelo de tres a cuatro años, cuyo vestido, compuesto de chaquetón acastañado y calzones de blanca estopa, podía desde lejos equivocarse con la piel bicolor de los perdigueros[1], con quienes parecía vivir el chiquillo en la mejor inteligencia y más estrecha fraternidad. [...] El chiquillo gateaba por entre las patas de los perdigueros, que, convertidos en fieras por el primer impulso del hambre no saciada todavía, le miraban de reojo, regañando los dientes y exhalando ronquidos amenazadores. De pronto, la criatura, incitada por el tasajo[2] que sobrenadaba en la cubeta de la perra Chula, tendió la mano para cogerlo, y la perra, torciendo la cabeza, lanzó una feroz dentellada, que por fortuna, solo alcanzó la manga del chico, obligándole a refugiarse más que deprisa, asustado y lloriqueando, entre las sayas de la moza, ya ocupada en servir caldo a los racionales[3]. Julián, que empezaba a descalzarse los guantes, se compadeció del chiquillo, y, bajándose, le tomó en brazos, pudiendo ver que, a pesar de la mugre, la roña, el miedo y el llanto, era el más hermoso angelote del mundo.

–¡Pobre! –murmuró cariñosamente–. ¿Te ha mordido la perra? ¿Te hizo sangre? ¿Dónde te duele, me lo dices? Calla, que vamos a reñirle a la perra nosotros. ¡Pícara, malvada!

Reparó el capellán que estas palabras suyas produjeron singular efecto en el marqués. Se contrajo su fisonomía: sus cejas se fruncieron, y, arrancándole a Julián el chiquillo, con brusco movimiento, le sentó en sus rodillas, palpándole las manos a ver si las tenía mordidas o lastimadas. Seguro ya de que solo el chaquetón había padecido, soltó la risa.

–¡Farsante! –gritó–. Ni siquiera te ha tocado la Chula. [...] ¡A callarse y a reírse ahora mismo! ¿En qué se conocen los valientes?

Diciendo así, colmaba de vino su vaso, y se lo presentaba al niño, que, cogiéndolo sin vacilar, lo apuró de un sorbo. El marqués aplaudió.

Emilia PARDO BAZÁN: *Los Pazos de Ulloa* (adaptación).
Ed. Vicens Vives, 2015.

22. ¿Por qué Julián, el sacerdote, confunde al niño con los perros?

23. El chiquillo es hijo ilegítimo del marqués. ¿Cómo reacciona este al ver que el sacerdote protege al niño? ¿Qué te parece el comportamiento del marqués?

24. ¿Qué tipo de educación está recibiendo el niño? ¿Crees que este ambiente puede afectar a su personalidad cuando se haga mayor? ¿Por qué?

25. Señala los aspectos del Naturalismo que percibes en este fragmento.

1. **perdigueros**: tipo de perro que caza perdices.
2. **tasajo**: pedazo de carne.
3. **racionales**: seres humanos. Aquí se usa con sentido irónico.

La Regenta

Ana está recuperándose de sus crisis nerviosas en el Vivero, la casa de campo de los marqueses de Vegallana. Una tarde en la que se desata una fuerte tormenta, don Fermín, al no verla en la casa y saber que está con don Álvaro y sus amigos paseando, obliga a su marido a ir en su busca.

–[…] ¿Adónde vamos nosotros, a ver, dígalo usted si lo sabe?

–A buscar a doña Ana, que estará... poniéndose perdida...

–¡Quia perdida! ¿Cree usted que son tontos? De fijo están a techo... ¿Cree usted que han de estar papando... arañas y nadando como nosotros? […] ¿No saben el camino? Dirá usted que les llevamos paraguas; ¿y para qué sirven los paraguas?

El magistral se puso colorado. En efecto, los paraguas no servían de nada en el bosque.

–Haga usted lo que quiera –dijo–, yo sigo.

–Eso es darme una lección –replicó don Víctor, algo picado [...] –eso… es ser más papista que el Papa. Me parece a mí que mi mujer me importa a mí más que a nadie... Y usted dispense este lenguaje... pero francamente, esto ha sido una quijotada. […]

El primer impulso de don Fermín fue descargar el puño del paraguas sobre la cabeza de aquel hombre que se le antojaba idiota en aquella ocasión; pero se contuvo por multitud de consideraciones... y continuó subiendo en silencio. [...] Iba pensando; "es verdad, es verdad..., he estado ciego... la mujer siempre es mujer, la más pura... es mujer..., y yo fui un majadero desde el primer día... Y ahora es tarde... y la perdí por completo. Y ese infame...".

Desayuno sobre la hierba (1865), de Claude O. Manet.

Echó a correr monte arriba.

"¡Pero ese hombre está loco!", pensaba Quintanar, que le seguía jadeante, con un palmo de lengua colgando y a veinte pasos otra vez.

El magistral procuraba orientarse, recordar por dónde había bajado pocas horas antes de la casa del leñador. Se perdía, confundía las señales, iba y venía..., y don Víctor detrás, librándose de las arañas como de leones, de sus hilos como de cadenas. […]

–Señor Quintanar, si queremos dar con ellos tenemos que separarnos... [...]

Entonces, en cuanto se vio solo, De Pas subió corriendo cuanto podía, tropezando con troncos y zarzas, ramas caídas y ramas pendientes... Iba ciego; le daba el corazón, que reventaba de celos, de cólera, que iba a sorprender a don Álvaro y a la Regenta en coloquio amoroso cuando menos.

Leopoldo ALAS, CLARÍN: *La Regenta* (adaptación). Ed. Crítica, 2006.

COMPRENSIÓN DEL TEXTO Y TEMA

1. ¿Por qué se lanza el magistral a buscar a Ana? ¿Qué opina don Víctor?
2. Resume en una frase el tema de este fragmento.

ESTRUCTURA

3. Divide el texto en las partes en las que se organiza el contenido. Observa en qué parte aparecen los soliloquios de los personajes.

LENGUAJE LITERARIO

4. ¿Cómo es el lenguaje de don Fermín? ¿Y el de don Víctor? ¿Qué aspectos destacarías de la personalidad de ambos personajes?
5. Pon un ejemplo de estilo directo, estilo indirecto y soliloquio del texto.

RELACIÓN TEXTO Y CONTEXTO

6. Di qué rasgos del Realismo aprecias en el texto.

Orientaciones para la lectura de *Misericordia*

- Reunidos en grupo, comentad los datos que conocéis de las condiciones de vida de la sociedad española en la segunda mitad del siglo XIX. Recordad también las características del Realismo y el Naturalismo, y opinad sobre la concepción que los escritores tenían de la novela.
- Consultad en www.tiching.com/731569 la visión sobre los mendigos de España que tuvieron los primeros viajeros extranjeros que llegaron a la Península en el siglo XIX. Después, leed y comentad algunas de sus observaciones en torno a los arquetipos sociales de la época en el mismo enlace.

Benito PÉREZ GALDÓS: *Misericordia*. Ilustraciones de Francisco Solé. Ed. Vicens Vives, 2007.

Misericordia

Capítulos I a VI

- En estos primeros capítulos, Galdós describe la Iglesia de San Sebastián y a los distintos personajes que la frecuentan. La Iglesia da a los barrios pobres por su lado sur y al barrio rico por su frente norte. En la puerta por donde entran los ricos, se agolpan los mendigos.
- Galdós nos va presentando uno a uno a los pobres que frecuentan la iglesia de San Sebastián y a algunas personas pudientes.
- En los capítulos IV y V, conocemos al personaje de Almudena y la relación que existe entre él y Benina.
- Galdós describe el ambiente de las calles madrileñas al hilo de los pensamientos de Benina. Madrid, con sus barrios y sus calles, es una presencia constante en la novela.

1. Haz una lista con los nombres de los personajes y anota el rasgo peculiar que caracteriza a cada uno de ellos:

PERSONAJE	RASGO
...	...

A partir de ahora, a medida que avances en la lectura, ve completando esta tabla con todos los personajes que aparecen en la obra.

2. Analiza las descripciones que el narrador hace de la *señá* Casiana y la Burlada. ¿Crees que son objetivas o subjetivas? ¿Son descripciones idealizantes o degradantes?
3. Compara las descripciones que has visto en la actividad anterior con la de Benina. ¿Encuentras diferencias entre ellas? A medida que sigas leyendo, presta atención también a las numerosas descripciones de personas y lugares que aparecen en el texto.
4. Observa la descripción que el autor hace del Mahometano. ¿Qué rasgo de su persona destacarías? ¿Y de la relación que tiene con Benina?
5. Ve tomando notas durante la lectura de las zonas de la ciudad de Madrid que menciona Galdós en la novela y utiliza el apéndice cartográfico que aparece al final del libro para ubicarlas.

Capítulos VII a IX

- El narrador vuelve al pasado para contarnos cómo la familia Zapata ha llegado a la actual situación de miseria.

6. Describe brevemente la decadencia de la familia Zapata y la situación actual de cada uno de sus miembros. ¿Qué problema tiene Paquita Juárez desde joven con el dinero? ¿Cuándo entra a servir Benina en casa de Paquita? ¿Qué problema tiene ella también con el dinero?
7. ¿Qué sucede cuando doña Paquita se tiene que mudar a una casa situada en un barrio más modesto?
8. Describe las peculiaridades de Antoñito, el hijo de doña Paca. ¿Cuál es su problema?
9. ¿Qué mal padece Obdulia? ¿Con quién y de qué forma se casa? ¿Cómo evoluciona su relación? ¿Y su economía? ¿Qué sentimientos inspira en Benina su situación?
10. ¿En qué momento se pone Benina a pedir limosna para sus señores?
11. Indica el cambio que experimenta Antoñito cuando se casa con la hija de la sastra.
12. El narrador realista se presenta ante el lector como cronista y testigo de los hechos. Presta atención a las intervenciones del narrador en el relato.

Capítulos X a XXVI

- Gracias al diálogo de Benina y doña Paca conocemos la mentira piadosa de la criada para con su señora. Benina adorna su historia acerca del supuesto cura don Romualdo con multitud de detalles para hacerla creíble.
- En el capítulo XIII conocemos la historia de Petra, la mujer que comparte casa con Almudena. Benina acaba vendiéndoles a Petra y a Diega el libro de contabilidad que le ha regalado don Carlos. En toda esta secuencia están presentes los temas del hambre y la codicia, y se habla de dinero, ganancias, rentas, bancos e intereses.
- Benina se dirige después a casa de Obdulia para socorrerla a ella y a don Frasquito Ponte. El narrador se detiene en la descripción de la miserable casa de Obdulia e inicia también el retrato de Frasquito, cuya fisonomía, actitudes y experiencia vital describirá en los siguientes capítulos.

  Ponte es un personaje anclado en el pasado (1868-1870) al que le gusta rememorar esa época anterior a una Obdulia deseosa de evadirse de la realidad. Mientras Benina prepara la comida y friega los platos, Ponte y Obdulia dan rienda suelta a sus ensoñaciones.
- En el capítulo XX, Benina le dice a Almudena que quiere realizar el conjuro. Cuando vuelve a casa de doña Paca la encuentra llorando y abrumada porque el tendero ha ido a cobrar una deuda de diez duros. Benina sale a la calle a buscar ese dinero.
- La criada va a la casa de dormir de su amiga la Bernarda. Entonces se entera de que Ponte no ha dormido allí, sino en casa del *Comadreja*. Benina le pide a la *Pitusa* que le devuelva un antiguo favor prestándole dinero. Esta le da dos sortijas para que las empeñe. Ponte está desmayado y Benina decide llevarlo a casa de doña Paca para cuidarlo. Llegan a casa de la señora y esta le cuenta el sueño que ha tenido: que un familiar les deja una herencia millonaria.

FÍJATE

Muchas veces la elección de los nombres de los personajes de Galdós no es casual. Fíjate en los nombres y apodos que aparecen en *Misericordia*, pues a menudo revelan o describen características de ese personaje.

- Benina va en busca de Almudena, quien está celoso porque la protagonista ha acogido a Ponte en su casa. A su vuelta, la criada tiene que soportar los cambios de humor de doña Paca.

13. ¿Cuál es la mentira piadosa que Benina le cuenta a su señora?

14. En el capítulo XI, Benina cuenta a doña Paca que va a ir a casa de don Carlos Moreno Trujillo. ¿Qué opinión tiene doña Paca de él?

15. Analiza la descripción de la casa de don Carlos y la conversación que tiene con Benina. ¿Te parece que este personaje vive en la realidad? ¿O su propia tacañería le hace ver el mundo deformado?

16. Benina va a devolverle el duro a Almudena y toma café con él y con otros amigos en un bar. Señala el contraste entre los amigos pobres de Almudena, los burgueses ricos obsesionados por el debe y el haber como don Carlos, y los caídos en desgracia, como doña Paca.

17. Describe la fantasía de Almudena del Rey de *baixo terra*. Presta atención a cómo la necesidad impulsa a Benina a creer por momentos en esta fantasía del ciego.

18. ¿Quién es Ponte y qué relación tiene con la familia? ¿En qué consisten las ensoñaciones de Ponte y Obdulia?

19. ¿Cómo reacciona el ciego en su ataque de celos?

20. ¿Por qué se enfada doña Paca con Benina? ¿Qué insinúa sobre el pasado de su criada? ¿Qué hace cuando se arrepiente de portarse mal con ella?

Capítulos XXVII a XXXI

- Conocemos las distintas obras de caridad que va haciendo Benina, tanto en los barrios más pobres de la ciudad como en casa de los Zapata.
- Aparece un don Romualdo real.
- El ciego Almudena y Benina cambian de iglesia para mendigar, entonces son detenidos por la guardia.

21. Describe los lugares miserables y las gentes a las que socorre la protagonista en esta secuencia.

22. ¿De qué forma se va identificando a Benina con una santa? Describe algunas de las muchas obras de caridad que realiza la anciana en estos episodios.

23. ¿De qué forma se agravan los problemas en casa de los Zapata?

24. ¿Cómo reaccionan los mendigos de arrabal cuando llega Benina? ¿Qué consecuencia tiene para la salud de Almudena?

25. ¿Qué preocupación embarga a Benina cuando es detenida?

@ Para ampliar en la Red...

Para hacer un recorrido fotográfico por el Madrid de *Misericordia*, entra en www.tiching.com/731568.

Capítulos XXXII a XXXIX

- La familia Zapata y Ponte reciben la herencia.
- Antonio y Ponte hablan de sacar a Benina del Pardo, donde está recluida junto a Almudena. Cuando van a recogerlos, Ponte se cae del caballo.
- Juliana, la mujer de Antonio, toma las riendas de la familia.
- Regresa Benina a la casa y es mal recibida.
- Los Zapata preparan la mudanza.

26. ¿En qué consiste la herencia que reciben los Zapata? ¿Cómo reaccionan cuando se sienten ricos?
27. Describe de qué forma la nuera de doña Paca, Juliana, se hace con la riendas de la casa de su suegra. ¿Cómo es la personalidad de la mujer de Antonio? Observa la función de este personaje en la parte final de la historia.
28. ¿Cómo es la acogida que dan a Benina en casa de doña Paca cuando es liberada? ¿Qué actitud de doña Paca hace llorar desconsoladamente a la criada?
29. ¿Por qué Juliana trata a Benina como a una apestada cuando esta va a recoger su ropa?

Capítulo XL y final

- Benina se repone de la ingratitud de los Zapata y organiza su nueva vida al lado de Almudena.
- La criada va a ver por última vez a su antigua señora.
- Ponte declara la santidad de Benina y muere justo después.
- Juliana enferma y pide ayuda a Benina.

30. Observa de qué modo Benina supera la ingratitud de su antigua amiga. ¿Cómo se plantea la vida a partir de ese momento?
31. ¿Cómo ve Benina a doña Paca por última vez mientras la familia hace la mudanza? ¿Parece feliz?
32. Comenta el final tragicómico de Frasquito Ponte. ¿Qué verdades dice este personaje antes de morir?
33. ¿Qué mal aqueja a Juliana? ¿Cómo reacciona Benina cuando va a pedirle ayuda? ¿Dirías que lo hace como una "verdadera santa"?
34. ¿Quiénes son más felices al final de la obra: Benina y Almudena o la familia Zapata?

Tras la lectura, la reflexión...

Has tomado numerosas notas a lo largo de la lectura del libro, ahora tendrás que elaborar un trabajo personal de carácter creativo en el que demuestres que has asimilado el valor de esta obra.

Elabora un breve ensayo escrito que aborde uno de los temas que se proponen a continuación. Después, escribe también tu opinión personal sobre esta novela de Galdós:

1. Desarrollo de la acción narrativa. Argumento y estructura interna de la obra: planteamiento, nudo y desenlace.
2. Los principales personajes de *Misericordia*. Relación de Benina con doña Paca y Almudena.
3. La "santidad" de Benina.
4. El espacio: el Madrid de *Misericordia*.
5. La realidad y la fantasía en la obra.

Este libro está impreso en papel ecológico reciclable y con tintas exentas de elementos pesados solubles contaminantes. Directiva Europea 88/378/UE, norma revisada EN/71.

Primera edición, 2015

7 8 9 10

Depósito Legal: B. 9.266-2015/ N.º de Orden V.V.: PH25.

IMPRESO EN ESPAÑA. PRINTED IN SPAIN.